韩

非

子

华夏国学经典文库【全文解读本】

马银琴 著

韩非子正宗

珍藏经典

华夏出版社
HUAXIA PUBLISHING HOUSE

图书在版编目（CIP）数据

韩非子正宗/马银琴编著. —北京：华夏出版社，2014.3
（华夏国学经典文库）
ISBN 978-7-5080-7878-6

Ⅰ.①韩… Ⅱ.①马… Ⅲ.①法家②《韩非子》—通俗读物
Ⅳ.①B226.5-49

中国版本图书馆CIP数据核字(2013)第258341号

韩非子正宗

作　　者	马银琴	
责任编辑	刘淑兰	
责任印制	刘　洋	
出版发行	华夏出版社	
经　　销	新华书店	
印　　刷	三河市兴达印装有限公司	
装　　订	三河市兴达印装有限公司	
版　　次	2014年3月北京第1版　　2014年3月北京第1次印刷	
开　　本	720×1030　1/16开	
印　　张	31.25	
字　　数	535千字	
定　　价	39.00元	

华夏出版社　　地址：北京市东直门外香河园北里4号　　邮编：100028
网址：www.hxph.com.cn　　电话：(010) 64663331（转）

若发现本版图书有印装质量问题，请与我社营销中心联系调换。

前　言

韩非,战国后期韩国的宗室公子,据陈千钧、陈奇猷等前辈学者考证,其生年当在公元前 295 年前后,卒于秦始皇十四年(前 233 年)。韩非生活在动荡空前的战国末期,作为韩国的宗室公子,韩非热切地期望韩王能变法图强。他屡次上书韩王,主张改革政治、富国强兵。但是,韩王没能采纳他的建议,相反,他的文章却得到了秦王嬴政的赞赏:"嗟乎!寡人得见此人与之游,死不恨矣!"为了能够得到韩非,秦王嬴政派兵攻打韩国,韩非于是被派遣出使秦国。韩非到了秦国之后,尽管秦王很高兴,但他并没有能够获得秦王的信任。当时任秦国宰相的李斯,是韩非师从荀子时的同学,李斯自认为才能不及韩非。出于嫉妒,李斯利用韩非是韩国宗室公子的身份谗毁韩非,秦王嬴政相信了他"非终为韩不为秦"的谗言,于是将韩非下狱治罪,最后韩非被迫服毒自杀。

司马迁《史记》记载说韩非"为人口吃,不能道说,而善著书",他的著述后来被汇编成集,称为《韩子》。至唐代以后,由于韩愈被称为"韩子",为避免混淆,才被改称为《韩非子》。《韩非子》全书二十卷,五十五篇。与其他先秦诸子著作相类,该书也掺入了一部分韩非弟子后学的作品,但其中绝大部分作品,都是韩非自己的作品。

纵观先秦时代的法家思想,商鞅重"法",申不害重"术",慎到重"势",而韩非则集三者于一身,提倡"法""术""势"并重的法制思想,认为只有以法为本,明法、任势、用术,才是保持君权、统御群臣、治理国家的根本途径。他以动乱时世趋利避害的社会心理为依托,站在"人性本恶"的立场上,从"上古竞于道德,中世逐于智谋,当今争于气力"的历史进化观,激烈地反对儒、墨两家所推行的"施仁义、法先王",指出了"以宽缓之政治急世之民"的不可行,再三强调了"以刑去刑"、"仁义爱惠之不足用,而严刑重罚之可以治国"的法制思想。他对于法术、权势的认识,触及了君权政治的核心问题,因而在中国政治思想史上具有重要的价值和地位,对中国传统政治及法律制度产生了深远的影响。而"法不阿贵,绳不挠曲"、"刑过不避大臣,赏善不遗匹夫"、"明法禁,信赏罚"等主张所表现出来的法制公平的思想,在现代社会仍然具有重要的意义。

韩非的法术思想中，最受人诟病的就是与政治阴谋、权术诡计密不可分的种种"治术"。但是，站在今天的立场上，以历史的眼光来重新审视，韩非对"术"的强调与重视，实际上是战国时代列国之间、君臣之间尔虞我诈、弱肉强食的政治现实的忠实反映。韩非以宗室公子的身份提供给当时韩国君主的这些"御臣之术"，真实、客观地为我们保留了认识那一段时期历史、政治的第一手资料。韩非备受批判的"刻薄寡恩"，实际上正是那个"竞于气力"的功利至上的时代的缩影。这个特殊的时代造就了韩非对政治与权势深刻而清醒的认识，同时也注定了他悲惨的结局。因此，司马迁在为韩非作传时，不由自主地发出慨叹："余独悲韩子为《说难》而不能自脱耳。"

《韩非子》的论说分析，周密细致，深刻尖锐。他除了善用譬喻等修辞手法增强文章的形象性、生动性之外，还经常利用鲜活生动的历史事件、寓言故事作为论据来说明抽象深刻的道理，另外还有专门集录历史故事、寓言传说的《说林》及《储说》，因此，《韩非子》一书保存了大量先秦时代的故事与传说，具有很高的文学价值。其中如"守株待兔"、"智子疑邻"、"自相矛盾"、"买椟还珠"、"滥竽充数"、"郢书燕说"等，都已成为脍炙人口的著名成语而习见于我们的日常生活。

对于《韩非子》一书古本的流传问题，周勋初先生在《〈韩非子〉札记·〈韩非子〉版本知见录》中有细致的梳理。据此可知，《韩非子》的传世古本，主要有清初张敦仁影钞宋乾道本、《道藏》本、明张鼎文本、《韩子迂评》本、明赵用贤本、周孔教本、吴勉学《二十子全书》本、秦季公又玄斋本、张榜本等。近代以来，王先慎以乾道本为底本的《韩非子集解》最为通行。当代的新注本有陈奇猷《韩非子集释》（2000 年修订改版为《韩非子新校注》）、周勋初等《韩非子校注》、邵增桦《韩非子今注今译》、沈玉成等《韩非子选译》、刘乾先等《韩非子译注》等。

本书原文以王先慎《韩非子集解》为底本，参考各家研究成果而成。因为它是面对普通读者的普及读本，因此，具体的写作过程中所涉及的文字校勘，以及对前人成果的应用，都没有在注释中说明。谨在此表示感谢！

另外，本书虽冠名"正宗"，笔者实不敢以"正宗"自居。由于笔者学识所限，书中的注释、译文难免存在不妥甚至乖谬之处，敬请各位读者批评指正。

马银琴

2007 年 1 月 5 日

目　录

初见秦第一

本文应是韩非在狱中向秦王的上书。因其又出现在《战国策·秦策》，题作"张仪说秦王"，加之此篇说"亡韩"，与《存韩》篇所作之意相反，因此对此篇作者是否为韩非的问题一直众说纷纭。实际上，这篇文字并非韩非初次进见秦王的奏章，而是他在狱中的上书。韩非初入秦时，奉韩王之命上书秦王，申述"存韩"之论，即《存韩》中的"韩非上秦王言存韩书"。李斯即据此谗毁韩非"终为韩，不为秦"，因而将其下狱。至韩非入狱之后，为了保全性命，上书时不说"存韩"而说"亡韩"，这是情势所逼，因此不能因主张"亡韩"就否认此篇是韩非的作品。题名"初见秦"应是后人编辑时所加，后又被误为张仪说秦王的文辞而收入了《战国策》。

臣闻：不知而言，不智；知而不言，不忠。为人臣不忠当死，言而不当亦当死。虽然，臣愿悉言所闻①，唯大王裁其罪②。

臣闻天下阴燕阳魏，连荆固齐，收韩而成从③，将西面以与强秦为难④，臣窃笑之。世有三亡⑤，而天下得之⑥，其此之谓乎！臣闻之曰："以乱攻治者亡，以邪攻正者亡，以逆攻顺者亡。"今天下之府库不盈⑦，囷仓空虚⑧，悉其士民，张军数十百万⑨。其顿首戴羽为将军⑩，断死于前⑪，不至千人，皆以言死。白刃在前，斧锧在后⑫，而却走不能死也⑬。非其士民不能死也，上不能故也。言赏则不与，言罚则不行，赏罚不信，故士民不死也。今秦出号令而行赏罚，有功无功相事也⑭。出其父母怀衽之中，生未尝见寇耳，闻战，顿足徒裼⑮，犯白刃，蹈炉炭，断死于前者皆是也。夫断死与断生者不同⑯，而民为之者，是贵奋死也。夫一人奋死可以对十⑰，十可以对百，百可以对千，千可以对万，万可以克天下矣。今秦地折长补短，方数千里，名师数十百万。秦之号令赏罚、地形利害，天下莫若也。以此与天下⑱,天下不足兼而有也⑲。是故秦战未尝不克,攻未尝不取,所当未尝不破,开地数千里,此其大功也。然而兵甲顿⑳,士民病,蓄积索㉑,田畴荒,囷仓虚,四邻诸侯不服,霸王之名不成㉒,此无异故,其谋臣皆不尽其忠也。

【译文】 我听说:不知道事理却发表意见,是不明智的;知道事理却不肯说,是没有忠心的。作为臣下,不忠实于国君该处死罪,发表不适宜的言论也应该处以死罪。即使如此,我仍愿意把我听到的都说出来,恳请大王裁定后再治我的罪。

我听说天下诸侯以赵国为中心,北面联合燕国,南面联合魏国,又联络楚国,坚定齐国之意,收纳韩国,订立合纵的盟约,打算向西面与强大的秦国为敌。我私下里在嘲笑他们。世上有三种导致败亡的情况,天下诸侯进犯秦国,就是它的具体表现。我听说:"以混乱之师攻打严整之师者必亡,以邪恶之师攻打正义之师者必亡,以叛逆之师攻打顺理之师者必亡。"现在天下诸侯府库财物不足,粮仓空虚,动员全国民众,兴师数十百万。那些整理头盔、背负羽箭做了将军,在战前誓死赴难的,不下千人,他们都说要与敌人以死相拼。等到上了战场两军相对,刀剑悬逼于前,斧锧督战于后,却仍然要退避逃走而不能以死相拼。这不是民众没有战死沙场的勇气,而是因为他们的君主做不到让他们以死相拼。君主说要赏赐却不给予,说要惩罚却不施行,赏罚之事都不能守信用,所以民众就不会为之死战。现在秦国发出号令就施行严格的赏罚,有功受赏、无功受罚,都根据事实论定。民众自从离开父母的怀抱,从来未曾见过盗匪,一旦听说有战事,每个人都跳脚而起,赤脚露体,不顾锋刀利剑,敢于赴蹈炉炭之火,誓死赴难。誓死赴难与临难求生是完全不同的,可是民众却愿意去做,其原因在于人们看重拼死以战的精神。一个人拼死以战就可以对抗十个人,十个人拼死以战就可以对抗百人,百人可以对抗千人,千人可以对抗万人,用一万人就能够战胜天下诸侯了。现在秦国的土地,折长补短,方圆有数千里,声名卓著的军队有数十百万。秦国号令赏罚之严明、地形地势之便利与险要,天下诸侯没有能与之相比的。凭借这些优势对抗天下诸侯,天下诸侯是不难被全部吞并的。因此,秦国发动战争没有不能取胜的,攻城略地没有不能得到的,遇到抵抗没有不能击破的,由此开疆拓土数千里,这是很大的成功。可是现在兵器铠甲破钝,民众疲弱,蓄积匮竭,田地荒芜,粮仓空虚,四邻诸侯不肯归服,霸王的功业不能成就,这不是因为其他的原因,只是那些谋臣都没有竭尽其忠心而已。

【注释】 ①悉言:悉,全部。全部说出来。 ②裁:裁决。 ③阴燕阳魏,连荆固齐,收韩而成从:在北为阴,在南为阳。从(zòng),南北为从,字又作"纵"。周显王三十六年(前333年),苏秦说六国合纵抗秦,赵为纵长。故此处以赵国为中心,北面联合燕国,南面联合魏国,又联络楚国,坚定齐国,收纳韩国,订立合纵的盟约。　④将:打算。　⑤三亡:三种败亡,指下文所说的"以乱攻治者亡,以邪攻正者亡,以逆攻顺者亡"。　⑥天下:指诸侯六国。　⑦府库:旧时国家贮存财物、兵甲的处所。　⑧囷(qūn)仓:粮仓。　⑨张:布列,分布。　⑩顿首:整理头盔。　⑪断死:趋难而誓死。　⑫锧(zhì):古代腰斩人用的砧板。　⑬却走:退却,逃走。　⑭相事:根据事实认定。　⑮徒裼(xī):徒,光脚。裼,袒肉。赤脚露体。　⑯断生:临危难而求生。　⑰奋死:拼死。　⑱与:对抗。　⑲不足:不难,容易。　⑳顿:通"钝",不锋利。　㉑索:用尽,匮竭。　㉒名:功业。

　　臣敢言之:往者齐南破荆,东破宋,西服秦,北破燕,中使韩、魏,土地广而兵强,战克攻取,诏令天下。齐之清济、浊河,足以为限①;长城、巨防②,足以为塞。齐五战之国③也,一战不克而无齐。由此观之,夫战者,万乘之存亡也。且臣闻之曰:"削迹无遗根,无与祸邻④,祸乃不存。"秦与荆人战,大破荆,袭郢⑤,取洞庭、五湖、江南,荆王君臣亡走,东服于陈⑥。当此时也,随荆以兵则荆可举⑦,荆可举,则民足贪也⑧,地足利也。东以弱齐、燕,中以凌三晋。然则是一举而霸王之名可成也,四邻诸侯可朝也。而谋臣不为,引军而退,复与荆人为和,令荆人得收亡国,聚散民,立社稷主⑨,置宗庙,令率天下西面以与秦为难,此固以失霸王之道一矣。天下又比周而军华下⑩,大王以诏破之,兵至梁郭下,围梁数旬则梁可拔,拔梁则魏可举,举魏则荆、赵之意绝,荆、赵之意绝则赵危,赵危而荆狐疑,东以弱齐、燕,中以凌三晋。然则是一举而霸王之名可成也,四邻诸侯可朝也。而谋臣不为,引军而退,复与魏氏为和,令魏氏反收亡国,聚散民,立社稷主,置宗庙,令率天下西面以与秦为难⑪,此固以失霸王之道二矣。前者穰侯之治秦也⑫,用一国之兵而欲以成两国之功⑬。是故兵终身暴露于外,士民疲病于内,霸王之名不成,此固以失霸王之道三矣。

【译文】　我冒昧地说:过去齐国向南攻破楚国,向东消灭了宋国,向西制服了秦国,向北攻取了燕国,在中央则控制了韩国与魏国,土地广阔,兵强马壮,作战必胜,进攻必取,下诏书号令天下诸侯。齐国有清澈的济水、混浊的黄河,足以作为阻界;有绵延的长城,崖岸深陡的防门,足以作为险塞。齐国经历了多次战争，南东西北中均为敌国，一战不胜就几乎亡国。由此看来，所谓战争，是关系到万乘之国存亡的关键。而且我还听说："铲除草木不要留下它的根，不要招灾惹祸，灾祸就不会发生。"秦国与楚国作战，大败楚国，攻进了楚国的郢都，夺取了洞庭、五湖、江南之地，楚国君臣都逃到了东边的陈城以图自保。在这个时候，派兵追逐楚王就可以消灭楚国，楚国被灭，楚国的民众就可以尽量地虏取，土地就可以充分地利用了。东面可以削弱齐国、燕国，中央可以侵凌三晋。那么这样的一次举动，就可以成就霸王的功业，可以使四方诸侯朝服于秦了。可是那些谋臣不这样做，却率领大军撤退，又和楚国讲和，使得楚国人有机会收拾残破的国家，聚拢逃散的民众，复立社稷之位，重置宗庙之祭，使之率领天下诸侯向西面和秦国为敌，这实在是秦国失去的成就霸王功业的第一个机会。诸侯之国再次集结军队驻扎在华阳之下，大王您下令出兵并打败了他们，秦国的军队一直攻打到了大梁的外城城下，再围困大梁几个月就可以夺取大梁，夺取了大梁就可以占领魏国，占领了魏国，就隔断了楚国和赵国之间的联系，楚国和赵国的联系中断，赵国就会陷入危机，赵国陷入危机，楚国就会生狐疑之心，犹豫不前，秦国向东可以削弱齐国、燕国，在中央可以侵凌三晋。那么这样的一个举动就可以成就霸王的功业，使四方诸侯朝服于秦了。可是那些谋臣不这样做，却率领大军撤退，又与魏国讲和，让魏国反过来收拾残破的国家，聚拢逃散的民众，复立社稷之神位，重置宗庙之祭，使之率领天下诸侯向西面和秦国为敌，这实在是秦国失去的成就霸王功业的第二个机会。此前穰侯为相、治理秦国时，用秦国一国的兵力想成就为秦国和自己封地陶国开疆拓土的双重目的，结果使军队长年征战于国境之外，国内的民众穷困贫弱，霸王的功业难以成就，这实在是秦国失去的成就霸王功业的第三个机会。

【注释】 ①限：阻隔。　②巨防：即防门，齐国地名。　③五战之国：指经历过五次大的战争，南东西北中均为敌国。　④与祸邻：招灾惹祸。　⑤郢：楚国都城。　⑥服：通"保"，保卫。陈：陈城，陈国旧都，其时已入楚。　⑦随：追逐。　⑧贪：虏取。　⑨社稷：社，土神。稷，农神。古代帝王、诸侯祭祀的土神和农神。后来也用以指代国家。⑩比周而军华下：比周，集结，联合。华下，华阳之下。集结军队驻扎在华阳之下。　⑪率天下西面以与秦为难：原文缺，此十字据上文补足。　⑫穰侯：即魏冉，秦昭襄王母宣太后异父弟，秦昭襄王即位后，为秦相。魏冉用白起为将攻伐诸侯，立大功，故封于穰，称穰侯。后又加封陶，范雎代之为相后，魏冉出就封地，终死于陶。　⑬成两国之功：秦昭襄王时，穰侯为相，连年攻伐不已，秦国土地在不断被拓展的同时，穰侯的封地也在不断扩大。秦昭襄王三十六年，穰侯想攻打齐国，夺取其刚、寿等地以扩大陶邑的面积。范雎以此说秦昭襄王，有"利归于陶国"之言，故这里所说的"两国"应指秦国和陶国。昭襄王听信范雎之言,乃免魏冉相而以范雎代之。

　　赵氏,中央之国①也,杂民所居也②,其民轻而难用也③。号令不治④,赏罚不信,地形不便⑤,下不能尽其民力。彼固亡国之形也⑥,而不忧民萌⑦,悉其士民,军于长平之下,以争韩上党。大王以诏破之,拔武安。当是时也,赵氏上下不相亲也,贵贱不相信也。然则邯郸不守。拔邯郸,笍山东河间⑧,引军而去,西攻修武⑨,逾羊肠⑩,降代、上党。代四十六县,上党七十县,不用一领甲,不苦一士民,此皆秦有也。以代、上党不战而毕为秦矣,东阳、河外不战而毕反为齐矣⑪,中山、呼沲以北不战而毕为燕矣⑫。然则是赵举,赵举则韩亡,韩亡则荆、魏不能独立,荆、魏不能独立则是一举而坏韩、蠹魏⑬、拔荆,东以弱齐、燕,决白马之口以沃魏氏⑭,是一举而三晋亡,从者败也。大王垂拱以须之⑮,天下编随而服矣⑯,霸王之名可成。而谋臣不为,引军而退,复与赵氏为和。夫以大王之明,秦兵之强,弃霸王之业,地曾不可得,乃取欺于亡国,是谋臣之拙也。且夫赵当亡而不亡,秦当霸而不霸,天下固以量秦之谋臣一矣。乃复悉士卒以攻邯郸,不能拔也,弃甲负弩,战竦而却⑰,天下固已量秦力二矣。军乃引而复,并于孚下⑱,大王又并军而至,与战不能克之也,又不能反,军罢而去⑲,天下固量秦力三矣。内者量吾谋臣,外者极吾兵力⑳。由是观之,臣以为天下之从,几不难矣。内者,吾甲兵顿,士民病,蓄积索,田畴荒,囷仓虚;外者,天下皆比意甚固㉑。愿大王有以虑之也。

【译文】　赵国位于各国的中央,五方之民杂处其间,这里的民众大多轻率而难以管教。发布的号召与命令没有规则,不能信守诺言实行奖赏与惩罚,地形开阔平坦不便于守卫,君主与官吏又不能使民众充分地为国效力。那实在是国家灭亡的先兆,却还不知道关心黎民百姓,反而出动全部军队,驻扎在长平一带,打算争夺韩国的上党之地。大王您下诏书命令白起攻破长平赵军,并进而占领了武安。在那个时候,赵国君主与大臣互不亲近,贵族与平民互不信赖。因此,赵国都城邯郸一定是守不住的。攻克了邯郸,就可以占领太行山以东、黄河与漳河之间的广大地区,然后领军向西攻取修武,越过羊肠,降服代和上党。代郡四十六个县,上党七十个县,不使用一副铠甲,不辛苦一个士兵,这些地方就都成为秦国的领地了。代、上党等地不用打仗就成为秦国领地,东阳、河外之地则不经战争就可被齐国收复,中山、滹沱河以北之地则不经打仗就被燕国占领了。这样一来,那么赵国就被占领了,赵国被占领,韩国则必然灭亡;韩国灭亡了,楚国和魏国就不能独自存在;楚国和魏国不能独立存在,那么这一次行动就消灭了韩国、损害了魏国、攻克了楚国,向东面削弱了齐国和燕国,再决开白马津的河堤使河水灌入魏国,这样一次行动就可以使三晋灭亡,合纵抗秦之法也就完全被破坏了。大王只要垂衣拱手地等待,天下诸侯就相继服从于秦,王霸天下的功业也可以成功了。但是谋臣却没有这样做,率领大军后撤,又和赵国讲和。以大王您的英明、秦国军队的强大,不但放弃了成就霸王之业的机会,没能开疆拓土,反而被危亡的赵国欺骗,这是因为谋臣的愚拙。况且赵国应当被消灭却没有消灭,秦国应当称霸却没能称霸,天下诸侯已经度量到秦国谋臣的水平了,这是其一。又出动大军攻打邯郸,不能攻克,最终丢弃盔甲,背着弓弩,张皇失措地退兵了,天下诸侯已经度测到秦军的实力了,这是其二。秦军于是领兵还营,集结在邯郸外城之下等待援兵,大王的增援军队到达后,与之作战不能取胜,又不能及时退兵,直至军队疲病交加方才退去,天下诸侯已经度测到秦军的实力了,这是其三。在内部,他们了解了我们的谋臣,在外部又度测了我国的兵力。从这个角度来看,我以为天下诸侯合纵抗秦之策,是不难实现的。秦国内部,兵甲破钝,兵士病弱,蓄积匮竭,田地荒芜,粮仓空虚;秦国之外,天下诸侯意志相合,态度坚定。希望大王能慎重地考虑这一点。

【注释】　①中央之国:战国七雄争霸时,赵国的北面为燕国,东面为齐国,南面为楚国与魏国,西面为秦国和韩国。赵国位于诸国包围之中,故称"中央之国"。　②杂民:赵国从赵襄子到赵武灵王,先后灭代、中山、林胡、楼烦等戎狄族小国而有其地,各族人民杂处一国,故称杂民。　③其民轻而难用:轻,轻佻,浮躁。用,治理,管理。民众轻浮而难以管教。　④号令不治:发布的号召和命令没有规则。　⑤地形不便:地形开阔,无险阻,不便于守卫。　⑥亡国之形:形,形迹,先兆。国家灭亡的先兆。　⑦不忧民萌:忧,关心。萌,通"氓"。不关心黎民百姓。　⑧筦山东河间:筦,原指一种缠丝的竹管,这里引申为包举、占领。山东,太行山以东。河间,黄河与漳河之间的地区。占领太行山以东、黄河与漳河之间的广大地区。　⑨修武:地名,故城在今河南获嘉县。　⑩逾羊肠:羊肠,塞名,在今山西晋城县南。越过羊肠。　⑪东阳、河外不战而毕反为齐矣:赵国人以黄河以南为"河外"。东阳、河外之地原为齐国属地,后入赵。若赵衰亡则可复为齐国所有,故言"反"。　⑫中山:古国名,春秋末年鲜虞人所建。战国初,晋国曾灭中山,至公元前414年中山武公复兴,迁于顾(今河北省定州市境内)。公元前406年,魏灭中山,公元前380年前后中山桓公复国,迁都于灵寿(今河北省平山县东北)。后终为赵所灭。呼沱(tuó):即滹沱河,发源于山西省繁峙县东部的泰戏山。　⑬蠹(dù):损害。⑭决白马之口以沃魏氏:决,决开河堤。白马之口,白马津,黄河古渡口,在今河南滑县。沃，流灌。决开白马津的河堤使河水灌入魏国。　⑮垂拱以须之：垂拱，垂衣拱手。须，等待。垂衣拱手地等待，比喻轻而易举。　⑯编随而服：编，本指用绳索编连竹简，引申为联结。相继服从于秦。　⑰战竦(sǒng)：因害怕而发抖。　⑱郛：同"郛"，这里应指邯郸的外城。　⑲罢：同"疲"。　⑳极：权，一种测量物体重量的器具。这里指度测。　㉑比意甚固：意志相合，态度坚定。

　　且臣闻之曰："战战栗栗①，日慎一日。"苟慎其道，天下可有。何以知其然也？昔者纣为天子，将率天下甲兵百万，左饮于淇溪②，右饮于洹溪，淇水竭而洹水不流，以与周武王为难。武王将素甲三千③，战一日，而破纣之国，禽其身④，据其地而有其民，天下莫伤⑤。知伯率三国之众以攻赵襄主于晋阳⑥，决水而灌之三月，城且拔矣。襄主钻龟数筮占兆⑦，以视利害，何国可降⑧。乃使其臣张孟谈于是乃潜于行而出⑨，反知伯之约⑩，得两国之众以攻知伯⑪，禽其身以复襄主之初。今秦地折长补短，方数千里，名师数十百万，秦国之号令赏罚，地形利害，天下莫如也，以此与天下，天下可兼而有也。臣昧死⑫，愿望见大王，言所以破天下之从，举赵，亡韩，臣荆、魏，亲齐、燕，以成霸王之名，朝四邻诸侯之道。大王诚听其说，一举而天下之从不破，赵不举，韩不亡，荆、魏不臣，齐、燕不亲，霸王之名不成，四邻诸侯不朝，大王斩臣以徇国⑬，以为王谋不忠者也。

【译文】　并且我听人说："警戒小心，一天比一天谨慎。"如果能够谨慎地处理政事，可以得天下。怎么知道是这样的呢？过去商纣做天子时，统率天下百万大军，向左饮马于淇水，向右饮马于洹水，以至于把淇水喝干了，洹水也不流淌了，打算和周武王作战。周武王率领三千身穿白甲的士兵，仅打了一天仗，就攻破了商纣的都城，捉住了商纣，占有了商纣的土地和民众，天下没有人哀怜商纣。智伯率领智、韩、魏三卿的军队攻打赵襄子的晋阳，掘开晋河水淹灌晋阳长达三个月之久，晋阳城眼看就要被攻破了。赵襄子通过龟卜筮占来判断吉凶，比较利害得失，看哪一方可以联合起来。于是派遣他的家臣张孟谈，秘密出城，破坏智伯率领三国之众攻赵襄子的盟约，得到了韩、魏两卿的支持而反攻智伯，擒住了智伯并且恢复了赵襄子之位。现在秦国的土地折长补短，方圆数千里，声名卓著的军队有数十百万，秦国号令之严整，赏罚之分明，地形之便利与险要，天下诸侯无人能比，凭借这些优势对抗天下诸侯，天下诸侯是不难被兼并的。我冒着死罪进言，希望谒见大王，陈述破坏六国合纵之约,攻破赵国,消灭韩国,臣服楚国和魏国,结交齐国和燕国,从而成就霸王之业,使四邻诸侯朝服于秦的办法。大王如果真的能听从我的意见,一次行动不能破除诸侯的合纵之约,不能攻占赵国,不能消灭韩国,不能使楚、魏臣服,不能与齐、燕结交,不能成就您的霸王之业,不能让四邻诸侯朝服于秦,请大王杀了我传示全国,作为对替大王谋划却不能尽其忠心的人的警示。

【注释】　①栗栗:警戒恐惧的样子。　②饮:饮马。　③素甲:白甲。武王伐纣时,其父文王去世未久,居丧期间,故士卒服白甲。　④禽:同"擒"。　⑤伤:哀悼,哀怜。⑥知伯率三国之众以攻赵襄主于晋阳:知伯,即智伯,名瑶。赵襄主,即赵襄子,名毋恤。智伯与赵襄子同为晋卿。春秋时代,晋国有范氏、中行氏、智氏以及赵、韩、魏六家世代为卿,并掌晋国政权。后来,赵襄子立四年,范氏、中行氏势衰,赵氏与智伯分其地,智伯逐晋出公而立哀公,专掌晋政。赵襄子五年,智伯率韩、魏攻赵襄子于晋阳,赵襄子反联合韩、魏二卿,共灭智伯而三分其地,为后来晋国分裂为韩、赵、魏三国打下基础。其时韩、赵、魏、智氏等均未列为诸侯,不当称"国",但实质上他们胁迫晋公室,在各自的封地拥兵自重,隐然已具国家之实,故言"三国之众"。　⑦钻龟数筴占兆:钻龟,就是通过钻刺龟甲,并以火灼,然后依其裂纹来判断吉凶。筴,同"策",指蓍草。数策,即用蓍草来占卜。占兆,以占卜所得的卦象来判断吉凶。　⑧降(xiáng):和乐,这里指联合。　⑨潜于行而出:秘密出城,不使智伯察觉。　⑩反知伯之约:破坏智伯率领三国之众攻赵襄子的盟约。　⑪两国之众:指韩与魏。　⑫昧死:冒死,冒昧而犯死罪。古时臣下上书帝工时的习惯用语,表示敬畏之意。　⑬徇国:传示国人,以做警示。

存韩第二

本文由三部分构成，第一部分即韩非出使秦国时对秦始皇的上书，旨在说明秦国不要攻取韩国的意义。之后附列李斯的《上秦王书》与《上韩王书》，应是秦国史官连类记录的史料，由编者一并纳入《韩非子》的。

韩事秦三十余年，出则为扞蔽①，入则为席荐②，秦特出锐师取韩地③，而随之怨悬于天下，功归于强秦④。且夫韩入贡职⑤，与郡县无异也。今臣窃闻贵臣之计，举兵将伐韩。夫赵氏聚士卒，养从徒⑥，欲赘天下之兵⑦，明秦不弱，则诸侯必灭宗庙，欲西面行其意⑧，非一日之计也。今释赵之患，而攘内臣之韩，则天下明赵氏之计矣。夫韩，小国也，而以应天下四击⑨，主辱臣苦，上下相与同忧久矣。修守备，戒强敌，有蓄积、筑城池以守固。今伐韩未可一年而灭，拔一城而退，则权轻于天下，天下摧我兵矣⑩。韩叛则魏应之，赵据齐以为原⑪，如此，则以韩、魏资赵假齐以固其从，而以与争强，赵之福而秦之祸也。夫进而击赵不能取，退而攻韩弗能拔，则陷锐之卒，勤于野战，负任之旅，罢于内攻⑫，则合群苦弱以敌而共二万乘⑬，非所以亡赵之心也⑭。均如贵臣之计⑮，则秦必为天下兵质矣⑯。陛下虽以金石相弊⑰，则兼天下之日未也。

【译文】　韩国侍奉秦国已经三十多年了，对外是秦国的屏障，对内是秦国的仆役，秦国却派出精锐之师夺取韩国的土地，随之而来的便是结怨于天下，天下的攻伐也就都归向于强秦了。况且韩国进献的贡赋，与秦之郡县没有差别。现在我私下听说您的大臣的计划，打算兴兵征伐韩国。那赵国召集兵士，豢养合纵之徒，打算联合诸侯各国的军队，表明秦国不被削弱，诸侯各国的宗庙就会为秦所灭，打算向西攻打秦国，这样谋划已经很久了。现在放下赵国这个祸患不顾，却侵夺已成内臣的韩国，那么诸侯各国就明白赵国的合纵之谋是正确的了。韩国是个小国，却因为要应对来自诸侯各国的攻击，君主以之为耻，大臣为之痛苦，君臣上下一心，同忧国患已经很久了。他们修整用于防御的设施，加强警戒防备强敌，蓄积粮草、修筑城池以便牢固地防守。现在攻伐韩国，不可能一年就把它消灭，攻占一座城邑就退兵，就会被诸侯各国看轻，诸国就会联合起来挫败我国的军队。韩国背叛了秦国，魏国就会接应它，赵国有齐国作为依靠。如果这样，那是用韩国、魏国帮助赵国依靠齐国来加强合纵的力量，来和秦国争胜。这是赵国之福而是秦国之祸。假如向前攻打赵国不能获胜，退回来攻打韩国又不能夺取，就会让精锐的军队陷于野战之苦，运送粮草的队伍备受供应军需的苦累，聚合这些困苦疲弱的士卒来与赵国和齐国为敌，这不是可以攻灭韩国的谋划。如果都听从了秦国大臣的计谋，秦国必然成为诸侯各国共同攻打的目标。陛下即使能和金石一样长寿，兼并天下的一天也是不会到来的。

【注释】 ①出则为扞蔽：扞蔽，屏障。对外是秦国的屏障。　②入则为席荐：席荐，草席。对内是秦国的仆役。　③特：却。　④功：通"攻"。　⑤贡职：贡赋。　⑥从徒：主张合纵抗秦之徒，如苏秦等。　⑦赘：联络，联合。　⑧欲西面行其意：秦在赵西，故言"西面"。行其意，实施削弱秦国的计划，即攻打秦国。　⑨应天下四击：应，应对。四击，来自各方面的攻击。　⑩摧：挫败。　⑪原：根本，引申为依靠。　⑫攻：同"供"。　⑬二万乘：指赵国与齐国。　⑭非所以亡赵之心：所以，可以。"赵"当为"韩"。不是可以攻灭韩国的谋划。　⑮均：都。　⑯质：对象，目标。　⑰以金石相弊：与金石齐寿，言寿命之长。

　　今贱臣之愚计①：使人使荆，重弊用事之臣②，明赵之所以欺秦者；与魏质以安其心③，从韩而伐赵④，赵虽与齐为一，不足患也。二国事毕，则韩可以移书定也⑤。是我一举，二国有亡形，则荆、魏又必自服矣。故曰："兵者，凶器也。"不可不审用也。以秦与赵敌⑥，衡加以齐⑦，今又背韩，而未有以坚荆、魏之心。夫一战而不胜，则祸构矣。计者，所以定事⑧也，不可不察也。赵、秦强弱在今年耳。且赵与诸侯阴谋久矣⑨。夫一动而弱于诸侯，危事也；为计而使诸侯有意我之心，至殆也⑩；见二疏，非所以强于诸侯也。臣窃愿陛下之幸熟图之⑪。夫攻伐而使从者间焉⑫，不可悔也。

【译文】 现在我的计谋是：派人出使楚国，用重金贿赂当权的大臣，说明赵国欺骗秦国的缘由；派人质到魏国作为担保以使其安心；放过韩国而攻打赵国，赵国虽然和齐国联合起来对抗秦国，也不值得让人担忧。等到打败了赵国和齐国，那么韩国只要移送一纸书信就可以解决了。这样，秦国一次征伐,便给齐、赵两国造成亡国之势,那么,楚国和魏国必然自动服从秦国了。所以古人说:"战争是最凶险的事情。"不能不审慎地使用。因为秦国和赵国已是势均力敌,东边加上齐国,现在又背弃韩国,又没有措施坚定楚国与魏国的心意。如果一次战争不能取胜,那么灾难就造成了。所谓计谋,是决定事情成败的根本,不能不认真地考虑。赵国与秦国,谁强谁弱,就在今年决定了。况且赵国与其他诸侯国暗中谋划已经很久了。如果一次征战就被诸侯国打败,这是危险的事情;制订计划却使诸侯各国都对秦国产生防备之心,这是极其危险的;一个计划存在两个疏漏,这就不是能让秦国比诸侯各国强大的办法。我私下里希望陛下仔细地考虑这件事。如果攻伐韩国导致合纵之徒有可乘之机,再后悔也没有用了。

【注释】　①贱臣之愚计:谦称。我的计谋。　②重弊用事之臣:重弊,厚赂。用事之臣,当权的大臣。重金贿赂当权的大臣。　③质:交换人质作为担保。　④从:通"纵",放、释。　⑤移书定:移送书信解决问题。　⑥敌:力量相当。　⑦衡:同"横",横的方向,指纬线,齐国在赵国的东面。　⑧定事:决定事情的成败。　⑨阴谋:暗中谋划。　⑩殆:危险。　⑪熟图:仔细地考虑。　⑫间:空子,可乘之机。

诏以韩客之所上书①,书言韩子之未可举②,下臣斯③,臣斯甚以为不然。秦之有韩,若人之有腹心之病也,虚处则怵然④,若居湿地,着而不去⑤,以极走则发矣⑥。夫韩虽臣于秦,未尝不为秦病,今若有卒报之事⑦,韩不可信也⑧。秦与赵为难,荆苏使齐⑨,未知何如。以臣观之,则齐、赵之交未必以荆苏绝也;若不绝,是悉赵而应二万乘也⑩。夫韩不服秦之义,而服于强也。今专于齐、赵,则韩必为腹心之病而发矣。韩与荆有谋,诸侯应之,则秦必复见崤塞之患。

【译文】　大王诏令把韩非陈说不可攻伐韩国的上书,下移给我李斯商议。我认为这种意见是非常错误的。秦国有韩国存在,就像一个人的内脏生了病一样,无事静处时就让人烦苦不安,就像居住在湿地上一样,让其附着不予去除,一旦快跑就会发病了。韩国虽然臣服于秦,未必不会成为秦国的祸害,现在如果有紧急的事情发生,韩国不可能信守盟约。秦国与赵国作对,派荆苏出使齐国,还不知道结果如何。据我看来,齐国与赵国的交往不会因为荆苏而断绝;如果赵、齐之交不断绝,这就要尽秦国之力来对抗赵、齐两个大国。韩国不是因为秦国的德义而臣服,而是因为秦国的强大而臣服的。现在如果专心对付齐、赵两国,那么韩国必定是心腹大患,立刻就会发作。

韩国与楚国有所谋划,诸侯各国纷纷响应,那么诸侯共攻秦国崤塞的祸患一定又要出现了。

【注释】　①韩客:即韩非。　②韩子:韩国国君。　③臣斯:李斯自称。李斯,楚国上蔡人,后入秦,经秦相吕不韦推荐,任客卿、廷尉等职,秦始皇统一六国后,李斯任丞相,二世胡亥继位后,李斯受赵高诬陷,被腰斩于市,株连三族。　④虚处则恔然:虚处,心虚静处,指平居无事。恔,苦。无事静处时就让人烦苦不安。　⑤着:附着。　⑥极走:极,通"亟"。快跑。　⑦卒报之事:卒,通"猝",仓促。报,读为"赴",急速。紧急的事情。　⑧信:信守盟约。　⑨荆苏:人名,事迹未详。此时奉秦王命出使齐国,尚未复命。　⑩赵:字应为"秦"。

　　非之来也,未必不以其能存韩也,为重于韩也。辩说属辞①,饰非诈谋,以钓利于秦,而以韩利窥陛下。夫秦、韩之交亲,则非重矣,此自便之计也。

　　臣视非之言,文其淫说,靡辩才甚。臣恐陛下淫非之辩而听其盗心②,因不详察事情。今以臣愚议:秦发兵而未名所伐,则韩之用事者,以事秦为计矣。臣斯请往见韩王,使来入见,大王见,因内其身而勿遣③,稍召其社稷之臣④,以与韩人为市,则韩可深割也。因令象武发东郡之卒⑤,窥兵于境上而未名所之,则齐人惧而从苏之计,是我兵未出而劲韩以威擒,强齐以义从矣。闻于诸侯也,赵氏破胆,荆人狐疑,必有忠计。荆人不动,魏不足患也,则诸侯可蚕食而尽,赵氏可得与敌矣。愿陛下幸察愚臣之计,无忽。

　　秦遂遣斯使韩也。

【译文】　韩非这次到秦国来,未必不是想通过他能保存韩国的功劳,而求得韩国的重用。他使用连缀雄辩的文辞来粉饰错误、掩盖诡计,以达到从秦国得利的目的,进而探测陛下的心意以为韩国谋利。如果秦国与韩的交往亲密,那么韩非必然受到重视,这是他谋取自身利益的方法。

　　我看韩非的上书,文饰其邪说,巧辩之言才智非常。我担心陛下受韩非巧辩之言的迷惑而听从他暗怀盗贼之心的意见,因此不能详细考察事情的真相。现在按我的意见:秦国派遣军队但不指明将要攻打谁,那么韩国当权之人,就会采取服侍秦国的计策。我请求去见韩王,劝他来秦国进见陛下,大王接见他之后,乘机扣留他而不让他回国,随后召来韩国的执政大臣,用韩王的安危去留与韩国人做交易,就可以尽量夺取韩国的土地了。接着命令蒙武率领东郡的军队,陈兵边境之上而不指明要去哪里,那么齐国人因为害怕就会听从荆苏的计划。这样一来,我国的军队没有出境,而力量强劲的韩国由于武力威胁而被制服,强大的齐国由于时势而服从了。此事传到诸侯各国,赵国被吓破了胆,楚国犹豫不定,必然都会产生效忠于秦国的打算。楚国不敢动兵,魏国就不值得忧患了,那么诸侯之国就可以逐渐侵夺,赵国也可以被我们打败了。希望陛下能认真地考虑我的计谋,不要忽略。

秦王于是派遣李斯出使韩国。

【注释】　①辩说属辞:连缀雄辩的说辞。　②淫非之辩而听其盗心:淫,迷惑。盗心,盗贼之心。受韩非巧辩之言的迷惑而听信他暗怀盗贼之心的意见。　③因内其身而勿遣:因,乘机。内,同"纳",接纳,引申为扣留。乘机扣留韩王而不令其回国。　④稍:随后。　⑤象武:应为蒙武,即秦将蒙骜之子,蒙恬之父。东郡:蒙骜攻魏取魏地后所置。

李斯往诏韩王①,未得见,因上书曰:"昔秦、韩勠力一意以不相侵②,天下莫敢犯,如此者数世矣。前时五诸侯尝相与共伐韩,秦发兵以救之。韩居中国,地不能满千里,而所以得与诸侯班位于天下③,君臣相保者,以世世相教事秦之力也。先时五诸侯共伐秦,韩反与诸侯先为雁行以向秦军于关下矣④。诸侯兵困力极,无奈何,诸侯兵罢。杜仓相秦⑤,起兵发将以报天下之怨而先攻荆,荆令尹患之曰⑥:'夫韩以秦为不义,而与秦兄弟共苦天下。已又背秦,先为雁行以攻关。韩则居中国,展转不可知。'天下共割韩上地十城以谢秦,解其兵。夫韩尝一背秦而国迫地侵,兵弱至今;所以然者,听奸臣之浮说,不权事实,故虽杀戮奸臣不能使韩复强。

【译文】　李斯奉命前往韩国告诫韩王,没有能够见到,于是上书说:"过去秦国与韩国同心协力,互不侵犯,天下诸侯也没有敢来进犯的,这样已经好几代了。当初诸侯五国曾经一起攻打韩国,秦国发兵救韩。韩国位于各国中央,土地方圆不足千里,之所以能和诸侯各国并立于天下,君臣共同保住地位,是因为历代君王都教导后继者要侍奉秦国的功劳。以前诸侯五国共同攻打秦国的时候,韩国反而和诸侯联合,做了诸侯军队的先锋,而向函谷关的秦军发起了攻击。诸侯军队兵疲力尽,无可奈何,只好退兵。杜仓做了秦相之后,为报诸侯攻秦之仇调兵遣将,首先攻打楚国,楚国令尹担忧此事,说:'韩国认为秦国行事不合道义,却又和秦国称兄道弟,共同侵害天下。随后又背叛秦国,做诸侯的先锋而攻打函谷关。韩国位于各国中央,变化反复不可察知。'诸侯联合起来逼迫韩国割让上地十城来给秦国赔罪,解除了楚国的兵患。韩国曾经一次背叛秦国,就国运困厄,土地被侵,兵力削弱,一直到现在。之所以出现这种情况,是因为听信了奸臣的浅见之言,不能权衡事情的实际情况,因此即使杀了奸臣也不能使韩国恢复强盛了。

【注释】　①诏:告诫。　②勠(lù)力一意:勠力,合力、并力。同心协力。　③班位:并立。　④雁行:雁,同"颜",前行为颜。行军队伍的前列。　⑤杜仓:人名,事迹不详,据此知曾做过秦国的宰相。　⑥令尹:楚国官名,相当于各国的宰相。

　　"今赵欲聚兵士卒,以秦为事,使人来借道,言欲伐秦,其势必先韩而后秦。且臣闻之:'唇亡则齿寒。'夫秦、韩不得无同忧,其形可见。魏欲发兵以攻韩,秦使人将使者于韩①。今秦王使臣斯来而不得见,恐左右袭囊奸臣之计②,使韩复有亡地之患。臣斯不得见,请归报,秦、韩之交必绝矣。斯之来使,以奉秦王之欢心,愿效便计,岂陛下所以逆贱臣者邪③?臣斯愿得一见,前进道愚计,退就菹戮④,愿陛下有意焉。今杀臣于韩,则大王不足以强,若不听臣之计,则祸必构矣。秦发兵不留行,而韩之社稷忧矣。臣斯暴身于韩之市,则虽欲察贱臣愚忠之计,不可得已。边鄙残,国固守,鼓铎之声于耳,而乃用臣斯之计晚矣。且夫韩之兵于天下可知也,今又背强秦。夫弃城而败军⑤,则反掖之寇必袭城矣⑥。城尽则聚散⑦,聚散则无军矣。城固守,则秦必兴兵而围王一都,道不通,则难必谋⑧,其势不救,左右计之者不周,愿陛下熟图之。若臣斯之所言有不应事实者,愿大王幸使得毕辞于前,乃就吏诛不晚也。秦王饮食不甘,游观不乐,意专在图赵,使臣斯来言,愿得身见,因急与陛下有计也。今使臣不通,则韩之信未可知也。夫秦必释赵之患而移兵于韩,愿陛下幸复察图之,而赐臣报决⑨。"

【译文】　"现在赵国打算集合军队,准备攻打秦国,派人来韩国借道,说的是想攻打秦国,那情势一定是先打韩国,然后再攻打秦国。况且我听说过这样的话:'嘴唇没有了,牙齿就会受寒。'秦国和韩国不能不共同面对忧患,这种形势是显而易见的。魏国打算发兵来攻打韩国,派人到秦国联络,秦国派人打算把魏国的使者送到韩国。现在秦王派我李斯到韩国来,却不能谒见陛下,我担心您的左右大臣会沿用以前奸臣的计谋,使韩国再一次遭受丧失土地的灾祸。我不能面见陛下,回去报告给秦王,秦国与韩国的交往必然要断绝了。我这次出使韩国,是奉了秦王爱惜韩国的心意,希望进献有利于韩国的计策,难道这就是陛下接待秦国使臣的方法吗? 我希望能获允见大王一面,上前给您陈说我的计谋,退下后即使被剁成肉酱也愿意,希望陛下能够同意。现在即使把我杀了,大王也不能使韩国强大起来,如果不听从我的意见,那么必然造成祸乱。秦国发兵之后,不使军队停止前进,那么韩国的社稷就很危险了。等我李斯陈尸于韩国街市之后,到那时即使想考虑我的计谋,也是不可能的了。边境被攻破,固守在国都之内,军鼓号铎之声不绝于耳,到那时才采用我李斯的计谋就晚了。况且韩国军队的力量诸侯都是知道的,现在又背叛了强大的秦国。假如放弃城邑而溃败撤军,那么内部叛变的盗寇必然袭击洗劫城邑,城邑被袭击洗劫一空,百姓必然四散逃亡,百姓四散逃亡,军队也就垮了。如果固守城邑,秦国必然派兵围困王都,道路不通,就很难有稳妥的计谋,到那个时候,形势就很难补救了,您的臣僚的计划不周密,希望陛下能仔细地考虑这件事。如果我李斯所说的话有与事实不相符合的,希望大王能同意我在您面前把话说完,再下狱处死也不迟。秦王饮食不觉得味美,游观不觉得快乐,一心一意在谋取赵国,派我来韩国陈说此意,希望能谒见陛下,因为我急于和陛下计议。现在我无法谒见陛下,信息不通,那么韩国对秦国是否守信用就无法察知了。那么秦国一定会放下赵国这个祸患而移兵攻韩,希望陛下再仔细地考虑谋划这件事,赐给我最后决定的答复。

【注释】　①秦使人将使者于韩:使者,指魏国的使者。秦国派人打算把魏国的使者送到韩国,表示对韩国的好意。　②曩(nǎng):以前。　③逆:迎候,接待。　④就菹(zū)戮:就,被、受。菹,同"葅",古代的一种酷刑,把人剁成肉酱。指被处死刑。　⑤败军:军队溃败,弃城而走。　⑥反掖:内部叛变。　⑦聚散:指百姓四散逃亡。　⑧必:保证,引申为稳妥。　⑨报决:最后决定的答复。

难言第三

难言,就是臣下向君主进言的困难。作者首先概述了向君主进言可能受到的曲解和毁谤,指出"度量虽正,未必听也;义理虽全,未必用也"的结局,又列举了进言不成反遭杀身之祸的一系列史实,陈述了进言的困难,劝谕君主应做贤圣之君,听取"仁贤忠良有道术之士""忤于耳而倒于心"的"至言"。

臣非非难言也,所以难言者:言顺比滑泽①,洋洋纚纚②然,则见以为华而不实③。敦厚恭祗④,鲠固慎完⑤,则见以为掘而不伦⑥。多言繁称,连类比物⑦,则见以为虚而无用。总微说约⑧,径省而不饰,则见以为刿而不辩⑨。激急亲近⑩,探知人情,则见以为谮而不让⑪。闳大广博⑫,妙远不测⑬,则见以为夸而无用。家计小谈⑭,以具数言,则见以为陋。言而近世,辞不悖逆,则见以为贪生而谀上。言而远俗,诡躁人间⑮,则见以为诞⑯。捷敏辩给⑰,繁于文采,则见以为史⑱。殊释文学⑲,以质信言⑳,则见以为鄙㉑。时称《诗》、《书》,道法往古㉒,则见以为诵㉓。此臣非之所以难言而重患也㉔。

【译文】 臣韩非不是进言有困难,之所以感到进言困难的原因是:说话完全顺从君主的心意,言辞富丽而不忤逆,就会被认为是浮华而不切实际。说话诚恳恭敬,正直坚守,就被认为是笨拙而无伦次。说话多次称引古语,列举同类事物详加言说,就被认为是空洞而无用。概括精微的道理,述说其要旨,言辞简略而不加文饰,就被认为是生硬而不巧妙。刺激到君主的近臣以探知事情的真相,就被认为是谗毁近臣而不知谦让。说话广博深远,不可测度其意,就被认为是说大话而无实用。说话像拉家常一样不计繁琐,一一道来,就被认为是浅陋卑劣。说话切近世俗之言,言辞不违逆君主之意,就被认为是贪恋生命而媚谀主上。说话远离世俗之言,在人世间显得奇异狡诈,就被认为是怪诞。说话敏捷善辩，富于文采，就被认为是浮夸。完全摒弃学问，以质朴信实为说，就被认为是粗俗。时时称引《诗》、《书》，遵循效法古代的圣王，就被认为是述说故事。这就是臣韩非之所以感到进言困难、担心招灾惹祸的原因。

【注释】①顺比滑泽：顺比，顺附，不抵触。滑泽，流畅无障碍。指顺从君主的心意而不忤逆。　②洋洋纚纚(sǎ)：形容辞藻富丽。　③见：被。　④敦厚恭祗(zhī)：诚恳恭敬的样子。　⑤鲠(gěng)固慎完：鲠，正直。慎，真诚。正直真诚，坚守不变。　⑥掘而不伦：掘，通"拙"，笨拙。笨拙而无伦次。　⑦多言繁称，连类比物：多次称引古语，列举同类事物详加言说。　⑧总微说约：概括精微的道理，述说要旨。　⑨刿(guì)而不辩：刿，刺伤，这里指生硬。言辞生硬而不华美、巧妙。　⑩激急亲近：急，同"及"，到。刺激到君王的近臣。　⑪譖(zèn)而不让：谗毁近臣而不知谦让。　⑫闳大广博：闳，同"宏"。广大。　⑬妙远：妙，通"眇"。高远。　⑭家计小谈：家务琐事。　⑮诡躁人间：诡，奇异。躁，狡诈。在人世间显得奇异狡诈。　⑯诞：怪诞。　⑰给：敏捷。　⑱史：虚饰，浮夸。　⑲殊释文学：殊释，弃绝。文学，指学问。完全摒弃学问。　⑳以质信言：以质朴信实为说。　㉑鄙：粗俗。　㉒道法往古：遵循效法古代的圣王。　㉓诵：述说故事。　㉔重患：看重灾祸，即担心招灾惹祸。

　　故度量虽正①，未必听也；义理虽全②，未必用也。大王若以此不信，则小者以为毁訾诽谤③，大者患祸灾害死亡及其身。故子胥善谋而吴戮之④，仲尼善说而匡围之⑤，管夷吾实贤而鲁囚之⑥。故此三大夫岂不贤哉？而三君不明也。上古有汤至圣也⑦，伊尹至智也⑧；夫至智说至圣，然且七十说而不受，身执鼎俎为庖宰⑨，昵近习亲⑩，而汤乃仅知其贤而用之。故曰以至智说至圣，未必至而见受，伊尹说汤是也；以智说愚必不听，文王说纣是也⑪。故文王说纣而纣囚之，翼侯炙⑫，鬼侯腊⑬，比干剖心⑭，梅伯醢⑮，夷吾束缚⑯，而曹羁奔陈⑰，伯里子道乞⑱，傅说转鬻⑲，孙子膑脚于魏⑲，吴起抆泣于岸门、痛西河之为秦、卒枝解于楚⑳，公叔痤言国器、反为悖，公孙鞅奔秦㉑，关龙逄斩㉒，苌弘分胣㉓，尹子穽于棘㉔，司马子期死而浮于江㉕，田明辜射㉖，宓子贱、西门豹不斗而死人手㉗，董安于死而陈于市㉘，宰予不免于田常㉙，范雎折胁于魏㉚。此十数人者，皆世之仁贤忠良有道术之士也，不幸而遇悖乱暗惑之主而死㉛。然则虽贤圣不能逃死亡避戮辱者，何也？则愚者难说也，故君子难言也。且至言忤于耳而倒于心㉜，非贤圣莫能听，愿大王熟察之也。

【译文】　所以提出的法度虽然公正,君王未必肯听;所陈说的道德准则虽然完满,君王未必肯用。大王假若认为这些话不真实,那么事小则被认为是诋毁诽谤,事大则要遭受灾祸甚至被处死。所以伍子胥虽善于谋略却被吴王杀害,孔子虽然善于言说却被匡人围困,管仲非常贤能却被鲁人囚禁。难道是这三个人不够贤能吗?是这三位国君不够英明啊。上古时代商汤是最圣明的人,伊尹是最睿智的人。以最睿智的人劝说最圣明的人,可是经过七十次仍不被接受,最后亲自扛着锅鼎刀砧做了厨子,慢慢地亲近商汤,商汤这才知道伊尹的贤才而重用了他。所以即使最睿智的人劝说最圣明的人,也不一定刚到就能被接受,伊尹劝说商汤属于此类。让智者劝说愚者必然不被听从,文王劝说商纣就属此类。所以文王劝说商纣而被纣囚禁,翼侯被做成了烤肉,鬼侯被做成了干肉,比干被挖了心,梅伯被剁成了肉酱;管仲被捆绑,曹羁逃到了陈国,百里奚在路边乞讨,傅说卖身为奴;孙子在魏国被砍去双足;吴起在岸门哭泣,痛言西河将为秦所有,他最终在楚国被杀害;公叔痤推荐可以主持国政的人才却被视为荒谬,公孙鞅因此逃往秦国;关龙逢被杀害,苌弘被裂杀,尹子陷入牢狱,司马子期死后被投入江中。田明被磔裂,宓子贱、西门豹不与人争斗却死于他人之手,董安于自杀后尸体被陈列在市场上,宰予在田常之乱中未能获免,范雎在魏国被打断了肋骨。这十几个人,都是世间仁贤忠良、有治国之才的人,不幸遇上了愚昧昏乱的君主而枉死。如此,那么即使是圣贤之人也不能逃脱死亡、免遭屈辱,这是为什么呢?因为愚昧的人是难以被劝说的,所以君子就很难进言了。况且忠言都是不顺耳、不合意的,不是圣贤之人不能听取,希望大王仔细考虑我说的这些话。

【注释】　①度量:法度。　②义理:道德准则。　③毁誉(zǐ):诋毁。　④子胥:姓伍名员,春秋时楚国人。在父亲伍奢、兄长伍尚被楚平王杀害后,伍子胥逃到吴国,辅佐吴王阖闾攻破楚国国都,得报家仇。后吴王夫差战胜越国,越王勾践请和,子胥劝谏,吴王夫差不听,后吴太宰嚭受越国贿赂,谗毁子胥,吴王赐剑使之自杀。　⑤仲尼善说而匡围之:仲尼,即孔子。匡为春秋时卫国的城邑,曾属郑国,在今河北省长垣县西南。鲁定公六年,季氏家臣阳虎专掌鲁国政权,侵郑取匡,虐待匡人。鲁定公十三年,孔子由卫国前往陈国,经过匡邑。由于孔子貌似阳虎,故匡人将其围困。　⑥管夷吾实贤而鲁囚之:管夷吾,即管仲。春秋时代,齐襄公无道,公孙无知弑襄公自立为君。鲍叔牙侍奉公子小白逃至吕国,管仲与召忽侍奉公子纠逃到鲁国。雍林人杀公孙无知之后,鲁国派兵护送公子纠回国,由于行动迟缓,公子小白得以先回到齐国,立为君主,这就是齐桓公。鲁国因此与齐国交战,战败后应齐国的要求杀了公子纠,召忽自杀,管仲被囚。鲍叔牙向齐桓公推荐管仲,于是,桓公施计使鲁人送管仲回到齐国。管仲即受到重用,最终辅佐齐桓公得以称霸诸侯。　⑦汤:即商汤,又称成汤,商朝的开国之君。　⑧伊尹:名伊,尹是职官名,商初名臣,助汤灭夏。　⑨庖宰:厨子。　⑩昵近习亲:昵近、习亲均为亲近之意。　⑪文王：即周文王姬昌，周武王的父亲，商朝末年为西伯，周武王伐纣后追尊其为"文王"。纣：商代的最后一位国君，嗜酒好色、暴虐无道，为炮烙之刑，剖比干之心，导致天下大乱，诸侯背离。周武王率诸侯伐纣，牧野之战中纣王兵败自焚。　⑫翼侯炙：翼侯，商纣时的诸侯。炙，烤肉。翼侯被商纣做成了烤肉。　⑬鬼侯腊(xī)：鬼侯，商纣时的诸侯。腊，干肉。鬼侯被商纣做成了干肉。　⑭比干：商纣时的忠臣，被商纣挖心而死。　⑮梅伯醢(hǎi)：梅伯，商纣时的诸侯。醢，肉酱。梅伯被做成了肉酱。
⑯曹羁奔陈：曹羁，春秋时代曹国人。鲁庄公二十四年，戎人侵曹，曹羁劝谏曹伯，曹伯不听其言，曹羁遂奔陈。　⑰伯里子道乞：伯里子，即百里奚。百里奚本为虞国大夫，晋灭虞国后，虏百里奚，让他做秦穆公夫人的陪嫁奴仆，百里奚觉得羞耻，便逃到宛地，被楚国人捉住，秦穆公听说他是一位贤能的人，于是用五张羊皮将其赎回，并让他主持国政，百里奚因此辅佐秦穆公称霸西戎。这里所说的就是百里奚亡秦走宛之事。　⑱傅说转鬻：傅说，殷高宗武丁时人。转鬻，卖身为佣。传说殷高宗武丁梦到一个名叫说的圣人，于是派人四处寻找，最后在一个叫傅险的地方找到了身为奴隶的傅说。　⑲孙子膑脚于魏：孙子，指战国时齐国人孙膑。孙膑与庞涓一起跟鬼谷子学习兵法，后来庞涓做了魏惠王的将军，他忌惮孙膑的才能，于是私下派人延请孙膑，孙膑至魏后，庞涓砍掉了孙膑的双脚。后齐人淳于髡出使齐国，秘密救出孙膑。齐威王以孙膑为师，孙膑设计困庞涓于马陵，庞涓自杀。　⑳吴起拭(wèn)泣于岸门、痛西河之为秦、卒枝解于楚：拭，擦拭。岸门，地名，在今山西河津县南。西河，即今陕西大荔一带，在黄河以西，故称河西。魏文侯任命吴起为西河守，魏武侯即位后听信谗言将其召回。吴起行至岸门时流泪叹息，自言他离开西河后西河将被秦人攻占。之后吴起逃往楚国，楚悼王让他主持国政，楚国国势大盛。悼王死后，吴起被楚国叛乱的贵族射死。　㉑公叔痤(cuó)言国器、反为悖，公孙鞅奔秦：公叔痤，魏惠王时任国相。公孙鞅，即卫鞅，其时任公叔痤的中庶子之职，掌公族事务。公叔痤病卒时，魏惠王前往探视，公叔痤推荐公孙鞅掌国政，魏惠王以为其言荒谬，未用。公叔痤死后，适值秦孝公下令求贤，公孙鞅遂至秦，辅佐孝公变法，秦国因此强盛，卫鞅被封于商，故又称为商鞅、商君。　㉒关龙逢斩：关龙逢，夏桀时的贤臣。夏桀荒淫无道，做酒池糟丘，彻夜狂欢，关龙逢进谏劝阻，被夏桀杀害。　㉓苌弘分胣(chǐ)：苌弘，春秋后期周敬王卿士刘文公大夫。胣，裂腹出肠。春秋时，晋国的范氏与中行氏叛乱，周王室卿士刘文公和范氏世为婚姻，所以周人帮助了范氏。晋乱被平息后，晋国责问周王室，其时刘文公已卒，周人于是杀了苌弘以塞责。　㉔尹子穽(jǐng)于棘：尹子，大概指春秋时周室世卿尹文公固。穽，陷入。棘，荆棘，这里应指牢狱。春秋后期，周景王卒后，王猛立，王子朝为乱，杀王猛。敬王继位后，居于狄泉，尹氏立王子朝。王子朝之乱平定后，尹氏固被杀。　㉕司马子期死而浮于江：司马子期，名结，春秋后期楚国令尹子西的弟弟，为楚国大司马。白公作乱时，杀司马子期于朝。
㉖田明辜射：田明，人名，战国时齐国人，又称田光。辜射，即辜磔，古代一种分裂肢体的酷刑。　㉗宓子贱：名不齐，春秋时鲁国人，孔子弟子。西门豹：战国时魏国人，魏文侯时为邺令。　㉘董安于死而陈于市：董安于，春秋时晋国赵简子的家臣。晋国范氏、中行氏作乱，董安于劝赵简子先发制人，范氏、中行氏失败后，智文子因问董安于之责于赵

简子,董安于自缢而死,赵简子把他的尸体陈列于市场以回应智氏之责。　㉙宰予:字子我,春秋时鲁国人,孔子弟子,曾做齐国临淄的大夫。田常:又称田恒,谥田成子,春秋后期齐国权臣,弑齐简公而立齐平公,专掌齐国政权,至其孙田和立为诸侯,取代姜氏建立了田齐政权。　㉚范雎折胁于魏:范雎,字叔,战国时期魏国人,曾因事被魏相魏齐打断肋骨,后装死逃走,改名张禄,到秦国后以远交近攻之术说秦昭襄王,被任用为相,封为应侯。　㉛暗惑:愚昧昏乱。　㉜至言忤于耳而倒于心:至言,忠言,善言。忠言听起来不顺耳,不合心意。

爱臣第四

本文的主旨是阐述过分宠爱臣下所造成的危害,在此基础上提出了明君的"蓄臣"之道:"尽之以法,质之以备。"他的这种思想对于建立中央集权制的国家、防止臣子作乱具有重要的意义。

爱臣太亲,必危其身;人臣太贵,必易主位①;主妾无等,必危嫡子②;兄弟不服,必危社稷。臣闻千乘之君无备③,必有百乘之臣在其侧,以徙其民而倾其国④;万乘之君无备,必有千乘之家在其侧⑤,以徙其威而倾其国。是以奸臣蕃息,主道衰亡⑥。是故诸侯之博大,天子之害也;群臣之太富,君主之败也。将相之营主而隆家⑦,此君人者所外也⑧。万物莫如身之至贵也,位之至尊也,主威之重,主势之隆也,此四美者不求诸外,不请于人,议之而得之矣⑨。故曰人主不能用其富⑩,则终于外也。此君人者之所识也⑪。

【译文】 宠爱的大臣太过亲近,必然危及君主的生命;人臣地位太过尊贵,必然篡夺君主之位;正妻与妾的地位没有分别,必然危害到嫡子的地位;兄弟不能服顺,必然危害到国家。我听说拥有一千辆兵车的君主如果不加防备,一定有掌握着一百辆兵车的大臣在他的旁边,夺取他的民众,倾覆他的国家;拥有一万辆兵车的君主如果不加防备,一定有掌握着一千辆兵车的卿大夫在他的旁边,夺取他的权力,倾覆他的国家。因此奸臣滋生,君主的治国之道就会衰亡。由于这个原因,诸侯的强大,就是天子的灾难;大臣的殷富,就是诸侯的祸害。将相荧惑君主而使私家采邑兴盛的做法,是做君主的应当疏远排斥的。世间万物都不如出身的最高贵、地位的最尊显、君主的威严庄重、君主的权势盛大。这四件美事不能从外界寻找,不能从别人那里求取,只要行事合宜就可以得到。所以说君主如果不能拥有这四件美事,那么最终会被排斥在外。这是身为人君者所必须记住的。

【注释】 ①必易主位:必然替代君主的地位,指篡权夺位。 ②主妾无等,必危嫡子:主妾,即正妻与妾。嫡子,正妻所生之子,多指嫡长子。正妻与妾没有等级差别,必然危害到嫡子的地位。 ③无备:不加防备。 ④徙:夺取。 ⑤千乘之家:古代诸侯称国,大夫称家。掌握着千辆兵车的卿大夫。 ⑥主道:君主的治国之道。 ⑦将相之营主而隆家:此句原作"将相之管主而隆国家",据孙诒让《札迻》改。营主,营惑君主。隆家,使私家采邑隆盛。将相营惑君主而使私家采邑兴盛。 ⑧外:疏远排斥。 ⑨议:当作"义",符合正义或道德规范。这里指行事合宜。 ⑩用其富:用,有。富,指上文所言"四美"。 ⑪识(zhì):记住。

昔者纣之亡,周之卑,皆从诸侯之博大也;晋之分也,齐之夺也,皆以群臣之太富也。夫燕、宋之所以弑其君者,皆以类也。故上比之殷、周,中比之燕、宋,莫不从此术也。是故明君之蓄其臣也①,尽之以法②,质之以备③。故不赦死,不宥刑④,赦死宥刑,是谓威淫⑤,社稷将危,国家偏威⑥。是故大臣之禄虽大⑦,不得藉威城市⑧;党与虽众⑨,不得臣士卒⑩。故人臣处国无私朝⑪,居军无私交⑫,其府库不得私贷于家,此明君之所以禁其邪。是故不得四从⑬;不载奇兵⑭;非传非遽⑮,载奇兵革,罪死不赦;此明君之所以备不虞者也。

【译文】 过去商纣的灭亡,周王朝的卑弱,都是由于诸侯的兴盛壮大;晋国被韩、赵、魏三家瓜分,齐国政权被篡夺,都是因为大臣的富足。至于燕、宋等国君主被弑杀的原因,都与此相类。所以上古比之于殷、周,中古比之于燕、宋,衰亡篡弑没有不是经由这种手段的。所以圣明的君主对待他的臣子,依据法律处之死刑,以大臣的亲戚妻子做人质以备其叛乱。因此不赦免死罪,不宽宥刑罚。赦免死罪,宽宥刑罚,这叫做失去威严,国家将面临危险,政权会旁落他人之手。因此大臣的采邑即使广博,不得借助城市来壮大他的威势;同党之人即使很多,不得私自拥有军队。因此作为臣子在朝廷上供职不弄权专政,统军将领不能有私人之间的交情,府库的财物不能由卿大夫之家贷出,这是英明的国君用来禁止奸邪的办法。因此卿大夫不得有四马驾车的随从车乘,不得携带佩刀佩剑一类的兵器;不是传车和驿马,携带精锐的兵器,就被处以死刑,绝不赦免;这是英明的国君防备意外情况发生的办法。

【注释】 ①蓄:蓄养,这里指对待。 ②尽之以法:尽,处死。依据法律处以死刑。 ③质之以备:以其亲戚妻子做人质以防备其叛乱。 ④宥(yòu)刑:宥,宽宥,赦免。宽宥刑罚。 ⑤威淫:淫,涣散,游散。指君主失去了威严。 ⑥偏威:指政权旁落。 ⑦

禄:俸给。古代制禄之法,或赐或颁无定;或田邑或粟米或钱物历代差等不一。这里指采邑。 ⑧藉威城市:藉,同"借"。借城市来发展壮大他的威势。 ⑨党与:同党之人。 ⑩臣士卒:指私有军队。 ⑪私朝:以朝廷为私有而弄权专政。 ⑫私交:私人之间的交情。 ⑬四从:四,通"驷"。指随从车乘。 ⑭奇(jī)兵:佩刀佩剑之类的兵器。 ⑮非传(zhuàn)非遽:传、遽,均指驿站的人员车马。不是传车和驿马。

主道第五

　　主道，就是做君主的道术。韩非从《老子》中继承了"道"即"万物之始，是非之始"的思想，应用道家"虚静无为"的思想，申述了为君之道的三大要点：守虚静、合形名、正赏罚。从这里可以看出，韩非所讲的"道"，是君主驾驭臣下的治臣之"术"，与道家本体的"道"有根本的不同。

　　道者，万物之始①，是非之纪也②。是以明君守始以知万物之源③，治纪以知善败之端④。故虚静以待，令名自命也，令事自定也。虚则知实之情，静则知动者正⑤。有言者自为名，有事者自为形，形名参同⑥，君乃无事焉，归之其情。故曰：君无见其所欲，君见其所欲，臣将自雕琢⑦；君无见其意，君见其意，臣将自表异⑧。故曰：去好去恶，臣乃见素⑨，去旧去智⑩，臣乃自备。故有智而不以虑⑪，使万物知其处；有贤而不以行⑫，观臣下之所因⑬；有勇而不以怒⑭，使群臣尽其武。是故去智而有明，去贤而有功，去勇而有强。群臣守职，百官有常，因能而使之，是谓习常⑮。故曰：寂乎其无位而处⑯，漻乎莫得其所⑰。明君无为于上，群臣竦惧乎下⑱。明君之道，使智者尽其虑，而君因以断事，故君不穷于智；贤者敕其材⑲，君因而任之，故君不穷于能；有功则君有其贤，有过则臣任其罪，故君不穷于名。是故不贤而为贤者师，不智而为智者正。臣有其劳，君有其成功，此之谓贤主之经也⑳。

【译文】　所谓道，是万物存在的根本，是衡量是非的准绳。所以英明的君主探求根本以了解万物的来源，整治法度以辨析善恶成败的端绪。所以以虚静的态度对待万物，使名分自然命定，使事务自然完成。空虚就能知道充实的本性，清静就能知道运动的准则。进言的人自己加以解说，办事的人自行完成，事物的实情与名分相互验证合同，君主就不需要做事情，一切都会自然地趋向于它的本性。所以说：君主不要显露他的喜好，君主显露出他的喜好，大臣就会矫饰自己以投其所好；君主不要显露他的意向，君主显露他的意向，大臣就会表现异能以合君主之意。所以说，君主摒除自己的好恶，大臣才会显露自己的本性。君主摒除陈见、掩藏智慧，大臣才会自我戒备。所以有智慧却不用于谋虑，使万物得其常处而不乱；有贤才却不用来做事，以观察大臣治事所依靠的标准；有勇力却不气势逼人，使群臣能竭尽其武功。因此，不用智慧却更加英明，摒除贤才却更有功效，去除勇力却更加强大。群臣能忠于职守，百官行事符合仪轨，按照各人的才能分配工作，这就叫做顺应常道。所以说：明君要寂静得像没有处在君位，空虚得没有人知道他在哪里。英明的君主在朝堂上不动声色、无所作为，群臣在堂下就会肃立惶恐。明君的道术，要使聪明的人穷尽其智谋，君主依据他们的智谋来决断事务，所以君主的智慧是无穷的；使贤能的人发挥其治理之才，君主依据其才能而加以任用，所以君主的才能是无穷的；有功绩则君主获得贤能之名，有过失则大臣承担其罪责，所以君主的功名是无穷的。所以君主没有贤才却是贤才的导师，君主不聪明却是聪慧者的君长。大臣付出辛劳，君主享受成功，这就是贤良的君主治国的常道。

【注释】　①始：根本，本源。　②纪：法度，准绳。　③守始以知万物之源：守，求，探求。探求根本以了解万物的来源。　④治纪以知善败之端：整治法度以辨析善恶成败的端绪。　⑤正：准则，标准。　⑥形名参同：验证事实与名分的同异。　⑦雕琢：矫饰，做作。　⑧表异：表现异能以合君主之意。　⑨见素：素，本质，本性。显露本性。　⑩去旧去智：旧，陈见。摒除陈见、掩藏智慧。　⑪有智而不以虑：有智慧却不用来谋虑。　⑫有贤而不以行：原作"有行而不以贤"，据王先慎《韩非子集解》改。有才能却不用来做事。　⑬观臣下之所因：因，依靠，凭借。观察大臣治事所依靠的标准。　⑭有勇而不以怒：怒，气势强健逼人。有勇力却不气势逼人。　⑮习常：顺应常道。　⑯寂乎其无位而处：寂，寂静。寂静得像没有处在君位上。　⑰漻（liáo）乎莫得其所：漻，空虚，空廓。空虚得没有人知道他在哪里。　⑱竦惧：肃立惶恐。　⑲敕：治理。　⑳经：常道。

道在不可见，用在不可知。虚静无事，以暗见疵①。见而不见，闻而不闻，知而不知。知其言以往，勿变勿更，以参合阅焉。官有一人，勿令通言②，则万物皆尽③。函掩其迹④，匿其端，下不能原；去其智，绝其能，下不能意。保吾所以往而稽同之⑤，谨执其柄而固握之。绝其能望，破其意，毋使人欲之。不谨其闭⑥，不固其门，虎乃将存。不慎其事，不掩其情，贼乃将生。弑其主，代其所,人莫不与,故谓之虎。处其主之侧,间其主之忒⑦,故谓之贼。散其党,收其余⑧,闭其门,夺其辅,国乃无虎。大不可量,深不可测,同合刑名,审验法式,擅为者诛,国乃无贼。是故人主有五壅⑨:臣闭其主曰壅,臣制财利曰壅,臣擅行令曰壅,臣得行义曰壅,臣得树人曰壅。臣闭其主则主失位,臣制财利则主失德,臣擅行令则主失制,臣得行义则主失明,臣得树人则主失党。此人主之所以独擅也⑩,非人臣之所以得操也。

【译文】 君主的道术在于没有形象可见,它的作用在于不被人察知。君主表面上空虚宁静,无所作为,却从暗中察看群臣的过失。看到如同没有看到,听到如同没有听到,了解如同没有了解。了解群臣的言论以后,不要加以改变,用以汇总比较。每一种官职设一人主持工作,命令他们不要相互联络,互通消息,那么万物就会都归于虚静。君主行事,包藏其形迹,隐匿其端绪,臣下不能推求其原委;摒去其智慧,弃绝其才能,臣下不能揣测其心意。按照我自己的意向来考验群臣的言论,小心地执掌权柄并稳固地操控它。断绝群臣的奢望,破除群臣的臆度,不要让人产生掌握权力的野心。不谨慎地关好门户,不加固屋门,老虎就可能出现。不谨慎地做事,不掩藏自己的情感,奸贼就可能产生。杀害君主的性命,取代君主的地位,民众没有不顺从的,所以称之为老虎。站立在君主的左右,窥伺君主的过错,所以称之为奸贼。解散他的朋党,拘捕他的子孙,查封他的家门,削除他的屏藩,国家就没有了老虎。君主的道术博大得不可限量,高深得无法揣测,循名责实,按法度来审查验证,把独揽专权的人处以刑罚,国家就没有了奸贼。因此,作为君主有五重障蔽:大臣掩闭君主的耳目是一种障蔽,大臣控制国家的财利是一种障蔽,大臣独断专行是一种障蔽,大臣为自己的目的施行仁义是一种障蔽,大臣能够培养造就人才是一种障蔽。大臣掩闭君主的耳目,就会让君主昏聩而失去身份地位;大臣控制国家的财利,就会让君主丧失赏赐的恩德;大臣独断专行,就会让君主丧失控制国家的权力;大臣施行仁义,就会让君主丧失声誉;大臣能够培养人才,就会让君主失去党徒。这些是君主必须要独自掌握、不能让臣下得以操持的权柄。

【注释】 ①以暗见疵:暗,晦暗,隐暗。疵,小病,这里指过失。从暗中察看群臣的过失。　②通言:互通言语消息。　③尽:字应作"静",虚静。　④函掩其迹:包藏其形迹。　⑤稽同:考校,验证。　⑥谨其闭:谨慎地关好门户。　⑦间其主之忒:间,窥伺。忒,差错。窥伺君主的过错。　⑧余:这里指子孙。　⑨壅:障蔽。　⑩独擅:独自掌握。

人主之道,静退以为宝。不自操事而知拙与巧,不自计虑而知福与咎。是以不言而善应,不约而善增①。言已应则执其契②,事已增则操其符③。符契之所合,赏罚之所生也。故群臣陈其言,君以其言授其事,事以责其功。功当其事,事当其言则赏;功不当其事,事不当其言则诛。明君之道,臣不得越官而有功,不得陈言而不当。是故明君之行赏也,暖乎如时雨④,百姓利其泽;其行罚也,畏乎如雷霆,神圣不能解也⑤。故明君无偷赏⑥,无赦罚。赏偷则功臣堕其业,赦罚则奸臣易为非。是故诚有功则虽疏贱必赏⑦,诚有过则虽近爱必诛。疏贱必赏,近爱必诛,则疏贱者不怠,而近爱者不骄也。

【译文】 君主的道术,把虚静退让作为宝贵的品质。不亲自操持政事却了解处理政事的巧拙,不亲自谋划思虑却知道谋略带来的利益与灾祸。所以君主不发表言论却能让群臣做出积极的响应,君主不与臣子订约却能让臣子处事更有功效。臣子已陈述其言论就拿他说的话作契约,臣子处事更有功效就拿他做的事作为符信。是否与契约符信相合,是奖赏与惩罚的依据。所以群臣陈述他的言论,君主按照他的言论安排事务,按照分配的事务责求其功绩。功绩与事务对等,所做的事与言论相合就给予奖赏。功绩与事务不对称,所做的事与言论不合就处以刑罚。明君的道术,臣子不得超出职权范围而建立功绩,不得发表不恰当的言论。所以明君行施赏赐,就像及时雨一样温暖润泽,百姓受其润泽而得利。明君行施处罚,就像雷霆一样使人畏惧,即使神仙也不能免除。所以英明的君主不会轻视赏赐,不会赦免刑罚。赏赐之事被轻视,有功之臣就会懈怠于工作,赦免刑罚奸臣就容易为非作歹。因此,如果真的有功绩,那么即使关系疏远、地位低下的人也一定给予赏赐,如果真的有过失,那么即使亲近喜爱的人也一定给予处罚。疏远低贱的人一定奖赏,亲近喜爱的人必定处罚,那么疏远低贱的人就不会懈怠,而亲近喜爱的人也就不敢骄纵了。

【注释】 ①不约而善增:约,指约束臣下。增,指增加功效。不约束大臣却能让大臣做事更有功效。 ②契:契约。 ③符:符信。 ④暖(ài)乎如时雨:暖,温润、温暖。像及时雨一样温暖润泽,百姓受其润泽而得利。 ⑤解:免除。 ⑥偷赏:偷,轻视。轻视赏赐。 ⑦疏贱:指关系疏远、地位低下的人。

有度第六

　　有度，就是有法度。"奉法者强则国强，奉法者弱则国弱"，作者把"奉法"作为治乱兴亡的关键，用一系列的历史事件，申述了"因法数，审赏罚"、"奉公法，废私术"对于治理国家的重要作用。文中提出的"法不阿贵，绳不挠曲"、"刑过不避大臣，赏善不遗匹夫"的思想，与儒家"刑不上大夫"的观念正好相反，体现了积极进步的历史意义。

　　国无常强，无常弱。奉法者强则国强，奉法者弱则国弱。荆庄王并国二十六，开地三千里，庄王之岷社稷也，而荆以亡①。齐桓公并国三十，启地三千里，桓公之岷社稷也，而齐以亡②。燕襄王以河为境，以蓟为国，襄涿、方城③，残齐，平中山，有燕者重，无燕者轻，襄王之岷社稷也，而燕以亡④。魏安厘王攻燕救赵，取地河东；攻尽陶、卫之地；加兵于齐，私平陆之都；攻韩拔管，胜于淇下；睢阳之事，荆军老而走⑤；蔡、召陵之事，荆军破；兵四布于天下，威行于冠带之国⑥；安厘死而魏以亡。故有荆庄、齐桓则荆、齐可以霸，有燕襄、魏安厘则燕、魏可以强。今皆亡国者，其群臣官吏皆务所以乱，而不务所以治也。其国乱弱矣，又皆释国法而私其外⑦，则是负薪而救火也，乱弱甚矣。

【译文】　一个国家不可能永远强盛，也不可能永远衰弱。奉行法令的君主强硬则国家强大，奉行法令的君主软弱则国家就衰弱。楚庄王兼并了二十六个小国，开辟土地三千里，庄王死后楚国就衰落了。齐桓公兼并了三十个国家，开辟土地三千里，桓公死后，齐国就衰落了。燕昭襄王以黄河作为国界，以蓟作为国都，以涿、方城作为屏障，毁坏齐国，削平中山。与燕国结盟国家地位就高，不能与燕国结盟国家地位就低。燕昭襄王死后，燕国就衰落了。魏安厘王攻打燕国援助赵国，夺取了河东的土地，尽数占领了陶、卫一带的土地;用兵攻打齐国,把平陆城邑据为己有;攻打韩国占领了管地,在淇水河边取得胜利;在睢阳与楚军相持,楚军日久而溃败;在蔡、召陵一带与楚军作战,楚国的军队被打败;魏国的军队遍布天下,威风流传于礼仪之邦。魏安厘王死了之后,魏国就衰落了。所以楚国有了楚庄王、齐国有了齐桓公,楚国和齐国就能成为霸主,燕国有了燕昭襄王、魏国有了魏安厘王,燕国和魏国就能成为强国。现在这几个国家都衰落的原因,在于他们的群臣官吏都在做使国家乱亡的事情,而不去做能使国家安定的事情。这些国家都混乱衰弱了,群臣官吏又都背弃国家的法令而于法令之外营求私利,这就像是背着木柴去救火一样,只能让国家混乱衰弱得更加厉害。

【注释】　①庄王之岷社稷也,而荆以亡:庄王,即楚庄王,春秋时代楚国的国君,春秋五霸之一,公元前 613 ~ 前 591 年在位。岷,通"泯"。"岷社稷",这里指代死亡。楚庄王任用贤才,厉行法治,在晋楚争霸中获胜成为当时霸主。楚庄王死后,其子共王继位。共王年幼,军政大权由令尹子重执掌,在楚晋争霸中,楚国亦屡战屡败,难续霸主之位。②桓公之岷社稷也,而齐以亡:桓公,即齐桓公,春秋时代齐国的君主,春秋五霸之首,齐桓公以管仲为相,建立齐国霸业,尊称管仲为"仲父"。管仲死后,齐桓公未听管仲之言而使竖刁主政,竖刁与易牙作乱,饿死桓公,杀群吏,立公子亏。齐孝公出奔宋国,后在宋国的帮助下才回国继承君位。此后齐国国势渐衰,未能再续霸业。　③袭:遮盖、掩藏,引申为屏障。　④襄王之岷社稷也,而燕以亡:燕昭襄王励精图治,以乐毅为上将军,使燕国成为当时强国。燕昭襄王死后,其子燕惠王与乐毅有私怨,罢乐毅而用骑劫为将军,被齐国田单击败,燕国从此一蹶不振。　⑤老而走:老,历时长久。走,败走、溃逃。相持日久而使之溃逃。　⑥冠带之国:指文化先进、礼乐文明的中原国家。　⑦释国法而私其外:释,背弃,舍弃。背弃国家的法令而在法令之外营求私利。

　　故当今之时,能去私曲就公法者①,民安而国治;能去私行行公法者,则兵强而敌弱。故审得失有法度之制者加以群臣之上,则主不可欺以诈伪②;审得失有权衡之称者以听远事③,则主不可欺以天下之轻重④。今若以誉进能⑤,则臣离上而下比周⑥;若以党举官,则民务交而不求用于法。故官之失能者其国乱。以誉为赏,以毁为罚也,则好赏恶罚之人,释公行、行私术、比周以相为也。忘主外交,以进其与,则其下所以为上者薄矣。交众与多,外内朋党,虽有大过,其蔽多矣。故忠臣危死于非罪,奸邪之臣安利于无功。忠臣危死而不以其罪,则良臣伏矣;奸邪之臣安利不以功,则奸臣进矣;此亡之本也。若是,则群臣废法而行私,重私轻公矣。数至能人之门⑦,不壹至主之廷;百虑私家之便,不壹图主之国。属数虽多，非所以尊君也；百官虽具，非所以任国也。然则主有人主之名，而实托于群臣之家也。故臣曰：亡国之廷无人焉。廷无人者，非朝廷之衰也。家务相益，不务厚国；大臣务相尊，而不务尊君；小臣奉禄养交，不以官为事。此其所以然者，由主之不上断于法，而信下为之也。故明主使法择人⑧，不自举也；使法量功，不自度也。能者不可弊，败者不可饰，誉者不能进，非者弗能退，则君臣之间明辨而易治，故主雠法则可也⑨。

【译文】 所以在当今这个时代，能够摒除私心而成全公法的君主，能使百姓安宁国家稳定；能够摒除自私的行为而奉行公法的君主，就能使自己的军队强大而让敌人的军队变得衰弱。所以以法度为准则来衡量群臣的是非得失，群臣官吏就不敢弄虚作假来欺骗君主了；以法度为准绳来听取来自远方的消息，判断其是非得失，群臣官吏就不敢以外国之事、纵横之说来欺骗君主。现在如果根据声誉进用人才，那么群臣就会与君主疏远而私下里联合起来，相互颂扬。如果根据朋党的荐举来任用官吏，那么民众就会热衷于结交而不努力通过合法的途径来求得任用了。所以，任用官吏时遗漏了贤能的人他的国家就会出现混乱。因为有美誉而受到奖赏，因为受到诽谤就被惩罚，那么好赏恶罚的人，就会舍弃为公的行为、实施为私的权谋，相互勾结、相互利用。不顾念君主的利益而与外国交往，以达到进用其党羽的目的，那他们为君主所能做的就很微薄了。交友众多，党羽勾结，即使有重大的罪过，替他遮掩的人是很多的。所以忠臣没有罪过而被残害，奸臣没有功绩却安享荣华。忠臣不因为有罪而被残害，那么贤良的大臣就会潜隐；奸臣不是通过建立功勋而享受荣华，那么奸臣就会得到进用。这是亡国的根本原因。如果这样，那么群臣就会废弃法令而营求私利，重视私利而轻视公益了。屡次踏进权臣的家门，却一次也不到君主的朝廷上来；多方图谋私家的利益，却一点也不为君主的国家考虑。从属的数目虽然众多，并不是都尊崇君主；官职设置虽然齐备，并不是都能够承担国事。如此，君主虽有君主的名声，实际上却是托身于群臣的家门。所以我说：即将灭亡的国家，朝廷上是没有人的。朝廷上没有人的原因，不是由于朝廷衰落了。私门权贵务求相互谋利，却不致力于增益国家；朝廷大臣务求相互利用，却不致力于尊崇君主；位卑的小吏领取俸禄以供交游之用，而不以官府的事务为职责。之所以出现这种情况，是由于君主不按照法令裁断朝廷事务，而信任属下的所作所为。所以英明的君主依据法律选择人才，而不凭自己的好恶来举用；按照法律来评价大臣的功绩，而不凭自己的估计。贤能的人不可能被埋没，做错事的人也不可能被掩饰,被称誉的人不能得到进用,被诽谤的人也不会被罢免,这样,君主对于大臣就能认识得很清楚,也很容易统治了。所以君主只要施行法律就可以了。

【注释】　①去私曲就公法:私曲,私心。就,成就,成全。摒除私心而成全公法。　②诈伪:弄虚作假。　③审得失有权衡之称者以听远事:权衡,指法度、标准。远事,指外国之事。以法度为准绳来听取外国之事,判断其是非得失。　④天下之轻重:诸侯各国的国势轻重,这里指纵横之说。　⑤以誉进能:根据声誉进用人才。　⑥离上而下比周:与君主疏远而私下里联合勾结。　⑦能人:指在位当权的大臣。　⑧使法择人:按照法律来选择人才。　⑨雠(chóu)法:雠,施行,用。施行法律。

　　贤者之为人臣,北面委质①,无有二心;朝廷不敢辞贱②,军旅不敢辞难;顺上之为,从主之法,虚心以待令而无是非也。故有口不以私言,有目不以私视,而上尽制之。为人臣者,譬之若手,上以修头③,下以修足,清暖寒热,不得不救,入,镆邪傅体④,不敢弗搏。无私贤哲之臣,无私事能之士。故民不越乡而交,无百里之戚。贵贱不相逾,愚智提衡而立⑤,治之至也。今夫轻爵禄,易去亡,以择其主,臣不谓廉。诈说逆法,倍主强谏,臣不谓忠。行惠施利,收下为名,臣不谓仁。离俗隐居,而以作非上,臣不谓义。外使诸侯,内耗其国,伺其危险之陂以恐其主⑥,曰:“交非我不亲,怨非我不解。”而主乃信之,以国听之,卑主之名以显其身,毁国之厚以利其家⑦,臣不谓智。此数物者,险世之说也⑧,而先王之法所简也⑨。先王之法曰:“臣毋或作威,毋或作利⑩,从王之指;无或作恶,从王之路。”古者世治之民,奉公法,废私术,专意一行,具以待任⑪。

【译文】　贤良的人出任官吏,只要决心侍奉君主,就不会再生二心;在朝廷任职,不敢因为职位低下而抱怨,在军队服役,不敢因为有危难而推辞;顺从君上的作为,遵从君主的法令,虚心地等待君主的命令而没有任何的褒贬。所以有嘴巴不为自己说话,有眼睛不为自己察看,而是完全由君主控制着。做官的人,就像人的手一样,在上面要保护头部,在下面要防备脚部。无论是清凉、温暖、寒冷、炙热,不得不解救时,需要手探入其中;利剑迫近身体,双手不敢不立刻与之搏斗。君主不偏私有贤德之人,也不偏私有才能的人,所以民众不会跨越乡界去交游,也没有一百里以外的亲戚。富贵的人、贫贱的人各守本分,愚笨的人、聪明的人各司其职,这是治理国家最高的境界。

现在那些轻视爵位俸禄、随便地离去、周游各国以选择他所要侍奉的君主的,我不认为是"廉"。话说得漂亮却悖逆法律、违背君主的心意而固执地进谏,我不称其为"忠"。施行恩惠以收揽人心、博取声名,我不认为是"仁"。远离俗世而隐居,用这种行为来非议君主,我不认为是"义"。向外出使诸侯列国,在内耗费国家的财用,等到他的国家出现危难的时刻来威胁他的君主,说:"邦交非我不能亲和,仇怨非我不能解除。"君主便相信他的话,把国家事务交给他们去处理,降低君主的声名来抬高自己,损害国家的利益来让其私家获利,我不认为这是"智"。以上这些事物,是乱世产生的学说,是先王的法令所禁止的。先王的法令规定:"大臣不能利用威权滥施刑罚,也不能擅做善事以获取利益,要遵从君王的旨意;不要从私意出发憎恶人,要遵从君王的正道。"古代治平之世的民众,奉行公法,摒弃邪术,一心一意遵奉君主,做好准备等待朝廷的任用。

【注释】　①北面委质:北面,古代君王的座位朝南,臣子见君主时面朝北,所以把侍奉君主称为北面。委质,亦作"委挚",向君主献礼,表示献身。　②辞贱:因为职位低下而抱怨推辞。　③修:戒备,防备。　④镆邪傅体:镆邪,宝剑名,这里指代利剑。傅,迫近,靠近。利剑迫近身体。　⑤提衡而立:提衡,原指用秤称物以平轻重,这里指选任官吏使之各司其职。　⑥危崄(xiǎn)之陂(bì):崄,同"险"。陂,倾危。指国家出现危难的时刻。　⑦厚:利益。　⑧险世之说:险世,险恶的世道,指乱世。乱世出现的学说。　⑨简:弃除,禁止。　⑩作利:做善事而获取利益。　⑪待任:等待被朝廷任用。

夫为人主而身察百官,则日不足,力不给。且上用目则下饰观,上用耳则下饰声,上用虑则下繁辞。先王以三者为不足,故舍己能,而因法数,审赏罚。先王之所守要,故法省而不侵。独制四海之内,聪智不得用其诈,险躁不得关其佞①,奸邪无所依。远在千里外,不敢易其辞;势在郎中②,不敢蔽善饰非。朝廷群下,直凑单微③,不敢相逾越。故治不足而日有余④,上之任势使然也⑤。

【译文】　作为君主,以一人之身来审查百官的作为,那么不但时间不充足,精力也不够用。而且君主如果用眼睛来观察,那么臣子就会修饰其行为,君主用耳朵来听,臣子就会修饰其言语,君主如果用智虑,臣子就会把话说得非常繁复。先王认为这三个办法都有所不足,所以放弃个人的能力,而利用法律度数,明确赏罚之事。先王掌握重权,把持关键,所以其法令省简却不受侵犯。独自控制四海之内的广大土地,聪明圣智的人不能施行诡诈之术,险恶狡猾的人不能进纳其佞巧之言,奸险邪恶无所依托。远在千里之外的官吏,不敢变更他的言辞;具有宫廷近臣势位的官吏,不敢遮蔽他人的善行而掩饰自己的过失。百官尽忠职守，直接为君主效力，不敢越职行事。所以治事完足而时日尚且有余，这是君主善于利用各种有利的态势而造成的。

【注释】　①险躁不得关其佞：躁，狡猾。关，纳入。佞，能言善辩。险恶狡猾的人不能进纳其佞巧之言。　②势在郎中：郎中，官名，始置于战国，秦、汉沿置，掌管门户、车骑等事，内充侍卫，外从作战。这里指近侍之官。具有宫廷近臣的势位。　③直凑单微：直凑，形容大臣归心聚于君主，如同车辐归集于车竿。单，同"殚"，尽。意指百官尽忠职守，直接为君主效力。　④治不足而日有余：不，通"否"。上古习用成语，指治事完足而时日有余。　⑤任势：善于利用各种有利的态势。

　　夫人臣之侵其主也，如地形焉，即渐以往①，使人主失端②，东西易面而不自知。故先王立司南以端朝夕③。故明主使其群臣不游意于法之外，不为惠于法之内，动无非法。法所以凌过外私也④，严刑所以遂令惩下也⑤。威不贷错⑥，制不共门⑦。威制共则众邪彰矣，法不信则君位危矣⑧，刑不断则邪不胜矣。故曰：巧匠目意中绳，然必先以规矩为度⑨；上智捷举中事，必以先王之法为比。故绳直而枉木断，准夷而高科削，权衡县而重益轻，斗石设而多益少。故以法治国，举措而已矣⑩。法不阿贵，绳不挠曲。法之所加，智者弗能辞，勇者弗敢争。刑过不避大臣，赏善不遗匹夫。故矫上之失，诘下之邪，治乱决缪⑪，绌羡齐非⑫，一民之轨，莫如法。厉官威民⑬，退淫殆⑭，止诈伪，莫如刑。刑重则不敢以贵易贱⑮，法审则上尊而不侵，上尊而不侵，则主强而守要，故先王贵之而传之。人主释法用私，则上下不别矣。

【译文】　大臣侵夺君主的权力，就像地面的走势，逐渐发生改变，使君主失去正确的方向，以致东西方向改变而不自知。所以先王设置司南来端正东西方位。所以英明的君主创制法律，使群臣不能在法律之外任意行事，不能在法律之内枉法开恩，任何行动都不能违背法律。法律是禁止过失、摒除私欲的方法，严刑则是贯彻法令、惩戒臣民的手段。杀戮诛罚的权力不分与他人，朝廷政务不与大臣共掌。威势权力与他人共掌，那么众多的奸邪之臣就会出现，法律得不到执行，君主的地位就会有危险，刑法不能决断，邪恶就不能被战胜。所以说：灵巧的木匠用眼睛就能看出符合绳墨，但一定要用规和矩来度量；有很高智慧的人灵活反应就能符合事理，一定要以先王的法律为标准。所以墨线端直，弯曲的木头会被砍斫；水准平正，凸凹的地方会被削平；权衡悬挂，就能减掉超重的增加太轻的；斗石设置，就能用多出的来补足缺少的。所以用法律来治理国家,只是实施和禁止两件事而已。法律不曲阿权贵,绳墨不屈曲于弯木。法律一旦实施,聪明的人不能逃避,勇猛的人不敢抗争。惩罚过失不回避高官大臣,赏赐善行不遗漏平民百姓。所以矫正君上的过失,追究臣下的奸邪,治理纷乱,决断乖谬,摈弃贪欲,剪除邪恶,统一民众的行为,没有比法律更好的。勉励官吏,刑威百姓,斥退放纵与惰怠,禁止欺诈与虚伪,没有比刑罚更有效的。刑罚严峻就不敢因为地位尊贵而轻视地位低贱的人,法律详明,则君主地位尊崇而不受侵犯,君主地位尊崇而不受侵犯,君主就强硬并能掌握重权,把持关键,所以先王特别重视并使之传至后世。君主舍弃法律而凭私意决断政事,那么尊卑相侵,上下就没有分别了。

【注释】 ①即渐以往:即渐,逐渐。逐渐发生。 ②失端:失去正确的方向。 ③司南:古代辨别方向用的一种仪器,形制与后世的罗盘相近,是现在所用指南针的始祖。 ④凌过外私:凌,压制,禁止。外,摒除,抛弃。禁止过失,摒除私欲。 ⑤遂令:贯彻法令。 ⑥威不贷错:贷,当为"贰",即"二"。错,置。杀戮诛罚的权力不分与他人。 ⑦制不共门:制,控制,这里指政权。政权不与大臣共掌。 ⑧君位危:原文作"君行危",据陈奇猷《韩非子新校注》改。 ⑨规矩:古代分别用以校正圆形和方形的两种工具。 ⑩举措:行止。这里指法律所容许的就施行,法律所容许的就禁止。 ⑪治乱决缪:治理纷乱,判断乖谬。 ⑫绌羡齐(jiǎn)非:绌,通"黜",贬退,排斥。羡,贪欲。齐,通"剪",剪除。黜去贪欲,剪除邪恶。 ⑬厉官威民:厉,原文误作"属",据王念孙《读书杂志》改。厉,同"励",勉励。勉励官吏,刑威百姓。 ⑭退淫殆:淫,放纵,无节制。殆,通"怠",惰怠。斥退放纵与惰怠。 ⑮以贵易贱:易,轻视。因为地位尊贵而轻视地位低贱的人。

二柄第七

二柄,就是刑杀与庆赏的权力。韩非基于人类趋利畏害的心理,结合历史教训,提出了君主治国要"自用其刑德"的主张,即把刑杀与庆赏的权力掌握在自己手中,作为控制臣下的重要手段。从这里也可以看出韩非重"术"的思想。

明主之所导制其臣者,二柄而已矣①。二柄者,刑、德也。何谓刑德? 曰:杀戮之谓刑,庆赏之谓德。为人臣者畏诛罚而利庆赏,故人主自用其刑德,则群臣畏其威而归其利矣。故世之奸臣则不然,所恶则能得之其主而罪之,所爱则能得之其主而赏之。今人主非使赏罚之威利出于己也,听其臣而行其赏罚,则一国之人皆畏其臣而易其君,归其臣而去其君矣,此人主失刑德之患也。夫虎之所以能服狗者,爪牙也,使虎释其爪牙而使狗用之,则虎反服于狗矣。人主者,以刑德制臣者也,今君人者,释其刑德而使臣用之,则君反制于臣矣。故田常上请爵禄而行之群臣,下大斗斛而施于百姓,此简公失德而田常②用之也,故简公见弑。子罕谓宋君曰③:"夫庆赏赐予者,民之所喜也,君自行之;杀戮刑罚者,民之所恶也,臣请当之。"于是宋君失刑而子罕用之,故宋君见劫。田常徒用德而简公弑,子罕徒用刑而宋君劫。故今世为人臣者兼刑德而用之,则是世主之危甚于简公、宋君也。故劫杀拥蔽之主,兼失刑德而使臣用之而不危亡者,则未尝有也。

【译文】 英明的君主控制他的大臣的办法,只有两种权柄而已。这两种权柄,就是刑和德。什么是刑和德呢? 杀戮就叫做刑,赏赐就叫做德。做官的人都害怕刑罚而贪爱赏赐,所以君主亲自施行刑赏,群臣就会畏惧杀戮之威刑而追逐其利禄了。但世上的奸臣却不是这样的,他所憎恶的人,能够从君主那里得到刑威来惩罚他,他所喜欢的人,能够从君主那里得到利禄来奖赏他。现在君主如果不使赏罚的威刑与利禄由自己掌握,而听任他的大臣来行施赏罚,那么全国的人都会害怕大臣而轻视君主,归附于大臣而与君主疏远了。这是君主失掉刑德两个权柄的祸患。那老虎能够制服狗的原因,在于它有锋利的爪子和牙齿,如果让老虎放弃它的利爪与牙齿而让狗来使用,那么老虎反而要被狗制服了。君主是靠刑罚与庆赏来控制群臣的,假若君主放弃了刑罚与庆赏这两个权柄而让大臣来实施,那么君主反而要受制于大臣了。所以田常向齐国国君请求爵禄来赏赐给群臣,私下里用大斗斛贷出以施惠于百姓,简公失掉了庆赏之恩德而被田常施用,所以简公被杀了。子罕对宋国国君说:"庆赏赐予,这是民众所喜欢的,由君主您亲自实行;杀戮刑罚,这是民众所憎恶的,我请求承担此事。"于是宋国国君失掉了刑罚之威而被子罕施行,所以宋国国君受到了胁迫。田常只是施行庆赏的恩德,齐简公就被杀害了。子罕只是施行杀戮的刑威,宋国国君就受到了胁迫。所以当今世上大臣兼用刑威与庆赏两种权柄的,后世君主面临的危险比齐简公和宋国国君更加严重。所以被胁迫、杀害的受蒙蔽的君主,同时失掉了刑罚与庆赏两种权柄而被大臣掌握却不危亡的,是从来不曾有过的。

【注释】 ①柄:权柄。 ②简公:即齐简公,名任,春秋末期齐国君主,公元前484年继位,公元前481年被田常杀害。田常:又称田恒,谥为田成子,春秋后期齐国权臣,弑齐简公而立齐平公,专掌齐国政权,至其孙田和立为诸侯,取代姜氏建立了田齐政权。③子罕:即战国时宋国的皇喜,字子罕,曾仕宋国司城,又称为司城子罕。

人主将欲禁奸,则审合刑名。刑名者,言与事也。为人臣者陈而言,君以其言授之事,专以其事责其功①。功当其事,事当其言,则赏;功不当其事,事不当其言,则罚。故群臣其言大而功小者则罚,非罚小功也,罚功不当名也。群臣其言小而功大者亦罚,非不说于大功也,以为不当名也害甚于有大功,故罚。昔者韩昭侯醉而寝,典冠者见君之寒也②,故加衣于君之上,觉寝而说,问左右曰:"谁加衣者?"左右对曰:"典冠。"君因兼罪典衣与典冠。其罪典衣,以为失其事也,其罪典冠,以为越其职也。非不恶寒也,以为侵官之害甚于寒。故明主之畜臣③,臣不得越官而有功,不得陈言而不当。越官则死,不当则罪,守其业当所言者,贞也④,则群臣不得朋党相为矣。

【译文】 君主打算禁止奸邪,就要仔细地审查验证刑名。所谓刑名,就是群臣所说的话与所做的事。做大臣的陈述他的言论,君主根据他的言论安排职务,完全根据职务来责求事功。事功与职责相合,职责与他的言论相符合,就给予赏赐;事功与职责不相符合,职责与其言论不相符合,就给予处罚。所以群臣的言论宏大而事功微小的就给予处罚,这不是因为事功小而受到处罚,而是因为事功与他们的言论不相符合。群臣的言论谨慎微小而事功卓著的也给予处罚,不是对于他所立下的大功不高兴,而是认为不恰当的言论的害处要比立下大功更重要,所以要给予处罚。从前韩昭侯喝醉酒后睡着了,典冠看见君主有些受凉,所以就加盖了一件衣服在君主身上,君主睡醒后很高兴,问左右侍奉的人说:"是谁给我加的衣服?"侍者回答说:"是典冠。"韩昭侯于是同时处罚了典衣和典冠。他处罚典衣,是认为他疏于职守,他处罚典冠,则是认为他越职行事。不是不怕受寒,而是以为超越职权范围行事的危害要比受寒更加严重。所以英明的君主治理群臣,大臣不得超越职权范围去建立功勋,不得发表看法又不能担当。超越职权就处死,言而不当就罪罚;坚守职事,与其言论相符合的,褒扬其诚信,那么群臣就不能结为朋党,相互利用了。

【注释】 ①专:完全。 ②典冠:与下文"典衣"均为职官名,典冠是掌管国君帽子的近侍,典衣则是掌管国君衣服的近侍。 ③畜:治理。 ④守其业当所言者,贞也:原文作"守业其官所言者贞也",据陈奇猷《韩非子新校注》改。贞,褒扬其诚信。坚守职事,与其言论相符合的,褒扬其诚信。

人主有二患:任贤,则臣将乘于贤以劫其君①;妄举②,则事沮不胜③。故人主好贤,则群臣饰行以要君欲④,则是群臣之情不效⑤;群臣之情不效,则人主无以异其臣矣。故越王好勇⑥,而民多轻死;楚灵王好细腰,而国中多饿人;齐桓公妒外而好内⑦,故竖刁自宫以治内⑧;桓公好味,易牙蒸其子首而进之⑨;燕子哙好贤,故子之明不受国⑩。故君见恶则群臣匿端,君见好则群臣诬能⑪。人主欲见,则群臣之情态得其资矣。故子之托于贤以夺其君者也,竖刁、易牙因君之欲以侵其君者也,其卒子哙以乱死,桓公虫流出户而不葬。此其故何也?人君以情借臣之患也⑫。人臣之情非必能爱其君也,为重利之故也。今人主不掩其情,不匿其端,而使人臣有缘以侵其主,则群臣为子之、田常不难矣。故曰:去好去恶,群臣见素。群臣见素,则大君不蔽矣。

【译文】 君主有两个忧患:任用贤臣,大臣就可能利用他的才能来劫持他的君主;随意任命官吏,事情就可能被败坏而不能做好。因为君主喜好贤臣,所以群臣矫饰他们的行为来迎合君主的心意,群臣的真实心理就不会显露;群臣的真实心理不显露,那么君主就没有办法区别他的大臣了。所以越王勾践爱好勇士,就有很多人不怕死;楚灵王喜欢细腰的美人,楚国就有了许多经常挨饿的人;齐桓公嫉妒男子而喜欢美色,所以竖刁割掉自己的生殖器来管理后宫的事务;齐桓公喜欢美味,易牙便把他儿子的头蒸熟了献给桓公;燕国国君子哙爱好贤才,所以子之表示不肯接受禅位。因此,君主表现出憎恶什么,群臣就会藏匿相应的端绪,君主表现出爱好什么,群臣就会虚夸其才能。君主的欲望表现出来,那么群臣的情感姿态就有了表现的条件了。所以子之托名于贤才而夺取了君主的地位,竖刁、易牙利用君主的欲望而侵犯了君主的权力。最后燕王哙死于战乱之中,齐桓公身死之后尸虫爬出户外都没有人埋葬。这是什么原因呢?是君主把自己的情欲展示给群臣所导致的祸患。大臣们的感情不一定能忠爱他们的君主,因为看重利益的缘故。现在君主不掩藏自己的情欲,不隐匿自己的行迹,就使大臣有条件侵犯君主,那么群臣做出像子之、田常那样的事情就不困难了。所以说:去除喜好去除憎恶,群臣就会显露本性。群臣显露出本性,那么君主就不会受到蒙蔽了。

【注释】　①乘于贤以劫其君:乘,凭借,利用。利用他的才能来劫持他的君主。　②妄举:妄,随意。随意任命官吏。　③事沮不胜:沮,败坏。事情就可能被败坏而不能做好。　④以要君欲:要,迎合。来迎合君主的心意。　⑤效:显露,呈现。　⑥越王:指越王勾践,春秋后期越国的国君。越王勾践在与吴国的战争中被吴王夫差围困在会稽山,勾践忍辱求和,亲身到吴国为奴。得以回国后,勾践卧薪尝胆,励精图治,越国复兴。后乘吴王夫差北上召集诸侯黄池会盟、国内空虚之机出兵攻吴,一举灭吴,吴王夫差被迫自杀。　⑦妒(dù)外而好内:妒,嫉妒。外,外人,这里指男子。内,内人,这里指女子。嫉妒男子而喜欢美色。　⑧竖刁自宫以治内:竖刁,即见于《左传》的寺人貂,齐桓公的内侍,很受齐桓公宠信。管仲死后,齐桓公使竖刁主政,竖刁与易牙勾结作乱,齐桓公被饿死。宫,古代五刑之一,男子阉割生殖器,女子破坏生殖系统。治内,管理后宫事务。竖刁割掉自己的生殖器来管理后宫的事务。　⑨易牙蒸其子首而进之:易牙,齐桓公的厨子,相传他为讨好齐桓公,杀死自己的儿子,蒸熟了进献给桓公。　⑩子之明不受国:子之,燕王哙的宰相。据《战国策》记载,苏代和鹿毛寿(潘寿)以唐尧禅让天子之位于许由而许由不接受的故事劝说燕王哙,使之让国于宰相子之以成其名,子之因此得专燕国国政。三年后,燕国大乱,齐国伐燕,杀燕王哙与子之。第二年,燕王哙之子燕昭王继位后,复兴燕国。　⑪诬能:虚夸其才能。　⑫借:给予。

扬权第八

扬权,就是高扬君权。本文着重讨论了君权至上的道理,进一步阐述了君主"执一以静"、"形名参同"、"自执度量"的御臣之术。在该文中,韩非依据老子"道不同于万物"的思想提出了"君不同于群臣"的观念,指出君臣之间有着天然的等级差别,"明君贵独道之容",强调君主建立独一无二的绝对权威是治国治民的政治原则。

天有大命,人有大命。夫香美脆味,厚酒肥肉,甘口而病形①;曼理皓齿②,说情而捐精③。故去甚去泰④,身乃无害。权不欲见,素无为也。事在四方,要在中央。圣人执要,四方来效。虚而待之,彼自以之。四海既藏⑤,道阴见阳⑥。左右既立,开门而当。勿变勿易,与二俱行,行之不已,是谓履理也⑦。夫物者有所宜⑧,材者有所施,各处其宜,故上下无为。使鸡司夜,令狸执鼠,皆用其能,上乃无事。上有所长,事乃不方⑨。矜而好能⑩,下之所欺。辩惠好生⑪,下因其材。上下易用,国故不治。

【译文】 自然有自然规律,人生也有基本的规律。喷香的美食,松脆的味道,醇厚的酒,鲜肥的肉,吃起来觉得甘美却伤害身体;肌肤细腻、牙齿洁白的美女,让人情欲欢悦却损耗精气。所以避免纵欲过度,身体才不会被损害。谋略不想被人察知,在于平素无所作为。所有的事务由四方臣民办理,决断的权柄则由君主执掌。圣人掌握权柄,四方臣民尽心效力。君主用虚静的态度对待他们,他们就会各尽其能。四方官员各归其位,君主就用虚静的方法来观察群臣的行动。左右大臣已经建立事功,君主敞开大门接纳其事功。不要变易或更改,遵从自然和人生的规律,并奉行不已,这就叫做践行法纪。大凡物体都有其适当的位置,人才都有施展才能的途径,各自处在合适的位置上,所以君臣上下能够清静无为。就像让公鸡报晓,让狸猫捕鼠,官吏都能施展他们的才能,君主就不用劳神苦心。君主有特长,事情就不合常道。君主骄傲自夸,喜欢表现自己的才能,就容易被臣下欺骗。口才敏捷,争强好胜,大臣就会利用他的才能。君臣上下的作用改变,国家就很难治理了。

【注释】　①病形:病,侵害,伤害。形,指身体。伤害身体。　②曼理皓齿:曼理,细腻的肌肤。皓齿,洁白的牙齿。这里都指美女。　③捐精:损耗精气。　④去甚去泰:甚、泰,均指过度。　⑤四海既藏:藏,物归其所。四方官员各归其位。　⑥道阴见阳:道,从,由。指君主用虚静之法来观察群臣的行动。　⑦履理:履,践行,实行。理,法律,法纪。践行法纪。　⑧宜:适当的位置。　⑨不方:不得其方,不符合常道。　⑩矜而好能:矜,自夸,骄傲。骄傲自夸,喜欢表现自己的才能。　⑪辩惠好生:惠,通"慧"。辩慧,即辩智,口才敏捷,能说会道。生,通"胜"。口才敏捷,争强好胜。

　　用一之道,以名为首①。名正物定,名倚物徙②。故圣人执一以静,使名自命,令事自定。不见其采③,下故素正④。因而任之,使自事之。因而予之,彼将自举之⑤。正与处之⑥,使皆自定之。上以名举之,不知其名,复修其形。形名参同,用其所生⑦。二者诚信,下乃贡情⑧。谨修所事,待命于天。毋失其要,乃为圣人。圣人之道,去智与巧,智巧不去,难以为常。民人用之,其身多殃,主上用之,其国危亡。因天之道,反形之理⑨,督参鞠之⑩,终则有始。虚以静后,未尝用己。凡上之患,必同其端⑪。信而勿同,万民一从。

【译文】　君主运用法术治理国家时,首先要考虑的是名分。名分恰当正确,事物才能确立。名分不恰当,事物的性质就发生改变。所以圣人用虚静的方法来掌握道,让名分自己确立,让事物自然发展。不显露他的神情态度,群臣一定会显出本性、归于方正。根据臣下的才性来任命官职,让他自行处理事务。根据臣下的言论给予其任务,他就会自己努力来成就它。正确地处置大臣的职守,让他们自己确定自己的位置。君主根据名分来治理,不了解名分,反过来考察事实。参验事实与名分的同异,然后施行赏罚。恩赏与刑罚确信实行,臣下就会献出真情。谨慎地做好君主需做的事,顺应自然的规律。不要丧失决断的权柄,才能成为圣人。圣人治理国家的方法,是去除智慧与巧诈。智慧与巧诈不去除,就很难建立常道。民众使用智能和巧诈,就会祸及其身,君主使用智能和巧诈,他的国家就会危亡。顺应自然的规律,根据事物的本性,督察它、参验它、穷究它,反复不止。虚静地在后面,未尝表现自己的主观意见。所有君主的灾祸,都源于君臣共同执掌赏罚大权。相信臣下而不与其共掌大权,民众才会全部服从于君主。

【注释】　①用一之道：一，就是道，法家所说的道，多指君主治理国家的道术。《法定》篇有云："术者，循名以责实。"君主运用法术治理国家时，根据名义来责求实质，所以说"以名为首"。　②名倚物徙：倚，不正，偏侧。徙，移动，改变。名义不恰当，事物的性质就发生了改变。　③采：神色，容态。　④故：一定。　⑤举：成就，成功。　⑥正与处之：与，以。正以处之，即上文"各处其宜"之意，正确地处置群臣的职守。　⑦形名参同，用其所生：参同，验证异同。用其所生，《主道》篇云："符契之所合，赏罚之所生也。"故知此"所生"指赏罚之事。参验事实与名分的同异，然后施行赏罚。　⑧二者诚信，下乃贡情：二者，指参同形名所生的恩赏与刑罚。诚，确实。信，守信用。贡情，献出真情。恩赏与刑罚确信实行，臣下就会献出真情。　⑨反：犹"本"，根据，依据。　⑩督参鞠之：督参，督察参验。鞠，通"鞫"，穷究。督察参验它，穷究它。　⑪同其端：端，端首，这里应指权力之首，即赏罚的权柄。君臣共同执掌刑罚大权。

夫道者、弘大而无形，德者、核理而普至①。至于群生，斟酌用之，万物皆盛②，而不与其宁③。道者、下周于事，因稽而命④，与时生死。参名异事，通一同情⑤。故曰道不同于万物⑥，德不同于阴阳⑦，衡不同于轻重⑧，绳不同于出入⑨，和不同于燥湿⑩，君不同于群臣。凡此六者，道之出也。道无双，故曰一。是故明君贵独道之容⑪。君臣不同道，下以名祷⑫，君操其名，臣效其形，形名参同，上下和调也。

【译文】　道是广大无形的，德是切合事理并广施于天下的。德施及一切生物，适当取用并表现出来，万物都能成就，但德不会随着已有的成就而安息。所谓道，周遍地存在于万事万物中，而万事万物又遵循、符合各自的存在规律，随着时间的推移而产生、消亡。用名分来参验，事物各不相同，用道来贯通，情理则是相同的。所以说道存在于万物之中，但不等同于万物，威德成就生杀予夺的阴阳之功，但不等同于阴阳，秤是用来衡量轻重的，但不等同于轻重，绳墨能纠正出入，但不等同于出入，温和是调节干燥与潮湿的结果，但不等同于燥湿，君主是控制群臣的，但不等同于群臣。以上所说的这六条，都是道所产生出来的。道是独一无二的，所以被称为"一"。所以明君珍视道独一无二的法则。君臣遵循不同的原则，臣下以言论陈说事理来求取福禄，君主掌握着他的言论，臣下贡献事功，言论与事功参验相符，君臣上下就和谐融洽了。

【注释】　①核理而普至：核理，切合事理。切合事理并广施于天下。　②盛：通"成"，成就。　③不与其宁：宁，息，停息。指德不会随着事物的成就一同安息，而是继续运行不止。　④因稽而命：稽，相合。命，生命，这里引申为存在规律。遵循、符合各自的存在规律。　⑤通一同情:一,指道。用道来贯通,情理是相同的。　⑥道不同于万物:同,等同。道存在于万物之中,但不能等同于万物。　⑦德不同于阴阳:德,当指威德。阴阳,这里应指死生,生杀,"阴主杀,阳主生"是阴阳学说的一个基本的观点。威德成就生杀予夺的阴阳之功,却不等同于阴阳。　⑧衡不同于轻重:衡,秤。秤是用来衡量轻重的工具,但不能等同于轻重。　⑨绳不同于出入:出入,指弯曲,不平直。绳墨能纠正出入,但不等同于出入。　⑩和不同于燥湿:和,温和。燥湿:干燥与潮湿。温和是调节干燥与潮湿的结果,但不等同于燥湿。　⑪独道之容:容,法则,规范。道独一无二的法则。　⑫以名祷:名,这里指言论。祷,告事求福。以名祷,以言论陈说事理来求取福禄。

　　凡听之道,以其所出,反以为之入①。故审名以定位,明分以辩类②。听言之道,溶若甚醉③。唇乎齿乎,吾不为始乎,齿乎唇乎,愈惛惛乎④。彼自离之⑤,吾因以知之。是非辐凑,上不与构⑥。虚静无为,道之情也;参伍比物⑦,事之形也。参之以比物⑧,伍之以合虚⑨。根干不革⑩,则动泄不失矣⑪。动之溶之⑫,无为而改之。喜之则多事,恶之则生怨。故去喜去恶,虚心以为道舍⑬。上不与共之,民乃宠之⑭。上不与义之,使独为之。上固闭内扃⑮,从室视庭,参升已陈,枳尺已具⑯,皆之其处。以赏者赏,以刑者刑。因其所为,各以自成。善恶必及,孰敢不信! 规矩既设,三隅乃列⑰。

【译文】　君主听取言论的办法,是要根据他们所说的,反过来求取他们所成的事功。所以审查他们的言论来确定他们的官位,明确各自的职分以分清事理。听取言论的方法是,要从容闲散得像喝醉酒一样。嘴唇啊,牙齿啊,我不想先说话,牙齿啊,嘴唇啊,更加迷糊了。让他自己分析他的言论,我用这种办法来了解他的心意。各种不同的意见像车辐一样聚向车毂,君主不参加讨论。虚静无为是道的本质,协调交互错杂的众物,使之和谐融洽,是事功的表现形态。参验事物看其是否和谐融洽,错综比较以了解其是否符合虚静之心。参伍之法这一基本法则不被更改,所有的行动都不会有失误。君主让臣民行动,自己无所作为就能让他们发生改变。君主若表现出喜爱之情就会多生事端,君主若表现出憎恶之情就会招致怨恨。所以摒除喜好与憎恶,虚静其心以做道舍。君主不与大臣共掌政事,民众才会尊崇他。君主不和大臣讨论,让他们独立地做事。君主摒除欲念,以虚静无为之心观察臣民,就像从房间里观察庭院,各种衡量的工具已经具陈,只需把它们用至需要的地方。根据法律该赏的就赏,该处罚的就处罚。赏罚的根据是他们的所作所为,是各人自己所造成的。赏善罚恶必有所及,谁还敢不信守承诺！规矩已经设置,其他的事情也就有条不紊了。

【注释】 ①以其所出,反以为之入:出,指言论。入,指事功。根据他们所说的,反过来求取他们所成的事功。 ②明分以辩类:分,职分。类,事理。明确各自的职分以分清事理。 ③溶若甚醉:溶若,形容悠闲从容的样子。闲散的神态看起来就像喝醉酒一样。 ④惛(hūn):迷迷糊糊。 ⑤自离:离,分析。自己分析。 ⑥上不与构:构,图谋,讨论。君主不参与讨论。 ⑦参伍比物:参伍,交互错杂。比物,协调众物,使和谐、配合得当。协调交互错杂的众物,使之配合得当。 ⑧参之以比物:参,验。比,合。参验事物看其是否和谐融洽。 ⑨伍之以合虚:伍,错综比较。虚,虚静之心。错综比较以了解其是否符合虚静之心。 ⑩根干不革:根干,最基本的法则,这里指参伍之法。参伍之法不被更改。 ⑪动泄:泄,息,止。动泄,动静,即行动。 ⑫溶:通"搈",动,摇动。 ⑬虚心以为道舍:虚静其心,道就会居于其中,故称之为"道舍"。 ⑭宠:尊崇。 ⑮固闭内扃(jiōng):内扃,指从内关闭门户的门闩。比喻君主摒除欲念,虚静无为。 ⑯参升已陈,咫尺已具:原文作"参咫尺已具",据陈奇猷《韩非子新校注》改。参、升、咫、尺均为度量单位,参、升用以量轻重,咫、尺用以度长短。这里用参、升、咫、尺指代法律。 ⑰三隅乃列:三隅,指其他事情,词义来源于《论语·述而》"举一隅不以三隅反,则不复矣"。列,排列有序。其他的事情也就有条不紊了。

　　主上不神①,下将有因。其事不当,下考其常。若天若地,是谓累解②。若地若天,孰疏孰亲？能象天地,是谓圣人。欲治其内,置而勿亲;欲治其外,官置一人;不使自恣,安得移并③？大臣之门,唯恐多人。凡治之极,下不能得。周合刑名,民乃守职。去此更求,是谓大惑。猾民愈众④,奸邪满侧。故曰:毋富人而贷焉,毋贵人而逼焉,毋专信一人而失其都国焉。腓大于股⑤,难以趣走⑥。主失其神,虎随其后。主上不知,虎将为狗。主不蚤止⑦,狗益无已。虎成其群,以弑其母。为主而无臣⑧,奚国之有？主施其法,大虎将怯;主施其刑,大虎自宁。法刑苟信,虎化为人,复反其真。

【译文】 　君主不能像神一样神秘莫测,臣下就会度猜其心意并加以利用。君主所做的事情出现失误,臣下就要按常道来考虑。如果君主的心意如天高地厚不可测量,那么各种忧患便可解除。像天地一样无私覆、无私载,还用得着思考谁疏远谁亲近呢？能像天地一样,就可称为圣人了。想整治内宫事务,设置官员但不要过分亲信。想治理外朝,各种官职都设置一人专掌,不允许他们恣意妄为,又怎么会发生多种职权并集于一人的事情呢？大臣的私门,最让人担心的是门客众多。大凡政治治理到最好的程度,臣下就不能聚众结党。刑名相符,民众就会按各自的本分做事。舍弃这种治术而更求他法,这就是最大的糊涂。刁滑狡诈的民众越多,君主身边就全是奸邪的大臣。所以说:不要让大臣富有得能施惠于人,不要让大臣尊贵到可能威胁到君主,不要专门听信一个大臣以致丧失国家。小腿肚比大腿还粗壮,就很难快速行走。君主失去了他的神秘性,大臣就会像老虎一样跟在后面。君主如果不能及时察知,老虎就会伪装成狗。君主如果不早加制止,伪装成狗的虎就会不断地增加。老虎结成朋党,就会弑杀君主。作为君主却没有臣子,怎么还能保有国家呢?君主施行法制,老虎就会害怕;君主施行刑罚,老虎自然安宁。法令刑罚如果能够有效执行,老虎就会化变成人,恢复他的本来面目。

【注释】 ①神:像神一样神秘。 ②累解:累,忧患。忧患解除。 ③移并:转移多种职权并集于一人之身。 ④猾民:刁滑狡诈的人。 ⑤腓大于股:腓,小腿肚。股,大腿。小腿肚比大腿还粗壮。 ⑥趣(qū)走:趣,通"趋",疾行。快速奔跑。 ⑦蚤:通"早",早日。 ⑧为主而无臣:大臣都成了老虎,所以说"无臣"。

欲为其国,必伐其聚,不伐其聚,彼将聚众。欲为其地,必适其赐,不适其赐,乱人求益。彼求我予,假仇人斧,假之不可,彼将用之以伐我。黄帝有言曰:"上下一日百战。"下匿其私,用试其上;上操度量,以割其下。故度量之立,王之宝也;党与之具,臣之宝也。臣之所不弑其君者,党与不具也。故上失扶寸①,下得寻常②。有国之君,不大其都。有道之臣,不贵其家。有道之君,不贵其臣。贵之富之,备将代之。备危恐殆,急置太子,祸乃无从起。内索出圉③,必身自执其度量。厚者亏之,薄者靡之④。亏靡有量,毋使民比周,同欺其上。亏之若月,靡之若热⑤。简令谨诛,必尽其罚。毋弛而弓⑥,一栖两雄。一栖两雄⑦,其斗嗫嗫⑧。豺狼在牢,其羊不繁。一家二贵,事乃无功。夫妻持政,子无适从。为人君者,数披其木,毋使木枝扶疏⑨;木枝扶疏,将塞公闾,私门将实,公庭将虚,主将壅围。数披其木,无使木枝外拒⑩;木枝外拒,将逼主处。数披其木,毋使枝大本小,枝大本小,将不胜春风,不胜春风,枝将害心。公子既众⑪,宗室忧吟⑫。止之之道,数披其木,毋使枝茂。木数披,党与乃离。掘其根本,木乃不神。填其汹渊,毋使水清⑬。探其怀,夺之威。主上用之,若电若雷。

【译文】　想要治理好国家,一定要剪除大臣的党羽,不剪除其党羽,他们就会聚众作乱。想要治理好国土,一定要适当地赏赐,如果把土地赏赐给不适当的人,乱臣就会请求增加赏赐。他一请求君主就赏给他,就像交给仇人利斧,利斧是不能交给仇人的,因为他会用利斧来对付我。黄帝曾经这样说:"君臣上下一天就会斗争一百次。"臣下藏匿他的私心,来试探君主的心意;君主掌握着法度,用以制裁臣下的行动。所以法度的确立,是君主的法宝;相互结为朋党,是臣子的法宝。臣子不敢弑杀君主的原因,在于没有朋党。所以君主赏赐有扶寸之差,臣下就能得到十倍、百倍的好处。一个国家的君主,不会让大臣的封邑扩大。有道的大臣不让他的家臣地位尊贵,有道的国君不让他的大臣地位尊贵。地位尊贵,财产丰裕,条件具备就会取代国君。防备灾难,担心危险,赶紧设立太子,灾祸就无从兴起了。君主要求索朝廷内的奸邪之人,禁止朝廷外的奸邪之事,一定要亲自执掌法度。位尊势重的要减损,位势稍弱的则要消灭,减损和消灭都经过度量,不让民众相互勾结,共同欺骗君主。减损位尊势重者的权势要像月圆月缺一样渐移而使人不知,消灭位势稍弱者的权势要像火烧一样使之立刻化为灰烬。要简化法令,谨慎地诛罚,同时一定要贯彻执行处罚。不要松懈你的弓弦,不要让一个地方有两个称雄者。一个地方有两个称雄者,他们就会像狗一样争斗不止。豺狼呆在羊圈里,羊群就无法生息繁衍。一个家庭有两个人地位显贵,事情就不能成功。夫妻二人同时主事,儿子就会无所适从。做君主的,要经常像砍削树枝一样限制大臣的权势,不要让大臣的权势像繁盛的树枝一样广布四方。大臣的权势广布四方,就会堵塞君主的宫门,大臣的私门门客众多,而君主的公廷罕有人至,君主就会被壅蔽。经常像砍削树枝一样限制大臣的权势,不要让大臣的权势像树枝向外伸展一样扩展。大臣的权势扩展,就会威胁到君主的地位。经常像砍削树枝一样限制大臣的权势,不要让大臣的权势像枝大根小的树一样压过君主。枝大根小,等到春风一吹,树根就会承受不住枝叶的重量,权势之臣就会乘机危害君主。君主庶子的党羽众多,太子就会忧心叹息。制止他的办法,就是经常砍削其树枝,不要让他的权势太盛。庶子的权势被削夺,党羽自然就会离散。挖掉树根,树木就会失去其神气。填塞汹涌的渊水,不要让水变清,深入其怀中夺取其权势。君主行施刑罚,就像雷电一样令人畏惧。

【注释】　①扶寸:扶,古代的长度单位,并四指的宽度为一扶。这里形容非常小。　②寻常:寻、常,皆古代长度单位。八尺为寻;一丈六尺为常。　③内索出圈:索,求。圈,抵御,禁止。内索,求索朝廷内的奸邪之人。出圈,禁止朝廷外的奸邪。　④糜:消灭。　⑤热:烧。　⑥弛而弓:弛,松懈。松懈弓弦。比喻君主松懈其刑罚。　⑦一栖两雄:

一个地方有两个称雄者。比喻一国二主。　⑧嗷嗷:同"狺",狗叫的样子。比喻争斗不已。　⑨扶疏:枝叶茂盛的样子。这里比喻大臣权大势强。　⑩木枝外拒:树枝向外伸展,比喻大臣扩张势力。　⑪公子:指君主的庶子。　⑫宗室:指太子。　⑬填其汹渊,毋使水清:填塞汹涌的渊水,不要等着让水变清。这里以"汹渊"比喻大臣权势之盛,以"水清"比喻权臣篡权夺位之势已成。

八奸第九

八奸,即对君主权威构成威胁的政治手段与阴谋。作者在着重论述篡夺君权的八种手段之后,又针对每一种手段提出了具体的防范措施。在文章的最后,进一步申述了量能授官、称功赋禄的重要意义。

凡人臣之所道成奸者有八术①:一曰同床。何谓同床?曰:贵夫人,爱孺子②,便僻好色③,此人主之所惑也。托于燕处之虞④,乘醉饱之时,而求其所欲,此必听之术也。为人臣者内事之以金玉,使惑其主,此之谓同床。二曰在旁。何谓在旁?曰:优笑侏儒⑤,左右近习,此人主未命而唯唯,未使而诺诺,先意承旨,观貌察色以先主心者也。此皆俱进俱退,皆应皆对,一辞同轨以移主心者也。为人臣者内事之以金玉玩好,外为之行不法,使之化其主,此之谓在旁。三曰父兄。何谓父兄?曰:侧室公子⑥,人主之所亲爱也,大臣廷吏,人主之所与度计也,此皆尽力毕议⑦,人主之所必听也。为人臣者事公子侧室以音声子女,收大臣廷吏以辞言,处约言事⑧,事成则进爵益禄,以劝其心使犯其主,此之谓父兄。四曰养殃。何谓养殃?曰:人主乐美宫室台池、好饰子女狗马以娱其心,此人主之殃也。为人臣者尽民力以美宫室台池,重赋敛以饰子女狗马,以娱其主而乱其心、从其所欲,而树私利其间,此谓养殃。五曰民萌⑨。何谓民萌?曰:为人臣者散公财以说民人,行小惠以取百姓,使朝廷市井皆劝誉己,以塞其主而成其所欲⑩,此之谓民萌。六曰流行。何谓流行?曰:人主者,固壅其言谈,希于听论议,易移以辩说。为人臣者求诸侯之辩士、养国中之能说者,使之以语其私,为巧文之言,流行之辞,示之以利势,惧之以患害,施属虚辞⑪,以坏其主,此之谓流行。七曰威强。何谓威

强？曰：君人者，以群臣百姓为威强者也。群臣百姓之所善则君
善之，非群臣百姓之所善则君不善之。为人臣者，聚带剑之客、养
必死之士以彰其威，明为己者必利，不为己者必死，以恐其群臣百
姓而行其私，此之谓威强。八曰四方⑫。何谓四方？曰：君人者，
国小则事大国，兵弱则畏强兵，大国之所索，小国必听，强兵之所
加，弱兵必服。为人臣者，重赋敛，尽府库，虚其国以事大国，而用
其威求诱其君；甚者举兵以聚边境而制敛于内⑬，薄者数内大使以
震其君，使之恐惧，此之谓四方。凡此八者，人臣之所以道成奸，
世主所以壅劫，失其所有也，不可不察焉。

【译文】　一般而言，人臣为奸作恶的办法有八种：第一种是同床。什么叫同
床呢？指尊贵的夫人，宠爱的妻妾，谄媚逢迎与秀美的容颜，这都是容易让
君主迷惑的。利用君主退朝闲居心情欢娱时，乘着君主酒醉饭饱时，索要她
们想要的东西，这是必然会获得允许的。大臣用金玉宝物来贿赂她们，让她
们迷惑君主，这种方法，就叫做同床。第二种是在旁。什么叫在旁呢？俳优
侏儒，君主左右的随从亲信，这是一些君主还没说话就已恭敬地说着好好，
君主还没有下令就已顺从地说着是是，在君主动念之前就能领会其心意、察
言观色来揣摩君主的心思的人。他们是偕同进退、偕同应答，能够众口一
词、步调一致地改变君主想法的人。大臣用金玉宝物来贿赂他们，在宫外替
他们做违法的事情，让他们来慢慢地改变君主，这就叫做在旁。第三种是父
兄。什么叫父兄呢？王室的庶公子，是君主亲近喜爱的人，朝廷的官吏重
臣，是和君主一起商议国事的人，他们都是尽心尽力地向君主进言，君主是
必然要听从的。大臣用女乐美色来贿赂庶公子，用赞美的语言来说服朝廷
的重臣，让他们根据约定向君主建言，事情成功就能加官晋爵，增加俸禄，用
这种方法来说服他们让他们来侵犯君主，这就叫做父兄。第四种是养殃。
什么叫做养殃呢？君主喜欢华美的宫室台池，喜欢装饰美女狗马来让自己
的心情愉快，这就是君主的祸患。大臣们竭尽民力来建造华美的宫室台池，
加重赋税用来装饰美女狗马，用以讨君主的欢心，从而迷乱君主的心意、顺
从君主的欲望，同时从中谋取私利，这就叫做养殃。第五种是民萌。什么叫
做民萌呢？大臣散发国家的财物来取悦民众，施予一些小恩小惠来收揽百
姓，让朝廷的官员和市井的百姓都称赞自己，用这种办法蒙蔽君主来达到自
己的目的，这就叫做民萌。第六种是流行。什么叫做流行呢？君主蔽于视
听，很少听到各种议论，容易听从巧言劝说而改变想法。大臣于是寻求诸侯
各国的辩士、豢养本国中能说会道的人，让他们替自己说好话，造作出动听

的言辞、流行的议论,把天下的形势摆出来给君主看,用灾难祸害来吓唬君主,编排连缀浮华不实的言辞来败坏他的君主,这就叫做流行。第七种是威强。什么叫做威强呢?君主是因为有群臣百姓才成为威力强大的人。群臣百姓认为好的,君主就认为是好的,不是群臣百姓所喜欢的君主就不喜欢。做大臣的,聚集带剑的侠客,豢养勇于牺牲的武士来彰显他的势力,表明能为自己做事的人一定有利可图,不为自己做事则必死无疑,用这种方法来恐吓群臣百姓来谋取自己的利益,这就叫做威强。第八种是四方。什么叫做四方呢?作为一国之君,国家小就侍奉大国,兵力弱就害怕强大的军队,大国提出的要求,小国一定要听从;强大的军队压境,弱小的兵力是一定要屈服的。做大臣的,加重赋税的征收,用尽国家府库的积蓄,尽其国之所有来侍奉大国,又利用大国的威势要求来诱惑他的君主。严重的引来外国军队驻扎在边境上,以制约国君;稍轻的则多次接引外国使臣来威震君主,使之害怕,这就叫做四方。上述这八种情况,是大臣为奸作恶的办法,是君主被蒙蔽劫持,最终失掉君主的原因,是必须认真考察的。

【注释】　①道:由,从。　②孺子:指贵妾。　③便僻:谄媚逢迎。　④虞:通"娱"。　⑤优笑侏儒:优笑,即俳优,古代表演乐舞、杂戏的艺人,他们以戏谑为业,言语动作滑稽可笑,所以又被称为优笑。侏儒,古代权贵好以侏儒为倡优取乐,这里的侏儒,即指这一类人。　⑥侧室:指君王的庶子,即嫡长子之外的其他儿子。　⑦毕:竭力。　⑧处约:根据约定。　⑨民萌:萌同"氓",百姓。　⑩塞:蒙蔽。　⑪虚辞:浮华不实的言辞。　⑫四方:指四方诸侯。　⑬制敛:制约。

明君之于内也,娱其色而不行其谒①,不使私请②。其于左右也,使其身必责其言,不使益辞。其于父兄大臣也,听其言也必使以罚任于后③,不令妄举。其于观乐玩好也,必令之有所出,不使擅进擅退④,不使群臣虞其意。其于德施也,纵禁财⑤,发坟仓⑥,利于民者,必出于君,不使人臣私其德。其于说议也,称誉者所善,毁疵者所恶,必实其能、察其过,不使群臣相为语。其于勇力之士也,军旅之功无逾赏⑦,邑斗之勇无赦罪,不使群臣行私。其于诸侯之求索也,法则听之,不法则距之。所谓亡君者,非莫有其国也,而有之者,皆非已有也。令臣以外为制于内,则是君人者亡也,听大国为救亡也,而亡丞于不听,故不听。群臣知不听则不外诸侯,诸侯之不听,则不受之臣诬其君矣。

【译文】　英明的君主对于后宫的女子,只享受她们的美色而不答应她们的要求,禁止她们为私事而请见。对于左右的亲信近臣,指使他们做事并督责他们的言论,不让他们说多余的话。对于父兄大臣,听从他们的建议,一定要用刑罚来保证事情顺利进行,不让他们随意举事。对于游乐玩好所用之财,一定要让它们在法令中有所依据,不允许随意地增减劳役与赋税,不让群臣揣摩君主的心意。对于那些施恩行德之事,如散发国君府库中的财物,打开大粮仓赈济民众,这些有利于人民的事情,一定要用君主的名义,不能让大臣私自收揽民心。对于说辞议论,称赞他们所喜欢的人,毁谤他们所憎恶的人,君主一定要核实被称赞者是否有才能,考察被毁谤者是否有过错,不让群臣相互说好话。对于有勇力的人,在战场上建立功业要给予适当的赏赐,恃其勇力与人私斗则不宽赦其罪罚,不允许群臣谋求私利。对于诸侯他国的要求,符合法度就同意,不符合法度就拒绝它。所谓的亡国之君,不一定指丧失了他的国家,虽然他的国家还在,但政权已经都不是由自己所掌握了。现在大臣利用外力来挟制君主,这样君主就是亡国了。听从大国是为了救亡图存,可是听了之后比不听亡国还要快,所以就不听。群臣知道君主不听从大国,就不会私自与外国结交。君主连大国诸侯的要求都不听从,就不会受大臣的欺骗了。

【注释】　①谒:请求。　②私请:为私事而请求进见。　③以罚任于后:任,作保。用刑罚来保证事情顺利进行。　④擅进擅退:由上文"尽民力"、"重赋敛"等文可知此"擅进擅退"指擅自进退于尽民力、重敛赋,即随意地增减劳役与赋税。　⑤纵禁财:纵,散发。禁财,国君库藏中的财物。散发国君府库中的财物。　⑥坟:大。　⑦逾赏:逾,越。越功而得赏,即所得赏赐大于所立的战功。

　　明主之为官职爵禄也,所以进贤材劝有功也。故曰:贤材者,处厚禄任大官;功大者,有尊爵受重赏。官贤者量其能,赋禄者称其功。是以贤者不诬能以事其主,有功者乐进其业,故事成功立。今则不然,不课贤不肖①,不论有功劳,用诸侯之重,听左右之谒,父兄大臣上请爵禄于上,而下卖之以收财利及以树私党。故财利多者买官以为贵,有左右之交者请谒以成重。功劳之臣不论,官职之迁失谬。是以吏偷官而外交②,弃事而财亲③。是以贤者懈怠而不劝,有功者墯而简其业④,此亡国之风也。

【译文】　英明的君主设置官职爵禄,为的是进用贤才、奖掖有功之臣。所以说,有贤才的人,给他优厚的俸禄、很高的官职;功劳卓著的人,获得尊贵的爵位和重赏。委任官职要考察他的才能,给予俸禄要适合他的功绩。所以有贤才的人不夸大他的才能来侍奉君主,有功的人乐于进一步建功立业,所以事情能办成功业也能建立。现在却不是这样,不考查他是不是有才能,不评定他是不是有功劳,任用被诸侯看重的,听从左右亲信的陈说,父兄大臣向君主请求爵禄,然后又卖官来收敛财利、建立私党。所以财产多的人就通过买官来获得地位,结交君主左右亲信的人通过保荐而被看重。有功劳的人不被考论,官职的升迁失于错谬。因此官吏懈怠于政事却积极与外国结交,违背其职守而贪取财物。所以贤良的人懈怠下来不再努力,有功之人怠惰而很少建功立业,这是导致国家灭亡的风气。

【注释】　①课:考查。　②偷官:偷,懈怠,怠惰。懈怠于政事。　③弃事而财亲:弃,违背。财亲,即"亲财",贪财。违背他的职守而贪取财物。　④隳而简其业:隳,通"惰",怠惰。简,稀少。变得怠惰而很少建功立业。

卷 三

十过第十

十过,就是十种过失。作者从历史的经验中总结出了君主常犯的十种过失,用它们所导致的亡国亡身的惨祸,告诫统治者要引以为鉴。

十过:一曰,行小忠则大忠之贼也。二曰,顾小利则大利之残也。三曰,行僻自用①,无礼诸侯,则亡身之至也。四曰,不务听治而好五音,则穷身之事也。五曰,贪愎喜利则灭国杀身之本也②。六曰,耽于女乐③,不顾国政,则亡国之祸也。七曰,离内远游而忽于谏士,则危身之道也。八曰,过而不听于忠臣,而独行其意,则灭高名为人笑之始也。九曰,内不量力,外恃诸侯,则削国之患也。十曰,国小无礼,不用谏臣,则绝世之势也④。

【译文】 治理国事有十种过失:第一种是只记得尽小忠就会败坏大忠。第二种是贪顾小利就会残害大利。第三种是行为乖僻、自行其是,对待诸侯不讲礼仪,这会导致杀身之祸。第四种是不致力于政事却爱好音乐,这是让自己陷入困境的事情。第五种是贪婪乖戾,这是亡国杀身的根由。第六种是沉迷于女乐之中而不理国政,这会招致亡国之祸。第七种是离开国都去远方游历,忽视大臣的进谏,这是危及身家性命的做法。第八种是有了过失却不听忠臣的劝谏,一意孤行,这是败坏名声而被人耻笑的开始。第九种是不考虑自己国家的实力,对外依赖于诸侯,这会导致国土被削割的灾祸。第十种是国家弱小却又傲慢无礼,不采纳谏臣的意见,这是亡国绝世的势态。

【注释】 ①行僻自用:行为乖僻,自行其是,不听从别人的意见。 ②贪愎:愎,任性,执拗。贪婪乖戾。 ③女乐:指歌舞艺人。 ④绝世:指断绝君位传承。

奚谓小忠? 昔者楚共王与晋厉公战于鄢陵①,楚师败,而共王伤其目。酣战之时,司马子反渴而求饮②,竖谷阳操觞酒而进之③。子反曰:"嘻,退! 酒也。"谷阳曰:"非酒也。"子反受而饮之。子反之为人也,嗜酒而甘之,弗能绝于口,而醉。战既罢,共王欲复战,令人召司马子反,司马子反辞以心疾。共王驾而自往,入其幄中,闻酒臭而还,曰:"今日之战,不谷亲伤④,所恃者司马也。而司马又醉如此,是亡楚国之社稷而不恤吾众也,不谷无复战矣。"于是还师而去,斩司马子反以为大戮。故竖谷阳之进酒不以雠子反也,其心忠爱之而适足以杀之。故曰:行小忠则大忠之贼也。

【译文】　什么叫做小忠呢?从前楚共王和晋厉公在鄢陵交战,楚国的军队打了败仗,楚共王的眼睛也受了伤。在仗打得正激烈的时候,楚司马子反口渴了要喝水,竖谷阳端了一满杯酒给他。子反说:"嘻!拿走!这是酒!"谷阳说:"这不是酒!"子反于是接过来就喝掉了。子反这个人,特别喜欢喝酒,一喝起来就不能停下,于是就喝醉了。战争停止后,楚共王想再打一仗,派人召见司马子反,司马子反拿心痛来推辞不去。楚共王亲自乘车来看子反,进到他的帐篷里,闻到酒味就回去了,说:"今日这一仗,我自己受了伤,所依赖的人就是司马了。可司马又醉成了这样,这是忘记了楚国宗庙社稷、不爱惜楚国民众的做法,我没法再打仗了。"于是班师回朝,杀了司马子反,并且陈尸示众。竖谷阳拿酒给子反,不是因为仇恨子反,他心里是非常忠诚爱戴他的,可是他的做法恰恰害死了他。所以说:只记得尽小忠就会败坏大忠。

【注释】　①楚共王:春秋时楚国的国君。晋厉公:春秋时晋国的国君。鄢陵:郑国地名,在今河南省陵县西北。　②司马子反:子反,楚国公子,名侧,字子反,为楚国司马,鄢陵之战时率领中军作战,因酒醉贻误战事,被楚共王处斩。　③竖谷阳:人名。在卷五《饰邪》篇述及此事时称之为"其友竖谷阳"。　④不谷:古代王侯自称的谦词。

　　奚谓顾小利?昔者晋献公欲假道于虞以伐虢①。荀息曰②:"君其以垂棘之璧③、与屈产之乘④,赂虞公⑤,求假道焉,必假我道。"君曰:"垂棘之璧,吾先君之宝也;屈产之乘,寡人之骏马也。若受吾币不假之道将奈何?"荀息曰:"彼不假我道,必不敢受我币。若受我币而假我道,则是宝犹取之内府而藏之外府也,马犹取之内厩而著之外厩也。君勿忧。"君曰:"诺。"乃使荀息以垂棘之璧与屈产之乘,赂虞公而求假道焉。虞公贪利其璧与马而欲许之。宫之奇谏曰⑥:"不可许。夫虞之有虢也,如车之有辅,辅依车,车亦依辅,虞、虢之势正是也。若假之道,则虢朝亡而虞夕从之矣。不可,愿勿许。"虞公弗听,遂假之道。荀息伐虢,克之。还反处三年,兴兵伐虞,又克之。荀息牵马操璧而报献公,献公说曰:"璧则犹是也。虽然,马齿亦益长矣。"故虞公之兵殆而地削者何也?爱小利而不虑其害。故曰:顾小利则大利之残也。

【译文】 什么叫做贪顾小利?从前晋献公想借道虞国去攻打虢国。荀息说:"君主用垂棘出产的玉璧和屈地出产的骏马贿赂虞公,请求借道,他一定会给我们借道的。"晋献公说:"垂棘的玉璧,是先君传下的宝物,屈地的骏马,是我的坐骑。如果他接受了我的礼物却不给我借道又该怎么办呢?"荀息说:"他不给我们借道,就一定不敢接受我们的礼物。如果接受了礼物并且借道给我们,那么宝璧就像从内府里取出来又藏到了外府,骏马就像从内厩牵到了外厩。君主不要为此担心。"晋献公说:"那好吧。"于是派荀息用垂棘的玉璧和屈地的骏马去贿赂虞公,请求借道。虞公贪图那玉璧和骏马,想要答应借道之事。宫之奇进谏说:"不能答应。虞国有虢国,就像车子有了辅木一样,辅木依靠车子发挥作用,车子也依靠辅木才能行驶,虞、虢两国的形势关系正是这样的。如果借给晋国道路,那么虢国早晨亡国,虞国到傍晚也就跟着灭亡了。不可!希望不要答应。"虞公没有听他的话,于是借道给晋国。荀息率兵攻打虢国,消灭了它。班师回朝,三年后,兴兵攻打虞国,又占领了虞国。荀息牵着骏马、捧着玉璧向献公报告,献公说:"玉璧还是这个样子,可是骏马却是长老了。"虞公兵败地削的原因是什么呢?在于贪爱小利却不考虑它的危害。所以说:贪顾小利就会残害大利。

【注释】 ①晋献公:春秋时晋国的国君。虞:周代诸侯国名,在今山西省平陆县东北。虢:周代诸侯国名。历史上有西虢、东虢、北虢,此为北虢,在今山西省平陆县。 ②荀息:春秋时晋国的大夫。 ③垂棘之璧:垂棘出产的玉璧。 ④屈产之乘:屈,晋国地名。屈地出产的骏马。 ⑤虞公:虞国的国君。 ⑥宫之奇:虞国的大臣,劝谏虞国国君拒绝晋国的要求,未被采纳。

奚谓行僻?昔者楚灵王为申之会①,宋太子后至②,执而囚之,狎徐君③,拘齐庆封④。中射士谏曰⑤:"合诸侯不可无礼,此存亡之机也。昔者桀为有戎之会,而有缗叛之⑥;纣为黎丘之蒐⑦,而戎、狄叛之,由无礼也。君其图之。"君不听,遂行其意。居未期年,灵王南游,群臣从而劫之,灵王饿而死干溪之上⑧。故曰:行僻自用,无礼诸侯,则亡身之至也。

【译文】 什么叫做行为乖僻呢?从前楚灵王在申地与诸侯会盟,宋太子佐迟到,就把宋太子拘禁起来了,他还轻侮徐国的君主,囚禁了齐国的庆封。

中射士进谏说:"召集诸侯会盟不能不讲礼仪,这是关系到国家存亡的关键。从前夏桀在有戎会盟,而有缗背叛了他;商纣在黎丘召集诸侯打猎,而戎、狄背叛了他。这都是由于不遵循礼仪造成的。请大王好好想想。"楚灵王不听,就顺着自己的心意做了。之后不到一年,楚灵王向南巡游,群臣劫持他逼他去位,楚灵王最终被饿死在干溪。所以说:行为乖僻,自行其是,对诸侯不讲礼仪,这会招致杀身之祸。

【注释】 ①申之会:申,古地名,春秋时属于楚国。公元前 538 年,楚灵王在申地与诸侯会盟。 ②宋太子:宋平公的太子,名佐,后嗣立为宋元公。 ③狎徐君:狎,轻侮。徐国的君主是吴国的外甥,楚灵王怀疑他有二心,就把他抓了起来。 ④庆封:春秋时齐国的大臣,帮助崔杼弑齐庄公而立景公。景公即位后打算诛庆封,庆封逃到吴国。后楚灵王率诸侯之兵攻打吴国,庆封被杀。 ⑤中射士:根据《周礼》,周代职官中有射人一职,中射士大概就是射人兼在宫中做事的人。 ⑥有缗(mín):古国名,故址在今山东省金乡县东北。 ⑦搜:打猎。特指春猎。在古代,在特定时期所从事的狩猎活动同时也是一项重大的具有政治与军事性质的活动。 ⑧干溪:地名,春秋时属楚,在今安徽省亳县东南。

奚谓好音? 昔者卫灵公将之晋①,至濮水之上,税车而放马②,设舍以宿。夜分③,而闻鼓新声者而说之④,使人问左右,尽报弗闻。乃召师涓而告之⑤,曰:"有鼓新声者,使人问左右,尽报弗闻,其状似鬼神,子为我听而写之。"师涓曰:"诺。"因静坐抚琴而写之。师涓明日报曰:"臣得之矣,而未习也,请复一宿习之。"灵公曰:"诺。"因复留宿,明日,而习之,遂去之晋⑥。晋平公觞之于施夷之台⑦,酒酣,灵公起,公曰:"有新声,愿请以示。"平公曰:"善。"乃召师涓,令坐师旷之旁,援琴鼓之。未终,师旷抚止之,曰:"此亡国之声,不可遂也⑧。"平公曰:"此道奚出?"师旷曰:"此师延之所作,与纣为靡靡之乐也⑨,及武王伐纣,师延东走,至于濮水而自投,故闻此声者必于濮水之上。先闻此声者其国必削,不可遂。"平公曰:"寡人所好者音也,子其使遂之。"师涓鼓究之⑩。平公问师旷曰:"此所谓何声也⑪?"师旷曰:"此所谓清商也。"公曰:"清商固最悲乎?"师旷曰:"不如清徵。"公曰:"清徵可得而闻乎?"师旷曰:"不可。古之听清徵者皆有德义之君也,今吾君德薄,不足以听。"平公曰:"寡人之所好者音也,愿试听之。"师旷不得已,援琴而鼓。一奏之,有玄鹤二八,道南方来,集于郎门之垝⑫;再奏之而列；三奏之，延颈而鸣，舒翼而舞。音中宫商之声，声闻于天。平公大说，坐者皆喜。平公提觞而起为师旷寿⑬，反坐而问曰："音莫悲于清徵乎？"师旷曰："不如清角。"平公曰："清角可得而闻乎？"师旷曰："不可。昔者黄帝合鬼神于泰山之上，驾象车而六蛟龙⑭，毕方并辖⑮，蚩尤居前⑯，风伯进扫⑰，雨师洒道⑱，虎狼在前，鬼神在后，腾蛇伏地⑲，凤皇覆上，大合鬼神，作为清角。今主君德薄，不足听之，听之将恐有败。"平公曰："寡人老矣，所好者音也，愿遂听之。"师旷不得已而鼓之。一奏之，有玄云从西北方起；再奏之，大风至，大雨随之，裂帷幕，破俎豆⑳，隳廊瓦，坐者散走，平公恐惧，伏于廊室之间。晋国大旱，赤地三年。平公之身遂癃病㉑。故曰：不务听治，而好五音不已，则穷身之事也。

【译文】 什么叫做爱好音乐呢？从前卫灵公准备到晋国去，到达濮水河畔时，停下马车给马喂草，准备营舍住了下来。夜半时分，听到有人弹奏新颖美妙的乐曲，卫灵公很喜欢它，派人询问左右随从，都回答说没有听到。于是召来乐官师涓，对他说："有人在演奏新颖的乐曲，我派人问左右随从，都说没有听到，那样子就像是鬼神在演奏一样，你仔细听着给我模仿出来。"师涓回答说："好。"于是静坐抚琴，模仿弹奏。师涓第二天回报卫灵公说："我已经学会了，但还不熟悉，请再住一晚让我弹熟它。"灵公说："好。"于是又留宿了一晚，第三天，已经熟练了，就离开濮水去了晋国。晋平公在施夷之台请卫灵公喝酒。酒喝到高兴处，卫灵公站起身来，对晋平公说："有一首新颖的乐曲，希望能演奏给您听。"晋平公说："好啊！"于是召来师涓，让他坐在师旷的旁边，取出琴来演奏。还没有奏完，师旷抚琴中止了音乐，说："这是亡国之声，不能弹完。"晋平公说："这乐曲是从哪里来的？"师旷说："这是师延作的曲子，他给商纣创作靡靡之乐，到武王伐纣时，师延往东逃跑，到濮水后投河而死，所以这支乐曲一定是在濮水河边听来的。先听到这首乐曲，他的国家一定会削弱，不能弹完它。"晋平公说："我最喜爱的就是音乐，你还是让他弹完吧。"师涓弹完了这首乐曲。晋平公问师旷说："这首乐曲被称为什么乐调呢？"师旷说："这就是人们说的清商。"晋平公说："清商是最悲凉的吗？"师旷说："不如清徵。"晋平公说："清徵我能听一听吗？"师旷说："不行。古代听清徵的都是有德行讲仁义的君主，现在您的德行积累不够厚，还达不到能听清徵的程度。"晋平公说："我最爱好的就是音乐，我希望能试着听一回。"师旷没办法，取出琴来演奏。第一次演奏，有十六只玄鹤从南面飞来，聚集在廊门的最高处;第二次演奏,玄鹤排成了队列;第三次演奏,玄鹤伸长了脖子鸣叫,展开了翅膀跳舞。它们的鸣叫声符合宫商之乐,连天上都能听到。晋平公大喜,在座的人也都很高兴。平公拿着酒杯站起身来为师旷祝寿,坐下来后问道:"音乐没有比清徵更悲凉的了吧?"师旷说:"不如清角。"晋平公说:"清角我能听一听吗?"师旷说:"不行。从前黄帝在泰山上聚合鬼神,乘坐的象车由六条蛟龙牵拉,毕方跟随在车旁,蚩尤在车前开路,风伯扫地,雨师洒水,虎狼走在前面,鬼神跟在后面,腾蛇爬伏在地上,凤凰在空中翱翔,这样的鬼神大聚会,才演奏清角这种乐曲。现在您的德义积累不够厚,还达不到能听清角的程度,您听它我担心会发生灾祸。"晋平公说:"我已经老了,最喜欢的就是音乐,希望能让我听听它。"师旷没有办法只有弹奏它。第一次弹奏,有黑云从西北方升起;第二次弹奏,刮起了大风,大雨随之而至,撕裂了帷幕,摔破了俎豆,毁坏了廊屋的瓦片,在座的人都四散逃走,晋平公感到害怕,爬伏在廊室之间。晋国因此大旱,土地干裂了整整三年,晋平公自己也得了重病。所以说:不致力于政事,却无休止地爱好音乐,这是让自身陷于困境的做法。

【注释】　①卫灵公:春秋后期卫国的国君,公元前534～前493年在位。　②税车:税,停下。停下马车。　③夜分:夜半时分。　④鼓新声:鼓,奏乐。新声,这里指新颖美妙的乐曲。演奏新颖美妙的乐曲。　⑤师涓:春秋卫灵公时的乐官。古代的乐官多称"师某",如下文的师旷。师旷是晋国的乐官,善于辨音,至后世成为善辨音律者的代称。⑥去之:去,离开。之,到……去。　⑦晋平公觞之于施夷之台:晋平公,名彪,春秋时晋国的君主,公元前557～前532年在位。觞,盛满酒的杯子,这里指请人吃酒。施夷之台,晋国宫台之名。晋平公在施夷之台请卫灵公喝酒。　⑧遂:完成。　⑨靡靡之乐:柔弱、颓废的音乐。　⑩究:终极。这里指弹完乐曲。　⑪声:即五声,又称"五音",即宫、商、角、徵、羽五种音调。　⑫垝:通"危",指物体的最高处。　⑬寿:奉酒祝人长寿。
　⑭象车:古代帝王乘坐的车子,用象牙装饰,故称象车,又称"象路"、"象辂"等。　⑮毕方并辖:毕方,古代的神名。辖,车轴两头的金属键。指毕方跟随在象车的旁边。⑯蚩尤:古史传说中的一位神怪人物,因与黄帝战于涿鹿而闻名于世,被奉为"战神"。有关蚩尤与黄帝的传说很多,或以为蚩尤是古代九黎族的首领,以金做兵器,与黄帝战于涿鹿,失败被杀。或以为蚩尤战败后俯首称臣,黄帝令其主兵。　⑰风伯:风神。⑱雨师:雨神。　⑲腾蛇:也作"螣蛇",传说中一种会飞的蛇。　⑳俎豆:古代祭祀、宴飨时盛食物用的两种礼器,后世也用来泛指各种礼器。　㉑癃(lóng)病:衰弱疲病。

　　奚谓贪愎?昔者智伯瑶率赵、韩、魏而伐范、中行①,灭之。反归,休兵数年,因令人请地于韩,韩康子欲勿与②,段规谏曰:"不可不与也。夫知伯之为人也③,好利而骜愎④。彼来请地而弗与,则移兵于韩必矣。君其与之。与之彼狃⑤，又将请地他国，他国且有不听⑥，不听，则知伯必加之兵。如是韩可以免于患而待其事之变。"康子曰："诺。"因令使者致万家之县一于知伯。知伯说，又令人请地于魏，宣子欲勿与⑦，赵葭谏曰："彼请地于韩，韩与之，今请地于魏，魏弗与，则是魏内自强，而外怒知伯也。如弗予，其措兵于魏必矣，不如予之。"宣子"诺"。因令人致万家之县一于知伯。知伯又令人之赵请蔡、皋狼之地，赵襄子弗与⑧，知伯因阴约韩、魏将以伐赵。襄子召张孟谈而告之曰⑨："夫知伯之为人也，阳亲而阴疏，三使韩、魏而寡人不与焉，其措兵于寡人必矣，今吾安居而可？"张孟谈曰："夫董阏于⑩，简主之才臣也⑪，其治晋阳，而尹铎循之⑫，其余教犹存，君其定居晋阳而已矣。"君曰："诺。"乃召延陵生，令将军车骑先至晋阳，君因从之。君至，而行其城郭及五官之藏，城郭不治，仓无积粟，府无储钱，库无甲兵，邑无守具。襄子惧，乃召张孟谈曰："寡人行城郭及五官之藏，皆不备具，吾将何以应敌？"张孟谈曰："臣闻圣人之治，藏于臣不藏于府库，务修其教不治城郭。君其出令，令民自遗三年之食，有余粟者入之仓，遗三年之用，有余钱者入之府，遗⑬，有奇人者使治城郭之缮⑭。"君夕出令，明日，仓不容粟，府无积钱，库不受甲兵，居五日而城郭已治，守备已具。君召张孟谈而问之曰："吾城郭已治，守备已具，钱粟已足，甲兵有余，吾奈无箭何？"张孟谈曰："臣闻董子之治晋阳也，公宫之垣皆以荻、蒿、楛、楚墙之⑮，有楛高至于丈，君发而用之。"于是发而试之，其坚则虽菌𥳦之劲弗能过也⑯。君曰："吾箭已足矣，奈无金何？"张孟谈曰："臣闻董子之治晋阳也，公宫令舍之堂，皆以炼铜为柱质⑰，君发而用之。"于是发而用之，有余金矣。号令已定，守备已具，三国之兵果至。至则乘晋阳之城⑱，遂战，三月弗能拔。因舒军而围之，决晋阳之水以灌之，围晋阳三年。城中巢居而处，悬釜而炊，财食将尽，士大夫羸病。襄子谓张孟谈曰："粮食匮，财力尽，士大夫羸病，吾恐不能守矣，欲以城下，何国之可下？"张孟谈曰："臣闻之，亡弗能存，危弗能安，则无为贵智矣。君失此计者⑲。臣请试潜行而出，见韩、魏之君。"张孟谈见韩、魏之君曰："臣闻唇亡齿寒。今知伯率二君而伐赵，赵将亡矣。赵亡，则二君为之次。"二君曰："我知其然也。虽然,知伯之为人也粗中而少亲⑳,我谋而觉,则其祸必至矣,为之奈何?"张孟谈曰："谋出二君之口而入臣之耳,人莫之知也。"二君因与张孟谈约三军之反,与之期日。夜遣孟谈入晋阳以报二君之反于襄子,襄子迎孟谈而再拜之㉑,且恐且喜。二君以约遣张孟谈,因朝知伯而出,遇智过于辕门之外㉒,智过怪其色,因入见知伯曰："二君貌将有变。"君曰："何如?"曰："其行矜而意高,非他时之节也,君不如先之。"君曰："吾与二主约谨矣,破赵而三分其地,寡人所以亲之,必不侵欺。兵之著于晋阳三年㉓,今旦暮将拔之而向其利,何乃将有他心,必不然,子释勿忧,勿出于口。"明旦,二主又朝而出,复见智过于辕门。智过入见曰："君以臣之言告二主乎?"君曰："何以知之?"曰："今日二主朝而出,见臣而其色动,而视属臣,此必有变,君不如杀之。"君曰："子置勿复言。"智过曰："不可,必杀之。若不能杀,遂亲之。"君曰："亲之奈何?"智过曰："魏宣子之谋臣曰赵葭,韩康子之谋臣曰段规,此皆能移其君之计。君与其二君约,破赵国因封二子者各万家之县一,如是则二主之心可以无变矣。"知伯曰："破赵而三分其地,又封二子者各万家之县一,则吾所得者少,不可。"智过见其言之不听也,出,因更其族为辅氏。至于期日之夜,赵氏杀其守堤之吏而决其水灌知伯军,知伯军救水而乱,韩、魏翼而击之,襄子将卒犯其前,大败知伯之军而擒知伯。知伯身死军破,国分为三,为天下笑。故曰:贪愎好利,则灭国杀身之本也。

【译文】 什么叫做贪婪乖戾呢?从前智伯瑶率领赵氏、韩氏、魏氏攻打范氏与中行氏,把他们消灭了。返回休兵几年之后,又派人到韩国要土地,韩康子打算不给,段规进谏说:"不能不给。智伯的为人,既贪婪好利,又傲慢固执。他来要土地而君主不给他,他一定会出兵攻打韩国。君主还是给他吧,给他土地他会更加骄傲,一定又会到别的国家去要土地,别的国家应当有不听从的,别国不听从,智伯一定会派兵攻打他,如果这样韩国就能够免除祸患,等待事态发生变化了。"韩康子说:"好吧。"于是派使者割让了一座万户的县邑给智伯。智伯很高兴,又派人到魏国去要地,魏桓子打算不给他,赵葭进谏说:"他向韩国索要土地,韩给了他,现在又到魏国来索要土地,魏国不给,那这就是魏国自逞强盛,对外要激怒智伯的。如果不给土地,智伯一定要出兵攻打魏国了,不如给他。"魏桓子说:"好吧。"于是派人割让一座万户的县邑给智伯。智伯又派人到赵国索要蔡邑、皋狼等地,赵襄子没有给他,智伯于是暗中与韩、魏约定准备攻打赵国。赵襄子召见张孟谈并告诉他说:"智伯的为人,表面上与人亲近,内心里却很疏远,三次派人到韩国和魏国却没有来找我,他一定要派兵攻打我了,现在我们可以到哪里居住呢?"张孟谈说:"那董阏于,是简主有才能的家臣,简主派他治理晋阳,其后尹铎接任,他的教化余风至今犹存,君主只要定居晋阳就可以了。"赵襄子说:"好吧。"于是召见延陵生,命令他率领军队先到晋阳,赵襄子随之而至。赵襄子到晋阳后,巡视了城郭和官府的库藏,看到城墙没有修整,粮仓中没有贮藏粮食,府中没有储存钱财,库里也没有储存铠甲兵器,城邑也没有守卫的工具。赵襄子感到害怕,于是召见张孟谈:"我巡视了一下城郭和各府库的储藏,都没有准备齐全,我将拿什么来应对敌人呢?"张孟谈说:"我听说圣人治理政事,是把财物藏在民众的家里而不是府库中,是努力地教化民众而不去修理城墙。君主只要下命令,让人们留下三年的口粮,把多余的粮食送进公仓,留下三年的财用,把多余的钱送到公府,留下守家护院的工具,把多余的甲兵送到公库,有多余的劳力就派去修整城墙。"君主的命令晚上发出,第二天,粮仓满得不能再装粮食,公府没有地方放置钱币,公库无法再接收甲兵,过了五天,城墙已经修整完好,守备的工具也准备妥当。赵襄子召见张孟谈,问他说:"现在我们的城墙已经修好了,守备工具也准备妥当,钱财粮食充足,铠甲兵器也绰绰有余,但是我们没有箭杆怎么办呢?"张孟谈说:"我听说董先生治理晋阳时,官府里的墙都是用荻、蒿、楛、楚等材料筑成的,有的楛条高至一丈,君主可以挖出来使用。"于是挖出来试用,都非常的坚韧,即使箘簬做成的箭杆,也不能比这更好。赵襄子说:"我们的箭杆已经足够了,可是没有金属做箭头怎么办呢?"张孟谈说:"我听说董先生治理晋阳时,官府、县衙的堂屋,都是炼铜做成的柱下础石,君主可以令人挖出来使用。"于是挖出来制成箭头,有足够的箭头使用了。号令已经发出,守城的工具也都准备齐全,智伯与韩、魏三国的军队果然到了。他们到达后立刻攻打晋阳城,于是交战,三个月没能攻破。然后他们铺开军队包围了晋阳,挖开晋水,用河水灌城,围困晋阳城整整三年。城里的人在树上筑巢居住,把锅吊起来烧饭,粮食财用即将用尽,三军将士困疲多病。襄子对张孟谈说:"粮食吃完了,财帛人力也用尽了,将士们困疲多病,我担心要守不住了,我想献出晋阳投降,你看向哪个国家投降好?"张孟谈说:"我听说,国家灭亡时不能让它保全,国家危险时不能使它安稳,就不用尊重才智之士了。君主您放弃这个打算。我请求秘密出城，去谒见韩、魏两国的国君。"张孟谈谒见韩、魏两国国君时说："我听说嘴唇没有了，牙齿就会感到寒冷。现在智伯率领韩、魏两国攻打赵国，赵国很快就要灭亡了。赵国一旦灭亡，韩、魏两国就会紧随其后。"韩、魏两国国君说："我知道会是这个样子。可是，智伯的为人，性情粗厉缺乏仁爱之心，我们的计谋一旦被他发现，大祸必然马上降临，这怎么办呢？"张孟谈说："计谋从您二位的口中说出，进入了我的耳朵，别人没有人会知道的。"韩、魏两国国君于是和张孟谈约定反叛智伯，定好了兵变的日期。夜里送张孟谈进晋阳回报韩、魏两国反叛的消息给赵襄子，赵襄子迎接张孟谈，拜了又拜，又是恐惧，又是高兴。韩、魏两国国君送张孟谈回去之后，接着去朝见了智伯，出来后，在营门外遇见智过，智过觉得他们的神色很奇怪，于是进入营帐面见智伯，说："韩、魏二国国君看上去好像要叛变。"智伯说："为什么呢？"智过说："他们的行为骄傲，趾高气扬，不像以前那样节制了，君主不如先发制人。"智伯说："我和二国之君的约定很严格，攻破赵国之后要三分其地，我因此相信他们，一定不会欺骗我的。军队在晋阳已经滞留了三年，现在马上就要攻破它，要分享胜利成果了，为什么会生出二心呢？一定不是这样的。你就不要担心了，再不要说这样的话。"第二天早上，韩、魏两国君主又来朝见智伯，出来后又在辕门遇见了智过。智过进见智伯，说："君主把我的话告诉韩、魏两国君主了吗？"智伯说："你是怎么知道的？"智过说："今天二位国君朝见之后出去，看见我之后神色闪动，并且直盯着我看，这说明他们一定是要叛变了，君主不如先杀了他们。"智伯说："你放下这件事不要再说了。"智过说："不行，一定要杀了他们。如果不能杀掉他们，就一定要和他们更加亲近。"智伯说："怎么样才能更加亲近呢？"智过说："魏宣子的谋臣叫赵葭，韩康子的谋臣叫段规，他们都是能改变君主想法的人。君主和他们的国君约定，攻破赵国之后会封给赵葭和段规每人一座万户的县邑，这样一来韩、魏二位国君的心意就不会改变了。"智伯说："攻破赵国后三分其地，又封这两人每人一座万户的县邑，那我得到的就少了，不行。"智过见他的话智伯听不进去，出来之后就改其族姓为辅氏了。到了约定日期的夜里，赵国军队杀掉守堤的军吏，挖开水堤冲淹智伯的军队，智伯的军队在阻挡洪水时秩序大乱，韩、魏两国军队从两侧夹击，赵襄子率领军队正面迎敌，大败智伯的军队并且活捉了智伯。智伯被杀，军队被击溃，国土被三家瓜分，被天下人耻笑。所以说：贪婪乖戾，是灭国杀身的根由。

【注释】　①智伯瑶率赵、韩、魏而伐范、中行：智氏、赵氏、韩氏、魏氏、范氏、中行氏，为晋国世袭的六卿。在晋献公逐群公子后，晋公室逐渐卑弱，晋成公即位后，以异姓为公族，六卿始大。至晋定公时代，智伯瑶与赵襄子、韩康子、魏桓子三家联合消灭了范氏和中行氏。其后智伯瑶想削弱赵、韩、魏三家，引发冲突，赵、韩、魏三家联合，消灭了智氏，瓜分了其土地。之后，晋国公室更加卑弱，晋国公室的土地只保留了绛与曲沃两座城邑，其余的也被三家瓜分，史称"三家分晋"。至公元前403年，周王室正式承认赵、韩、魏三家为诸侯，与晋侯并列。历史上所说的"战国时代"由此开始。　②韩康子：晋卿，名虎。　③知伯："知"与"智"同，"知伯"即"智伯"。智伯，名瑶，谥襄子。　④骜愎：傲慢固执。　⑤狃(niǔ)：骄傲。　⑥且：应当。　⑦宣子：魏国无"宣子"，应为"桓子"。魏桓子，晋卿，名驹。　⑧赵襄子：晋卿，名毋恤，曾受智伯瑶侮辱，与智伯瑶结怨甚深。⑨张孟谈：赵襄子的家臣。《国语》作"张谈"，《史记》作"张孟同"。　⑩董阏于：人名，赵简子的家臣。　⑪简主之才臣：简主，即赵襄子的父亲赵简子，名鞅，又名志父，亦称赵孟，春秋时期晋国赵氏的领袖，晋昭公时官至大夫，执掌国事。才臣，有才能的家臣。是简主很有才能的家臣。　⑫尹铎循之：尹铎，赵简子的家臣，继董阏于之后治理晋阳，实行减税减赋政策，使晋阳成为赵氏稳固的根据地。　⑬遗：据上下文意，此字后当有脱文，故在译文中补出。　⑭奇(jī)人：余人，即闲人。　⑮荻、蒿(gǎo)、楛(hù)、楚：荻，多年生草本植物，生长在水边，茎秆可以编席箔。蒿，谷物的茎秆，可制箭，称作"蒿矢"。楛，一种落叶灌木，枝干坚韧，可制箭杆及器物。楚，落叶灌木或小乔木，又名牡荆，枝干坚劲，可做器物。　⑯菌簵(lù)：即箘簬，竹名，可制作箭杆。　⑰柱质：质，同"礩"。柱子下的础石。　⑱乘：攻城。　⑲失：应为"释"，放弃。　⑳粗中而少亲：粗中，生性粗厉。少亲，缺少仁爱之心。性情粗厉，缺乏仁爱之心。　㉑再拜：古代的一种礼节，拜了又拜，表示恭敬。　㉒智过：人名，又作"智果"。智伯瑶的族人，在智伯瑶的父亲智宣子准备立智伯瑶为后时，智过曾进谏智宣子，说立智伯瑶为后有让智氏灭族的危险，未被智宣子采纳。这一次他提醒智伯瑶韩、魏二国国君可能叛变一事，小术引起智伯瑶的重视。智过遂与智氏断绝关系，另立辅氏一族。在智伯瑶兵败被杀后，智氏被灭族，辅氏一支独存。　㉓著：通"伫"，滞留。

　　奚谓耽于女乐？昔者戎王使由余聘于秦①，穆公问之曰："寡人尝闻道而未得目见之也，愿闻古之明主得国失国何常以？"由余对曰："臣尝得闻之矣，常以俭得之，以奢失之。"穆公曰："寡人不辱而问道于子，子以俭对寡人何也？"由余对曰："臣闻昔者尧有天下，饭于土簋②，饮于土铏③，其地南至交趾④，北至幽都⑤，东西至日月之所出入者，莫不宾服。尧禅天下，虞舜受之，作为食器，斩山木而财之⑥，修削锯之迹，流漆墨其上⑦，输之于宫以为食器，诸侯以为益侈，国之不服者十三。舜禅天下而传之于禹，禹作为祭器，墨染其外，而朱画其内，缦帛为茵⑧，蒋席颇缘⑨，觞酌有采，而樽俎有饰，此弥侈矣⑩，而国之不服者三十三。夏后氏没，殷人受之，作为大路⑪，而建九旒⑫，食器雕琢，觞酌刻镂，四壁垩墀⑬，茵

席雕文,此弥侈矣,而国之不服者五十三。君子皆知文章矣⑭,而
欲服者弥少,臣故曰俭其道也。"由余出,公乃召内史廖而告之⑮,
曰:"寡人闻邻国有圣人,敌国之忧也。今由余,圣人也,寡人患
之,吾将奈何?"内史廖曰:"臣闻戎王之居,僻陋而道远,未闻中国
之声,君其遗之女乐,以乱其政,而后为由余请期,以疏其谏,彼君
臣有间而后可图也⑯。"君曰:"诺。"乃使史廖以女乐二八遗戎王⑰,
因为由余请期,戎王许诺。见其女乐而说之,设酒张饮,日以听
乐,终岁不迁⑱,牛马半死。由余归,因谏戎王,戎王弗听,由余遂
去之秦,秦穆公迎而拜之上卿,问其兵势与其地形,既以得之,举
兵而伐之,兼国十二,开地千里。故曰:耽于女乐,不顾国政,亡国
之祸也。

【译文】　什么叫沉迷于女乐呢? 从前戎王派由余出使秦国,秦穆公问他说:
"我曾听人说过治国的道术,却未曾亲见过实际的情形,希望能听您说一说
古代的君主得国失国大都是因为什么原因呢?"由余回答说:"我曾经听人说
过,常常是因为节俭而得国,因为奢侈而失国。"秦穆公说:"我不怕丢面子而
向你问道,你用节俭来回答我,这是为什么呢?"由余回答说:"我听说从前尧
有天下之后,用土簋盛饭,用土铡喝水,他所统治的地区,南到交趾,北到幽
都,从东向西到日月出入的地方,没有人不归顺服从的。尧禅让天下,虞舜
接替了天子之位,开始制作食器,砍伐山木作为原料,修平削锯的痕迹,再刷
上黑漆,送到宫里作为食器,诸侯认为太奢侈,就有十三个国家不服从了。
舜禅让天下,传帝位给禹,禹开始制作祭器,外面漆成墨黑,里面染成朱红,
用缦帛做成垫子,给蒋席装饰花边,觞酌等酒器很有光彩,樽俎等食器装饰
华美,这就更加奢侈了,不肯归服的诸侯国就有了三十三个。夏朝衰亡后,
殷商取而代之,制作了路车,建置了饰有九条丝带的旌旗,食器精雕细琢,酒
器刻镂精美,四面的墙壁都用白粉刷涂,褥垫席子都绣上了花纹,这就更加
奢侈了,于是不肯归服的诸侯国就有了五十三个。人们都知道这文饰是越
来越盛了,可是愿意归服的人却越来越少了。所以我说节俭是治国之道。"
由余出去之后,秦穆公召见内史廖,对他说:"我听说邻国有圣贤的人,就是
本国的忧患。现在这个由余,就是个圣贤的人,我感到忧虑,我该怎么办
呢?"内史廖说:"我听说戎王居住的地方,穷僻粗野,路途遥远,没有听过中
原的音乐。君主赠送给他女乐,用以扰乱他的朝政,之后再替由余请求延期
回国,以疏远其君臣使之没有机会进谏,他们君臣二人有了嫌隙之后我们才

能有所图谋。"秦穆公说："好吧。"于是派内史廖把由十六名女子组成的乐队赠送给戎王。接着又为由余请求延迟回国的日期，戎王答应了。戎王看到那些歌舞伎，非常喜欢她们，于是摆开酒席，天天欣赏美妙的音乐，一年到头没有迁居，牛马死了一半。由余回来后，劝谏戎王，戎王不听，由余于是离开戎王去了秦国。秦穆公迎接他并且封他为上卿，询问戎王的军队情况和地形，在已经了解之后，秦穆公兴兵攻打戎国，兼并了十二个小国，开辟了一千里的疆土。所以说：沉迷于女乐，不理朝政，会导致亡国的灾祸。

【注释】　①由余：春秋时晋国人，为避乱逃到西戎，为戎王使者出使秦国，秦穆公见其贤，使计招降，后帮助秦穆公征服西戎。　②簋(guǐ)：古代的一种食器。　③铏(xíng)：古代一种盛汤羹的器皿。　④交趾：原为古地区名，泛指五岭以南地区。汉武帝时设交趾郡，辖境相当于今广东、广西大部和越南的中、北部。东汉末改为交州。宋代时亦称已经建国的越南为交趾。　⑤幽都：指北方地域。在古人意识中，北方地区日照时间短，是阴气聚集之地，故称幽都。后世又以幽都指称阴间地府。　⑥财：通"材"，材料，原料。　⑦漆墨：黑漆。　⑧缦帛为茵：缦帛，一种没有花纹的丝织品。茵，垫子。用缦帛做成垫子。　⑨蒋席颇缘：蒋席，蒋草做成的席子。缘，给衣物等镶边。给蒋席装饰花边。　⑩弥：更加。　⑪大路：又称"大辂"，古代帝王乘坐的车子。　⑫九旒：古代旌旗上的九条丝织垂饰。　⑬垩(è)：用白色的涂料刷涂。墀(chí)：古代殿堂上涂饰过的地面。　⑭君子皆知文章：君子，古代对贵族男子的通称，也指才德出众的人，后世逐渐演变为对人的尊称。文章，指文饰越来越盛。人们都知道这文饰是越来越盛了。　⑮内史：官名，协助天子管理爵禄、废置等事务的官员。　⑯间：嫌隙，隔阂。　⑰女乐二八：二八，十六人。十六名歌舞伎组成的乐队。以十六名歌舞伎组成的乐队赠人是春秋时的一种馈赠礼制。　⑱迁：迁居别处。游牧民族逐水草而居，今戎王沉迷女乐，一年没有迁徙，所以牛马饿死了一半。

　　奚谓离内远游？昔者田成子游于海而乐之①，号令诸大夫曰："言归者死。"颜涿聚曰②："君游海而乐之，奈臣有图国者何？君虽乐之，将安得？"田成子曰："寡人布令曰言归者死，今子犯寡人之令。"援戈将击之③。颜涿聚曰："昔桀杀关龙逢而纣杀王子比干，今君虽杀臣之身以三之可也。臣言为国，非为身也。"延颈而前曰："君击之矣！"君乃释戈趣驾而归④，至三日，而闻国人有谋不内田成子者矣⑤。田成子所以遂有齐国者，颜涿聚之力也。故曰：离内远游，则危身之道也。

【译文】　什么叫做离开国都到远方游历呢？从前田成子到海上游玩，玩得很高兴，于是命令随行的大夫说："有劝我回去的人就处死。"颜涿聚说："您在海上游玩得很高兴,对于大臣中图谋篡位的人您有什么办法呢?您虽然玩得很高兴,将来到哪里去找得到?"田成子说:"我发布命令说劝我回去的人处死,现在你违反了我的命令。"田成子拿起戈来想要杀他。颜涿聚说:"从前夏桀杀了关龙逄,纣杀了王子比干,现在您杀了我,和他们合成三个也是可以的。我说这话是为了国家,并非为了自身。"向前伸长了脖子说:"您往这里刺吧。"田成子于是放下戈,赶紧驾着马车回去了。回到国都三天,就听说有人曾谋划想阻止田成子回来。田成子最终能取得齐国政权,颜涿聚是出了大力的。所以说:离开国都到远方游历,是危及身家性命的做法。

【注释】　①田成子:即春秋时齐国权相田常。田常专掌齐政,其时尚未篡位,不应自称"寡人",所以陈奇猷《韩非子新校注》以为此故事的主人公应是齐景公而非田成子。②颜涿聚:人名,《左传》称"颜庚"。春秋时齐国的大夫,曾为梁父大盗,后来跟孔子学习,成为名显天下的人物。鲁哀公二十三年(公元前 472 年),他在晋齐隰之战中被俘身亡。　③援戈将击之:援,执,拿着。戈,古代的一种兵器。拿起戈来想要杀他。　④趣驾:驾着马车快行。　⑤内:同"纳",接受。

　　奚谓过而不听于忠臣?昔者齐桓公九合诸侯,一匡天下,为五伯长,管仲佐之。管仲老,不能用事,休居于家,桓公从而问之曰:"仲父家居有病,即不幸而不起此病,政安迁之?"管仲曰:"臣老矣,不可问也。虽然,臣闻之,知臣莫若君,知子莫若父,君其试以心决之。"君曰:"鲍叔牙何如?"管仲曰:"不可。鲍叔牙为人,刚愎而上悍①。刚则犯民以暴,愎则不得民心,悍则下不为用,其心不惧,非霸者之佐也。"公曰:"然则竖刁何如?"管仲曰:"不可。夫人之情莫不爱其身,公妒而好内,竖刁自猿以为治内②。其身不爱,又安能爱君?"公曰:"然则卫公子开方何如③?"管仲曰:"不可。齐、卫之间不过十日之行,开方为事君,欲适君之故④,十五年不归见其父母,此非人情也。其父母之不亲也,又能亲君乎?"公曰:"然则易牙何如?"管仲曰:"不可。夫易牙为君主味,君之所未尝食唯人肉耳,易牙蒸其子首而进之,君所知也。人之情莫不爱其子,今蒸其子以为膳于君,其子弗爱,又安能爱君乎?"公曰:"然则孰可?"管仲曰:"隰朋可⑤。其为人也,坚中而廉外,少欲而多信。夫坚中则足以为表,廉外则可以大任,少欲则能临其众⑥,多信则能亲邻国,此霸者之佐也,君其用之。"君曰:"诺。"居一年余,管仲死,君遂不用隰朋而与竖刁。刁莅事三年⑦,桓公南游堂阜⑧,竖刁率易牙、卫公子开方及大臣为乱，桓公渴馁而死南门之寝⑨、公守之室⑩，身死三月不收，虫出于户。故桓公之兵横行天下，为五伯长，卒见弑于其臣，而灭高名，为天下笑者，何也？不用管仲之过也。故曰：过而不听于忠臣，独行其意，则灭其高名为人笑之始也。

【译文】 什么叫做有了过错又不听从忠臣的劝谏呢？从前齐桓公多次召集诸侯会盟，匡正天下礼制，成为五霸中的第一位，这是因为有管仲的辅佐。管仲老了之后，不能处理国事，住在家中休养。桓公前去看他，问他说："仲父有病住在家里，假若不幸病治不好，政事应该交给谁呢？"管仲说："我老了，您不应该再问我了。不过，我听说，最了解大臣的是君主，最了解儿子的是父亲，您用心比较他们就能做出决定了。"齐桓公说："鲍叔牙怎么样？"管仲说："不行。鲍叔牙的为人，倔强固执，崇尚勇力。倔强就会用暴力侵犯人民，固执就会不得民心，勇悍民众就不能甘心受其指使，对此他都没有戒惧的心理，所以他不是霸主的辅佐之才。"齐桓公说："那么竖刁怎么样呢？"管仲说："不行。人的天性，没有不爱惜自己的身体的，您生性嫉妒男子，喜欢美色，竖刁阉割了自己来给您治理内宫事务。他连自己的身体都不爱惜，又怎么能真的爱戴您呢？"齐桓公说："那么卫国的公子开方怎么样呢？"管仲说："不行。齐国和卫国相距不过十天的行程，开方为了侍奉君主，想讨君主的欢心，十五年都没有回去看望他的父母，这不是人之常情。他连自己的父母都不亲近，又怎么能真的亲爱您呢？"齐桓公说："那么易牙怎么样呢？"管仲说："不行。易牙掌管着您的膳食，您没有品尝过的东西就只有人肉了，易牙把自己儿子的头蒸熟了进献给您来品尝，这您是知道的。人的天性，没有不疼爱自己的儿子的，现在他蒸了自己的儿子做成您的饭食，他连自己的儿子都不疼爱，又怎么会真正地爱您呢？"齐桓公说："那么谁才可以呢？"管仲说："隰朋可以胜任。他的为人，意志坚定，行为廉正，没有多少嗜欲，能够信守承诺。意志坚定就可以做群臣的表率，行为廉正就可以承担大任，没有嗜欲就能够治理百姓，信守承诺就能够亲和邻国，这才是霸主的辅佐之才，您就任用他来主持政事吧。"齐桓公说："好吧。"过了一年多，管仲病死了，齐桓公终于没有任用隰朋而把国政交给了竖刁。竖刁主持国事三年，桓公到南部的堂阜游玩，竖刁率领易牙、卫公子开方和部分大臣作乱，桓公又渴又饿，死在了南门的寝宫里，死后三个月没有人殓葬，尸虫都爬出了窗户。齐桓公的军队，横行天下，无人能敌，他是春秋五霸中的第一位，最后却被自己的大臣杀害，毁掉了一世的高名，被天下人所耻笑，这是什么原因呢？这是他不采纳管仲之言的过失造成的。所以说:犯了错误又不听从忠臣的进谏,一意孤行,就是毁坏其高名、被人所耻笑的开端啊。

【注释】　①上悍:上,通"尚",崇尚,看重。悍,勇力。崇尚勇力。　②猏(fén):猪被阉割。引申为对人进行阉割。　③卫公子开方:开方,人名。卫国的公子,事齐桓公,很受宠信。　④欲适君之故:为了讨君主的欢心。　⑤隰朋:人名,春秋时齐桓公的贤臣。　⑥临:治理,统治。　⑦莅事:莅,临视,治理。掌管政事。　⑧堂阜:齐国地名。　⑨馁(něi):饥饿。　⑩公守之室:公守,当为"寿宫"之误。寿宫,寝室。

　　奚谓内不量力? 昔者秦之攻宜阳①,韩氏急,公仲朋谓韩君曰②:"与国不可恃也③。岂如因张仪为和于秦哉④? 因赂以名都而南与伐楚,是患解于秦而害交于楚也。"公曰:"善。"乃警公仲之行⑤,将西和秦。楚王闻之,惧,召陈轸而告之曰⑥:"韩朋将西和秦,今将奈何?"陈轸曰:"秦得韩之都一,驱其练甲⑦,秦、韩为一以南乡楚,此秦王之所以庙祠而求也,其为楚害必矣。王其趣发信臣,多其车,重其币,以奉韩曰:'不谷之国虽小,卒已悉起,愿大国之信意于秦也⑧。因愿大国令使者入境视楚之起卒也。'"韩使人之楚,楚王因发车骑陈之下路,谓韩使者曰:"报韩君言弊邑之兵今将入境矣。"使者还报韩君,韩君大悦,止公仲,公仲曰:"不可。夫以实害我者秦也,以名救我者楚也,听楚之虚言而轻绝强秦之实祸⑨,则危国之本也。"韩君弗听,公仲怒而归,十日不朝。宜阳益急,韩君令使者趣卒于楚,冠盖相望而卒无至者⑩,宜阳果拔,为诸侯笑。故曰:内不量力,外恃诸侯者,则国削之患也。

【译文】　什么叫做不考虑本国的实力呢? 从前秦国攻打宜阳,韩国国君非常着急,公仲朋对韩国国君说:"盟国是靠不住的。不如通过张仪向秦国求和,给秦国一座大城,和他一起南下攻打楚国,这就解除了秦国的威胁而把灾祸转嫁给了楚国。"韩国国君说:"很好。"于是命令公仲朋西行到秦国求和。楚王听到这个消息,很害怕,召见陈轸并对他说:"韩国的宰相公仲朋打算西行到秦国求和,现在我们该怎么办呢?"陈轸说:"秦国得到韩国的一座城邑之后,率领着他的精锐部队,秦国和韩国联合起来,朝南一起来攻打楚国,这是秦王在宗庙祭祀中祈求的事情,这对楚国的危害是必然的。大王赶紧派遣使臣,多带车辆,厚备礼物,奉送给韩国国君,对他说:'楚国虽然是个小国,现在已经集合所有的军队,希望贵国对秦国表明强硬的态度。并请您派使者到楚国,看楚国军队调派的情形。'"韩王派人到楚国,楚王于是派遣军队驻扎在去韩国的路上,对韩国的使者说:"请回报韩国君主,敝国的军队现在马上就要进入韩国境内了。"韩国使者回去报告给韩国君主。韩国君主非常高兴,派人阻止公仲朋,公仲朋说:"不能这样做。秦国是依靠实力来侵犯我国,楚国是名义上来救助我国,听信楚国的虚言而轻视忽略强大的秦国带来的实实在在的危险,这是让国家陷于危机的根由。"韩国国君不听,公仲朋气愤地回家了,十天没有上朝。宜阳越发危急,韩国国君派使者到楚国催促救兵,使者一个接着一个,但楚国的救兵最终没有到来,宜阳终于被攻陷,韩国的做法也被诸侯所耻笑。所以说,不考虑自己国家的实力,对外依赖于诸侯,这会造成国家被侵削的灾难。

【注释】 ①秦之攻宜阳:据《史记》、《战国策》记载,秦人派甘茂攻打宜阳一事在韩襄王四年,而公仲请和之事,则在韩宣惠王十六年。韩襄王四年张仪已经死了,这里所记载的求和事件,由秦、韩浊泽之战而起。 ②公仲朋:人名,韩国的宰相。 ③与国不可恃:与国,盟国。恃,依靠。盟国是靠不住的。 ④张仪:战国时魏国人,相秦惠王,游说六国,背苏秦的纵约而连横事秦。秦武王继位后,群臣谗毁张仪,六国又合纵叛秦,张仪去秦相魏,后死在魏国。 ⑤警:告诫。 ⑥陈轸:战国时中原人氏,历仕秦楚,以善于辩说闻名。 ⑦练甲:精兵。 ⑧信意:申述意愿,表明态度。 ⑨轻诬:诬,以有为无。轻视忽略。 ⑩冠盖相望:指使者一个接着一个。

奚谓国小无礼? 昔者晋公子重耳出亡过于曹①,曹君袒裼而观之②。厘负羁与叔瞻侍于前③,叔瞻谓曹君曰:"臣观晋公子非常人也,君遇之无礼,彼若有时反国而起兵,即恐为曹伤。君不如杀之。"曹君弗听。厘负羁归而不乐,其妻问之曰:"公从外来而有不乐之色,何也?"负羁曰:"吾闻之:'有福不及,祸来连我。'今日吾君召晋公子,其遇之无礼,我与在前,吾是以不乐。"其妻曰:"吾观晋公子,万乘之主也;其左右从者,万乘之相也。今穷而出亡过于曹,曹遇之无礼,此若反国,必诛无礼,则曹其首也。子奚不先自贰焉④?"负羁曰:"诺。"盛黄金于壶,充之以餐,加璧其上,夜令人遗公子。公子见使者,再拜受其餐而辞其璧。公子自曹入楚,自楚入秦。入秦三年,秦穆公召群臣而谋曰:"昔者晋献公与寡人交,诸侯莫弗闻。献公不幸离群臣,出入十年矣。嗣子不善,吾恐此将令其宗庙不祓除而社稷不血食也⑤,如是弗定,则非与人交之道。吾欲辅重耳而入之晋,何如?"群臣皆曰:"善。"公因起卒,革车五百乘⑥,畴骑二千⑦,步卒五万,辅重耳入之于晋,立为晋君。

重耳即位三年，举兵而伐曹矣，因令人告曹君曰："悬叔瞻而出之，我且杀而以为大戮。"又令人告厘负羁曰："军旅薄城⑧，吾知子不违也⑨，其表子之间⑩，寡人将以为令，令军勿敢犯。"曹人闻之，率其亲戚而保厘负羁之间者七百余家，此礼之所用也。故曹小国也，而迫于晋、楚之间，其君之危犹累卵也，而以无礼莅之，此所以绝世也。故曰：国小无礼，不用谏臣，则绝世之势也。

【译文】 什么叫做国家弱小却又傲慢无礼呢？从前晋国的公子重耳逃亡时路过曹国，曹共公在重耳洗澡时去偷看他连在一起的肋骨。当时厘负羁和叔瞻在旁边侍奉。叔瞻对曹共公说："我看晋公子，不是一个普通人，您对他没有礼貌，他若有机会回国继承君位，兴兵攻伐，曹国恐怕要受害了。您不如杀了他吧。"曹共公没有听他的话。厘负羁回家后闷闷不乐，他的妻子问他说："您从外面回来，显得有些闷闷不乐，这是为什么呢？"负羁说："我听人说：'好事轮不到我，坏事一定会连累到我。'今天君主召见了晋国的公子，对他很没有礼貌，当时我就在跟前，所以我现在很不快乐。"他的妻子说："我看那晋公子，有大国君主的气象，他左右的随从，都有卿相之才。现在陷入困境逃亡在外，路过曹国，曹国对他没有礼貌，他将来如果回国做了君主，一定要诛伐对他没有礼貌的国家，那么曹国会首当其冲。您为什么不先行结纳使自己与别人不同呢？"负羁说："好吧。"于是就把黄金装到壶里，再装上食物，上面又放了一块玉璧，在夜里派人送给晋公子。公子重耳接见使者，拜了又拜，收下了食物，退还了玉璧。晋公子重耳从曹国到楚国，又从楚国到秦国。到秦国三年之后，秦穆公召集他的大臣谋划说："从前晋献公和我交好，诸侯没有不知道这事的。献公不幸去世，差不多快十年了。他那继承君位的儿子不好好治理国家，我担心这会让晋国的宗庙荒芜、社稷毁坏，到了这个程度还不能使其安定，这不是和人交好的表现了。我打算协助重耳回国继承君位，你们觉得怎么样呢？"群臣都说："很好！"秦穆公于是发兵，派出五百辆兵车，两千名精锐骑兵，五万名步兵，帮助重耳返回晋国，做了晋国国君。重耳即位三年后，起兵攻打曹国，派人告诉曹共公说："赶紧把叔瞻交出来，我要杀了他陈尸示众。"又派人告诉厘负羁说："晋国的军队逼近了曹国的都城，我知道你不会逃走，请你在里巷的大门上做个记号，我会下令，命令军队到时候不要前去冒犯。"曹国人听说这件事后，率领亲戚到厘负羁家里巷里逃难的有七百多家，这就是做事有礼的结果啊。曹国是一个小国，夹在晋、楚两个大国之间，曹国君主的地位就像累卵一样危险，可做事却又傲慢无礼，这是导致他亡国绝世的根源。所以说：国家弱小却又傲慢无礼，不采纳谏臣的意见,这是亡国绝世的态势。

【注释】　①重耳:人名,即春秋五霸之一的晋文公,公元前 636～前 628 年在位。晋文公的父亲晋献公在位时,宠爱骊姬,他听信骊姬的谗言杀害了太子申生,他的另外两个儿子夷吾和重耳出逃。重耳逃亡各国十九年之久,之后终于在秦穆公的帮助下回国继承了君位,成为晋国历史上最有作为的君主之一。　②曹君袒裼而观之:曹君,指曹共公。袒裼,脱去上衣,露出肢体。曹共公听说晋公子重耳的肋骨连在一起,就在他洗澡时去偷看。　③厘(xī)负羁与叔瞻:厘负羁,《左传》、《国语》作"僖负羁",春秋时曹国的大夫。叔瞻,《左传》、《国语》作"叔詹",春秋时郑国的大夫,重耳过郑时郑文公也对重耳不礼敬,叔詹因此也进谏郑文公。韩非误将叔詹谏郑文公的话当成了谏曹共公。　④自贰:贰,离异,分别。使自己有别于他人。　⑤宗庙不被除而社稷不血食:被除,本义为除灾去邪的祭祀,这里指打扫干净。血食,享受祭品。古代亡国的标志就是宗庙与社稷被毁坏,所以多以此来指代亡国。　⑥革车:兵车。　⑦畴骑:精锐骑兵。　⑧薄:逼近。　⑨违:离开,逃走。　⑩表子之间:表,做记号。间,里巷的大门。在里巷的大门上做上记号。

卷　四

孤愤第十一

孤愤,即孤独和愤懑。"孤",指法术之士在同当权贵族斗争时孤立无援的处境,而所谓"愤",指法术之士面对大臣专权、惑主败法、国家混乱衰亡的愤懑心情。全文围绕当权重臣与法术之士的利害关系、君主对待当权重臣与法术之士的态度,抒发了作者面对"智法之士与当涂之人,不可两存之仇"的现实所产生的孤独、愤懑之情。

智术之士①,必远见而明察,不明察不能烛私②;能法之士,必强毅而劲直,不劲直不能矫奸。人臣循令而从事,案法而治官③,非谓重人也④。重人也者,无令而擅为,亏法以利私,耗国以便家,力能得其君,此所为重人也。智术之士明察,听用,且烛重人之阴情⑤;能法之士,劲直听用,且矫重人之奸行。故智术能法之士用,则贵重之臣必在绳之外矣⑥。是智法之士与当涂之人⑦,不可两存之仇也。

【译文】　通晓治术的人,一定是有远见并且能明察秋毫的人,不能明察秋毫,就不能洞悉隐秘。擅长法律的人,一定是坚强刚毅而且非常正直的人,不正直就不能矫正奸邪。身为大臣,根据法令来处理政事,按照法律来治理各级官吏,这不能被称为权臣。所谓权臣,是没有君主的命令却独断专行,损害法律来谋求私利,耗费国家的财力来方便自家,他的势力能够让君主听从自己,这才是真正的权臣。通晓治术的人能明察秋毫,一旦被任用,就要揭开权臣掩藏的隐情;擅长法律的人刚强正直,一旦被任用,就要矫正权臣的奸邪行为。所以通晓治术、擅长法律的人被任用,那么地位高、权势重的权臣,必然会受到制裁。因此,通晓法律的人和那些权贵重臣,是不能并存于朝廷的仇敌。

【注释】　①智术之士:智,通"知",了解,通晓。通晓法术的人。　②烛私:烛,明察,洞悉。洞悉隐秘。　③案法：案，通"按"，按照。按照法律。　④重人：朝廷中执掌大权的人，即权臣。　⑤阴情：隐情，阴谋。　⑥绳墨之外：绳墨以正曲直，绳墨之外的部分将被砍削，这里比喻权贵之臣必然受到制裁。　⑦当涂之人：即朝廷中居要职、掌大权的人。

　　当涂之人擅事要①，则外内为之用矣②。是以诸侯不因则事不应③，故敌国为之诵④；百官不因则业不进，故群臣为之用；郎中不因则不得近主⑤，故左右为之匿；学士不因则养禄薄礼卑⑥，故学士为之谈也⑦。此四助者，邪臣之所以自饰也。重人不能忠主而进其仇，人主不能越四助而烛察其臣，故人主愈弊，而大臣愈重。凡当涂者之于人主也，希不信爱也⑧，又且习故⑨。若夫即主心同乎好恶，固其所自进也。官爵贵重，朋党又众，而一国为之诵。则法术之士欲干上者，非有所信爱之亲，习故之泽也；又将以法术之言矫人主阿辟之心⑩，是与人主相反也。处势卑贱，无党孤特。夫以疏远与近爱信争，其数不胜也⑪；以新旅与习故争⑫，其数不胜也；以反主意与同好争，其数不胜也；以轻贱与贵重争，其数不胜也；以一口与一国争，其数不胜也。法术之士，操五不胜之势，以岁数而又不得见⑬；当涂之人，乘五胜之资，而旦暮独说于前。故法术之士，奚道得进，而人主奚时得悟乎？故资必不胜而势不两存，法术之士焉得不危？其可以罪过诬者，以公法而诛之；其不可被以罪过者，以私剑而穷之。是明法术而逆主上者，不僇于吏诛⑭，必死于私剑矣。

【译文】　权贵重臣专掌权柄，那么诸侯各国和各级官吏士民都要为他所用。因此诸侯不依靠他办事就没有结果，所以敌国会积极地称颂他；各级官吏不依靠他，职位就得不到升迁，所以群臣都愿意替他效力；郎中不依靠他就无法接近君主，所以君主左右的近臣都会替他隐瞒罪恶；学士不依靠他，就俸禄微薄，不受礼遇，所以学士就会为他歌功颂德。这四种辅助，是奸邪之臣用来文饰自己的手段。权贵之臣不能忠于君主，提拔自己的仇敌，君主不能超越四助的蒙蔽来了解自己的大臣，所导致的结果就是君主被蒙蔽得更加厉害，而大臣的权势也更加威重了。凡是权贵之臣对于君主，很少不受宠爱和信任的，而且又经常和君主亲近。至于他迎合君主的心意，好君主所好，恶君主所恶，这本来就是他们进身的手段。他又官高权重，朋党众多，全国的人都来称颂他。那么，那些想求见君主得到任用的法术之士，既不受宠爱和信任，没有经常亲近君主的恩泽，又打算用法术之言来矫正君主邪辟不正的心思,这是和君主心意相反的。处身于卑贱的地位,又孤身一人缺少朋党的支持。让君主疏远之人和君主宠信的人争胜,那一定是不能取胜的;让新近从外地来的客人和君主多年的近臣争胜,那一定是不能取胜的;让违背君主心意的人和迎合君主喜好的人争胜,那一定是不能取胜的;让位卑身贱的人和位高权重的人争胜,那一定是不能取胜的;以一张嘴和全国人的嘴争辩,那一定是不能取胜的。法术之士,面临这五种不能取胜的形势,又长期没有面见君主的机会;权贵重臣,占有着五种可以取胜的条件,又能随时在君主面前议说。如此说来,法术之士还有什么途径可以得到进用呢? 而君主到什么时候才能醒悟呢? 由于没有赖以取胜的资本,其形势又不能两存,法术之士又怎么会没有危险呢? 那些可以通过捏造罪名来诬陷的,就用国法来诛杀掉;那些不能被强加罪名的,就让刺客取其性命。因此,那些通晓法术却悖逆君主心意的人,不是被官吏诛杀,定会死在刺客的剑下。

【注释】 ①事要:指权柄。　②外:指诸侯各国。内:指百官士民。　③因:依靠。④讼:通"颂",称颂。　⑤郎中:官名,始置于战国,秦、汉沿置,掌管门户、车骑等事,内充侍卫,外从作战。这里指君王左右的侍臣。　⑥学士:普通的读书人。　⑦谈:指歌功颂德。　⑧希不信爱也:希,通"稀",稀少。信爱,被宠爱和信任。很少有不受宠爱和信任的。　⑨习故:经常亲近。　⑩阿辟:邪辟不正。　⑪数:指道理。　⑫新旅:新近从外地来的客人。　⑬岁数:按年岁计算,比喻长期。　⑭僇(lù)于吏诛:僇,通"戮"。被官吏诛杀。

　　朋党比周以弊主,言曲以便私者①,必信于重人矣。故其可以功伐借者,以官爵贵之;其不可借以美名者,以外权重之②。是以弊主上而趋于私门者,不显于官爵,必重于外权矣。今人主不合参验而行诛,不待见功而爵禄,故法术之士安能蒙死亡而进其说,奸邪之臣安肯乘利而退其身③? 故主上愈卑,私门益尊。夫越虽国富兵强,中国之主皆知无益于己也④,曰:"非吾所得制也。"今有国者虽地广人众,然而人主壅蔽,大臣专权,是国为越也。智不类越,而不智不类其国,不察其类者也。人主所以谓齐亡者,非地与城亡也,吕氏弗制,而田氏用之。所以谓晋亡者,亦非地与城亡也,姬氏不制,而六卿专之也⑤。今大臣执柄独断,而上弗知收,是人主不明也。与死人同病者,不可生也;与亡国同事者,不可存也。今袭迹于齐、晋,欲国安存,不可得也。

【译文】 相互勾结联合起来蒙蔽君主,用不公正的言论为谋取私利提供方便的人,一定会受到权臣的信任。所以那些能够假冒有功的人,就给他官爵使之显贵;那些不能依靠美名来使之尊贵的人,就借用诸侯的势力来抬高地位。因此,蒙蔽君主而奔走于私门的人,不是获得显耀的官爵,就必然会借诸侯之力而见重于朝廷。现在君主不依据事实来进行检验、实行诛伐,不等待建立功勋就赐以爵禄,那些法术之士又怎么能冒着死亡的危险来呈上他的意见呢?奸邪之臣又怎么肯在追逐利益时退身离开呢?所以,君主的地位越低,私门权贵的地位就越发尊贵。那越国即使国富兵强,中原之国的君主都明白那对自己没有好处,说:"那不是我所能统治的。"现在有的国家虽然土地广阔,人口众多,但是君主受人蒙蔽,大臣专掌国政,这就是让自己的国家变成越国了。知道自己的国家和越国不一样,却不知道自己的国家已经不像自己的国家了,是因为他不了解他们相类的原因。君主说齐国灭亡了,不是指齐国的土地和城池被毁灭了,而是指吕氏不再执掌政权,而由田氏统治了。说晋国灭亡,也不是指土地和城池被毁灭了,而是指姬氏不再统治晋国,政权由六卿执掌了。现在大臣掌握政权,独断专行,而君主却不知道把政权收回,这是君主不明智的表现啊。和已经死了的人生同样的病,是不可能被救活的;和已经灭亡的国家做同样的事情,国家是不能被保全的。现在重蹈齐国与晋国的覆辙,又想让国家平安存在,这是不可能做到的。

【注释】　①言曲以便私:言曲,说不公正的话。便私,为谋取私利提供方便。说不公正的话来为谋取私利提供方便。　②外权:外部的力量,这里指诸侯的势力。　③乘利:追逐利益。　④中国:指中原之国。　⑤六卿:指春秋时期晋国的范氏、中行氏、智氏、韩氏、魏氏、赵氏六家,世代为卿,共同执政。

凡法术之难行也,不独万乘,千乘亦然。人主之左右不必智也,人主于人有所智而听之,因与左右论其言,是与愚人论智也。人主之左右不必贤也,人主于人有所贤而礼之,因与左右论其行,是与不肖论贤也。智者决策于愚人,贤士程行于不肖,则贤智之士羞而人主之论悖矣。人臣之欲得官者,其修士且以精洁固身,其智士且以治辩进业。其修士不能以货赂事人,恃其精洁,而更不能以枉法为治,则修智之士,不事左右,不听请谒矣①。人主之左右,行非伯夷②也,求索不得,货赂不至,则精辩之功息,而毁诬之言起矣。治辩之功制于近习,精洁之行决于毁誉,则修智之吏废,则人主之明塞矣。不以功伐决智行,不以参伍审罪过,而听左右近习之言,则无能之士在廷,而愚污之吏处官矣。

【译文】　法术难以施行，不单单在万乘大国是这样，在千乘的小国也是这样。君主左右的近臣不一定都很聪明，君主认为某个人有智慧，听了他的话，于是便和左右近臣议论所听到的话，这是和愚蠢的人评论聪明的人。君主左右的近臣不一定都很贤良，君主认为某个人有贤才而以礼待之，于是又和左右近臣议论他的行为，这是和不肖之人评论贤才。聪明人的谋略要由愚蠢的人决断，贤良之人的德行要由不肖之人来品评，这就让贤良、聪慧的人感到羞耻，而君主的品评也违背初衷了。那些想做官的人，如果操行高尚就用精粹纯洁来加强自己的修养，如果有智慧谋略就正确处理事务来发展功业。那些操行高尚的人，不可能拿着财物去贿赂、侍奉他人，又自恃精粹纯洁，更不可能违犯法律去治理政事，因此，这些德行高尚的聪慧之人，就不会去侍奉君主的左右近臣，也不会接受他们的请托。君主左右的人，没有伯夷那样的高行，提出的要求不能被满足，又没有财物送到，如此一来，精洁的德行与治理政事的功绩就全部消失，而谤毁诬陷的谣言就随之而起了。治理政事的功绩受制于君主宠爱亲信的人，精粹纯洁的德行决定于毁誉之言，那么，操行高尚有才智的官吏就被废弃了，君主的明智就要被壅塞了。不根据功绩来判断才智品行的高下，不根据参稽验证来判断罪行过失，却一味听信左右亲信的话，那么无能之士就会跻身朝廷，愚蠢鄙陋的人就会充斥官署了。

【注释】　①听：听从，接受。　②伯夷：商朝末年孤竹国君主的儿子，在其父死后，与其弟叔齐互让君位，相继逃到了周国，在周武王伐纣时，伯夷、叔齐曾拦马阻谏。在武王灭纣之后，伯夷、叔齐不吃周人的粮食，隐居于首阳山上，以采食野菜为生，最后饿死。

万乘之患，大臣太重；千乘之患，左右太信，此人主之所公患也。且人臣有大罪，人主有大失，臣主之利与相异者也。何以明之哉？曰：主利在有能而任官，臣利在无能而得事；主利在有劳而爵禄，臣利在无功而富贵；主利在豪杰使能，臣利在朋党用私。是以国地削而私家富，主上卑而大臣重。故主失势而臣得国，主更称蕃臣，而相室剖符①，此人臣之所以谲主便私也②。故当世之重臣，主变势而得固宠者③，十无二三。是其故何也？人臣之罪大也。臣有大罪者，其行欺主也，其罪当死亡也。智士者远见，而畏于死亡，必不从重人矣。贤士者修廉④，而羞与奸臣欺其主，必不从重人矣。是当涂者之徒属，非愚而不知患者，必污而不避奸者也。大臣挟愚污之人，上与之欺主，下与之收利侵渔，朋党比周，

相与一口，惑主败法，以乱士民，使国家危削，主上劳辱，此大罪
也。臣有大罪而主弗禁，此大失也。使其主有大失于上，臣有大
罪于下，索国之不亡者⑤，不可得也。

【译文】 万乘大国的祸患，在于大臣权位太重；千乘小国的祸患，在于左右
近臣过于亲信，这是君主共同的忧患。那些大臣犯了大罪的，君主都有大的
过失，君主和大臣的利益是互不相同的。从哪里知道是这样呢？可以说：君
主的利益在于有能力的人出任官职，大臣的利益在于没有能力却能主事；君
主的利益在于有功劳的人获得爵禄，大臣的利益在于没有功劳却能享受富
贵；君主的利益在于让豪杰之人发挥才能，大臣的利益在于相互勾结获取私
利。所以国家的土地被削割，权门贵族却更加富有，君主的地位降低，大臣
的权势却更加威重。因此君主失势而大臣得以执掌国政，君主更换身份俯
首称臣，而宰相却分封土地，授官赐爵，这是大臣欺骗君主以谋取私利的原
因。所以当今世上的执政重臣，在君主的权位发生转变之后仍能得到新君
宠信的，在十个中不到两三个。这是什么原因呢？因为大臣的罪行太重了。
大臣有重罪的原因，在于他欺骗君主，以他的罪行是应该被处死的。聪明的
人是有远见的，他害怕被连累处死，一定是不肯依傍权贵大臣的。贤良的人
品行廉洁，耻于和奸臣共事来欺蒙君主，一定是不肯依傍权贵大臣的。所
以，权贵重臣的徒属，不是那些不知灾祸的愚蠢之人，就是那些不避奸邪的
肮脏之人。权贵重臣带领着这一群愚蠢肮脏的小人，向上共同欺蒙君主，向
下共同侵夺民财，他们相互勾结，结成朋党，众口一词地欺惑君主，败坏法
纪，扰乱百姓，使国家面临危机，国土被削割，让君主劳神苦形，遭受耻辱，这
是重大的罪恶。大臣犯了大罪，君主却不去制止，这是很大的错误。假使一
个国家的君主犯下了大错，大臣犯下了重罪，想让国家不被消灭，那是不可
能做到的。

【注释】 ①相室剖符：相室，指相国、宰相。剖符，古代帝王分封诸侯、功臣时，以竹符
为信证，剖分为二，君臣各执其一，后来就以"剖符"、"剖竹"作为分封、授官之称。指宰
相秉持国事，行分封、授官之政。　②谲：欺骗。　③变势而得固宠：变势，指君主的权
位发生转变，即先君死，新君立。君权发生转变后仍能得到新君的宠信。　④修廉：品
行廉洁。　⑤索：求。

说难第十二

说难,指进说的困难。战国时代,策士谋臣纷纷向统治者建言献策,希望通过游说获得统治者的支持,来推行自己的主张。但是游说并非一件容易成功的事情,不能掌握逆顺之机、不能辨察"爱憎之主",不但不能说服君主,还可能招致杀身之祸。因此,作者在揣摩君主心意、总结历史教训的基础上,提出了一系列的进说之术。司马迁有感于韩非对"说难"的深刻认识及其最后的悲惨遭遇,发出了"余独悲韩子为《说难》而不能自脱耳"的感叹。

凡说之难:非吾知之,有以说之之难也;又非吾辩之,能明吾意之难也;又非吾敢横失①,而能尽之难也。凡说之难,在知所说之心,可以吾说当之。所说出于为名高者也,而说之以厚利,则见下节而遇卑贱②,必弃远矣。所说出于厚利者也,而说之以名高,则见无心而远事情③,必不收矣。所说阴为厚利而显为名高者也,而说之以名高,则阳收其身而实疏之,说之以厚利,则阴用其言显弃其身矣。此不可不察也。

【译文】 大凡向君主进说的困难:不是我有无知识说动君主的困难,也不是我有无口才表达我的意见的困难,更不是我有无勇气敢于无所顾忌地骋辞辩说发表意见的困难。大凡进说的困难,在于了解对方的心理,能够有针对性地发表意见来迎合他的心意。对于想求取高尚名节的人,如果以丰厚的利禄来劝说,就会被认为是节操低下而遭到卑贱礼节的接待,所进之言也必然被弃之不用。对于想求取丰厚利禄的人,如果用高尚的名节来劝说,就会被认为没有头脑,脱离实际,其意见也一定不会被采纳。对于那些暗中求取丰厚利禄而表面上看重高尚名节的人,如果以高尚的名节来游说,就会表面上起用游说者而在实际上疏远他;如果以丰厚的利禄来游说,就会在暗地里采纳游说者的意见,但表面上却弃用其人。这都是不能不考虑清楚的。

【注释】　①横失：失，同"佚"，借为"逸"。横逸，指骋辞竞说，无所顾忌。　②见下节而遇卑贱：见，被认为。下节，节操低下。被认为节操低下而用卑贱的礼节来接待。　③见无心而远事情：无心，没有头脑。被认为没有头脑，脱离实际。

　　夫事以密成，语以泄败，未必其身泄之也，而语及所匿之事，如此者身危。彼显有所出事，而乃以成他故，说者不徒知所出而已矣，又知其所以为，如此者身危。规异事而当，知者揣之外而得之，事泄于外，必以为己也，如此者身危。周泽未渥也①，而语极知②，说行而有功则见忘，说不行而有败则见疑，如此者身危。贵人有过端③，而说者明言礼义以挑其恶，如此者身危。贵人或得计而欲自以为功，说者与知焉，如此者身危。强以其所不能为，止以其所不能已，如此者身危。故与之论大人则以为间己矣④，与之论细人则以为卖重⑤，论其所爱则以为藉资⑥，论其所憎则以为尝己也⑦。径省其说则以为不智而拙之⑧，米盐博辩则以为多而弃之⑨。略事陈意则曰怯懦而不尽，虑事广肆则曰草野而倨侮⑩。此说之难，不可不知也。

【译文】　做事因为保密而成功，言语不慎泄露出去就会失败，有时不一定是做出了泄密的事情，而是说到了他所要隐匿的事情，如此一来游说者的性命就有了危险。他表面上是要做一件事情，而实际上是想成就其他的事情，游说者不但知道他要做的事情，而且还知道他为什么要这么做，如此一来游说者的性命就有了危险。为君主谋划一件重要的事情，并且很符合他的心意，被聪明的人揣测得知，事情因此被泄露出来，君主一定会认为是游说者泄露的，如此一来游说者的性命就有了危险。恩宠未加于其身，就进献极具智慧的谋略，所谋划的事情得到成功实施，就会遭到妒忌；所谋划之事遭受失败就会被人怀疑，如此一来游说者的性命就有了危险。尊贵之人有了过失，游说者公开以礼义说教来彰显其过失，如此一来游说者的性命就有了危险。尊贵之人得到一个好的计谋，并想借此来夸耀自己的功勋，游说者预先知道了此事，如此一来他的性命就有了危险。勉强君主做他做不到的事情，制止君主做他想做的事情，如此一来游说者的性命就有了危险。所以，和君主谈论高官贵人，会被认为是挑拨离间君臣关系；和君主谈论地位卑微的小臣，就会被认为是卖弄权势；谈论其所宠爱的人，会被认为是借此以达到某种目的；谈论其所憎恶的人，就会被认为是在试探自己。简略地表达观点会被认为愚蠢而遭受屈辱，详细地发表意见又会被认为繁琐多文而弃之不用。略言其事,粗陈其意,会被认为胆小怯懦、言不尽意;详虑其事,放言阔论而无所顾忌,又会被认为粗俗鄙陋、傲慢无礼。这是游说的困难所在,是游说者不能不有所了解的。

【注释】　①周泽未渥:周泽,恩宠。渥,浓厚。恩宠未加至其身。　②极知:极具智慧的谋略。　③过端:过失。　④论大人则以为间己:大人,指官高权贵之人。间己,离间自己。谈论权贵大臣会被认为是离间君臣关系。　⑤论细人则以为卖重:细人,指地位卑微之人。卖重,卖弄权势。谈论地位卑微的小臣就会被认为是卖弄权势。　⑥藉资:利用某种资本以达到自己的目的。　⑦尝己:试探自己。　⑧径省其说则以为不智而拙之:径省,简略。拙,通“屈”,屈辱。简略地表达观点会被认为愚蠢而遭受屈辱。　⑨米盐博辩则以为多而弃之:弃,原文作“交”。陈奇猷《韩非子新校注》认为“交”应为“弃”之误。其说有理,从之。米盐,比喻繁杂琐碎。详陈其说,又会被认为繁琐多文而弃之不用。　⑩虑事广肆则曰草野而倨侮:广肆,放言阔论,无所顾忌。草野,粗俗鄙陋。倨侮,傲慢无礼。详虑其事,放言阔论而无所顾忌,会被认为粗俗鄙陋、傲慢无礼。

凡说之务①,在知饰所说之所矜而灭其所耻②。彼有私急也③,必以公义示而强之④。其意有下也⑤,然而不能已,说者因为之饰其美而少其不为也⑥。其心有高也,而实不能及,说者为之举其过而见其恶而多其不行也。有欲矜以智能,则为之举异事之同类者,多为之地⑦,使之资说于我,而佯不知也以资其智。欲内相存之言⑧,则必以美名明之,而微见其合于私利也。欲陈危害之事,则显其毁诽而微见其合于私患也。誉异人与同行者,规异事与同计者。有与同污者,则必以大饰其无伤也;有与同败者,则必以明饰其无失也。彼自多其力,则毋以其难概之也⑨;自勇其断,则无以其谪怒之⑩;自智其计,则毋以其败穷之⑪。大意无所拂悟⑫,辞言无所击摩⑬,然后极骋智辩焉,此道所得亲近不疑而得尽辞也。伊尹为宰,百里奚为虏,皆所以干其上也,此二人者,皆圣人也,然犹不能无役身以进⑭,如此其污也。今以吾言为宰虏⑮,而可以听用而振世⑯,此非能仕之所耻也⑰。夫旷日离久,而周泽既渥,深计而不疑,引争而不罪,则明割利害以致其功,直指是非以饰其身⑱,以此相持⑲,此说之成也。

【译文】　进言的诀窍,在于懂得彰显对象最为得意的事情而掩饰他觉得羞耻的事情。他有急于办理的私事,一定要以公众的名义劝他去做。他自认为是愧耻之事,却又不能不做,游说者就要夸饰这些事情的好处,并指出不做此事的缺憾。他心里有期慕之事,实际上又没有能力达到,游说者就要列举这样做的坏处,而对他没有去做加以称扬。有的人想矜夸他的才智能力,游说者就要列举与之相类的事情,为他提供更多的余地和证据,让他采用自己的意见,并且佯装不知道,用这种方式来帮助他显示才智能力。想让他采纳与自己的意见不同的人的建议,必须说明这样做能博取美名,而且让他明白这对他自己也有好处。欲要陈说某种做法有危险和灾祸,就要表明这种做法一定会招致毁谤,而且让他明白这对他自己也是没有好处的。赞誉那些和君主行为相同的人,谋划那些和君主意见相同的事情。有人做出了和君主行为同样的污秽之事,就一定要大加粉饰表明不会有什么伤害。有人做出了和君主行为一样的败损之事,就一定要为之掩饰表明这样做并无过失。如果对方自夸其能力很强,就不要用他做不到的事情来阻止他;他自认为自己的决断很勇敢,就不要拿他的错误来激怒他;他自认为自己的计谋很高明,就不要拿他的失败让他觉得理屈。进言的内容不悖逆君主的心意,言辞也不相抵触,然后才可以尽情发挥自己的知识口才,这是能够让君主亲近不疑,从而把自己想说的话都说出来的办法。伊尹做过厨子,百里奚做过奴隶,这都是为了能求用于君主。这两个人都是圣贤之人,仍然不能不亲身劳作以求进用,这是多么的卑下啊。现在可以把我的话当做厨子、奴隶的话,但是听取了就可以疗救当世之弊病,这不是才智之士感到羞耻的事情。和君主相处时日既久,宠爱加至其身,为之深谋远虑不会引起怀疑,引发急切的争论也不会被怪罪,如此就可以明白地剖析利害来为君主建功立业,坦率地指出是非来端正君主的行为,用这种办法辅佐君主,这才是游说成功的表现。

【注释】 ①务:要诀,诀窍。 ②在知饰所说之所矜而灭其所耻:饰,彰显,夸饰。矜,骄傲,自负。灭,掩饰。在于懂得彰显游说对象最为得意的事情而掩饰他觉得羞耻的事情。 ③私急:急于办理的私事。 ④以公义示而强之:公义,公众的名义。强,劝勉。以公众的名义劝勉他去做。 ⑤下:指愧耻之事。 ⑥少:批评。 ⑦地:余地。 ⑧内相存之言:相存,指异己之人。采纳与自己意见不同的人的建议。 ⑨概:古代量谷物时刮平斗斛的器具,后引申为准则、标准。这里指平抑,阻止。 ⑩谪:过错。 ⑪穷:理屈。 ⑫大意无所拂悟:大意,指进说的内容。悟,通"牾",牾逆,违反。进言的内容不违逆君主的心意。 ⑬击摩:抵触,摩擦。 ⑭役身以进:役身,身执劳事。亲身劳作,以求进用。 ⑮以吾言为宰虏:把我的话当做厨子、奴隶的话。 ⑯振世:救世。 ⑰能仕:仕,通"士"。才智之士。 ⑱饰(chì):端正,谨慎。 ⑲相持:辅佐。

  昔者郑武公欲伐胡,故先以其女妻胡君以娱其意①。因问于群臣:"吾欲用兵,谁可伐者?"大夫关其思对曰:"胡可伐。"武公怒而戮之,曰:"胡,兄弟之国也,子言伐之何也?"胡君闻之,以郑为亲己,遂不备郑,郑人袭胡,取之。宋有富人,天雨墙坏,其子曰:"不筑,必将有盗。"其邻人之父亦云②。暮而果大亡其财,其家甚智其子,而疑邻人之父。此二人说者皆当矣,厚者为戮,薄者见疑,则非知之难也,处知则难也。故绕朝之言当矣③,其为圣人于晋,而为戮于秦也。此不可不察。

【译文】 过去郑武公打算攻打胡国,故意先把女儿嫁给胡国的君主以让他高兴。随后又在朝廷上询问群臣:"我打算兴兵打仗,你们看可以打谁?"大夫关其思说:"可以攻打胡国。"郑武公非常生气,说:"胡国是我们的兄弟之国,你说要攻打他,是什么意思呢?"就把他杀掉了。胡国君主听说这件事情后,认为郑国和自己很亲近,于是不再防备郑国,郑国偷袭并占领了胡国。宋国有个富人,天下大雨冲毁了他家的院墙,他的儿子说:"不赶紧筑起院墙,一定会有盗贼光顾。"他家隔壁的一位老人家也这样说。晚上果然被偷去了许多财物,这家人认为他的儿子十分的聪明,却怀疑隔壁的老人家。这两个人说的都是正确的,可是严重的被杀头,稍轻的也遭到怀疑,由此可知具有知识并不是很难,难的是如何处置这些知识。所以说绕朝的话是正确的,在晋国人看来,他具有圣人的智慧,却被秦国杀害了。这是进言时不能不仔细考虑的。

【注释】 ①娱:使之欢娱。 ②父:对老年男子的尊称。 ③绕朝之言:绕朝,春秋时代秦国的大夫。晋国的士会逃到秦国后,很受秦国重用,晋国想召回士会,于是派魏寿余假装投降秦国与士会接洽。士会临行前,绕朝向秦穆公进谏欲阻止士会返晋,秦穆公不听他的话。绕朝于是送给士会一根马鞭并告诉他说:"你不要认为我们秦国没有人才,只是我的意见没有被采纳罢了。"晋人因此担心绕朝日后谋事,士会于是派人在秦国大夫面前诬毁绕朝,绕朝最终被秦穆公杀害。

昔者弥子瑕有宠于卫君①。卫国之法,窃驾君车者罪刖②。弥子瑕母病,人间往夜告弥子③,弥子矫驾君车以出。君闻而贤之曰:"孝哉,为母之故,忘其刖罪。"异日,与君游于果园,食桃而甘,不尽,以其半啖君④,君曰:"爱我哉,忘其口味⑤,以啖寡人。"及弥子色衰爱弛,得罪于君,君曰:"是固尝矫驾吾车,又尝啖我以余桃。"故弥子之行未变于初也,而以前之所以见贤,而后获罪者,爱憎之变也。故有爱于主则智当而加亲,有憎于主则智不当见罪而加疏。故谏说谈论之士,不可不察爱憎之主而后说焉。夫龙之为虫也,柔可狎而骑也⑥,然其喉下有逆鳞径尺,若人有婴之者则必杀人⑦。人主亦有逆鳞,说者能无婴人主之逆鳞,则几矣⑧。

【译文】 从前弥子瑕很受卫灵公的宠爱。按照卫国的法律,私自乘驾君主马车的人要被处以刖刑。弥子瑕的母亲病了,有人偷偷到宫中连夜把这件事告诉弥子,弥子假托君主的命令乘驾着君主的马车出了宫门。卫国国君听说这件事后,认为他很有贤德,说:"多孝顺啊! 因为母亲的缘故,竟忘了自己会触犯刖罪。"又有一天,弥子瑕和卫国国君在果园游玩,吃了一颗桃子,觉得十分甘甜,就没吃完,把剩下的半个送给卫国国君吃,卫国国君说:"他多爱我啊,牺牲自己的口福,把好东西留给我吃。"等弥子瑕的姿色衰退,卫国国君对他的宠爱减弱之后,有一天惹得卫国国君不高兴了,卫国国君说:"这个人一直这样,曾经假托我的命令乘驾过我的马车,还把吃剩下的桃子给我吃。"弥子瑕的行为和当初并没有什么两样,可是最初受到称赞,到后来又被怪罪的原因,是因为卫国国君对他的喜爱和厌憎之情发生了变化。所以说,受到君主的宠爱,就会被认为聪明得当而倍加亲近,受到君主的厌憎,就会被认为聪明得不是时候受到怪罪而更加疏远。所以进谏游说的人士,不能不先详察君主的爱憎之情然后再进说。龙这种虫,温顺的时候可以亲近它,骑在它的身上,但是它的喉咙下有直径达一尺的逆生的龙麟,如果有人碰到它,就一定会被杀死。君主也有逆生的鳞,游说的人只要做到不碰触君主的逆鳞,就接近于成功了。

【注释】 ①弥子瑕:春秋时代卫灵公的嬖臣。 ②刖:古代一种砍掉脚或脚趾的酷刑。 ③间:私下里。 ④啖(dàn):吃。 ⑤口味:美味。 ⑥柔:温顺。 ⑦婴:接触,触犯。 ⑧几:接近。

和氏第十三

　　和氏,即楚人卞和。文章以卞和献璞而遭刖足的故事为喻,以吴起、商鞅惨遭杀害的历史事实,申述了法术之士不遇明主的艰难处境以及悲愤、恐惧之情。

　　楚人和氏得玉璞楚山中①,奉而献之厉王②。厉王使玉人相之③,玉人曰:“石也。”王以和为诳,而刖其左足。及厉王薨,武王即位,和又奉其璞而献之武王。武王使玉人相之,又曰:“石也。”王又以和为诳,而刖其右足。武王薨,文王即位,和乃抱其璞而哭于楚山之下,三日三夜,泣尽而继之以血。王闻之,使人问其故,曰:“天下之刖者多矣,子奚哭之悲也?”和曰:“吾非悲刖也,悲夫宝玉而题之以石④,贞士而名之以诳,此吾所以悲也。”王乃使玉人理其璞而得宝焉⑤,遂命曰“和氏之璧”。

【译文】　楚国人和氏在楚山中得到了一块玉璞,把它进献给楚厉王,楚厉王让玉人来鉴定,玉人说:“是一块石头。”楚厉王认为和氏是骗他的,就砍了他的左脚。等到楚厉王去世,楚武王即位,和氏又抱着他的玉璞进献给楚武王,楚武王让玉人鉴定,又说:“是一块石头。”楚武王又认为和氏是在骗他,就砍了他的右脚。等到楚武王去世,楚文王即位,和氏抱着他的玉璞在楚山下哭了三天三夜,眼泪哭干了流出血来。楚文王听说这件事情后,派人询问原由,说:“天下被砍掉脚的人很多了,你为什么哭得这么悲伤呢?”和氏说:“我不是因为被砍了脚而悲伤,我伤心宝玉被断定为石头,贞洁之人被认为是骗子,这是我感到悲伤的原因。”楚文王于是派玉人雕琢这块玉璞,果然得到了一块精美珍贵的玉璧,于是就命名为“和氏之璧”。

【注释】　①和氏:《史记·邹阳传》称之为卞和,诸书也多引作卞和。　②厉王:按《史记·楚世家》记载,楚国第一个称王的是楚武王熊通,之前并无“厉王”,有人疑厉王即楚武王之兄蚡冒,亦无实据,故存而不论。　③使玉人相之:玉人,指雕琢玉器的工人,古代的百工之一。相,鉴定,观察。让雕琢玉器的工人鉴定。　④题:认定。　⑤理:治玉,雕琢。

夫珠玉人主之所急也①,和虽献璞而未美,未为主之害也,然犹两足斩而宝乃论②,论宝若此其难也。今人主之于法术也,未必和璧之急也,而禁群臣士民之私邪;然则有道者之不僇也③,特帝王之璞未献耳④。主用术则大臣不得擅断,近习不敢卖重;官行法则浮萌趋于耕农⑤,而游士危于战陈⑥。则法术者乃群臣士民之所祸也,人主非能倍大臣之议⑦,越民萌之诽⑧,独周乎道言也⑨,则法术之士虽至死亡,道必不论矣。

【译文】　那珍珠宝玉是君主迫切需求的东西,和氏进献的玉璞,虽然并不精美,也没有对君主造成危害,即使这样,仍然是被砍了两只脚之后他的宝玉才得到肯定,鉴定宝玉竟是这样的困难啊。如今君主对于禁止群臣百姓的私心与奸邪的法术的需求,不一定像需要和氏之璧那样急切;修治法术的人没有受到诛罚,只是由于那些能够成就帝王功业的法术没有被呈献上去。君主行施法术,那么大臣就不能擅权专断,左右近臣就不敢卖弄权势;官府行施法术,无业游民就会投身于农耕生产,游说之士则冒险奔赴战场。由此看来,法术对于群臣百姓而言是有害的,君主如果不能背弃大臣的非议,不顾百姓的指责,只求用法术来治国,那么法术之士即使被君主诛杀,法术也一定不会得到肯定啊。

【注释】　①急:急需。　②论:论定,肯定。　③有道者之不僇:有道者,指法术之士。僇,通"戮"。法术之士没有受到诛罚。　④特帝王之璞未献:特,只。帝王之璞,比喻能够成就帝王之功的法术。只是由于能够成就帝王之功的法术没有被呈献上去。　⑤浮萌趋于耕农:萌,通"氓"。浮萌,游民。趋,投身。无业游民投身于农耕生产。　⑥危于战陈:危,冒险。陈,同"阵"。冒险奔赴战场。　⑦倍大臣之议:倍,背弃。议,非议。背弃大臣的非议。　⑧越民萌之诽:越,背离。诽,指责过失。不顾百姓的指责。　⑨独周乎道言:独,只。周,合。道,法术。只求合乎法术之言,即只求用法术来治国。

昔者吴起教楚悼王以楚国之俗,曰:"大臣太重,封君太众,若此则上逼主而下虐民①,此贫国弱兵之道也。不如使封君之子孙三世而收爵禄,裁减百吏之禄秩②,损不急之枝官③,以奉选练之士。"悼王行之期年而薨矣,吴起枝解于楚。商君教秦孝公以连什伍④,设告坐之过⑤,燔《诗》《书》而明法令⑥,塞私门之请而遂公家之劳⑦,禁游宦之民而显耕战之士⑧。孝公行之,主以尊安,国以富强,八年而薨,商君车裂于秦。楚不用吴起而削乱,秦行商君法而富强,二子之言也已当矣,然而枝解吴起而车裂商君者何也? 大臣苦法而细民恶治也。当今之世,大臣贪重,细民安乱⑨,甚于秦、楚之俗,而人主无悼王、孝公之听,则法术之士,安能蒙二子之危也而明己之法术哉⑩! 此世所以乱无霸王也。

【译文】　从前吴起就楚国的形势劝告楚悼王说:"大臣的权势太重,有封邑的贵族太多,因此他们对上威胁君主,对下侵凌百姓。这是让国家贫穷、军队疲弱的途径。不如让封邑之君的子孙,在三代之后交回爵禄,降低各级官吏食禄的等级,裁减闲散无用的官员,用节余下来的钱供奉选拔训练的士兵。"楚悼王采纳他的意见实施了一年之后,楚悼王逝世,吴起就被楚国人处死了。商鞅让秦孝公建立十家为什、五家为伍的相联相保的户籍制度,设置了告奸与连坐的刑罚,烧毁《诗》《书》等儒家经典,使法令畅行无阻,阻塞权贵私门的请托,进用对国家有功劳的人才,禁绝游走四方以谋求官职之人,表彰致力于农耕与作战的人。秦孝公实行商鞅的新法,君主因此而尊贵安泰,国家因此而富足强大。过了八年,孝公去世,商鞅被秦人施以车裂之刑。楚国不任用吴起,以致地削民乱,秦国实施商鞅的新法而富足强大,这两个人的意见都是十分正确的,可是肢解吴起、车裂商鞅的原因又是什么呢? 原因在于大臣觉得守法太痛苦、平民百姓憎恶被整治啊。如今这个世界,大臣贪婪地把持着权柄,小民习惯了世道的混乱,这要比秦、楚两国当时的形势更加严重,但君主却不能像楚悼王、秦孝公那样听取法术之士的意见,那么法术之士又怎么能冒着吴起、商鞅被处死的危险去向君主陈述自己的法术呢? 这就是当今世道混乱、没有霸王出现的原因啊。

【注释】　①逼:威胁。　②禄秩:指官吏食禄的品级。　③枝官:闲散无用的官员。④商君教秦孝公以连什伍:商君,即商鞅,卫国的公族,姓公孙,名鞅,又称卫鞅,曾任魏惠王相公叔痤的中庶子,管理公族事务,公叔痤死后,公孙鞅入秦,受秦孝公重用,实行变法,秦国因此强盛,秦孝公因此封之以商十五邑,故称商君。商鞅变法,任法少情,得罪不少贵族大臣,孝公死后,商鞅被施以车裂之刑。其学说在《商君书》中得到保存。什伍,古代户籍编制单位,十家为什,五家为伍。什伍之家相互监督,相互告发,这就是"连什伍",相当于近世的保甲制度。　⑤告坐之过:告,告奸。坐,连坐,即一人犯法,其家属亲友邻里等连带遭受处罚。告坐之过,即指什伍之中一人犯罪,其他人若不告发则以同罪论处的惩处原则。　⑥燔(fán)《诗》《书》而明法令:燔,焚烧。《诗》,即《诗经》,《书》即《尚书》,这里是儒家经典的代称。烧毁了《诗》《书》等儒家经典,使法令畅行无阻。　⑦遂:进举,进用。　⑧游宦之民:游走四方谋求官职的人。　⑨细民安乱:细民,即普通百姓。安乱,习惯了世道的混乱。　⑩蒙:冒着。

奸劫弑臣第十四

　　奸劫弑臣，即奸邪之臣、劫主之臣、弑君之臣。本文首先分析了奸臣得宠的手段及其欺主行私的危害。接着，从法、术、势并用的立场提出了防奸、治奸的措施："循名实而定是非，因参验而审言辞"，任势重法，"设利害之道以示天下"，"使天下必为己视听"。作者特别强调严刑重罚，在批判了以儒家的"仁义惠爱"为代表的世之愚学之后，明确"仁义爱惠之不足用，而严刑重罚之可以治国"的主张。

　　凡奸臣皆欲顺人主之心以取信幸之势者也①。是以主有所善，臣从而誉之；主有所憎，臣因而毁之。凡人之大体②，取舍同者则相是也，取舍异者则相非也。今人臣之所誉者，人主之所是也，此之谓同取。人臣之所毁者，人主之所非也，此之谓同舍。夫取舍合而相与逆者，未尝闻也，此人臣之所以取信幸之道也。夫奸臣得乘信幸之势以毁誉进退群臣者，人主非有术数以御之也，非参验以审之也，必将以曩之合己信今之言③，此幸臣之所以得欺主成私者也。故主必欺于上，而臣必重于下矣，此之谓擅主之臣。国有擅主之臣，则群下不得尽其智力以陈其忠，百官之吏不得奉法以致其功矣。何以明之？夫安利者就之④，危害者去之，此人之情也。今为臣尽力以致功，竭智以陈忠者，其身困而家贫，父子罹其害；为奸利以弊人主，行财货以事贵重之臣者，身尊家富，父子被其泽。人焉能去安利之道而就危害之处哉？治国若此其过也，而上欲下之无奸，吏之奉法，其不可得亦明矣。故左右知贞信之不可以得安利也，必曰："我以忠信事上积功劳而求安，是犹盲而欲知黑白之情，必不几矣。若以道化行正理不趋富贵事上而求安⑤，是犹聋而欲审清浊之声也，愈不几矣。二者不可以得安，我安能无相比周、蔽主上、为奸私以适重人哉?"此必不顾人主之义矣。其百官之吏,亦知方正之不可以得安也⑥,必曰:"我以清廉事上而求安,若无规矩而欲为方圆也,必不几矣。若以守法不朋党治官而求安,是犹以足搔顶也,愈不几也。二者不可以得安,能无废法行私以适重人哉?"此必不顾君上之法矣。故以私为重人者众,而以法事君者少矣。是以主孤于上而臣成党于下,此田成之所以弑简公者也⑦。

【译文】　所有的奸臣都想通过顺从君主的心意来取得被信任宠爱的地位。所以君主喜欢什么人,奸臣就跟着称赞他,君主憎恶什么人,奸臣就跟着毁谤他。为人处世的大致情况是,凡是取舍相同的就相互称赞,取舍不同的就相互非难。现在大臣所赞誉的,就是君主所称道的,这就叫做同取。大臣所毁谤的,就是君主所反对的,这就叫做同舍。大凡取舍相同而彼此之间相互反对的,我还没有听说过。这就是人臣用以取得被信任和宠爱的方法。对于那些利用被信任和宠爱的地位、用赞誉或毁谤来提升或排斥朝臣的奸臣,君主如果没有治术来控制他们,不能参证事实来考察他们,一定会根据以前他们和自己取舍相同的经验而相信他们今天所说的话,这就是宠幸之臣能够欺瞒君主成全其私利的原因。所以对上而言君主一定会被欺瞒,对下而言大臣的权势一定会更加威重,这就是人们常说的独揽君权的大臣。一个国家如果有了独揽君权的大臣,那么朝廷群臣就不能竭尽自己的才智与能力来效忠君主,各级官吏就不能奉行法令来成就功业。怎么知道是这样的呢? 因为求取安利,逃避危害,这是人之常情。现如今身为朝臣,如果尽己之力来成就功业,竭己之能来效忠朝廷,落得个困窘潦倒、父子遭难的结果;而专营奸私,蒙蔽君主,贿赂侍奉权贵之臣,则自己尊荣家庭富贵,父子都能得到好处。这样一来,人们怎么可能放弃安利的途径而走向危险受害的境地呢? 治理国家出现这样的错误,而君主还希望朝廷众臣不奸诈营私,各级官吏奉守法令,这种情况不可能出现,这一点也是十分明白的。因此,左右近臣知道贞洁忠信不能获得安利,一定会说:"我用忠信来侍奉君主,积累功劳来求取安利,这就像瞎子想分清颜色的黑白,必然是不会成功的。如果顺应自然规律,按照正理行事,不趋就富贵之门,专心侍奉君主来求取安利,这就像聋子想细察声音的清浊一样,是更加没有可能的。用这两种办法都不能获得安利,我怎么能做到不相互勾结、蒙蔽君主、专营私利以迎合权臣的心意呢?"因此,他就一定不会顾及君主的恩义了。各级官吏也知道品行正直无邪是不能获得安利的,他们一定会说:"我清正廉洁地侍奉君主来求取安利,就像不借助于规和矩而想画出方形和圆形一样,一定是不可能的。如果奉守法律、不结朋党、通过处理政务来求取安利,这就像用脚给头挠痒一样,几乎是不可能的。用这两种办法都不能求取安利,我怎么能不废弃法令、为追求私利而迎合权臣的心意呢?"因此,他就一定不会顾及君主的法令了。这样一来,因为私利而为权臣做事的人就很多,而奉法事君的人就很少了。所以君主就会被孤立,大臣们则结为朋党,这就是田成子最后能杀害齐简公的根由啊。

【注释】 ①信幸之势:信任宠爱的地位。 ②大体:大致的情况。 ③以曩(nǎng)之合己信今之言:曩,先前,以前。根据以前和自己取舍相同的经验而相信今天所说的话。 ④就:求取,谋求。 ⑤以道化行正理:道化,自然的变化规律。顺应自然规律,按照正理行事。 ⑥方正:指人的品行正直无邪。 ⑦简公:即齐简公,春秋时齐国君主,在位四年,被田常杀害。

　　夫有术者之为人臣也,得效度数之言①,上明主法,下困奸臣,以尊主安国者也。是以度数之言得效于前,则赏罚必用于后矣。人主诚明于圣人之术,而不拘于世俗之言,循名实而定是非,因参验而审言辞。是以左右近习之臣,知伪诈之不可以得安也,必曰:"我不去奸私之行尽力竭智以事主,而乃以相与比周妄毁誉以求安,是犹负千钧之重,陷于不测之渊而求生也,必不几矣。"百官之吏,亦知为奸利之不可以得安也,必曰:"我不以清廉方正奉法,乃以贪污之心枉法以取私利,是犹上高陵之颠,堕峻谿之下而求生,必不几矣。"安危之道若此其明也,左右安能以虚言惑主,而百官安敢以贪渔下?是以臣得陈其忠而不弊,下得守其职而不怨。此管仲之所以治齐,而商君之所以强秦也。从是观之,则圣人之治国也,固有使人不得不为我之道,而不恃人之以爱为我也。恃人之以爱为我者危矣,恃吾不可不为者安矣。夫君臣非有骨肉之亲,正直之道可以得利,则臣尽力以事主;正直之道不可以得安,则臣行私以干上。明主知之,故设利害之道以示天下而已矣。夫是以人主虽不口教百官,不目索奸邪,而国已治矣。人主者,非目若离娄乃为明也②,非耳若师旷乃为聪也。目必不任其数③,而待目以为明,所见者少矣,非不弊之术也。耳必不因其势,而待耳以为聪,所闻者寡矣,非不欺之道也。明主者,使天下不得不为己视,天下不得不为己听。故身在深宫之中而明照四海之内,而天下弗能蔽、弗能欺者,何也? 暗乱之道废,而聪明之势兴也。故善任势者国安④,不知因其势者国危。古秦之俗,君臣废法而服私,是以国乱兵弱而主卑。商君说秦孝公以变法易俗而明公道⑤,赏告奸,困末作而利本事⑥。当此之时,秦民习故俗之有罪可以得免、无功可以得尊显也,故轻犯新法⑦。于是犯之者其诛重而必,告之者其赏厚而信,故奸莫不得而被刑者众,民疾怨而众过日闻⑧。孝公不听,遂行商君之法。民后知有罪之必诛,而告奸者众也,故民莫犯,其刑无所加。是以国治而兵强,地广而主尊。此其所以然者,匿罪之罚重,而告奸之赏厚也。此亦使天下必为己视听之道也。至治之法术已明矣,而世学者弗知也。

【译文】　修治法术的人侍奉君主,能够呈献他的法术之言,对上能修明君主的法令,对下能防范奸邪大臣,从而使君主尊崇,国家安定。因此,法术之言呈献在君主面前,恩赏刑罚就一定要跟着实施。君主如果真的了解圣人的治术,不受世俗之言的束缚,根据事物的名义与实际情况来确定是非,根据考核验证来审察言论的正确与否。这样一来,左右亲近熟悉的大臣知道伪装欺诈是不能得到安利的,他们一定会说:"我不放弃奸邪自私的行为,尽心竭力地侍奉君主,却试图相互勾结妄加毁誉来求取安利,这就像是背负着千钧重物,掉进了无法测知深浅的潭水中想保全生命一样,一定是不可能的。"各级官吏也知道做奸邪私心之事是不能获得安利的,他们一定会说:"我如果不清正廉洁奉公守法,却心存贪污的念头,违犯法令以谋取私利,这就像登上高山的山顶,跌入险峻的溪谷中而想保全生命一样,一定是不可能的。"安利与危险的道理是如此的明显,左右近臣怎么可能用虚假的言辞迷惑君主,各级官吏又怎么敢存贪污之心侵掠百姓? 因此,朝廷大臣就能够显示其忠诚而不再蒙蔽君主,各级官吏就能够谨守其职而没有怨言。这就是管仲治理齐国的办法,是商君让秦国走向强大的策略。由此看来,圣人治理国家,本来就有让人不得不为我效力的办法,而不依靠人家爱我才为我效力。依靠人爱我才为我效力是危险的,依靠人不得不为我效力是安全的。君臣之间没有骨肉之亲,正直的方法可以获得安利,群臣就会尽其全力来侍奉君主;正直的办法不能获得安利,群臣就会行施邪曲以求进用。英明的君主知道这一点,所以制定赏罚的办法昭示天下就行了。因此,君主虽然不用亲口教导百官吏属,不用亲眼搜索奸邪之臣,国家就已经平治了。作为君主,不一定眼睛要像离娄一样敏锐才能明察,不一定耳朵要像师旷一样才能算聪敏。一双眼睛一定不能看尽世间万物,一定要等着亲眼看过才认为明察,那所能见到的东西就很少了,这不是防止受蒙蔽的办法。两只耳朵一定不能适应形势的需要,等着亲耳听到才算聪敏,那所能听到的事情就很少了,这不是防止受欺诈的办法。英明的君主,能让天下之人不得不替自己去看,使天下之人不得不为自己去听。所以他虽然身居深宫,却能明察四海之内的万事万物,天下没有人能蒙蔽他、没有人能欺骗他,这是什么原因呢?原因在于昏暗错乱的局势被废止,而明察事理的风气兴盛。所以,那些善于利用有利形势的君主能使国家安定,不知道顺应事态发展趋势的国家就有危险。从前秦国的习俗,是君臣上下都废法不用而营求私利,因此国家混乱,军队弱小,君主卑微。商君劝说秦孝公变法,移风易俗,阐明公正的道理,奖赏告发奸邪的行为,抑制工商活动,推动农耕生产。在这个时候,秦国民众习惯了有罪可以不受诛罚、无功也能获得尊显地位的旧习俗,所以很随意地触犯新法。在这时,对于犯法之人的处罚严重而果断,对于告奸之人的奖励丰厚而明确,因此奸邪之人没有不被抓获的,受刑的人很多,百姓怨恨,众人的指责每天都能听到。孝公不理会这些批评,全力推行商君的新法。后来人们知道有罪一定会受到诛罚,并且告奸的人很多,所以民众就没有人再敢犯法,而刑罚也就没有施加的对象了。国家因此社会安定,军队强大,土地广阔,君主尊崇。秦国之所以能取得这种成就,原因在于对隐藏犯罪的处罚非常严重,而对告发犯罪的奖赏非常丰厚。这也是让天下人一定为我视听的办法。使国家实现平治的法术已经非常明白了,但当世的学者却没有人知道啊。

【注释】 ①得效度数之言:效,呈献。度数,法术,道理。能够呈献法术之言。 ②离娄:传说黄帝时视力特别敏锐的人,又称离朱。 ③目必不任其数:任,胜任。数,这里应指世间万物。一双眼睛一定不能看尽世间万物。 ④任势:指利用事物发展变化的有利态势。 ⑤公道:公正的道理。 ⑥困末作而利本事:困,抑制。末作,指工商业。利,方便。本事,指农耕生产。抑制工商业,方便农耕生产。 ⑦轻犯新法:轻,轻易,随便。随意地触犯新法。 ⑧众过日闻:过,指责。众人的指责每天都能听到。

且夫世之愚学,皆不知治乱之情①,谵谈多诵先古之书②,以乱当世之治;智虑不足以避阱井之陷③,又妄非有术之士。听其言者危,用其计者乱,此亦愚之至大,而患之至甚者也。俱与有术之士,有谈说之名,而实相去千万也,此夫名同而实有异者也。夫世愚学之人比有术之士也,犹蚁垤之比大陵也④,其相去远矣。而圣人者,审于是非之实,察于治乱之情也。故其治国也,正明法,陈严刑,将以救群生之乱,去天下之祸,使强不陵弱,众不暴寡,耆老得遂,幼孤得长,边境不侵,君臣相亲,父子相保,而无死亡系虏之患,此亦功之至厚者也。愚人不知,顾以为暴⑤。愚者固欲治而恶其所以治,皆恶危而喜其所以危者。何以知之?夫严刑重罚者,民之所恶也⑥,而国之所以治也;哀怜百姓、轻刑罚者,民之所喜,而国之所以危也。故圣人为法于国者,必逆于世⑦,而顺于道德。知之者,同于义而异于俗;弗知之者,异于义而同于俗。天下知之者少,则义非矣。

【译文】 当今世上那些愚昧的学说,都根本不了解国家治乱的道理,只是喋喋不休地讲说讽诵古代的典籍,扰乱当今社会的安定,他们的聪明才智不足以消除人类的灾难,却又妄自非难修治法术的人。君主听信他们的话国家就会有危险,采纳他们的计谋国家就会发生变乱。这是最大的愚蠢,也将导致最严重的灾难。他们和法术之士都有善于辩说的名声,而在实际上却是相去很远的,这就是名声相同而实质有别啊。那些奉行愚昧学说的人和法术之士相比,就像蚁冢和山陵一样相去甚远。圣人探究是非的实际情况,体察治乱的真实原因。所以他治理国家,制定明确的法律,设置严厉的刑罚,用以制止社会的动乱,去除天下的祸端,使人不敢恃强陵弱,使人不敢倚众欺寡,年老的人得享天年,幼小的孤儿也能够长大成人,国家的边境不受侵犯,君主与大臣相互亲信,父子也能相互保全,民众不再有被杀害俘虏的忧虑,这也是功业中最大的一种啊。愚人不明白这个道理,反而认为这是暴虐百姓。愚者本来也是希望国家平治安定的,却憎恶达到平治安定的办法,他们也憎恶危乱,却又喜欢导致危乱的政策。怎么知道是这样的呢?那严刑重罚,是民众所害怕却能让国家得到治理的办法,如果哀怜百姓、减轻刑罚,这是民众所喜欢的,却是导致国家危乱的根源。所以圣人为国家制定法律,一定要和世俗相反,而要顺应人类共同生活的规范与准则。明白这个道理,就会接受道德准则而与世俗有别,不明白这个道理,就会偏离道德准则而与世俗同流合污。天下人明白这个道理的很少,那么道德准则必然遭到非难了。

【注释】 ①情:道理。　②讘(niè)诀(jié):多言,喋喋不休。　③阱(jǐng)井之陷:阱,陷坑。这里指代各种灾难。　④蚁垤(dié):垤,蚁冢。蚂蚁做窝时堆积在洞口周围的浮土。　⑤顾:却,反而。　⑥恶:畏惧。　⑦世:世俗。

处非道之位①,被众口之讘,溺于当世之言,而欲当严天子而求安,几不亦难哉!此夫智士所以至死而不显于世者也。楚庄王之弟春申君有爱妾曰余，春申君之正妻子曰甲，余欲君之弃其妻也，因自伤其身以视君而泣，曰："得为君之妾，甚幸。虽然，适夫人非所以事君也②，适君非所以事夫人也。身故不肖，力不足以适二主，其势不俱适，与其死夫人所者，不若赐死君前。妾以赐死，若复幸于左右，愿君必察之，无为人笑。"君因信妾余之诈，为弃正妻。余又欲杀甲而以其子为后，因自裂其亲身衣之里③，以示君而泣，曰："余之得幸君之日久矣，甲非弗知也，今乃欲强戏余，余与争之，至裂余之衣，而此子之不孝，莫大于此矣。"君怒，而杀甲也。故妻以妾余之诈弃，而子以之死。从是观之，父之爱子也，犹可以毁而害也。君臣之相与也，非有父子之亲也，而群臣之毁言非特一妾之口也，何怪夫贤圣之戮死哉！此商君之所以车裂于秦，而吴起之所以枝解于楚者也。凡人臣者，有罪固不欲诛，无功者皆欲尊显。而圣人之治国也，赏不加于无功，而诛必行于有罪者也。然则有术数者之为人也，固左右奸臣之所害，非明主弗能听也。

【译文】 处身于不恰当的位置，遭受众人的诬陷，淹没于世俗之言，却希望阻挡有权威的天子而求取安利，这不也是太困难了吗？这就是那些才智之士到死也不能扬名于世的原因。楚庄王的弟弟春申君有个爱妾叫余，春申君正妻的儿子名叫甲，余想让春申君抛弃他的正妻，于是自己弄伤自己的身体给春申君看，并且哭着说："我能成为您的侍妾，是非常幸运的。可是，顺从夫人就无法侍奉您，顺从您就无法侍奉夫人。我生来愚笨，能力不足以侍奉两个主子，依现在的情势，不可能同时顺从于您和夫人两人，与其让我死在夫人那里，不如请您赐死，让我死在您的面前。我死之后，如果有人又得到您的宠幸，希望您多加小心，不要被外人耻笑。"春申君于是听信了爱妾余的欺骗，就把正妻抛弃了。余又想害死甲而让她的儿子做春申君的后继者，于是又自己撕裂贴身内衣给春申君去看，哭着说："我得到您的宠幸已经很久了，甲不是不知道，今天却想强行调戏我，我和他争持，以至于把我的衣服都撕裂了，这个儿子如此的不孝，没有人能比他更厉害了。"春申君大怒，就杀掉了甲。正妻因为妾余的欺诈而被抛弃，儿子因之而被杀死。从这件事情来看，父亲对儿子的爱，都能够被谗毁败坏。君臣之间相处，没有父子之间的亲缘关系，而群臣的谗毁又非一个侍妾的谗言可比，圣贤之人被诛戮就没有什么可感到奇怪的了。这就是商君被车裂于秦、吴起在楚国被杀的原因。作为臣子，触犯了法律固然不想受到诛罚，没有功劳也希望能尊显于世。圣人治理国家,不会赏赐没有功劳的人,并且一定会诛罚有罪的人。这就是修治法术的人处身于世,一定会遭到君主左右奸臣的陷害,不是英明的君主是不可能采纳他们的学说的。

【注释】　①非道:不恰当。　②适:顺从。　③亲身衣之里:即贴身穿的内衣。

世之学者说人主,不曰"乘威严之势以困奸邪之臣",而皆曰"仁义惠爱而已矣"。世主美仁义之名而不察其实,是以大者国亡身死,小者地削主卑。何以明之? 夫施与贫困者,此世之所谓仁义;哀怜百姓不忍诛罚者,此世之所谓惠爱也。夫有施与贫困,则无功者得赏;不忍诛罚,则暴乱者不止。国有无功得赏者,则民不外务当敌斩首,内不急力田疾作,皆欲行货财、事富贵、为私善、立名誉以取尊官厚俸。故奸私之臣愈众,而暴乱之徒愈胜①,不亡何待? 夫严刑者,民之所畏也;重罚者,民之所恶也。故圣人陈其所畏以禁其邪,设其所恶以防其奸。是以国安而暴乱不起。吾以是明仁义爱惠之不足用,而严刑重罚之可以治国也。无捶策之威②,衔橛之备③,虽造父不能以服马④。无规矩之法,绳墨之端,虽王尔不能以成方圆⑤。无威严之势,赏罚之法,虽尧、舜不能以为治。今世主皆轻释重罚、严诛,行爱惠,而欲霸王之功,亦不可几也。故善为主者,明赏设利以劝之,使民以功赏,而不以仁义赐;严刑重罚以禁之,使民以罪诛而不以爱惠免。是以无功者不望,而有罪者不幸矣。托于犀车良马之上⑥,则可以陆犯阪阻之患⑦;乘舟之安,持楫之利,则可以水绝江河之难;操法术之数,行重罚严诛,则可以致霸王之功。治国之有法术赏罚,犹若陆行之有犀车良马也,水行之有轻舟便楫也,乘之者遂得其成。伊尹得之汤以王,管仲得之齐以霸,商君得之秦以强。此三人者,皆明于霸王之术,察于治强之数,而不以牵于世俗之言;适当世明主之意,则有直任布衣之士立为卿相之处;处位治国,则有尊主广地之实;此之谓足贵之臣。汤得伊尹,以百里之地立为天子;桓公得管仲,立为五霸主,九合诸侯,一匡天下;孝公得商君,地以广,兵以强。故有忠臣者,外无敌国之患,内无乱臣之忧,长安于天下,而名垂后世,所谓忠臣也。若夫豫让为智伯臣也⑧,上不能说人主使之明法术、度数之理,以避祸难之患,下不能领御其众,以安其国;及襄子之杀智伯也，豫让乃自黔劓，败其形容，以为智伯报襄子之仇；是虽有残刑杀身以为人主之名，而实无益于智伯若秋毫之末。此吾之所下也，而世主以为忠而高之。古有伯夷、叔齐者⑨，武王让以天下而弗受，二人饿死首阳之陵；若此臣者，不畏重诛，不利重赏，不可以罚禁也，不可以赏使也。此之谓无益之臣也，吾所少而去也，而世主之所多而求也。

【译文】　当世的学者劝说君主，不说"凭借强大的力量来制止奸邪大臣"，却都说"只要施行仁义惠爱就可以了"。君主羡慕仁义的美名却不去考察其实质，因此灾祸大的国亡身死，灾难小的也是国土被侵削，君主遭贱视。怎么知道是这样的呢？给贫困的人施舍，这就是世人所说的仁义；哀怜百姓不忍心让他们遭受诛罚，这就是世人所说的惠爱。如果施舍那些贫困的人，意味着没有功劳的人就受到了奖赏；不忍心诛罚百姓，那么暴乱的人就会不断出现。一个国家如果有无功而受赏的人，那些民众对外就不会努力杀敌，对内就不会努力耕作，都希望通过财货贿赂、侍奉权贵之人、为私门提供方便、树立好的名声的途径来取得高官厚禄。所以奸邪贪婪的官吏就会越来越多，暴乱的人也越来越多，国家不灭亡还会等到什么时候呢？那严厉的刑法，是民众所害怕的，重重的处罚，是民众所憎恶的。所以圣人设置他们所畏惧的刑法来禁止邪恶，实施他们所憎恶的重罚来防范奸诈。因此国家安定，不会发生暴乱之事。我由此知道仁义爱惠是不值得称道的，而严刑重罚才是治理国家的手段。没有马鞭鞭策的威胁，没有马嚼子等装备，即使造父也不能驯服烈马。没有规矩做标准，没有绳墨的端直，即使王尔也画不成方圆。没有强大的实力，没有赏罚的办法，即使尧、舜也不能治理好国家。当今的君主都轻易地放弃了严厉的诛罚，行施爱惠之政，想成就霸王的功业，也是不可能的。所以善于做君主的人，订立明确的赏赐办法，鼓励民众建功立业来获得赏赐，而不是以仁义的名义轻易地赏赐；用严刑重罚来禁止民众作乱，使犯法的人受到诛罚，而不是在爱惠的名义下被免刑。这样一来，没有功劳的人就不会有非分之想，而有罪的人也不会侥幸免刑了。凭借着坚固精良的车马，就能够翻越险阻要塞；凭借着安全便利的舟楫，就可以横渡江河的阻隔；运用法术的策略，实行严刑峻法，就能够成就霸王的功业。治理国家有法术赏罚，就像在陆地上行走有坚固精良的车马，在水面上行动有安全便利的舟楫一样，凭借着它们就能够达到成功。伊尹使用这种方法，商汤得以称王，管仲使用这种办法，齐桓公得以称霸，商鞅使用这种办法，秦国就变得强大。这三个人，都深知成就霸王之功的法术，都能洞察安民强国的规律，能够不受世俗之言的牵绊；顺应当世英明君主的心意，就立刻由布衣平民直接地登上了卿相之位，做了卿相之后治理国家，都取得了提高君主声名，扩大国家疆域的功绩。这才是真正值得尊贵的大臣。商汤任用伊尹为相，就凭借着百里的土地而做了天子；齐桓公任用管仲为相，成为春秋五霸中的首位，多次主持诸侯盟会，匡正了天下诸侯混乱的秩序；秦孝公任用商鞅为相，土地得到扩展，军队得到了壮大。所以说，能够任用忠臣的，就能让国家对外不受敌国的侵扰，对内没有权臣乱政的担忧，国家长治久安，君主名垂后世，这就是我所说的忠臣。至于豫让臣事智伯，对上不能劝说其主使之明晓法术、制度的道理来避免灾祸的发生，对下又不能率领徒众安定国家，等赵襄子诛灭智伯之后，豫让却自行刺字割鼻，毁坏形容来为智伯向赵襄子报仇。这样做虽然有为君主残毁形体牺牲生命的美名，实际上对于智伯而言却没有丝毫的好处。这是我所轻视的，但君主却认为他们是忠臣而加以赞颂。古代有伯夷和叔齐，武王把天下让给他们，他们不肯接受，最终饿死在首阳山上。像这样的大臣，不害怕重刑诛罚，不贪取优厚的赏赐，不能用诛罚禁止，也不能用赏赐来使令。这就是我所说的无益之臣，是我所批评并主张清除的，却是君主所称赞而意欲求取的。

【注释】 ①胜：同"盛"，兴旺，兴盛。　②捶策：马鞭子。　③衔橛：马嚼子，放在马口中用以控制马的行动，最早用木制，后则用金属制成。　④造父：西周穆王时代一个非常善于驯马的人，赵人的祖先。传说造父曾给周穆王进献八匹骏马，周穆王驾马西游，会见西王母，乐而忘返。其时徐偃王造反，周穆王驾马日行千里而回，大败徐偃王。因造父献马立功，穆王以赵城赐造父，造父由此得姓赵氏。　⑤王尔：古代一位非常灵巧的工匠。　⑥犀车：坚固的车子。　⑦阪阻：险阻。　⑧豫让：春秋战国时期晋国人，是晋六卿之一智瑶（即智伯）的家臣。晋出公二十二年（公元前453年）赵、韩、魏三家联合消灭智氏。豫让用漆涂身，吞炭使哑，暗伏桥下谋刺赵襄子，未遂，后被赵襄子捕获。临死时，求得赵襄子的衣服，拔剑击斩其衣，表示已为其主智伯复仇，然后伏剑自杀。　⑨伯夷、叔齐：商朝末年孤竹国君主的两个儿子，在其父死后，兄弟让国，都不肯继承君位，相继逃到了周国，在周武王伐纣时，伯夷、叔齐曾拦马阻谏。在武王灭纣之后，伯夷、叔齐不吃周人的粮食，隐居于首阳山上，以采食野菜为生，最后饿死。

　　谚曰："厉怜王①。"此不恭之言也。虽然，古无虚谚，不可不察也。此谓劫杀死亡之主言也。人主无法术以御其臣，虽长年而美材，大臣犹将得势擅事主断，而各为其私急。而恐父兄豪杰之士，借人主之力，以禁诛于己也，故弑贤长而立幼弱，废正的而立不义。故《春秋》记之曰："楚王子围将聘于郑②，未出境，闻王病而反，因入问病，以其冠缨绞王而杀之③，遂自立也。""齐崔杼④，其妻美,而庄公通之,数如崔氏之室。及公往,崔子之徒贾举率崔子之徒而攻公,公入室,请与之分国,崔子不许,公请自刃于庙,崔子又不听,公乃走逾于北墙⑤,贾举射公,中其股,公坠,崔子之徒以戈斫公而死之⑥,而立其弟景公。"近之所见:李兑之用赵也,饿主父百日而死⑦;卓齿之用齐也,擢愍王之筋,悬之庙梁,宿昔而死⑧。故厉虽痈肿疕疡⑨,上比于春秋,未至于绞颈射股也;下比于近世,未至饿死擢筋也。故劫杀死亡之君,此其心之忧惧、形之苦痛也,必甚于厉矣。由此观之,虽"厉怜王"可也。

【译文】 谚语说:"麻风病人怜悯君王。"这是不恭敬的说法。可是,自古传下来的谚语没有空话,这不能不让人认真思考。这是针对那些被劫持杀害的君主而言的。君主没有法术控制他的大臣,即使年长而有才智,大臣仍然可能获得权势专断朝政,而做他自己想做的事情。又担心侧室公子与忠勇的大臣,凭借君主的力量,压制或诛罚自己,所以就杀掉贤良年长的君主而拥立年幼无能的,废弃嫡长子而拥立不宜继承君位的庶子。所以《春秋》记载了这样的事情:"楚国的王子围准备到郑国去访问,还没有走出国境,听说楚王生病就返回了国都,乘着进宫询问楚王病情的机会,用他的帽子上的带子勒死了楚王,于是自立为王。""齐国大夫崔杼的妻子非常美丽,齐庄公与其通奸,多次到崔杼家去。等齐庄公再去的时候,崔杼的家臣贾举率领着崔杼的门徒攻击齐庄公,齐庄公躲到屋子里,请求和崔杼平分齐国,崔杼不答应,齐庄公请求到祖庙里自杀,崔杼还是不同意,齐庄公于是想翻过北墙逃走,贾举用箭射中了齐庄公的大腿,庄公从墙上跌了下来,崔杼的门徒用戈砍死了齐庄公,崔杼于是又拥立了庄公的弟弟景公。"近代我们眼见到的事有:李兑在赵国得到任用,赵主父被围困在沙丘宫中百日,最后饿死。卓齿在齐国得到任用,齐愍王被抽出筋之后挂在宗庙的屋梁上,很快死掉了。所以麻风病人虽然浑身脓肿长疮,可是上与春秋时的君主相比,还没有到勒颈射腿的地步,下与近世君主相比,也没有到被饿死抽筋的程度。所以那些被劫持杀害的君主,他们内心的忧惧、身体的苦痛,也一定要比生癞疮严重得多。由此看来,即使"麻风病人怜悯君王"也是可以的。

【注释】 ①厉(lài)怜王:厉,癞疮,即麻风,此病极难治愈。这里指生癞疮的人。怜,怜悯。得癞疮的人非常痛苦,但相比对被劫杀的君王而言要好些,所以说生癞疮的人怜悯君王。 ②楚王子围:楚共王的次子,楚康王的弟弟。在楚康王死后,其子员继承君位,即郏敖。王子围为令尹,出使郑国,途中听说郏敖生病,于是赶回王都,乘入宫问病之机,绞杀郏敖自立,此即楚灵王。其事见载于《左传·昭公元年》。 ③冠缨:帽子上的带子。　④崔杼：春秋后期齐国的大夫，杀齐庄公，立庄公的异母弟杵臼为君，即齐景公。其事见载于《左传·襄公二十五年》。　⑤逾：越过。　⑥戈：商朝至战国时代盛行的一种兵器。斫：砍削。　⑦李兑之用赵也，饿主父百日而死：李兑，战国时赵国的大臣。赵武灵王年老之后，自称主父而传位给少子何，即惠文王，而封长子章为安阳君。后公子章起兵作乱，公子成和李兑率兵打败了公子章，公子章逃往沙丘宫，想依靠主父得到庇护。公子成和李兑率兵围困沙丘宫，杀了公子章，放走了除主父之外的所有人，主父被困宫中，最后饿死。　⑧卓齿之用齐也，擢愍王之筋，悬之庙梁，宿昔而死：卓齿，人名。擢，抽出。愍王，即齐愍王。宿昔，即旦夕，比喻时间很快。齐愍王时齐国兵力强盛，齐愍王想灭周室而做天子，燕将乐毅率领燕、秦、韩、赵、魏诸国军队攻打齐国，齐国大败。楚国派卓齿带兵援救齐国，齐愍王以卓齿为相，终为其所害。　⑨痈肿疕(bǐ)疡：浑身脓肿长疮。

亡征第十五

亡征,就是国家可能灭亡的征兆。文章列举了可能导致国家灭亡的四十七种征兆,然后以简短的文字说明国家灭亡是内因与外因共同作用的结果,只有服术行法的君主,才能在消除本国"亡征"的同时,成为摧毁"亡征之君"的风雨而兼并天下。韩非所列举的四十七种亡国的征兆,是他对前代治乱兴衰经验教训的全面总结,反映了春秋战国时代统治者的荒淫奢侈、昏昧无能以及统治阶级内部勾心斗角的政治斗争,对于研究这段时期的历史具有重要的意义。

凡人主之国小而家大①,权轻而臣重者,可亡也。简法禁而务谋虑②,荒封内而恃交援者,可亡也。群臣为学,门子好辩③,商贾外积,小民右仗者④,可亡也。好宫室台榭陂池,事车服器玩好,罢露百姓⑤,煎靡货财者⑥,可亡也。用时日⑦,事鬼神,信卜筮,而好祭祀者,可亡也。听以爵不待参验⑧,用一人为门户者⑨,可亡也。官职可以重求,爵禄可以货得者,可亡也。缓心而无成⑩,柔茹而寡断,好恶无决,而无所定立者,可亡也。饕贪而无餍,近利而好得者,可亡也。喜淫刑而不周于法⑪,好辩说而不求其用,滥于文丽而不顾其功者⑫,可亡也。浅薄而易见,漏泄而无藏,不能周密,而通群臣之语者,可亡也。很刚而不和⑬,愎谏而好胜⑭,不顾社稷而轻为自信者,可亡也。恃交援而简近邻⑮,怙强大之救,而侮所迫之国者,可亡也。羁旅侨士,重帑在外⑯,上间谋计⑰,下与民事者,可亡也。民信其相,下不能其上⑱,主爱信之而弗能废者,可亡也。境内之杰不事,而求封外之士,不以功伐课试,而好以名问举错,羁旅起贵以陵故常者⑲,可亡也。轻其适正⑳,庶子称衡,太子未定而主即世者㉑,可亡也。大心而无悔,国乱而自多,不料境内之资而易其邻敌者,可亡也。国小而不处卑,力少而不畏强,无礼而侮大邻,贪愎而拙交者,可亡也。太子已置,而娶于强敌以为后妻㉒,则太子危,如是,则群臣易虑,群臣易虑者,可亡也。怯慑而弱守㉓,蚤见而心柔懦㉔,知有谓可,断而弗敢行者,可亡也。出君在外而国更置,质太子未反而君易子,如是则国携㉕,国携者,可亡也。挫辱大臣而狎其身㉖,刑戮小民而逆其使,怀怒思耻而专习则贼生㉗,贼生者,可亡也。大臣两重,父兄众强,内党外援以争事势者,可亡也。婢妾之言听,爱玩之智用㉘,外内悲惋而数行不法者,可亡也。简侮大臣,无礼父兄,劳苦百姓,杀戮不辜者,可亡也。好以智矫法㉙,时以行杂公㉚,法禁变易,号令数下者,可亡也。无地固㉛,城郭恶,无畜积,财物寡,无守战之备而轻攻伐者,可亡也。种类不寿㉜,主数即世,婴儿为君,大臣专制,树羁旅以为党,数割地以待交者,可亡也。太子尊显,徒属众强,多大国之交,而威势蚤具者,可亡也。变褊而心急㉝,轻疾而易动发,心悁忿而不訾前后者㉞,可亡也。主多怒而好用兵,简本教而轻战攻者㉟,可亡也。贵臣相妒,大臣隆盛,外藉敌国,内困百姓,以攻怨雠,而人主弗诛者,可亡也。君不肖而侧室贤,太子轻而庶子伉㊱,官吏弱而人民桀,如此则国躁,国躁者,可亡也。藏怒而弗发,悬罪而弗诛㊲,使群臣阴憎而愈忧惧,而久未可知者,可亡也。出军命将太重,边地任守太尊,专制擅命,径为而无所请者,可亡也。后妻淫乱,主母畜秽,外内混通,男女无别,是谓两主,两主者,可亡也。后妻贱而婢妾贵,太子卑而庶子尊,相室轻而典谒重㊳,如此则内外乖,内外乖者,可亡也。大臣甚贵,偏党众强,雍塞主断而擅国重者,可亡也。私门之官用,马府之世绌㊴,乡曲之善举㊵,官职之劳废,贵私行而贱公功者,可亡也。公家虚而大臣实,正户贫而寄寓富,耕战之士困,末作之民利者,可亡也。见大利而不趋,闻祸端而不备,浅薄于争守之事㊶,而务以仁义自饰者,可亡也。不为人主之孝,而慕匹夫之孝,不顾社稷之利,而听主母之令,女子用国,刑余用事者,可亡也。辞辩而不法,心智而无术,主多能而不以法度从事者,可亡也。亲臣进而故人退㊷,不肖用事而贤良伏,无功贵而劳苦贱,如是则下怨,下怨者,可亡也。父兄大臣禄秩过功,章服侵等㊸,宫室供养太侈,而人主弗禁,则臣心无穷,臣心无穷者,可亡也。公婿公孙与民同门,暴傲其邻者㊹,可亡也。

【译文】 凡是诸侯的封国小而大夫的采邑大,诸侯的权力小而大臣的权力大,这样的国家,可能灭亡。简省法律禁令而务求权谋智计,荒废内政而依靠外援,这样的国家,可能灭亡。众大臣喜欢研究学术,卿大夫的嫡子喜欢言辞辩说,商人把财物聚积到国外,小民尚武好斗,这样的国家,可能灭亡。喜欢修建宫室台榭池塘,热衷于车马服饰器具珍玩,使百姓疲劳困乏,不停地榨取财物,这样的国家,可能灭亡。行事选择时辰和日子,敬事鬼神,迷信卜筮,热衷于祭祀,这样的国家,可能灭亡。听取进言只看官位的高低而不求用众人之言来参证,只信任一个人所说的话,这样的国家,可能灭亡。官职可以用重金求得,爵禄可以用财物换来,这样的国家,可能灭亡。性情缓慢而无所作为,处事柔弱而缺乏果断,好恶没有明确的标准,做事没有坚定的立场,这样的国家,可能灭亡。贪婪而不知道满足,贪图眼前的利益而竭力谋取,这样的国家,可能灭亡。喜欢滥用刑罚而不符合法度,爱好言辞辩说而不求实用,过度奢华而不考虑其实际功效,这样的国家,可能灭亡。见识浅薄容易被人看穿,言语随便不知掩饰,虑事不周全却乱传群臣言论,这样的国家,可能灭亡。性情暴戾而与臣下不和,固执己见,不听规劝又争强好胜,不顾及国家的实际而盲目地相信自己,这样的国家,可能灭亡。依仗外国的援助而简慢自己的邻国,凭借大国的援救而侮辱入侵之国,这样的国家,可能灭亡。寄居本国的游士政客,有国外大量的经济援助,他们向上刺探国家的谋略,向下参与平民的事务,这样的国家,可能灭亡。人民相信他们的宰相,臣属与之不亲和,君主宠爱信任他而不能罢免,这样的国家,可能灭亡。国内的人才不加任用,却去寻求国外的人才,不根据功绩来考核任用,却喜欢根据虚名来选拔,游士得到提拔重用,官位高过了故旧大臣,这样的国家,可能灭亡。轻视嫡长子的地位,庶子的势力与之抗衡,太子还没有确定而君主就已经去世,这样的国家,可能灭亡。粗心大意而不加悔改,国家动乱而自以为好,不考虑国家的实力却轻视敌对的邻国,这样的国家,可能灭亡。国家弱小却不愿处身卑位,兵力不足却不畏强国,不讲礼仪而轻侮强大的邻国,贪婪固执又不善外交,这样的国家,可能灭亡。太子已经确立,又娶大国的女子做正室,那么太子的处境就有了危险,如果这样,群臣就会改变想法,群臣改变想法的国家,可能灭亡。胆小害怕而守备薄弱,能够提前预知祸端,但心性柔弱不能制止,知道事情可行,但决断后又不敢实行,这样的国家,可能灭亡。君主逃亡在外而大臣另立君主,太子到别国去做质子还没有回来,君主又另立太子,如果这样国家就可能被离析,被离析的国家,可能灭亡。凌辱大臣又与他亲近,严刑诛罚小民又反过来任用他,这些人心怀怨怒耻辱,一旦成为近臣就会发生贼杀事件,发生贼杀事件的国家,可能灭亡。两位大臣权势并重,侧室公子力量强大,在国内网罗党羽,在国外求取大援来争权夺利,这样的国家,可能灭亡。听信爱妾使女的逸言,采纳弄臣狎客的计谋,朝廷内外都感到悲痛惋惜而仍屡屡做出不合道法的事情,这样的国家,可能灭亡。对大臣简慢轻侮,对侧室公子不讲礼法,使百姓劳苦不堪,无辜者遭到杀戮,这样的国家,可能灭亡。喜欢凭一己私智改变国法,时时因为私行而扰乱公法,法律禁令随便变易,号令频频下发,这样的国家,可能灭亡。没有地形的险阻,城郭又不坚固,没有蓄积足够的粮食,没有多余的财物,没有进攻和守卫的装备却轻率地发动战争,这样的国家,可能灭亡。公族阳寿不长,君主一个接一个地去世,幼弱的孩子继承君位,大臣专断朝政,扶植游士以为党羽,多次割地以维持外交,这样的国家,可能灭亡。太子地位尊贵显要,徒属众多,势力强大,和许多大国交好,其威严势力早早具备,这样的国家,可能灭亡。心性偏激而急躁,轻浮而容易发作,心有怨愤就不顾及前因后果,这样的国家,可能灭亡。君主容易发怒又好用兵,荒废农业而轻率地发动战争,这样的国家,可能灭亡。权贵相互嫉妒,大臣势力隆盛,对外依仗敌国,对内劳困百姓,来攻击各自的仇人,可君主却不加诛罚,这样的国家,可能灭亡。君主无能,而侧室公子贤能,太子轻贱而庶子骄纵,官吏懦弱而民众勇健,如果这样国家就不安定,不安定的国家,可能灭亡。掩藏自己的怒气而不发作,应当被定罪却迟迟不加诛罚,让群臣暗生憎恨而更加忧惧不安,历时既久而结果仍不可知,这样的国家,可能灭亡。派兵出征率军将帅权力太重,边境守将地位太尊,独断专制,直接发号施令而不加请示,这样的国家,可能灭亡。君主夫人淫乱放荡,君主的母亲不守贞操,宫内宫外相互私通,男女之间没有分别,这就被称为两主,出现两主的国家,可能灭亡。君主夫人地位卑贱而爱妾尊贵,太子地位卑贱而庶子尊贵,宰相的权力轻而典谒的权力重,如果这样内廷外朝就会乖离,内廷外朝乖离的国家,可能灭亡。大臣非常尊贵,其党羽众多而强大,蒙蔽君主而独揽朝政大权,这样的国家,可能灭亡。私门的官员得到任用,有功勋的将帅遭到贬退,村野之人的善行被称道,官府的劳作被废弃,看重个人的品行而轻视对国家的贡献,这样的国家,可能灭亡。国家的府库空虚而大臣私家殷实,本国的国民贫穷而寄寓的游士富足,耕战的人困窘而工商业者获利丰厚,这样的国家,可能灭亡。看到很大的好处却不争取,听到祸事已起而不加防备,鄙薄攻战守御之事,却致力于用仁义来修饰自己,这样的国家,可能灭亡。不尽君主保国安民的大孝，却羡慕普通百姓谨身节用奉养父母的孝行，不顾及国家的利益，一味听从母亲的吩咐，致使女人主政，阉人当权，这样的国家，可能灭亡。言辞巧辩而不合法律，思虑聪明而不合道术，君主很有才能却不能依据法律来处理国事，这样的国家，可能灭亡。进用新臣而贬退旧臣，庸人当权而贤才隐居，无功劳的人显贵而辛苦劳作的人地位卑贱，如果这样在下位的民众就会心生怨恨，下民怨恨的国家，可能灭亡。宗室大臣的俸禄高过所建立的功绩，车马礼服僭越了等级的规定，宫室的供养过度奢侈，而君主不加禁止，大臣的欲望就会没有止境，大臣的欲望没有止境的国家，可能灭亡。君主的女婿和子孙与民众居住在同一个里巷，对他们的邻居残暴傲慢，这样的国家可能灭亡。

【注释】　①凡人主之国小而家大：国，指诸侯的封国。家，指大夫的采邑。君主的封国小而大夫的采邑大。　②简法禁而务谋虑：法禁，指法律禁令。简省法律禁令而务求权谋智计。　③门子：指卿大夫的嫡子，将代替父亲掌管门户，所以尊称为门子。　④右仗：尚武，即好私斗。　⑤罢露：使百姓疲劳困乏。　⑥煎靡：榨取。　⑦时日：时辰和日子。古人迷信，以为时日有吉凶，常通过卜筮来决定。　⑧爵：爵位。　⑨用一人为门户者：用一个人做门户。即只信任一个人所说的话，所有的言论都需经他传递。　⑩缓心：性情缓慢。　⑪喜淫刑而不周于法：淫刑，滥用刑罚。喜欢滥用刑罚而不符合法度。　⑫文丽：华丽。　⑬很刚：暴戾。　⑭愎谏：固执己见，不听规劝。　⑮简：轻贱，怠慢。　⑯重帑(tǎng)在外：帑，财帛。国外有大量的财帛。意指有国外大量的经济支持。　⑰间：刺探。　⑱能：亲善，和睦。　⑲羁旅起贵以陵故常者：羁旅，即指游士。故常，故旧大臣。游士得到提拔重用，官位高过了故旧大臣。　⑳适正：适，通"嫡"。即嫡长子。　㉑即世：去世。　㉒强敌：春秋战国时代，诸侯相互侵伐，互为敌国。"强敌"，即指实力强大的诸侯国。　㉓怯慑：胆小害怕。　㉔蚤见：蚤，通"早"。提前预见祸端。　㉕国携：国家出现离析的现象。　㉖挫辱：凌辱。　㉗专习：专任近臣。　㉘爱玩：弄臣狎客。　㉙矫：改变。　㉚杂：扰乱。　㉛无地固：指没有险要的地形以守固。　㉜种类：种族。这里指诸侯公室。　㉝变褊：偏激。　㉞訾(zǐ)：思虑。　㉟本教：农事。　㊱伉(kàng)：骄纵。　㊲悬罪：指应当加罪而迟迟不处理。　㊳典谒：官名，一种掌管宾客请见事务的小官。　㊴马府之世绌：马府，军马之府，指将帅的营帐，或即后世的幕府。有功勋的将帅遭到贬退。　㊵乡曲：村野。　㊶浅薄：鄙薄，简慢。　㊷亲臣：亲，通"新"。新选拔的大臣。　㊸章服：古代绣有图案的礼服。官员的品级职位不同，其礼服的图案也各不相同。　㊹暴傲：残暴傲慢。

亡征者，非曰必亡，言其可亡也。夫两尧不能相王，两桀不能相亡。亡王之机，必其治乱、其强弱相踦者也①。木之折也必通蠹，墙之坏也必通隙。然木虽蠹，无疾风不折；墙虽隙，无大雨不坏。万乘之主，有能服术行法以为亡征之君风雨者，其兼天下不难矣。

【译文】　有灭亡征兆的国家,不是说一定灭亡,而是说他可能灭亡。两个像唐尧一样的好君主不能相互称王,两个像桀一样的昏君不能相互亡国。亡国还是称王的根由,一定是他们国家的治理与动乱、强大与弱小不相均衡。树木折断一定是生了蛀虫,垣墙倒塌一定是有了裂缝。但是树木即使生了蛀虫,没有狂风是不会折断的;垣墙即使有了裂缝,不下大雨是不会倒塌的。万乘之国的君主,有能行施法术而做那些有亡国征兆的国家的风雨的,他兼并天下也就不困难了。

【注释】　①踦(qī):不均衡。

三守第十六

三守，就是指君主必须固守的三条原则，即深藏不露、独掌刑赏大权、亲理朝政。做君主的如果不能坚守这三条原则，就会有明劫、事劫、刑劫的灾祸发生。这是韩非为君主提供的统治群臣的具体方法。

人主有三守。三守完则国安身荣，三守不完则国危身殆。何谓三守？人臣有议当途之失、用事之过、誉臣之情①，人主不心藏而漏之近习能人，使人臣之欲有言者，不敢不下适近习能人之心而乃上以闻人主，然则端言直道之人不得见，而忠直日疏。爱人不独利也，待誉而后利之；憎人不独害也，待非而后害之。然则人主无威而重在左右矣。恶自治之劳惮，使群臣辐凑之变，因传柄移藉②，使杀生之机、夺予之要在大臣，如是者侵。此谓三守不完。三守不完则劫杀之征也。

【译文】 君主有三条原则必须固守。这三条原则固守得好则国家安宁；自身荣显。这三条原则固守得不好，则国家面临危机，自己也身处险境。三个原则是什么呢？大臣中有议论当朝宰相的过失、处事的不当、徒获虚名的实情，君主不把这些话藏在心里却泄漏给亲信宠臣，从而使想进言的大臣，不敢不先迎合这些亲信宠臣的心意才能让君主听到，这样一来，言行直爽的人就不易见到君主，于是忠诚正直的人就一天天地疏远了。喜欢一个人时不独断地奖赏他，而是等有人称赞他时再行赏赐；憎恶一个人时不独断地处罚他，而是等到有人非议他的时候再行处罚。这样一来，君主就失去了权威，而权柄则落在了左右近臣的手里。厌恶亲自处理国事的辛劳，而是让群臣共同来处理，于是权柄逐渐转移，生杀予夺的大权就都集中到了大臣的手中，君主的权威就会受到侵害。这就是三条原则没有固守好。三条原则不能坚守，就是被劫杀的预兆。

【注释】　①誉臣：指广交党羽而享有虚誉的大臣。　②传柄移藉：藉，势位。指权势转移。

凡劫有三：有明劫，有事劫，有刑劫。人臣有大臣之尊，外操国要以资群臣，使外内之事非己不得行。虽有贤良，逆者必有祸，而顺者必有福。然则群臣直莫敢忠主忧国以争社稷之利害。人主虽贤不能独计，而人臣有不敢忠主，则国为亡国矣，此谓国无臣。国无臣者，岂郎中虚而朝臣少哉？群臣持禄养交，行私道而不效公忠。此谓明劫。鬻宠擅权①，矫外以胜内，险言祸福得失之形②，以阿主之好恶，人主听之，卑身轻国以资之，事败与主分其祸，而功成则臣独专之。诸用事之人，壹心同辞以语其美，则主言恶者必不信矣。此谓事劫。至于守司囹圄，禁制刑罚，人臣擅之，此谓刑劫。三守不完则三劫者起，三守完则三劫者止，三劫止塞则王矣。

【译文】　君主被劫持有三种情况：一为明劫，一为事劫，一为刑劫。大臣身居高位，把持国政以笼络群臣，使朝廷内外的事情不得到自己的许可便无法实行。即使有贤良的大臣，也是违逆他必然有祸，顺从他则一定得福。如此一来，大臣中就没人敢忠于君主、忧心国事来为国家社稷的利害争持。君主即使贤能，不能独自谋划国事，而大臣又不敢为君主效忠，这样的国家必然会灭亡，这叫做朝中无臣。朝中无臣，难道是郎中之位空缺、朝中大臣人少吗？群臣拿着俸禄来供养私党，谋求私家的利益而不效忠于君主。这就叫做明劫。凭借君主的宠幸卖弄权势，依靠外国的力量来控制国内的政治，就国家祸福得失的形势说一些耸人听闻的话，来迎合君主的好恶，君主听了他的话，就谦恭地以国家的力量来支持他，事情失败了和君主一起分担灾祸，事情成功了，则大臣独自获利。那参与此事的大臣，众口一词地称赞这样做的好处，那些反对者的意见就必然不会被相信了。这就叫做事劫。至于监守牢狱、发布禁令刑罚的事情，被大臣专掌，这就叫做刑劫。三守没有做到，三劫就会发生。三守做得好，三劫就不会出现。三劫被遏止，那么就可以统治天下了。

【注释】　①鬻(yù)宠擅权：鬻，炫耀，卖弄。凭借君主的宠幸卖弄权势。　②险言：耸人听闻的话。

备内第十七

内,指君主所居之处,即宫禁之地。备内,即防备来自宫内后妃嫡子的篡杀。韩非从人性自私的角度,认为人与人之间完全是一种利害关系。他以春秋战国时代趋利避害的社会心理为依托,提出了"以妻之近与子之亲而犹不可信,则其余无可信者"的观点,这是其专制独裁思想体系中防备君权被篡夺理论的一个重要方面。

人主之患在于信人,信人则制于人。人臣之于其君,非有骨肉之亲也,缚于势而不得不事也。故为人臣者,窥觇其君心也无须臾之休①,而人主怠傲处其上,此世所以有劫君弑主也。为人主而大信其子,则奸臣得乘于子以成其私,故李兑傅赵王而饿主父②。为人主而大信其妻,则奸臣得乘于妻以成其私,故优施傅丽姬,杀申生而立奚齐③。夫以妻之近与子之亲而犹不可信,则其余无可信者矣。

【译文】 君主的祸患在于相信别人,相信别人就会受制于人。大臣对于他的君主,没有骨肉之间的亲情,是形势所迫不得不侍奉的。所以做大臣的,无时无刻不在试图窥探君主的心意,而君主身居上位懈怠傲慢,这就是世上之所以君主会被劫弑的原因。君主过分相信他的儿子,那么奸臣就会借他的儿子来达到自己的目的,所以李兑能够依附赵惠文王而饿死主父。君主过分相信他的妻子,那么奸臣就能够借他的妻子来达到自己的目的,所以优施依附于丽姬,杀掉了申生而另立奚齐为太子。以妻子和儿子这么亲近的人都不能相信,其他人就没有可以相信的了。

【注释】 ①窥觇(chān):窥探,侦察。 ②傅:依附。 ③优施傅丽姬,杀申生而立奚齐:优,古代表演歌舞杂戏的艺人。优施,即春秋时晋献公的优人,名施。丽姬,古籍均写作"骊姬",晋献公攻打骊戎时得到骊姬及其妹妹,二人很受宠幸,骊姬被晋献公立为夫人,生子奚齐,其妹生子卓子。优施教骊姬谗杀太子申生,并逐群公子,立奚齐为太子。晋献公死后,奚齐与卓子相继被立为君,均被里克杀害,骊姬亦被杀。之后里克欲迎立公子重耳,重耳不知国内形势,谢绝回国,里克便迎立公子夷吾,是为晋惠公。

　　且万乘之主,千乘之君,后妃、夫人、适子为太子者,或有欲其君之蚤死者。何以知其然?夫妻者,非有骨肉之恩也,爱则亲,不爱则疏。语曰:"其母好者其子抱。"然则其为之反也,其母恶者其子释。丈夫年五十而好色未解也,妇人年三十而美色衰矣。以衰美之妇人事好色之丈夫,则身死见疏贱,而子疑不为后,此后妃、夫人之所以冀其君之死者也。唯母为后而子为主,则令无不行,禁无不止,男女之乐不减于先君,而擅万乘不疑,此鸩毒扼昧之所以用也①。故《桃左春秋》曰②:"人主之疾死者不能处半。"人主弗知则乱多资,故曰:利君死者众则人主危。故王良爱马③,越王勾践爱人,为战与驰。医善吮人之伤,含人之血,非骨肉之亲也,利所加也。故舆人成舆则欲人之富贵④,匠人成棺则欲人之夭死也,非舆人仁而匠人贼也⑤,人不贵则舆不售,人不死则棺不买,情非憎人也,利在人之死也。故后妃、夫人、太子之党成而欲君之死也,君不死则势不重,情非憎君也,利在君之死也,故人主不可以不加心于利己死者。故日月晕围于外,其贼在内。备其所憎,祸在所爱。是故明王不举不参之事,不食非常之食,远听而近视以审内外之失,省同异之言以知朋党之分,偶参伍之验以责陈言之实,执后以应前,按法以治众,众端以参观⑥。士无幸赏,无逾行,杀必当,罪不赦,则奸邪无所容其私。徭役多则民苦,民苦则权势起,权势起则复除重⑦,复除重则贵人富。苦民以富,贵人起势,以藉人臣⑧,非天下长利也。故曰徭役少则民安,民安则下无重权,下无重权则权势灭,权势灭则德在上矣。今夫水之胜火亦明矣,然而釜鬵间之⑨,水煎沸竭尽其上,而火得炽盛焚其下,水失其所以胜者矣。今夫治之禁奸又明于此,然守法之臣为釜鬵之行,则法独明于胸中,而已失其所以禁奸者矣。上古之传言,《春秋》所记,犯法为逆以成大奸者,未尝不从尊贵之臣也。然而法令之所以备,刑罚之所以诛,常于卑贱,是以其民绝望,无所告愬。大臣比周,蔽上为一,阴相善而阳相恶,以示无私,相为耳目,以候主隙。人主掩蔽,无道得闻,有主名而无实,臣专法而行之,周天子是也⑩。偏借其权势则上下易位矣⑪。此言人臣之不可借权势也。

【译文】　况且万乘之国的国主、千乘之国的封君,在他的后妃、夫人,以及已经被立为太子的嫡子中,或许还有希望让君主早死的人。怎么知道是这样的呢? 君主与其妻是没有骨肉至亲的恩情的,相爱就会亲近,不爱就会疏远。俗话说:"妈妈被喜欢,儿子就会被抱在怀里。"但是这话也可以反过来说,母亲被厌恶,儿子也会被丢弃。男子到了五十岁仍然很喜欢美色,而女人年过三十容色就会衰退,让已经失去美貌的女人侍奉好色的丈夫,直到老死也都会被疏远轻贱,而她的儿子也会担心将来不能继承君位,这就是后妃、夫人希望他的君主早死的原因。只要母亲做了太后,儿子做了君主,就能够令行禁止,男女的欢爱也不会比先君在世时少,掌控万乘之国而没有人敢怀疑,这就是用鸩毒毒害君主或者暗中将其绞杀的原因。所以《桃左春秋》说:"君主因为疾病死亡的不到一半。"君主不了解宫禁之内的情况,奸臣就会利用其妻子作乱,所以说:君主死后得利的人多,君主就会有危险。所以王良喜欢好马,越王勾践喜爱人民,是为了让他们战斗和奔驰。医生会替人吮吸伤口的脓血,不是因为与病人有骨肉之亲,而是因为这样做可以得到好处。所以造车工做成了马车就会希望人人都很富贵,木匠做成了棺材就会希望人人都早死,这不是因为造车工本性仁厚而木匠天生狠毒,是因为人不富贵造车工的马车就卖不出去,而人不死就不会有人来买棺材,不是因为木匠天生憎恨别人,而是因为他的利益就在别人死后才能得到。因此,后妃、夫人、太子的党派结成而希望君主早死,君主不死就不能获得权势,不是因为他们在感情上憎恨君主,而是因为君主死了对他们更有利,所以君主不能不小心提防那些自己死后可以获利的人。日月的晕围虽然在外面,但导致其产生的原因则在内部。防备那些自己憎恨的人,灾祸却因自己所爱的人而产生。所以英明的君主不做未经查证的事情,不吃那些不是正常方式送来的食物,观察身边的人事,听取远方的消息,来审察朝廷内外出现的过失,观察大臣们言语的异同以了解朋党的分争,对比参照各种情况来课责大臣之言的实效,以取得的结果与最初的言论相对照,根据法律来治理民众,把各种迹象放在一起对照察看。士人不能侥幸得到赏赐,没有超越功劳的多余赏赐,诛杀必求恰当,罪罚无可赦免,这样一来,奸邪之人就无处藏纳他们的私心了。徭役繁重民众就会感到痛苦,民众苦痛就会有权势之家产生,权势之家产生后免除徭役的代价就大,免除徭役的代价大权贵就更富有。苦害百姓而让权贵家富,权贵的势力更大,把富贵权势交给大臣,这不是能让天下长久安利的办法。所以说徭役少百姓就会安宁,百姓安宁大臣就不会拥有很大的权柄,大臣没有很大的权柄,威势就会被削弱,大臣的威势被削弱,爱民之德就都归功于君主了。水能灭火这是十分明显的道理,可是现在有锅隔在中间,锅里的水被烧干了,锅下的火烧得很旺,这是因为水丧失了它能灭火的基本条件。如今法律能够禁止奸邪也是很明白的,但是掌守法律的大臣做着像锅一样的事情,隔断了法律禁止奸邪的途径,这样一来法律只能存在于君主的心中,而失去了禁止奸邪的作用。上古流传下来的故事,《春秋》记载的事件,触犯法律背逆君主而犯下重罪的人,没有不是从尊贵大臣中产生的。可是法令所防范的,刑罚所诛罚的,常常是那些地位卑贱的小民,因此民众感到绝望,却没有地方去诉说。大臣相互勾结,蒙蔽君主,私下里相互交好而表面上又相互憎恶,以表示他们之间没有私情,他们互为耳目传送消息,来察候君主的空子。君主受到蒙蔽,没有办法了解这些情况,有君主的名分却没有君主的实权,大臣专掌国法而任意施行,周天子就是这样的。把君主的权力交给一两位大臣,君主和大臣的地位就会跟着改变。这里说的是绝对不能让大臣假借君王的权势。

【注释】　①扼眜:暗中绞杀。　②《桃左春秋》:史籍未见有著录此书的,清代俞樾怀疑"左"为"兀"字之误,故提出"桃兀"或即"梼兀",即楚国的史书。其说不足据。今未知此为何书。　③王良:字于期,春秋末期晋国赵襄子的家臣,以善驭车马闻名。　④舆人成舆:舆人,造车工人。造车的工人做成了马车。　⑤贼:狠毒。　⑥众端以参观:众端,各种迹象。把各种迹象放在一起对照察看。　⑦复除:指免除徭役。　⑧以藉人臣:把势位授予大臣。　⑨鬵(xín):古代一种烹煮的器皿。　⑩周天子:指战国时代周王室的天子。其时周室微弱,权力下移,天子不能主掌国政,故韩非子取以为例。　⑪偏借:指把朝政大权授予一两位大臣。

南面第十八

古代君主听政时坐北朝南,故"南面"成为君主实行统治的代名词。本文以"南面"为题,着重讨论了君主制臣治国的几项原则:明法、责实、变古。这些主张体现了韩非注重实效事功、主张变更古法常俗的改革思想。

人主之过,在己任臣矣①,又必反与其所不任者备之,此其说必与其所任者为雠②,而主反制于其所不任者。今所与备人者,且囊之所备也③。人主不能明法而以制大臣之威,无道得小人之信矣④。人主释法而以臣备臣,则相爱者比周而相誉,相憎者朋党而相非,非誉交争,则主惑乱矣。人臣者,非名誉请谒无以进取,非背法专制无以为威,非假于忠信无以不禁,三者,惽主坏法之资也⑤。人主使人臣虽有智能不得背法而专制,虽有贤行不得逾功而先劳,虽有忠信不得释法而不禁,此之谓明法。

【译文】 君主的过失,在于已经委任官员,又必定派遣另一位不在任的官员去监视他,这个人所说的一定和君主委派的人的言论相反,这样君主反而要受制于他没有委任的那个人了。今天用来监视别人的人,就是先前受到监视的人。君主不能修明法律来禁制大臣的威权,便没有办法获得百姓的信任。君主舍弃法律而用大臣来防备大臣,那么相互交好的大臣就会勾结起来相互吹捧,相互憎恨的大臣就会各自为党而互相诋毁,吹捧与诋毁不停地争斗,那么君主就会感到迷惑而无法分辨是非了。身为大臣,没有好名声,不请求谒告就没有办法得到晋升,不背弃法律独断行事就没有办法建立权威,不假借忠信之名就没有办法逃避禁制,这三点,就是他们欺蒙君主、败坏法律的条件。君主能够让大臣即使有才智能力也不得违背法律专断行事,即使有贤良的品行也不能超越功绩而受到赏赐,即使有忠信的品德也不能逃避法律的禁制,这就叫做"明法"。

【注释】 ①任:委任。　②雠(chóu):同"仇"。作对,相反。　③曩(nǎng):先前。
④小人:指平民百姓。　⑤惛(hūn)主坏法之资:惛,迷惑,欺蒙。欺蒙君主、败坏法律的
条件。

人主有诱于事者①,有壅于言者,二者不可不察也。人臣易言
事者②,少索资,以事证主,主诱而不察,因而多之,则是臣反以事
制主也,如是者谓之诱,诱于事者困于患。其进言少,其退费多,
虽有功其进言不信,不信者有罪,事虽有功不赏,则群臣莫敢饰言
以惛主。主道者,使人臣前言不复于后,后言不复于前,事虽有
功,必伏其罪,谓之任下。人臣为主设事而恐其非也,则先出说设
言曰③:"议是事者,妒事者也。"人主藏是言不更听群臣,群臣畏是
言不敢议事,二势者用,则忠臣不听而誉臣独任,如是者谓之壅于
言,壅于言者制于臣矣。主道者,使人臣必有言之责,又有不言之
责。言无端末、辩无所验者,此言之责也。以不言避责、持重位
者,此不言之责也。人主使人臣言者必知其端以责其实,不言者
必问其取舍以为之责,则人臣莫敢妄言矣,又不敢默然矣,言默则
皆有责也。人主欲为事,不通其端末,而以明其欲,有为之者,其
为不得利,必以害反,知此者,任理去欲。举事有道,计其入多,其
出少者,可为也。惑主不然,计其入不计其出,出虽倍其入,不知
其害,则是名得而实亡,如是者功小而害大矣。凡功者,其入多、
其出少乃可谓功。今大费无罪而少得为功,则人臣出大费而成小
功,小功成而主亦有害。

【译文】 君主有被事情的表象所迷惑的,有被各种言论所壅蔽的,这两个方
面都是不能不仔细审察的。大臣中有的人会把事情说得很容易,不需要多
少费用,用事情很容易做来欺骗君主,君主受到迷惑而不加考察,就会称赞
他,这样一来大臣反而利用做事控制了君主,这样的情况就是被事情的表象
所迷惑,被事情的表象迷惑的人容易遭受灾难的困厄。那些给君主进言时
说花费很少,退朝后做事却花费很多,即使办事有功劳,他对君主进言也是
不诚信的,不诚信就有罪,做事即使有功也不加奖赏,这样一来群臣就没人
敢用虚伪的言辞来欺骗君主。做君主的方法是,如果大臣早先说过的话和
以后做的事情不一致,或者后来说的话与先前的不同,即使做事有功,也一
定要治罪,这才是任用臣下的办法。大臣为君主谋划时担心遭到非议,就预
先说这样的假设之言:"议论这件事情的人,就是嫉妒做这件事情的人。"君

主心里暗藏这句话便不再听群臣的议论,群臣也因为害怕这种话,也不敢再议论此事,这两种因素综合起来,其结果就是不听从忠臣的进谏而徒有虚名的大臣独被任用,这种情况就叫做受语言的壅蔽,受到语言壅蔽的君主就会受制于大臣。做君主的办法,是要让大臣必须负起进言的责任,也要负起不进言的责任。进言有头无尾、辩论缺少证据的,要追究进言的责任。用不进言的办法来逃避责任、保持自己的官位的,要追究不进言的责任。君主对待大臣,要让进言的人知道进言必须了解事情的原委以便求求真实的情况,对不进言的人一定要询问他的取舍态度以便让他也对此事负责,这样一来,群臣就没有人敢信口胡说了,也不敢再默不作声了,因为无论进言还是保持沉默都要负其责任了。君主想做一件事情,还没有了解事情的始末,就已经表明了他的意图,如果再去做这件事情,不但不能得利,反而会必然招来灾害。明白这个道理,就会遵循法则而去除私欲。做事有原则,按计划可能获得很多好处,而付出则很少,才可以去做。而昏庸的君主却不是这样的,只算计可能获得的好处而不考虑所要付出的代价,所付出的即使是所获得的两倍,他也不知道这是有害的,这在名义上是有所得,而实际上却损失更多,这样做的结果,是事功很小而损害却很大。所谓功绩,是指那些收获很多而付出很少的,才能说是有功绩。现在如果花费很多不受责罚,能有所收获就视为有功,那么大臣们就会花很大的代价去求取小小的成功,小功虽成,君主也是要受到损害的。

【注释】 ①诱于事:诱,惑。被事情的表象所迷惑。 ②易言事:把事情说得很容易。 ③设言:假设之言。

　　不知治者,必曰:"无变古,毋易常。"变与不变①,圣人不听,正治而已②。然则古之无变,常之毋易,在常古之可与不可。伊尹毋变殷,太公毋变周,则汤、武不王矣。管仲毋易齐,郭偃毋更晋③,则桓、文不霸矣。凡人难变古者,惮易民之安也。夫不变古者,袭乱之迹;适民心者,恣奸之行也。民愚而不知乱④,上懦而不能更,是治之失也。人主者,明能知治,严必行之,故虽拂于民心立其治。说在商君之内外而铁殳⑤、重盾而豫戒也⑥。故郭偃之始治也,文公有官卒;管仲始治也,桓公有武车,戒民之备也。是以愚赣窳堕之民⑦,苦小费而忘大利也,故丙、虎受阿谤⑧。而辄小变而失长便,故邹贾非载旅。狎习于乱而容于治,故郑人不能归⑨。

【译文】 不知道如何治理国家的人,一定会说:"不要改变古法,不要更易常俗。"是否需要变法易俗，圣人不会听从众人的议论，只要能把国家治理好就行。那么古法不被改变，常俗不被更易，在于依据古法常俗能不能治理好国家。如果伊尹不改变殷人旧俗，姜太公不改变周人的常俗，那么商汤、周武王就不可能统治天下了。如果管仲不改变齐国的旧法，郭偃不更易晋国的常俗，那么齐桓公、晋文公就不可能称霸诸侯了。大凡人们认为改变古法很困难，是因为害怕改变民众已经习惯了的古法常俗。不变更古法常俗，是沿袭乱世的遗迹；迎合民众的心愿，是纵容奸邪的行为。百姓愚昧而不知道沿袭旧法可能导致混乱，君主软弱而不能变革，这就是治国的失误。作为君主，英明有才能了解治国之方，威严有力能保证政策贯彻执行，所以即使违背了民众的心理，也能确立他的治国之策。据说商君变法时，出入府门都有卫士拿着铁殳、盾牌警戒保卫。所以郭偃开始治理晋国时，晋文公有卫队保护；管仲开始治理齐国时，齐桓公也有兵车随从，这是为了防备民众作乱所做的准备。愚蠢懒惰的百姓，为小量的费用感到愁苦却忘了大量的好处，所以寅、虎受到人们大声的呵叱和毁谤。惧怕小小的变更而失去长久的便利，所以姓邹的商贾非议载乘旅客。习惯了混乱而不愿变法图治，所以郑国的人就不能回归故里。

【注释】　①变与不变：这里指是否变法移俗。　②正治：治理。　③郭偃：为春秋时代晋国主管卜筮的大夫，故又称为"卜偃"。先秦时郭偃与管仲齐名，在《商君书》与《战国策》中都记载了"郭偃之法"，但其内容已不可详考。据《韩非子》可知，"郭偃之法"奠定了晋文公称霸诸侯的基础。　④不知乱：指不知道沿袭旧法可能导致社会混乱。　⑤铁殳：古代一种铁制的长柄兵器。　⑥豫戒：预先警戒。　⑦愚贛（zhuàng）窳（yǔ）堕（duò）：贛，通"戆"，傻。窳堕，即窳惰，懒惰。愚蠢懒惰。　⑧寅（yín）、虎受阿谤：寅、虎，应是两个人的名字，其事迹不可考。阿，通"诃"，大声叱责。寅、虎受到大声的呵叱和毁谤。　⑨而辴小变而失长便，故邹贾非载旅。狎习于乱而吝于治，故郑人不能归：辴，通"震"，惧怕。吝，保守，不愿变法。惧怕小小的变更而失去长久的便利，所以姓邹的商贾非议载乘旅客。习惯了混乱而不愿变法图治，所以郑国的人不能回归故里。这四句所言史事不明，故强解如此。

饰邪第十九

饰(chì)，通"饬"，饰邪，即整饬奸邪。所谓奸邪，即文中所列举的相信卜筮星象、用小忠小智、释法任智、举名誉、听请谒、行私义等内容。作者认为，这些邪事、邪行都是蒙于法治之上的尘垢，只有除而去之，做到明法禁、信赏罚，才能把国家治理好。

凿龟数策①，兆曰大吉，而以攻燕者赵也。凿龟数策，兆曰大吉，而以攻赵者燕也。剧辛之事燕②，无功而社稷危。邹衍之事燕③，无功而国道绝④。赵氏先得意于燕，后得意于齐⑤，国乱节高⑥，自以为与秦提衡⑦，非赵龟神而燕龟欺也。赵又尝凿龟数策而北伐燕，将劫燕以逆秦，兆曰大吉，始攻大梁而秦出上党矣，兵至釐而六城拔矣，至阳城，秦拔邺矣，庞援揄兵而南则鄣尽矣⑧。臣故曰：赵龟虽无远见于燕，且宜近见于秦。秦以其大吉，辟地有实，救燕有有名⑨。赵以其大吉，地削兵辱，主不得意而死。又非秦龟神而赵龟欺也。初时者魏数年东乡攻尽陶、卫，数年西乡以失其国，此非丰隆、五行、太一、王相、摄提、六神、五括、天河、殷抢、岁星非数年在西也⑩，又非天缺、弧逆、刑星、荧惑、奎台非数年在东也⑪。故曰：龟策鬼神不足举胜⑫，左右背乡不足以专战⑬。然而恃之，愚莫大焉。

【译文】 钻凿甲骨、计算策数来占卜，占卜的结果是大吉，因而出兵攻打燕国的是赵国。钻凿甲骨、计算策数来占卜，占卜的结果是大吉，因而出兵攻打赵国的是燕国。剧辛到燕国做官，不但未获战功反而让燕国的社稷面临危亡。邹衍到燕国做官，不但未能建立功勋反而让燕国国运中绝。赵国先在与燕国的战争中获胜，后又在与齐国的战争中获胜，国家仍然混乱而民众的意气高昂，自以为能和秦国相抗衡，这不是因为赵国的龟占神灵而燕国的龟占欺诈。赵国又曾经钻龟卜筮，打算北伐燕国，打算劫持燕国迫使其共同抗秦,占卜的结果是大吉,刚开始攻打上梁,秦国就出兵上党了,等赵国的军队到达釐地,秦兵已经攻占了赵国的六座城池,等到赵国军队到达阳城,秦兵已经攻占了邺城,等庞煖引兵向南回援赵国时,赵国设防的城堡已经全部陷落。所以我说:赵国的龟蓍虽然不能预见攻打燕国的后果,但应该能预见到秦国的危险。秦国由于占卜的"大吉",既获得了开疆辟土的实利,又博得了援救燕国的美名。赵国因为占卜的"大吉",国土被侵削,军队被打败,君主也因为未能如愿忧急而死。这也不是秦国的龟占神灵而赵国的龟占欺诈。起初魏国连续几年向东边出兵,把陶、卫两地尽数攻占,后来,又连续几年向西边的秦国出兵,最终导致了国家败亡,这不是因为丰隆、五行、太一、王相、摄提、六神、五括、天河、殷抢、岁星等吉星好几年不在西方,也不是天缺、弧逆、刑星、荧惑、奎台等凶星连续几年不在东方。所以说:占卜鬼神不足以帮助人谋划战争的胜负,星宿的左右向背不足以帮助人决定战争的结果。可是有人却要依靠它们,没有比这更愚蠢的了。

【注释】　①凿龟数筴:筴,通"策",古代用以计算的筹策,这里指用蓍草卜问。龟为占,策为卜,龟占和策卜是古代占卜的两种主要方法。　②剧辛:战国时赵国人,后燕国招纳贤者,前往燕国为将军,燕王喜十三年时率兵伐赵,兵败被杀。　③邹衍:战国时齐国人,五德终始学说的创始人,后亦在燕国为官。　④国道:国运。　⑤赵氏先得意于燕,后得意于齐:先得意于燕,指赵悼襄王三年,赵国军队击败由剧辛所率领的燕国军队。后得意于齐,指次年庞煖率兵攻徐,夺取饶安之事。　⑥节高:指赵人因连续的战争胜利而意气高昂。　⑦提衡:即抗衡。　⑧庞援揄兵而南则郸尽矣:庞援,即庞煖,赵国将军。揄,引。郸,起防御作用的城堡。庞煖引兵向南回援赵国时,赵国设防的城堡已经全部陷落。　⑨救燕有有名:第一个"有"字读为"又"。又有了援救燕国的美名。　⑩丰隆、五行、太一、王相、摄提、六神、五括、天河、殷抢、岁星:古代星名,古人认为这些星属吉星,其所现之国将有喜庆之事。　⑪天缺、弧逆、刑星、荧惑、奎台:古代星名,古人认为这些星为凶星,其所现之国将有凶灾之事。　⑫举胜:谋划战争的胜负。　⑬专战:决定战争的结果。

古者先王尽力于亲民,加事于明法。彼法明则忠臣劝,罚必则邪臣止。忠劝邪止而地广主尊者,秦是也。群臣朋党比周以隐正道、行私曲而地削主卑者,山东是也①。乱弱者亡,人之性也。治强者王,古之道也。越王勾践恃大朋之龟与吴战而不胜②,身臣入宫于吴,反国弃龟,明法亲民以报吴,则夫差为擒。故恃鬼神者慢于法,恃诸侯者危其国。曹恃齐而不听宋,齐攻荆而宋灭曹。荆恃吴而不听齐,越伐吴而齐灭荆③。许恃荆而不听魏,荆攻宋而魏灭许。郑恃魏而不听韩,魏攻荆而韩灭郑。今者,韩,国小而恃大国,主慢而听秦魏、恃齐荆为用,而小国愈亡。故恃人不足以广壤,而韩不见也。荆为攻魏而加兵许、鄢,齐攻任、扈而削魏,不足以存郑,而韩弗知也。此皆不明其法禁以治其国,恃外以灭其社稷者也。

【译文】　古代的先王竭力地爱护人民,致力于修明法律。法律严明忠臣就会更加勤勉,诛罚确定,奸邪大臣就会戒止。忠臣勤勉、奸邪戒止、土地扩张、君主尊荣的国家,就是秦国。群臣相互勾结遮蔽正道、谋取私利因而国土被侵削君主遭受屈辱的国家,是山东六国。社会动乱国力衰弱的国家就会灭亡,这是人类社会的本性,社会平治国力强大的国家就能统治天下,这是自古以来的规律。越王勾践依仗着神龟占卜所得的吉兆与吴国打仗却不能取胜,亲身到吴国侍奉吴王,回国后抛弃了神龟,修明法律,爱护人民来报复吴国,于是擒获了吴王夫差。所以依靠鬼神的君主必然轻慢法律,依靠大国的君主必然给国家带来危险。曹国仰仗着齐国而不听从宋国的命令,于是在齐国攻打楚国的时候宋国乘机吞灭了曹国。楚国依靠吴国而不听从齐国的命令,于是在越国攻打吴国的时候齐国乘机吞并了楚国。许国依靠楚国而不听从魏国的命令,于是在楚国攻打宋国的时候魏国吞并了许国。郑国依靠魏国而不听从韩国的命令,于是在魏国攻打楚国的时候韩国吞并了郑国。现在的韩国,国力弱小而依靠大国,君主疏慢国事而听命于秦国和魏国,依靠齐国和楚国的帮助,这能让小国灭亡得更快。所以说依靠别人不能扩张土地,可是韩国却看不到这一点。楚国为了攻打魏国而出兵许地和鄢地,齐国攻打任地和扈地以削弱魏国,但他们这样做都没有能保全郑国,可是韩国却不明白这个道理。这都是不修明法律来治理国家,却依靠外国而最终毁灭其国家的例子。

【注释】　①山东:战国、秦、汉时称崤山或华山以东的地区为山东,又称关东。也指战国时秦以外的六国。这里为后者。　②大朋之龟:朋,古代贝币单位。大朋,极言其珍贵。这里指神奇的龟。　③荆恃吴而不听齐,越伐吴而齐灭荆:荆,楚国的别称,历史上并未发生过荆恃吴而齐灭荆的事件,此句中"荆"字必有误。有人疑为"刑"字之误,但邢国是在鲁僖公二十五年被卫国吞并的,亦与此不合。不知应为何国,姑且依据原文译出。

　　臣故曰:明于治之数,则国虽小,富。赏罚敬信,民虽寡,强。赏罚无度,国虽大兵弱者,地非其地,民非其民也。无地无民,尧、舜不能以王,三代不能以强。人主又以过予;人臣又以徒取。舍法律而言先王明君之功者,上任之以国。臣故曰:是愿古之功①,

以古之赏赏今之人也。主以是过予，而臣以此徒取矣。主过予则臣偷幸②，臣徒取则功不尊。无功者受赏则财匮而民望③，财匮而民望则民不尽力矣。故用赏过者失民，用刑过者民不畏。有赏不足以劝，有刑不足以禁，则国虽大，必危。故曰：小知不可使谋事，小忠不可使主法。荆恭王与晋厉公战于鄢陵④，荆师败，恭王伤。酣战而司马子反渴而求饮，其友竖谷阳奉卮酒而进之，子反曰："去之，此酒也。"竖谷阳曰："非也。"子反受而饮之。子反为人嗜酒，甘之，不能绝之于口，醉而卧。恭王欲复战而谋事，使人召子反，子反辞以心疾，恭王驾而往视之，入幄中闻酒臭而还，曰："今日之战，寡人目亲伤，所恃者司马，司马又如此，是亡荆国之社稷而不恤吾众也，寡人无与复战矣。"罢师而去之，斩子反以为大戮。故曰：竖谷阳之进酒也，非以端恶子反也，实心以忠爱之而适足以杀之而已矣。此行小忠而贼大忠者也。故曰：小忠，大忠之贼也。若使小忠主法，则必将赦罪以相爱，是与下安矣，然而妨害于治民者也。

【译文】　所以我认为：通晓治国的方法，那么即使国土狭小，但可以很富足。赏赐和诛罚谨慎明确，人民虽然少，但可以很强大。赏罚没有标准，国土虽然广大但军队战斗力弱，因为土地不是自己的土地，人民也不是自己的人民。没有土地没有人民，即使尧、舜也不能成为天下共主，夏、商、周三代也不能强盛。君主又错误地赏赐，大臣又无功而求取。对于那些舍弃法律而谈论先王明君的功绩的人，君主就把国政交给他们。所以我认为，这是因为倾慕前代明君的功绩，而拿古代的赏赐赏给现在的人。因此君主便有错误的赏赐，而大臣因此而无功得赏。君主错误地赏赐，大臣就会苟且侥幸，大臣无功受赏，有功劳的人就得不到尊重。没有功劳的人受到赏赐就会导致财用匮缺而民众怨恨，财用匮缺而民众怨恨，民众就不会尽力地做事了。所以过度赏赐的君主就会失去民众，过度刑罚的君主民众就不会害怕。有赏赐却不能让人更加勤勉，有刑罚却不能禁止奸邪，那么即便国土广大，也一定存在危险。所以说：不能让有点小聪明的人谋划国事，不能让有点小忠心的人主掌法律。楚共王和晋厉公在鄢陵会战，楚国军队打败了，楚共王也受了伤。在仗打得正激烈时司马子反口渴了要喝水，他的朋友竖谷阳端了一杯酒奉给他，子反说："快拿走，这是酒！"竖谷阳说："这不是酒。"子反于是接过去就喝掉了。子反这个人特别喜欢喝酒，一喝起来就停不下来，结果就醉倒了。共王想再打一仗,于是派人召见子反来谋划战事,子反拿心痛为借口不去,共王亲自驾车前去探望他,走进营帐闻到一股酒气就回去了,他说:"今天这一仗,我的眼睛受了伤,所能依靠的人就是司马了,司马又醉成这个样子。这是忘记了我楚国的宗庙社稷、不爱惜我楚国民众的做法,我没法再打仗了。"于是就带领着军队回去了,之后杀了子反并且把他陈尸示众。所以说:竖谷阳给子反奉酒,不是因为憎恶子反,而是真心诚意地忠爱子反却恰恰害死他而已。这就是行小忠而残害大忠的例子。所以说:小忠,是大忠的祸害。如果派有小忠心的人主管法律,就一定会赦免与他相亲近的人的罪行,这样他和自己的下属相安无事了,却妨害了治理人民的大事。

【注释】 ①愿:倾慕。　②偷幸:苟且侥幸。　③望:怨恨。　④荆恭王:即楚共王。

　　当魏之方明《立辟》、从宪令行之时①,有功者必赏,有罪者必诛,强匡天下,威行四邻;及法慢,妄予,而国日削矣。当赵之方明《国律》、从大军之时②,人众兵强,辟地齐、燕;及国律慢,用者弱,而国日削矣。当燕之方明《奉法》、审官断之时③,东县齐国,南尽中山之地;及奉法已亡,官断不用,左右交争,论从其下,则兵弱而地削,国制于邻敌矣。故曰:明法者强,慢法者弱。强弱如是其明矣,而世主弗为,国亡宜矣。语曰:"家有常业,虽饥不饿。国有常法,虽危不亡。"夫舍常法而从私意,则臣下饰于智能,臣下饰于智能则法禁不立矣。是妄意之道行,治国之道废也。治国之道,去害法者,则不惑于智能,不矫于名誉矣。

【译文】 当魏国刚刚修明刑书《立辟》、遵从法令的时候,有功的人一定会给予赏赐,有罪的人一定会受到诛罚,因此魏国国力强大,可以匡正天下,威震四方诸侯;等到法律遭到轻慢,随意地赏赐之后,国家便日见削弱了。当赵国刚刚修明《国律》、采取措施扩大军队时,兵力强盛,侵夺了齐、燕的土地;等到《国律》遭到轻慢,任用的将帅懦弱,国家就日见削弱了。当燕国刚刚修明《奉法》、能够细察官府所做出的决断的时候,向东把齐国的土地做了自己的郡县,向南吞并了整个中山国;等到《奉法》被抛弃,官府的决断也不再起作用时,左右大臣相互争斗,评定事物也听从臣下的意见,结果军队疲弱,国土被侵削,国家也受制于邻敌了。所以说:修明法律的国家强大,轻慢法律的国家衰弱。强弱的根源就是这么明确,可是君主仍然不愿去修明法律,这样的国家最终灭亡也是应该的。古语说:"家庭有固定的产业,即便遇到灾年也不会挨饿。国家有恒常的法律,即使面临危险也不会灭亡。"舍弃恒常的法律而顺从私人的心意,那么大臣就会用巧智才能来粉饰自己,大臣用巧智才能来粉饰自己,法律禁令就不能建立。这样一来,臆测的方法通行起来,治国的原则就废弃了。治国的原则是,去除妨害法律的因素,就不会受巧智才能的迷惑,不会受名誉声望的欺骗了。

【注释】　①当魏之方明《立辟》、从宪令行之时:《立辟》,魏国的刑书。宪令,法令。当魏国正在修明刑书《立辟》、遵从法令的时候。　②从:采取某种方式或措施。　③审官断:审,细察。官断,指官吏审理曲直而做出的决断。细察官府所做出的决断。

昔者舜使吏决鸿水①,先令有功而舜杀之②;禹朝诸侯之君会稽之上,防风之君后至而禹斩之③。以此观之,先令者杀,后令者斩,则古者先贵如令矣④。故镜执清而无事⑤,美恶从而比焉;衡执正而无事,轻重从而载焉。夫摇镜则不得为明,摇衡则不得为正,法之谓也。故先王以道为常,以法为本,本治者名尊,本乱者名绝。凡智能明通,有以则行,无以则止。故智能单道⑥,不可传于人。而道法万全,智能多失。夫悬衡而知平,设规而知圆,万全之道也。明主使民饰于道之故⑦,故佚而则功。释规而任巧,释法而任智,惑乱之道也。乱主使民饰于智,不知道之故,故劳而无功。

【译文】　从前,舜派一位官员去疏通水道,治理洪水,在命令下达之前就擅自行动并取得了成效,于是舜杀了他;禹在会稽山会集诸侯,防风国的国君迟到了,于是禹就砍了他的头。从这些事情来看,擅自抢先行动的要杀头,拖延命令的也要杀头,那么古人第一看重的是遵从命令。所以铜镜保守清明而不变动,美丽和丑恶就能比较出来;秤杆保持端正而不变动,轻重就能被计算出来。如果铜镜摇晃就不能称为清明,秤杆摇晃就不能称为端正,这就像法制一样。所以先王把道德作为纲常,把法律作为根本,根本治理好了,名声就会尊显,根本混乱不堪,名声就会被毁掉。大凡智能明白通达的人做事,有办法做就做,没办法做就不做。所以智能是私人的道术,是不能传授给别人的。以法为道才是万全的办法,智能则是经常会犯错误的。提起了秤杆才能知道公平,设立了规矩才能知道方圆,这是保证万全的办法。英明的君主让民众用法术来武装自己,知道施用法术的意图,所以治国轻松而有成效。舍弃规矩而使用巧技,舍弃法律而使用智能,这是导致惑乱的原因。昏乱的君主让民众用智能来粉饰自己,不了解法术的意图,所以劳而无功。

【注释】　①决鸿水:决,疏通水道。鸿水,即洪水。疏通水道,治理洪水。　②先令:在命令下达之前。　③防风之君:古代传说中的部落酋长,在夏禹会集诸侯时因为迟到而被砍头。　④先贵如令:第一看重的是遵从命令。　⑤执清而无事:执清,保守清明。无事,即无为,不变动。　⑥单道:私人的道术。　⑦使民饰于道之故:饰,装饰。道,法术。故,意图。用法术来武装人民,让他们知道法术的意图。

释法禁而听请谒,群臣卖官于上,取赏于下①,是以利在私家而威在群臣。故民无尽力事主之心,而务为交于上。民好上交则货财上流,而巧说者用。若是,则有功者愈少。奸臣愈进而材臣退,则主惑而不知所行,民聚而不知所道,此废法禁、后功劳、举名誉、听请谒之失也。凡败法之人,必设诈托物以来亲,又好言天下之所希有,此暴君乱主之所以惑也,人臣贤佐之所以侵也。故人臣称伊尹、管仲之功,则背法饰智有资;称比干、子胥之忠而见杀,则疾争强谏有辞②。夫上称贤明,下称暴乱,不可以取类,若是者禁。君之立法,以为是也。今人臣多立其私智,以法为非,以智为是邪。过法立智,如是者禁,主之道也。

【译文】　舍弃法律禁令而听从大臣的请谒,群臣在上面出卖爵禄,从下面求取报酬,因此利益归于私门而威权都落在了大臣的手里。所以民众便没有了竭尽全力侍奉君主的心思,而致力于结交处于上位的大臣。民众热衷于结交上位的大臣,那么财物流入了上位的大臣之家,而巧言善说的人则被任用。如果这样,那么立功的人就会越来越少。奸臣越来越多地受到进用,而有贤才的大臣却被斥退,那么君主就会迷惑而不知道该怎么做,民众聚集在一起而不知道该往哪里去,这就是废弃法律禁令、轻视功劳、举荐依据虚名、听从大臣请谒的过失。大凡败坏法律的人,一定会设计骗局、贿赂财物来求得亲信,又喜好谈论天下希奇的事物,这就是暴君昏主被迷惑、贤臣良辅被侵害的根本原因。所以大臣称颂伊尹、管仲的功劳,那么背弃法律、粉饰才智就有了借口;称颂比干、子胥的忠诚而被杀害,那么极力争辩、固执进谏就有了借口。君主称颂他们贤明,下民则认为是暴乱,不可以拿来做类比,像这样的情况一定要禁止。君主建立法制,认为法律是正确的。现在大臣大都喜欢施展自己的才智,认为法律是错误的,而他们的才智是正确的。超越法制而施展自己的才智,像这样的情况一定要禁止。这才是做君主的治术。

【注释】　①赏:通"偿",报酬。　②疾争强谏有辞:疾,极力。辞,借口。极力争辩、固执进谏就有了借口。

明主之道,必明于公私之分,明法制,去私恩。夫令必行,禁必止,人主之公义也①。必行其私,信于朋友,不可为赏劝,不可为罚沮②,人臣之私义也③。私义行则乱,公义行则治,故公私有分。人臣有私心,有公义。修身洁白而行公行正,居官无私,人臣之公义也。污行从欲,安身利家,人臣之私心也。明主在上则人臣去私心行公义,乱主在上则人臣去公义行私心,故君臣异心。君以计畜臣,臣以计事君,君臣之交,计也。害身而利国,臣弗为也;害国而利臣,君不行也。臣之情,害身无利;君之情,害国无亲。君臣也者,以计合者也。至夫临难必死,尽智竭力,为法为之。故先王明赏以劝之,严刑以威之。赏刑明则民尽死,民尽死则兵强主尊。刑赏不察则民无功而求得,有罪而幸免,则兵弱主卑。故先王贤佐尽力竭智以明公私之分,以审法禁之立。故曰:公私不可不明,法禁不可不审,先王知之矣。

【译文】 英明君主的治术,一定明白公私之间的分别,修明法制,去除私人的恩惠。命令必须执行,禁令必须遵守,这是君主的公义。按自己的意愿做事,对朋友讲究诚信,赏赐不能使之勤勉,处罚不能制止,这是大臣的私义。私义畅行国家就会混乱,公义施行国家就会平治,所以公义、私义是有分别的。大臣有私心,也有公义。品性纯洁、行事公正,做官没有私心,这是大臣的公义。为人卑污纵欲,营求自身的安宁与私家的利益,这是大臣的私心。上有英明的君主,那么大臣就会去除私心而施行公义,上有昏乱的君主,大臣就会去除公义而追求私利,所以君主和大臣的心意不同。君主以算计的心理蓄养大臣,大臣以算计的心理侍奉君主,君臣之间的关系,就是算计。伤害自身而让国家得利的事情,大臣是不会做的;损害国家的利益而让大臣得利的事,君主是不会做的。大臣的情形,伤害自身是没有好处的;君主的情形,损害国家不可亲信。君臣之间,是因利益算计而结合在一起的。至于那些面临灾难竭尽全力、不惜牺牲生命的人,是因为有法律才让他们这样的。所以先王明确赏赐来劝勉,实行严刑峻法来威慑。赏罚分明,人民就会为国家尽死力,人民尽死力则军队强大、君主尊荣。赏罚不分明,人民就会无功而求取赏赐,有罪而得幸赦免,那么必然导致军队衰弱而君主卑贱。所以先王贤能的辅臣竭尽智力来区分公私之别,来审察法律禁令。所以说:公私之间的分别不能不区分清楚,法律禁令不能不仔细审察。先王是懂得这个道理的。

【注释】 ①公义:公正的义理。 ②沮:阻止,终止。 ③私义:以私人关系为准则的个人道义。

卷 六

解老第二十

解老，就是解释《老子》。作者根据自己的理解，对《老子》中十二篇(《德经》九章、《道经》三章)的全文或部分做了解释，并以此阐述了自己的哲学思想、政治思想。这是现存最早的解释《老子》的文字。

德者，内也。得者，外也。上德不德①，言其神不淫于外也②。神不淫于外则身全③，身全之谓德。德者，得身也。凡德者，以无为集，以无欲成，以不思安，以不用固。为之欲之，则德无舍，德无舍则不全。用之思之则不固，不固则无功，无功则生于德④。德则无德，不德则在有德。故曰："上德不德，是以有德。"

【译文】 德，是内在的本质。得，是从外界所取得的。所谓"最高尚的德性不向外求取"，这是说具有最高尚德性的人其精神不会受外物的侵淫。精神不受外物侵淫，品德就会更加完善，品德完善就叫做有德性。所谓德性，就是品德上的收获。大凡德性，都是靠不作为而积聚，靠不求取而成就，靠不思虑而安宁，靠不使用而稳固。如果有所作为，有所求取，德就没有了存在的地方，德没有存在的地方，品德就不会完善。如果有所用，有所思，德就不会稳固，不稳固就不会成功，不成功是因为有所求取。有所求取便没有德性，无所求取才能有德性。所以老子说："最高尚的德性不向外求取，因此才有德性。"

【注释】 ①上德：指最高尚的德性。不德：即不得，不向外求取。 ②淫：侵淫，放纵。 ③身：品德。 ④生于德：德，借为"得"。求取。

所以贵无为无思为虚者①，谓其意无所制也。夫无术者，故以无为无思为虚也。夫故以无为无思为虚者，其意常不忘虚，是制于为虚也。虚者，谓其意无所制也。今制于为虚，是不虚也。虚者之无为也，不以无为为有常②，不以无为为有常则虚，虚则德盛，德盛之谓上德,故曰:"上德无为而无不为也。"

【译文】　推崇无作为无思虑而达到虚无之境的原因,是说他的心意不受任何外物的牵制。那些没有道术的人,故意通过无作为无思虑来追求虚无。故意通过无作为无思虑追求虚无的人,他的心里就常常不能忘记虚无,所以就受到了虚无的牵制。所谓虚无,是指他的心意不受任何牵制。现在受制于追求虚无,这就不是真正的虚无了。虚无的人无所作为,不把无所作为当成常规,不把无所作为当成常规,才能真正达到虚无之境,真正达到虚无之境,德性就会充实,德性充实就被称为上德,所以老子说:"上德无所作为,却又无所不为。"

【注释】　①虚:道家的一个哲学术语,指一种虚无之境。　②有常:常规。

仁者,谓其中心欣然爱人也。其喜人之有福,而恶人之有祸也。生心之所不能已也①,非求其报也。故曰:"上仁为之而无以为也。"

义者,君臣上下之事,父子贵贱之差也,知交朋友之接也,亲疏内外之分也。臣事君宜,下怀上宜②,子事父宜,贱敬贵宜,知交友朋之相助也宜,亲者内而疏者外宜③。义者,谓其宜也,宜而为之,故曰:"上义为之而有以为也。"

【译文】　所谓仁,就是心里欢欣喜悦地爱人。他喜欢别人获得幸福,厌恶别人遭到灾祸。这是发自内心而不能抑止的感情,并非为了求取别人的报答。所以老子说:"最高境界的仁是为仁而且不是为了达到某种目的。"

所谓义,就是君臣和上下之间的关系,父子和贵贱的差别,知交朋友的交往,亲疏内外的分别。大臣侍奉君主要适宜,下级依附上级要适宜,儿子侍奉父亲要适宜,卑贱的人尊敬高贵的人要适宜,知交朋友之间的帮助要适宜,接纳亲近的人、排斥疏远的人要适宜。所谓义,就是指适宜,觉得适宜才去做。所以老子说:"最高境界的义是为义而且有道理地去做。"

【注释】　①生心之所不能已也:生心,发自内心。发自内心而不能抑止的。　②怀:依附。　③亲者内而疏者外宜:内,通"纳",接纳。接纳亲近的人、排斥疏远的人要适宜。

礼者,所以貌情也①,群义之文章也②,君臣父子之交也③,贵贱贤不肖之所以别也。中心怀而不谕④,故疾趋卑拜而明之。实心爱而不知,故好言繁辞以信之⑤。礼者,外节之所以谕内也。故曰:"礼以貌情也。"凡人之为外物动也,不知其为身之礼也。众人之为礼也,以尊他人也,故时劝时衰。君子之为礼,以为其身,以为其身,故神之为上礼,上礼神而众人贰,故不能相应,不能相应,故曰:"上礼为之而莫之应。"众人虽贰,圣人之复恭敬尽手足之礼也不衰⑥,故曰:"攘臂而仍之。"⑦

【译文】 礼,是人情的外在表现,是各种适宜关系的制度形式,是君与臣、父与子交往的规矩,是贵与贱、贤能与不肖区别的标准。心里仰慕而不便明说,所以用快跑跪拜的方式表达。真心诚意的爱慕而对方不知道,所以用美好富丽的言辞来申述。礼,是通过外在的礼节来表达内心的情感。所以说:"礼是人情的外在表现。"大凡人受到外界事物的感动,不知道他应该讲求自身的礼仪。普通人行礼,是为了尊敬别人,所以有时勤勉有时懈怠。君子行礼,是为了自身的修养,为了自身的修养,所以专心一意地行礼,成为最有礼的人,最有礼的人专心一意而普通人却三心二意,所以相互之间不能呼应,不能相互呼应,所以老子说:"最有礼的人行礼而没有人响应。"普通人虽然三心二意,圣人仍然再三恭恭敬敬地按礼来举手投足,一点也不懈怠,所以老子说:"仍然振作精神行礼。"

【注释】 ①貌情:是情感的外在表现。　②群义:即各种适宜关系。文章:即礼乐制度。　③交:交往,这里指来往的规矩。　④谕:明白。　⑤信:引申为"申",申述。⑥复:仍然。　⑦攘臂而仍之:攘臂,捋起衣袖,伸出胳膊。形容振作精神。仍,因袭,依照。指振作精神继续行礼。

道有积而积有功,德者道之功。功有实而实有光,仁者德之光。光有泽而泽有事①,义者仁之事也。事有礼而礼有文,礼者义之文也。故曰:"失道而后失德,失德而后失仁,失仁而后失义,失义而后失礼。"

【译文】 道是积累起来的,积累就有功效,德就是道的功效。功效要充实,充实就会有光辉,仁就是德性的光辉。光辉要润泽,润泽就有所表现,义就是仁的外在表现。表现要有礼节,礼节则有所文饰,礼就是义的文饰。所以老子说:"失掉了道之后就失掉了德,失掉了德之后就失掉了仁,失掉了仁之后就失掉了义,失掉了义之后就失掉了礼。"

【注释】 ①光有泽而泽有事:泽,润泽。事,指外在的表现。光辉要润泽,润泽就有表现。

礼为情貌者也,文为质饰者也。夫君子取情而去貌,好质而恶饰。夫恃貌而论情者,其情恶也;须饰而论质者,其质衰也。何以论之? 和氏之璧,不饰以五采,隋侯之珠①,不饰以银黄,其质至美,物不足以饰之。夫物之待饰而后行者,其质不美也。是以父子之间,其礼朴而不明,故曰:"礼薄也。"凡物不并盛,阴阳是也。理相夺予,威德是也。实厚者貌薄,父子之礼是也。由是观之,礼繁者实心衰也。然则为礼者,事通人之朴心者也。众人之为礼也,人应则轻欢,不应则责怨。今为礼者事通人之朴心,而资之以相责之分,能毋争乎? 有争则乱,故曰:"礼者,忠信之薄也,而乱之首乎。"

【译文】　礼是人情的外在表现,文采则是本质的修饰。君子注重情感而抛弃其表现,喜好本质而憎恶修饰。根据外在表现来评价情感,那情感就是低劣的;需要依靠修饰来评定本质,本质就是衰弱的。为什么这么说呢? 和氏之璧,不用五彩来修饰,隋侯之珠,不用银黄来装饰。它们的本质美到极致,任何物质都不能再增加它们的美丽。那些需要等装饰之后才能传布的东西,它们的本质一定不美。因此,在父子之间,礼仪是朴素而不明确的,所以说:"情意深厚,礼仪就淡薄了。"有些事物是不能同时兴盛的,例如阴和阳。有些事理是相互消长的,例如威刑与恩德。实质上非常深厚的表现得很淡薄,例如父子之间的礼仪。由此看来,礼节繁复就是情感衰薄的表现。那么推行礼仪的目的,应是为了沟通人们质朴的心意。普通人行礼,别人能够响应就高兴,不能响应就埋怨指责。现在行礼的目的本是为了沟通人们质朴的心意,却又提供了相互指责的名分,能够不发生争执吗? 有争执就会有祸乱,所以老子说:"礼是忠信淡薄的表现,是祸乱发生的根源。"

【注释】　①隋侯之珠:隋侯,周朝时诸侯国隋国的国君。传说隋侯出行,遇到一条受伤的大蛇,隋侯给它敷药治伤,之后大蛇衔宝珠报恩,宝珠直径过寸,白而有光,世称隋侯之珠。

先物行先理动之谓前识①,前识者,无缘而忘意度也。何以论之? 詹何坐②,弟子侍,有牛鸣于门外,弟子曰:"是黑牛也而白题③。"詹何曰:"然,是黑牛也,而白在其角。"使人视之,果黑牛而以布裹其角。以詹子之术,婴众人之心④,华焉殆矣,故曰"道之华也"。尝试释詹子之察,而使五尺之愚童子视之,亦知其黑牛而以布裹其角也。故以詹子之察,苦心伤神,而后与五尺之愚童子同功,是以曰"愚之首也"。故曰:"前识者道之华也,而愚之首也。"

【译文】 在观察事物之前就言说,在探究事理之前就采取行动,被称为前识。前识是没有根据的胡乱猜测。为什么这么说呢? 有一天詹何坐在家里,弟子在旁边侍奉,有一头牛在大门外鸣叫,弟子说:"这是一头黑牛,但额头是白色的。"詹何说:"是的,这是黑牛,但白色在牛角上。"派人去察看,果然是一头黑牛,用白布缠在牛角上。用詹子的道术,很能打动普通人的心意,虽然很华美却很伤神。所以老子说:"前识是道的虚饰。"如果放弃詹子的明察,而让一个无知的孩子去看,也知道是黑牛而用白布裹住了牛角。所以凭詹子的明察,苦心伤神,然后才得到和无知孩童一样的结果,因此说"这是愚昧的开始"。所以老子说:"前识是道的虚饰,是愚昧的开始。"

【注释】 ①先物行先理动之谓前识:行,言。前识,即先验的识见。在观察事物之前就言说,在探究事理之前就采取行动,被称为先验的识见。 ②詹何:传说约为春秋时的楚国人,懂道术,以善钓出名。 ③题:额头。 ④婴:触动。

　　所谓大丈夫者,谓其智之大也。所谓"处其厚不处其薄"者①,行情实而去礼貌也。所谓"处其实不处其华"者,必缘理不径绝也②。所谓"去彼取此"者,去貌径绝而取缘理好情实也。故曰:"去彼取此。"

【译文】 所谓"大丈夫",是指他的智慧广大。所谓"立身于情意醇厚而不立身于情意淡薄",是指施用真实的情感而去除表面的礼仪。所谓"立身于实质而不立身于虚饰",是指一定要根据事理而不妄自臆猜。所谓"舍弃那些,采取这些",就是舍弃表面的礼仪和妄自臆猜,而采取依据事理和喜欢真实的情意。所以老子说:"舍弃那些,采取这些。"

【注释】 ①处其厚不处其薄:处,立身。厚与薄,指情意的醇厚与淡薄。立身于情意醇厚而不立身于情意淡薄。 ②径绝:指妄自臆猜。

　　人有祸则心畏恐,心畏恐则行端直,行端直则思虑熟,思虑熟则得事理,行端直则无祸害,无祸害则尽天年,得事理则必成功,尽天年则全而寿,必成功则富与贵,全寿富贵之谓福。而福本于有祸,故曰:"祸兮福之所倚。"以成其功也。

【译文】 人遇到灾祸心里就会感到恐惧,心中恐惧行为就会端正,行为端正思虑就成熟,思虑成熟就能明晓事理,行为端直就不会有灾祸,没有灾祸就能安享天年,明晓事理就一定能成就功业,安享天年就能健康长寿,一定能成就功业就会有荣华富贵,健康长寿、富足尊贵就是幸福。而幸福的根源是遭遇灾祸,所以老子说:"灾祸,是幸福凭靠的地方。"指因为灾祸而成就了他的功业。

　　人有福则富贵至,富贵至则衣食美,衣食美则骄心生,骄心生则行邪僻而动弃理,行邪僻则身死夭,动弃理则无成功。夫内有死夭之难,而外无成功之名者,大祸也。而祸本生于有福,故曰:"福兮祸之所伏。"

【译文】　人有福气就会富足尊贵,富足尊贵就能衣食丰美,衣食丰美就会产生骄傲的心理,产生骄傲的心理就会行为邪僻而举动悖理,行为邪僻就会得病死亡,举动悖理就不会成就功业。自身有生病死亡的危险,身外又没有成就功业的美名,这就是大灾祸。而灾祸的根源是有福气,所以老子说:"幸福,是灾祸所隐伏的地方。"

　　夫缘道理以从事者无不能成。无不能成者,大能成天子之势尊,而小易得卿相将军之赏禄。夫弃道理而忘举动者①,虽上有天子诸侯之势尊,而下有猗顿、陶朱、卜祝之富②,犹失其民人而亡其财资也。众人之轻弃道理而易忘举动者,不知其祸福之深大而道阔远若是也,故谕人曰:"熟知其极③。"人莫不欲富贵全寿,而未有能免于贫贱死夭之祸也,心欲富贵全寿,而今贫贱死夭,是不能至于其所欲至也。凡失其所欲之路而妄行者之谓迷,迷则不能至于其所欲至矣。今众人之不能至于其所欲至,故曰"迷"。众人之所不能至于其所欲至也,自天地之剖判以至于今,故曰:"人之迷也,其日故以久矣。"

【译文】　依据道理来做事的人没有不能成功的。所谓没有不成功的,指功业大的能成就天子的势位与尊贵,功业小的也能轻易获得卿相将军的赏赐和俸禄。抛弃道理而轻举妄动的人,即使上有天子诸侯的势位与尊贵,下有猗顿、陶朱、卜祝的富足,仍然会丧失他的人民和财富。普通人轻易放弃道理而轻举妄动,不知道祸福之间关系的深切重大以及道理像这样的广阔深远。所以老子告诫人们说:"谁知道祸福在极点会相互转化这个道理呢?"人没有不希望富贵长寿的,却没有人能避免贫贱病死的灾祸,心中希望富贵长寿,可现实却是贫贱病死,这就不能达到他们所希求的目的。凡是迷失了他想走的路而胡乱行走的就叫做迷,迷就不能达到他希求的目的了。现在的普通人不能达到他们希求的目的,所以说他们"迷"。普通人不能达到他们所希望的目的,自从开天辟地以来一直都是这样,所以老子说:"人的迷惑,时日本来就已经很久了。"

【注释】 ①忘:通"妄",胡乱,随便。 ②猗顿、陶朱、卜祝:猗顿,春秋时鲁国有名的富豪。陶朱,陶朱公,即春秋时越国大夫范蠡,他在帮助越王勾践灭吴雪耻之后,化名为鸱夷子皮,到齐国经商,成为巨富,后又因居于陶地,又被称为陶朱公。后也以"陶朱"泛指富豪。卜祝,指从事占卜祝神之事的人。有人以"卜祝"为人名,不可考。 ③孰知其极:孰,通"孰"。其,指祸福。极,极点。谁知道祸福的极点呢? 即谁知道祸福在极点会相互转化这个道理呢?

所谓方者①,内外相应也,言行相称也。所谓廉者②,必生死之命也③,轻恬资财也④。所谓直者⑤,义必公正,公心不偏党也。所谓光者⑥,官爵尊贵,衣裘壮丽也。今有道之士,虽中外信顺⑦,不以诽谤穷堕⑧;虽死节轻财⑨,不以侮罢羞贪⑩;虽义端不党,不以去邪罪私;虽势尊衣美,不以夸贱欺贫⑪。其故何也? 使失路者而肯听习问知,即不成迷也。今众人之所以欲成功而反为败者,生于不知道理而不肯问知而听能。众人不肯问知听能,而圣人强以其祸败适之⑫,则怨。众人多而圣人寡,寡之不胜众,数也⑬。今举动而与天下之为雠,非全身长生之道也,是以行轨节而举之也⑭。故曰:"方而不割⑮,廉而不刿⑯,直而不肆⑰,光而不耀⑱。"

【译文】 所谓方,指表里如一,言行相符。所谓廉,指顺应生死的天命,把资财看得很轻淡。所谓直,指行为公正,心正而不偏袒。所谓光,指官爵尊贵,衣服华丽。当今的有道之士,虽然内心和行为都诚信而和顺,却不因此而指责因穷困而堕落的人。虽然可为气节去死,轻视财物,却不因此而侮辱和耻笑那些软弱贪婪的人。虽然行为端直,不结党营私,却不因此而斥退责罚那些邪恶自私的人。虽然势位尊贵衣服华美,却不因此而在地位低下的人面前夸耀,欺侮那些贫穷的人。这是什么原因呢? 假使迷路的人肯向熟知路径的人打听,就不会迷路了。现在的普通人想成就功业却反而失败的原因,在于他们不明晓道理又不肯向知道的人询问,听取有能力的人的意见。普通人不肯向知道的询问,圣人强行让他们顺从祸败的后果,就会引起怨恨。普通人多而圣人少,少不能胜多,这是天数。现在如果一举一动都要跟天下所有人为敌,这不是保全自身延长生命的办法,因此要依据法度来做事。所以老子说:"方正但不要损害人,廉介但不要刺伤人,正直但不要恣纵,荣光但不要炫耀。"

【注释】　①方:方正,刚直。　②廉:清廉耿介,有节操。　③必生死之命:指顺应天命,明辨生死。　④恬:淡泊。　⑤直:正直。　⑥光:荣耀光鲜。　⑦中外信顺:内心和行为都诚信而和顺。　⑧诽谤穷堕:诽谤,指责。穷堕,穷困堕落,指因穷困而堕落的人。　⑨死节:指为保全节操而死。　⑩罢(pí):软弱的人。　⑪夸贱欺贫:夸,炫耀。在地位低下的人面前夸耀,欺侮那些贫穷的人。　⑫适:顺从。　⑬数:天数,必然性。　⑭轨节:道理,法度。　⑮割:损害。　⑯刿:刺伤。　⑰肆:纵恣。　⑱耀:炫耀。

　　聪明睿智天也①,动静思虑人也。人也者,乘于天明以视②,寄于天聪以听③,托于天智以思虑。故视强则目不明④,听甚则耳不聪,思虑过度则智识乱。目不明则不能决黑白之分,耳不聪则不能别清浊之声,智识乱则不能审得失之地。目不能决黑白之色则谓之盲,耳不能别清浊之声则谓之聋,心不能审得失之地则谓之狂。盲则不能避昼日之险,聋则不能知雷霆之害,狂则不能免人间法令之祸。书之所谓治人者⑤,适动静之节,省思虑之费也。所谓事天者,不极聪明之力,不尽智识之任。苟极尽则费神多,费神多则盲聋悖狂之祸至,是以啬之⑥。啬之者,爱其精神,啬其智识也。故曰:"治人事天莫如啬。"

【译文】　聪明睿智是天生的品质,动静思虑是人为的因素。这些人为的因素凭借着天生的好视力来看,凭借天生的好听力来听,凭借天生的才智来思虑。所以视力使用过度眼睛就会看不见,听力使用过度耳朵就会听不见,思虑过度智慧才识就会混乱。眼睛看不见就不能判断黑白的区别,耳朵听不见就不能分别清浊之声的不同,智慧才识混乱就不能审察得失的根由。眼睛不能判断黑白之色就称为盲,耳朵不能分别清浊之声就称为聋,心智不能审察得失的根由就称为狂。目盲的人即便在白天也不能避开险地,耳聋的人就不知道雷霆之声的危害,心狂的人就不知免除人间法令的祸殃。《老子》书中所说的"治人",就是指调整动静的节奏,减省思虑的耗费。所说的"事天",就是不极尽视力和听力,不竭尽智慧才识的承受力。如果极尽使用耗费的心神就多,耗费的心神多就会招致目盲耳聋心智狂乱的灾祸,因此一定要啬惜。所谓啬惜,指爱护他的精神,啬惜他的智慧才识。所以老子说:"治人和事天,没有比啬惜更重要的了。"

【注释】　①天:天生的品质。　②天明:天生的好视力。　③天聪:天生的好听力。④强:勉强,过度。　⑤书:指《老子》一书。　⑥啬:啬惜。

众人之用神也躁①,躁则多费,多费之谓侈。圣人之用神也静,静则少费,少费之谓啬。啬之谓术也生于道理。夫能啬也,是从于道而服于理者也。众人离于患②,陷于祸,犹未知退,而不服从道理。圣人虽未见祸患之形,虚无服从于道理,以称蚤服③。故曰:"夫谓啬,是以蚤服。"

【译文】 普通人使用心神很浮躁,浮躁就耗费得多,耗费多就称为奢侈。圣人使用心神很宁静,宁静就耗费得少,耗费少就称为吝惜。吝惜这种方法,是由道理产生出来的。如果能够吝惜,就能依循道理了。普通人遭遇患难,陷于灾祸,却仍然不知道后退,不服从道理。圣人虽然还没有看见有灾祸的前兆,就虚静无为地服从于道理,这就叫做"早服"。所以老子说:"要吝惜精神,因此要早日遵循道理。"

【注释】 ①躁:浮躁。 ②离:通"罹",遭遇。 ③蚤:同"早"。

知治人者其思虑静,知事天者其孔窍虚①。思虑静,故德不去。孔窍虚,则和气日入②。故曰:"重积德。"夫能令故德不去,新和气日至者,蚤服者也。故曰:"蚤服是谓重积德。"积德而后神静,神静而后和多,和多而后计得,计得而后能御万物,能御万物则战易胜敌,战易胜敌而论必盖世,论必盖世,故曰:"无不克。"无不克本于重积德,故曰:"重积德则无不克。"战易胜敌则兼有天下,论必盖世则民人从。进兼天下而退从民人,其术远,则众人莫见其端末。莫见其端末,是以莫知其极③,故曰:"无不克则莫知其极。"

【译文】 明白怎么治人的人,他的思虑是宁静的;明白如何事天的人,他的五官是虚空的。思虑宁静,所以德性不会丧失,五官虚空,每天就会吸入和气。所以老子说:"不断地积累德性。"能让故有的德性不丧失,又每天吸入新的和气的人,就是早早服从于道理的人。所以老子说:"及早服从道理就是不断地积累德性。"积累德性,精神才能宁静,精神宁静,和气才能增多,和气增多,计虑才能得当,计虑得当,才能够统御万物,能够统御万物,打仗就能轻松地战胜敌人,能轻松地战胜敌人,他的理论就一定能压倒一切,理论能够压倒一切,所以说:"没有不成功的。"没有不成功来源于不断地积累德性,所以老子说:"不断地积累德性就没有什么不能成功。"打仗能轻松地战胜敌人就能够兼并天下,理论能够压倒一切,就能使万民服从。进取能兼并天下,退守有万民服从,这种道术是非常深远的,普通人是不能看见其始末原委的。不能看见其始末原委,因此就不知道它的核心,所以老子说:"没有不成功的,就没有人知道它的核心是什么。"

【注释】　①孔窍:指眼、耳、鼻、口等五官。　②和气:哲学术语,即古人认为由天地间阴气与阳气交合而成的一种气,万物都由此"和气"而产生。　③极:中,核心。

　　凡有国而后亡之,有身而后殃之,不可谓能有其国能保其身。夫能有其国,必能安其社稷;能保其身,必能终其天年,而后可谓能有其国、能保其身矣。夫能有其国、保其身者必且体道①,体道则其智深,其智深则其会远,其会远众人莫能见其所极。唯夫能令人不见其事极,不见事极者为保其身、有其国,故曰:"莫知其极。"莫知其极"则可以有国"。

【译文】　凡是拥有国家之后又亡国的,拥有身体之后又毁伤的,就不能说是能统有他的国家,能保全他的身体。所谓能统有他的国家,就一定能让国家社稷安定;能保全他的身体,就一定能安享天年,只有这样才能说他能统有他的国家,能保全他的身体。那些能统有国家、能保全身体的人一定会亲身实践道,亲身实践道,他的智慧就深奥,智慧深奥,他的领悟就高远,领悟高远,普通人就看不出事理的核心。只有能亲身实践道才能让人看不到事理的核心,不让人看到事理的核心是为了保全他的身体,统有他的国家,所以老子说:"没有人知道核心所在。"没有人知道核心所在"就能够统有国家"。

【注释】　①体道:亲身实践道。

　　所谓"有国之母",母者,道也,道也者生于所以有国之术,所以有国之术,故谓之有国之母。夫道以与世周旋者①,其建生也长,持禄也久,故曰:"有国之母可以长久。"树木有曼根②,有直根。直根者,书之所谓柢也。柢也者,木之所以建生也;曼根者,木之所以持生也。德也者,人之所以建生也;禄也者,人之所以持生也。今建于理者其持禄也久,故曰:"深其根。"体其道者,其生日长,故曰:"固其柢。"柢固则生长,根深则视久③。故曰:"深其根,固其柢,长生久视之道也。"

【译文】　所谓"保有国家的母亲",母就是道,道产生能够拥有国家的法术,因为道产生统有国家的法术,所以称之为"保有国家的母亲"。依循道来与世事交接,他的生命就长,保持禄位的时间也久,所以老子说:"保有国家的母亲,就能维持长久。"树木有蔓根,有直根。直根,就是《老子》书中所说的"柢"。柢,是树木拥有生命的根本;蔓根,是树木维持生命的基础。德性,是人拥有生命的根本;禄位,是人维持生命的办法。能够把事理作为根本的人,他保持禄位的时间就会长久,所以说:"根要扎得深。"能够亲身实践道的人,他的生命就长久,所以说:"根柢要坚固。"根柢坚固生命就长久,根扎得深存活的时间就长久。所以老子说:"深扎其根,坚固其柢,这是长生久存的方法。"

【注释】　①周旋:交际,应付。　②曼根:曼,延长。蔓延的树根。　③视:通"示",以物示人,引申为存在,这里指存活。

工人数变业则失其功①,作者数摇徙则亡其功。一人之作,日亡半日,十日则亡五人之功矣。万人之作,日亡半日,十日则亡五万人之功矣。然则数变业者,其人弥众,其亏弥大矣。凡法令更则利害易,利害易则民务变,务变之谓变业。故以理观之,事大众而数摇之则少成功②,藏大器而数徙之则多败伤,烹小鲜而数挠之则贼其泽,治大国而数变法则民苦之。是以有道之君贵静,不重变法。故曰:"治大国者若烹小鲜。"

【译文】　工匠经常改变职业就会失掉他的功夫,耕作的人经常迁徙就丧失了他的功劳。一个人工作,每天丢失半天,十天就丢失了五个人的功劳。一万人工作,每天丢失半天,十天就丢失了五万人的功劳。如此看来,经常改变职业的人,人数越多,损失就越大。法令更改利害就跟着发生改变,利害发生改变,民众就会跟着改变,跟着改变指改变职业。所以按照事理来看,治理民众却经常改变他们的职业,成就的功业就有限,收藏着很大的器物却多次搬动,就容易损伤,烹煮小鱼时不停地翻动能破坏它的色泽,治理大国时多次变更法律就会让民众苦痛。因此有道的国君推重虚静,不看重变法。所以老子说:"治理大国,就像烹煮小鱼一样。"

【注释】　①功:功夫,指技术和技术修养、造诣。　②事:治理。

人处疾则贵医,有祸则畏鬼。圣人在上则民少欲,民少欲则血气治,血气治则举动理,而举动理则少祸害。夫内无痤、疽、瘅、痔之害①,而外无刑罚法诛之祸者,其轻恬鬼也甚,故曰:"以道莅天下其鬼不神②。"治世之民不与鬼神相害也,故曰:"非其鬼不神也,其神不伤人也。"鬼祟也疾人之谓鬼伤人③,人逐除之之谓人伤鬼也。民犯法令之谓民伤上，上刑戮民之谓上伤民；民不犯法则上亦不行刑，上不行刑之谓上不伤人，故曰："圣人亦不伤民。"上不与民相害，而人不与鬼相伤，故曰："两不相伤。"民不敢犯法，则上内不用刑罚，而外不事利其产业④。上内不用刑罚，而外不事利其产业，则民蕃息，民蕃息而畜积盛，民蕃息而畜积盛之谓有德。凡所谓祟者，魂魄去而精神乱，精神乱则无德。鬼不祟人则魂魄不去，魂魄不去而精神不乱，精神不乱之谓有德。上盛畜积，而鬼不乱其精神，则德尽在于民矣。故曰："两不相伤，则德交归焉。"言其德上下交盛而俱归于民也。

【译文】　人生了病就会看重医生，遇到灾祸就会害怕鬼神。圣人在上位，民众的欲望就少，民众的欲望少，血气就调治，血气调治，举动就合理，举动合理，灾祸就少。身体本身没有疖子、痈肿、黄疸、痔疮等灾病，身体之外没有刑法诛罚的祸殃，他们就会把鬼看得轻淡，所以老子说："用道来治理天下，鬼就不灵验了。"太平时代的民众和鬼神不相互侵害，所以老子说："不是鬼不灵验了，是神灵不伤害人。"鬼作祟害人就叫做鬼伤害人，人驱逐鬼就叫做人伤害鬼。民众触犯法令叫做民众伤害君主，君主刑罚诛戮民众叫做君主伤害民众；民众不犯法那么君主也不施行刑戮，君主不施行刑戮就叫做君主不伤害民众，所以老子说："圣人也不伤害民众。"君主和民众不相互侵害，人和鬼也不相互伤害，所以老子说："双方都不相互伤害。"民众不敢犯法，那么君主就不会用刑罚伤害其身，也不横征暴敛以满足自己的需要。君主不用刑罚伤害民众，也不横征暴敛满足自己，那么民众就能够繁衍兴旺，民众繁衍兴旺，物产蓄积也就很丰盛了，民众繁衍，物产丰盛，君主就有德。大凡鬼怪作祟，就是指魂魄去身而精神混乱，精神混乱就是无德。鬼不作祟害人，人的魂魄就不会离开身体，魂魄不离精神就不会混乱，精神不混乱就是有德。君主蓄积丰盛，而鬼又不作祟扰乱他的精神，所以德性就都会集到民众那里了。所以老子说："双方都不相互侵害，德就交相会集了。"就是说君主和民众都很有德而最后都会集到民众那里了。

【注释】　①痤、疽、瘅、痔：痤，疖子。疽，痈肿。瘅，通"疸"，黄疸。痔，痔疮。　②神：灵验。　③鬼祟：鬼作祟。　④不事利其产业：指不横征暴敛以满足自己的需要。

　　有道之君，外无怨雠于邻敌①，而内有德泽于人民。夫外无怨雠于邻敌者，其遇诸侯也外有礼义。内有德泽于人民者，其治人事也务本②。遇诸侯有礼义则役希起，治民事务本则淫奢止。凡马之所以大用者,外供甲兵,而内给淫奢也。今有道之君,外希用甲兵,而内禁淫奢。上不事马于战斗逐北,而民不以马远通淫物③,所积力唯田畴,积力于田畴必且粪灌,故曰:"天下有道,却走马以粪也④。"

【译文】 有道的国君,对外不和邻国结仇,对内施恩惠于人民。对外不和邻国结仇的君主,就会根据礼义来对待诸侯,对内施恩惠于人民,治理国家就非常重视农业。对待诸侯有礼义,就很少有兵役,治理国家重视农业,荒淫奢侈就会被禁止。马匹之所以有很大的用途,在于对外可以供给军需,对内可以供给淫奢之需。现在的有道之君,对外很少发动战争,对内禁止荒淫奢侈。君主不用马匹来发动战争追逐败军,人民不用马来长途运输奢侈之物,所蓄积的力量全部用于农耕,蓄积的力量全部用于农耕,土地就一定能得到施肥和灌溉,所以老子说:"天下有道,良马都歇下来积粪肥田了。"

【注释】 ①怨雠于邻敌:雠,同"仇"。邻敌,即邻国。不和邻国结仇。 ②务本:致力于根本,这里指重视农业。 ③淫物:淫,过度奢侈。奢侈的物品。 ④却走马以粪:却,停息。走马,善于奔跑的马,即良马。让良马歇下来用来积粪肥田。

人君者无道,则内暴虐其民,而外侵欺其邻国。内暴虐则民产绝,外侵欺则兵数起。民产绝则畜生少,兵数起则士卒尽。畜生少则戎马乏,士卒尽则军危殆。戎马乏则牸马出①,军危殆则近臣役。马者,军之大用;郊者,言其近也。今所以给军之具于牸马近臣,故曰:"天下无道,戎马生于郊矣。"

【译文】 无道的君主,就会对内暴虐人民,对外侵欺邻国。对内暴虐人民,人民的生产就会被破坏,对外侵欺邻国,就会经常出兵作战。人民的生产被破坏,牲畜就会减少,经常出兵作战,士卒伤亡就多。牲畜减少,那么军马就会匮乏,士卒伤亡多,军队就会面临危险。军马缺乏,母马就要出征,军队有危险,那么君主的左右近臣也要出战。马,是军队最重要的组成部分;城郊,是离国都很近的地方。现在把母马和君主的近臣都供给了军队,所以老子说:"天下无道,军马在城郊产下小马了。"

【注释】 ①牸(zì)马:母马。

人有欲则计会乱①,计会乱而有欲甚,有欲甚则邪心胜②,邪心胜则事经绝③,事经绝则祸难生。由是观之,祸难生于邪心,邪心诱于可欲。可欲之类,进则教良民为奸,退则令善人有祸。奸起则上侵弱君④,祸至则民人多伤。然则可欲之类,上侵弱君而下伤人民。夫上侵弱君而下伤人民者,大罪也。故曰:"祸莫大于可欲。"是以圣人不引五色⑤,不淫于声乐,明君贱玩好而去淫丽。人无毛羽,不衣则不犯寒⑥。上不属天,而下不着地,以肠胃为根本,不食则不能活。是以不免于欲利之心,欲利之心不除,其身之忧也。故圣人衣足以犯寒,食足以充虚,则不忧矣。众人则不然,大为诸侯,小余千金之资,其欲得之忧不除也,胥靡有免⑦,死罪时活,今不知足者之忧,终身不解,故曰:"祸莫大于不知足。"故欲利甚则忧,忧则疾生,疾生而智慧衰,智慧衰则失度量⑧,失度量则妄举动,妄举动则祸害至,祸害至而疾婴内,疾婴内则痛祸薄外,痛祸薄外则苦痛杂于肠胃之间,苦痛杂于肠胃之间则伤人也憯⑨,憯则退而自咎,退而自咎也生于欲利,故曰:"咎莫憯于欲利。"

【译文】　人有欲望,计虑就会混乱,计虑混乱欲望就会更加强烈,欲望强烈奸邪之心就会旺盛,奸邪之心旺盛事理原则就会丧失,事理原则丧失就会有灾祸产生。由此来看,灾祸是由邪心产生的,而邪心则是受到了那些足以引起欲念的事物的诱惑。那些足以引起欲念的事物,既能把良民教导成恶人,也可能给好人带来灾祸。奸邪产生就会向上侵犯幼弱君主的权威,灾祸降临就会伤害人民。因此那些足以引起欲念的东西,向上侵犯幼弱君主的权威,向下伤害人民。向上侵犯幼弱君主的权威,向下伤害人民,就是极大的罪恶。所以老子说:"灾祸没有比欲望更大的了。"所以圣人不受五色的引诱,不沉湎于声歌乐舞,英明的君主轻贱奇珍异宝,去除奢侈华丽。人没有兽毛鸟羽,不穿衣服就不能抵御严寒。上不能依附于天,下不能依附于地,以肠胃为根本,不吃东西就不能存活。所以不能免除贪利的心理,贪利的心理不去除,就会给他带来忧患。圣人的衣服只求足以御寒,饭食只求足以充饥,所以就没有忧患了。而普通人却不是这样的,大到诸侯,小到拥有千金资财的人家,他们贪利的忧患不去除,刑徒有时能够获释,死罪也可能侥幸得生,而不知足的忧患,却是一生也不能解除,所以老子说:"灾祸没有比不知足更大的了。"所以贪利太多就会有忧患,有忧患就会生病,生病就会让智慧衰减,智慧衰减就会失去判断力,失去了判断力就会轻举妄动,轻举妄动就会有祸害降临,祸灾降临,而疾病又缠绕于身体之中,疾病缠身就会疼痛逼来,疼痛逼来,肠胃之间也会感到痛苦,肠胃感到痛苦,对人的伤害就很惨痛,伤害惨痛就会后退自责,后退自责是由贪利而产生的,所以老子说:"罪过没有比贪利更惨痛的了。"

【注释】　①计会:计虑,谋略。　②胜:通"盛",旺盛。　③事经绝:事经,事理原则。事理的原则丧失。　④弱君:幼弱的君主。　⑤引五色:受五色的引诱。　⑥犯:胜,抵御。　⑦胥靡:古代服劳役的奴隶或刑徒。　⑧度量:法度,标准。这里应指判断力。　⑨憯(cǎn):惨痛,残酷。

　　道者,万物之所然也①,万理之所稽也②。理者③,成物之文也;道者,万物之所以成也。故曰:"道,理之者也。"物有理不可以相薄,物有理不可以相薄故理之为物之制。万物各异理,万物各异理而道尽。稽万物之理,故不得不化;不得不化,故无常操④;无常操,是以死生气禀焉⑤,万智斟酌焉,万事废兴焉。天得之以高,地得之以藏,维斗得之以成其威⑥,日月得之以恒其光,五常得之以常其位⑦,列星得之以端其行,四时得之以御其变气⑧,轩辕得之以擅四方⑨,赤松得之与天地统⑩,圣人得之以成文章。道与尧、舜俱智,与接舆俱狂,与桀、纣俱灭,与汤、武俱昌。以为近乎,游于四极;以为远乎,常在吾侧;以为暗乎,其光昭昭;以为明乎,其物冥冥。而功成天地,和化雷霆,宇内之物,恃之以成。凡道之情,不制不形⑪,柔弱随时,与理相应。万物得之以死,得之以生;万事得之以败,得之以成。道譬诸若水,溺者多饮之即死,渴者适饮之即生。譬之若剑戟,愚人以行忿则祸生,圣人以诛暴则福成。故得之以死,得之以生,得之以败,得之以成。

【译文】　道,是万物成为这个样子的根源,是稽考万物之理的标准。理,是成就事物具体形态的本性;道,是万物之所以生成的根源。所以说:"道,就是治理事物使之有规律。"万物有其理而能够不相互侵迫,万物有理而能够不相互侵迫,所以理就成为万物的准则。万物的理各不相同,这些各不相同的理都包含在道里面。因为要稽考万物之理,所以不得不变化;不得不变化,所以就没有不变的操守;没有不变的操守,所以万物就有禀受生生死死的性质,人类的智慧就需不断地斟酌以做出决断,天下的事业也就永远处在了一种兴盛与废灭的过程中。天得到道就能高高在上,地得到道就能包藏万物,北斗得到道就能成就它的威力,日月得到道就能使它的光辉永恒,五常得到道就能保持它的位置,列星得到道就能端正它们的运行,四时得到道就能控御不停变化的节气,轩辕氏得到道就能拥有四方,赤松子得到道就能与天地同寿,圣人得到道就创制了礼乐制度。道和尧、舜一样睿智,和接舆一样癫狂,和夏桀、商纣一起灭亡,和商汤、周武一同昌盛。以为它很近吗?常常游荡在遥远的四极之地;以为它很遥远吗? 又常常在我们身边;以为它很晦暗吗? 它的光辉非常明亮;以为它很明亮吗? 它的形体又昏幽不清。它的功效成就天地,和化雷霆,宇宙之内的事物,都依靠它才得以形成。道的本性,没有固定的体制,没有固定的形状,刚强柔弱随时世发生变化,和事理相应。万物得到它可以死亡,也可以生长;万事得到它可以失败,也可以成功。道就像那水一样,淹在水里的人喝多了就会死,口渴的人适量地喝一些就能生存。道又像那剑戟,愚人用来行凶泄愤就会闯祸,圣人用来铲除强暴就能造福。所以得到道可以死亡,得到道可以生存,得到道可以失败,得到道可以成功。

【注释】　①所然:成为这个样子的根源。　②稽:稽考,考查。　③理:指事物的本性。　④常操:不变的操守。　⑤禀:禀受。　⑥维斗:北斗星之别称。古人认为北斗星是众星的首领、纲维,所以说北斗得道以成其威。　⑦五常:指金、木、水、火、土五行。⑧变气:变化的节气。　⑨轩辕得之以擅四方:轩辕,即传说中的古代帝王黄帝,因其居于轩辕之丘,故名轩辕。擅,拥有。黄帝得到道就能拥有四方。　⑩赤松:即赤松子,传说中上古的神仙。　⑪不制不形:制,体制,样式。没有固定的体制和形状。

　　人希见生象也,而得死象之骨,案其图以想其生也,故诸人之所以意想者皆谓之象也。今道虽不可得闻见,圣人执其见功以处见其形①,故曰:"无状之状,无物之象。"

【译文】　人很少能见到活着的大象,在得到死象的骨头之后,根据它的形状来推想它活着的样子,所以人们就把臆想出来的东西都叫做象。现在道虽然不能被听到被看到,圣人根据它表现出来的功效,来辨察它的形状,所以老子说:"道是没有表现的形状,是没有物象的想象。"

【注释】　①执其见功以处见其形:执,依据。处,辨察。依据道所表现出来的功效来辨察它的形状。

　　凡理者,方圆、短长、粗靡①、坚脆之分也。故理定而后可得道也。故定理有存亡,有死生,有盛衰。夫物之一存一亡,乍死乍生,初盛而后衰者,不可谓常。唯夫与天地之剖判也具生,至天地之消散也不死不衰者谓常。而常者,无攸易②,无定理,无定理非在于常所,是以不可道也③。圣人观其玄虚,用其周行,强字之曰道④,然而可论,故曰:"道之可道,非常道也。"

【译文】　大凡本性,指事物方圆、短长、粗细、坚脆的分别。所以本性确定之后就可以得到道。所以确定的本性,有死有生,有盛有衰。事物存亡、死生,以及初期兴盛而后来衰败的表现,都不能称为恒常。只有那些从开天辟地的时候产生,到天地毁灭一直没有死亡也没有衰败的才称为恒常。所谓的恒常,没有变化,没有确定的本性,没有确定的本性,又不在固定的地方,所以是不能用言语来形容的。圣人观察它的深远空虚,根据它的循环运行,勉强命名为"道",如此才可以论说,所以老子说:"道如果能用语言来形容,那就不是永恒的道了。"

【注释】 ①粗靡:靡,细。粗细。 ②无攸易:攸,所。没有变化。 ③道:说,用言语来形容。 ④字:命名,取名。

人始于生而卒于死。始之谓出,卒之谓入,故曰:"出生入死。"人之身三百六十节,四肢,九窍,其大具也。四肢与九窍十有三者,十有三者之动静尽属于生焉。属之谓徒也①,故曰:"生之徒也十有三者。"至死也十有三具者皆还而属之于死,死之徒亦有十三,故曰:"生之徒十有三,死之徒十有三。"凡民之生生而生者固动②,动则损也,而动不止,是损而不止也,损而不止则生尽,生尽之谓死,则十有三具者皆为死死地也③。故曰:"民之生,生而动,动皆之死地,亦十有三。"是以圣人爱精神而贵处静,此甚大于兕虎之害④。夫兕虎有域⑤,动静有时,避其域,省其时,则免其兕虎之害矣。民独知兕虎之有爪角也,而莫知万物之尽有爪角也,不免于万物之害。何以论之?时雨降集,旷野闲静,而以昏晨犯山川,则风露之爪角害之。事上不忠,轻犯禁令,则刑法之爪角害之。处乡不节,憎爱无度,则争斗之爪角害之。嗜欲无限,动静不节,则痤疽之爪角害之⑥。好用其私智而弃道理,则网罗之爪角害之⑦。兕虎有域,而万害有原,避其域,塞其原,则免于诸害矣。凡兵革者,所以备害也。重生者虽入军无忿争之心,无忿争之心则无所用救害之备。此非独谓野处之军也,圣人之游世也无害人之心,无害人之心则必无人害,无人害则不备人,故曰:"陆行不遇兕虎。"入山不恃备以救害,故曰:"入军不备甲兵。"远诸害,故曰:"兕无所投其角,虎无所错其爪,兵无所容其刃。"不设备而必无害,天地之道理也。体天地之道,故曰:"无死地焉。"动无死地,而谓之"善摄生"矣⑧。

【译文】　人的一生开始于出生而终止于死亡,开始称为出,终止称为入,所以老子说:"出生入死。"人的身体有三百六十个骨节,手足四肢和眼耳口鼻等九窍,这是人体最重要的器官。四肢和九窍共有十三个,这十三具器官的动静都和生存相关联。有关联的事物可称之为一类,所以老子说:"生存的一类有十三具。"到死的时候这十三具器官又都和死亡相关联,死亡的一类也有十三具,所以老子说:"生存的一类有十三具,死亡的一类也有十三具。"大凡人都是要生活的,而要生活就一定要活动,活动就要受损害,活动不停止,损害就不停止,损害不停止生命就到了尽头,生命到了尽头就称为死亡,那么这十三具器官都是为了让人死的。所以老子说:"人要活着,活着要活动,活动就走向死亡,也是这十三具器官。"因此圣人爱惜精神而注重处身宁静。(如果不爱惜精神而处身宁静,)损害就比那犀牛、老虎更厉害。犀牛、老虎有固定的活动区域,有固定的活动时间,避开它们的活动区域,观察它们的活动时间,就可以免除它们的祸害。人民只知道犀牛、老虎有角爪,却不知道万物都有角爪,因而不能免除万物的危害。为什么这样说呢? 时在雨季,阴雨连绵,旷野空闲寂静,在清早或黄昏去翻山过河,风露的爪角就会危害他。侍奉上级不忠诚,轻易地触犯禁令,刑法的爪角就会危害他。居住在乡里没有礼节,与人亲近憎恨也没有尺度,争斗的爪角就会危害他。嗜好欲望没有止境,起居动作也没有节制,疾病的爪角就会危害他。喜欢施展个人的智慧而抛弃道理,法网的爪角就会危害他。犀牛、老虎有活动的区域,而其他的各种危害也都有它们的原因,避开它们的区域,阻塞其来源,就可以免除各种危害了。兵器铠甲,是用来防备危害的工具,看重生命的人即使参加军队也不会有愤怒争斗之心,没有愤怒争斗之心就不需要使用防备危害的工具。不仅驻扎在旷野的军队是这样,圣人在世间活动,也没有害人之心,没有害人之心就一定不会有人来害他,没有人害他就不需要防备别人,所以老子说:"在陆地上行走不会遇到犀牛、老虎。"进山不依靠工具来防备危害,所以老子说:"参加军队不准备铠甲兵器。"远离各种危害,所以老子说:"犀牛没有地方使用它们的犀角,老虎没有地方来使用它们的虎爪,兵器没有地方来使用它们的锋刃。"不设防备就一定没有危害,这是天地之间永恒的道理。体会到天地之间永恒的道理,所以老子说:"没有该死的地方。"活动而没有死亡之地,这就叫做"善于保养生命"了。

【注释】　①属之谓徒:属,关联,联接。徒,类,同类。有关联的就称为同类。　②生生:生活。　③死死地:到死地去死,即死亡。　④兕虎:犀牛和老虎,泛指猛兽。　⑤有域:有固定的活动区域。　⑥痤疽之爪角:指代疾病。　⑦网罗:比喻法网。　⑧摄生:养生,保养身体。

爱子者慈于子,重生者慈于身,贵功者慈于事。慈母之于弱子也,务致其福,务致其福则事除其祸①,事除其祸则思虑熟,思虑熟则得事理,得事理则必成功,必成功则其行之也不疑,不疑之谓勇。圣人之于万事也,尽如慈母之为弱子虑也,故见必行之道,见必行之道则明,其从事亦不疑,不疑之谓勇。不疑生于慈,故曰:"慈故能勇。"

【译文】 疼爱儿女的人对儿女很慈爱,看重生命的人对身体很慈爱,崇尚功业的人对事业很慈爱。慈母对于幼弱的儿女,尽力为他们谋取幸福,尽力谋求幸福就会勤劳地去除灾祸,勤劳地去除灾祸就要思虑成熟,思虑成熟就能通达事理,通达事理就一定成功,一定成功他们在行动时就不会犹豫,不犹豫就称为勇敢。圣人对于世间万事,就像慈母为幼弱的子女那样尽心地思虑,所以能发现必须践行的道理,发现必须践行的道理就很明智,他做事时也不会犹豫,不犹豫就称为勇敢。不犹豫是由慈爱而产生的,所以老子说:"慈爱所以能够勇敢。"

【注释】 ①事:勤劳,劳苦。

周公曰①:"冬日之闭冻也不固,则春夏之长草木也不茂。"天地不能常侈常费,而况于人乎? 故万物必有盛衰,万事必有弛张,国家必有文武,官治必有赏罚。是以智士俭用其财则家富,圣人爱宝其神则精盛,人君重战其卒则民众②。民众则国广,是以举之曰:"俭故能广。"

【译文】 周公说:"冬天的冰冻不是很坚固,到了春夏时节草木的生长就不会茂盛。"天地尚且不能长期奢侈耗费,更何况于人呢? 所以万物一定有盛有衰,万事一定有松有紧,国政一定有文有武,治理政事一定有赏有罚。因此,聪明的人节俭使用家里的财物,所以家庭富足,圣人爱惜他的精神所以精力旺盛,君主不轻易发动战争就会人口众多,人口众多国土就广大,所以老子言及此事时说:"节俭所以能够广大。"

【注释】 ①周公:这里特指周文王的儿子、周武王的弟弟姬旦,因封地在周,故称周公。其长子伯禽封于鲁,次子承袭周公之位,世称周公,所以周代历史上有很多位周公。②重战其卒:重,不轻易,难。不轻易让他的士卒参加战斗。即不轻易发动战争。

凡物之有形者易裁也,易割也。何以论之? 有形则有短长,有短长则有小大,有小大则有方圆,有方圆则有坚脆,有坚脆则有轻重,有轻重则有白黑。短长、大小、方圆、坚脆、轻重、白黑之谓理。理定而物易割也。故议于大庭而后言则立①,权议之士知之矣②。故欲成方圆而随其规矩,则万事之功形矣。而万物莫不有规矩。议言之士,计会规矩也。圣人尽随于万物之规矩,故曰:"不敢为天下先。"不敢为天下先则事无不事,功无不功,而议必盖世,欲无处大官,其可得乎? 处大官之谓为成事长③,是以故曰:"不敢为天下先,故能为成事长。"

【译文】 有具体形状的物体,容易裁剪,容易切割。为什么这么说呢? 有形状就有长短,有长短就有大小,有大小就有方圆,有方圆就有坚脆,有坚脆就有轻重,有轻重就有黑白之色。长短、大小、方圆、坚脆、轻重、黑白就是万物的理。物理确定,物体就容易切割了。所以在朝廷上议事,最后发表的言论站得住脚,知权变、善谋划的人是通晓这一点的。所以想画成方圆就依循规矩,那么所有事业的功效就都表现出来了。万事万物都有规矩,议论发言的人,都要考虑这些规矩。圣人完全依循万事万物的规矩,所以老子说:"不敢抢在天下人的前面。"不敢抢在天下人的前面,那么事情就没有做不到的,功业没有成就不了的,立下的规矩也必然能压倒当世,想要不做大官,怎么可能呢? 做大官就是办成事情的首领,因此老子说:"不敢抢在天下人的前面,所以能做办成事情的首领。"

【注释】 ①大庭:即朝廷。 ②权议之士:指知权变、善谋划的人。 ③成事长:成事,办成事情。长,首长,首领。办成事情的首领。

　　慈于子者不敢绝衣食,慈于身者不敢离法度,慈于方圆者不敢舍规矩。故临兵而慈于士吏则战胜敌,慈于器械则城坚固。故曰:"慈于战则胜,以守则固。"夫能自全也而尽随于万物之理者,必且有天生①。天生也者,生心也。故天下之道尽之生也,若以慈卫之也。事必万全,而举无不当,则谓之宝矣。故曰:"吾有三宝②,持而宝之。"

【译文】 疼爱子女的人不敢断绝衣食,爱惜身体的人不敢背离法度,喜欢方圆的人不敢舍弃规矩。所以带兵打仗,爱护官兵就能战胜敌人,爱惜器械就能使城池更加坚固。所以老子说:"慈爱,如果打仗就能取胜,如果守城就能坚固。"能够自我保全并完全遵循万物之理的人,一定有天然生成的品质。所谓天然生成,就是发自内心,所以天下之道都是自然产生的。如果爱惜它,保卫它,做事就一定会周全,举动也没有什么不恰当的,这就是最宝贵的东西。所以老子说:"我有三件宝贝,掌握并珍惜它们。"

【注释】　①天生:天然生成。　②三宝:指俭、慈与不敢为天下先三种品质。

书之所谓"大道"也者,端道也。所谓"施"也者①,邪道也。所谓"径"也者,佳丽也②。佳丽也者,邪道之分也。朝甚除也者,狱讼繁也③。狱讼繁则田荒,田荒则府仓虚,府仓虚则国贫,国贫而民俗淫侈,民俗淫侈则衣食之业绝,衣食之业绝则民不得无饰巧诈,饰巧诈则知采文,知采文之谓"服文采"。狱讼繁、仓廪虚、而有以淫侈为俗,则国之伤也若以利剑刺之。故曰:"带利剑。"诸夫饰智故以至于伤国者,其私家必富,私家必富,故曰:"资货有余。"国有若是者,则愚民不得无术而效之④,效之则小盗生。由是观之,大奸作则小盗随,大奸唱则小盗和。竽也者,五声之长者也⑤,故竽先则钟瑟皆随,竽唱则诸乐皆和⑥。今大奸作则俗之民唱,俗之民唱则小盗必和,故服文采,带利剑,厌饮食⑦,而货资有余者,是之谓盗竽矣⑧。

【译文】　《老子》一书中所说的"大道",就是正道。所谓的"施",就是邪道。所谓的"径",指秀丽的小路。秀丽的小路,是邪道的分叉。朝廷打扫得非常洁净,刑狱诉讼就会很多。刑狱诉讼繁多土地就会荒芜,土地荒芜府库粮仓就空虚,府库粮仓空虚国家就贫穷,国家贫穷民俗就浪费过度,民俗过度浪费衣食之计就会断绝,衣食之计断绝人民就没有不致力于机巧欺诈的,致力于机巧欺诈就懂得了应用文饰,懂得应用文饰就叫做"服用文采"。刑狱诉讼繁多、府库粮仓空虚,又有过度浪费的民俗,那么国家受到的损害就像受到利剑刺割一样。所以老子说:"佩带利剑。"至于那些致力于智巧以至于伤害国家的人,他们私家一定富足,私家富足,所以老子说:"物资财货一定有余。"国家如果有这样的人,愚民就不得不学习和仿效他们,仿效他们就会有小盗贼产生。由此看来,大奸兴起,小盗就会跟着出现,大奸倡导,小盗就会应和。竽,是各种乐器的统帅,所以竽先奏起,钟、瑟等乐器跟着响起,竽发声先唱,其他的乐器跟着应和。现在大奸兴起,普通的人民就跟着倡导,普通人民跟着倡导,小盗一定会应和,所以服用文采、佩带利剑、衣食丰足、财货有余的人,就是盗贼的统率了。

【注释】　①施(yí):邪。　②佳丽:秀丽。　③朝甚除也者,狱讼繁也:除,打扫。朝廷打扫得非常洁净,刑狱诉讼就繁多。这里隐含着如下一层推论:朝廷打扫得洁净,说明徭役赋税沉重,而徭役赋税沉重,必然导致刑狱诉讼之事繁多。 ④不得无术而效之:无,不。术,学习。不得不学习和仿效他们 ⑤五声之长:五声,指宫、商、角、徵、羽五音,这里指代各种乐器。各种乐器的统帅。 ⑥诸乐:各种乐器。 ⑦厌:丰足。 ⑧盗竽:竽为乐器之长,故以盗竽指代盗贼的统帅。

　　人无愚智,莫不有趋舍①。恬淡平安,莫不知祸福之所由来。得于好恶,怵于淫物②,而后变乱。所以然者,引于外物,乱于玩好也。恬淡有趋舍之义,平安知祸福之计。而今也玩好变之,外物引之,引之而往,故曰"拔"。至圣人不然,一建其趋舍③,虽见所好之物不能引,不能引之谓"不拔"。一于其情,虽有可欲之类,神不为动,神不为动之谓"不脱"。为人子孙者体此道,以守宗庙不灭之谓"祭祀不绝"④。身以积精为德,家以资财为德,乡国天下皆以民为德。今治身而外物不能乱其精神,故曰:"修之身,其德乃真。"真者,慎之固也。治家,无用之物不能动其计则资有余,故曰:"修之家,其德有余。"治乡者行此节,则家之有余者益众,故曰:"修之乡,其德乃长。"治邦者行此节,则乡之有德者益众,故曰:"修之邦,其德乃丰。"莅天下者行此节,则民之生莫不受其泽,故曰:"修之天下,其德乃普。"修身者以此别君子小人,治乡治邦莅天下者各以此科适观息耗则万不失一⑤,故曰:"以身观身,以家观家,以乡观乡,以邦观邦,以天下观天下。吾奚以知天下之然以此。"

【译文】 人不分愚昧聪明,都会有所追求,有所舍弃。心境恬淡平静的时候,没有不知道祸福产生的原因的。因为好恶而求取,受到奢侈玩物的诱惑,就会发生变乱。为什么会这样呢? 因为受了外物的引诱和玩物的扰乱。心境恬淡,就知道追求和舍弃的准则,心境平安,就知道灾祸和幸福的计虑。现在因为玩好而变乱,受到外物的引诱,受到引诱就跟着去,老子称之为"拔"。而圣人不是这样的,专心固守他追求与舍弃的准则,即使看见喜欢的东西也不会被引诱,不会被引诱就叫做"不拔"。他的情志专一,虽然也有希望得到的东西,但精神不会被扰动,精神不被扰动就叫做"不脱"。做子孙的懂得这个道理,依循这个道理来保守国家不使之灭亡,这就叫做"宗庙的祭祀不断绝"。身体以积聚精神为有德,家庭以蓄积资财为有德,乡里、国家、天下都以会集人民为有德。现在修养自身,使他的精神不被外物扰乱,所以老子说："修养自身,他的德性就是真诚。"所谓真诚,就是实在而专一。治理家庭,无用的东西不能动摇他的计划,家庭的财产就会有余,所以老子说:"治理家庭,他的德性就是有余。"治理乡里的人按这个原则行事,那么家有余财的人家就会越来越多,所以老子说:"治理乡里,他的德性就是增长。"治理国家的人按这种原则做事,那么乡里有德性的人就会越来越多,所以老子说:"治理国家,他的德性就是丰盛。"统治天下的人按这种原则做事,那么人民都会受到他的恩泽,所以老子说:"治理天下,他的德性就是普遍。"修养自身的人根据这个原则来区别君子和小人,治理乡里、国家乃至统治天下的人,各自依据这个原则来仔细观察事物的盛衰盈亏就会万无一失,所以老子说:"从自身来观察自身,从家庭来观察家庭,从乡里来观察乡里,从国家来观察国家,从天下来观察天下。我怎么知道天下是这个样子,就是依据这个原则。"

【注释】　①趋舍:趋,追求,舍,舍弃。　②怵(xù)于淫物:怵,诱导,诱惑。淫物,奢华无用的玩物。受到奢侈玩物的诱惑。　③一建:专心固守。　④以守宗庙不灭:守,保守,守卫。宗庙不灭,指代国家社稷不灭亡。　⑤以此科适(dì)观息耗:科,条目,法式。适,通"谛",注意,仔细。息耗,消长,指事物的盛衰、盈亏、吉凶等。依据这个原则来仔细观察事物的盛衰盈亏。

喻老第二十一

喻老,就是用譬喻来说解、阐发《老子》的思想。《解老》是依据自己的理解来解释《老子》原文,此文则是用历史故事、寓言传说来譬喻老子微妙的道理,同时阐发自己的哲学思想、政治思想。

天下有道无急患则曰静,遽传不用①,故曰:"却走马以粪。"天下无道,攻击不休,相守数年不已,甲胄生虮虱,燕雀处帷幄,而兵不归,故曰:"戎马生于郊。"

【译文】 天下有道,没有急事和灾祸就叫做"静",驿马和传车也用不着了,所以老子说:"良马歇息下来积粪肥田。"天下无道,相互攻战防守数年不停止,铠甲常年穿在身上生出了虮虱,燕雀在军帐上做了窝巢,军队仍然不能返回,所以老子说:"军马在城郊生下了小马。"

【注释】 ①遽传:古代用来传递紧急公文的驿马和传车。

翟人有献丰狐、玄豹之皮于晋文公①,文公受客皮而叹曰②:"此以皮之美自为罪。"夫治国者以名号为罪,徐偃王是也③。以城与地为罪,虞、虢是也④。故曰:"罪莫大于可欲。"

【译文】 有一个狄族人给晋文公进献大狐和黑豹的皮,晋文公接受了他的大狐皮和黑豹皮,感叹说:"大狐和黑豹,因为它们的皮太美而招来了灾祸。"治理国家因为名号而招致灾难的,就有徐偃王。因为城郭和土地而招来灾祸的,有虞国和虢国,所以老子说:"祸殃没有比拥有可以引起别人欲望的东西更大的了。"

【注释】 ①翟:同"狄",古代的一种少数民族,主要居住在北方,后来也被作为中原人对北方少数民族的泛称。丰狐:大狐。玄豹:黑色的豹子。晋文公:名重耳,春秋时晋国的国君,春秋五霸之一,公元前636～前628年在位。 ②客:古代对人的一种客气的称呼。 ③徐偃王:相传为周穆王时徐国的国君,以好行仁义而闻名,因此遭到楚国的忌恨,被楚国诛灭。 ④虞、虢灭国事详见《十过》。

智伯兼范、中行而攻赵不已①,韩、魏反之,军败晋阳,身死高梁之东②,遂卒被分,漆其首以为溲器③,故曰:"祸莫大于不知足。"

【译文】 智伯兼并了范氏和中行氏两家之后,又接连攻打赵氏,韩氏和魏氏背叛了他,智伯的军队在晋阳战败,被杀害在高梁的东边,土地被瓜分,头颅被砍下来漆上漆做了酒器,所以老子说:"灾祸没有比不知足更大的了。"

【注释】 ①智伯攻赵被灭事详见《十过》。 ②高梁:晋国地名,在今山西临汾市东北。 ③溲(sōu)器:溲,古同"馊",白酒。酒器。

虞君欲屈产之乘,与垂棘之璧,不听宫之奇,故邦亡身死,故曰:"咎莫憯于欲得。"

【译文】 虞国君主想得到屈地出产的骏马,和垂棘出产的玉璧,不听从宫之奇的进谏,最终导致国家灭亡,自己身死,所以老子说:"灾祸没有比贪取更惨痛的了。"

邦以存为常①,霸王其可也。身以生为常,富贵其可也。不欲自害则邦不亡身不死②,故曰:"知足之为足矣。"

【译文】 国家以能保存为根本,这样才可能谋取霸王的功业。身体以生存为根本,这样才可能谋取富贵荣华。不以贪取危害自己,国家就不会灭亡,自己也不会死掉,所以老子说:"知道满足才能够满足。"

【注释】 ①常:根本。 ②不欲:不贪取。

楚庄王既胜晋于河雍①,归而赏孙叔敖②,孙叔敖请汉间之地③,沙石之处。楚邦之法,禄臣再世而收地,唯孙叔敖独在。此不以其邦为收者,瘠也,故九世而祀不绝。故曰:"善建不拔,善抱不脱,子孙以其祭祀世世不辍。"孙叔敖之谓也。

【译文】 楚庄王在河雍战胜了晋国军队,回国后大赏孙叔敖,孙叔敖请求把汉水附近的沙石田当做自己的封地。按楚国的法律,受封者的第二代土地就要被收回,唯独孙叔敖的土地仍在。他的土地没有被收回去,是因为太贫瘠了。所以延续到第九世仍然可以祭祀祖宗。所以老子说:"善于建立的不会被拔除,善于抱持的不可能脱手,子孙得以世代祭祀而不断绝。"说的就是孙叔敖这样的人。

【注释】 ①楚庄王既胜晋于河雍:楚庄王,春秋时代楚国的国君,春秋五霸之一,公元前613~前591年在位。既胜晋于河雍,指公元前597年的晋楚邲之战。 ②孙叔敖:楚庄王时楚国的宰相,在晋楚邲之战中辅佐楚庄王大败晋军。　③汉间之地:汉水附近的土地。

　　制在己曰重,不离位曰静。重则能使轻,静则能使躁。故曰:"重为轻根,静为躁君①。"故曰:"君子终日行不离辎重也②。"邦者,人君之辎重也。主父生传其邦③,此离其辎重者也。故虽有代、云中之乐④,超然已无赵矣⑤。主父,万乘之主,而以身轻于天下⑥,无势之谓轻,离位之谓躁,是以生幽而死。故曰:"轻则失根,躁则失君。"主父之谓也。

【译文】　法度由自己掌握就叫做威重,谨守自己的位置而不离开就叫做宁静。威重就能够役使没有权势的人,宁静就能够役使浮躁的人。所以老子说:"威重是轻贱的根本,宁静是浮躁的主宰。"所以又说:"君子整天行路都不离开辎重。"国家,就是君主的辎重,主父在活着的时候就把君位传给了儿子,这就是离开了他的辎重,所以虽然拥有代、云中饮酒五日的欢乐,却因为已经失掉赵国而失意不乐了。主父,是万乘之国的君主,却把自己变成了天下轻贱的人。没有权势就叫做轻贱,离开自己的位置就叫做浮躁。所以被活活地幽禁在沙丘宫中以致最后饿死。所以老子说:"轻贱就失去了根本,浮躁就丧失了主宰。"说的就是主父这样的人。

【注释】　①君:主宰。　②辎重:外出时携载的物资。　③主父:即赵武灵王。赵武灵王年老之后,自称主父而传位给少子何,即惠文王,而封长子章为安阳君。后公子章起兵作乱,公子成和李兑率兵打败了公子章,公子章逃往沙丘宫,想依靠主父得到庇护。公子成和李兑率兵围困沙丘宫,杀了公子章,放走了除主父之外的所有人,主父被困宫中,最后饿死。　④代、云中之乐:代与云中,是赵国的两个郡。主父在传位少子之后,亲身率军北攻,灭中山国,经营北方成功,回到国都后,行赏大赦,置酒聚饮五天。代、云中之乐,当指此事。　⑤超然:怅然,失意不乐。　⑥以身轻于天下:使自己变成了天下轻贱的人。

　　势重者①,人君之渊也。君人者势重于人臣之间,失则不可复得也。简公失之于田成,晋公失之于六卿,而邦亡身死。故曰:"鱼不可脱于深渊。"赏罚者,邦之利器也,在君则制臣,在臣则胜君。君见赏,臣则损之以为德;君见罚,臣则益之以为威。人君见赏而人臣用其势,人君见罚而人臣乘其威。故曰:"邦之利器不可以示人。"

【译文】　君主拥有权势,就像鱼在深潭中一样。君主的权势存在于群臣当中,丧失了就不可能再重新取得了。齐简公的权势丧失给了田成,晋国君主的权势丧失给了六卿,所以国家被灭亡,自身也被杀害。所以老子说:"鱼是不能离开深渊的。"赏罚是统治国家最有效的工具,由君主掌握就能控制群臣,由大臣掌握就能克制君主。君主表现出赏赐的意愿,大臣就加以减损施于他人来作为自己的恩德;君主表现出责罚的意愿,大臣就加以增益来加重自己的权威。君主表现出赏赐的意愿大臣就会利用君主的权势,君主表现出责罚的意愿大臣就会利用他的威重。所以老子说:"治理国家的利器是不能拿给别人看的。"

【注释】 ①势重:即权势。

越王入宦于吴①,而观之伐齐以弊吴②。吴兵既胜齐人于艾陵③,张之于江、济④,强之于黄池⑤,故可制于五湖⑥。故曰:"将欲翕之⑦,必固张之;将欲弱之,必固强之。"晋献公将欲袭虞,遗之以璧马⑧;知伯将袭仇由⑨,遗之以广车。故曰:"将欲取之,必固与之。"起事于无形⑩,而要大功于天下⑪,是谓微明⑫。处小弱而重自卑谓损弱胜强也⑬。

【译文】 越王勾践到吴国侍奉吴王,就示意吴王攻打齐国以使吴国疲困。吴国军队在艾陵战胜齐国军队之后,势力扩张到了长江和济水一带,在黄池会盟中与诸侯争强,所以越国便能够在太湖一带将吴国制伏。所以老子说:"打算收敛他,就一定要先让他伸张;打算削弱他,就一定要先让他强盛。"晋献公打算偷袭虞国,先赠给虞国君主玉璧宝马;知伯打算攻打仇由,先送给他大车。所以老子说:"打算向他夺取,就一定要先给他。"不露形迹地起兵,就能在天下创获大的功业,这就叫做懂得幽眇的道理而收获显著的功效。处于弱小的位置并谨慎地克制自己就是以弱胜强。

【注释】 ①越王勾践入吴一事详见《二柄》注。 ②观之伐齐以弊吴:观,示意。弊,疲困。示意吴王攻打齐国以使吴国疲困。 ③艾陵:齐国地名,在今山东省莱芜市东北。 ④张:扩张。 ⑤黄池:春秋时地名,初属卫,后属宋,公元前482年,吴王夫差在此召集诸侯会盟,史称"黄池之会"。 ⑥五湖:指太湖及附近湖泊。 ⑦翕(xī):收敛,收缩。 ⑧其事详见《十过》。 ⑨仇由:春秋时由狄人建立的国家。 ⑩起事:起兵。 ⑪要大功:求取大功。 ⑫微明:懂得幽眇的道理而收到显著的功效。 ⑬损弱胜强:损,减少。减少弱小而战胜强大,即今天所说的"以弱胜强"。

有形之类①,大必起于小;行久之物,族必起于少。故曰:"天下之难事必作于易,天下之大事必作于细。"是以欲制物者于其细也。故曰："图难于其易也，为大于其细也。"千丈之堤以蝼蚁之穴溃，百尺之室以突隙之烟焚②。故白圭之行堤也塞其穴③，丈人之慎火也涂其隙④。是以白圭无水难，丈人无火患。此皆慎易以避难，敬细以远大者也。扁鹊见蔡桓公⑤，立有间，扁鹊曰："君有疾在腠理⑥，不治将恐深。"桓侯曰："寡人无。"扁鹊出，桓侯曰："医之好治不病以为功。"居十日，扁鹊复见曰："君之病在肌肤，不治将益深。"桓侯不应。扁鹊出，桓侯又不悦。居十日，扁鹊复见曰："君之病在肠胃，不治将益深。"桓侯又不应。扁鹊出，桓侯又不悦。居十日，扁鹊望桓侯而还走。桓侯故使人问之，扁鹊曰："疾在腠理，汤熨之所及也；在肌肤，针石之所及也⑦；在肠胃，火齐之所及也⑧；在骨髓，司命之所属⑨，无奈何也。今在骨髓，臣是以无请也。"居五日，桓公体痛，使人索扁鹊，已逃秦矣，桓侯遂死。故良医之治病也，攻之于腠理，此皆争之于小者也。夫事之祸福亦有腠理之地，故曰圣人蚤从事焉。

【译文】　各种有形体的物体，大的一定是由小的滋长而成的；历时长久的事物，多的一定是由少的聚集而来的。所以老子说："天下困难的事情，都是由容易的事情开始的，天下重大的事情，都是由细小的事情发生的。"因此想要控制事物就要从它很细微的时候开始。所以老子说："图谋困难的事情要从简单处开始，做大事情要从小事开始。"千丈长堤会因为蝼蛄、蚂蚁的洞穴而崩溃，百尺的大屋会因为烟囱裂缝中的火星而焚毁。所以白圭巡视堤坝要堵塞蚂蚁的洞穴。老年人防备失火，要泥涂烟囱的裂缝。所以白圭没有遭受水难，老年人也没有遇到火灾。这都是谨慎对待容易的事情来避免灾难、警惕细微的漏洞来远离大祸的例子。扁鹊谒见蔡桓公时，站了一会儿，扁鹊说："君主您生病了，病灶在皮肤的毛孔里，不治疗恐怕会深重。"桓侯说："我没有病。"扁鹊出去之后，桓侯说："医生喜欢给没有病的人治病，并以此作为自己的功劳。"过了十天，扁鹊又谒见桓侯，说："君主的病已经深入到肌肉了，不加以治疗会更加深重。"桓侯没有回答。扁鹊出去后，桓侯很不高兴。又过了十天，扁鹊第三次谒见，说："君主的病在肠胃里，不治疗将更深重。"桓侯又没有回答，扁鹊出去后，桓侯又很不高兴。又过了十天，扁鹊远远看见桓侯后赶紧跑走了。桓侯因此派人询问他，扁鹊说："病在皮肤的毛孔里，热敷按摩就可以治好；病在肌肉里，用石针扎刺就可以治好；病在肠胃里，用火齐汤就可以治好；病进入了骨髓，就由司命主管了，我没有任何办法了。

现在君主的病已经深入骨髓,所以我就没有请求治疗了。"过了五天,桓公身体疼痛,派人寻找扁鹊,他已经逃到秦国去了,桓侯于是病死了。所以良医治病,要趁病还在皮肤毛孔里时予以治疗,这是为了争取在疾病初生时去除它。世事的祸福也有像疾病初发于皮肤毛孔一样的时机,所以圣人趁早处理事务。

【注释】 ①有形之类:即有形体的物体。 ②突隙之熛(biāo):突隙,烟囱的裂缝。熛,火焰。烟囱裂缝中的火星。 ③白圭:名丹,战国时魏国人,曾为魏宰相,善于治水。④丈人:古代对老年人的尊称。 ⑤扁鹊:原为传说中黄帝时的神医,春秋时代的秦越人,因为医术高超,被时人尊称为"扁鹊"。蔡桓公:下文称之为"桓侯"。蔡桓侯为春秋初期蔡国的国君,与扁鹊相去二百余年,故知此"桓侯"非蔡桓侯,但不可确指应为何人。 ⑥腠理:中医指皮下肌肉之间的空隙和皮肤、肌肉的纹理。 ⑦针石:用砭石制成的石针。古代针灸用石针,后世用金针。 ⑧火齐:即火齐汤,古代清火的汤药名。⑨司命:掌管人生死的神。

　　昔晋公子重耳出亡过郑①,郑君不礼,叔瞻谏曰②:"此贤公子也,君厚待之,可以积德。"郑君不听。叔瞻又谏曰:"不厚待之,不若杀之,无令有后患。"郑君又不听。及公子返晋邦,举兵伐郑,大破之,取八城焉。晋献公以垂棘之璧假道于虞而伐虢,大夫宫之奇谏曰③:"不可。唇亡而齿寒,虞、虢相救,非相德也。今日晋灭虢,明日虞必随之亡。"虞君不听,受其璧而假之道。晋已取虢,还,反灭虞。此二臣者皆争于腠理者也,而二君不用也。然则叔瞻、宫之奇亦虞、郑之扁鹊也④,而二君不听,故郑以破,虞以亡。故曰:"其安易持也,其未兆易谋也。"

【译文】 从前晋国公子重耳逃亡经过郑国,郑国的国君对他很没有礼貌,叔瞻进谏说:"这是一位贤能的公子,君主好好地招待他,就能够积累善行。"郑国君主不采纳他的意见,叔瞻又进谏说:"不能好好地招待他,就不如杀了他,不要留下后患。"郑国君主又不听取他的意见。等公子重耳返回晋国继承君位后,兴兵攻伐郑国,打败郑国后夺取了八座城池。晋献公用垂棘之璧来向虞国借路去攻打虢国,虞国大夫宫之奇进谏说:"不行。嘴唇没有了,牙齿会感到寒冷。虞、虢两国相互救助,不是相互施行恩德。今天晋国灭了虢国,明天虞国一定会跟着被灭。"虞国君主不听宫之奇的话,接受了晋国的玉璧并借了路。晋国已经攻取虢国,回国时反过来灭了虞国。叔瞻和宫之奇都争取在灾祸初起的时候消灭它,可是这两位君主不采用他们的建议。如此看来,叔瞻和宫之奇也是郑国和虞国的扁鹊,可是两位君主不听用他们的建议,所以郑国被攻破,虞国被灭亡。所以老子说:"安稳的时候容易保持,在祸端还没有显示的时候容易筹划。"

【注释】　①重耳:人名,即春秋五霸之一的晋文公,公元前636～前628年在位。晋文公的父亲晋献公在位时,宠爱骊姬,他听信骊姬的谗言杀害了太子申生,他的另外两个儿子夷吾和重耳出逃。重耳逃亡各国十九年之久,之后终于在秦穆公的帮助下回国继承了君位,成为晋国历史上最有作为的君主之一。　②叔瞻:一作"叔詹",人名,春秋时郑国的大夫。　③宫之奇:人名,春秋时虞国的大臣。　④扁鹊:原为传说中黄帝时的神医,春秋时代的秦越人,因为医术高超,被时人尊称为"扁鹊"。

　　昔者纣为象箸而箕子怖①。以为象箸必不加于土铏②,必将犀玉之杯③。象箸玉杯必不羹菽藿④,则必旄象豹胎⑤。旄象豹胎必不衣短褐而食于茅屋之下⑥,则锦衣九重,广室高台。"吾畏其卒,故怖其始。"居五年,纣为肉圃,设炮烙⑦,登糟邱,临酒池,纣遂以亡。故箕子见象箸以知天下之祸,故曰:"见小曰明。"

【译文】　从前商纣王用象牙做筷子箕子就感到害怕,认为象牙筷子一定不会使用在泥土烧成的器皿上,一定就会使用犀牛角和美玉做成的杯子。使用象牙筷子美玉杯子,就一定不会盛满用豆类叶子做成的菜汤,那么一定就是用幼兽的肉做成的肉汤了。盛满幼兽肉做成的肉汤,就一定不会穿着粗布短衣,坐在茅草做成的房子下吃饭,那么就一定会穿起层层的锦绣之衣,建起宽敞高大的房子。"我对最后的结果感到畏惧,所以在一开始就害怕。"过了五年,商纣用肉做成园圃,设置了炮烙来烤肉,登上酒糟堆成的小山,来到酒池边饮酒,商纣便因此灭亡了。箕子看见象牙筷子,就能推知天下将出现祸乱,所以老子说:"能够看到细微的征兆就是明察。"

【注释】　①纣:商代的最后一位国君,嗜酒好色、暴虐无道,为炮烙之刑,剖比干之心,导致天下大乱,诸侯背离。周武王率诸侯伐纣,牧野之战中纣王兵败自焚。箕子:商纣王的叔父,进谏商纣不听,在比干被杀之后便装疯以避祸,因而被商纣囚禁,武王灭商后,箕子被封于朝鲜。　②土铏(xíng):铏,盛汤羹的器皿。土铏即用陶土烧制的器皿。　③犀玉之杯:指用犀牛角和美玉做成的杯子。　④菽藿:豆和豆叶,泛指粗劣的杂粮。　⑤旄象豹胎:旄,即牦牛。牦牛、大象、豹子的胎儿,指代幼兽。　⑥短褐:粗布短衣,这是古代贫贱者或奴仆所穿的衣服。　⑦炮烙:一种烤肉的工具,后来被改造成为一种刑具。这里炮烙与肉圃、糟邱、酒池类列,极言其饮食之奢侈,与炮烙之刑无涉。

　　勾践入宫于吴①,身执干戈为吴王洗马,故能杀夫差于姑苏②。文王见羁于王门③,颜色不变,而武王擒纣于牧野④。故曰:"守柔曰强。"越王之霸也不病宦,武王之王也不病胥。故曰:"圣人之不病也,以其不病,是以无病也。"

【译文】 越王勾践亲身到吴国侍奉吴王,拿着干戈给吴王洗马,所以最终能够在姑苏杀掉吴王夫差。周文王在玉门遭到拘系,脸色没有任何改变,所以他的儿子武王就能在牧野擒捉纣王。所以老子说:"保持柔弱就是刚强。"越王勾践称霸天下,不因为侍奉吴王而感到耻辱,武王统治天下,不因父亲遭到责骂而感到耻辱。所以老子说:"圣人没有耻辱,因为他不感到耻辱,所以就没有耻辱。"

【注释】 ①越王勾践入吴一事详见《二柄》注。 ②姑苏:春秋时吴国的都城,即今江苏省苏州市。 ③文王见羁于王门:文王,即周文王,商朝末年为西伯,事纣王,纣王听信崇侯虎之言疑其造反,曾囚之于羑里。羁,拘系。原文做"晋",据《吕氏春秋》及《战国策·赵策》改为"羁"。王门,即玉门,指纣王宫室里用玉石做的门。文王在玉门被商纣王拘系。 ④牧野:商纣都城朝歌的近郊,在今河南省淇县南。

宋之鄙人得璞玉而献之子罕①,子罕不受,鄙人曰:"此宝也,宜为君子器,不宜为细人用。"子罕曰:"尔以玉为宝,我以不受子玉为宝。"是鄙人欲玉,而子罕不欲玉。故曰:"欲不欲,而不贵难得之货。"

【译文】 宋国有一个乡下人得到了一块璞玉并把它进献给子罕,子罕不肯接受,乡下人说:"这是宝物,适宜给君子做器物,不适合小人使用。"子罕说:"你把玉当成宝物,我则把不接受你的玉当成宝物。"这是因为乡下人希求玉,而子罕不希求玉。所以老子说:"把没有欲望作为追求,就不会看重那些不容易获得的财物。"

【注释】 ①鄙人:乡野之人。子罕:即宋国大夫乐喜,任司城一职,又称司城子罕。

王寿负书而行①,见徐冯于周涂②,冯曰:"事者,为也。为生于时,知者无常事③。书者,言也。言生于知,知者不藏书。今子何独负之而行?"于是王寿因焚其书而舞之④。故知者不以言谈教,而慧者不以藏书箧。此世之所过也,而王寿复之,是学不学也。故曰:"学不学,复归众人之所过也。"

【译文】 王寿背着书走路,在大路上遇到徐冯,徐冯说:"事功,是人的作为。人的作为是由时势产生的,聪明的人没有永恒的事功。书,是人的语言。语言产生于智慧,聪明的人不收藏书籍。今天您为什么偏偏要背着它走路呢?"王寿就烧着了他的书并舞动它们。所以聪明的人不用言语来说教,有才智的人不收藏书策。这是世人认为错误的做法,而王寿却重复做了这样的事情,这就是效法那些不学习的人。所以老子说:"学习那些不学习的人,就是重新回到众人认为错误的做法上了。"

【注释】　①王寿:人名,生平不详。　②徐冯:人名,生平不详。周涂:大路。　③知:通"智"。　④舞:舞蹈,这里指晃动着火的书使之在空中飞舞。

　　夫物有常容,因乘以导之,因随物之容。故静则建乎德,动则顺乎道。宋人有为其君以象为楮叶者,三年而成。丰杀茎柯①,毫芒繁泽,乱之楮叶之中而不可别也。此人遂以功食禄于宋邦。列子闻之曰:"使天地三年而成一叶,则物之有叶者寡矣。"故不乘天地之资,而载一人之身②;不随道理之数,而学一人之智;此皆一叶之行也。故冬耕之稼,后稷不能美也③;丰年大禾,臧获不能恶也④。以一人力,则后稷不足;随自然,则臧获有余。故曰:"恃万物之自然而不敢为也。"

【译文】　物体有固常的形态,依据这种常态可以引导它,因而要顺应物体的常态。所以安静的时候就能建立德行,行动的时候就能顺应道理。宋国有个人为君主用象牙雕琢楮树的叶子,用时三年终于雕成。茎枝的大小适当,茎脉分明,树叶边缘毫毛的细尖也光泽闪动,把它混杂在一堆楮叶之中就难辨真假。这个人因此有功而在宋国做了官。列子听到这件事后说:"假如让天地也花三年的时间来创造一片树叶,那么万物有叶子的就很少了。"所以不顺应天地赋予的本性,而靠一个人的力量去施行,不顺应道理的必然性,而模仿一个人的才智,这都是雕琢一片叶子的行为。所以如果要在冬天耕种,即使后稷也不能获得丰收,丰收之年禾苗苗壮,即使奴婢耕作也不可能歉收。靠个人的力量,后稷也会感到不丰足,顺应自然,即使奴婢也能有剩余。所以老子说:"依靠万物自然的规律而不敢造作。"

【注释】　①丰杀茎柯:丰杀,指树叶的大小与薄厚。茎柯,树叶的茎脉。　②载:施行。③羡:丰收。　④臧获:古代对奴婢的贱称。恶:收成不好,歉收。

　　空窍者①,神明之户牖也②。耳目竭于声色,精神竭于外貌,故中无主。中无主则祸福虽如丘山无从识之,故曰:"不出于户,可以知天下;不窥于牖,可以知天道。"此言神明之不离其实也。

【译文】　眼耳口鼻等五官孔窍,是精神的门窗。耳目的作用全部用在声色之上,精神也会全部耗费在事物外在的表现形态上,所以中心就没有了主宰。中心没有了主宰，祸福即使像山丘那么大，也就没有办法识别了。所以老子说："不从门户出去，可以知道天下的事情；不从窗口窥视，可以知道自然界的规律。"这是说人的内心安宁，不受外物侵扰而耗费精神。

【注释】　①空窍：空，读为"孔"。指人的眼耳口鼻。　②神明不离其实：神明，指人的精神，心思。实，实体，这里指人的身体。人的精神不离开他的身体。意指人的内心安宁，不受外界事物的侵扰而耗费精神。

赵襄主学御于王于期①，俄而与于期逐，三易马而三后。襄主曰："子之教我御术未尽也。"对曰："术已尽，用之则过也。凡御之所贵，马体安于车，人心调于马，而后可以进速致远。今君后则欲逮臣，先则恐逮于臣。夫诱道②争远，非先则后也。而先后心皆在于臣，尚何以调于马？此君之所以后也。"白公胜虑乱③，罢朝，倒杖策而锐贯颐④，血流至于地而不知。郑人闻之曰："颐之忘，将何不忘哉！"故曰："其出弥远者，其智弥少。"此言智周乎远，则所遗在近也，是以圣人无常行也。能并智，故曰："不行而知。"能并视，故曰："不见而明。"随时以举事，因资而立功，用万物之能而获利其上，故曰："不为而成。"

【译文】　赵襄子跟着王于期学习驾车，不久之后和于期比赛，三次和于期换马三次都落在了后面。襄子说："您教我驾车没有把技术都教给我。"于期回答说："技术都教给你了，是你使用得不对。驾车最看重的，是马的身体套在车上要安适，自己的心思要和马协调，这样才可以跑得快，到得远。现在您落在了后面就只想着要赶上我，跑在了前面就担心被我赶上。凡是引导着马在道路上奔跑比赛，不是超前就是落后。无论您是超前还是落后，心思都在我的身上，又怎么能和马协调起来呢？这就是您落后的原因。"白公胜考虑作乱的事情，退朝回来，手里倒拿着马鞭，马鞭上的尖刺穿透了下巴，血流到地上了都不知道。郑国人听到这件事情，说："连自己的下巴都忘记了，还有什么不能忘记呢？"所以老子说："心思跑得越远，智识就越少。"这是说对于远处的事情考虑得很周全，那么近旁的事情就被遗忘了。所以圣人没有永远不改变的行为，能同时考虑远近的事情，所以老子说："不行动就知道。"能同时看到远近的事情，所以老子说："不察看就能明晓。"顺应时势而行事，依据条件来立功，利用万物的本性来获取利益，所以老子说："不作为而有成就。"

【注释】　①赵襄主学御于王于期：赵襄主，即赵襄子，名毋恤，春秋末晋国六卿之一，与韩、魏联合灭智伯而分晋。王于期，即王良，字于期，赵襄子的家臣，以善驭车马闻名。
②诱道：即诱导，引导。　③白公胜：春秋时楚平王太子建的儿子。太子建在楚国受迫害，逃到郑国，又被郑人杀害，其子胜逃往吴国，楚惠王继位后召胜回国，让他居住在楚国的边地，号称白公。白公胜为报父仇再三要求攻打郑国，其时正好晋国伐郑，楚惠王派兵救郑，白公怒而作乱，兵败自杀。　④倒杖策而锐贯颐(yí)：杖，握，拿。颐，即"颐"，下巴。倒拿着马鞭，马鞭上的尖刺穿透了下巴。

楚庄王莅政三年①，无令发，无政为也。右司马御座而与王隐曰②："有鸟止南方之阜③，三年不翅不飞不鸣，嘿然无声④，此为何名？"王曰："三年不翅，将以长羽翼。不飞不鸣，将以观民则⑤。虽无飞，飞必冲天；虽无鸣，鸣必惊人。子释之，不谷知之矣。"处半年，乃自听政，所废者十，所起者九，诛大臣五，举处士六⑥，而邦大治。举兵诛齐，败之徐州，胜晋于河雍，合诸侯于宋，遂霸天下。庄王不为小害善⑦，故有大名；不蚤见示，故有大功。故曰："大器晚成，大音希声。"

【译文】　楚庄王执掌朝政三年，没有发布任何命令，没有任何政治作为。右司马侍坐时用隐语劝谏楚庄王说："有一只鸟停落在南方的山丘上，三年之间不张翅，不飞翔，不鸣叫，沉静得没有一点声音，这是什么鸟啊？"楚庄王说："三年不张开翅膀，是为了让羽翼更加丰满，不飞翔不鸣叫，是为了认识治民的方法。虽然没有飞动，一旦飞起来必然会冲上云天，虽然没有鸣叫，一旦叫起来，必然会震惊众人，你不要再说了，我已经知道了。"又过了半年，楚庄王才亲自处理朝政，废弃的职官有十种，新立的职官有九种，诛杀的大臣有五人，提拔的处士有六人，楚国被治理得政治清明，社会安定。派兵攻打齐国，在徐州打败了齐军，在河雍战胜晋国军队，在宋国召集诸侯会盟，称霸天下。楚庄王不做一些小事情来妨碍他的成功，所以能成就大名，不早早显示自己的意愿，所以能成就大功。所以老子说："贵重的器物要经过很长时间才能制成，宏大的音响是很少发出声音的。"

【注释】　①莅政：掌管政事。　②右司马御座而与王隐曰：右司马，官名。御座，侍坐。隐，用隐语劝谏。右司马侍坐时用隐语劝谏。　③阜：山丘。　④嘿(mò)然：沉默无言的样子。　⑤民则：治民的方法。　⑥处士：本指有才德而隐居不仕的人，后亦泛指未做过官的士人。　⑦善：成功。

楚庄王欲伐越①，杜子谏曰②："王之伐越何也？"曰："政乱兵弱。"杜子曰："臣愚患之。智如目也，能见百步之外而不能自见其睫。王之兵自败于秦、晋,丧地数百里,此兵之弱也。庄𫏋为盗于境内而吏不能禁③,此政之乱也。王之弱乱非越之下也,而欲伐越,此智之如目也。"王乃止。故知之难,不在见人,在自见。故曰:"自见之谓明。"

【译文】 楚庄王打算攻打越国,杜子进谏说:"大王您攻打越国是什么原因呢?"楚王回答说:"越国政治混乱,军队疲弱。"杜子说:"我为此很担心。一个人的智慧就像眼睛一样,可以看到百步之外的东西却看不见自己的眼睫毛。您的军队被秦国与晋国军队打败,丧失了土地几百里,这就是军队疲弱的表现。庄𫏋在国内造反而官府不能禁止,这就是政治混乱的表现。大王您的疲弱和混乱并不在越国之下,却想去攻打越国,所以说人的智识就像那眼睛一样。"楚王听了之后就放弃了这件事。所以聪智是很难达到的,困难不在于看不见别人,而在于认清自己。所以老子说:"能够认清自己就是很明智了。"

【注释】 ①楚庄王:春秋时代楚国的国君,春秋五霸之一,公元前613~前591年在位。但楚庄王与庄𫏋不同时,故有人认为此楚王应为楚威王。 ②杜子:人名,事迹不详。 ③庄𫏋:人名,楚威王时的一个大盗。

子夏见曾子①,曾子曰:"何肥也?"对曰:"战胜故肥也。"曾子曰:"何谓也?"子夏曰:"吾入见先王之义则荣之②,出见富贵之乐又荣之,两者战于胸中,未知胜负,故臞③。今先王之义胜,故肥。"是以志之难也,不在胜人,在自胜也。故曰:"自胜之谓强。"

【译文】 子夏拜访曾子,曾子说:"你为什么这么胖呢?"子夏回答说:"作战取得了胜利,所以就胖了。"曾子问:"这是什么意思呢?"子夏说:"我回到家中看到先王传下来的道义,感到非常快乐,出门看见富贵享乐,也觉得很快乐,这两者常常在心中打架,不知道谁胜谁败,所以就消瘦了。现在先王之义取得了胜利,所以就胖了。"因此意志的困难,不在于战胜别人,而在于战胜自己。所以老子说:"能够战胜自己就是坚强。"

【注释】 ①子夏:姓卜名商,字子夏,春秋时卫国人,孔子弟子,长于学问,孔子去世后,子夏到魏国西河讲学,做了魏文侯的老师。曾子:名参,字子舆,春秋时鲁国人,孔子弟子,后世尊称为宗圣。 ②荣:快乐。 ③臞(qú):消瘦。

周有玉版①,纣令胶鬲索之②,文王不予③,费仲来求④,因予之。是胶鬲贤而费仲无道也。周恶贤者之得志也⑤,故予费仲。

文王举太公于渭滨者⑥，贵之也；而资费仲玉版者，是爱之也。故曰："不贵其师，不爱其资，虽知大迷，是谓要妙⑦。"

【译文】　周国有一个珍贵的玉版，商纣王派胶鬲来索要，文王不给他，又派费仲来索要，于是就给了费仲。这是因为胶鬲贤良而费仲是个无道的奸臣。周人害怕贤臣在商纣跟前实现志愿，所以把玉版交给了费仲。文王从渭河的河畔举用姜太公的原因，是由于对他的尊敬，而把玉版交给费仲的原因，是因为爱护他。所以老子说："不尊重自己的师长，不爱护可以依赖的条件，虽然自以为聪智，其实是最大的愚昧，这就叫做精深微妙。"

【注释】　①周有玉版：周，即仍为商朝诸侯国的周国。玉版，古代用以刻字的玉片，亦泛指珍贵的典籍。　②胶鬲：人名，商纣王的贤臣。　③文王：即周文王姬昌。　④费仲：人名，商纣王的宠臣。　⑤恶：害怕。　⑥太公：即姜尚，又称吕尚，字尚父，人称姜太公或太公望。辅佐文王、武王灭商纣之后被封于齐国。　⑦要妙：精深微妙。

说林上第二十二

　　说林,就是历史故事和民间传说的汇集。《史记·韩非传》索隐解释说:"《说林》者,广说诸事,其多若林,故曰《说林》也。"《说林》分上下两篇,共七十一则故事,可读性强,其中很多故事多次出现在其他篇目中,所以人们多认为这是韩非为写作和游说所准备的材料。

　　汤以伐桀①,而恐天下言己为贪也,因乃让天下于务光②,而恐务光之受之也,乃使人说务光曰③:"汤杀君,而欲传恶声于子④,故让天下于子。"务光因自投于河。

【译文】　商汤诛灭夏桀之后,害怕天下的人说自己是贪婪之人,于是把天下让给当时的高士务光,但是又害怕务光真的接受,于是就暗中派人对务光说:"商汤攻杀了君主,又想把不好的名声加在你头上,所以才把天下让给你。"务光于是投河自尽。

【注释】　①汤:指商汤,商朝的开国君主。以:通"已"。桀:指夏桀,夏朝的最后一个君主,传说中的暴君。　②务光:传说中夏末商初的一名隐士。商汤灭夏后,以天下让卞随,卞随不受,自投桐水而死,又让于务光,务光自沉于卢水。　③说(shuì):劝说。　④恶声:不好的名声,指弑君的坏名声。子:你,指务光。

　　秦武王令甘茂择所欲为于仆与行事①,孟卯曰②:"公不如为仆。公所长者,使也③,公虽为仆,王犹使之于公也④。公佩仆玺而为行事⑤,是兼官也。"

【译文】　秦武王命令甘茂在太仆和行人两个职位中选择一个,孟卯说:"你最好做太仆一职。你擅长的是出使应对,你虽然做了太仆,君王仍然会派你做行人的事。你佩戴着太仆的官印而做着行人的事务,是兼任两个官职啊。"

【注释】　①秦武王:战国时秦国的君主,惠文王的儿子,名荡,公元前310~前307年在位。甘茂：战国中期秦国名将，楚国下蔡人，经张仪、樗里疾引荐于秦惠文王，秦武王时为左相。立下许多战功，后遭向寿、公孙奭谗毁，于攻魏蒲阪时逃至齐，担任齐国的上卿，最后死在了魏国。仆：太仆，掌管君主车马的官。行：行人，指掌管出使应对、传达君命的官员。　②孟卯：战国时齐国人，能言善辩，后为魏国大将。　③使：出使。　④公：古代对贵族的尊称。　⑤玺（xǐ）：官印。

子圉见孔子于商太宰①。孔子出，子圉入，请问客②，太宰曰："吾已见孔子，则视子犹蚤虱之细者也③。吾今见之于君。"子圉恐孔子贵于君也，因谓太宰曰："君已见孔子，亦将视子犹蚤虱也。"太宰因弗复见也。

【译文】　子圉引荐孔子谒见宋国的太宰。孔子从太宰房里出来，子圉便进去，问刚才接见的客人怎么样，太宰说："我见过孔子之后，再来看你就如同渺小的跳蚤与虱子。我现在要把他引荐给国君。"子圉担心孔子受到宋国君主的重用，于是对太宰说："如果国君见过孔子之后，再来看你也将会如同渺小的跳蚤与虱子。"太宰因此再也不引荐孔子了。

【注释】　①子圉（yǔ）：人名，生平不详。见，引荐。商：宋国的别名，宋国君主是商纣王庶兄微子的后代，因而有时称宋为商。太宰：官名，相当于后世的丞相。　②客：客人，这里指孔子。　③子：第二人称，你。细：微细，渺小。

魏惠王为臼里之盟①，将复立于天子②。彭喜谓郑君曰③："君勿听，大国恶有天子④，小国利之。若君与大不听，魏焉能与小立之？"

【译文】　魏惠王在臼里举行会盟，试图重新恢复周天子的地位。彭喜对韩国的君王说："君王您不要听从，大国憎恶有天子，小国才希望有天子。如果君王您与大国都不赞助这件事，魏国又怎么能和力量弱小的国家拥戴天子呢？"

【注释】　①魏惠王：魏国君主，在位时迁都大梁，故典籍又称梁惠王。臼里：地名，东周王城，位于今河南洛阳市附近。盟：盟会，古代诸侯举行盟会，杀牲歃血，向神明宣誓。　②天子：指周天子。　③彭喜：人名，生平不详。郑君：指韩国国君，韩哀侯二年（公元前375年）灭郑后，韩迁都于郑，所以韩王也称"郑君"。　④恶（wù）：厌恶，讨厌。

晋人伐邢①，齐桓公将救之②。鲍叔曰③："太蚤④。邢不亡，晋不敝⑤；晋不敝，齐不重⑥。且夫持危之功⑦，不如存亡之德大⑧。君不如晚救之以敝晋，齐实利。待邢亡而复存之，其名实美。"桓公乃弗救。

【译文】 晋国攻打邢国,齐桓公将要派兵援救邢国。鲍叔说:"现在还太早。邢国不灭亡,晋国就不会疲惫;晋国不疲惫,齐国的地位便不会重要。而且援救危险的国家,不如恢复被灭亡国家的功德大。君王不如晚一点去救援,使晋国疲惫,齐国就会得到更多的实惠。等到邢国灭亡后,再帮它复国,这样的名声就更为美好。"齐桓公因此不再派遣援兵。

【注释】 ①邢:周时分封的诸侯国,位于今河北、山东境内,春秋时为魏国所灭。 ②齐桓公:名小白,齐国君主,春秋五霸之一。 ③鲍叔:即鲍叔牙,春秋时齐国大夫,以知人著称,桓公时让贤于管仲,齐国大治。 ④蚤:通"早"。 ⑤敝:通"弊",疲惫。 ⑥重:指地位重要。 ⑦且夫:况且,表递进。持:扶持,挽救。 ⑧存:恢复。

子胥出走①,边候得之②。子胥曰:"上索我者③,以我有美珠也。今我已亡之矣,我且曰,子取吞之④。"候因释之。

【译文】 伍子胥从楚国逃走,守卫边境的官吏将其抓获。伍子胥说:"楚王追捕我的原因,是因为我有一颗珍贵的珠宝。现在我的珠宝已经丢失了,我将告诉楚王说,你把珠宝夺取后侵吞了。"守卫边境的官吏于是就把伍子胥给释放了。

【注释】 ①子胥:伍了胥,名员,春秋时楚国人,因父兄遭楚平王杀害,被迫出逃,投奔吴国。 ②边候:守卫边境的官吏。 ③索:追捕。 ④吞:侵吞,贪污。

庆封为乱于齐而欲走越①,其族人曰:"晋近,奚不之晋②?"庆封曰:"越远,利以避难③。"族人曰:"变是心也④,居晋而可;不变是心也,虽远越,其可以安乎!"

【译文】 庆封在齐国作乱后想逃到越国去,他的族人说:"晋国近,为什么不逃到晋国去呢?"庆封说:"越国远,有利于避难。"这位族人说:"改变作乱的心思,居住在晋国便无妨,如果不改变这种心思,即便是住在比越国还远的地方,就可以安宁吗?"

【注释】 ①庆封,春秋时齐国大夫,崔杼弑齐庄公,拥立景公,与他分任右相左相,后因权力斗争奔吴,楚灵王伐吴时被擒,被灭族。 ②奚:疑问代词,为什么。之:到,往。 ③以:于。 ④是心:作乱之心。

智伯索地于魏宣子①,魏宣子弗予。任章曰②:"何故不予?"宣子曰:"无故请地,故弗予。"任章曰:"无故索地,邻国必恐。彼重欲无厌③,天下必惧。君予之地,智伯必骄而轻敌,邻邦必惧而相亲，以相亲之兵待轻敌之国，则智伯之命不长矣。《周书》曰④：'将欲败之，必姑辅之⑤；将欲取之，必姑予之。君不如予之以骄智伯，且君何释以天下图智氏⑥，而独以吾国为智氏质乎⑦?"君曰："善。"乃与之万户之邑⑧。智伯大悦，因索地于赵，弗与，因围晋阳⑨。韩、魏反之外，赵氏应之内，智氏自亡⑩。

【译文】　智伯向魏宣子索要土地，魏宣子不给。任章说："为什么不给?"宣子说："平白无故地索要土地，所以没有给。"任章说："平白无故地索要土地，邻国必然会害怕。他欲壑难平，贪得无厌，天下的人就会害怕。您给他土地，他就会骄傲而轻视敌人，邻国一定会因害怕而互相亲近，用相互亲近的军队，来对付轻视敌人的国家，那么智伯的性命就不会长久了。《周书》说：'将要打败他，必然先辅佐他；将要获取他，必然先给予他。'您不如把土地给智伯，以使他骄傲，况且您怎么会放弃以天下来对付智氏的机会，而单单使我们国家成为智氏攻击的目标呢?"魏宣子说："对。"于是就把一万人民的大县划给智伯。智伯大为高兴，因而又向赵氏索要土地，赵氏没有给他，于是智伯就发兵包围晋阳。韩、魏二氏在外面反叛，赵氏在里面呼应，智氏于是就灭亡了。

【注释】　①智伯:指智伯瑶，春秋末期晋国六卿之一。在晋六卿中，智伯势力最强。他先联合韩、赵、魏三家灭掉范氏、中行氏，后又分别向三家索取土地。魏宣子:一作"魏桓子"，名驹。　②任章:或作任登、任增，当为魏宣子的家臣。　③重欲:欲望很重。厌:满足。　④《周书》:即《逸周书》，记载周朝的诰誓号令，今本已残缺。　⑤姑:姑且，暂时。辅:辅佐，辅助。　⑥释:放弃。图:图谋，对付。　⑦质:的，箭靶子，这里指攻击的目标。　⑧邑:城邑，城郭。　⑨晋阳:赵氏封邑，在今山西省太原市西南。　⑩自:即，于是。

　　秦康公筑台三年①，荆人起兵②，将欲以兵攻齐。任妄曰③："饥召兵④，疾召兵，劳召兵，乱召兵。君筑台三年，今荆人起兵，将攻齐，臣恐其攻齐为声⑤，而以袭秦为实也，不如备之。"戍东边，荆人辍行⑥。

【译文】　秦康公建造大台观，三年仍未完工，楚国人就派遣军队，企图以武力攻打齐国。任妄说："饥荒会招致战争，疾疫会招致战争，劳役会招致战争，内乱会招致战争。君王您建造台观已有三年，今天楚国派遣军队，将要攻击齐国，我担心他们攻击齐国是虚张声势，其实际的目的是来袭击秦国，不如先防备他们。"秦国于是派兵防守东面的边境，楚国便放弃了攻打齐国的行动。

【注释】　①秦康公:春秋时秦国君主,穆公之子,名罃,在位十二年。台:高而平的建筑物,供游乐观赏之用。　②荆:楚国的别称。　③任安:人名,生平不详。　④召:招致。兵:战争。　⑤声:虚声,名义,幌子。　⑥辍:停止,放弃。

　　齐攻宋,宋使臧孙子南求救于荆①。荆大说②,许救之③,甚欢。臧孙子忧而反,其御曰④:"索救而得,今子有忧色,何也?"臧孙子曰:"宋小而齐大,夫救小宋而恶于大齐⑤,此人之所以忧也,而荆王说,必以坚我也⑥。我坚而齐敝⑦,荆之所利也。"臧孙子乃归。齐人拔五城于宋而荆救不至。

【译文】　齐国攻打宋国,宋国派臧孙子到南边的楚国去求救。楚王非常高兴,满心欢喜地答应来救援宋国。臧孙子在回去的路上忧形于色,他的车夫说:"求取援兵而得到满足,您现在还满脸愁容,是什么道理呢?"臧孙子说:"宋国弱小而齐国强大,援救弱小的宋国就会得罪强大的齐国,这是一般人都会担心的事情,可楚王却非常高兴,这一定是让我国坚守啊。我们宋国坚守,齐国就会消耗力量,这正是对楚国有利的事情。"臧孙子就这样返回到宋国。齐国人接连攻取了宋国的五座城池,楚国的援兵还不见踪影。

【注释】　①臧孙子:人名,或作臧子,生平不详。　②说:通"悦"。　③许:答应。　④御:车夫。　⑤恶(wù):憎恶。　⑥坚我:坚定我们抗齐的决心。　⑦敝:疲惫,困乏。

　　魏文侯借道于赵而攻中山①,赵肃侯将不许②,赵刻曰③:"君过矣。魏攻中山而弗能取,则魏必罢④,罢则魏轻,魏轻则赵重。魏拔中山,必不能越赵而有中山也⑤,是用兵者魏也,而得地者赵也。君必许之。许之而大欢,彼将知君利之也,必将辍行⑥。君不如借之道,示以不得已也。"

【译文】　魏文侯向赵国借道以攻打中山国,赵侯打算不答应,赵刻说:"国君您不答应是错的。魏国攻打中山国如果不能攻取,那么魏国就会疲惫了,如果疲惫了,魏国的力量就会被削弱,魏国被削弱了,赵国的势力就会增强。魏国如果攻取中山国,肯定不能越过赵国而占有中山国,这样出兵的是魏国,而得到利益的却是赵国。君主您必须答应他。您答应得太痛快,他就会知道您想从中渔利,必然会放弃这次行动。国君您不如借道给他,同时表示出是不得已而为之。"

【注释】　①魏文侯:战国时魏国的君主,公元前423～前387年在位。他任用李悝为相、吴起为将、西门豹为邺令,国势大盛。　②赵肃侯:战国时赵国君主,名语。以年代论,肃侯当是烈侯之误。　③赵刻:《战国策·赵策》作"利",人名,生平不详。　④罢:通"疲",疲惫。　⑤越赵而有中山:赵国在魏国与中山国之间。　⑥辍(chuò):中断,停止。

　　鸱夷子皮事田成子①,田成子去齐,走而之燕,鸱夷子皮负传而从②。至望邑,子皮曰:"子独不闻涸泽之蛇乎? 泽涸,蛇将徙,有小蛇谓大蛇曰:'子行而我随之,人以为蛇之行者耳③,必有杀子者,子不如相衔负我以行,人必以我为神君也。'乃相衔负以越公道④,人皆避之,曰:'神君也。'今子美而我恶⑤,以子为我上客⑥,千乘之君也;以子为我使者,万乘之卿也。子不如为我舍人。"田成子因负传而随之,至逆旅⑦,逆旅之君待之甚敬,因献酒肉。

【译文】　鸱夷子皮侍奉田成子,田成子离开齐国,逃往燕国,鸱夷子皮背负着过关卡的凭证跟在后面。走到望邑,子皮说:"您难道没有听说过水泽干涸的蛇吗? 水泽干涸了之后,水蛇打算迁徙,有一条小蛇对大蛇说:'你在前面走,我在后面跟,人们就会以为我们是过路蛇,必然会有人杀你的,你不如含着我,背负着我前行,人们必然会以为我是神君。'于是这两条蛇就相互衔负着穿越大路,人们纷纷躲避,说:'这是神君啊。'现在您长得漂亮,我长得丑陋,假如把您作为我的上等宾客,人们就会把我当做小国的君主;把您当做我的侍从,人们就会把我当做大国的卿相。您不如就做我的侍者。"田成子于是背负着关卡的凭证跟随在鸱夷子皮的身后,到了旅店后,旅店主人非常恭敬地接待他们,并奉献酒肉供他们享用。

【注释】　①鸱(chī)夷子皮:人名,田成子的谋士。田成子:即田常,又称田恒,谥田成子,春秋后期齐国权臣,弑齐简公而立齐平公,专掌齐国政权。　②传(chuán):古时出入关卡的凭证。　③行者:过路的。　④公道:大路。　⑤恶:长得丑陋。　⑥上客:尊贵的客人。　⑦逆旅:旅店。

　　温人之周①,周不纳客②。问之曰:"客耶?"对曰:"主人。"问其巷而不知也③,吏因囚之。君使人问之曰:"子非周人也,而自谓非客,何也?"对曰:"臣少也诵《诗》曰④:'普天之下,莫非王土;率土之滨⑤,莫非王臣。'今君,天子,则我天子之臣也。岂有为人之臣而又为之客哉? 故曰主人也。"君使出之⑥。

【译文】　有一个温地的人到东周雒邑,东周人不接待外来的客人。当地人问他:"你是客人吗?"他回答说:"我是主人。"人们问他所住的街巷却又说不知道,官府的人就把他抓入监狱。周天子派人审问他:"你不是周地之人,却又自称不是客人,为什么呢?"他回答说:"我年轻的时候诵读《诗》,其中有云:'整个天下都是天子的土地,沿着土地一直到海边,所有的人没有谁不是天子的大臣。'现在国君您是天子,那么我就是天子的臣民。难道还有人既是天子的臣民,又是天子的客人吗?所以我才声称是主人啊。"周天子于是派人把他释放了。

【注释】　①温:地名,在今河南温县。周:指东周都城雒(luò)邑,在今河南洛阳市。②纳:接纳。　③巷:里巷,指住所。　④《诗》:即《诗经》。以下引诗见《诗经·小雅·北山》。　⑤率:沿着。滨:海边。　⑥出:释放。

　　韩宣王谓樛留曰①:"吾欲两用公仲、公叔②,其可乎?"对曰:"不可。晋用六卿而国分③,简公两用田成、阚止④而简公杀,魏两用犀首、张仪而西河之外亡⑤。今王两用之,其多力者树其党,寡力者借外权⑥。群臣有内树党以骄主⑦,有外为交以削地,则王之国危矣。"

【译文】　韩宣王对樛留说:"我打算同时任用公仲与公叔两个人,这样做可以吗?"樛留回答说:"不可以。晋国同时任用六位卿相导致国家分裂,齐简公同时任用田成、阚止,结果简公被杀害。魏国同时任用犀首、张仪,结果黄河以西原属魏国的土地丧失了。现在君王您同时任用两个人,力量强大的就会树立其党羽,力量弱小的就会借助外面的势力。诸位大臣有的就会在国内树立党派,以骄慢的态度对待国君,有的就会与国外势力勾结,割裂国土,这样君王您的国家可就危险了。"

【注释】　①韩宣王:即韩宣惠王,战国时韩国君主,公元前 332～前 312 年在位。樛(jiū)留:人名,生平不详。　②两用:同时任用。公仲:名侈,韩国的宰相。公叔:名伯婴,在公仲之前担任宰相。　③六卿:指春秋时期晋国的范氏、中行氏、智氏、韩氏、魏氏、赵氏六家,世代为卿,共同执政。国分:指韩、赵、魏三家分晋。　④简公:即齐简公,名任,春秋末期齐国君主,公元前 484 年继位,前 481 年被田常杀害。田成:即田成子,春秋时齐国的卿,死后谥"成子"。阚(kàn)止:又作监止,字子成,齐简公的宠臣,与田成子分任左右相。　⑤犀首:战国时魏国官名,公孙衍曾为此官,此处借指公孙衍,魏惠王时为相,主张合纵。张仪:战国时魏国贵族之后,先以连横帮助秦惠文君,任秦相,封武信君,晚年入魏为相。西河之外:黄河以西原属魏国的土地。亡:丧失。　⑥外权:外部的势力。　⑦骄主:骄慢地对待君主。

　　绍绩昧醉寐而亡其裘①。宋君曰:"醉足以亡裘乎?"对曰:"桀以醉亡天下,而《康诰》曰②:'毋彝酒。'③彝酒者,常酒也。常酒者,天子失天下,匹夫失其身。"

【译文】 绍绩昧喝醉酒睡着了,便将他的皮衣丢失了。宋国君主对他说:"酒醉后能够丢失皮衣吗?"绍绩昧回答说:"夏桀因为醉酒失去了天下,《康诰》里面说:'毋彝酒。'彝酒,就是经常酗酒。经常酗酒者,如果贵为天子就会失去天下,如果是普通百姓就会丧失性命。"

【注释】 ①绍绩昧:姓绍绩,名昧,事迹不详。裘(qiú):用毛皮制成的御寒衣服。 ②《康诰》:《尚书》篇名。下句引文出自今本《尚书》中的《酒诰》,或以为《酒诰》为《康诰》的中篇。 ③彝酒:经常酗酒。

管仲、隰朋从于桓公而伐孤竹①,春往冬反,迷惑失道。管仲曰:"老马之智可用也。"乃放老马而随之,遂得道。行山中无水,隰朋曰:"蚁冬居山之阳,夏居山之阴。蚁壤一寸而仞有水②。"乃掘地,遂得水。以管仲之圣而隰朋之智③,至其所不知,不难师于老马与蚁④。今人不知以其愚心而师圣人之智,不亦过乎?

【译文】 管仲、隰朋跟随齐桓公攻打孤竹国,春天去的,到冬天才回来,迷失了道路。管仲说:"可以利用老马的智慧。"于是放开一匹老马,众人紧随其后,很快就找到正确的道路。在山中行军没有水,隰朋说:"蚂蚁冬天住在山的阳面,夏天住在山的阴面。蚂蚁穴外面的封土高一寸时,地下七八尺的地方就会有水。"于是就在这种地方挖掘,遂即就找到水源。以管仲的圣明和隰朋的智慧,每当遇到他们不知道的东西,都不把向老马与蚂蚁求教当做难堪的事情。今天人们不知道以他们的愚昧之心来师法圣人的智慧,不也非常错误吗?

【注释】 ①隰(xí)朋:人名,齐桓公在位时期任大夫。孤竹:古国名,位于今河北、辽宁一带。 ②蚁壤:蚂蚁洞口的土堆。仞:古代计量单位,相当于今天的七尺或八尺。 ③而:与。 ④不难:不以……为困难。

有献不死之药于荆王者,谒者操之以入①。中射之士问曰②:"可食乎?"曰:"可。"因夺而食之。王大怒,使人杀中射之士。中射之士使人说王曰③:"臣问谒者,曰'可食',臣故食之,是臣无罪而罪在谒者也。且客献不死之药,臣食之而王杀臣,是死药也,是客欺王也。夫杀无罪之臣而明人之欺王也,不如释臣。"王乃不杀。

【译文】 有人向楚王奉献长生不死的药,掌管传报事务的谒者拿着药进入王宫。负责宫中保卫工作的中射之士问道："可以吃吗?"谒者说："可以。"于是中射之士夺过谒者手中的药就吃了下去。楚王大怒,派人去杀掉中射之士。中射之士请人对楚王申辩说："我问过谒者,谒者说'可以吃',所以我才吃了,这说明我无罪而谒者有罪。而且,客人献的是不死之药,今天我吃了它以后,大王您把我杀了,说明我吃的是死亡之药,这是客人在欺骗大王。与其杀掉我这位无罪的大臣,从而将别人欺骗大王您的事情张扬出去,还不如把我放了。"楚王听了中射之士的这番申辩于是没有杀他。

【注释】 ①谒者:官名,宫廷之中掌管引进朝见者的近侍。 ②中射之士:官名,宫廷中的侍卫官。 ③说(shuì):劝说,申辩。

田驷欺邹君①,邹君将使人杀之。田驷恐,告惠子②。惠子见邹君曰:"今有人见君,则眹其一目③,奚如?"君曰:"我必杀之。"惠子曰:"瞽两目眹④,君奚为不杀?"君曰:"不能勿眹。"惠子曰:"田驷东慢齐侯⑤,南欺荆王。驷之于欺人,瞽也,君奚怨焉?"邹君乃不杀。

【译文】 田驷欺骗邹国的君主,邹国的君主将要派人杀掉他。田驷很害怕,便把这件事告诉惠施。惠施拜见邹国的君主说:"假如有人拜见君主时,闭着他的一只眼睛而显出不屑的样子,您会怎么样?"邹国的君主说:"我一定要杀掉他。"惠子说:"盲人的两只眼睛都闭着,您为什么不把他杀掉呢?"邹国君主说:"盲人不能不闭着双眼啊。"惠子说:"田驷在东面欺骗齐国君主,在南面欺骗楚王。田驷欺骗人,就像瞎子闭着双眼一样已成本性,君主何必怨恨他呢?"邹国君主便不再杀田驷了。

【注释】 ①田驷:人名,生平不详。邹:诸侯国名,春秋时为邾国,战国时为邹国。 ②惠子,即惠施,战国时宋国人,名家的代表人物,曾任魏国的宰相。 ③眹(jiá)其一目:眹,闭目。闭着他的一只眼睛,表示轻蔑,不屑一顾。 ④瞽(gǔ):盲人,瞎子。 ⑤慢(mán):通"谩",与下文的"欺"对文,亦欺骗义。

鲁穆公使众公子或宦于晋①,或宦于荆。犁锄曰②:"假人于越而救溺子③,越人虽善游,子必不生矣。失火而取水于海,海水虽多,火必不灭矣,远水不救近火也。今晋与荆虽强,而齐近,鲁患其不救乎!"

【译文】 鲁穆公让自己的儿子们或到晋国做官,或到楚国做官。犁锄说:"到遥远的越国借用会游泳的人去救溺水的孩子,越人虽然擅长游泳,但孩子一定不能救活了。失火之后到海里取水,海水虽然很多,火必定不能扑灭,远水不能救近火啊。现在晋国和楚国虽然强大,但与鲁国毗邻的是齐国,如果鲁国有难,晋国和楚国都不会来救援的。”

【注释】　①公子:国君的儿子除太子以外,皆称公子。宦:仕宦,做官。　②犁鉏(jǔ):一作“犁且”,曾在齐为官。　③假:通“借”。溺(nì):水淹,沉于水。

严遂不善周君①,患之。冯沮曰②:“严遂相,而韩傀贵于君③。不如行贼于韩傀④,则君必以为严氏也。”

【译文】　严遂和西周国君的关系不好,西周国君对此耿耿于怀。冯沮对西周国君说:“严遂任韩哀侯的宰相,而韩傀受到韩国国君的器重。您不如派人行刺韩傀,那么韩哀侯一定会认为是严遂主使干的。”

【注释】　①严遂:战国时韩哀侯的臣子。周君:位于韩国西边的小国西周国的国君。　②冯沮(jū):一作“冯且”,西周国君的臣子。　③韩傀(guī):韩哀侯相。　④贼:贼害,这里指刺杀。

张谴相韩,病将死。公乘无正怀三十金而问其疾①。居一月,公自问张谴曰:“若子死,将谁使代子?”答曰:“无正重法而畏上②,虽然,不如公子食我之得民也③。”张谴死,因相公乘无正。

【译文】　张谴任韩国的宰相,病得快要死了。公乘无正带着三十金黄金去探病。过了一个月,韩国君主亲自去慰问张谴说:“如果您病死,将让谁代替您?”张谴回答说:“公乘无正重视法治而敬畏君主,虽然如此,但不如公子食我得民心。”张谴死了以后,韩国君主就让公乘无正做了相。

【注释】　①公乘无正:复姓公乘,名无正,生平不详。金:先秦以二十或二十四两黄金为一镒,一镒为一金。　②重法:重视法治,这里是张谴对公乘无正的溢美之词。　③公子食我:韩国宗室贵族。

乐羊为魏将而攻中山①,其子在中山。中山之君烹其子而遗之羹②,乐羊坐于幕下而啜之③,尽一杯。文侯谓堵师赞曰④:“乐羊以我故而食其子之肉。”答曰:“其子而食之⑤,且谁不食?”乐羊罢中山⑥,文侯赏其功而疑其心。孟孙猎⑦,得麑⑧,使秦西巴持之归,其母随之而啼⑨。秦西巴弗忍而与之⑩。孟孙归,至而求麑。答曰:“余弗忍而与其母。”孟孙大怒,逐之。居三月,复召以为其子傅⑪。其御曰⑫:“囊将罪之⑬,今召以为子傅,何也?”孟孙曰:

"夫不忍麑，又且忍吾子乎？"故曰："巧诈不如拙诚。"乐羊以有功见疑^⑭，秦西巴以有罪益信。

【译文】　乐羊担任魏国的将军去攻打中山国，他的儿子在中山国。中山国的国君就烹煮了他的儿子，并把肉羹送给乐羊，乐羊坐在军帐里喝了肉羹，吃光了一杯。魏文侯对堵师赞说："乐羊是因为我的缘故而吃了他儿子的肉。"堵师赞回答说："他儿子的肉尚且肯吃，还有谁不能吃呢？"乐羊从中山国归来，魏文侯奖赏了他的功劳，却怀疑他的忠心。孟孙打猎时抓到一只小鹿，派秦西巴把它带回去，小鹿的母亲跟在后面悲啼，秦西巴不忍心就把小鹿还给了母鹿。孟孙回家，一到家就向秦西巴要小鹿。秦西巴回答说："我不忍心就把它还给了母鹿。"孟孙非常生气，就把秦西巴赶走了。过了三个月，又把秦西巴召回来让他做自己儿子的师傅。孟孙的车夫说："从前您要惩罚他，现在又召他回来让他做您儿子的师傅，这是什么道理呢？"孟孙说："他对小鹿都不狠心，又怎么会狠心地对待我的儿子呢？"所以说："灵巧和奸诈不如笨拙和诚实。"乐羊因为有功而被怀疑，秦西巴因为获罪而更受信任。

【注释】　①乐（yuè）羊：人名，或作"乐阳"，战国时被魏文侯任用为将军。　②遗（wèi）：给予，馈赠。羹（gēng）：用肉类或菜蔬等制成的带浓汁的食物。　③啜（chuò）：食，饮。　④文侯：即魏文侯。堵师赞：姓堵师，名赞，生平不详。　⑤而：尚，犹。　⑥罢：归。　⑦孟孙：鲁国的卿孟孙氏。　⑧麑（ní）：小鹿。　⑨其母：小鹿的母亲。　⑩忍：狠心。　⑪傅：师傅，老师。　⑫御：驾车的人，即车夫。　⑬曩（nǎng）：先时，以前。　⑭见：表示被动的助词，被。

　　曾从子，善相剑者也。卫君怨吴王，曾从子曰："吴王好剑，臣相剑者也。臣请为吴王相剑，拔而示之，因为君刺之。"卫君曰："子为之是也^①，非缘义也^②，为利也。吴强而富，卫弱而贫。子必往，吾恐子为吴王用之于我也。"乃逐之。

【译文】　曾从子，是个擅长鉴别宝剑的人。卫国国君怨恨吴王夫差，曾从子对卫国国君说："吴王喜欢宝剑，我是鉴别宝剑的。我请求去为吴王鉴别宝剑，拔剑给他看，就趁机为您刺杀他。"卫国国君说："你做这件事，不是遵循义，是为了利。吴国强大而富足，卫国弱小而贫困。你如果一定要前往，我怕你会被吴王利用来对付我。"于是就把他赶走了。

【注释】　①为之：当是"之为"之误。　②缘义：遵循道义。

　　纣为象箸而箕子怖^①。以为象箸必不盛羹于土簋^②，则必犀、玉之杯；玉杯、象箸必不盛菽、藿^③，则必旄象豹胎^④；旄象豹胎必不衣短褐而舍茅茨之下⑤,则必锦衣九重、高台广室也。称此以求⑥,则天下不足矣。圣人见微以知萌,见端以知末,故见象箸而怖,知天下不足也。

【译文】　商纣王使用象牙筷子,箕子见了感到惶恐不安。他认为使用象牙筷子必然不会再用陶钵子装羹汤,就必然要用犀角美玉制作的杯盘;既然使用犀玉杯盘和象牙筷子,必然不会再吃粗劣的食品,就必然要吃牦牛、大象和豹子的胎儿;既然吃牦牛、大象和豹子的胎儿,必然不会再穿粗布短衣,住茅草房屋,就必然要穿上层层华美的锦缎衣服,住上高大宽敞的房舍。如果照这样追求下去,那么尽天下的物产也不能满足他的欲望。圣人看到事物的一点苗头就能知道它的发展趋势,能从事物的开头预知它的结局,所以箕子看到纣王使用象牙筷子而感到惶恐,预料到尽天下的物产也不能满足他的贪欲。

【注释】　①箸(zhù):筷子。　②土簋(guǐ):盛饭的瓦器。簋,古代祭祀宴享时盛黍稷的器皿。一般为圆腹,侈口,圈足。　③菽(shū):豆类的总称。藿(huò):豆叶。菽藿,泛指粗劣的杂粮。　④旄象豹胎:旄,即牦牛。牦牛、大象、豹子的胎儿,指代幼兽。⑤短褐:粗布短衣,这是古代贫贱者或奴仆所穿的衣服。茅茨:茅草盖的屋子。　⑥称此以求:称,衡量,权衡。依此推论。

　　周公旦已胜殷①,将攻商盖②。辛公甲曰③:"大难攻,小易服,不如服众小以劫大④。"乃攻九夷而商盖服矣⑤。

【译文】　周公旦已经战胜了商朝,将要去攻打商盖。辛公甲说:"大国难以攻打,小国容易征服。不如先征服众多的小国,然后再来威慑大国。"于是就攻打周围的各个小部落,紧接着商盖也就降服了。

【注释】　①周公旦:姓姬,名旦,文王之子,武王之弟,辅佐周武王灭商,其采邑在周地(今陕西省岐山县东北),故称"周公",其子伯禽封于鲁。　②商盖:即商奄,是商族在东方重要的据点,在今山东省曲阜城东。　③辛公甲:即辛甲,原为商朝的大臣,屡向纣王进谏不听,即投奔周文王,武王时官至太史。　④劫:以武力胁迫。　⑤九夷:指位于东方的九个少数部族。

　　纣为长夜之饮,惧以失日①,问其左右,尽不知也。乃使人问箕子②。箕子谓其徒曰③:"为天下主而一国皆失日,天下其危矣。一国皆不知而我独知之,吾其危矣。"辞以醉而不知。

【译文】　商纣王夜以继日地饮酒,欢乐得竟忘记了日期,询问身边的人,全都不知道。于是就派人问箕子。箕子对他的随从说："做天下的君主竟然使天下的人都忘记了日期，天下就危险了。天下的人都不知道日期而唯独我知道，那我就危险了。"于是就推辞说喝醉了酒而不知道日期。

【注释】 ①惧：当作"懂"，"欢"的异体字。失日：忘记了日期。 ②箕子：纣王的叔父，做过太师。 ③徒：随从。

鲁人身善织屦①，妻善织缟②，而欲徙于越③。或谓之曰："子必穷矣。"鲁人曰："何也?"曰："屦为履之也④，而越人跣行⑤；缟为冠之也，而越人被发⑥。以子之所长，游于不用之国，欲使无穷，其可得乎?"

【译文】 有个鲁国人善于编织麻鞋，他的妻子善于纺织白绢，他打算搬到越国去住。有人对他说："你一定会受穷的。"这个鲁国人问："为什么?"那个人说："麻鞋是穿在脚上用的，可是越国人喜欢光脚走路；白绢是用来做帽子戴在头上的，而越国人喜欢披散头发。拿你的长处，跑到派不上用场的国家去，你想使自己不受穷，那怎么能办得到呢?"

【注释】 ①身：自己。屦(jù)：古代用麻葛制成的一种鞋。 ②缟(gǎo)：未经染色的绢。 ③徙：迁徙，搬家。 ④履：踩，踏，这里指穿在脚上。 ⑤跣(xiǎn)：赤脚。 ⑥被：通"披"。

陈轸贵于魏王①。惠子曰②："必善事左右。夫杨，横树之即生③，倒树之即生，折而树之又生。然使十人树之而一人拔之，则毋生杨矣。至以十人之众，树易生之物而不胜一人者，何也? 树之难而去之易也。子虽工自树于王④，而欲去子者众，子必危矣。"

【译文】 陈轸深受魏王器重。惠子对陈轸说："你一定要与君主身边的亲信处理好关系。杨树，横着栽上，它能活，倒着栽上，它能活，折断了栽上，它照样也能活。但是，如果用十个人去栽杨树，用一个人去拔它，那就不会有活着的杨树了。至于用十个人的力量，栽种那样容易成活的树木，却抵不上拔树的一个人，为什么呢? 这是因为栽树困难而拔树容易啊。你虽然善于在君主面前树立自己的名望，可是想要除掉你的人却很多，那你一定就危险了。"

【注释】 ①陈轸(zhěn)：或作"陈需"，战国时人，善于游说，常活动于秦、楚之间。贵：器重。 ②惠子：惠施，战国时期宋国人，曾任魏惠王的宰相。 ③树：种植。 ④工：善于。

　　鲁季孙新弑其君①，吴起仕焉②。或谓起曰③："夫死者，始死而血④，已血而衄⑤，已衄而灰⑥，已灰而土。及其土也，无可为者矣⑦。今季孙乃始血，其毋乃未可知也⑧。"吴起因去之晋。

【译文】　鲁国的季孙刚刚杀死他的国君，吴起便在他那里做官。有人对吴起说："死去的人，刚死的时候会流血，血流尽了皮肉就会萎缩，皮肉萎缩就会腐烂成灰，腐烂成灰就会化为泥土。等到化为泥土以后，就不能作祟了。现在季孙刚刚使鲁国国君流血，他往后的结局大概还不好预料吧。"吴起因此离开鲁国到魏国去了。

【注释】　①季孙：即季孙氏，春秋后期把持鲁国政权的贵族。新：刚刚。君：指鲁悼公。　②吴起：战国时卫国人，先后在鲁国、魏国做官，后到楚国，楚悼王让他主持国政，楚国国势大盛。悼王死后，吴起被楚国叛乱的贵族射死。　③或：有人。　④血：出血，流血。　⑤衄(nǜ)：萎缩，这里指血流尽后皮肉萎缩。　⑥灰：变成灰。　⑦为：作为，作祟。　⑧毋乃：恐怕。

　　隰斯弥见田成子①，田成子与登台四望。三面皆畅，南望，隰子家之树蔽之。田成子亦不言。隰子归，使人伐之。斧离数创②，隰子止之。其相室曰③："何变之数也④？"隰子曰："古者有谚曰：'知渊中之鱼者不祥。'夫田子将有大事⑤，而我示之知微⑥，我必危矣。不伐树，未有罪也；知人之所不言，其罪大矣。"乃不伐也。

【译文】　隰斯弥去拜见田成子，田成子和他登上高台向四面眺望。三面都很畅通，向南望去，隰斯弥家的树却把远方遮蔽了。田成子也没说什么。隰斯弥回到家里，便叫人砍伐树木。斧头刚砍了几下，隰斯弥就阻止了。他的家臣说："怎么变得这样快呢？"隰斯弥说："古代有句谚语说：'视力能够看到深渊里有鱼的人不吉利。'田成子将要干一番大事业，而我却向他显示出我知道他心中的隐微，我必定有危险了。不砍掉树，没有什么罪过；知道人所不肯说出的心里话，那罪过可就大了。"于是就不再砍树了。

【注释】　①隰(xí)斯弥：春秋时齐国的大夫。田成子：即田常，春秋末期齐国执政的卿。　②斧离数创：斧子刚砍出几个口子。离：割，砍。创：创伤，伤口。　③相室：家臣，管家。　④数：通"速"。　⑤大事：指图谋篡权之事。　⑥微：隐微，秘密。

　　杨子过于宋东之逆旅①。有妾二人，其恶者贵②，美者贱。杨子问其故。逆旅之父答曰③："美者自美④，吾不知其美也；恶者自恶，吾不知其恶也。"杨子谓弟子曰："行贤而去自贤之心，焉往而不美?"

【译文】 杨朱路过宋国东部的一个旅店。店主人有两个小老婆,那个相貌丑陋的地位尊贵,那个相貌漂亮的身份卑贱。杨朱询问其中的原因,店主人回答说:"那个相貌漂亮的自己认为漂亮,我并没有感到她漂亮;那个相貌丑陋的是自己认为丑陋,我并没有感到她丑陋。"杨朱于是对弟子说:"品行高尚而又抛弃自以为高尚的思想,到哪里不受人称颂呢?"

【注释】 ①杨子:即杨朱,战国初期卫国人,字子居,属道家学派,主张贵身重己。逆旅:旅馆。 ②恶:丑恶,丑陋。 ③逆旅之父:旅店主人。 ④自美:自以为美。

　　卫人嫁其子而教之曰①:"必私积聚②。为人妇而出③,常也;其成居④,幸也⑤。"其子因私积聚,其姑以为多私而出之⑥。其子所以反者⑦,倍其所以嫁。其父不自罪于教子非也,而自知其益富⑧。今人臣之处官者⑨,皆是类也。

【译文】 有个卫国人嫁女儿时教导她说:"一定要私下积聚财物。做人家的妻子而被休弃回娘家,是常有的事;终生住在一起,是很侥幸的。"他的女儿于是就私下积聚了很多财物,她的婆婆因为她私蓄太多就把她休弃了。他女儿带回来的财物,比她当时的嫁妆多了一倍。她的父亲不责备自己教导女儿的错误,反而自以为增加财富是聪明的。现在处在官位上的臣子,都是这一类人啊。

【注释】 ①子:女儿。教:教导,教诲。 ②私:私下,暗地里。积聚:积聚财物。 ③出:休,休弃。 ④成:最终。 ⑤幸:幸运,侥幸。 ⑥姑:婆婆。 ⑦反:通"返"。 ⑧知:通"智",以……为聪明。益富:增加财富。 ⑨处官:处在官位上。

　　鲁丹三说中山之君而不受也①,因散五十金事其左右②。复见,未语而君与之食。鲁丹出不反舍③,遂去中山④。其御曰⑤:"及见,乃始善我,何故去之?"鲁丹曰:"夫以人言善我,必以人言罪我⑥。"未出境,而公子恶之曰:"为赵来间中山⑦。"君因索而罪之⑧。

【译文】 鲁丹连续三次游说中山国的国君都没有被接受,于是他就分发了五十金黄金,去贿赂中山国君的近侍大臣。再次见面时,还没有说话国君就赐给他酒食。鲁丹从国君那儿出来,没有回住所,就离开了中山国。他的车夫说:"这一次拜见,中山国君才开始善待我们,为什么就要离开呢?"鲁丹回答说:"既然中山国君会因为别人的话善待我,也就会因为别人的话怪罪我。"还未逃出中山国的国境,中山国君的公子就中伤他说:"鲁丹是为赵国来刺探中山国的情况的。"中山国君于是下令搜捕并处罚他。

【注释】　①鲁丹:人名,生平不详。说(shuì):游说。　②其左右:指中山君之近臣。③反:通"返"。舍:房舍,住处。　④去:离开。　⑤御:驾驭马车的人,即车夫。　⑥罪:开罪,责罚。　⑦间:窥探,刺探。　⑧索:搜捕。

田伯鼎好士而存其君①,白公好士而乱荆②。其好士则同,其所以为则异。公孙友自刖而尊百里③,竖刁自宫而谄桓公④。其自刑则同,其所以自刑之为则异。慧子曰⑤:"狂者东走,逐者亦东走。其东走则同,其所以东走之为则异。故曰:'同事之人,不可不审察也。'"

【译文】　田伯鼎好养士而保全了他的君主,白公胜好养士却扰乱了楚国。他们喜欢养士是相同的,但养士的用意就不同了。公孙友砍掉自己的脚而推举百里奚,竖刁自我阉割以向齐桓公谄媚。残毁自己的身体是相同的,但他们毁坏自身的用意却是不同的。惠施说:"癫狂的人往东跑,追逐的人也往东跑。他们往东跑是相同的,但往东跑的目的却是不同的。所以说:'对于做同样事情的人,也不能不详加考察啊。'"

【注释】　①田伯鼎:人名,生平不详。存:保全,使……生存。　②白公:即白公胜,春秋时楚平王太子建的儿子。太子建在楚国受迫害,逃到郑国,又被郑人杀害,其子胜逃往吴国,楚惠王继位后召胜回国,让他居住在楚国的边地,号称白公。白公胜为报父仇再三要求攻打郑国,其时正好晋国伐郑,楚惠王派兵救郑,白公怒而作乱,兵败自杀。③公孙友:人名,或作公孙支、公孙枝,字子桑,春秋时秦国大夫,把百里奚推荐给秦穆公,穆公便称霸西戎。刖:古代砍掉脚掌的刑罚。百里:即百里奚。　④竖刁:春秋时齐国人。因齐桓公好女色,他便自行割掉睾丸到宫里服务,以便接近齐桓公,后与易牙、开方乱齐。宫:古代割掉睾丸的刑罚。　⑤慧子:慧,同"惠"。惠子,即惠施。

说林下第二十三

　　伯乐教二人相踶马①,相与之简子厩观马②。一人举踶马③,其一人从后而循之④,三抚其尻而马不踶⑤,此自以为失相。其一人曰:"子非失相也。此其为马也,蹞肩而肿膝⑥。夫踶马也者,举后而任前⑦,肿膝不可任也,故后不举。子巧于相踶马而拙于任肿膝。"夫事有所必归,而以有所肿膝而不任,智者之所独知也。惠子曰:"置猿于柙中⑧,则与豚同⑨。"故势不便,非所以逞能也。

【译文】　伯乐教两个人识别踢人的烈马,他们一起到赵简子的马房里去看马。其中一人选出一匹踢人的马,另一个人从后面抚摩这匹马,三番五次抚摩它的屁股,可是这马却不踢人,选出这匹马的人以为是自己识别错了。另一个人说:"你并没有识别错。你选出的这匹马肩骨受了伤,前腿膝部肿了起来。凡是踢人的马,抬起后腿时,就要靠前腿支撑体重,而前腿肿胀无法支撑其体重,所以后腿就踢不出来。你善于识别踢人的马,但不善于识别这匹靠肿大的膝部支撑体重的马。"事物都有一定的依赖条件,正是因为这匹马前腿肿胀,所以才无法支撑全身的重量,只有聪明的人才懂得这个道理。惠子说:"把大猩猩关到木笼中,就会像小猪一样驯服。"正是因为形势不利,所以它的才能就无法施展出来。

【注释】　①相:识别。踶(dì)马:踢人的烈马。踶,踢。　②简子:即赵简子,名鞅,又名志父,亦称赵孟,春秋时期晋国赵氏的领袖,晋昭公时官至大夫,执掌国事。厩(jiù):马房。　③举:选拔。　④循:抚摩。　⑤三抚:多次抚摩。三表多数,非实指。尻(kāo):屁股。　⑥蹞(wō)肩:肩骨受伤。蹞,足骨折断,泛指骨折。　⑦任:支撑。　⑧柙(xiá):关野兽、牲畜的笼子。　⑨豚(tún):小猪。

　　卫将军文子见曾子①,曾子不起而延于坐席②,正身于奥③。文子谓其御曰④:"曾子,愚人也哉! 以我为君子也,君子安可毋敬也? 以我为暴人也,暴人安可侮也? 曾子不僇⑤,命也。"

【译文】　卫国的将军文子去拜见曾子,曾子不起身就请文子入座,自己却端坐在尊贵的位置上。文子对他的车夫说："曾子,真是一个愚笨的人! 如果他把我当做君子,对君子怎么可以不尊敬呢? 如果他把我当做暴戾之人,对暴戾的人怎么可以侮辱呢? 曾子没有被杀掉,只不过是因为命好罢了。"

【注释】　①文子:即公孙弥牟,字子之,卫灵公的孙子。曾子:即曾参,字子舆,春秋末期鲁国人,孔子弟子,后世尊称为宗圣。　②延:引导,邀请。　③奥:室内西南隅,古时祭祀时设神主或尊长居坐的地方。　④御:即御者,车夫。　⑤僇(lù):通"戮",杀。

　　鸟有翢翢者①,重首而屈尾②,将欲饮于河则必颠③,乃衔其羽而饮之。人之所有饮不足者,不可不索其羽也④。

【译文】　有一种叫翢翢的鸟,头部沉重而尾巴短小,如果要到河边去饮水,就会跌进河里,于是它就得靠另一只翢翢衔着它的羽毛,使其身体保持平衡,才能喝到水。人们当中有想"喝水",而能力又不够的,不能不从"羽毛"上寻求办法啊。

【注释】　①翢翢(zhōu):鸟名。　②屈:短小。　③颠:跌倒,栽倒。　④索:寻求。羽:羽翼,借指党羽、同伙。

　　鳣似蛇①,蚕似蠋②。人见蛇则惊骇,见蠋则毛起。渔者持鳣,妇人拾蚕。利之所在,皆为贲、诸③。

【译文】　鳣鱼像蛇,蚕像蠋。人们看见蛇就害怕,看见蠋就会汗毛竖起来。渔夫用手捉鳣鱼,农妇用手拾蚕。凡是有利可图的事情,人们都会像孟贲、专诸那样勇敢。

【注释】　①鳣(shàn):"鳝"的异体字,鳝鱼。　②蠋(zhú):鳞翅目昆虫的幼虫。色青,形似蚕,大如手指,多生在桑树上。　③贲、诸:指孟贲和专诸。两人都是春秋时期著名的勇士,孟贲是卫国人,专诸是楚国人。

　　伯乐教其所憎者相千里之马①,教其所爱者相驽马②。千里之马时一③,其利缓,驽马日售,其利急。此《周书》所谓"下言而上用者,惑也"④。

【译文】　伯乐教他憎恶的人鉴别千里马,教他所喜欢的人鉴别普通的马。千里马很偶然才会碰到一匹,靠鉴别这种马获利非常缓慢,普通的马每天都会有买卖,从中获利非常快。这就是《周书》上所说的"把卑下的言论放在高深的语境中,是反其道而行之啊"。

【注释】　①憎:憎恶,厌恶。　②驽(nú)马:劣马,借指普通的马。　③时一:时,偶然,

间或。偶然会碰到一匹。 ④《周书》：即《逸周书》，记载周朝训诰誓命的一部书，今已
残缺。下言而上用：把卑下的言论用在高深的语境中。惑：惑乱，即反其道而行之。

桓赫曰^①："刻削之道^②，鼻莫如大，目莫如小。鼻大可小，小不
可大也。目小可大，大不可小也。"举事亦然，为其可复者也^③，则
事寡败矣。

【译文】 桓赫说："雕刻的学问，刻鼻子时不如先刻得大一点，刻眼睛时不如
先刻得小一点。鼻子刻得大点，可以加工变小，刻小了就不可能加大了。眼
睛刻得小点，可以加工变大，刻大了就不能缩小了。"做事情也是这个道理，
做那种还可以补救的事情，那么，事情就很少失败了。

【注释】 ①桓赫：人名，生平不详。 ②刻削：雕刻。 ③复：重复，这里指重复加工，
补救。

崇侯、恶来知不适纣之诛也^①，而不见武王之灭之也。比干、
子胥知其君之必亡也^②，而不知身之死也。故曰：崇侯、恶来知心
而不知事，比干、子胥知事而不知心，圣人其备矣。

【译文】 崇侯、恶来知道不顺从商纣王就会被诛杀，但是却不能预见周武王
会把商纣王灭掉。比干、子胥知道自己的君主必然灭亡，却不知道自己会被
杀害。所以说：崇侯、恶来知道君主的心理却不知道国事的兴亡，比干、子胥
知道国事的兴亡却不知道君主的心理。只有圣人才能两样兼备吧。

【注释】 ①崇侯：崇侯虎，商纣王时崇国的国君，名虎。恶(è)来：人名，商纣王的大臣。
适：迎合，顺从。 ②比干：商纣王的叔父，曾多次向纣王劝谏，最后被杀剖心。子胥：即
伍子胥，名员，因多次向吴王夫差劝谏，被逼自杀。

宋太宰贵而主断^①。季子将见宋君^②，梁子闻之曰^③："语必可
与太宰三坐乎^④？不然，将不免。"季子因说以贵生而轻国。

【译文】 宋国的太宰地位尊贵，擅权专断。季子将要去拜见宋国君主，梁子
听到后说："你见宋国君主要说的话，在太宰、你以及君主三人同坐时也一定
可以说吗？如果不是这样，你就免不了殃祸了。"季子于是就说了一些要注
重养生而看轻国事的话。

【注释】 ①宋太宰：或即《内储说上》中所谓的"宋太宰戴驩"。 ②季子：人名，事迹不
详。宋君：或即宋桓侯。 ③梁子：人名，事迹不详。 ④三坐：三人同坐在一起，指宋
国君主、宋太宰、季子三人坐在一起时的情形。

杨朱之弟杨布衣素衣而出①,天雨,解素衣,衣缁衣而反②,其狗不知而吠之。杨布怒,将击之。杨朱曰:"子毋击也,子亦犹是。曩者③,使女狗白而往④,黑而来,子岂能毋怪哉!"

【译文】　杨朱的弟弟杨布穿着白衣服出门,因为天下雨了,杨布便脱掉白衣服,穿着一件黑衣服返回,他的狗不能认出他,便朝他乱叫。杨布一下子就发怒了,想把它打一顿。杨朱说:"你不要打它,你也是这样。假使你的狗出去的时候是白色的,回来的时候变成了黑色的,你难道就不会感到奇怪吗!"

【注释】　①杨朱:战国初期卫国人,字子居,属道家学派,主张贵身重己。　②缁(zī)衣:黑衣。反:通"返"。　③曩(nǎng):往昔,从前。　④女(rǔ):通"汝",你。

惠子曰①:"羿执鞅持扞②,操弓关机③,越人争为持的④。弱子扞弓⑤,慈母入室闭户。故曰:可必⑥,则越人不疑羿;不可必,则慈母逃弱子。"

【译文】　惠施说:"后羿右手指戴着拉弓弦时的皮套,左臂穿上张弓时的护肩,拿起弓,拉开弓箭的扳机,即便是关系疏远的人也会争着为他拿箭靶子。如果是未成年的小孩子拉弓射箭,即便是他的亲生母亲都会躲到房子里,把门关起来。所以说:可以肯定射中目标,连关系疏远的人都不会怀疑后羿;如果不能肯定射中目标,就连母亲都要躲避张弓射箭的未成年儿子。"

【注释】　①惠子:即惠施,战国时宋国人,曾任魏惠王的宰相,诸子百家中名家的代表人物。　②羿:即后羿,古代神话传说中善射的人。鞅:当作"决",指套在右手拇指上用于拉弦的皮套。扞(hàn):古代射箭时,套在左肩上的护套。　③关:通"弯",拉,牵引。机:控制箭支发射的扳机。　④越人:关系疏远的人。的:箭靶子。　⑤弱子:年幼体弱的孩子。扞:王引之认为当作"扜(yū)",引,拉。　⑥必:标杆,标的。此处指射中目标。

桓公问管仲①:"富有涯乎②?"答曰:"水之以涯③,其无水者也。富之以涯,其富已足者也。人不能自止于足而亡,其富之涯乎?"

【译文】　齐桓公问管仲:"富裕有极限吗?"管仲说:"水到边际,就是没有水的地方。富到极限,就是财富已经满足了。人们如果不能在追求财富方面止步,从而导致灭亡,是否也是到了财富的极限了呢?"

【注释】　①桓公:即齐桓公,名小白,春秋时代齐国的君主,春秋五霸之一,公元前685～前643年在位。管仲:字仲,名夷吾,春秋时期齐国的宰相,辅佐齐桓公富国强兵,称霸于当时。　②涯:边缘,极限。　③以:到。

宋之富贾有监止子者①,与人争买百金之璞玉②,因佯失而毁之③,负其百金④,而理其毁瑕,得千溢焉⑤。事有举之而有败,而贤其毋举之者⑥,负之时也。

【译文】 宋国有个富裕的商人叫监止子,与别人竞相购买一块价值百金的璞玉,他故意失手把璞玉给摔坏了,赔偿给货主一百金,然后,他又将那块被毁的璞玉中的瑕疵整治好,卖掉后得到一千金的价钱。做事情有时候会失败,人们之所以称道那些不做事的人,是因为只看到赔钱的时候。

【注释】 ①贾(gǔ):古代指开店或商铺做买卖的商人,这里泛指商人。监止子:人名。②璞(pú):未经雕琢的玉。 ③佯(yáng):假装。 ④负:赔偿。 ⑤溢:通"镒"。一镒为二十两或二十四两,一镒为一金。 ⑥举:做。

有欲以御见荆王者①,众驺妒之②,因曰:"臣能撽鹿③。"见王。王为御,不及鹿;自御,及之。王善其御也,乃言众驺妒之。

【译文】 有人想以驾车的技艺求见楚王,许多马车夫都很嫉妒他,于是他就说:"我驾车能够拦截得上鹿。"于是他就见到了楚王。楚王驾车,不能追赶上鹿;这位车夫驾上车之后,就赶上了鹿。楚王称赞他驾车的技术,车夫才说那些众多的车夫们嫉妒他。

【注释】 ①御:驾驭车马。荆王:指楚王。 ②驺(zōu):古时掌管养马并管驾车的人。③撽(qiào):拦截。

荆令公子将伐陈①,丈人送之曰②:"晋强,不可不慎也。"公子曰:"丈人奚忧?吾为丈人破晋。"丈人曰:"可。吾方庐陈南门之外③。"公子曰:"是何也?"曰:"我笑句践也。为人之如是其易也,己独何为密密十年难乎④?"

【译文】 楚国派公孙朝带兵去攻打陈国。有个老人送公孙朝时说:"晋国强大,必定会援救陈国,不能不小心啊。"公孙朝说:"您老人家有什么可忧虑的呢?我一定会打败晋国。"老人说:"可以。到时候,我将迁居到陈国都城的南门之外。"公孙朝说:"您这是什么意思呢?"老人说:"我是笑勾践呀。为人处世既然像你说的这样容易,勾践自己为何还要勤勉努力,经历了十年的艰难呢?"

【注释】 ①公子:当为公孙朝,《左传》哀公十七年称"楚公孙朝帅师灭陈"。将(jiàng):统率,带领。 ②丈人:对老年人的尊称。 ③方:将要。庐:此处用作动词,寄居。④密密:密通"勉",密密犹"黾勉",勤恳谨慎的样子。

尧以天下让许由①,许由逃之,舍于家人②,家人藏其皮冠。夫弃天下而家人藏其皮冠,是不知许由者也。

【译文】　尧将天下让给许由,许由因此而逃走,后来寄居在一位老百姓家中,这位老百姓便把自己的皮帽子藏了起来。许由放弃了天下不要,这位老百姓却防范他偷自己的皮帽子,实在是不了解许由的为人啊。

【注释】　①许由:古代的高士,尧将天下让给他,他不肯接受,逃到箕山隐居。　②家人:庶人,指普通老百姓。

三虱相与讼①,一虱过之,曰:"讼者奚说?"三虱曰:"争肥饶之地。"一虱曰:"若亦不患腊之至而茅之燥耳②,若又奚患?"于是乃相与聚,嘬其母而食之③。彘臞④,人乃弗杀。

【译文】　有三只虱子互相争辩是非,另一只虱子从这儿经过,说道:"你们在吵些什么呢?"这三只虱子说:"我们在争占猪身上肥美的地方呢。"这只虱子说:"你们不害怕到腊祭的时候,用茅草连猪带你们都给烤死,你们又有什么可怕的呢?"于是,这三只虱子便联合起来,一起吮吸它们寄居的猪身上的血。这只猪便日渐消瘦,人们便没有杀掉这头猪。

【注释】　①讼:争斗,争论是非。　②若:第二人称,你们。腊:祭祀的名称,指冬至后第三个戌日祭祀百神。燥:烘干,烘烤。　③嘬(zuō):吸食,吮吸。母:当作"血"。　④彘(zhì):猪。臞(qú):消瘦。

虫有虺者①,一身两口,争食相龁也②。遂相杀,因自杀。人臣之争事而亡其国者,皆虺类也。

【译文】　虫类当中有一种叫虺的毒蛇,一个身子上有两张嘴,这两张嘴为了争抢食物而互相咬。于是就互相残杀,因而杀死了自己。做臣子的相互之间争权夺利,最终导致国家灭亡的,都像争食自杀的虺一样啊。

【注释】　①虺(huǐ):古代传说中一种生有多头的毒蛇。　②龁(hé):咬嚼。

宫有垩①,器有涤,则洁矣。行身亦然,无涤垩之地,则寡非矣②。

【译文】　房屋涂上白色,器具用水洗涤,就洁净了。修身也是这样,如果到了不需要涂白和洗涤的境地,那就很少有过错了。

【注释】　①宫:指房屋。垩(è):白色的涂料。　②非:过错。

公子纠将为乱①，桓公使使者视之，使者报曰："笑不乐，视不见，必为乱。"乃使鲁人杀之。

【译文】　公子纠将要作乱的时候，齐桓公派使者观察他的动静。使者回来报告说："公子纠笑的时候并不真正快乐，看东西的时候好像没看见，一定会犯上作乱。"于是齐桓公就让鲁国人把他杀掉了。

【注释】　①公子纠：春秋时期齐襄公的弟弟，齐桓公的哥哥。为乱：犯上作乱，指公子纠在与齐桓公争位失败后，逃往鲁国伺机报复。

公孙弘断发而为越王骑①，公孙喜使人绝之曰②："吾不与子为昆弟矣③。"公孙弘曰："我断发，子断颈而为人用兵，我将谓子何？"周南之战④，公孙喜死焉。

【译文】　公孙弘剪断头发去做越王的骑士，公孙喜便派人去跟他断绝关系，声称："我不与你做兄弟了。"公孙弘说："我只不过是剪断了头发，而你冒着割断脖子的危险为别人带兵打仗，我将说你什么呢？"在周南那次战役中，公孙喜被杀死。

【注释】　①公孙弘：战国时魏国人。断发：剪断头发，当时南方越国人有断发文身的习俗，与中原人留长发的习俗不同。　②公孙喜：魏国的将军。绝：断绝。　③昆弟：兄弟。　④周南之战：又称伊阙之战。公元前293年，韩僖王以公孙喜为将，率韩、魏、西周三国军队，在周王城南伊阙下与秦将白起率领的军队交战，公孙喜兵败被杀。

有与悍者邻①，欲卖宅而避之。人曰："是其贯将满矣②，子姑待之③。"答曰："吾恐其以我满贯也。"遂去之。故曰：物之几者④，非所靡也⑤。

【译文】　有一个人同凶狠蛮横的人做邻居，想要把房子卖掉而避开他。有人说："这个凶狠的人恶贯满盈，将会自食其果，您姑且先等着他吧。"要卖掉房子的人回答说："我恐怕他因为害了我才恶贯满盈啊。"于是就离开了那个凶悍的人。所以说：事情到了危险的地步，是不能拖拉的。

【注释】　①悍：凶狠，蛮横。　②贯将满：绳子上的钱将满，比喻作恶多端，必将受到应有的惩罚。贯：古时穿钱用的绳子。　③姑：姑且，暂时。　④几：危险。　⑤靡（mǐ）：迟缓，拖拉。

孔子谓弟子曰："孰能导子西之钓名也①？"子贡曰②："赐也能。"乃导之，不复疑也。孔子曰："宽哉，不被于利③；絜哉④，民性有恒。曲为曲,直为直。"孔子曰:"子西不免。"白公之难⑤,子西死焉。故曰:"直于行者曲于欲。"

【译文】 孔子对他的学生说:"谁能引导子西的沽名钓誉呢?"子贡说:"我端木赐能。"于是就去开导子西,子西就不再为沽名钓誉疑惑了。孔子说:"他的胸怀多么宽广啊,不被名利所蒙蔽;他的品德多么纯洁啊,人的性情中有持久不变的原则。邪辟不正的总是邪辟不正,正直无私的总是正直无私。"孔子又说:"子西免不了殃祸啊。"白公胜发难作乱的时候,子西果然死在白公胜手里。所以说:"行为正直的人会被贪婪的人折损。"

【注释】 ①子西:春秋时期楚平王庶子,曾做过楚国的令尹。钓名:沽名钓誉。　②子贡:孔子的门徒,姓端木,名赐,字子贡,春秋时卫国人,善于言辞。　③被:蒙蔽。　④絜:通"洁",指品行纯洁。　⑤白公之难:白公,名胜,春秋时楚平王太子建的儿子。太子建在楚国受迫害,逃到郑国,又被郑人杀害,其子胜逃往吴国,楚惠王继位后召胜回国,让他居住在楚国的边地,号称白公。白公胜为报父仇再三要求攻打郑国,其时正好晋国伐郑,楚惠王派兵救郑,白公怒而作乱,兵败自杀。

晋中行文子出亡①,过于县邑,从者曰:"此啬夫②,公之故人,公奚不休舍③? 且待后车。"文子曰:"吾尝好音,此人遗我鸣琴;吾好佩,此人遗我玉环。是振我过者也④。以求容于我者⑤,吾恐其以我求容于人也。"乃去之。果收文子后车二乘而献之其君矣。

【译文】 晋国的中行文子出逃,经过一个县城。跟随他的人说:"本地的长官是您的老相识。您为何不到他家里休息一下呢? 暂时先等一等后面的车子。"中行文子说:"我曾经喜好音乐,这个人就赠给我一把鸣琴;我喜欢佩玉,这个人就赠给我一个玉环。这是助长我犯错误的人。他是在投我所好来讨我,现在,我怕他拿我去讨好别人。"于是离开了这个地方。这个地方的长官果然扣留了中行文子后面的两辆车,将其进献给他的君主了。

【注释】 ①中行文子:即荀寅,晋国执政大臣,后因攻打赵国失败,逃往齐国。　②啬(sè)夫:农夫。　③舍:房舍。　④振:助长。　⑤容:容纳,讨好。

周趮谓宫他曰①:"为我谓齐王曰:以齐资我于魏②,请以魏事王。"宫他曰:"不可,是示之无魏也。齐王必不资于无魏者,而以怨有魏者。公不如曰:'以王之所欲,臣请以魏听王。'齐王必以公为有魏也,必因公。是公有齐也,因以有齐、魏矣。"

【译文】 周趮对宫他说:"你替我对齐王说:如果用齐国的力量帮助我在魏

国谋取权位,那就请允许我拿魏国来侍奉大王。"宫他说:"不行,这是向齐国显示您在魏国没有势力。齐王必然不会帮助在魏国没有权势的,而去结怨在魏国有权势的人。您不如说:'依照大王的要求,我请求让魏国听命于大王。'齐王必定认为您在魏国很有势力,肯定会依赖您。这样,您就有了齐国的帮助,因而在齐国、魏国都有权位了。"

【注释】 ①周趮(zào):人名,魏国人,生平不详。宫他:人名,生平不详。 ②资:帮助。

白圭谓宋大尹曰①:"君长,自知政,公无事矣。今君,少主也,而务名,不如令荆贺君之孝也,则君不夺公位,而大敬重公,则公常用宋矣。"

【译文】 白圭对宋国的大尹说:"国君长大后,将要自己掌管政事,您就没有事干了。现在国君年幼,喜好追求名声,不如请楚国来祝贺国君孝顺太后,国君就不会夺去您的权位,并且会特别地敬重您,那么您就可以长期在宋国执政了。"

【注释】 ①白圭:战国时魏国人,长于治生和治水。大尹:宋国的官名。

管仲、鲍叔相谓曰①:"君乱甚矣②,必失国。齐国之诸公子其可辅者,非公子纠则小白也③,与子人事一人焉,先达者相收④。"管仲乃从公子纠,鲍叔从小白。国人果弑君,小白先入为君,鲁人拘管仲而效之⑤,鲍叔言而相之。故谚曰:"巫咸虽善祝⑥,不能自被也⑦;秦医虽善除⑧,不能自弹也⑨。"以管仲之圣而待鲍叔之助,此鄙谚所谓"虏自卖裘而不售⑩,士自誉辩而不信"者也。

【译文】 管仲和鲍叔牙互相商议说:"国君太昏乱了,一定会失掉江山。齐国的各位公子中可以辅佐为君的,不是公子纠,就是小白。我和你每人侍奉一个公子,谁先得志就提携另一个人。"管仲就追随公子纠,鲍叔牙追随小白。后来齐国人果然杀死了齐襄公。公子小白先回到齐国当了国君,鲁国人囚禁了管仲,把他献给齐桓公,鲍叔牙说了推荐的话之后,齐桓公就任命管仲为相。所以谚语说:"巫咸虽然善于祈祷,却不能被除自己的灾祸;秦医虽然善于除病,但是不能用石针来为自己治病。"像管仲这样的圣明之士还要依靠鲍叔牙的帮助,这就是俚俗谚语所说的"奴隶自己卖皮衣而卖不掉,士人自我称赞善辩而无人相信"之类的事情吧。

【注释】 ①鲍叔:鲍叔牙,春秋时代齐国大夫,管仲的好朋友。 ②君:指齐襄公诸儿,与妹妹鲁桓公夫人文姜私通,并派人拉杀鲁桓公,又多次欺骗大臣。　③小白:即后来的齐桓公,春秋时齐国的国君,春秋五霸之一,公元前685～前643年在位。　④收:收揽,提携。　⑤效:献。　⑥巫咸:殷朝著名的巫师。　⑦祓(fú):古代为除灾去邪而举行的祭礼。　⑧秦医:指战国著名的医生扁鹊,姓秦,名越人。　⑨弹(tán):割开,挑破。此处指用石针刺破脓疮,使脓血流出。　⑩虏:奴隶。

　　荆王伐吴①,吴使沮卫蹙融犒于荆师②,而将军曰:"缚之,杀以衅鼓③。"问之曰:"汝来卜乎?"答曰:"卜。""卜吉乎?"曰:"吉。"荆人曰:"今荆将与女衅鼓④,其何也?"答曰:"是故其所以吉也。吴使人来也,固视将军怒⑤。将军怒,将深沟高垒;将军不怒,将懈怠。今也将军杀臣,则吴必警守矣。且国之卜,非为一臣卜。夫杀一臣而存一国,其不言吉何也?且死者无知,则以臣衅鼓无益也;死者有知也,臣将当战之时,臣使鼓不鸣。"荆人因不杀也。

【译文】　楚王率兵攻打吴国,吴国派沮卫蹙融犒劳楚国军队,但楚国的将军却命令说:"捆起他来,杀了他来衅鼓。"又问他:"你来的时候,占卜过吗?"回答说:"占卜了。"又问他:"占卜的结果吉利吗?"回答说:"吉利。"楚国人说:"今天楚国要用你来祭鼓,那怎么算吉利呢?"他回答说:"你们这样做,正是我说吉利的原因。吴国派遣我来这里,本来就是为了察看将军是否发怒。如果将军发怒了,吴国将要深挖城池高筑城墙;如果将军不发怒,吴国就会放松守备。今天,将军要杀我,吴国肯定会如强戒备和防守。况且这次占卜是为国家占卜,不是为我个人占卜。如果杀了吴国的一个臣子而能保住一个国家,那怎么不叫吉利呢?而且,死了的人是没有知觉的,如果拿我去祭鼓不会有什么益处;如果死了的人还有知觉,我将要在两军交战之时,让楚国的战鼓敲不响。"楚国人因此没有杀他。

【注释】　①荆王伐吴:指楚灵王四年(公元前537年),楚灵王以诸侯和东夷之兵攻打吴国,事见《左传》昭公五年。　②沮卫蹙融:或作蹶由,人名。犒(kào):以酒食财物慰劳。　③衅(xìn)鼓:杀生取血涂于战鼓之上。衅,谓杀生取血涂物以祭祀。　④女(rǔ):同"汝"。　⑤固:本来。

　　知伯将伐仇由①,而道难不通。乃铸大钟遗仇由之君,仇由之君大说②,除道将内之③。赤章曼枝曰④:"不可。此小之所以事大也,而今也大以来,卒必随之,不可内也。"仇由之君不听,遂内之。赤章曼枝因断毂而驱⑤,至于齐。七月,而仇由亡矣。

【译文】　知伯打算攻打仇由国,可是因为道路艰险,不便通行。于是,他就铸造了一口大钟,赠送给仇由国的君主,仇由国的君主非常高兴,便修整道路,准备接受大钟。大臣赤章曼枝说:"不行。赠送大钟是小国侍奉大国的事情,而现在大国拿它来赠送给我们,它的军队一定会尾随而来,大钟是不能接受的。"仇由国的君主不听他的话,就接受了大钟。赤章曼枝就把车毂截短快速赶路,逃到了齐国。七个月以后,仇由国就灭亡了。

【注释】 ①知伯:即智伯,晋六卿之一。仇由:春秋时期与晋国毗邻的小国,在今山西省孟县。 ②说:同"悦"。 ③内:纳,接受。 ④赤章曼枝:人名,仇由国的官吏。⑤断毂(gǔ):截断车毂,以求车行迅速。毂,车轮的中心部位,周围与车辐的一端相接,中有圆孔,用以插轴。

越已胜吴,又索卒于荆而攻晋①。左史倚相谓荆王曰②:"夫越破吴,豪士死,锐卒尽,大甲伤③。今又索卒以攻晋,示我不病也④。不如起师与分吴。"荆王曰:"善。"因起师而从越,越王怒,将击之。大夫种曰⑤:"不可。吾豪士尽,大甲伤,我与战必不克,不如赂之。"乃割露山之阴五百里以赂之⑥。

【译文】 越国已经战胜了吴国,又向楚国借兵去攻打晋国。左史倚相对楚惠王说:"越国打败吴国以后,豪杰之士都死光了,精锐部队用尽了,遮蔽全身的铠甲也已经破损了。现在又来借兵去攻打晋国,这是向我们显示他们还没有疲惫啊。不如趁机起兵和越国共同瓜分吴国。"楚惠王说:"好。"于是就派兵跟踪越军。越王大为愤怒了,打算攻击楚国的军队。大夫文种说:"不行。我们的豪杰之士都死光了,遮蔽全身的铠甲都破损了。我们同楚国作战,必定不能取胜,不如贿赂他们。"于是就割让露山以北五百里的土地,以贿赂楚国。

【注释】 ①索卒:借兵。 ②左史:记载君王言论的史官。倚相:人名,楚国的史官。荆王:指楚惠王。 ③大甲:遮蔽全身的铠甲。 ④病:疲惫。 ⑤大夫种:越国大夫文种,和范蠡共同辅佐越王勾践打败吴国,后被越王杀害。 ⑥露山之阴:露山的北面。露山,山名,未详所指。

荆伐陈,吴救之,军间三十里①。雨十日,夜星②。左史倚相谓子期曰③:"雨十日,甲辑而兵聚④,吴人必至,不如备之。"乃为陈⑤。陈未成也,而吴人至,见荆陈而反。左史曰:"吴反复六十里,其君子必休⑥,小人必食⑦。我行三十里击之,必可败也。"乃从之,遂破吴军。

【译文】　楚国攻打陈国,吴国去救援,楚、吴两军相距三十里。接连下了十天雨,这天晚上,天放晴了。左史倚相对子期说:"接连下了十天雨,盔甲和兵器都聚集起来堆放着。吴国人必然会来偷袭,不如防备他们。"于是就列阵相迎。阵势还没摆好,吴军就来了,他们看见楚军的阵势就回去了。左史说:"吴军来回要走六十里,他们当官的一定会休息,当兵的必然会吃饭。我们行军三十里去袭击他们,一定能把他们打败。"于是追赶吴军,把吴军打败了。

【注释】　①间:间隔,相距。　②星:用作动词,星星出现,意谓天放晴。　③子期:令尹子西的弟弟,当时任楚国的司马,掌管军政。　④辑:聚集。　⑤陈:同"阵",布阵。　⑥君子:这里指将领。　⑦小人:士卒。

　　韩、赵相与为难①。韩子索兵于魏②,曰:"愿借师以伐赵。"魏文侯曰:"寡人与赵兄弟,不可以从。"赵又索兵以攻韩,文侯曰:"寡人与韩兄弟,不敢从。"二国不得兵,怒而反。已乃知文侯以构于己③,乃皆朝魏。

【译文】　韩国与赵国相互为敌。韩国的君主向魏国借兵,说:"希望借用贵国的军队来攻打赵国。"魏文侯说:"我和赵国的君主像兄弟一样,不能从命。"赵国也来向魏国借兵去攻打韩国,魏文侯说:"我和韩国的君主像兄弟一样,不能从命。"韩、赵两国都没有借到兵,气呼呼地返回了。事后,他们才明白魏文侯是在替他们和解,于是就都去朝见魏文侯。

【注释】　①为难(nàn):为敌。　②索兵:借兵。　③构:媾和,和解。

　　齐伐鲁,索谗鼎①,鲁以其赝往②,齐人曰:"赝也。"鲁人曰:"真也。"齐曰:"使乐正子春来③,吾将听子。"鲁君请乐正子春,乐正子春曰:"胡不以其真往也?"君曰:"我爱之。"答曰:"臣亦爱臣之信。"

【译文】　齐国攻打鲁国,向鲁国索要谗鼎。鲁国拿了假的送去。齐国人说:"这是假的。"鲁国人说:"是真的。"齐国人说:"你们派乐正子春来说,我们就听信你。"鲁国君主就去邀请乐正子春,乐正子春说:"为什么不拿真的送去呢?"鲁国君主说:"我爱谗鼎。"乐正子春说:"我也爱惜我的信誉呀。"

【注释】　①谗鼎:或作"宰鼎"、"崇鼎",鼎名。　②赝(yàn):假,伪造。　③乐正子春:春秋时期鲁国人,曾子弟子,以孝闻名。

　　韩咎立为君①,未定也。弟在周,周欲重之,而恐韩咎不立也。

綦毋恢曰②:"不若以车百乘送之。得立,因曰为戒;不立,则曰来效贼也③。"

【译文】 韩咎即将被立为韩国君主,这件事还没有最终确定。韩咎的弟弟在周国,周国想要重用他,但又怕韩咎不能立为国君。綦毋恢对周国君主说:"不如用百辆兵车送韩咎的弟弟回国。如果韩咎能立为君主,就说派兵车是给他弟弟做警卫的;如果韩咎不能立为君主,就说是来向韩国献叛贼的。"

【注释】 ①韩咎:韩襄王的儿子公子咎。　②綦毋恢:复姓綦毋,名恢,生平不详。③效:奉献。

　　靖郭君将城薛①,客多以谏者。靖郭君谓谒者曰②:"毋为客通。"齐人有请见者,曰:"臣请三言而已,过三言,臣请烹。"靖郭君因见之,客趋进曰:"海大鱼。"因反走。靖郭君曰:"请闻其说。"客曰:"臣不敢以死为戏。"靖郭君曰:"愿为寡人言之。"答曰:"君闻大鱼乎?网不能止,缴不能牲③,荡而失水,蝼蚁得意焉④。今夫齐亦君之海也,君长有齐,奚以薛为?君失齐,虽隆薛城至于天犹无益也。"靖郭君曰:"善。"乃辍不城薛⑤。

【译文】 靖郭君想要在薛地修筑城池,门客中有许多人因此劝谏他。靖郭君对掌管传达的官吏说:"不要替门客通报。"有个请求谒见的齐国人说:"我只要求说三个字罢了,超过三个字,就请把我煮死。"靖郭君便接见了他。这个门客快步上前说:"海大鱼。"说完就退下往回走。靖郭君说:"请让我听听这三个字的意思。"门客说:"我可不敢拿生死做儿戏。"靖郭君说:"希望你替我解释解释。"门客回答说:"您听说过关于大鱼的事吗?渔网捕不住它,连系在箭上的生丝绳也不能牵住它,但是如果它游荡而离开了水,蝼蛄和蚂蚁可就得意了。现在齐国也就是您的大海。您能长久地掌握齐国政权,还要薛地干什么呢?假如您在齐国丧失权势,即使把薛地的城墙筑得像天那样高,还是没有益处啊。"靖郭君说:"好。"于是就停止在薛地营建城池。

【注释】 ①靖郭君:姓田名婴,齐威王的少子,齐宣王的庶弟,孟尝君的父亲。城:用作动词,修建城池。　②谒者:掌管传达的官。　③缴(zhuó):系在箭上的生丝绳,射鸟用。亦指系着丝绳的箭。牲(guà):绊住,挂碍。　④蝼蚁:蝼蛄和蚂蚁,　⑤辍:中止,放弃。

　　荆王弟在秦①,秦不出也②。中射之士曰:"资臣百金,臣能出之。"因载百金之晋,见叔向③,曰:"荆王弟在秦,秦不出也,请以百金委叔向。"叔向受金,而以见之晋平公曰④:"可以城壶丘矣⑤。"平公曰:"何也?"对曰:"荆王弟在秦,秦不出也,是秦恶荆也。必不敢禁我城壶丘。若禁之,我曰:'为我出荆王之弟,吾不城也。'彼如出之,可以德荆。彼不出,是卒恶也⑥,必不敢禁我城壶丘矣。"公曰:"善。"乃城壶丘,谓秦公曰:"为我出荆王之弟,吾不城也。"秦因出之。荆王大说,以炼金百镒遗晋⑦。

【译文】　楚王的弟弟羁留在秦国,秦国不放他回去。楚国宫廷中有个侍卫官说:"给我百斤黄金,我能让秦国把他放回来。"于是,他就用车子载了百斤黄金前往晋国,去拜见叔向,说:"楚王的弟弟羁留在秦国,秦国不放他回来。请允许我拿百斤黄金委托叔向您办这件事。"叔向接受了黄金,就引荐他谒见晋平公,并且对晋王说:"可以在壶丘筑城了。"晋平公问道:"为什么呢?"叔向回答说:"楚王的弟弟现在秦国,秦国不放他出来,这说明秦国憎恨楚国。秦楚为仇,秦国必然不敢禁止我们在壶丘筑城。如果秦国禁止我们筑城,我们就说:'给我们把楚王的弟弟放出来,我们就不再筑城了。'秦国如果把楚王的弟弟放出来,可以使楚国对我们感恩戴德;如果不放,就说明他们始终憎恶楚国,就一定不敢阻止我们在壶丘筑城了。"晋平公说:"好。"于是就在壶丘筑城,并且对秦国君主说:"给我把楚王的弟弟放出来,我就不筑城了。"秦国便把楚王的弟弟放回。楚王非常高兴,拿出百镒纯金赠送给晋国。

【注释】　①荆王弟:楚王的弟弟,或即楚灵王的弟弟,即楚公子午。《说苑·权谋篇》:"楚公子午使于秦,秦囚之,其弟献三百金于晋叔向。"　②出:放回,释放。　③叔向:即羊舌肸(xī),字叔向。春秋时期晋国的大夫,学识广博,能以礼让治国。　④晋平公:名彪,春秋时期晋国君主,公元前557～前532年在位。　⑤壶丘:地名,在今山西省垣曲县,南临黄河。　⑥卒:完全,彻底。　⑦炼金:纯金,指上好的黄金。

阖庐攻郢①,战三胜②,问子胥曰③:"可以退乎?"子胥对曰:"溺人者一饮而止④,则无遂者,以其休也,不如乘之以沈之⑤。"

【译文】　吴王阖庐攻打楚国的都城郢,多次取胜,便问伍子胥说:"可以撤退了吗?"伍子胥回答说:"要淹死别人的人,只让被淹的人喝一口水就停止,那是不会成功的,因为他中途停止了。不如趁着这个机会把他完全沉入水底。"

【注释】　①阖庐:一作阖闾,名光,春秋时期吴国君主,春秋五霸之一。郢(yǐng):楚国都城,在今湖北省江陵县。　②三:非实指,指多次。　③子胥:伍子胥,名员,春秋时楚国人,因父兄遭楚平王杀害,被迫出逃,投奔吴国。 ④溺(nì):沉于水。 ⑤沈:通"沉",淹没。

郑人有一子,将宦①,谓其家曰:"必筑坏墙,是不善,人将窃。"其巷人亦云②。不时筑③,而人果窃之。以其子为智,以巷人告者为盗。

【译文】 郑国有个人的儿子,将要去做官,告诉家里的人说:"一定要把坏了的墙修筑起来,坏墙不修好,有人将会来偷窃。"他同巷的邻居也这样说。由于没有及时修筑,果然有人偷了他家的东西。这个郑国人认为他的儿子很聪明,却把告诉他要修墙的同巷邻居看做是盗贼。

【注释】 ①宦:做官。 ②巷人:同里巷之人,指邻居。 ③时:及时。

观行第二十四

观行，就是观察臣下的行为。韩非认为，人的智慧、才能、勇气都有局限性，但君主只要能"以有余补不足"，运用法术来观察臣下的行为，"因可势，求易道"，就能"用力寡而功名立"。

古之人目短于自见，故以镜观面；智短于自知，故以道正己。故镜无见疵之罪，道无明过之怨。目失镜则无以正须眉，身失道则无以知迷惑。西门豹之性急①，故佩韦以自缓②；董安于之心缓③，故佩弦以自急。故以有余补不足，以长续短之谓明主。

【译文】 古代的人因为眼睛不能看到自己，所以用镜子来观察面容；聪智不足以了解自己，所以用道来修正自己的行为。所以镜子没有呈现出瑕疵的罪责，道也没有辨明过失的怨恨。眼睛如果没有镜子就没有办法来修整须眉，行为如果失去了道的指导就没有办法解除迷惑。西门豹的性情急躁，所以佩带柔软的皮革来让自己舒缓一些；董安于性情缓和，所以佩带绷紧的弓弦来让自己行动迅捷一些。所以用有余来弥补不足，用长处来续补短处，就是英明的君主。

【注释】 ①西门豹：战国时魏国人，魏文侯时为邺令。 ②韦：柔软的皮革。 ③董安于：春秋时晋国赵简子的家臣。

天下有信数三①：一曰智有所不能立，二曰力有所不能举，三曰强有所不能胜。故虽有尧之智，而无众人之助，大功不立。有乌获之劲②，而不得人助，不能自举。有贲、育之强③，而无法术，不得长生④。故势有不可得，事有不可成。故乌获轻千钧而重其身，非其身重于千钧也，势不便也；离朱易百步而难眉睫⑤，非百步近而眉睫远也，道不可也。故明主不穷乌获，以其不能自举；不困离朱，以其不能自见。因可势，求易道，故用力寡而功名立。时有满虚⑥,事有利害,物有生死,人主为三者发喜怒之色,则金石之士离心焉。圣贤之扑浅深矣。故明主观人,不使人观己。明于尧不能独成,乌获不能自举,贲、育之不能长胜,则观行之道毕矣。

【译文】 天下有三条必然的道理:一是即使非常有智慧也有不能成就的事业,二是即使非常有力也有不能举起的重物,三是即使非常强大也有不能战胜的敌人。所以虽然拥有唐尧一样的智慧,如果没有众人的帮助,也不能建立大的功业。虽然拥有乌获的勇力,如果得不到别人的帮助,也不能举起自己。有像孟贲、夏育那样强壮的身体,如果没有法术,也不能永远取胜。所以有些权势是不可能取得的,有些事情是不可能做成的。所以乌获能轻松举起千钧的东西却举不起他的身体,不是因为他的身体比千钧还要重,是因为情势不方便;离朱能看清百步之外的东西却看不见自己的眉睫,不是因为百步之外离得近而眉毛睫毛离得远,是因为道理不允许。所以英明的君主不会因为乌获举不起自己而让他受窘,也不能因为离朱看不见自己的眉睫而让他为难。依靠可以利用的条件,寻求易行的办法,耗费的力量不多却能建立功名。时运有盛有衰,事情有利有害,万物有生有死,君主如果因为这三件事情而显出欢喜或者愤怒的样子,那么即使那些像金石一样忠诚的大臣也会离心离德。圣人贤才对于浅显的事情也会做深入的考虑。所以英明的君主要观察别人,而不能让大臣观察自己。明晓唐尧不能独自建功立业,乌获不能举起自己,孟贲、夏育不能永远取胜的道理,根据法术来观察群臣行为的办法就都具备了。

【注释】 ①信数:必然的道理。 ②乌获:人名,战国时代秦国的一位大力士,后来成为力士的泛称。 ③贲、育:指孟贲和夏育,战国时卫国人,都是著名的勇士。 ④生:通"胜"。 ⑤离朱:传说黄帝时视力特别敏锐的人,又称离娄。 ⑥时有满虚:时,时运。满虚,原指月圆月缺,这里指时运的盛衰。时运有盛有衰。

安危第二十五

本文从正反两个方面，讨论了影响国家与君主安危的原则与做法，以此来警戒君主。

安术有七，危道有六。

安术：一曰赏罚随是非，二曰祸福随善恶，三曰死生随法度，四曰有贤不肖而无爱恶，五曰有愚智而无非誉，六曰有尺寸而无意度，七曰有信而无诈。危道：一曰斫削于绳之内①，二曰断割于法之外②，三曰利人之所害，四曰乐人之所祸，五曰危人于所安，六曰所爱不亲，所恶不疏。如此，则人失其所以乐生，而忘其所以重死③，人不乐生则人主不尊，不重死则令不行也。

【译文】 使国家安定的方法有七条，而使国家危亡的办法有六种。

使国家安定的方法：一是施行赏罚要根据是非，二是降祸纳福要根据善恶，三是决定生死要根据法度，四是待人只看贤良与无能而没有喜欢与憎恶的区别，五是任官只分愚笨与聪智而不根据诽谤或赞誉，六是做事有准则而不凭私意揣度，七是讲求诚信而不事欺诈。使国家危亡的办法：一是弄法徇私，二是任意废法，三是通过损害人民而谋利，四是把别人遭受灾祸当成乐事，五是破坏人们安定的生活，六是不亲近喜爱的人，不疏远憎恶的人。如果这样，人民就会丧失了生活的乐趣，忘记了看重生命的原因，人民不以生为乐，君主就不会被尊崇，不看重生命，政令就不会被执行。

【注释】 ①斫削于绳之内：斫削，摧伤损害。绳，绳墨，这里指法度。在法度之内摧伤损害，指弄法徇私。 ② 断割于法之外：在法度之外砍削，指任意废法。 ③ 重死：看重生命，不肯轻易去死。

使天下皆极智能于仪表①，尽力于权衡②，以动则胜，以静则安。治世使人乐生于为是，爱身于为非③。小人少而君子多，故社稷常立，国家久安。奔车之上无仲尼④，覆舟之下无伯夷⑤。故号令者,国之舟车也。安则智廉生,危则争鄙起。故安国之法,若饥而食,寒而衣,不令而自然也。先王寄理于竹帛⑥,其道顺,故后世服。今使人犯饥寒⑦,虽贲、育不能行⑧;废自然,虽尧舜而不立。强勇之所不能行,则上不能安。上以无厌⑨责,已尽,则下对无有,无有则轻法,法所以为国也而轻之,则功不立、名不成。闻古扁鹊之治其病也,以刀刺骨;圣人之救危国也,以忠拂耳⑩。刺骨,故小痛在体而长利在身;拂耳,故小逆在心而久福在国。故甚病之人利在忍痛,猛毅之君以福拂耳。忍痛,故扁鹊尽巧;拂耳,则子胥不失⑪。寿安之术也。病而不忍痛,则失扁鹊之巧;危而不拂耳,则失圣人之意。如此,长利不远垂,功名不久立。

【译文】 如果天下的人都能把聪智和能力用在法度上,那么有所行动就能取胜,保持静止就能安宁。治平之世让人快乐地活着去做好事,让人们爱惜生命而不做违法的事情。小人少而君子多,所以社稷长久供立,国家长久安定。急奔的车子上不会有聪智的仲尼,倾覆的船只下不会有廉让的伯夷。号令是国家的车子和船只,形势安宁就会有聪智廉让的人出现,形势危急就会发生卑鄙的争夺。所以保持国家安定的办法,就像饿了就要吃食物,冷了就要穿衣服一样,不用发号施令就自然发生。古代的圣工把这些道理记述在典籍中,这些道理都顺应自然,所以后世的人们仍然遵循。现在让人们忍受饥饿严寒之苦,即使孟贲、夏育那样的人也不能遵行;废除自然之道,即使唐尧和虞舜也不能成功。强悍勇敢的人不能遵行,那么君主就不能安宁。君主以永不满足之心责求,财物已经竭尽,人民就回答一无所有了,一无所有就会轻犯法律,法度是治国的利器,却被轻犯,那么功业就不能建立,美名就不能成就。听说古代的扁鹊给人治病,要用利刀刺割骨头;圣人治理危亡的国家,用忠言违逆君主的耳朵。利刀刺骨,身体虽然有些疼痛却能获得长久的好处;忠言逆耳,君主的心意虽被违背而国家却能获得长久的幸福。所以得了重病的人最大的好处就是忍受刀刺之苦,坚定刚毅的君主以听取逆耳忠言为幸福。忍受疼痛,所以扁鹊才能施展巧技,听取忠言,伍子胥就不会遭难逃走。这才是长寿久安的办法。生病了不想忍受疼痛,就失去了让扁鹊施展巧技的机会,国家危亡而不能听取逆耳忠言,就失去了圣人治国的建议。如果这样,就不能获得长久的利益,也不能建立长久的功名。

【注释】 ①仪表:准则,法式。 ②权衡:法度,标准。 ③爱身于为非:非,指违法的事情。指因为爱惜自己的生命而不做违法的事情。 ④奔车之上无仲尼:奔车,奔跑的车子,比喻情势危急。仲尼,即孔子,这里指代有智慧的人。急奔的车子上不会有聪智的仲尼。　⑤覆舟之下无伯夷:覆舟,倾覆的船只,也比喻情势危急。伯夷,商朝末年孤竹国君主的长子,和其弟叔齐相互让国而出逃,这里指代有廉让之德的人。倾覆的船只下不会有廉让的伯夷。　⑥竹帛:竹简和帛绢,古代用来书写的工具。引申为典籍。⑦犯饥寒:冒犯饥寒,即忍受饥饿和严寒。　⑧贲、育:即孟贲、夏育,都是战国时卫国的力士。　⑨无厌:不满足,没有限止。　⑩以忠拂耳:让忠言拂过耳朵,即听取忠言。⑪子胥:即伍子胥,春秋时楚国人。其事迹详见《难言》注。

　　人主不自刻以尧而责人臣以子胥①,是幸殷人之尽如比干②,尽如比干则上不失、下不亡。不权其力而有田成,而幸其身尽如比干,故国不得一安。废尧、舜而立桀、纣,则人不得乐所长而忧所短。失所长则国家无功,守所短则民不乐生,以无功御不乐生,不可行于齐民③。如此,则上无以使下,下无以事上。

【译文】　君主不拿唐尧作为标准来严格要求自己,却用子胥的标准来苛责大臣,这就像希望殷人都像比干一样忠心,如果都像比干一样,君上就不会失国,大臣也不会丧生了。不权衡大臣的权力却希望每个人都像比干一样,就会有田成这样的人出现,所以国家就得不到片刻的安宁。废除唐尧、虞舜那样的人而拥立像夏桀、商纣一样的君主,人民就不能发挥他们的长处,也不会为他们的短处感到忧虑。失掉长处,君主就不能为国家建立功绩,保守短处,人民就不为活着感到快乐。让没有功绩的君主统治不快乐的人民,对于平民就是行不通的。如果这样,君主就没有办法役使人民,人民也就不会侍奉君主。

【注释】　①刻:严格要求。　②幸:希望。　③齐民:平民。

　　安危在是非,不在于强弱。存亡在虚实,不在于众寡。故齐、万乘也,而名实不称,上空虚于国内,不充满于名实,故臣得夺主。桀,天子也,而无是非,赏于无功,使谗谀①,以诈伪为贵;诛于无罪,使伛以天性剖背②。以诈伪为是,天性为非,小得胜大。

【译文】　君主的安危在于行事的是非,而不在于力量的强弱。国家的存亡在于国家的虚实,而不在于人民的多少。所以齐国是万乘大国,可是名实不相称,君主没有统治国家的权力,名义和实力都不充实,所以大臣得以夺取君主的权位。夏桀,是统治万民的天子,可是行事没有是非,赏赐那些没有功劳的人,使那些好谗毁、阿谀的人通过欺诈伪装而取得高位;诛罚那些没有罪过的人,使驼背的人因为天生的特点而遭受剖背之刑。把欺诈虚伪视为正确,把天性当成错误,因而小国就战胜了天朝大国。

【注释】 ①谗谀:指好谗毁、阿谀的人。 ②伛(yǔ)以天性剖背:伛,弯腰、曲背,这里指驼背的人。天性,先天具备的特点。驼背的人因为天生的特点而被剖开了脊背。

明主坚内,故不外失。失之近而不亡于远者无有①。故周之夺殷也,拾遗于庭,使殷不遗于朝,则周不敢望秋毫于境②,而况敢易位乎。

【译文】 英明的君主整饬内政,所以对外就不会失败。没有内政混乱而外交不失败的国家。所以周人夺取殷人的政权,就像从庭院里拣东西一样容易。假使殷商的朝政不出现失误,那么周人便不敢在国境上有任何的企图,更何况于夺取王位呢。

【注释】 ①失之近而不亡于远者:失之近,指内政混乱。亡于远,指外交失败。内政混乱而外交不失败的国家。 ②不敢望秋毫于境:形容不敢在国境上有任何的企图。

明主之道忠法,其法忠心①,故临之而法②,去之而思。尧无胶漆之约于当世而道行③,舜无置锥之地于后世而德结。能立道于往古,而垂德于万世者之谓明主。

【译文】 英明君主的道术是忠实于法律,而他的法律则是适应人心的。所以用它来治理人民,人民就会守法,废除它人民就会思念。唐尧没有非常有力地约束当时的人民,他的道术却得到了施行,虞舜没有给后代留下一点土地,他的德行却被后人怀念。能够在往昔建立制度,而恩德影响到后世的人就是英明的君主。

【注释】 ①忠:读为"衷",适应,适合。 ②临之而法:临,治理。法,守法。用它来治理人民,人民就会守法。 ③胶漆之约:形容强有力的约束。

守道第二十六

守道,即保全和守卫国家的办法。韩非提出的保守国家的办法,就是他一贯坚持的立法、赏罚,在本文的说法就是"立法度量"。

圣王之立法也,其赏足以劝善,其威足以胜暴,其备足以必完①。治世之臣,功多者位尊,力极者赏厚,情尽者名立。善之生如春,恶之死如秋,故民劝极力而乐尽情,此之谓上下相得②。上下相得,故能使用力者自极于权衡,而务至于任鄙③;战士出死,而愿为贲、育;守道者皆怀金石之心④,以死子胥之节。用力者为任鄙,战如贲、育,中为金石,则君人者高枕而守已完矣。

【译文】 圣王建立法制,它的赏赐足以劝勉善行,它的威力足以制止暴行,它应对各种事变的准备也一定是完备齐全的。太平时代的大臣,功业显著的地位就尊贵,尽力做事的得到的赏赐就丰厚,能尽忠爱之情的人就能树立美名。善行的生长如春天般欣欣向荣,恶事的消亡像秋草一样枯落,所以人民得到劝勉,能够尽力做事,并以尽忠爱之情为乐,这就叫做君主和人民和谐相称。君主和人民和谐相称,就能让出力的人依循法度竭尽自己的力量,力求做到像任鄙那样;战士能出力效死,希望成为孟贲、夏育那样的人;主掌法制的人都心怀金石一样坚贞的情操,能够像伍子胥那样为保全节操而死。出力的人像任鄙一样,作战的人像孟贲、夏育一样,主掌法制的人心如金石一样坚贞,那么君主就可以高枕无忧地把国家守护得十分完好了。

【注释】 ①必完:指完备齐全。 ②相得:相互投合。 ③任鄙:人名,战国时秦国的力士。 ④守道者:指执掌朝政的人。

古之善守者,以其所重禁其所轻,以其所难止其所易。故君子与小人俱正,盗跖与曾、史俱廉①。何以知之?夫贪盗不赴溪而掇金,赴溪而掇金则身不全;贲、育不量敌则无勇名,盗跖不计可则利不成。明主之守禁也,贲、育见侵于其所不能胜,盗跖见害于其所不能取。故能禁贲、育之所不能犯,守盗跖之所不能取,则暴者守愿,邪者反正。大勇愿,巨盗贞,则天下公平,而齐民之情正矣。

【译文】 古代善于守卫国家的人,拿人们最看重的事来禁制他们所轻视的事,拿人们害怕的事情去禁止他们的轻率行为。所以君子和小人都能归于正道,盗跖和曾参、史鳍同样廉直。怎么知道是这样的呢?即使贪婪的盗贼也不会到深溪去拾拣黄金,因为到深溪去拾拣黄金就不能保全生命,孟贲、夏育不考虑敌人也不会树立勇敢的名声,盗跖不算计可否就不能取得利益。所以英明的君主掌握法律,要使孟贲、夏育看到他们侵犯的是不可战胜的地方,使盗跖知道他们损害的是不可取得的财物。所以能够禁卫让孟贲、夏育也不能侵犯的地方,能够守全让盗跖也无法取得的财物,那么强暴的人就能保持谨慎,邪恶的人复归于正道。勇士行事谨慎,大盗行为贞洁,那么天下的事情就公平了,人民的情性也都端正了。

【注释】 ①盗跖与曾、史俱廉:盗跖,相传为古时民众起义的领袖,名跖,"盗"是当时统治者对他的贬称。后世也成为盗贼的代称。曾,曾参,春秋时鲁国人,孔子弟子,后世称为宗圣。史,史鳍,春秋时卫国大夫,因为廉直得到孔子的称赞。曾、史并称被作为仁义的典范是当时的习语。

人主离法失人,则危于伯夷不妄取,而不免于田成、盗跖之耳可也①。今天下无一伯夷,而奸人不绝世,故立法度量。度量信则伯夷不失是②,而盗跖不得非。法分明则贤不得夺不肖,强不得侵弱,众不得暴寡。托天下于尧之法,则贞士不失分,奸人不徼幸③。寄千金于羿之矢④,则伯夷不得亡,而盗跖不敢取。尧明于不失奸,故天下无邪;羿巧于不失发,故千金不亡。邪人不寿而盗跖止,如此,故图不载宰予⑤,不举六卿⑥;书不著子胥,不明夫差⑦。孙、吴之略废,盗跖之心伏。人主甘服于玉堂之中,而无瞋目切齿倾取之患。人臣垂拱于金城之内⑧,而无扼掔聚唇嗟唶之祸⑨。服虎而不以柙⑩,禁奸而不以法,塞伪而不以符,此贲、育之所患,尧、舜之所难也。故设柙非所以备鼠也,所以使怯弱能服虎也;立法非所以备曾、史也,所以使庸主能止盗跖也;为符非所以豫尾生也⑪,所以使众人不相谩也。不独恃比干之死节,不幸乱臣之无诈也,恃怯之所能服,握庸主之所易守。当今之世,为人主忠计,为天下结德者,利莫长于此。故君人者无亡国之图,而忠臣无失身之画。明于尊位必赏,故能使人尽力于权衡,死节于官职。通于贲、育之情,不以死易生;惑于盗跖之贪,不以财易身。则守国之道毕备矣。

【译文】　君主背离法制失去人心,即使面对伯夷这样不随便夺权的人也会有危险,而遇到田成、盗跖的篡夺就必然不能免祸了。现在天下没有一个伯夷,而奸邪之人却接连出现,所以必须建立法度。法度明确,伯夷就不会丧失正道,盗跖也不敢违背法度。法度分明,聪明的人不能侵夺无能的人,强大的人不能欺凌弱小的人,人多的不能侵犯人少的。把天下依托于唐尧的法制,坚贞的人就不失去本分,奸邪的人不会有非分之想。把千金寄放在后羿的箭矢上发射给伯夷,那么伯夷就不会丢失他的千金,盗跖也不敢强取。尧的明察在于不放过奸邪,所以天下就没有奸邪;羿的技巧在于箭无虚发,所以千金不会丢失。奸邪之人寿命不长,所以盗贼就会止息。如果这样,图书就不会记载宰予与晋国六卿的事情,典籍也不会涉及子胥与吴王夫差的事情。孙子、吴起的兵法被废弃,盗跖的贪心也隐藏不露。君主在宫廷中享受着甘食华服的生活,没有被人瞪着眼睛咬紧牙齿要倾夺权位的忧患,大臣垂衣拱手轻松地居住在坚固的城中,没有握紧手腕、撮拢嘴唇、嗟喑感叹的祸端。制服老虎而不使用笼子,禁制奸邪而不用法律,防范诈伪而不用符信,这是让孟贲、夏育也感到害怕的事情,是唐尧、虞舜也很难办到的事情。所以设置笼子不是用来防备老鼠的,而是让怯弱的人也能制服老虎;建立法制不是为了防备曾参、史鳅,而是让平庸的君主也能制止盗跖;制作符信不是为了防备尾生的,而是让众人不能相互欺谩。不依靠比干的忠心死节,不侥幸乱臣不使诈伪,而依靠能让怯弱制服强暴的工具,掌握能让庸主容易保守国家的法度。当今的这个时代,替君主忠心地计谋,替天下百姓积累恩德,没有比这样做更有利的了。所以君主没有亡国的图谋,忠臣也没有牺牲生命的计划。知道功多位尊必然赏赐丰厚,所以能让人依循法度竭尽自己的力量,在位的官员能忠于职守、以身殉职。知道孟贲、夏育的勇敢情性,就不会轻易拿死亡取代生命;受盗跖贪心的诱惑,也不会拿财物去交换生命。那么守卫国家的道术就齐备了。

【注释】　①耳可:当为"取"字之误。　②不失是:不会失去肯定。　③徼幸:非分的企求。　④羿:人名,神话传说中一位善射的人,其中以后羿射日的传说最为有名。　⑤宰予:春秋时鲁国人,字子我,孔子弟子,据说曾与田常为乱被诛。　⑥六卿:指晋国的智氏、范氏、中行氏及韩、赵、魏六卿,他们世为晋卿,相互争权夺地,最终由韩、赵、魏三家瓜分晋国。　⑦夫差:即吴王夫差。　⑧垂拱:垂衣拱手,比喻毫不费力。　⑨扼捥聚唇嗟啃(jiè)之祸:扼捥,即扼腕,一只手握住另一只手腕,表示激动、愤怒、惋惜等情绪。聚唇,撮唇发声。嗟啃,悲叹。指握紧手腕、撮拢嘴唇、嗟啃感叹的祸端。　⑩柙(xiá):关野兽的笼子。　⑪豫尾生:豫,防备。尾生,人名,古代一位非常诚信的人。

用人第二十七

用人,即任用人才。本文着重讨论的就是君主如何任用人才的问题。

闻古之善用人者,必循天顺人而明赏罚。循天则用力寡而功立,顺人则刑罚省而令行,明赏罚则伯夷、盗跖不乱。如此,则白黑分矣。治国之臣,效功于国以履位①,见能于官以受职,尽力于权衡以任事②。人臣皆宜其能③,胜其官,轻其任,而莫怀余力于心,莫负兼官之责于君。故内无伏怨之乱,外无马服之患④。明君使事不相干,故莫讼;使士不兼官,故技长;使人不同功,故莫争。争讼止,技长立,则强弱不觳力⑤,冰炭不合形,天下莫得相伤,治之至也。

【译文】 听说古代善于任用人才的君主,一定遵循天理顺从人事而明确赏罚制度。遵循天理,用力不多就能建立功业,顺从人事,刑罚不用多用就能政令畅行,赏罚明确,像伯夷一样廉让的人和像盗跖一样贪婪的人就不会混乱。如果这样,黑与白就能区分清楚了。政治清明的国家,臣民为国家建立功勋就可以取得地位,在官府表现出才能就能被授予职位,依循法度尽己之力就能任职办事。臣民都能发挥他们的才能,胜任他们的官职,轻松地完成他们的任务,而没有人私下里保留余力,也没有人为君主承担兼任官职的责任。所以国内没有隐藏怨恨的祸乱,对外的战争也不会出现像马服君赵括那样的惨败。英明的君主使各种职事互不干扰,所以就不会出现争讼;让官吏不兼任官职,所以才干都会长进;让人民建立不同的功业,所以就不会发生争夺。相互的争讼止息,才能不断增长,所以强大和弱小不会比争力气,就像冰雪和火炭不放在一起一样,天下没有人能相互伤害,这是治国最理想的境界啊。

【注释】 ①履位:就位。 ②任事:任职办事。 ③宜其能:适宜于他的才能,即才能得到发挥。　④马服之患:马服,战国时赵国地名,在今河北省邯郸市西北。赵封其名将赵奢于此,赐号为马服君。后以"马服"指赵奢,这里指其子赵括。赵括自幼习兵法,擅长纸上谈兵,自认为天下无敌,与其父赵奢谈论兵法,其父不能取胜。在秦赵长平之战中,赵王听信秦国间谍的话,用赵括代替廉颇为将。秦将白起大破赵军,射杀赵括,活埋赵军四十万人于长平,这是战国史上伤亡最惨重的战役。马服之患即指此。　⑤觳(jué)力:争力。

释法术而心治,尧不能正一国。去规矩而妄意度,奚仲不能成一轮①。废尺寸而差短长②,王尔不能半中③。使中主守法术,拙匠守规矩尺寸,则万不失矣。君人者,能去贤巧之所不能,守中拙之所万不失,则人力尽而功名立。

【译文】　舍弃法术而凭自己的心意治理国家,即使唐尧也不能把一个国家治理好。去除规矩而随便估量,即使奚仲也不能做成一个车轮。废除尺寸来比较短长,即使王尔也不能猜中一半。让一个具有中等才干的君主谨守法度,笨拙的工匠遵循规矩尺寸,做一万件事情也不会出现一次差错。君主如果能放弃连圣贤巧匠也做不到的事情,谨守那些能让中主拙匠万不失一的法度,就能够竭尽人力而建立功名了。

【注释】　①奚仲:相传为夏禹时掌管车子的官员,据说车子最早就是由他发明的。②差:比较。　③王尔不能半中:王尔,古代的巧匠。中(zhòng),猜中。王尔也不能猜中一半。

明主立可为之赏,设可避之罚。故贤者劝赏而不见子胥之祸,不肖者少罪而不见伛剖背,盲者处平而不遇深溪,愚者守静而不陷险危。如此,则上下之恩结矣。古之人曰:"其心难知,喜怒难中也。"故以表示目,以鼓语耳①,以法教心。君人者释三易之数而行一难知之心,如此,则怒积于上,而怨积于下,以积怒而御积怨则两危矣。明主之表易见,故约立;其教易知,故言用;其法易为,故令行。三者立而上无私心,则下得循法而治,望表而动,随绳而斲,因攒而缝②。如此,则上无私威之毒,而下无愚拙之诛。故上君明而少怒,下尽忠而少罪。

【译文】　英明的君主建立可以做到的赏赐,设置可以避免的刑罚。所以贤良的人勉求取赏而不会有伍子胥忠谏被杀的灾难,无能的人能减少犯罪而不会发生驼背之人被剖背的祸殃,盲眼的人生活在平地上而不会遇到深谷,愚笨的人保持宁静而不会陷入危险。这样一来,君主和臣民之间的恩德就能结成了。古代的人说："人的心事是最难知晓的,喜怒之情是最难猜中的。"所以用标志来教导眼睛,用鼓声来教导耳朵,用法度来教导心灵。君主舍弃这三种容易的方法而完全凭最难知晓的心意做事,如果这样,君主就会积攒许多怒气,而臣民就会积攒很多怨恨,让满心怒气的君主统治满腹怨言的臣民,双方都是很危险的。英明君主的标志很明确,所以约束能够建立;他的教导容易理解,所以言语能被听从;他的法度容易施行,所以号令能被执行。这三项建立起来,君主没有私心,臣下就可以遵循法度来治事,根据标志来行动,依从绳墨来砍斫,因循剪裁来缝制。如果这样,君主便没有个人威势的毒害,而臣下也不会因为愚拙而受到诛罚。所以君主英明而很少发怒,臣下尽忠职守而很少被罚。

【注释】　①以表示目,以鼓语耳:表,标志。示,教导。鼓,鼓声。用标志来教导眼睛,用鼓声来教导耳朵。　②攒:通"劗(zuān)",剪裁。

　　闻之曰:"举事无患者,尧不得也。"而世未尝无事也。君人者不轻爵禄,不易富贵,不可与救危国。故明主厉廉耻①,招仁义。昔者介子推无爵禄而义随文公②,不忍口腹而仁割其肌,故人主结其德,书图著其名。人主乐乎使人以公尽力,而苦乎以私夺威。人臣安乎以能受职,而苦乎以一负二。故明主除人臣之所苦,而立人主之所乐,上下之利,莫长于此。不察私门之内,轻虑重事,厚诛薄罪,久怨细过,长侮偷快③,数以德追祸,是断手而续以玉也,故世有易身之患。

【译文】　我听人说:"做事没有一点缺陷,唐尧也做不到。"可世上没有平安无事的时候。君主不轻视爵禄富贵用以赏赐功臣,就没有办法来挽救危亡的国家。所以英明的君主用廉耻来劝勉臣民,用仁义来引导臣民。从前介子推没有爵禄,因为忠义而跟随文公流亡,文公不能忍受饥饿,介子推出于仁爱而割下他的腿肉给文公吃,所以君主怀念他的恩德,书籍记载他的美名。君主因为人民能够为国家尽力而感到高兴,因为私门夺取君主的权威而感到痛苦。臣民因为根据才能被授予职位而感到安适,因为一个人要承担两个人的职责而感到痛苦。所以英明的君主要为臣民解除痛苦的事,而建立起让君主感到高兴的事业,君臣的利益,没有比这更为长远的了。不审察私门的详情,轻率地考虑重要的事情,严厉地诛罚犯了轻罪的人,长久地怨恨小小的过失,经常轻侮人以求取一时的快乐,多次用恩德招致灾祸,这就像砍断了手之后再续接一只玉手一样,所以每个时代都有君主被篡弑的灾祸。

【注释】 ①厉:劝勉。 ②介子推无爵禄而义随文公:介子推,人名,春秋时晋国人,骊姬祸乱晋国时,介子推随公子重耳流亡各国,途中困饿,介子推从大腿上割下一块肉给重耳吃。重耳回国继承君位,这就是晋文公。晋文公封赏跟随他流亡的人时,独独忘记了介子推。介子推于是作了一首《龙蛇之歌》留给晋文公,然后带着母亲隐居于介山。晋文公醒悟后派人寻找介子推,没有找到,于是放火烧山,希望能逼出他来,介子推抱着树被烧死了。 ③长侮偷快:长,常,经常。偷快,苟求一时之快。经常轻侮人以求取一时的快乐。

人主立难为而罪不及①,则私怨生;人臣失所长而奉难给,则伏怨结。劳苦不抚循②,忧悲不哀怜。喜则誉小人,贤不肖俱赏;怒则毁君子,使伯夷与盗跖俱辱。故臣有叛主。

【译文】 君主制定难以做到的法令并处罚那些做不到的人,就会有私人的怨恨产生;大臣放弃特长而去做难以胜任的工作,就会有隐藏的怨恨集结。对于劳苦的人不给予安抚存恤,对于忧伤悲苦的人不加以怜惜同情。高兴了就称赞小人,贤才和无能的人都给予赏赐;生气了就毁伤君子,让伯夷和盗跖一同受辱。所以大臣中就会有人背叛君主。

【注释】 ①立难为而罪不及:难为,即难以做到的法令。罪不及,即处罚做不到的人。制定难以做到的法令并处罚做不到的人。 ②抚循:安抚存恤。

使燕王内憎其民而外爱鲁人,则燕不用而鲁不附。民见憎,不能尽力而务功;鲁见说,而不能离死命而亲他主①。如此,则人臣为隙穴②,而人主独立。以隙穴之臣而事独立之主,此之谓危殆。

【译文】 假使燕国国君憎恶他的人民却喜爱鲁国人,那么燕国人就不会为他效力,而鲁国人也不会归附于他。人民受到憎恶,就不能尽力去立功;鲁国人受到喜爱,也不会不顾生死去亲近别国的君主。如果这样,大臣就会成为像壁缝和洞穴一样的隐患,君主就会孤立无助。让成为隐患的大臣去侍奉孤立无助的君主,这就叫做危险。

【注释】 ①离死命:指不顾生死。 ②隙穴:壁缝和洞穴,比喻隐患。

释仪的而妄发①,虽中小不巧;释法制而妄怒,虽杀戮而奸人不恐。罪生甲,祸归乙,伏怨乃结。故至治之国,有赏罚而无喜怒,故圣人极②;有刑法而无螫毒,故奸人服。发矢中的,赏罚当符,故尧复生,羿复立。如此,则上无殷、夏之患,下无比干之祸,君高枕而臣乐业,道蔽天地,德极万世矣。

【译文】 丢掉目标而随便射箭,即使射中很小的东西也不算技术高超;舍弃法制而随便发怒,即使进行杀戮也不会让奸人感到害怕。犯罪的是甲,而受祸的却是乙,潜藏的怨恨就结成了。所以政治最完美的国家,只有依循法度的赏罚却不会依从君主的喜怒,所以圣人就可以被诛灭了。有根据刑法被处死的却没有因君主的喜怒而受到毒害的,所以奸邪的人也能够顺服。射箭射中靶子,赏罚符合法度,就是唐尧复生,后羿再世。如果这样,君主不会有殷纣、夏桀被弑杀的灾难,大臣也不会遭受比干一样的祸患,君主高枕无忧,大臣安居乐业,道术可以覆蔽天地,功德可以流传万世了。

【注释】 ①仪的:目标。 ②圣人极:极,通"殛",诛灭。意谓国家法度确立,赏罚分明,圣人对于国家就没有什么用处了,所以就可以被诛灭了。此与《老子》"绝圣去智"相通。

　　夫人主不塞隙穴,而劳力于赭垩①,暴雨疾风必坏。不去眉睫之祸,而慕贲、育之死;不谨萧墙之患②,而固金城于远境;不用近贤之谋,而外结万乘之交于千里。飘风一旦起③,则贲、育不及救,而外交不及至,祸莫大于此。当今之世,为人主忠计者,必无使燕王说鲁人,无使近世慕贤于古,无思越人以救中国溺者④。如此,则上下亲,内功立,外名成。

【译文】 君主如果不堵塞墙壁的缝隙和洞穴,却把力气花费在涂饰上,暴雨狂风一定会毁坏。不去排除眉睫之间的灾祸,却希望有能像孟贲、夏育那样效死的勇士;不谨慎地防备起自内部的灾患,却在远方边境修建坚固的城防;不采用身边贤臣的谋划,却去结交远在千里之外的大国。狂风一旦吹起,即使孟贲、夏育也来不及相救,所结交的大国也来不及赶来,灾祸没有比这更大的了。当今这个时代,替君主忠心谋划的人,一定不要让燕王去喜欢鲁人,不会让君主羡慕往古的圣贤,不要希求越国擅长游泳的人来救起中原的落水者。如果这样,君臣上下就能相互团结,在国内建功立业,在国外声名远扬了。

【注释】 ①赭(zhě)垩(è):指红土和白土,古代用为建筑涂料。这里指用颜料涂饰建筑物。 ②萧墙之患:萧墙,古代宫室内作为屏障的矮墙,这里指内部。起自内部的祸患。 ③飘风:暴风。 ④无思越人以救中国溺者:参见《说林上》。

功名第二十八

本文讨论了君主立功成名的四个条件,这就是天时、人心、技能、势位。而在四者之中,作者尤其突出了势位的重要性。

明君之所以立功成名者四:一曰天时^①,二曰人心,三曰技能,四曰势位。非天时,虽十尧不能冬生一穗;逆人心,虽贲、育不能尽人力。故得天时则不务而自生,得人心则不趣而自劝,因技能则不急而自疾,得势位则不进而名成。若水之流,若船之浮,守自然之道,行毋穷之令^②,故曰明主。

【译文】 英明的君主建立功业成就美名的条件有四个,一是天时,二是人心,三是技能,四是势位。不顺应天时,即使十个唐尧也不能让庄稼在冬天里抽穗;背逆人心,即使孟贲、夏育也不能让人尽力。所以如果能得天时,不需力作就能自然生成;能得人心,不用催促就能自行勉励;利用技能,不用着急就能自然快捷;能得势位,不用进取声名就能自然成就。就像河水的流动,就像船只的飘浮,遵循自然的规律,施行畅行无阻的号令,就叫做英明的君主。

【注释】 ①天时:指适宜做事的自然气候条件。 ②毋穷:畅行无阻。

夫有材而无势,虽贤不能制不肖。故立尺材于高山之上,则临千仞之溪,材非长也,位高也。桀为天子,能制天下,非贤也,势重也;尧为匹夫,不能正三家,非不肖也,位卑也。千钧得船则浮,锱铢失船则沉^①,非千钧轻锱铢重也,有势之与无势也。故短之临高也以位,不肖之制贤也以势。人主者,天下一力以共载之,故安;众同心以共立之,故尊。人臣守所长,尽所能,故忠。以尊主御忠臣,则长乐生而功名成。名实相持而成,形影相应而立,故臣主同欲而异使。人主之患在莫之应,故曰:"一手独拍,虽疾无声。"人臣之忧在不得一，故曰："右手画圆，左手画方，不能两成。"
故曰："至治之国，君若枻②，臣若鼓，技若车，事若马。"故人有余力
易于应，而技有余巧便于事。立功者不足于力，亲近者不足于信，
成名者不足于势，近者已亲，而远者不结，则名不称实者也。圣人
德若尧、舜，行若伯夷，而位不载于世，则功不立，名不遂。故古之
能致功名者，众人助之以力，近者结之以成，远者誉之以名，尊者
载之以势。如此，故太山之功长立于国家③，而日月之名久著于天
地。此尧之所以南面而守名④，舜之所以北面而效功也。

【译文】　如果有才能而没有势位，虽然贤能却也不能制伏无能的人。所以
把一尺长的木材树立在高山之上，就能俯视千仞的深溪，这不是因为木材本
身长，而是位置处得高。夏桀做天子，能统治天下，不是因为贤能，而是因为
势位重。如果唐尧是平民百姓，就不能治理好三个家庭，这不是因为他无
能，而是因为地位卑贱。千钧重物放在船上就能漂浮在水上，锱铢轻物如果
没有了船只也会沉入水中，这不是因为千钧轻而锱铢重，而是有凭借与无凭
借的区别。所以短的木材能俯视高的，是因为它的位置高，无能的人制伏贤
能的人是因为他有势位。君主，天下百姓合力来拥护他，所以势位安稳，众
人同心来扶立他，所以地位尊贵。大臣保守自己的长处，竭尽自己的才能，
所以很忠诚。让地位尊贵的君主统治忠心的大臣，长久的安乐就会产生，功
业和声名就能成就。名声和功业相互扶持而成就，形和影相互响应而存在，
所以君主和臣民的目标是一致的，但所做的事情则有区别。君主的忧患在
于没有臣民的响应，所以说："用一只手拍击，虽然用力却不会发出声音。"大
臣的忧虑在于不能专心于一事，所以说："右手画圆形，左手画方形，两个不
能一起画成。"所以说："治理得非常好的国家，君主就像鼓槌，臣民就像皮
鼓，技能就像车子，事业就像骏马。"所以人如果有余力就能够响应君主的号
令，技能有所长就能把事情做好。立功的人没有足够的力量，左右亲近的人
没有足够的诚信，取得声名的人没有足够的势位，左右近臣虽然亲信，而对
疏远的人却不能团结，这就是名实不能相称的人。圣人的美德就像尧、舜，
廉行就像伯夷，但却没有受世人拥戴的地位，那么也是不能建立功业、成就
美名的。所以古代能够建功立名的人，人民出力来帮助他，亲近的人团结一
致来成就他，疏远的人用声名来赞美他，尊贵的人用势位来扶持他。如果这
样，像泰山一样丰伟的功业就能在国家中长存，像日月一样光辉的盛名就能
在天地间永驻。这就是尧做天子而获得盛名，舜做臣子而建立功业的原因。

【注释】　①锱铢：锱和铢，都是古代的重量单位。比喻微小的分量。　②桴（fú）：通"枹"，鼓槌。　③太山：即泰山，比喻丰功伟绩。　④南面：古代以坐北朝南为尊位，帝王诸侯见群臣大夫都南面而坐。故以用"南面"来指代帝王、诸侯等尊位，而以"北面"指代大臣、晚辈之位。

大体第二十九

　　大体，就是大局，即事物的整体和关键。文章认为治国为政的关键在于"因道全法"，执持大体，只有这样才能"使人无离法之罪，鱼无失水之祸"。

　　古之全大体者，望天地，观江海，因山谷，日月所照，四时所行，云布风动；不以智累心，不以私累己；寄治乱于法术，托是非于赏罚，属轻重于权衡①；不逆天理，不伤情性；不吹毛而求小疵，不洗垢而察难知；不引绳之外，不推绳之内；不急法之外②，不缓法之内；守成理，因自然；祸福生乎道法而不出乎爱恶，荣辱之责在乎己，而不在乎人。故至安之世，法如朝露，纯朴不散；心无结怨，口无烦言。故车马不疲弊于远路，旌旗不乱于大泽，万民不失命于寇戎，雄骏不创寿于旗幢③；豪杰不著名于图书，不录功于盘盂，记年之牒空虚。故曰：利莫长于简，福莫久于安。使匠石以千岁之寿操钩④，视规矩，举绳墨，而正太山；使贲、育带干将而齐万民⑤；虽尽力于功，极盛于寿，太山不正，民不能齐。故曰：古之牧天下者⑥，不使匠石极巧以败太山之体，不使贲、育尽威以伤万民之性。因道全法，君子乐而大奸止；澹然闲静，因天命，持大体。故使人无离法之罪，鱼无失水之祸。如此，故天下少不可⑦。

【译文】　古代能顾全大局的君子，瞭望天地，观察江海，顺应山川谷地和日月的照耀、四时的运行、浮云的流布以及风的吹动；不让巧智烦劳思想，不让私欲拖累自己的身体；把国家的治乱寄托在法术上，把世间的是非托付给赏罚，把轻重的计量托付给权衡；不背逆天理，不损伤情性，不吹起毛发挑寻缺陷，不洗去污垢来察看隐情；不把墨线拉到准绳之外，也不把它推到准绳之内。不逼迫法律之外的事情，不容缓法律之内的事情，遵守固有的规律，顺应自然的法则，祸福都由道法而产生，而不出于君主的好恶，光荣与耻辱的责任都在自己,而不在别人。所以非常安定的社会,法律就像早晨的露水一样,纯洁质朴而不散杂,人民心中没有集结怨恨,口中没有烦躁的言语。所以车马不用长途奔波疲顿,旌旗不会在山泽中散乱,平民百姓不会因为寇贼而丢了性命,英雄俊杰不会在战场上受到伤害。豪杰的名字不会被记录在图书上,也没有功勋可以铭刻在盘盂上,记载大事的谱牒也一片空白。所以说:没有比政治简朴更长久的利益,没有比社会安定更永恒的幸福。如果让匠石拿着钩子、规矩以及绳墨,用一千年的时间去修正泰山,让孟贲、夏育带着宝剑干将去整齐万民,即使他们用尽所有的智能,耗尽旺盛的寿命,泰山仍然不可能被修正,万民也不可能被整齐划一。所以说:古代治理天下的人,不会让匠石用尽巧能去损害泰山的形体,不会派孟贲、夏育极尽威力来伤害百姓的性命。顺应规律保全法度,君子感到快乐而奸邪被制止;淡泊宁静,顺应天命,保持大体,所以使人不遭受违反法令的罪诛,鱼没有脱离水域的灾祸。如果这样,治理天下就很少有过失了。

【注释】　①权衡:权,秤锤。衡,秤杆。称量物体轻重的器具。　②急:逼迫。　③旗幢:旌旗,引申为战阵。　④匠石:古代一位叫做石的巧匠。　⑤干将:古代著名的宝剑。相传春秋时吴国有干将、莫邪夫妇善铸剑,为阖闾铸雌雄剑,雄的叫"干将",雌的叫"莫邪"。　⑥牧天下:治理天下。　⑦不可:缺点,过失。

上不天则下不遍覆,心不地则物不毕载。太山不立好恶,故能成其高;江海不择小助①,故能成其富。故大人寄形于天地而万物备,历心于山海而国家富。上无忿怒之毒,下无伏怨之患,上下交扑,以道为舍。故长利积,大功立,名成于前,德垂于后,治之至也。

【译文】　君主不像上天一样广大就不能遍覆万物,内心不像大地一样宽阔就不能载负万物,泰山没有好恶之情,所以能成就它的高大,江海不舍弃小小的溪流,所以能成就它的浩瀚。所以伟大的人物生存于天地之间万物都能齐备,具有像山海一样的胸怀国家就能殷富。君主不会因为发怒而毒害百姓,臣民不会因为怀恨而制造祸端,君臣上下都纯真质朴,把道作为行动的准则,所以长远的利益得到累积,伟大的功勋被建立起来,声名成就于当时,恩德流垂于后世,这就是政治最完美的境界。

【注释】　①择小助:择,通"释",舍弃。小助,即小溪流。舍弃小小的溪流。

内储说上——七术第三十

储,指蓄积以备用。说,即历史故事、民间传说。储说,就是积聚历史故事和民间传说以备君主之用。储说分为内储说和外储说两大部分。内储说又分上、下两部分,外储说分左上、左下、右上、右下四部分,总计共六篇。每篇都是先提出观点,后列举历史故事、民间传说加以说明。观点称为"经",所列举的故事传说则称为"传"。《内储说上》旨在阐说君主控御臣下的七种治术,故又标为"七术"。

主之所用也七术,所察也六微。七术:一曰众端参观,二曰必罚明威,三曰信赏尽能,四曰一听责下,五曰疑诏诡使,六曰挟知而问①,七曰倒言反事。此七者,主之所用也。

【译文】　君主可以使用的治术有七种,所要详察的隐微之事有六种。七种治术:一是多方验证和考察臣下的言行,二是犯法必罚以显示君主的威严,三是有功必赏使臣下竭其所能,四是一一听取臣下的意见并课责他们的行动,五是发布让臣下感到疑惑的命令,用诡诈之法来役使群臣,六是隐藏自己所知晓的情况而向臣下询问,七是说相反的话,做相反的事。这七条,就是君主用来治国的方法。

【注释】　①挟知:挟,隐藏。隐藏自己所知晓的情况。

参观一①

观听不参则诚不闻,听有门户则臣壅塞②。其说在侏儒之梦见灶,哀公之称莫众而迷③。故齐人见河伯④,与惠子之言亡其半也⑤。其患在竖牛之饿叔孙⑥,而江乙⑦之说荆俗也。嗣公欲治不知⑧,故使有敌。是以明主推积铁之类,而察一市之患。

【译文】　观察言行、听取意见如果不加参验就不能知道真实的情况,君主听取意见有专门的门路就容易受到大臣的蒙蔽。对这个道理的解说在"侏儒梦见灶"和"鲁哀公说不和众人商议就要迷惑"的两个故事中。所以才有齐人见河伯和惠施说"丢失一半"的故事,这种灾祸,在竖牛饿死叔孙、江乙谈论楚荆风俗的故事中。卫嗣公想治理国家却不知该怎么做,所以就扶持了敌对的力量。所以英明的君主能够推论积铁防备的事类,而详察市言成虎的祸患。

【注释】 ①参观一:本节的标题,原在节末,为醒眉目并适合现代的阅读习惯,故移于此。下同。 ②听有门户:指听取的意见须由专人传递,就像出入必经门户一样。 ③哀公:鲁哀公,春秋末期鲁国的君主,在位二十七年。 ④河伯:黄河的河神。 ⑤惠子:即惠施,战国时宋国人,为诸子百家中名家的代表人物。 ⑥竖牛之饿叔孙:竖牛,一个名叫牛的奴仆。叔孙,指春秋后期执掌鲁国政权的三大权贵之一叔孙豹。 ⑦江乙:人名,战国时魏国人,曾在楚国做官。 ⑧嗣公:即卫嗣公,又称卫孝襄侯,战国时卫国的君主,公元前319~前277年在位。

必罚二

爱多者则法不立,威寡者则下侵上。是以刑罚不必则禁令不行。其说在董子之行石邑①,与子产之教游吉也②。故仲尼说陨霜③,而殷法刑弃灰;将行去乐池,而公孙鞅重轻罪。是以丽水之金不守,而积泽之火不救。成骧以太仁弱齐国④,卜皮以慈惠亡魏王⑤。管仲知之,故断死人。嗣公知之,故买胥靡⑥。

【译文】 仁爱太过就不能确立法制,威严不足,臣下就会侵犯君主。因此,如果犯法不能必然受到处罚,禁令就不能得到执行。对这个道理的解说在"董子巡行石邑"和"子产教导游吉"的故事中。所以孔子解说落霜,殷朝的法律规定把灰倒在路上要受刑;随从的领队离开乐池,公孙鞅重罚轻罪。因此丽水的金砂守不住,积泽的火不能被扑灭。成骧认为是过分仁爱削弱了齐国,卜皮认为魏王因为慈惠而终于亡国。管仲明白这个道理,所以处罚死人,嗣公知道这个道理,所以买回了逃犯。

【注释】 ①董子:即董阏于,一作"董安于",晋卿赵简子的家臣。 ②子产:即公孙侨,字子产,春秋后期郑国著名的宰相。游吉,人名,即子太叔,继子产执掌郑国国政。 ③仲尼:即孔子,名丘,字仲尼。 ④成骧:人名,生平事迹不详。 ⑤卜皮:人名,生平事迹不详。 ⑥胥靡:奴隶。

赏誉三

赏誉薄而谩者①,下不用也,赏誉厚而信者下轻死。其说在文子称若兽鹿②。故越王焚宫室,而吴起倚车辕,李悝断讼以射③,宋崇门以毁死④。句践知之,故式怒蛙⑤。昭侯知之,故藏弊裤⑥。厚赏之使人为贲、诸也,妇人之拾蚕,渔者之握鳢⑦,是以效之⑧。

【译文】　赏赐赞誉微薄而不能兑现的,臣下就不肯被君主所用,赏赐丰厚而且确切的,臣下就能为他效死力。对于这个道理的解说在"文子把人比做兽鹿"的故事中。所以越王试焚宫室,吴起把车辕靠在门外,李悝用射箭来决断诉讼,宋国国君因为赏赐崇门一个因为居丧而瘠瘦的人导致多人死亡。勾践明白这个道理,所以向发怒的青蛙行礼表示敬意。昭侯明白这个道理,所以收藏起破裤。丰厚的赏赐能让人变得像孟贲、专诸一样勇敢,妇人捋蚕,渔夫捉鳢,都是明证。

【注释】　①谩:欺。　②文子:人名,战国时道家的代表,相传为老子的弟子。　③李悝:战国时魏国人,魏文侯任其为相,变法强国。　④崇门:宋国的城门名。　⑤式:通"轼",以手抚轼是古人表示敬意的一种礼节。　⑥裤:同"裤"。　⑦鳢:即"鳝"。　⑧效:证明。

一听四

一听则智愚不分①,责下则人臣不参。其说在索郑与吹竽。其患在申子之以赵绍、韩沓为尝试②。故公子泛议割河东③,而应侯谋弛上党④。

【译文】　一一听取臣下的意见,聪智和愚笨就不会纷乱,督责臣下的行为,臣下就不敢让无能的人掺杂在贤能之中。对这个道理的解说在"索郑"和"吹竽"这两个故事中。这种祸患,在"申子利用赵绍和韩沓来试探"的故事中。所以公子泛主张割让河东的土地,而应侯打算舍弃上党。

【注释】　①分:同"纷",纷乱。　②申子之以赵绍、韩沓为尝试:申子,即申不害,战国时郑国人,本为郑国官吏,韩兼并郑国后,至韩昭侯时以申不害为相,韩国得以安定。申不害以道家为本源,而注重法术,著有《申子》。赵绍、韩沓,应为韩国大臣,事迹不详。　③公子泛:秦国公子,生平不详。　④应侯:即范雎,字叔,战国时期魏国人,曾因事被魏相魏齐打断肋骨,后装死逃走,改名张禄,到秦国后以远交近攻之术说秦昭襄王,被任用为相,封为应侯。

诡使五

数见久待而不任,奸则鹿散。使人问他则不鬻私①。是以庞敬还公大夫②,而戴讙诏视輼车③。周主亡玉簪,商太宰论牛矢④。

【译文】 多次召见一个人、让他长期陪侍身边而又不派他做事,奸邪就会像鹿一样地分散了,派人做事又去询问别的事情,做事的人就不敢弄虚作假以谋取私利了。因此庞敬召回了公大夫,戴灌派人视察辌车。周国国君故意丢失玉簪,商太宰责问牛屎。

【注释】 ①鬻私:弄虚作假以谋取私利。 ②庞敬还公大夫:庞敬,人名,事迹不详。公大夫,秦汉时期的爵位名称,位列秦代二十级爵位中的第七级,故又称为"七大夫"。 ③戴灌诏视辌车:戴灌,人名,宋国的太宰。辌车,古代的一种卧车。 ④商太宰:宋国为商朝后裔所封国,故商太宰即宋太宰。矢:通"屎"。

挟智六

挟智而问,则不智者至;深智一物,众隐皆变①。其说在昭侯之握一爪也。故必南门而三乡得。周主索曲杖而群臣惧,卜皮事庶子,西门豹详遗辖②。

【译文】 隐藏自己知道的情况再询问大臣,不知道的事情也就知道了;深入地了解一件事,许多隐微的事情就变得清楚了。对这个道理的解说在"昭侯握着自己的一个指甲"的故事中。所以必须知道南门外的情况,三乡的实情也就知道了。周国国君寻找曲杖而群臣感到恐惧,卜皮派遣庶子,西门豹假装遗失车辖。

【注释】 ①众隐皆变:隐,指隐藏的事情。变,变得显露。许多隐微的事情就变得清楚了。 ②详遗辖:详,通"佯",假装。辖,车轴两头的金属键,用以挡住车轮,不使脱落。假装遗失车辖。

倒言七

倒言反事以尝所疑则奸情得。故山阳谩樛竖①,淖齿为秦使②,齐人欲为乱,子之以白马③,子产离讼者④,嗣公过关市⑤。

右经⑥

【译文】 说相反的话,做相反的事来试探怀疑的人,就能察出奸人的隐情。所以山阳故意欺骗樛竖,淖齿教人假装秦国使者。齐人打算作乱,子之假称白马,子产分开诉讼的双方,卫嗣公责备关吏。

【注释】 ①山阳:即山阳君,战国时期魏国人,封于山阳,事迹不详。樛竖:一姓樛的小臣。 ②淖齿:人名,或作"卓齿",齐愍王时齐国兵力强盛,齐愍王想灭周室而做天子,燕将乐毅率领燕、秦、韩、赵、魏诸国军队攻打齐国,齐国大败。楚国派淖齿带兵援救齐国,齐愍王以淖齿为相,终为其所害。 ③子之:人名,战国时燕王哙的宰相。 ④子产:即公孙侨,字子产,春秋后期郑国著名的宰相。 ⑤嗣公:即卫嗣公,又称卫孝襄侯,战国时卫国的君主,公元前 319~前 277 年在位。　⑥右经:前面是经文。古人书籍竖排,故以右为先。

传一①

卫灵公之时②,弥子瑕有宠③,专于卫国。侏儒有见公者曰:"臣之梦践矣④。"公曰:"何梦?"对曰:"梦见灶,为见公也。"公怒曰:"吾闻见人主者梦见日,奚为见寡人而梦见灶?"对曰:"夫日兼烛天下,一物不能当也。人君兼烛一国,一人不能壅也,故将见人主者梦见日。夫灶一人炀焉⑤,则后人无从见矣。今或者一人有炀君者乎? 则臣虽梦见灶,不亦可乎!"

【译文】　卫灵公时,弥子瑕受到宠爱,专掌卫国国政。有一个侏儒谒见卫灵公时说:"我的梦应验了。"卫灵公说:"什么梦?"侏儒回答说:"我梦见了灶火,这预示着我要见到君主了。"卫灵公很生气地说:"我听说谒见君主的人会梦到太阳,为什么你谒见我却梦见了灶火呢?"侏儒回答说:"太阳能普照天下万物,任何物体都不能阻挡它。君主能普照整个国家,任何一个人都不能欺蒙他,所以将要见到君主的人就会梦见太阳。而灶火只要有一个人挡住,后面的人就无法看到了。现在或许有一个人挡住你了吧? 那么我虽然梦见的是灶火,不也是可以的吗?"

【注释】　①底本无"传"字,凌瀛初本有"传"字。今人多据顾广圻《韩非子识误》改"传"为"说"。自古以来,"经""传"并立,故仍恢复"传"字。　②卫灵公:春秋后期卫国的国君,公元前 534~前 493 年在位　③弥子瑕有宠:其事参见《说难》。　④践:应验。　⑤炀:遮蔽,蒙蔽。

鲁哀公问于孔子曰:"鄙谚曰①:莫众而迷。今寡人举事,与群臣虑之,而国愈乱,其故何也?"孔子对曰:"明主之问臣,一人知之,一人不知也。如是者,明主在上,群臣直议于下。今群臣无不一辞同轨乎季孙者②,举鲁国尽化为一,君虽问境内之人,犹不免于乱也。"

一曰。晏子聘鲁③,哀公问曰:"语曰:莫三人而迷。今寡人与一国虑之,鲁不免于乱何也?"晏子曰:"古之所谓莫三人而迷者,一人失之,二人得之,三人足以为众矣,故曰莫三人而迷。今鲁国之群臣以千百数,一言于季氏之私,人数非不众,所言者一人也,安得三哉?"

【译文】 鲁哀公问孔子说:"俗谚说:不和众人商议就要迷惑。我现在做事,和群臣一起考虑,可是国家却更加混乱,这是什么原因呢?"孔子回答说:"英明的君主询问大臣,有些人知道,有些人不知道。如果这样,英明的君主在上,群臣就能坦率地提出意见。现在群臣之中没有一个人的话不和季孙相同,整个鲁国都变成了一个人,您即使问遍国内的人民,仍然是不能免除混乱的。"

　　另一种说法。晏子到鲁国访问,鲁哀公问他说:"俗语说:不和三个人商议就要迷惑。现在我和一个国家的人共同考虑事情,可鲁国仍然不能免除混乱,为什么呢?"晏子说:"古人所说的不和三个人商议就要迷惑,是说一个人错了,另外两个人对了,三个人就可以算是众人了。所以说不和三个人商议就要迷惑。现在鲁国的臣民拿千百来计算,说的话都符合季氏的私利,人数不是不多,可说的话却是一个人的,哪里能算得上三个人呢?"

【注释】 ①鄙谚:俗谚,俗语。 ②季孙:春秋时鲁庄公的弟弟季友的子孙,称季氏,又称季孙氏,世代执掌鲁国政权。鲁哀公时季康子专政。 ③晏子聘鲁:晏子,名婴,春秋时齐国人,是齐国著名的宰相。聘,访问。晏子到鲁国访问。

　　齐人有谓齐王曰:"河伯,大神也。王何不试与之遇乎? 臣请使王遇之。"乃为坛场大水之上①,而与王立之焉。有间,大鱼动,因曰:"此河伯。"

【译文】 有个齐国人对齐王说:"黄河的河神,是一位重要的神,大王您为什么不试求和他见面呢? 我请求想办法让您见到他。"于是就在河边修建了一个坛场,和齐王一起站在上面。过了一会儿,有条大鱼在河中游动,于是说:"这就是河神。"

【注释】 ①坛场:古代设坛举行祭祀、继位、盟会、拜将等大典的场所。

　　张仪欲以秦、韩与魏之势伐齐、荆①,而惠施欲以齐、荆偃兵②。二人争之,群臣左右皆为张子言,而以攻齐、荆为利,而莫为惠子言,王果听张子,而以惠子言为不可。攻齐、荆事已定,惠子入见,王言曰:"先生毋言矣。攻齐、荆之事果利矣,一国尽以为然。"惠子因说:"不可不察也。夫齐、荆之事也诚利,一国尽以为利,是何智者之众也? 攻齐、荆之事诚不利,一国尽以为利,何愚者之众也? 凡谋者,疑也。疑也者,诚疑,以为可者半,以为不可者半。今一国尽以为可,是王亡半也。劫主者固亡其半者也。"

【译文】 张仪想用秦、韩、魏三国的兵力来攻打齐国和楚国,而惠施想让齐国和楚国停战。二人争论起来,群臣都同意张仪的话,认为攻打齐国和楚国能得利,而没有人赞成惠施的话。魏王果然听信了张仪的话,而认为惠施的意见不对。攻打齐国、楚国的事情已经确定,惠施入宫见魏王,魏王说:"先生就不要再说了。攻打齐国和楚国确实有利可图,全国的人都这么认为。"惠施于是说:"您不能不认真考虑这件事。如果攻打齐国、楚国确定有利,全国的人都认为有利,为什么聪明的人会这么多呢?如果攻打齐国、楚国确实不利,而全国的人都说有利,为什么愚蠢的人会这么多呢?凡是需要谋虑的事情,都是难下决断的事。所谓难下决断,确实让人犹豫不决,因为认为可行的有一半,认为不可行的也有一半。现在全国的人都认为可行,这是大王丧失了另外的一半啊。被劫持的君主必然会丧失另外的一半的。"

【注释】 ①张仪:战国时魏国人,相秦惠王,游说六国,使之背苏秦的纵约而连横事秦。秦武王继位后,群臣谗毁张仪,六国又合纵叛秦,张仪去秦相魏,后死在魏国。　②偃兵:休兵,停战。

　　叔孙相鲁,贵而主断①。其所爱者曰竖牛,亦擅用叔孙之令。叔孙有子曰壬,竖牛妒而欲杀之,因与壬游于鲁君所,鲁君赐之玉环,壬拜受之而不敢佩,使竖牛请之叔孙,竖牛欺之曰:"吾已为尔请之矣,使尔佩之。"壬因佩之。竖牛因谓叔孙:"何不见壬于君乎?"叔孙曰:"孺子何足见也②。"竖牛曰:"壬固已数见于君矣。君赐之玉环,壬已佩之矣。"叔孙召壬见之,而果佩之,叔孙怒而杀壬。壬兄曰丙,竖牛又妒而欲杀之,叔孙为丙铸钟,钟成,丙不敢击,使竖牛请之叔孙,竖牛不为请,又欺之曰:"吾已为尔请之矣。使尔击之。"丙因击之,叔孙闻之曰:"丙不请而擅击钟。"怒而逐之。丙出走齐,居一年,竖牛为谢叔孙,叔孙使竖牛召之,又不召而报之曰:"吾已召之矣,丙怒甚,不肯来。"叔孙大怒,使人杀之。二子已死,叔孙有病,竖牛因独养之而去左右,不内人,曰:"叔孙不欲闻人声。"因不食而饿杀。叔孙已死,竖牛因不发丧也,徙其府库重宝空之而奔齐。夫听所信之言,而子父为人僇,此不参之患也。

【译文】 叔孙做鲁国的宰相,地位尊贵,专权独断。所宠爱的一个人叫做竖牛,也经常擅自以叔孙的名义发号施令。叔孙有个儿子叫做壬,竖牛很妒忌他,想杀掉他,于是和壬一起到鲁国国君的宫禁游玩,鲁国国君赐给壬一个玉环,壬跪拜接受之后不敢佩带,让竖牛替他请示叔孙,竖牛欺骗他说:"我已经替你请示过了,同意你佩带了。"壬于是就带上了王环。竖牛于是对叔孙说:"为什么不让壬去见见君主呢?"叔孙说:"小孩子怎么能去见君主呢?"竖牛说:"壬已经多次谒见君主了。君主赐给他的玉环,壬也已经带在身上了。"叔孙召见壬,果然佩带着玉环,叔孙非常生气就杀了壬。壬有个哥哥叫做丙,竖牛也很妒嫉他想要杀掉他,叔孙给丙铸了一口大钟,钟铸成后,丙不敢敲击,让竖牛向叔孙请示,竖牛不替他请示,又骗他说:"我已经替你请示过了,同意你敲击它。"丙于是就敲响了钟,叔孙听到钟声后说:"丙不请示就擅自敲钟。"生气地把他赶走了。丙逃到齐国,住了一年,竖牛替他向叔孙认错,叔孙派竖牛去召回他,竖牛又不召唤却报告说:"我已经召唤他了,但是丙非常生气,不肯回来。"叔孙非常生气,派人去杀了丙。两个儿子都死了,叔孙生病了,竖牛于是独自照料他,让身边的人都离开,不许别人进去,说:"叔孙不想听到人的声音。"于是不给他东西吃,他就饿死了。叔孙死了之后,竖牛却不发丧,而是转移府库里的珍宝,等府库被洗劫一空之后逃到齐国去了。叔孙听从宠信的话,以致父子三人都被人害死,这就是不能参听的祸患。

【注释】　①主断:专权独断。　②孺子:小孩。

江乙为魏王使荆,谓荆工口:"臣入王之境内,闻王之国俗曰:君子不蔽人之美,不言人之恶,诚有之乎?"王曰:"有之。""然则若白公之乱①,得庶无危乎? 诚得如此,臣免死罪矣。"

【译文】　江乙替魏王出使楚国,对楚王说:"我进入大王的国境,听到贵国的风俗说:君子不遮蔽别人的优点,不谈论别人的缺点,确实有这样的风俗吗?"楚王说:"有这样的风俗。""如果是这样,那么像白公的叛乱,怎能没有危险呢? 果真是这个样子,那么群臣知情不报也就可以免除死罪了。"

【注释】　①白公:名胜,春秋时楚平王太子建的儿子。太子建在楚国受迫害,逃到郑国,又被郑人杀害,其子胜逃往吴国,楚惠王继位后召胜回国,让他居住在楚国的边地,号称白公。白公胜为报父仇再三要求攻打郑国,其时正好晋国伐郑,楚惠王派兵救郑,白公怒而作乱,兵败自杀。

卫嗣君重如耳①,爱世姬②,而恐其皆因其爱重以壅己也,乃贵薄疑以敌如耳③,尊魏姬以耦世姬,曰:"以是相参也。"嗣君知欲无壅,而未得其术也。夫不使贱议贵,下必坐上④,而必待势重之钧也,而后敢相议,则是益树壅塞之臣也。嗣君之壅乃始。

【译文】　卫嗣君重用如耳，宠爱世姬，又担心他们因为受到宠爱和重用而蒙蔽自己，于是重用薄疑来与如耳抗衡，尊宠魏姬让她与世姬并列，说："用这种方法来参验考察。"卫嗣君知道想不受蒙蔽，却没有合适的办法。不让卑贱的人评议尊贵的人，不让下级因为不告发上级而受连坐之罪，却一定要等权势均衡之后才敢相互议论，那么就更加培植了蒙蔽君主的大臣。卫嗣君被蒙蔽，就从这里开始了。

【注释】　①如耳：人名，战国时魏国大夫，曾在卫国做官。　②世姬：卫嗣君的宠妾。　③薄疑：人名。事迹不详。　④下必坐上：指下级官员如果不告发有罪的上级官员，必受连坐之罪。

　　夫矢来有乡，则积铁以备一乡；矢来无乡，则为铁室以尽备之。备之则体不伤。故彼以尽备之不伤，此以尽敌之无奸也。

【译文】　如果射来的箭有一定的方向，就聚积起铁来防备这个方向；如果射来的箭没有方向，就要造起铁房子，从各个方向加以防备。防备它就不会射伤身体，所以防备射箭的，从各个方向加以防备的就不会受伤，这做君主的，把每个人都当成需要防备的敌人就不会有奸邪出现了。

　　庞恭与太子质于邯郸①，谓魏王曰："今一人言市有虎，王信之乎？"曰："不信。""二人言市有虎，王信之乎？"曰："不信。""三人言市有虎，王信之乎？"王曰："寡人信之。"庞恭曰："夫市之无虎也明矣，然而三人言而成虎。今邯郸之去魏也远于市，议臣者过于三人，愿王察之。"庞恭从邯郸反，竟不得见。

【译文】　庞恭将要和太子到赵国的都城邯郸去做人质，对魏王说："现在有一个人说街市上有老虎，大王相信他吗？"魏王回答说："不相信。""两个人说街市上有老虎，大王相信吗？"魏王说："不相信。""三个人说街市上有老虎，大王相信吗？"魏王说："寡人相信了。"庞恭说："那街市上没有老虎是十分明显的，但是三个人就说成有老虎了。现在邯郸离魏国比街市远很多，非议我的人也会多过三人，希望大王您能明察。"庞恭从邯郸回来后，最终没有能再见到魏王。

【注释】　①庞恭：人名，生平不详。

传二

　　董阏于为赵上地守，行石邑山中，涧深，峭如墙，深百仞，因问其旁乡左右曰①："人尝有入此者乎？"对曰："无有。"曰："婴儿痴聋狂悖之人尝有入此者乎？"对曰："无有。""牛马犬彘尝有入此者乎？"对曰："无有。"董阏于喟然太息曰："吾能治矣。使吾法之无赦，犹入涧之必死也，则人莫之敢犯也，何为不治？"

【译文】　董阏于做赵氏上地的郡守，巡行到石邑山中，看到山涧很深，峭壁陡得像墙壁一样，谷深百仞，于是问那些居住在山涧附近的乡民："有人曾经跌进这里吗？"回答说："没有。"又问："儿童、傻子、聋子以及疯癫的人有人跌进这里的吗？"回答说："没有。""牛马狗猪等有跌进这里的吗？"回答说："没有。"董阏于长叹一声说："我能够治理人民了。让我的法律没有宽赦，犯法的人就像跌入山涧一样必死无疑，就没有人敢犯法了，怎么还会治理不好呢？"

【注释】　①旁乡左右：指居住在山涧附近的乡民。

　　子产相郑，病将死，谓游吉曰："我死后，子必用郑，必以严莅人。夫火形严，故人鲜灼；水形懦，人多溺。子必严子之形，无令溺子之懦。"故子产死，游吉不肯严形，郑少年相率为盗①，处于萑泽②，将遂以为郑祸。游吉率车骑与战，一日一夜，仅能克之。游吉喟然叹曰："吾蚤行夫子之教③，必不悔至于此矣。"

【译文】　子产做郑国的宰相，病得快要死了，对游吉说："我死之后，你一定会执掌郑国国政，一定要用严厉的办法来治理人民。火的态势很猛烈，所以很少有人被烧伤；水的态势很柔弱，所以人多有被淹死的。你一定要保持威严的形势，不要让人因为你的柔弱而被淹死。"子产死后，游吉不肯实行严厉的政治形势，郑国的年轻人相继做了盗贼，隐伏在萑泽中，打算群起作乱。游吉率领军队攻打他们，打了一天一夜，勉强取胜。游吉感慨地长叹道："我如果早就按照夫子的教诲去做，一定不会像现在这样懊悔了。"

【注释】　①相率：相继。　②萑泽：地名，因泽中芦苇丛生而得名，在今河南省中牟县。　③夫子：古代对男子的敬称，这里指子产。

　　鲁哀公问于仲尼曰："《春秋》之记曰：'冬十二月霣霜不杀草①。'何为记此？"仲尼对曰："此言可以杀而不杀也。夫宜杀而不杀，桃李冬实。天失道，草木犹犯干之②，而况于人君乎？"

【译文】　鲁哀公问仲尼说："《春秋》记载说：'冬季十二月落霜，草没有枯死。'为什么要记载这件事呢？"仲尼回答说："这是说能够枯死却没有枯死。应该枯死却没有枯死，桃李就会在冬天结出果实。天道运行失常，草木的生长尚且要违背它,更何况于君道失常呢?"

【注释】　①贾(yǔn):坠落。杀草:草枯死。　②犯干:违反。

　　殷之法刑弃灰于街者,子贡以为重①,问之仲尼,仲尼曰:"知治之道也。夫弃灰于街必掩人②,掩人人必怒,怒则斗,斗必三族相残也。此残三族之道也,虽刑之可也。且夫重罚者,人之所恶也,而无弃灰,人之所易也。使人行之所易,而无离所恶,此治之道。"

　　一曰。殷之法,弃灰于公道者断其手。子贡曰:"弃灰之罪轻,断手之罚重,古人何太毅也③?"曰:"无弃灰所易也,断手所恶也,行所易不关所恶,古人以为易,故行之。"

【译文】　殷朝的法律规定把灰烬弃置在街道上的人要受刑,子贡认为处罚太重,向孔子请教。孔子说:"这是知道治理人民的道理的做法。把灰烬弃置在街道上一定会扑面袭人,扑面袭人,人必然会发怒,发怒就会有争斗,有争斗就可能发展为三族的人相互残杀。这是伤害三族的根由,即使受刑也是适当的。而且严重的刑法,是人所畏惧的,而不把灰烬弃置到街道上,是很容易做到的事情。让人们做容易做到的事情,而不遭受他所畏惧的刑罚,这就是治国的办法。"

　　另一种说法。殷朝的法律规定,把灰烬弃置在公路上的人要被砍掉手。子贡说:"弃置灰烬的过失很轻微,断手的处罚太重,古人为什么这么残酷呢?"孔子说:"不丢弃灰烬是容易做到的事,砍断手是人所畏惧的事情,让人做容易做到的事情而不去触犯所畏惧的刑罚,古人认为是容易的,所以就实行了。"

【注释】　①子贡:姓端木,名赐,春秋时卫国人,孔子弟子。　②掩人:扑面袭人。　③毅:残酷。

　　中山之相乐池以车百乘使赵①,选其客之有智能者以为将行②,中道而乱。乐池曰:"吾以公为有智,而使公为将行,今中道而乱何也?"客因辞而去曰:"公不知治,有威足以服人,而利足以劝之,故能治之。今臣,君之少客也③。夫从少正长,从贱治贵,而不得操其利害之柄以制之,此所以乱也。尝试使臣:彼之善者我能以为卿相,彼不善者我得以斩其首,何故而不治?"

【译文】　中山国的宰相乐池带着百乘车辆出使赵国,在他的门客中挑选了一位有智能的人作为随从人员的领队,走到中途队伍就乱了。乐池说:"我认为您很有才智,所以让您来做领队,现在刚到中途就乱了,为什么呢?"门客于是请辞离开,说:"您不知道治理的道理,有威权足以制服人,有利益足以劝勉人,所以才能治理好。现在,我只是您的一个年少位卑的门客。让一个年轻人去纠正年长的,让地位卑贱的去管理地位尊贵的人,却没有掌握能够制服他们的利害的权柄,这就是造成混乱的原因。假如给我权柄:那些表现好的人我能让他们去做卿相,那些表现不好的人我能割下他们的头,哪里还有管理不好的呢?"

【注释】 ①乘(shèng):车辆的计算单位,一车四马为一乘。 ②将行:率领随从的人,即随从人员的领队。 ③少客:年少位卑的门客。

公孙鞅之法也重轻罪①。重罪者人之所难犯也,而小过者人之所易去也,使人去其所易,无离其所难,此治之道。夫小过不生,大罪不至,是人无罪而乱不生也。

一曰。公孙鞅曰:"行刑重其轻者,轻者不至,重者不来,是谓以刑去刑。"

【译文】 公孙鞅的法律对轻罪要从重处罚。重罪是人所难犯的,而小过失则是人容易去掉的,让人去除容易犯的小过失,而不要触犯难犯的重罪,这是治国的办法。小过失不产生,就不会有大罪降临,因此人就不会犯罪,也不会有祸乱产生。

另一种说法。公孙鞅说:"执行刑罚时重罚轻罪,轻罪就不发生,重罪就不到来,这就叫做用刑罚来取得不用刑罚的结果。"

【注释】 ①公孙鞅:卫国的公族,姓公孙,名鞅,又称卫鞅,曾任魏惠王相公叔痤的中庶子,管理公族事务,公叔痤死后,公孙鞅入秦,受秦孝公重用,实行变法,秦国因此强盛,秦孝公因此封之以商十五邑,故又称商君。商鞅变法,任法少情,得罪不少贵族大臣,孝公死后,商鞅被施以车裂之刑。

荆南之地、丽水之中生金,人多窃采金。采金之禁,得而辄辜磔于市①,甚众,壅离其水也,而人窃金不止。夫罪莫重辜磔于市,犹不止者,不必得也。故今有于此,曰:"予汝天下而杀汝身。"庸人不为也。夫有天下,大利也,犹不为者,知必死。故不必得也,则虽辜磔,窃金不止;知必死,则天下不为也。

【译文】 楚国南方的丽水中出产金砂,人们经常偷着去采金。官府关于采金的禁令是,一旦捉住就在街市上分尸,杀死的人很多,尸体都阻断了丽水,可是偷偷采金的人还是不停止。那罪刑没有比分尸更重的了,仍然不能制止采金的原因,是不一定能被抓住。所以假使有人在这里,说:"把天下给你,但要杀了你。"即使最愚蠢的人也不会答应。拥有天下,这是最大的利益,尚且不去做,是因为知道一定会死。所以不一定能被抓住,那么即使会被分尸,偷采金砂的人也不会停止;知道一定会死,那么即使给他天下也不会答应。

【注释】　①辜磔:分裂肢体,古代的一种酷刑。

　　鲁人烧积泽①,天北风,火南倚,恐烧国,哀公惧,自将众趣救火②,左右无人,尽逐兽而火不救,乃召问仲尼,仲尼曰:"夫逐兽者乐而无罚,救火者苦而无赏,此火之所以无救也。"哀公曰:"善。"仲尼曰:"事急,不及以赏,救火者尽赏之,则国不足以赏于人,请徒行罚。"哀公曰:"善。"于是仲尼乃下令曰:"不救火者比降北之罪③,逐兽者比入禁之罪。"令下未遍而火已救矣。

【译文】　鲁国有人火烧积泽中的草木,天气正刮着北风,火势向南延烧,担心烧毁国都,鲁哀公很害怕,亲自带着众人督促救火,左右没有人,都去追逐野兽了,火却没有被扑灭。于是召见仲尼询问原因,仲尼说:"追逐野兽是件乐事而且不受处罚,救火是件苦差而且没有赏赐,这就是火没有被扑灭的原因。"哀公说:"你的话是对的。"仲尼说:"事情紧急,来不及实行赏赐,而且如果救火的人都要赏赐,那么全国积蓄也不够赏人的,请您只实行刑罚。"哀公说:"好吧。"于是仲尼下令说:"不救火的人比照战败降敌治罪,追逐野兽的人比照擅入禁地治罪。"命令下达得还没有传给所有人,火已经被扑灭了。

【注释】　①积泽:草木丛生的沼泽。　②趣:督促。　③比降北之罪:比,比照。降北,投降败北。比照战败降敌的罪责治罪。

　　成驩谓齐王曰:"王太仁,太不忍人①。"王曰:"太仁、太不忍人,非善名邪?"对曰:"此人臣之善也,非人主之所行也。夫人臣必仁而后可与谋,不忍人而后可近也。不仁则不可与谋,忍人则不可近也。"王曰:"然则寡人安所太仁、安不忍人?"对曰:"王太仁于薛公②,而太不忍于诸田③。太仁薛公则大臣无重④,太不忍诸田则父兄犯法。大臣无重则兵弱于外,父兄犯法则政乱于内。兵弱于外,政乱于内,此亡国之本也。"

【译文】 成骪对齐王说:"大王太仁慈,对人太不狠心了。"齐王说:"太仁慈,太不狠心,不是好名声吗?"成骪回答说:"这是臣下的善行,而不是君主应该做的。臣下一定要仁慈才可以和他商议国事,对人不狠心才可以亲近。不仁慈就不能和他商议国事,对人狠心就不能亲近。"齐王说:"那么我在哪里表现得太仁慈、太不狠心了呢?"回答说:"大王对薛公太仁慈,对田氏宗室太不狠心了。对薛公太仁慈,大臣的权势就会过重,对田氏宗族太不狠心,同族的父兄就会犯法。大臣权势太重,对外的兵力就要衰弱,父兄犯法,对内政治就会混乱。对外兵力衰弱,对内政治混乱,这是导致国家危亡的根由。"

【注释】 ①不忍人:对人不狠心。　②薛公:即孟尝君田文的父亲田婴,齐威王少子齐宣王庶弟,相齐二十余年,封于薛。　③诸田:田和篡齐立为诸侯之后,史书称之为田齐政权,以与姜氏齐国相区别。诸田即指田齐的宗室。　④无重:没有更重的权势,即权势过重。

　　魏惠王谓卜皮曰:"子闻寡人之声闻亦何如焉①?"对曰:"臣闻王之慈惠也。"王欣然喜曰:"然则功且安至?"对曰:"王之功至于亡。"王曰:"慈惠,行善也,行之而亡何也?"卜皮对曰:"夫慈者不忍,而惠者好与也。不忍则不诛有过,好予则不待有功而赏。有过不罪,无功受赏,虽亡不亦可乎?"

【译文】 魏惠王对卜皮说:"你听说我的声名怎么样啊?"卜皮回答说:"我听人说大王很慈惠。"魏惠王很高兴地说:"那么我的功业将会达到什么地步呢?"卜皮回答说:"大王的功业将让国家灭亡。"魏惠王说:"慈惠,这是行善。行善却让国家灭亡,这是什么原因呢?"卜皮回答说:"慈爱的人不会狠心,仁惠的人喜欢施舍。不狠心就不会诛杀犯罪的人,喜欢施舍就会赏赐那些还没有立功的人。有了罪过不诛罚,没有功劳却受到奖赏,即便灭亡不也是很应该的吗?"

【注释】 ①声闻:声名。

　　齐国好厚葬,布帛尽于衣衾①,材木尽于棺椁②,桓公患之,以告管仲曰:"布帛尽则无以为蔽,材木尽则无以为守备,而人厚葬之不休,禁之奈何?"管仲对曰:"凡人之有为也,非名之则利之也。"于是乃下令曰:"棺椁过度者戮其尸,罪夫当丧者③。"夫戮死无名④,罪当丧者无利,人何故为之也?

【译文】 齐国人喜欢厚葬,布帛都做了死人的衣服和被子,木材都做成了棺材,桓公为此很忧虑,把此事告诉给管仲,说:"布帛用尽就没有可以用来遮蔽身体的东西了,木材用尽就没有用来制造守备工具的东西了,可是国人厚葬的风气不停息,用什么办法来禁止呢?"管仲回答说:"大凡人的所作所为,不是为了求名就是为了求利。"于是下令说:"棺椁超过规定就把死尸陈列示众,并处罚主持丧事的人。"陈尸示众不是光彩的事,处罚主持丧事的人就没有好处可求,人为什么还要去做呢?

【注释】　①衾:覆盖尸体的单被。　②棺椁(guǒ):椁,指套在棺外的大棺。泛指棺材。③当丧者:指主持丧事的人。　④无名:没有名誉,指不光彩的事。

　　卫嗣君之时,有胥靡逃之魏,因为襄王之后治病,卫嗣君闻之,使人请以五十金买之,五反而魏王不予,乃以左氏易之①。群臣左右谏曰:"夫以一都买胥靡可乎?"王曰:"非子之所知也。夫治无小而乱无大,法不立而诛不必,虽有十左氏无益也。法立而诛必,虽失十左氏无害也。"魏王闻之曰:"主欲治而不听之,不祥。"因载而往,徒献之。

【译文】　卫嗣君时代,有一个奴隶逃到了魏国,因此得以替魏襄王的王后治病。卫嗣君听说这件事情,派人请求拿五十斤黄金赎回他,五次往返魏襄王都没有同意,于是嗣君提出用左氏来换回他。群臣和左右亲信都劝谏说:"用一座都城去交换一个奴隶可以吗?"卫嗣君说:"这不是你们所能明白的事情。如果治理国家没有大事小事的分别,法律不能确立,诛罚不能果断,即使得到十座左氏也不会有任何好处。法律确立,诛罚果断,即使失掉十座左氏也没有妨害。"魏襄王听说这件事情后说:"卫国国君想把国家治理好我却不允许他的请求,这是不祥的。"于是用车把那个奴隶送回了卫国,白白地献给了卫嗣君。

【注释】　①左氏:应为卫国的都邑名称。

传三

　　齐王问于文子曰:"治国何如?"对曰:"夫赏罚之为道,利器也。君固握之,不可以示人。若如臣者,犹兽鹿也,唯荐草而就①。"

【译文】　齐王问文子说:"治国应该怎么做?"文子回答说:"用赏罚的办法,这是最有效的手段。君主要牢牢地掌握它,不能轻易给别人看。至于臣下,就像鹿一样的兽类,只要有茂盛的牧草就会跑过去。"

【注释】 ①荐草:茂盛的牧草。

越王问于大夫文种曰:"吾欲伐吴可乎?"对曰:"可矣。吾赏厚而信,罚严而必。君欲知之,何不试焚宫室?"于是遂焚宫室,人莫救之,乃下令曰:"人之救火者死,比死敌之赏。救火而不死者,比胜敌之赏。不救火者,比降北之罪。"人涂其体、被濡衣而走火者,左三千人,右三千人。此知必胜之势也。

【译文】 越王问大夫文种说:"我想攻打吴国可以吗?"文种回答说:"可以了。我国赏赐丰厚而明确,诛罚严厉而且果断实行。君主想要了解实行赏罚的效果,为什么不焚烧宫室来试验一下呢?"于是就放火点燃宫殿,没有一个人去救火,于是下令说:"因为救火而被烧死的人,比照在战场上杀敌阵亡来奖赏。扑灭了大火而没有被烧死的,比照战胜敌人来奖赏。不去救火的人,比照战败投敌来治罪。"人们涂抹身体、披上湿衣而奔赴火场的,左面有三千人,右面有三千人。由此就知道了攻打吴国必然取胜的态势。

吴起为魏武侯西河之守,秦有小亭临境①,吴起欲攻之。不去,则甚害田者;去之,则不足以征甲兵。于是乃倚一车辕于北门之外而令之曰:"有能徙此南门之外者赐之上田上宅。"人莫之徙也,及有徙之者,还,赐之如令。俄又置一石赤菽东门之外而令之曰②:"有能徙此于西门之外者赐之如初。"人争徙之。乃下令曰:"明日且攻亭,有能先登者,仕之国大夫,赐之上田宅。"人争趋之,于是攻亭一朝而拔之。

【译文】 在魏武侯时吴起做西河的郡守,有一个秦国的岗亭接近魏国的边境,吴起想攻打它。如果不拔除它,对农耕的危害很大,如果要拔除它,又不值得征调国家的军队。于是就把一架车辕倚靠在北门外,下令说:"有人能把它移到南门外,就赏给他上等的田地和上等的宅院。"起初没有人去搬动它,等到有人把车辕移到南门外,回来后立刻按规定来赏赐了他。不久,又把一石赤小豆放在东门外,下令说:"有人能把它搬到西门之外,赏赐和上次一样。"人们争先恐后地去搬它。于是又下令说:"明天准备攻打岗亭,有人能首先攻上岗亭,就封他做国大夫,赏赐上等的田宅。"人们争先前往,于是攻打岗亭,一个上午就拔除了。

【注释】 ①亭:古代边境岗亭。 ②俄:一会儿,不久。石(dàn):重量单位,一百二十斤为一石。

　　李悝为魏文侯上地之守,而欲人之善射也,乃下令曰:"人之有狐疑之讼者,令之射的,中之者胜,不中者负。"令下而人皆疾习射,日夜不休。及与秦人战,大败之,以人之善射也。

【译文】 魏文侯时,李悝做上地的郡守,想让人们都精通射箭,于是下令说:"人们有不能决断的诉讼,就让他们射箭靶,射中箭靶的人就获胜,射不中的人就败诉。"命令下达后人们都赶紧练习射箭,日夜苦练,不肯歇息。等到和秦国打仗,大败秦军,因为魏国的人都非常精通射箭。

　　宋崇门之巷人服丧,而毁甚瘠,上以为慈爱于亲,举以为官师。明年,人之所以毁死者岁十余人。子之服亲丧者为爱之也,而尚可以赏劝也,况君上之于民乎?

【译文】 宋国崇门一个里巷的人服丧期间,哀痛过度毁伤身体以至于非常消瘦。君主认为他对自己的双亲非常孝顺,于是提拔他做了官吏。到了第二年,人民由于哀痛毁伤身体而死亡的,有十多位。儿子为父母服丧的原因是出于对父母的爱,这样的事情尚且可以通过赏赐而得到劝勉,更何况君主对待人民呢?

　　越王虑伐吴,欲人之轻死也①,出见怒蛙乃为之式②,从者曰:"奚敬于此?"王曰:"为其有气故也。"明年之请以头献王者岁十余人。由此观之,誉之足以杀人矣。

　　一曰。越王句践见怒蛙而式之,御者曰:"何为式?"王曰:"蛙有气如此,可无为式乎?"士人闻之曰:"蛙有气,王犹为式,况士人之有勇者乎!"是岁人有自到死以其头献者。故越王将复吴而试其教,燔台而鼓之,使民赴火者,赏在火也;临江而鼓之,使人赴水者,赏在水也;临战而使人绝头刳腹而无顾心者,赏在兵也。又况据法而进贤,其助甚此矣。

【译文】 越王思谋着攻打吴国,想让人民能勇敢牺牲,出门时看见一只发怒的青蛙,于是向它行礼表示敬意,随从者问道:"为什么要向它表示敬意呢?"越王说:"因为它有豪气的缘故。"到了第二年,请求把自己的人头献给大王的有十多人。从这件事情看来,赞誉足以让一个人牺牲性命。

　　另一种说法。越王勾践看见一只鼓腹的怒蛙,就向它行礼表示敬意,驾车的人问他:"为什么要向它行礼致敬?"越王说:"青蛙有这样的一股豪气,能不向它行礼致敬吗?"士人听到这件事情之后说:"青蛙有豪气,大王尚且向它行礼致敬,更何况于有勇气的士人呢!"这一年就有人自己割下头来献给越王。所以越王准备报复吴国,先行试验其教化的效果,放火烧台,然后击鼓,能够让人奔赴火场的原因,在于救火有赏;站在江边然后击鼓,能够让人涉入深水的原因,在于入水有赏;到了打仗的时候,能够让人割头剖腹而无所顾虑的原因,在于打仗有赏。更何况依据法律来进用贤才,这种鼓励的作用要比向怒蛙敬礼大得多了。

【注释】　①轻死:轻视死亡,即勇敢牺牲自己的性命。　②式:通"轼",以手抚轼,这是古人表示敬意的一种礼节。

　　韩昭侯使人藏弊袴,侍者曰:"君亦不仁矣①,弊袴不以赐左右而藏之。"昭侯曰:"非子之所知也,吾闻明主之爱,一嚬一笑②,嚬有为嚬,而笑有为笑。今夫袴岂特嚬笑哉!袴之与嚬笑相去远矣,吾必待有功者,故藏之未有予也。"

【译文】　韩昭侯派人把自己的破裤子收藏起来,侍从的人说:"君主也太吝啬了,破裤子不拿来赏赐左右随从却收藏起来。"昭侯说:"这个道理不是你所能明白的,我听说英明的君主珍爱自己的一颦一笑,颦有颦的原因,笑有笑的理由。现在这裤子不只是皱眉和发笑的事情啊!裤子和颦笑的效果相差得太大了,我一定要等有功劳的人,所以收藏起来没有随便送人。"

【注释】　①仁:行惠施利。　②嚬(pín):同"颦",皱眉。

　　鳝似蛇,蚕似蠋①。人见蛇则惊骇,见蠋则毛起。然而妇人拾蚕,渔者握鳝,利之所在,则忘其所恶,皆为孟贲。

【译文】　鳝鱼像蛇,蚕像蠋虫。人看见蛇就会惊骇害怕,看见蠋虫就会汗毛竖起。可是妇女用手拾蚕,打鱼的人用手抓鳝,有利可图的东西,人们就忘记了它令人憎恶的形状,一个个都变得像孟贲一样勇敢了。

【注释】　①蠋(zhú):虫名,形似蚕,有毒。

传四

　　魏王谓郑王曰①:"始郑、梁一国也②,已而别,今愿复得郑而合之梁。"郑君患之,召群臣而与之谋所以对魏,郑公子谓郑君曰:"此甚易应也。君对魏曰:以郑为故魏而可合也,则弊邑亦愿得梁而合之郑。"魏王乃止。

【译文】　魏王对韩王说:"开始的时候韩国和魏国是一个国家,后来才分开,现在我希望能再把韩国并入魏国。"韩王非常忧虑,召集群臣商议对付**魏**国的办法,韩公子对韩王说:"这是非常容易应对的。君主就对魏王说:认为韩国过去和魏国是一个国家可以合并,那么我们韩国也希望能把魏国并入韩国。"此后魏王便打消了这个念头。

【注释】　①郑王:即韩王。韩国自韩哀侯时灭郑后迁都于郑,所以后来韩也称为郑。

②始郑、梁一国:梁,即指魏国,魏国都于大梁,故也称为梁。韩赵魏三家瓜分晋国而各自立国,所以这里说韩魏最初是一个国家。

　　齐宣王使人吹竽①,必三百人,南郭处士请为王吹竽,宣王说之,廪食以数百人②。宣王死,湣王立③,好一一听之,处士逃。

　　一曰。韩昭侯曰:"吹竽者众,吾无以知其善者。"田严对曰④:"一一而听之。"

【译文】　齐宣王让人吹竽,一定要三百个人一起吹,南郭处士请求为齐宣王吹竽,宣王很高兴,给他的俸禄和其他几百人一样。齐宣王死后,齐湣王继位,他喜欢让人一个一个地吹给他听,南郭处士逃走了。

　　另一种说法。韩昭侯说:"吹竽的人很多,我没有办法知道谁吹得最好。"田严回答说:"一个一个地听他们吹。"

【注释】　①齐宣王:名田辟疆,战国时齐国国君,齐威王之子,公元前319～前301年在位。　②廪食:由官府供给的粮食,这里指俸禄。　③湣王:即齐湣王,名田地,战国时齐国的国君,齐宣王的儿子,公元前301～前284年在位。　④田严:人名,事迹不详。

　　赵令人因申子于韩请兵,将以攻魏。申子欲言之君,而恐君之疑己外市也①,不则恐恶于赵,乃令赵绍、韩沓尝试君之动貌而后言之。内则知昭侯之意,外则有得赵之功。

【译文】　赵国派人通过申不害向韩国借兵,准备用来攻打魏国。申不害想给君主说明这件事,又担心君主怀疑自己勾结外国,不说又担心和赵国交恶,于是派赵绍、韩沓去试探君主神色的变化,然后再去给君主说。这样对内探知了韩昭侯的心意,对外也获得了与赵国交好的功效。

【注释】　①外市:指勾通外人来谋取利益。

　　三国兵至韩①,秦王谓楼缓曰②:"三国之兵深矣,寡人欲割河东而讲,何如?"对曰:"夫割河东,大费也;免国于患,大功也。此父兄之任也,王何不召公子泛而问焉?"王召公子泛而告之,对曰:"讲亦悔,不讲亦悔。王今割河东而讲,三国归,王必曰:'三国固且去矣,吾特以三城送之。'不讲,三国也入韩,则国必大举矣,王必大悔,王曰:'不献三城也。'臣故曰:王讲亦悔,不讲亦悔。"王曰:"为我悔也,宁亡三城而悔,无危乃悔。寡人断讲矣。"

【译文】　齐、魏、韩三国的军队到达了函谷关,秦王对楼缓说:"三国的军队已经深入了,我想割让河东的土地和他们讲和,你看怎么样?"楼缓回答说:"割让河东之地,这是很大的损失;但让国家免除祸患,又是很大的功绩。权衡此事是宗室父兄的责任;大王为什么不召见公子泛来征求他的意见呢?"秦王召见公子泛,把这件事告诉他,公子泛回答说:"讲和要后悔,不讲和也要后悔。大王今天割让河东之地来与他们讲和,三国的军队就会返国,到那时大王一定会说:'三国的军队本来就要撤退了,我却拿三座城送给他们。'如果不讲和,三国的军队进入函谷关,那么国家一定要大规模地发兵御敌了,那时大王一定会非常后悔地说:'这是不献三城的后果。'所以我说:大王讲和也会后悔,不讲和也会后悔。"秦王说:"如果我要后悔,我宁可为失掉三城,而不等到国家危险了再后悔。我决定讲和了。"

【注释】　①三国兵至韩:三国,指齐、魏、韩三国。韩,为"函"之误,即函谷关。　②楼缓:人名,战国时赵人,曾侍奉赵武灵王,后入秦,相秦昭襄王。

应侯谓秦王曰:"王得宛、叶、蓝田、阳夏,断河内,困梁、郑,所以未王者,赵未服也。弛上党兵而已以临东阳,则邯郸口中虱也。王拱而朝天下,后者以兵中之①。然上党之安乐,其处甚剧,臣恐弛之而不听,奈何?"王曰:"必弛易之矣②。"

【译文】　应侯范雎对秦王说:"大王攻占了宛、叶、蓝田、阳夏,封锁了河内,围困了魏国和韩国,可是还没有在天下称王的原因,在于赵国没有降服。如果放弃上党,转移兵力进逼东阳,那么邯郸就像捉到嘴里的虱子了。大王就能拱手接受天下人的朝拜,对于那些落在后面不来朝拜的,就派军队予以打击。不过上党已经安定,其地势又十分险要,我担心要转移那里的兵力大王不会同意,怎么办呢?"秦王说:"我决定转移上党的兵力了。"

【注释】　①中:打击。　②弛易:变动,转移。

传五

庞敬,县令也,遣市者行,而召公大夫而还之。立有间,无以诏之,卒遣行。市者以为令与公大夫有言,不相信,以至无奸。

【译文】　庞敬是县令,派管理市场的官吏出去巡视,却又召回了公大夫。让他站了一会儿，并没有吩咐什么，最后让他走了。管理市场的官吏以为县令对公大夫另有交代，不信任他，以至于不敢为非作歹。

戴驩、宋太宰^①，夜使人曰："吾闻数夜有乘辒车至李史门者^②，谨为我伺之。"使人报曰："不见辒车，见有奉笥而与李史语者^③，有间，李史受笥。"

【译文】　宋国的太宰戴驩，夜晚差遣一个人说："我听说好几天夜里有乘坐卧车到李史家门口的人，你小心地为我察看怎么回事。"派去的人回报说："没有看见卧车，只见到有个抱着竹器的人和李史说话，过了一会儿，李史接过了竹器。"

【注释】　①太宰：职官名。　②李史：姓李的史官。亦有人认为"李"通"理"，"理史"即掌握刑狱的官员。　③笥(sì)：方形的竹器。

周主亡玉簪^①，令吏求之，三日不能得也。周主令人求而得之家人之屋间，周主曰："吾知吏之不事事也。求簪，三日不得之，吾令人求之，不移日而得之。"于是吏皆耸惧，以为君神明也。

【译文】　周国的君主丢失了玉簪，命令官吏寻求，找了三天都没有找到。周国君主派人在平民百姓家的屋子间找到了。周国君主说："我知道官吏都不认真做事了。寻找玉簪，三天都没有找到，我派人去找，不到一天就找到了。"于是官吏们都很惊惧，认为他们的君主明智得像神一样。

【注释】　①周主：即周国的君主。

商太宰使少庶子之市^①，顾反而问之曰："何见于市？"对曰："无见也。"太宰曰："虽然何见也？"对曰："市南门之外甚众牛车，仅可以行耳。"太宰因诫使者："无敢告人吾所问于女。"因召市吏而诮之曰^②："市门之外何多牛屎？"市吏甚怪太宰知之疾也，乃悚惧其所也^③。

【译文】　商太宰派一个年轻的家臣去市场，等他回来时问他说："在市场上看到了什么？"家臣回答说："没看见什么。""即使如此，你究竟看到什么呢？"家臣回答说："市场南门之外有很多牛车，仅仅勉强可以通行。"太宰于是告诫派去的人："不要把我所问你的事情告诉别人。"于是召来管理市场的官吏，责备他说："市场门外为什么那么多的牛屎呢？"管理市场的官吏奇怪他这么快就知道了这件事情，于是对于自己的工作就非常地谨慎小心了。

【注释】 ①少庶子:战国时指年轻的家臣。 ②诮(qiào):责备。 ③悚惧:戒惧,谨慎小心。

传六

韩昭侯握爪而佯亡一爪,求之甚急,左右因割其爪而效之,昭侯以此察左右之诚不。

【译文】 韩昭侯握着自己的手指甲,假装说自己掉了一个手指甲,找得很急,左右亲信于是剪下自己的指甲献给他,昭侯用这种办法来观察左右近臣是否诚实。

韩昭侯使骑于县,使者报,昭侯问曰:"何见也?"对曰:"无所见也。"昭侯曰:"虽然何见?"曰:"南门之外,有黄犊食苗道左者。"昭侯谓使者:"毋敢泄吾所问于女。"乃下令曰:"当苗时,禁牛马入人田中固有令,而吏不以为事。牛马甚多入人田中,亟举其数上之,不得,将重其罪。"于是三乡举而上之①,昭侯曰:"未尽也。"复往审之,乃得南门之外黄犊,吏以昭侯为明察,皆悚惧其所而不敢为非。

【译文】 韩昭侯派人骑马到县城巡察,使者回来报告,昭侯问道:"看见了什么?"使者回答说:"没有看见什么。"昭侯说:"即使如此,究竟见到了什么?"使者回答说:"南门外面,有头黄色的小牛在吃路旁的禾苗。"昭侯对使者说:"不许把我问你的话泄露给别人。"于是下令说:"当禾苗生长的时候,禁止牛马进入田中,这是固有的法令,可是官吏们不把这当回事。牛马进入别人田中吃禾苗的事很多,现在赶紧把这件事情发生的次数呈报上来,如果查不出来,将要受到重重的处罚。"于是东、西、北三门外都呈报上来了,昭侯说:"还没有调查齐全。"又派人去仔细地审察,才查出南门外黄牛犊吃禾苗的事情,官吏们认为昭侯观察入微,都谨慎小心地做好自己的事情而不敢为非作歹。

【注释】 ①三乡:指东、西、北三门外。

周主下令索曲杖,吏求之数日不能得,周主私使人求之,不移日而得之。乃谓吏曰:"吾知吏不事事也。曲杖甚易也,而吏不能得,我令人求之,不移日而得之,岂可谓忠哉?"吏乃皆悚惧其所,以君为神明。

【译文】 周国的君主下令搜索一个弯曲的木杖,官吏找了好几天都没能找到,周国君主私下里派人去找,不到一天就找到了。于是对官吏说:"我知道官吏不认真做事了。弯曲的木杖非常容易找到,可是官吏却找不到,我派人去找,不到一天就找到了,这难道能说是忠心吗?"官吏于是对自己的工作都非常谨慎小心了,认为他们的君主明智得像神一样。

卜皮为县令,其御史污秽①,而有爱妾,卜皮乃使少庶子佯爱之以知御史阴情②。

【译文】 卜皮做县令时,他的御史行为非常卑污,他有一个非常受宠爱的小妾。卜皮于是让一个年轻的家臣假意去爱这个小妾,他用这种方法知道了御史的隐秘事情。

【注释】 ①御史:古代掌管文书法令的官员。 ②阴情:隐秘的事情。

西门豹为邺令,佯亡其车辖,令吏求之不能得,使人求之而得之家人屋间。

【译文】 西门豹做邺县县令时,假装丢失了他的车辖,命令官吏去找没有找到,又另外派人去找,在平民百姓的屋子中间找到了。

传七

阳山君相卫①,闻王之疑己也,乃伪谤樛竖以知之。

【译文】 阳山君做魏国的宰相,听说魏王怀疑自己,于是假装毁谤魏王的宠臣樛竖来探知魏王对自己的态度。

【注释】 ①卫:指魏国,此时卫国已削弱属魏,故称魏为"卫",如同韩国也称为"郑"。

淖齿闻齐王之恶己也,乃矫为秦使以知之。

【译文】 淖齿听说齐王憎恶自己,于是派人假扮秦王的使者来了解齐王的心意。

齐人有欲为乱者,恐王知之,因诈逐所爱者,令走王知之。

【译文】 齐国有人打算作乱,担心齐王知道此事,于是假装把他亲信的人赶走,让他逃到齐王那里去探听消息。

子之相燕,坐而佯言曰:"走出门者何? 白马也。"左右皆言不见。有一人走追之,报曰:"有。"子之以此知左右之诚信不。

【译文】 子之做燕国的宰相时,有一次坐在屋里假装说:"走出门的是什么?

是白马啊。"左右侍从都说没有看见,有一个人赶紧跑出去追它,回来后报告说:"是有一匹白马。"子之用这种办法知道了左右侍从的诚信与否。

有相与讼者,子产离之而无使得通辞,倒其言以告而知之。

【译文】　有两个人打官司,子产把他们分开审问,从而让他们无法知道对方说的话,然后把话反过来再讯问另一方,由此就知道了事情的真相。

卫嗣公使人为客过关市,关市苛难之,因事关市以金,关吏乃舍之。嗣公为关吏曰①:"某时有客过而所,与汝金,而汝因遣之。"关市乃大恐,而以嗣公为明察。

【译文】　卫嗣公派人假扮客商经过关市,关市的小吏百般刁难,于是就拿黄金奉送给关市小吏,关事小吏于是就放了他。卫嗣公对关市小吏说:"有一天一个客商经过你的地方,给了你黄金,你才放他通行。"关市小吏于是非常害怕,认为卫嗣公太明察了。

【注释】　①为:通"谓"。

内储说下——六微第三十一

六微,指君主必须伺察的六种隐微之事。作者认为,"六微"是"主之所察",而上篇所言"七术"则是"主之所用",在运用"七术"的基础上伺察"六微",就可以防患于未然。

六微:一曰权借在下①,二曰利异外借②,三曰托于似类,四曰利害有反,五曰参疑内争③,六曰敌国废置。此六者,主之所察也。

【译文】　六种隐微之事:一是君权旁落于臣下之手,二是君臣利益不同,臣下借外援以谋取私利,三是臣下假托类似的事情来欺蒙君主,四是君臣利害相反,臣下为谋取私利而危害君主,五是臣下势位相互匹敌就会发生争权夺利,六是按照敌国的意图来废黜和任用大臣。这六个方面,是君主一定要仔细伺察的。

【注释】　①权借在下:把权力借给臣下,意即君权旁落。　②外借:借助外力以谋取私利。　③疑:通"拟"。比拟,匹敌。

权借一

权势不可以借人,上失其一,臣以为百。故臣得借则力多,力多则内外为用,内外为用则人主壅。其说在老聃之言失鱼也①。是以人主久语②,而左右鬻怀刷③。其患在胥僮之谏厉公④,与州侯之一言⑤,而燕人浴矢也。

【译文】　权势不能借给别人,君主借给臣下一分权势,臣下就会当做百分来使用。所以臣下如果借得到君主的权势,力量就会增多,力量增多,朝廷内外都会为其所用,朝廷内外为其所用,那么君主就会受到蒙蔽了。对于这个道理的解释在"老聃所说的鱼失于渊"的故事中。因此郭靖君和故人说话时间长了些,故人因此富有;左右侍从炫耀赏赐所得的巾帕。它的祸害表现在"胥僮劝谏厉公"、"众口一词维护州侯"以及"燕人用狗屎洗澡"的故事中。

【注释】　①老聃(dān)：即老子，道家学派的创始人，有《老子》传世。　②人主：即靖郭君。靖郭君，即孟尝君的父亲田婴，齐威王少子齐宣王庶弟，封于薛，号靖郭君。　③鬻怀刷：鬻，卖弄，炫耀。怀，赏赐。刷，巾帕一类的物器。炫耀赏赐所得的巾帕。　④胥僮：人名，晋厉公的宠臣。厉公：即晋厉公，春秋时晋国的君主。　⑤州侯：人名，楚顷襄王的宠臣。

利异二

君臣之利异，故人臣莫忠，故臣利立而主利灭。是以奸臣者，召敌兵以内除，举外事以眩主，苟成其私利，不顾国患。其说在卫人之夫妻祷祝也。故戴歇议子弟①，而三桓攻昭公②；公叔内齐军③，而翟黄召韩兵④；太宰嚭说大夫种⑤，大成牛教申不害⑥；司马喜告赵王⑦，吕仓规秦、楚⑧；宋石遗卫君书⑨，白圭教暴谴⑩。

【译文】　君臣的利益不同，所以臣下没有忠心的，所以臣下得到利益君主就要损失利益。因此奸邪的大臣，会招来敌国的军队来铲除国内的政敌，列举各种外交事务来迷惑君主，只要能成就他的私利，不会顾及国家的祸患。对于这个道理的解说，在"卫国的夫妻祷祝"这个故事中。所以就有了戴歇议论楚国众公子，而三桓攻打鲁昭公；韩国的宰相公叔引来了齐国的军队，而魏国的翟黄招来了韩国的军队；吴国的太宰嚭劝越国的大夫文种，赵国的大成牛教韩国的中不害；中山国的司马喜向赵王告密，魏国的吕仓劝说秦、楚；魏将宋石给楚将卫君写信，白圭教导暴谴。

【注释】　①戴歇：人名，事迹不详。　②三桓攻昭公：三桓，指春秋时鲁国的大夫孟孙氏、叔孙氏、季孙氏，他们都是鲁桓公的子孙，势力强大，把持鲁国朝政，称为三家，也称三桓。昭公，即鲁昭公。三桓专政，鲁昭公打算铲除他们，结果三桓联合驱逐了昭公，昭公流亡多年后死于干侯。　③公叔：指公叔伯婴，曾任韩国的宰相。　④翟黄：人名，一作"翟璜"，战国时魏文侯的大臣。　⑤太宰嚭：春秋时楚太宰伯州犁的孙子，逃到吴国做了太宰，称为太宰嚭，也称为伯嚭。大夫种：即越国大夫文种，帮助越王勾践灭吴雪耻之后被杀。　⑥大成牛：人名，战国时赵成侯的宰相。申不害：战国时韩昭侯的宰相。　⑦司马喜：人名，中山国的大臣，曾三次为相。　⑧吕仓：人名，事迹不详。　⑨宋石遗卫君书：宋石，魏国的将军。卫君，楚国的将军。遗，给。书，信。魏将宋石给楚将卫君写信。　⑩白圭：人名，战国时魏国人，曾任魏国的宰相。暴谴：人名，曾任韩国的宰相。

似类三

似类之事，人主之所以失诛，而大臣之所以成私也。是以门人捐水而夷射诛①，济阳自矫而二人罪②，司马喜杀爰骞而季辛诛③,郑袖言恶臭而新人劓④,费无忌教郤宛而令尹诛⑤,陈需杀张寿而犀首走⑥。故烧刍廥而中山罪⑦,杀老儒而济阳赏也。

【译文】 事情表面上相似,这是君主错杀大臣,而大臣成就私利的原因。所以守门的人泼下水而夷射被诛杀,济阳君派人假传王命来谋害自己,致使自己的两个仇人获罪,司马喜杀了季辛的仇人爰骞而让季辛获罪被诛,郑袖说新入宫的美女厌恶楚王的臭味而让新人被割了鼻子,费无忌教唆郤宛致其被令尹诛杀,陈需杀了张寿迫使犀首逃走。所以左右侍从烧了饲草仓库而让中山国的贱公子获罪,家臣杀了老儒而得到济阳君的奖赏。

【注释】 ①门人捐水而夷射诛:门人,守门的人。捐水,泼水。夷射,人名,生平不详。守门的人泼下水而夷射被诛杀。　②济阳自矫:济阳,即济阳君,事迹不详。自矫,假传王命来谋害自己。　③爰骞:中山国人,事迹不详。季辛:中山国人,事迹不详。　④郑袖:楚怀王的宠姬。劓(yì):割掉鼻子的一种酷刑。　⑤费无忌:又作"费无极",春秋时楚平王的宠臣,先后谗害太子建、伍奢、伍尚以及郤宛,后被令尹囊瓦所杀。郤宛:字子恶,春秋时楚国左尹。令尹:楚国官名,这里指令尹囊瓦,囊瓦字子常,于楚平王及楚昭王时为令尹。　⑥陈需:一作"田需",曾任魏国的宰相。张寿:人名,事迹不详。犀首:即公孙衍,曾任魏国的宰相。　⑦刍廥(kuài):刍,饲草。廥,仓库。存放饲草的仓库。

有反四

事起而有所利,其尸主之①;有所害,必反察之。是以明主之论也,国害则省其利者,臣害则察其反者。其说在楚兵至而陈需相,黍种贵而廪吏覆②。是以昭奚恤执贩茅③,而昭僖侯谯其次④;文公发绕炙⑤,而穰侯请立帝⑥。

【译文】 事情发生了有人得利,事情一定是那个得利者指使人做的;有什么损害,一定要从反面审察。因此英明的君主讨论一件事情,国家受到损害就检查那些从中捞到利益的人,大臣受到伤害就察视他的仇人。对于这个道理的解说,在"楚兵到来而陈需被任命为相"与"黍种价高而管仓库的官吏被查出"的故事中。所以昭奚恤抓了贩卖茅草的人,韩昭侯责备厨师的副手;晋文公的烤肉上缠着头发,秦穰侯请求建立帝号。

【注释】 ①其尸主之:尸,即主,得利之主。主,主持,指使。那个利主指使人做的。②黍:植物名,去皮后称为黄米。覆:审查,核查。　③昭奚恤:战国时楚国人,楚宣王时任令尹。　④昭僖侯谯其次:昭僖侯,即韩昭侯,战国时韩国的君主,公元前358～前333年在位。谯,责备。其次,指厨师的副手。昭僖侯责备厨师的副手。　⑤文公发绕炙:文公,即晋文公,名重耳,春秋时晋国的国君,春秋五霸之一,公元前636～前628年在位。炙,烤肉。晋文公的烤肉上缠着头发。　⑥穰侯请立帝:穰侯,即魏冉,战国时秦昭襄王母宣太后的弟弟,曾四次任秦相,封于穰,称为穰侯。立帝,建立帝号。秦穰侯请求建立帝号。

参疑五

参疑之势①,乱之所由生也,故明主慎之。是以晋骊姬杀太子申生②,而郑夫人用毒药③,卫州吁杀其君完④,公子根取东周⑤,王子职甚有宠⑥,而商臣果作乱⑦,严遂、韩廆争而哀侯果遇贼⑧,田常、阚止、戴驩、皇喜敌而宋君、简公杀⑨。其说在狐突⑩之称二好,与郑昭之对未生也⑪。

【译文】　臣下的势位相互匹敌,这是混乱产生的根源,所以英明的君主一定要慎察它。由于势位相敌,所以晋国的骊姬杀掉了太子申生,郑国国君的夫人用毒药毒死了郑国国君,卫国的州吁杀害了卫桓公完,公子根取得了东周,楚国的王子职非常受宠,而商臣果然作乱,严遂、韩廆争权而韩哀侯果然被杀,田常与阚止争权、戴驩与皇喜匹敌,宋国国君和齐简公就被杀了。对于这个道理的解说,在"狐突说国君好内与好外"以及"郑昭回答太子还未出生"的故事中。

【注释】　①参疑之势:即势位相匹敌。　②晋骊姬杀太子申生:其事详见《备内》注。　③郑夫人:即郑国国君的夫人。　④卫州吁杀其君完:卫庄公宠妾的儿子州吁受到卫庄公的宠爱,在庄公死后,太子完继位,是为卫桓公。州吁骄纵,袭杀桓公后自立为卫国国君,卫国的老臣石碏联络陈国又杀了州吁,迎立公子晋,是为卫宣公。　⑤公子根:周威公的小儿子,封号为东周惠公。　⑥王子职:春秋时楚成王的儿子,受楚成王宠爱。　⑦商臣:春秋时楚成王的太子,后弑成王自立,是为楚穆王。　⑧严遂、韩廆争而哀侯果遇贼:哀侯即韩哀侯,于公元前376～前370年在位。严遂是韩哀侯的宠臣,他和当时的宰相韩廆有仇,于是派刺客聂政刺杀韩廆,结果连同韩哀侯一同刺杀了。　⑨田常:又称田恒,谥田成子,春秋后期齐国权臣,弑齐简公而立齐平公,专掌齐国政权,至其孙田和立为诸侯,取代姜氏建立了田齐政权。阚止:又作监止,字子我,齐简公的宠臣。戴驩:宋国的太宰。皇喜:字子罕,曾任宋国司城,又称为司城子罕。春秋时宋国贤臣乐喜亦称为司城子罕,二者非为一人。　⑩狐突:字伯行,春秋时晋国的大夫,晋文公重耳的外祖父。二好,即好内与好外,好内即宠爱姬妾,好外即宠爱嬖臣。　⑪郑昭:人名,事迹不详。

废置六

敌之所务在淫察而就靡①,人主不察则敌废置矣。故文王资费仲②,而秦王患楚使,黎且去仲尼③,而干象沮甘茂④。是以子胥宣言而子常用⑤,内美人而虞、虢亡,佯遗书而苌宏死⑥,用鸡猳而邻桀尽⑦。

【译文】　敌国所力求要做到的就是惑乱君主的视听判断使之做出错误的决定,君主如果不能仔细地分辨就会按照敌国的意图来任免大臣。所以文王要资助费仲,秦王因为楚国使者的贤能而担忧,黎且让孔子离开了鲁国,干象阻止甘茂。所以伍子胥在楚国散布流言而子常被起用,接受了美人,虞、虢就相继灭亡了,叔向假装丢了书信,苌宏就被处死了。郑桓公用鸡血、猪血歃盟,邻国的豪杰就被杀光了。

【注释】　①淫察而就靡:淫察,即惑乱视听。就靡,导致错误。惑乱君主的视听判断因而导致错误的决定。　②文王资费仲:文王,即周文王姬昌,周武王的父亲,商纣时为西伯,施行仁政,诸侯归服,周武王灭纣之后,追尊其父为文王。费仲,商纣王的宠臣。文王资费仲事详见《喻老》。　③黎且去仲尼:黎且,一作"黎锄",春秋时齐国的大夫。仲尼,即孔子。孔子仕鲁,齐国为之担忧,于是齐大夫黎且使计使孔子离开了鲁国。　④干象沮甘茂:干象,战国时楚怀王的大臣,事迹不详。甘茂,战国中期秦国名将,楚国下蔡人,经张仪、樗里疾引荐于秦惠文王,秦武王时为左相。立下许多战功,后遭向寿、公孙奭谗毁,于攻魏蒲阪时逃至齐,担任齐国的上卿,最后死在了魏国。沮,阻止。楚臣干象阻止楚王扶持甘茂去做秦国的宰相。　⑤子胥:即伍子胥,春秋时楚国人,父兄被杀后逃到吴国,辅佐吴王阖闾破楚降越,后因阻谏代齐,被吴王夫差赐死。子常,名囊瓦,楚庄王的孙子,在楚平王、昭王时为令尹。　⑥苌宏:多写作"苌弘"。春秋时周王朝的大夫,侍奉周王朝的卿刘文公,刘文公和晋国范氏世为婚姻,晋国范氏、中行氏叛乱,周人可能有所牵连,苌弘于是成为这件事的牺牲品。苌弘可能属枉死,所以又有藏其血三年化为碧的传说。　⑦用鸡狠(jiā)而邻桀尽:狠,猪。邻,西周时的诸侯国名,周幽王时被郑桓公所灭,其地在今河南省密县东北。桀,豪杰。郑桓公用鸡血、猪血歃盟,邻国的豪杰就被杀光了。

庙攻

"参疑""废置"之事,明主绝之于内而施之于外。资其轻者,辅其弱者,此谓庙攻①。参伍既用于内,观听又行于外,则敌伪得②。其说在秦侏儒之告惠文君也。故襄疵言袭邺③,而嗣公赐令席④。

【译文】　"臣下势位相当而争权夺利"、"按敌国的意图来任免官员"这一类事情,英明的君主杜绝它在国内发生而努力在国外行施。资助那些权位轻微的,帮助那些势力弱小的,这就叫做庙攻。参稽验证的方法施用于国内,观察探听的方法施行于国外,就能获得敌方的虚实。对于这个道理的解说,在"秦国侏儒把楚国的计谋告诉给秦惠文君"的故事中。所以襄疵向魏王说赵国打算袭击邺城,卫嗣公赏赐县令席子。

【注释】　①庙攻:庙,这里指朝廷。在朝廷上制定策略去战胜敌人。　②敌伪:敌方的虚实。　③襄疵:人名,魏惠王时任邺县县令。邺,邑名,战国时属魏,在今河南省临漳县西。　④嗣公赐令席:嗣公,即卫嗣公,又称卫孝襄侯,战国时卫国的君主,公元前319～前277年在位。令,县令。卫嗣公赏赐县令席子。

传一

势重者,人主之渊也;臣者,势重之鱼也。鱼失于渊而不可复得也,人主失其势重于臣而不可复收也。古之人难正言,故托之于鱼。赏罚者,利器也,君操之以制臣,臣得之以拥主①。故君先见所赏则臣鬻之以为德,君先见所罚则臣鬻之以为威。故曰:"国之利器,不可以示人。"

【译文】　权势,就好像君主的深渊;臣下,就像受权势之渊控制的鱼。鱼离开了渊水就不能再行获得,君主的权势被臣下取得就不能再行收回。古代的人不愿正面言说,所以托喻于鱼。赏罚,这是治国的利器,由君主掌握就能够控制群臣,由大臣掌握就能够蒙蔽君主。所以君主事先表现出奖赏的意图,臣下就会作为自己的恩德来卖弄,君主事先表现出诛罚的意图,大臣就会作为自己的威权来卖弄。所以老子说:"治国的利器,不可轻易拿给别人看。"

【注释】　①拥:通"壅",蒙蔽。

靖郭君相齐,与故人久语则故人富,怀左右刷则左右重。久语怀刷,小资也,犹以成富,况于吏势乎?

【译文】　靖郭君担任齐国的宰相时,和故人说话时间长了些,故人就变得富有。赏赐给左右侍从巾帕一类的小物品,左右侍从就尊贵起来。说话时间长和赏赐巾帕等,都是很小的赐予,尚且能让人变得富有,更何况给官吏权势呢?

晋厉公之时,六卿贵①。胥僮、长鱼矫谏曰②:"大臣贵重,敌主争事,外市树党,下乱国法,上以劫主,而国不危者,未尝有也。"公曰:"善。"乃诛三卿③。胥僮、长鱼矫又谏曰:"夫同罪之人偏诛而不尽,是怀怨而借之间也④。"公曰:"吾一朝而夷三卿,予不忍尽也。"长鱼矫对曰:"公不忍之,彼将忍公。"公不听,居三月,诸卿作难,遂杀厉公而分其地。

【译文】 晋厉公时,六卿的地位尊贵。胥僮和长鱼矫进谏说:"大臣位高权重,与君主抗衡,争持国事,在外培植党羽,在下扰乱国法,在上劫胁君主,这样的情况下国家还不危亡,自古以来还没有发生过。"厉公说:"很正确!"于是就诛杀了三卿。胥僮、长鱼矫又进谏说:"对于共同犯罪的人只诛杀一部分而不一网打尽,这是让他们心怀怨恨、而给他们作乱的机会啊。"厉公说:"我一天就杀了三卿,我不忍心把他们全部杀光。"长鱼矫回答说:"您不忍心杀他们,将来他们会忍心地杀您。"厉公不听他们的话,过了三个月,栾书、荀偃等人果然作乱,于是杀了厉公,瓜分了晋公室的许多土地。

【注释】 ①六卿:晋国执掌政事的六位大臣。晋厉公时,六卿分别是栾书、荀偃、韩厥、士燮、郤锜、郤至。 ②长鱼矫:人名,晋厉公的宠臣。 ③三卿:指郤锜、郤犨、郤至三人。 ④借之间:间,空子,机会。给他们作乱的机会。

州侯相荆,贵而主断,荆王疑之,因问左右,左右对曰"无有",如出一口也。

【译文】 州侯在楚国做相,地位尊贵,专权独断,楚王对他起了疑心,于是询问左右的侍臣,左右侍臣都回答说"没有这回事",就像从一张嘴里说出来一样。

燕人无惑①,故浴狗矢。燕人、其妻有私通于士,其夫早自外而来,士适出②,夫曰:"何客也?"其妻曰:"无客。"问左右,左右言:"无有。"如出一口。其妻曰:"公惑易也③。"因浴之以狗矢。

一曰。燕人李季好远出,其妻私有通于士,季突至,士在内中,妻患之,其室妇曰:"令公子裸而解发直出门,吾属佯不见也。"于是公子从其计,疾走出门。季曰:"是何人也?"家室皆曰:"无有。"季曰:"吾见鬼乎?"妇人曰:"然。""为之奈何?"曰:"取五牲之矢浴之。"季曰:"诺。"乃浴以矢。一曰浴以兰汤④。

【译文】 燕国有个人没有精神病,却故意把狗屎放在水中用来洗澡。燕国有个人的妻子和一个士人私通,这个人一早从外面回来,那个士人正好出去,丈夫问道:"这是什么客人?"他的妻子说:"没有客人。"他又问家中的仆人,仆人也都说:"没有客人。"就像从一张嘴里说出来一样。他的妻子说:"您中邪了。"于是用狗屎给他洗澡。

另一种说法。燕国人李季喜欢出门远游,他的妻子和一个士人私通。有一天李季突然回到家中,那个士人正在屋里,他的妻子很担心,她的女仆说:"让公子赤身裸体、披散头发,直接从大门走出去,我们都假装没有看见。"于是这个士人听从了她的计谋,快步从大门走了出去。李季问道:"这是什么人?"家里的人都说:"没有人啊。"李季说:"我看见鬼了吗?"他的妻子说:"是的。""那怎么办呢?"他的妻子回答说:"拿五种家畜的屎和到水里来洗澡。"李季说:"好吧。"于是就用屎洗了澡。还有人说是用兰草煮的热水给他洗了澡。

【注释】　①惑:惑疾,即精神病。　②适:正好,恰巧。　③惑易:中邪。　④兰汤:指用兰草煮的洗澡水。

传二

卫人有夫妻祷者,而祝曰①:"使我无故②,得百束布。"其夫曰:"何少也?"对曰:"益是,子将以买妾。"

【译文】　卫国有夫妻二人一起祈祷,其妻祷告说:"请让我家不要发生变故,让我获得一百束布帛。"她的丈夫说:"为什么祈求得这么少呢?"妻子回答说:"超过这个数目,你就会拿去买小妾了。"

【注释】　①祝:祷告。　②无故:不发生变故。

荆王欲宦诸公子于四邻,戴歇曰:"不可。""宦公子于四邻,四邻必重之。"曰:"子出者重,重则必为所重之国党,则是教子于外市也,不便。"

【译文】　楚王想让众公子到邻国去做官。戴歇说:"不能这样做。"楚王说:"让众公子到邻国去做官,邻国一定会重用他们。"戴歇说:"公子出去做官受到重用,受到重要就一定会为重用他的国家帮忙,这是教导公子勾结外国谋取私利的行为,是很不适宜的。"

鲁孟孙、叔孙、季孙相戮力劫昭公①,遂夺其国而擅其制。鲁三桓逼公②,昭公攻季孙氏,而孟孙氏、叔孙氏相与谋曰:"救之乎?"叔孙氏之御者曰:"我,家臣也,安知公家?凡有季孙与无季孙于我孰利?"皆曰:"无季孙必无叔孙。""然则救之。"于是撞西北隅而入,孟孙见叔孙之旗入,亦救之,三桓为一,昭公不胜,遂之齐,死于干侯③。

【译文】　鲁国的孟孙、叔孙、季孙合力逼劫鲁昭公,于是赶走了昭公,掌握了鲁国的政权。鲁国的三桓挟制昭公,昭公围攻季孙氏。孟孙氏和叔孙氏各自商议说:"救不救季孙呢?"叔孙氏的车夫说:"我只是一个家臣,哪里懂得国家的大事呢? 总体来说有季孙和没季孙哪个对我有利?"大家都说:"没有季孙就一定没有叔孙。""那么就救季孙。"于是从西北角冲了进去,孟孙氏看到叔孙氏的旗帜已经进去,也跟着去救,三家的军队合到一起,昭公不能取胜,于是逃到齐国,死在了干侯。

【注释】 ①戮力:合力。 ②逼:威胁。 ③干侯:春秋时晋国的地名,在今河北省成安县东南。

公叔相韩而有攻齐①,公仲甚重于王②,公叔恐王之相公仲也,使齐、韩约而攻魏,公叔因内齐军于郑,以劫其君,以固其位,而信两国之约。

【译文】 公叔在韩国做相国,和齐国交好,当时公仲非常受韩王的器重,公叔担心韩王会让公仲做相国,让齐国和韩国约定一起攻打魏国,公叔于是把齐国的军队引到了国都郑,用以威胁韩王,来巩固自己的地位,同时也信守了两国的约定。

【注释】 ①攻:友善,交好。 ②公仲:即公仲明,曾任韩国的宰相。

翟璜,魏王之臣也,而善于韩,乃召韩兵令之攻魏,因请为魏王构之以自重也①。

【译文】 翟璜是魏王的大臣,却和韩国交好,于是召来韩国的军队让其围攻魏国,然后又请求替魏王与韩国讲和,用以抬高自己的地位。

【注释】 ①构:连接,讲和。自重:抬高自己的身价和地位。

越王攻吴王,吴王谢而告服,越王欲许之,范蠡、大夫种曰:"不可。昔天以越与吴,吴不受,今天反夫差,亦天祸也。以吴予越,再拜受之,不可许也。"太宰嚭遗大夫种书曰:"狡兔尽则良犬烹,敌国灭则谋臣亡。大夫何不释吴而患越乎?"大夫种受书读之,太息而叹曰①:"杀之,越与吴同命。"

【译文】 越王勾践攻打吴王夫差,吴王夫差认罪请降,越王勾践准备答应他,范蠡和文种说:"不能答应。从前上天把越国送给吴国,吴国没有接受,今天反而让夫差战败,这也是上天降下的灾祸。上天把吴国送给了越国,越国应该再拜接受,不可答应他的请求。"太宰嚭给文种一封信说:"狡兔被捕光了,良犬就要被烹煮了,敌国被消灭了,谋臣就要被杀了。大夫为什么不赦免吴国,使他成为越国的隐患呢?"文种看过信之后,长声叹息说:"把我杀死,越国和吴国会有相同的命运。"

【注释】 ①太息:长声叹息。

大成牛从赵谓申不害于韩曰:"子以韩重我于赵,请以赵重子于韩,是子有两韩,我有两赵。"

【译文】 赵国的宰相大成牛从赵国到韩国,对韩国的宰相申不害说:"你用韩国来帮助我,让我在赵国受到重用,我也请求拿赵国来帮助你,让你在韩国受到重用,这样就等于你据有了两个韩国,我据有了两个赵国。"

司马喜,中山君之臣也,而善于赵,尝以中山之谋微告赵王。

【译文】 司马喜是中山国的大臣,却和赵国交好,曾经把中山国的谋略暗中报告给赵王。

吕仓,魏王之臣也,而善于秦、荆,微讽秦、荆令之攻魏①,因请行和以自重也。

【译文】 吕仓是魏王的大臣,却和秦国与楚国交好,暗中讽喻秦国和楚国让他们攻打魏国,然后请求帮助魏国讲和,用这种方法来提高自己在魏国的地位。

【注释】 ①微讽:用委婉的语言劝说。

宋石,魏将也。卫君,荆将也。两国构难①,二子皆将,宋石遗卫君书曰:"二军相当②,两旗相望③,唯毋一战④,战必不两存,此乃两主之事也,与子无有私怨,善者相避也。"

【译文】 宋石是魏国的将军。卫君是楚国的将军。魏国和楚国结成仇怨,这两人都是领兵的将军,宋石写信给卫君说:"两国军队相遇,两军的旌旗对峙,希望不要决一死战,如果决战一定不能两存,这是两国君主的事情,我和您没有私怨,最好的办法是相互回避。"

【注释】 ①构难:结成怨仇。 ②相当:相遇。 ③相望:对峙。 ④唯毋:唯,表示希望的语气词。毋,不要。希望不要。

白圭相魏,暴谴相韩。白圭谓暴谴曰:"子以韩辅我于魏,我请以魏待子于韩,臣长用魏,子长用韩。"

【译文】 白圭是魏国的宰相,暴谴是韩国的宰相。白圭对暴谴说:"你拿韩国来帮助我巩固我在魏国的地位,我也请求用魏国来帮助你巩固你在韩国的地位,这样我就能长期受到魏国的重用,你也能长期受到韩国的重用。"

传三

齐中大夫有夷射者,御饮于王①,醉甚而出,倚于郎门②,门者刖跪请曰③:"足下无意赐之余沥乎④?"夷射曰:"叱去!刑余之人,何事乃敢乞饮长者⑤?"刖跪走退,及夷射去,刖跪因捐水郎门溜下⑥,类溺者之状⑦。明日,王出而诃之曰⑧:"谁溺于是?"刖跪对曰:"臣不见也。虽然,昨日中大夫夷射立于此。"王因诛夷射而杀之。

【译文】　齐国有个中大夫叫夷射,有一次在王宫里陪侍饮酒,喝得大醉出来,倚靠在宫门边站着,看门人刖跪请求说:"您不想赐给我一些喝剩的清酒吗?"夷射说:"走开!受过刑的人,竟敢向尊贵的人讨酒喝?"刖跪赶紧退到了一边,等夷射离开后,刖跪于是把水泼在廊门的屋檐下,就像撒了尿的样子。第二天,齐王出来看到,责骂守门人说:"谁把尿撒在了这里?"刖跪回答说:"我没有看见。不过,昨天中大夫夷射曾站在这里。"齐王于是惩罚夷射,把他杀掉了。

【注释】　①御饮:陪侍饮酒。　②郎门:郎,通"廊"。指宫中的门。　③刖跪:刖,古代砍足的一种酷刑。跪,脚。刖跪,即砍掉了一只脚的人。守门人受过刖刑,所以称他为刖跪。　④余沥:沥,清酒。喝剩的清酒。　⑤长者:这里指尊贵的人。　⑥溜(liù):屋檐。　⑦溺(niào):撒尿。　⑧诃:责骂。

魏王臣二人不善济阳君,济阳君因伪令人矫王命而谋攻己,王使人问济阳君曰:"谁与恨?"对曰:"无敢与恨,虽然,尝与二人不善,不足以至于此。"王问左右,左右曰:"固然。"王因诛二人者。

【译文】　魏王有两个大臣和济阳君有仇怨,济阳君于是派人假托魏王的命令来谋害自己,魏王派人询问济阳君:"谁和你有仇?"济阳君回答说:"我不敢和谁结仇怨,不过,曾经有两个人和我不太友好,但不至于到谋害我的地步。"魏王询问左右侍从,左右侍从说:"确实是这样。"魏王于是诛杀了这两个人。

季辛与爰骞相怨。司马喜新与季辛恶,因微令人杀爰骞,中山之君以为季辛也,因诛之。

【译文】　季辛和爰骞有仇。司马喜新近和季辛结怨,于是暗中派人杀了爰辱，中山国的国君认为是季辛所杀，于是就杀了季辛。

荆王所爱妾有郑袖者。荆王新得美女，郑袖因教之曰："王甚喜人之掩口也，为近王^①，必掩口。"美女入见，近王，因掩口，王问其故，郑袖曰："此固言恶王之臭。"及王与郑袖、美女三人坐，袖因先诫御者曰："王适有言^②，必亟听从。"王言美女前，近王，甚数掩口，王悖然怒曰^③："劓之。"御因揄刀而劓美人^④。

一曰。魏王遗荆王美人，荆王甚悦之，夫人郑袖知王悦爱之也，亦悦爱之，甚于王，衣服玩好择其所欲为之，王曰："夫人知我爱新人也，其悦爱之甚于寡人，此孝子所以养亲，忠臣之所以事君也。"夫人知王之不以己为妒也，因为新人曰："王甚悦爱子，然恶子之鼻，子见王，常掩鼻，则王长幸子矣。"于是新人从之，每见王，常掩鼻，王谓夫人曰："新人见寡人常掩鼻何也？"对曰："不已知也。"王强问之，对曰："顷尝言恶闻王臭。"王怒曰："劓之。"夫人先诫御者曰："王适有言，必可从命。"御者因揄刀而劓美人。

【译文】 楚怀王有个爱妾叫郑袖。楚怀王又得到了一个美女，郑袖于是教导她说："大王非常喜欢人遮起嘴巴，如果接近大王，一定要遮起嘴巴。"美女进去见楚王，接近楚王时，于是就遮起了嘴巴，楚王询问她这么做的原因，郑袖说："她曾说过讨厌您的臭味。"等到楚王和郑袖、美女三人同坐，郑袖预先告诫陪侍的人说："大王如果说什么话，必须马上执行。"楚王让美女近前，接近楚王时，美女多次遮住嘴巴，楚王非常愤怒地说："割掉她的鼻子。"陪侍的人于是挥刀割掉了美人的鼻子。

另外一种说法。魏王送给楚王一个美人，楚王非常喜欢他，夫人郑袖知道楚王喜欢她，也很喜欢她，喜欢的程度超过了楚王，衣服和珍宝玩物，都选她最喜欢的送给她，楚王说："夫人知道我喜欢新人，她喜欢她甚至超过了我，这是和孝子奉养双亲、忠臣侍奉君主一样的美德啊。"夫人知道楚王认为自己并不嫉妒新人，于是对新人说："大王非常喜欢你，但是讨厌你的鼻子，你去见大王，经常把鼻子捂起来，那样大王就能长久地宠幸你了。"于是新人听了她的话，每次见到楚王，总是把鼻子捂起来，楚王对夫人说："新人见我时常常捂住鼻子，这是为什么呢？"郑袖回答说："我不知道。"楚王再三询问，郑袖回答说："前不久我曾听她说讨厌闻您的气味。"楚王生气地说："割掉她的鼻子。"夫人预先告诫侍从说："大王如果有什么话，一定要马上执行。"侍从于是挥刀割掉了美人的鼻子。

【注释】 ①为:如果。　②适:如果。　③悖然:因为发怒而变色。　④揄(yú)刀:挥刀。

费无极,荆令尹之近者也。郄宛新事令尹,令尹甚爱之,无极因谓令尹曰:"君爱宛甚,何不一为酒其家?"令尹曰:"善。"因令之为具于郄宛之家。无极教宛曰:"令尹甚傲而好兵,子必谨敬,先亟陈兵堂下及门庭。"宛因为之。令尹往而大惊曰:"此何也?"无极曰:"君殆去之,事未可知也。"令尹大怒,举兵而诛郄宛,遂杀之。

【译文】 费无极是楚国令尹宠爱亲信的人。郄宛刚刚侍奉令尹,令尹非常喜欢他,无极于是对令尹说:"您非常喜欢郄宛,为什么不到他家去设宴饮酒呢?"令尹说:"好吧。"于是派他去郄宛家预备酒宴。无极教导郄宛说:"令尹非常骄傲,又喜爱兵器,你一定要小心恭敬地接待,预先快些把兵器陈列在堂下及门前。"郄宛按照他的话做了。令尹前往郄宛家,非常惊讶地说:"这是要做什么呢?"无极说:"您赶紧离开吧,事情还不知道会怎么样呢。"令尹非常生气,派兵诛罚郄宛,于是就杀了他。

犀首与张寿为怨,陈需新入,不善犀首,因使人微杀张寿,魏王以为犀首也,乃诛之。

【译文】 犀首和张寿结怨,陈需新入朝做官,和犀首关系不好,于是派人暗中杀害了张寿,魏王认为是犀首所为,于是就惩罚了犀首。

中山有贱公子①,马甚瘦,车甚弊,左右有私不善者,乃为之请王曰:"公子甚贫,马甚瘦,王何不益之马食?"王不许,左右因微令夜烧刍厩,王以为贱公子也,乃诛之。

【译文】 中山国有一个地位低贱的公子,他的马很瘦弱,车很破旧,侍从中有个私下和他有仇的人,于是替他向君主请求说:"公子非常贫穷,他的马很瘦弱,大王为什么不给他增加一些马食呢?"君主没有答应,侍从于是暗中派人在夜间烧了存放饲草的马棚,君主以为是贱公子干的,于是惩罚了他。

【注释】 ①贱公子:指君主地位低贱的妾所生的儿子。

魏有老儒而不善济阳君,客有与老儒私怨者,因攻老儒杀之以德于济阳君曰①:"臣为其不善君也,故为君杀之。"济阳君因不察而赏之。

一曰。济阳君有少庶子,有不见知,欲入爱于君者,齐使老儒掘药于马梨之山②,济阳少庶子欲以为功,入见于君曰:"齐使老儒掘药于马梨之山,名掘药也,实间君之国③,君不杀之,是将以济阳君抵罪于齐矣。臣请刺之。"君曰:"可。"于是明日得之城阴而刺之④,济阳君还益亲之。

【译文】 魏国有个老儒和济阳君关系不好,门客中有个人和老儒有私仇,于是杀掉了老儒,讨好济阳君说:"我因为他和您关系不好,所以替您杀了他。"济阳君没有明察事情的真相就给予了奖赏。

另一种说法。济阳君有一个年轻的家臣,没有受到赏识,想讨济阳君的欢心。齐国派一个老儒到马梨山挖药,济阳君的这个家臣想利用这件事来立功,于是进见济阳君说:"齐国派一个老儒到马梨山挖药,名为挖药,实际上是来刺探您封国的国情,您如果不杀了他,就会使您由于齐国的间谍而获罪。我请求去刺杀了这个人。"济阳君说:"可以。"于是第二天在城的北面抓到他并杀了他。回来之后,济阳君就逐渐亲近他了。

【注释】 ①德:讨好。 ②马梨之山:古代山名,其地今不可考。 ③间:刺探,侦察。 ④城阴:城的北面。

传四

陈需,魏王之臣也,善于荆王,而令荆攻魏。荆攻魏,陈需因请为魏王行解①之,因以荆势相魏。

【译文】 陈需是魏王的大臣,和楚王很亲善,于是让楚国攻打魏国。楚国攻打魏国,陈需于是请求替魏王去和楚国讲和,于是依靠楚国的势力做了魏国的宰相。

【注释】 ①行解:进行调节,即讲和。

韩昭侯之时,黍种尝贵甚,昭侯令人覆廪吏,果窃黍种而粜之甚多①。

【译文】 韩昭侯的时候,黍种的价格曾经非常贵,昭侯派人调查管理仓库的官吏,果然偷着卖掉了许多黍种。

【注释】 ①粜(tiào):卖出粮食。

昭奚恤之用荆也,有烧仓窌窃者①,而不知其人,昭奚恤令吏执贩茅者而问之,果烧也。

【译文】 昭奚恤治理楚国的时候,有人放火烧了堆放粮草的仓库。但是不知道是谁烧的,昭奚恤让差役把贩卖茅草的人抓来审问,果然是他放火烧的。

【注释】 ①仓庱(kuài):贮藏粮食和草料的仓库。窌(jiào):地窖,也是存放粮草的地方。

昭僖侯之时,宰人上食而羹中有生肝焉①。昭侯召宰人之次而诮之曰:"若何为置生肝寡人羹中?"宰人顿首服死罪曰:"窃欲去尚宰人也②。"

一曰。僖侯浴,汤中有砾③,僖侯曰:"尚浴免则有当代者乎④?"左右对曰:"有。"僖侯曰:"召而来。"谯之曰:"何为置砾汤中?"对曰:"尚浴免,则臣得代之,是以置砾汤中。"

【译文】 韩国昭僖侯时,宰人奉上食物,可是肉汤中有生肝。昭侯召见宰人的助手,责备他说:"你为什么把生肝放在我的肉汤中?"宰人的副手叩头称自己犯了死罪,说:"我私下想除掉掌管膳食的宰人。"

另一种说法。昭僖侯沐浴时,热水里有小石子,昭僖侯问道:"尚浴如果被免职,有应该继任的人吗?"左右侍从回答说:"有。"昭僖侯说:"把他叫来。"昭僖侯责备他说:"为什么把小石子放在洗澡的热水中?"那人回答说:"尚浴如果被免职,我就可以取而代之,所以就把小石子放在了热水中。"

【注释】 ①宰人:古代掌管君主膳食的官员。 ②尚:主管,执掌。 ③砾:小石块。④尚浴:指主管君主洗澡事务的官员。

文公之时,宰臣上炙而发绕之①,文公召宰人而谯之曰:"女欲寡人之哽邪②? 奚为以发绕炙?"宰人顿首再拜请曰③:"臣有死罪三:援砺砥刀④,利犹干将也⑤,切肉,肉断而发不断,臣之罪一也;援木而贯脔而不见发⑥,臣之罪二也;奉炽炉,炭火尽赤红,而炙熟而发不烧,臣之罪三也。堂下得无微有疾臣者乎⑦?"公曰:"善。"乃召其堂下而谯之,果然,乃诛之。

一曰。晋平公觞客⑧,少庶子进炙而发绕之,平公趣杀炮人⑨,毋有反令⑩,炮人呼天曰:"嗟乎! 臣有三罪,死而不自知乎?"平公曰:"何谓也?"对曰:"臣刀之利,风靡骨断而发不断⑪,是臣之一死也;桑炭炙之,肉红白而发不焦,是臣之二死也;炙熟又重睫而视之⑫,发绕炙而目不见,是臣之三死也。意者堂下其有嫉憎臣者乎⑬? 杀臣不亦蚤乎!"

【译文】 晋文公时,宰臣奉上烤肉后,有头发缠绕在上面,晋文公召来宰人责备他说:"你想让我噎死吗? 为什么要在烤肉上缠头发?"宰人叩头再拜,请罪说:"我犯了三项死罪:拿砺石来磨刀,刀锋利得就像宝剑干将,拿它来切肉,肉切断了而头发没有切断,这是我的第一条罪状;拿着木棍穿肉块时没有看见头发,这是我的第二项罪状;把肉块拿到烧得很旺的炉火上去烤,炭火烧得很红,肉烤熟了而头发没有被烧着,这是我的第三条罪状。侍从中莫非有怨恨我的人吧?"晋文公说:"你说得对。"于是召集堂下侍从来责问,果然是他干的,于是就把他给杀掉了。

另一种说法。晋平公飨宴宾客,年轻的家臣奉上烤肉,有头发缠在上面,晋平公立刻要杀掉庖人,绝不改变这项命令,庖人喊着老天爷说:"啊呀! 我有三条死罪,会被处死难道自己不知道吗?"晋平公说:"这话怎么说?"庖人回答说:"我的菜刀十分锋利,刀风所及骨头被砍断而头发却不断,这是我的第一条罪状;用桑木烧制的木炭来烤它,肉由红变白而头发未被烤焦,这是我的第二条罪状;肉烤熟后我又眯缝着眼睛仔细察看过,头发缠在肉上而我却没有看见,这是我的第三条罪状。也许堂下的侍从有暗中憎恨我的吧,现在杀了我不是太早了吗?"

【注释】 ①宰臣:为帝王主管膳食的官吏。 ②哽:噎。 ③顿首再拜:顿首,磕头,古代的一种礼节,以头叩地立刻抬起。再拜,古代的一种礼节,拜了又拜,表示恭敬。 ④援砺砥刀:砺,砺石。砥,磨。拿砺石来磨刀。 ⑤干将:古代著名的宝剑。相传春秋时吴国有干将、莫邪夫妇善铸剑,为阖闾铸雌雄剑,雄的叫"干将",雌的叫"莫邪"。 ⑥脔(luán):肉块。 ⑦堂下:殿堂下的人,借指侍从。疾:嫌怨,妒忌。 ⑧晋平公筋客:晋平公,名彪,春秋时晋国的君主,公元前 557～前 532 年在位。筋客,飨宴宾客。 ⑨炮人:炮,通"庖"。庖人即厨师。 ⑩反令:改变命令。 ⑪风靡:指刀风所及。 ⑫重睫:睫毛相重,眯缝着眼睛仔细察看。 ⑬意者:表示推测,大概,或许。翳憎:暗中憎恨。

穰侯相秦而齐强,穰侯欲立秦为帝而齐不听,因请立齐为东帝而不能成也。

【译文】 穰侯做秦国的宰相时齐国很强大,穰侯想立秦昭襄王为帝而齐国不答应,于是请求立齐王为东帝,可是也没有成功。

传五

晋献公之时,骊姬贵,拟于后妻①,而欲以其子奚齐代太子申生,因患申生于君而杀之②,遂立奚齐为太子。

【译文】　晋献公时,骊姬地位尊贵,和献公的正妻一样,她想让自己的儿子奚齐取代太子申生,于是在晋献公跟前陷害申生,致使申生被杀,于是奚齐就被立为太子。

【注释】　①后妻:指君主的正妻。　②患:陷害。

郑君已立太子矣,而有所爱美女欲以其子为后①,夫人恐,因用毒药贼君杀之。

【译文】　郑国国君已经立了太子,有个他所宠爱的美女想让她的儿子做储君,郑夫人感到很恐惧,于是用毒药暗暗毒死了郑国国君。

【注释】　①后:指储君,继位者。

卫州吁重于卫,拟于君,群臣百姓尽畏其势重,州吁果杀其君而夺之政。

【译文】　卫国的公子州吁在卫国很有势力,地位和君主相当,群臣百姓都害怕他的权势,州吁果然杀了君主卫桓公而夺取了他的政权。

公子朝①,周太子也,弟公子根甚有宠于君,君死,遂以东周叛,分为两国。

【译文】　公子朝是周威公的太子,他的弟弟公子根非常受周威公的宠爱,周威公死后,公子根凭据东周叛乱,周于是分成了西周和东周两个国家。

【注释】　①公子朝:战国后期周威公的太子,疑即西周惠公。《难言》作"公子宰"。

楚成王以商臣为太子①,既而又欲置公子职②。商臣作乱,遂攻杀成王。

一曰。楚成王以商臣为太子,既欲置公子职。商臣闻之,未察也,乃为其傅潘崇曰③:"奈何察之也?"潘崇曰:"飨江芈而勿敬也④。"太子听之。江芈曰:"呼! 役夫⑤! 宜君王之欲废女而立职也。"商臣曰:"信矣。"潘崇曰:"能事之乎?"曰:"不能。""能为之诸侯乎?"曰:"不能。""能举大事乎?"曰:"能。"于是乃起宿营之甲而攻成王⑥,成王请食熊膰而死⑦,不许,遂自杀。

【译文】　楚成王立商臣为太子,后来又想立公子职。商臣发起叛乱,于是攻杀了成王。

另一种说法。楚成王立商臣为太子，后来又想立公子职，商臣听说之后，没有查实，于是对他的师傅潘崇说："用什么办法来查实这件事呢？"潘崇说："请江芈吃饭又对她表示不尊重。"太子照他说的做了。江芈说："呸！你这个下贱的东西，君王想废了你而另立职是合适的。"商臣说："消息确实可信了。"潘崇说："你能侍奉公子职吗？"商臣回答说："不能！""你能做他所封的诸侯吗？""不能！""你能干大事吗？""能！"于是就率领护卫王宫的军队攻打成王，成王请求把熊掌煮熟吃了再死，商臣不同意，楚成王于是就自杀了。

【注释】 ①楚成王：春秋时楚国的君主，楚文王的儿子，名恽。楚文王死后，弑其兄庄敖即位。 ②既而：后来。 ③傅：师傅，负责辅佐和教导责任的人，古代的王侯子弟都有自己的师傅。 ④江芈(mǐ)：楚成王的妹妹，嫁于江国，故称江芈。一说以为是楚成王的宠妾。 ⑤役夫：供役使的人，这里意为"下贱的人"。 ⑥宿营之甲：宿营，宿卫，护卫王宫。护卫王宫的军队。 ⑦请食熊膰(fán)而死：膰，通"蹯"，即野兽的脚掌。熊掌很难煮熟，成王请求吃了熊掌再死，是希望能借此拖延时间，等待救援。

韩傀相韩哀侯，严遂重于君，二人甚相害也，严遂乃令人刺韩傀于朝，韩傀走君而抱之，遂刺韩傀而兼哀侯。

【译文】 韩傀做韩哀侯的宰相时，严遂很受君主的重用，这两个人相互忌恨，严遂于是派人在朝堂上刺杀韩傀，韩傀逃到韩哀侯身边并抱住了哀侯，于是刺客在刺杀韩傀之后也杀了哀侯。

田恒相齐，阚止重于简公，二人相憎而欲相贼也，田恒因行私惠以取其国，遂杀简公而夺之政。

【译文】 田恒是齐国的宰相，而阚止也受到齐简公的重用，这两个人相互憎恨而意欲相互残害，田恒就施行私惠来收揽人心，于是杀了简公而夺取了政权。

戴驩为宋太宰，皇喜重于君，二人争事而相害也，皇喜遂杀宋君而夺其政。

【译文】 戴驩是宋国的太宰，而皇喜又受到宋国国君的重用，这两个人争权夺利以至于相互残害，皇喜于是杀了宋国国君而夺取了政权。

狐突曰："国君好内则太子危，好外则相室危。"

【译文】 狐突说："国君宠爱嬖妾，太子就危险了，喜欢嬖臣，宰相就危险了。"

郑君问郑昭曰:"太子亦何如?"对曰:"太子未生也。"君曰:"太子已置而曰未生何也?"对曰:"太子虽置,然而君之好色不已,所爱有子,君必爱之,爱之则必欲以为后,臣故曰太子未生也。"

【译文】 郑国国君问郑昭说:"太子究竟怎么样?"郑昭回答说:"太子还没有降生。"郑国国君说:"太子已经立定了,你却说还没有降生,这是为什么呢?"郑昭回答说:"太子虽然已经置立了,可是您仍然喜爱美色,如果宠妾生了儿子,您一定喜欢他,喜欢他就一定想要立他为太子,所以我说太子还没有降生。"

传六

文王资费仲而游于纣之旁,令之谏纣而乱其心。

【译文】 周文王资助费仲让他在商纣王的身旁活动,让他劝谏商纣来扰乱他的心思。

荆王使人之秦,秦王甚礼之。王曰:"敌国有贤者,国之忧也。今荆王之使者甚贤,寡人患之。"群臣谏曰:"以王之贤圣与国之资厚,愿荆王之贤人①,王何不深知之而阴有之②,荆以为外用也,则必诛之。"

【译文】 楚王派人出使秦国,秦王对他非常有礼貌。秦王说:"敌国有贤能的人,这是国家的忧患。现在楚王的使者就非常贤能,我感到非常担心。"群臣进谏说:"凭借大王的贤圣和秦国丰厚的资财,如果担心楚国的贤才,大王为什么不和他深相交结而暗中控制他,让楚王认为他被外国利用了,就一定会除掉他的。"

【注释】 ①愿:担心。　②深知之而阴有之:深知,深交结好。阴有,暗中保有,即暗中控制。深相交结而暗中控制他。

仲尼为政于鲁,道不拾遗,齐景公患之①,梨且谓景公曰:"去仲尼犹吹毛耳。君何不迎之以重禄高位,遗哀公女乐以骄荣其意②。哀公新乐之,必怠于政,仲尼必谏,谏必轻绝于鲁。"景公曰:"善。"乃令梨且以女乐二八遗哀公,哀公乐之,果怠于政,仲尼谏,不听,去而之楚。

【译文】 孔子治理鲁国的时候,路上遗失的东西都没有人去拾,齐景公为此很担忧,黎且对景公说:"除掉仲尼就像吹掉毛发一样容易。您为什么不用厚禄高官迎接他来齐国,同时赠送给鲁定公女乐来骄纵迷惑他的意念呢?定公喜欢上女乐之后,一定会荒怠政事,仲尼一定会劝谏,劝谏不听就一定会轻易地离开鲁国。"齐景公说:"好。"于是派黎且把女乐十六人送给定公,定公很喜欢,果然就荒怠了政事,仲尼劝谏,定公不听,仲尼于是离开鲁国去了楚国。

【注释】 ①齐景公:春秋时齐国的君主,齐灵公的儿子,齐庄公的弟弟,名杵臼,公元前547~前490年在位。崔杼弑杀庄公之后,立景公为君主。 ②遗(wèi)哀公女乐以骄荣其意:遗,赠给。哀公,当为定公,孔子治理鲁国在鲁定公时代。女乐,指歌舞伎。荣,通"营",迷惑,惑乱。赠送给鲁定公女乐来骄纵迷惑他的意念。

楚王谓干象曰:"吾欲以楚扶甘茂而相之秦可乎?"干象对曰:"不可也。"王曰:"何也?"曰:"甘茂少而事史举先生,史举,上蔡之监门也①,大不事君,小不事家,以苛刻闻天下,茂事之顺焉。惠王之明,张仪之辨也,茂事之,取十官而免于罪②,是茂贤也。"王曰:"相人敌国而相贤,其不可何也?"干象曰:"前时王使邵滑之越③,五年而能亡越,所以然者,越乱而楚治也。日者知用之越④,今亡之秦,不亦太亟忘乎!"王曰:"然则为之奈何?"干象对曰:"不如相共立⑤。"王曰:"共立可相何也?"对曰:"共立少见爱幸,长为贵卿,被王衣,含杜若⑥,握玉环,以听于朝,且利以乱秦矣。"

【译文】 楚王对干象说:"我打算以楚国的力量扶持甘茂,让他去做秦国的宰相,可以吗?"干象说:"不行的。"楚王说:"为什么呢?"干象说:"甘茂年轻的时候侍奉史举先生,史举是上蔡的守门小吏,从大处讲他不愿侍奉君主,从小处讲他不愿侍奉大夫,因为为人苛刻而天下闻名,可甘茂却非常恭顺地侍奉他。以秦惠王的英明,以张仪的智辨,甘茂侍奉他们,屡屡升官而从未获罪,这说明甘茂实在是个贤能的人。"楚王说:"帮助贤能的人去做敌国的宰相,不能这样做是为什么呢?"干象说:"以前大王派邵滑到越国做官,五年就能让越国灭亡,能够这样的原因,在于越国混乱而楚国平治。以前知道对越国使用这种方法,现在对秦国却忘记了,不也忘得太快了吗?"楚王说:"那么我们该怎么办呢?"干象说,"不如帮助共立做秦国的宰相。"楚王说:"为什么共立可以去做相呢?"干象回答说:"共立小的时候就被秦王宠爱,长大之后做了贵卿,身上穿着秦王的衣服,口里含着杜若,手里握着玉环,如果让他在朝廷里做事,就能有利于扰乱秦国了。"

【注释】 ①上蔡之监门:上蔡,地名,在今河南省上蔡县西南。监门,守门小吏。 ②

取十官而免于罪:指多次升官而从未获罪。　③邵滑:战国时楚国人,曾到越国做官,长于游说。　④日者:从前。　⑤共立:人名,事迹未详。　⑥杜若:香草名。

吴攻荆,子胥使人宣言于荆曰:"子期用①,将击之。子常用,将去之。"荆人闻之,因用子常而退子期也。吴人击之,遂胜之。

【译文】　吴国攻打楚国,伍子胥派人到楚国散布流言说:"如果楚国让子期统兵,我们就攻打他,如果让子常统兵,我们就撤退了。"楚国人听说这话后,就起用了子常而罢免了子期。吴国人进攻楚国,于是就把楚国打败了。

【注释】　①子期:即楚平王的儿子、楚昭王的弟弟公子结。

晋献公伐虞、虢,乃遗之屈产之乘,垂棘之璧,女乐二八,以荣其意而乱其政。①

【译文】　晋献公准备攻打虞国和虢国,于是赠给他屈地出产的骏马、垂棘的玉璧,以及女乐十六人,来迷惑他的意念,扰乱他的政治。

【注释】　①晋灭虞虢事详见《十过》。

叔向之谗苌弘也①,为书曰:"苌弘谓叔向曰:子为我谓晋君,所与君期者时可矣,何不亟以兵来?"因佯遗其书周君之庭而急去行,周以苌弘为卖周也,乃诛苌弘而杀之。

【译文】　晋国的叔向陷害周王朝的苌弘时,伪造了一封信,说:"苌弘对叔向说:请您替我对晋国国君说,和晋国国君约定的事情时机已经到了,为什么不赶快派兵来?"然后假装把这封信掉在了周天子的宫殿上而急急地离开了,周天子认为苌弘出卖了周室,于是惩罚苌弘并杀了他。

【注释】　①叔向:春秋时晋国的大夫羊舌肸(xī)。谗:陷害。

郑桓公将欲袭郐①,先问郐之豪杰良臣辩智果敢之士,尽与其姓名,择郐之良田赂之,为官爵之名而书之,因为设坛场郭门之外而埋之②,衅之以鸡猳③,若盟状。郐君以为内难也而尽杀其良臣。桓公袭郐,遂取之。

【译文】　郑桓公打算偷袭郐国,预先问明郐国的豪杰、良臣、智士及果敢之士的姓名,全部记下他们的姓名,选择郐国的良田以及官职爵位之名写在他们的姓名下面表示贿赂他们,然后在城门之外设置坛场,埋下了这个列好的清单,并在上面涂上了鸡血猪血,就像做过盟誓的样子。郐国君主认为国内的这些人要作乱,于是便把这些良臣都杀了。郑桓公派兵袭击邻国,于是就占领了邻国。

【注释】 ①郑桓公:周厉王的儿子,周宣王的弟弟,名友,封于郑,即今陕西省华县西北。幽王时为司徒,预知天下将乱,于是移民于虢邻两国间,骊山之难时,周幽王与郑桓公同被犬戎杀害,其子郑武公夺取虢邻二国之地,迁都于新郑,使郑国由周王朝的畿内封国成为春秋初年的诸侯强国之一。 ②郭门:指外城的城门。 ③衅(xìn):指杀鸡、猪等动物,取其血涂到物品上来祭祀。

传七

秦侏儒善于荆王,而阴有善荆王左右而内重于惠文君①,荆适有谋,侏儒常先闻之以告惠文君。

【译文】 秦国的侏儒和楚王的关系很好,他又在暗中交结楚王的左右侍从,因而受到秦惠文王的重视,楚国如果有什么计谋,侏儒经常能早知道并且告诉给惠文君。

【注释】 ①惠文君:即秦惠文王,秦孝公的儿子,名驷。秦国于惠文君十三年开始称王。

邺令襄疵,阴善赵王左右,赵王谋袭邺,襄疵常辄闻而先言之魏王①,魏王备之,赵乃辄还。

【译文】 襄疵做邺令时,私下里和赵王的侍从关系很好,赵王谋划袭击邺城,襄疵经常立即就听到了消息并且早早告诉了魏王,魏王加以防备,赵国只好就回去了。

【注释】 ①辄:立即。

卫嗣君之时①,有人于令之左右,县令有发蓐而席弊甚②,嗣公还令人遗之席曰:"吾闻汝今者发蓐而席弊甚,赐汝席。"县令大惊,以君为神也。

【译文】 卫嗣君时,派人在县令的左右做事,县令有一次揭开草垫,下面的席子非常破旧,卫嗣公于是派人送给他新席,说:"我听说你今天揭开草垫后席子非常破旧,所以赐给你新席子。"县令非常惊讶,认为君主是神明。

【注释】 ①卫嗣君:又称卫孝襄侯,战国时卫国的君主,公元前 319~前 277 年在位。②发蓐(rù)而席弊甚:蓐,草垫。揭开草垫后席子非常破旧。

外储说左上第三十二

一

　　明主之道，如有若之应宓子也①。世主之听言也美其辩，其观行也贤其远②，故群臣士民之道言者迂弘③，其行身也离世。其说在田鸠对荆王也④。故墨子为木鸢⑤，讴癸筑武宫⑥。夫药酒用言，明君圣主之以独知也。

【译文】 英明君主的治国之道，和有若回答宓子的话一样。现在的君主听取意见，赞美那些言辞巧辩的，观察臣下的行为，崇敬那些迂远的，所以群臣百姓说话都深远宏大，他们的行为都脱离世俗。对于这个道理的解说在"田鸠对荆王"的故事中。所以墨子制作木鸢，讴癸修筑武宫。那药酒和忠言的作用，是明君圣主才能明白的事情。

【注释】 ①有若：字子有，春秋时鲁国人，孔子弟子。宓子：名不齐，字子贱，春秋时鲁国人，孔子弟子。　②贤其远：贤，尊崇。远，高远，迂远。尊崇那些迂远的行为。　③迂弘：深远宏大。　④田鸠：即田俅，战国时期齐国人，墨子后学，著有《田俅子》三篇，今有辑本。　⑤墨子：名翟，战国初期鲁国人。初学儒学，以为不切实用，于是自创墨家学说，主张尚贤、兼爱、非攻、非乐、节葬、节用等，有《墨子》一书传世。木鸢(yuān)：木制的鸢鸟。　⑥讴癸：讴，齐声歌唱。癸，人名。领着众人唱歌的癸。武宫：习武的宫室。

二

　　人主之听言也，不以功用为的，则说者多棘刺白马之说①；不以仪的为关②，则射者皆如羿也。人主于说也，皆如燕王学道也；而长说者，皆如郑人争年也③。是以言有纤察微难而非务也④，故李、惠、宋、墨皆画策也⑤；论有迂深闳大非用也，故畏、震、瞻、车、状皆鬼魅也⑥；行有拂难坚确非功也⑦，故务、卞、鲍、介、墨翟皆坚瓠也⑧。且虞庆诎匠也而屋坏⑨，范且穷工而弓折。是故求其诚者，非归饷也不可。

【译文】 君主听取臣下的意见，不把功用作为目标，那么游说的人就多半会讲些棘刺上刻猕猴、白马非马的学说；不把仪的作为关键，那么射箭的人都是像后羿那样的神箭手了。君主对于游说，都像燕王学道一样；而长篇大论的游说，都像郑人争论年岁的大小一样。因此有的学说详细地剖析隐微难知的事物却并非治国所必须的，所以李克、惠施、宋钘、墨翟等人的学说都是画上的马鞭；言论有深远宏大而不切实用的，所以魏牟、长卢子、詹何、田骈、庄周的学说都是虚妄的鬼魅；行为有不避危难、坚定不移却没有任何功效的，所以务光、卞随、鲍焦、介子推、墨翟都是坚硬的实心葫芦。虞庆说服了工匠，可是屋子却塌了，范且说服了工匠，弓却折断了。因此想要求得实效，非得回家吃饭不可。

【注释】 ①棘刺白马：棘刺，荆棘的木芒。白马，指名家学派"白马非马"的主张。棘刺上刻猕猴、白马非马的学说　②仪的：仪，指弓弩上的瞄准部件。的，指箭靶。仪的指目标。　③争年：争论年岁的大小。　④纤察微难：微难，隐微难知的事物。详细地剖析隐微难知的事物。　⑤李、惠、宋、墨：李，李克，战国时魏国人，子夏的弟子，为魏文侯守中山，后曾做过魏国的宰相。惠，惠施，战国时宋国人，名家的代表人物，曾任魏国的宰相。宋，即宋荣子，又被称为宋子、宋钘、宋轻等，战国时宋国人，和孟子同时。墨，指墨家后学，非墨翟本人。画策：画上的马鞭，比喻没有用处。　⑥畏、震、瞻、车、状：畏，当作"魏"，即魏公子牟。震，当作"长"，即长卢子。瞻，当作"詹"，即詹何。车，当作"陈"，即陈骈，又称田骈。状，当作"庄"，庄周。这五人都是道家学说的代表人物。鬼魅：比喻虚妄无物。　⑦拂难坚确：拂难，犯难，冒险。坚确，坚定。不避危难，坚定不移。　⑧务、卞、鲍、介、墨翟：务，务光，卞，卞随，夏商间的高士。商汤灭夏，以天下让卞随，卞随不受，自投桐水而死，又让于务光，务光自沉于卢水。鲍，鲍焦，春秋末期的隐士，相传与孔子同时。介，介之推，春秋时晋国人，骊姬祸乱晋国时，介子推随公子重耳流亡各国，途中困饿，介子推从大腿上割下一块肉给重耳吃。等重耳回国继承君位后，封赏跟随他流亡的人时，独独忘记了介子推，介子推于是带着母亲隐居于介山。晋文公醒悟后派人寻找介子推，没有找到，于是放火烧山，希望能逼他出来，介子推抱着树被烧死了。墨翟，战国初期鲁国人，初学儒学，以为不切实用，于是自创墨家学说，主张尚贤、兼爱、非攻、非乐、节葬、节用，有《墨子》一书传世。越王曾欲以吴地五百里迎墨子，墨子没有接受。坚瓠：坚硬的实心葫芦，比喻无用之物。　⑨虞庆诎匠：虞庆，战国时的游说之士，曾为赵国的上卿。诎，使辞穷。虞庆说服了工匠。

三

挟夫相为则责望①，自为则事行。故父子或怨噪②，取庸作者进美羹③。说在文公之先宣言④，与句践之称如皇也⑤。故桓公藏蔡怒而攻楚，吴起怀战实而吮伤⑥。且先王之赋颂⑦，钟鼎之铭⑧，皆播吾之迹⑨，华山之博也⑩。然先王所期者利也，所用者力也。

筑社之谚以辞说也⑪。请许学者而行宛曼于先王⑫,或者不宜今乎? 如是不能更⑬也。郑县人得车厄也⑭,卫人佐弋也⑮,卜子妻写弊裤也⑯,而其少者也。先王之言,有其所为小而世意之大者,有其所为大而世意之小者,未可必知也。说在宋人之解书,与梁人之读记也⑰。故先王有郢书而后世多燕说⑱。夫不适国事而谋先王,皆归取度者也。

【译文】　怀藏着相互帮助的心理就会责骂、怨恨,为自己做事则事情容易成功。所以父子之间有时也会怨恨责骂,雇人耕作要供给美食。对这个道理的解说在"文公伐宋之前的宣言"和"勾践称说如皇台"的故事中。所以齐桓公隐藏起对蔡国的愤怒而攻打楚国,吴起抱着打仗的实际目的而替兵士吮吸疮伤。而歌颂先王的赋颂,钟鼎器物上的铭文,都和播吾山上的脚印、华山上的博具是一样的。那么先王所期待的是实利,而所使用的是人力。筑社的谚语是为了解释。容许学者行事尊法先王,或许不适合于现在,如果这样做就是不知变通。郑县有人得到车轭,卫国人助人打猎,卜子的妻子模仿破裤子,少年侍奉长者饮酒。先王的言论,有的意义很小而世人却看得重大,有的意义重大而世人却看得很小,不是一定都能正确理解的。对这个道理的解说在"宋国人解书"和"魏国人读记"的故事中。所以先王的言论也会像郢人的书信那样被后人像燕相国那样解说。不顺应国家的实际情况却效法先王,都是回家去取量好的尺度的人。

【注释】　①挟:怀藏,持有。相为:相互帮助。　②嗃:高声叫骂。　③庸:雇佣。　④文公:文公的身份不能确定。　⑤如皇:台名,如皇台。　⑥吴起:战国时卫国人,先后在鲁国、魏国做官,后到楚国,楚悼王让他主持国政,楚国国势大盛。悼王死后,吴起被楚国叛乱的贵族射死。　⑦赋颂:赋和颂,都是以颂赞为主旨的诗歌文体。　⑧钟鼎之铭:铭刻在钟、鼎等器物上的文字,又称"金文"。　⑨播吾之迹:播吾山上的脚印。播吾,即"番吾",战国时赵国的邑名,在今河北省平山县。　⑩博:博戏(即局戏)的用具,有六箸十二棋。　⑪社:土地神。辞说:解说,解释。　⑫宛曼于先王:宛曼,顺从,柔顺。即效法先王。　⑬不能更:不知变通。　⑭车厄:即车轭(è),牛马拉车时架在脖子上的工具。　⑮佐弋(yì):弋,狩猎。协助别人打猎。　⑯写弊裤:写,像,模仿。弊裤:破裤子。模仿破裤子。　⑰梁:魏国建都于大梁,故又称为梁国。　⑱郢:楚国的国都,在今湖北省江陵县。燕说:燕相国的解说。

四

利之所在民归之,名之所彰士死之。是以功外于法而赏加焉,则上不能得所利于下;名外于法而誉加焉,则士劝名而不畜之于君①。故中章②、胥己仕③，而中牟之民弃田圃而随文学者邑之半④；平公腓痛足痹而不敢坏坐⑤，晋国之辞仕托者国之锤⑥。此三士者，言袭法则官府之籍也⑦，行中事则如令之民也，二君之礼太甚；若言离法而行远功，则绳外民也，二君又何礼之，礼之当亡。且居学之士，国无事不用力，有难不被甲；礼之则惰修耕战之功，不礼则周主上之法；国安则尊显，危则为屈公之威⑧；人主奚得于居学之士哉？故明王论李疵视中山也⑨。

【译文】　有利可图的地方民众就会云集，彰显名声的事情士人就会努力去做。因此功绩不合法度却还给予赏赐，那么君主就不能从臣下那里获得好处，名誉不合法度却给予称赞，那么士人就追求名声却不受君主的统治。所以中章和胥己做了官，中牟的民众有一半人舍弃了田地去学习儒学；晋平公小腿痛脚发麻而不敢歪斜地坐着，晋国辞去官职托附的人有三分之一。这三个人，他们的言论遵循法度只不过是官府的常法，行为符合事理只是守法的人民，两位君主礼敬他们太过分了；如果他们的言论背离法度而行为没有实功，就是不合法度的人，两位君主又何必礼敬他们呢？礼敬他们就应当亡国。况且居家自学的人，国家平安时不努力做事，国家有难时不披甲入伍；礼敬他们就会荒废耕田作战的事业，不礼敬他们则能保全君主的法度；国家安宁时尊贵荣显，国家危难时像屈公一样畏怯，君主从居家自学的人那里能得到什么呢？所以英明的君主研究李疵察视中山的情况。

【注释】　①畜：畜养，引申为统治。　②中章：人名。　③胥己：人名。　④中牟：春秋时晋国的邑名，三家分晋后赵国曾在此建都，其地在今河南省鹤壁市西。　⑤腓(féi)：小腿肚。　⑥仕托：仕，做官。托，托身权门。指官职托附。锤：通"垂"，三分之一。　⑦籍：典籍，常法。　⑧威：通"畏"，畏惧。　⑨李疵：人名，事迹不详。

五

《诗》曰："不躬不亲，庶民不信。"傅说之以无衣紫，援之以郑简①、宋襄②，责之以尊厚耕战③。夫不明分，不责诚④，而以躬亲位下⑤，且为下走睡卧，与夫掩弊微服。孔丘不知，故称犹盂。邹君不知⑥，故先自僇。明主之道，如叔向赋猎⑦，与昭侯之奚听也。

【译文】　《诗经》中说："君主不亲自实行，平民百姓就不会相信。"就用不要穿紫色的衣服来加以解说，用郑简公、宋襄公的事情来证明，拿国君亲自从事耕战来要求。如果不分清本分，不责求成功，却亲自去监督臣下，就会发生下车奔跑和查账睡着的事，就会有断长缨而不服的事情。孔子不明白这个道理,所以说国君就像盂。邹国国君不明白这个道理,所以先处罚自己。英明的国君的道术,就像叔向按功授禄,像昭侯听取什么一样。

【注释】　①援:引证,引用。郑简:郑简公,春秋时代郑国的君主,名嘉,公元前565~前530年在位。　②宋襄:宋襄公,名兹父,春秋时代宋国的君主,公元前650~前637年在位。宋襄公好行仁义,继齐桓公为诸侯盟主。后在宋楚泓之战(即后文涿谷之战)中,被楚成王打败,身中箭伤,不治而死。　③尊厚耕战:尊厚,指代国君。国君亲自从事耕战之事。　④诚:通"成",成功。　⑤躬亲位下:位,通"莅",监督。亲自监督臣下。　⑥邹:周朝国名,本称邾,又称邾娄,周武王时始受封,战国时鲁穆公改为邹。故地在今山东省邹县。　⑦赋猎:赋,授。猎,当作"禄"。按功授禄。

六

小信成则大信立,故明主积于信。赏罚不信,则禁令不行。说在文公之攻原与箕郑救饿也①。是以吴起须故人而食②,文侯会虞人而猎③。故明主表信,如曾子杀彘也④。患在尊厉王击警鼓与李悝谩两和也⑤。

　　右经

【译文】　小的信用达成才能建立大的信用,所以英明的君主不断地积累信用。赏罚不守信用,那么禁令就得不到执行。对于这个道理的解说在"文公攻打原城"和"箕郑救济饥荒"的故事中。因此吴起等候故人一起吃饭,文侯会见虞人一起打猎。所以英明的君主表现信用,要像曾子杀猪一样。不诚信的灾祸,表现在"楚厉王击打警鼓"和"李悝欺骗守营士兵"的故事中。

【注释】　①文公:指晋文公,名重耳,春秋时晋国的国君,春秋五霸之一,公元前636~前628年在位。原:地名,在今河南省济源县境内。箕郑:人名,晋国的卿。　②吴起:战国时卫国人,先后在鲁国、魏国做官,后到楚国,楚悼王让他主持国政,楚国国势大盛。悼王死后,吴起被楚国叛乱的贵族射死。　③文侯:即魏文侯,战国时魏国的君主,公元前423~前387年在位。虞人:古代掌管山泽苑囿的职官。　④曾子:即曾参,字子舆,春秋末期鲁国人,孔子弟子,后世尊称为宗圣。　⑤厉王:楚国历史上并无"厉王"。警鼓:报警之鼓。李悝:战国时魏国人,魏文侯任其为相,变法强国。两和:兵营的左右门,这里指守卫营门的军士。

传一

宓子贱治单父①,有若见之曰:"子何臞也②?"宓子曰:"君不知贱不肖,使治单父,官事急,心忧之,故臞也。"有若曰:"昔者舜鼓五弦之琴,歌《南风》之诗而天下治。今以单父之细也,治之而忧,治天下将奈何乎？故有术而御之，身坐于庙堂之上，有处女子之色③，无害于治；无术而御之，身虽瘁臞④，犹未有益。"

【译文】 宓子贱治理单父时，有若见到他，说："您怎么这么消瘦呢？"宓子贱说："君主不知道我不成材，让我治理单父，官府事务急要，心中忧虑，所以就消瘦了。"有若说："从前舜弹着五弦琴，唱着《南风》一诗，天下就被治理好了。现在单父这么小，治理它尚且感到忧心，那么怎么来治理天下呢？所以有道术来治理人民，自己坐在朝堂上，像未嫁的女子一样娴静从容，也不会妨碍政治；如果没有道术来统治人民，即使自己憔悴清瘦，也不会对政治有什么裨益。"

【注释】 ①单父：春秋时鲁国的城邑，在今山东省单县南。　②臞(qú)：消瘦。　③处女子之色：指像未嫁女子一样娴静的容色。　④瘁臞：憔悴清瘦。

楚王谓田鸠曰："墨子者，显学也①。其身体则可②，其言多而不辩何也？"曰："昔秦伯嫁其女于晋公子，令晋为之饰装③，从衣文之媵七十人④，至晋，晋人爱其妾而贱公女，此可谓善嫁妾而未可谓善嫁女也。楚人有卖其珠于郑者，为木兰之柜，熏以桂椒⑤，缀以珠玉，饰以玫瑰，辑以翡翠⑥。郑人买其椟而还其珠⑦，此可谓善卖椟矣，未可谓善鬻珠也⑧。今世之谈也，皆道辩说文辞之言，人主览其文而忘有用。墨子之说，传先王之道，论圣人之言以宣告人，若辩其辞，则恐人怀其文忘其直⑨，以文害用也。此与楚人鬻珠，秦伯嫁女同类，故其言多不辩。"

【译文】 楚王对田鸠说："墨子，是著名的学者。他亲身的履行是可以的，他的言辞却大多不华美巧妙，这是为什么呢？"田鸠回答说："从前秦伯把女儿嫁给晋国的公子，让晋国人替她打扮，有七十个穿着锦绣的媵女跟从，到了晋国之后，晋国人喜爱那些媵妾却轻视秦伯的女儿，这可说是善于嫁妾，却不能说是善于嫁女。楚国有个要把珍珠卖给郑国人的人，用木兰做了盛放珍珠的匣子，用桂椒熏香匣子，在匣子的外面用珠玉做点缀，用玫瑰做装饰，再用翡翠来连缀。郑国人买走了他的匣子却退还了他的珍珠，这可说是善于卖匣子，不能说是善于卖珍珠。当今之世发表学说的人，说的都是巧妙华丽的言辞，君主观览了他的文辞就忘记了这些文辞的作用。墨子的学说，传承的是先王的道术，论说圣人的话来晓谕众人，如果把话说得很美妙，就担心人们爱惜美妙的言辞而忘记了它的价值所在，因为文辞而妨害用途。这就和楚人卖珠、秦伯嫁女一样了，所以他的言辞大多都不说得华美巧妙。"

【注释】　①显学:著名的学说。　②身体:亲身履行。　③令晋为之饰装:饰装,打扮。让晋国人给她打扮,即没有盛装装扮其女。　④衣文之媵:文,锦绣。媵(yìng),古代诸侯嫁女,以侄娣从嫁,称之为媵。穿着锦绣的媵女。　⑤桂椒:肉桂及山椒,泛指高级香料。　⑥辑:通"缉",连缀。　⑦椟(dú):匣子。　⑧鬻(yù):卖。　⑨怀:爱惜。直:价值。

墨子为木鸢,三年而成,蜚一日而败①。弟子曰:"先生之巧,至能使木鸢飞。"墨子曰:"吾不如为车辕者巧也②,用咫尺之木③,不费一朝之事,而引三十石之任致远,力多,久于岁数。今我为鸢,三年成,蜚一日而败。"惠子闻之曰④:"墨子大巧,巧为辕,拙为鸢。"

【译文】　墨子制作木鸢,三年才做成,飞了一天就坏掉了。他的弟子说:"先生的技术太巧妙了,以至于能让木鸢飞起来。"墨子说:"这还比不上制作车辕的巧技,用咫尺长的木头,不花费一个早晨的工作,就能牵引着三十石的重量到达远方,力量大,又能用好几年。现在我制作鸢鸟,三年才做成,飞了一天就坏了。"惠施听说后说:"墨子是最懂得巧技的,把制作车辕视为巧技,把制作木鸢当成笨拙。"

【注释】　①蜚:通"飞"。　②车辕:连接大车车杠与车衡的一个部件。　③咫尺:按周代的规定,八寸为咫,十寸为尺。比喻很短。　④惠子:即惠施,战国时宋国人,名家的代表人物,曾任魏国的宰相。

宋王与齐仇也,筑武宫。讴癸倡①,行者止观,筑者不倦,王闻召而赐之,对曰:"臣师射稽之讴又贤于癸②。"王召射稽使之讴,行者不止,筑者知倦。王曰:"行者不止,筑者知倦,其讴不胜如癸美何也?"对曰:"王试度其功,癸四板,射稽八板;撅其坚③,癸五寸,射稽二寸。"

【译文】　宋王和齐王有仇,修筑武宫来防备齐国。唱歌时癸领唱,走路的人都停下来观看,夯筑的人不知道疲倦。宋王听说后召见他,给他赏赐,癸回答说:"我的老师射稽唱得比我更好。"宋王召来射稽让他唱歌,走路的人不停下来,夯筑的人感到疲倦。宋王说:"走路的人不停下观看,夯筑的人感到疲倦,他唱得并不比癸更好,这是为什么呢?"癸回答说:"请大王测度它带来的功效,癸唱歌能筑四板,射稽唱时能筑八板;通过投掷来测论它的坚固程度,癸唱歌时筑的墙能被击入五寸,而射稽唱歌时筑的墙只能被击入二寸。"

【注释】 ①倡：领唱。筑墙打夯时，须有打夯号子，有一人领唱，众人齐声应和，以此来协调众人的动作。 ②射稽：人名。 ③摘(zhì)：投掷。

夫良药苦于口，而智者劝而饮之，知其入而已己疾也。忠言拂于耳，而明主听之，知其可以致功也。

【译文】 良药吃到嘴里觉得很苦，可是明智的人能勉强喝下去，因为他知道吃了药就能治好自己的病。忠言听到耳朵里觉得难受，可是英明的君主能够听进去，因为他知道听从了就能成就功业。

传二

宋人有请为燕王以棘刺之端为母猴者①，必三月斋然后能观之，燕王因以三乘养之②。右御、冶工言王曰："臣闻人主无十日不燕之斋。今知王不能久斋以观无用之器也，故以三月为期。凡刻削者，以其所以削必小③。今臣冶人也，无以为之削，此不然物也，王必察之。"王因囚而问之，果妄，乃杀之。冶人又谓王曰："计无度量，言谈之士多棘刺之说也。"

一曰。燕王好微巧，卫人曰："能以棘刺之端为母猴。"燕王说之，养之以五乘之奉。王曰："吾试观客为棘刺之母猴。"客曰："人主欲观之，必半岁不入宫，不饮酒食肉，雨霁日出视之晏阴之间④，而棘刺之母猴乃可见也。"燕王因养卫人不能观其母猴。郑有台下之冶谓燕王曰："臣为削者也，诸微物必以削削之，而所削必大于削。今棘刺之端不容削锋，难以治棘刺之端。王试观客之削能与不能可知也。"王曰："善。"谓卫人曰："客为棘刺之母猴何以治之？"曰："以削。"王曰："吾欲观见之。"客曰："臣请之舍取之。"因逃。

【译文】 宋国有个请求为燕王用棘刺的末端刻一只猕猴的人，说一定要斋戒三个月然后才能看见，燕王于是用三乘之地供养他。右御和冶工对燕王说："我听说君主没有十天不宴饮的斋戒。现在他知道大王不能为了观看无用的器物而长时间地斋戒，所以用三个月作为期限。大凡雕刻器物，所使用的削刀一定要比器物小。我是一个铸造金属器物的冶工，没有办法做出这样的刻刀，这是不可能的事情，大王一定要明察。"燕王于是抓起他来审问，果然是虚妄的，于是就杀了他。冶工又对燕王说："如果对计谋不加考核，游说的人就会有很多类似在棘刺上刻猴的虚妄之言。"

另一种说法。燕王喜欢微小精巧的东西,一个卫国人说:"我能在棘刺的末端刻一只猕猴。"燕王很高兴,于是用五乘之地的俸禄供养他。燕王说:"我很想看看客人刻在棘刺末端的猕猴。"客人说:"君主想看它,必须半年不进内宫,不喝酒吃肉,等雨停日出时在半晴半阴之间观看,这才能看到刻在棘刺上的猕猴。"燕王于是供养着卫国人却不能看他刻的猕猴。有一个郑国台下的冶工对燕王说:"我是制作刻刀的人,那些小东西必须用刻刀来雕刻,所雕刻的东西一定要比刻刀大。现在棘刺的末端容不下刻刀的刀锋,很难用来雕刻棘刺的末端。大王试着看一下客人的刻刀,能不能雕刻就可以知道了。"燕王说:"很好。"问卫国人说:"你用什么在棘刺的末端雕刻猕猴呢?"回答说:"用刻刀。"燕王说:"我想看看它。"客人说:"请让我回住所把它取来。"于是趁机逃走了。

【注释】　①母猴:猴的一种,也叫沐猴、猕猴、马猴。　②乘:用作计算田地、区域的单位。　③削:刻刀,一种有柄而微弯的两刃小刀。　④晏阴:阳阴,半晴半阴。

儿说①,宋人,善辩者也。持"白马非马也"服齐稷下之辩者②,乘白马而过关,则顾马之赋③。故籍之虚辞则能胜一国,考实按形不能谩于一人④。

【译文】　儿说是宋国一位善于辩说的人。拿"白马不是马"的观点战胜了齐国稷下能言善辩的人,可是骑着白马过关,交纳的却是马的关税。所以凭借着虚言可以战胜全国的人,考察实际的形状却连一个人都欺骗不了。

【注释】　①儿说:人名,春秋末期宋元王时人。　②稷下:指齐国都城临淄西门稷门附近的地区,齐威王、宣王曾在这里建立学宫,广招文学游说之士讲学议论,成为战国时代学术文化活动的中心。　③顾:通"雇",付给,交纳。　④谩(mán):欺骗,蒙蔽。

夫新砥砺杀矢①,彀弩而射②,虽冥而妄发③,其端未尝不中秋毫也,然而莫能复其处,不可谓善射,无常仪的也;设五寸之的,引十步之远,非羿④、逢蒙不能必全者⑤,有常仪的也;有度难而无度易也。有常仪的则羿、逢蒙以五寸为巧,无常仪的则以妄发而中秋毫为拙,故无度而应之则辩士繁说,设度而持之虽知者犹畏失也不敢妄言。今人主听说不应之以度,而说其辩不度以功,誉其行而不入关⑥,此人主所以长欺、而说者所以长养也。

【译文】　新磨好的箭,拉满弓发射,即使闭着眼睛胡乱发射,它的末端未尝不能射中细微的毫毛,可是却不能再次射中原处,这不能说是善射,因为没有固定的目标。设置五寸的靶子,在十步之外引弓射箭,没有后羿、逢蒙的水平就不能必然射中的原因,在于有固定的目标,有法度就困难,没有法度就容易。如果有固定的目标,后羿、逢蒙也以能射中五寸的靶子为巧技,没有固定的目标,即使胡乱发射射中秋毫也是笨拙,所以没有法度来应付人,游说之士就会有很多说辞,设立法度来约束他们,即使智者也害怕失误而不敢胡乱说话。现在君主听取游说之辞而拿法度来应对,喜欢他的巧辩而不用功效来衡量,称誉他的行为却不加以考验,这就是君主长期遭受欺蒙,而游说者长期受到供养的原因。

【注释】 ①杀矢:古代用来打猎的一种箭,射中必死,故称杀矢。 ②彀弩:张满弓。③冥:通"瞑",闭上眼睛。 ④羿:即后羿,古代神话传说中善射的人。 ⑤逢蒙:传说中古代善射的人。相传逢蒙跟随后羿学习射箭,学到了后羿的本领之后,认为天下只有后羿一个人能战胜自己,于是就杀掉了后羿。 ⑥不入关:不加以考验。

客有教燕王为不死之道者,王使人学之,所使学者未及学而客死。王大怒,诛之。王不知客之欺已,而诛学者之晚也。夫信不然之物,而诛无罪之臣,不察之患也。且人所急无如其身,不能自使其无死,安能使王长生哉?

【译文】 有一个人请求教给燕王长生不死的方法,燕王派人向他学习,所派遣的人还没来得及学会客人就死了。燕王非常生气,就杀了派去学习的人。燕王不知道客人欺骗自己,却处罚派去学习的人学得太慢了。相信不可能的事情,却诛杀无罪的大臣,这是不仔细考察的祸患。况且人最看重的事情莫过于自己的生命,不能让自己活着不死,又怎么能让君王长生呢?

郑人有相与争年者,一人曰:"吾与尧同年。"其一人曰:"我与黄帝之兄同年。"讼此而不决,以后息者为胜耳。

【译文】 郑国有两个人争论年岁的大小,一个人说:"我和唐尧同年。"另一个人说:"我和黄帝的哥哥同年。"为此打官司也不能决断,就把最后停止争论的人当成胜利者。

客有为周君画荚者①,三年而成,君观之,与髹荚者同状②,周君大怒,画荚者曰:"筑十版之墙,凿八尺之牖,而以日始出时加之其上而观。"周君为之,望见其状尽成龙蛇禽兽车马,万物之状备具,周君大悦。此荚之功非不微难也,然其用与素髹笑同。

【译文】 有一人给周国国君画一个手杖,三年才画成,周国国君去观看,发现和漆成的手杖一样,周国国君非常生气,画手杖的人说:"修筑十版的高墙,凿八尺的窗户,在太阳刚刚升起时把它放在窗户上来看。"周国国君按他说的去做,看见它的形状变成了龙虫禽兽车马,万物的形状备具其上,周国国君非常高兴。制成这个手杖的技巧不能说不精微难能,可是它的作用和纯漆制的手杖相同。

【注释】　①荚:应为"筴",手杖。　②髹(xiū)荚:髹,用漆涂物。漆涂的手杖。

　　客有为齐王画者,齐王问曰:"画孰最难者?"曰:"犬马最难。""孰最易者?"曰:"鬼魅最易。夫犬马、人所知也,旦暮罄于前^①,不可类之,故难。鬼魅、无形者,不罄于前,故易之也。"

【译文】　有一个给齐王作画的人,齐王问他:"画什么最困难?"回答说:"画狗、马最难。""什么最容易呢?"回答说:"鬼魅最容易。那狗和马,是人所熟知的,从早到晚都在眼前,不能画得很像,所以难。鬼魅,是无形的东西,谁也没有见过,所以容易画。"

【注释】　①罄(qìng):显现。

　　齐有居士田仲者^①,宋人屈谷见之曰^②:"谷闻先生之义,不恃人而食。今谷有巨瓠,坚如石,厚而无窍,献之。"仲曰:"夫瓠所贵者,谓其可以盛也。今厚而无窍,则不可剖以盛物,坚如石,则不可以剖而以斟,吾无以瓠为也。"曰:"然,谷将弃之。今田仲不恃人而食,亦无益人之国,亦坚瓠之类也。"

【译文】　齐国有个居士叫田仲,宋国人屈谷拜见他,说:"我听说先生的主张,不依靠别人来生活。现在我有个大葫芦,坚硬得像石头,皮厚而没有空窍,我把它献给您。"田仲说:"葫芦之所以被人看重,是因为它可以用来盛东西,现在皮厚而没有空窍,就不能剖开来盛东西,坚硬得像石头,就不能剖开了拿来盛酒,这样的葫芦对我是没有用处的。"屈谷说:"是这样的,我打算丢了它。现在田仲不依靠别人来生活,对于国家却也没有用处,也和坚硬的实心葫芦是一样的。"

【注释】　①居士田仲:居士,隐居不仕的人。田仲,即陈仲子,齐国的隐士,隐居于于陵,又称于陵仲子。　②屈谷:人名,事迹不可考。

　　虞庆为屋,谓匠人曰:"屋太尊^①。"匠人对曰:"此新屋也,涂濡而椽生^②。"虞庆曰:"不然。夫濡涂重而生椽挠,以挠椽任重涂,此宜卑。更日久则涂干而椽燥,涂干则轻,椽燥则直,以直椽任轻涂,此益尊。"匠人诎,为之而屋坏。

一曰。虞庆将为屋,匠人曰:"材生而涂濡。夫材生则挠,涂濡则重,以挠任重,今虽成,久必坏。"虞庆曰:"材干则直,涂干则轻。今诚得干③,日以轻直,虽久必不坏。"匠人诎,作之,成,有间,屋果坏。

【译文】 虞庆造房子,对工匠说:"房子太高了。"匠人说:"这是新房子,涂的泥是湿的,木椽也是新砍的。"虞庆说:"不对,湿的泥很重,新椽容易弯曲,让弯曲的椽来支撑很重的泥涂,房子就更低了。等时间久了泥涂就干了,椽子也就干燥了,泥涂干了就会变轻,椽子干了就会挺直,让挺直的椽来支撑变轻的泥涂,房子就更高了。"匠人无言对答,就按他的话做了,结果房子就倒塌了。

另一种说法。虞庆打算造房子,匠人说:"木材是新砍的,泥涂是湿的。新砍的木材会弯曲,泥涂湿就会重。用弯曲的木材支撑湿重的泥涂,现在即使建成了,时间久了一定会坏掉。"虞庆说:"木材干了就会挺直,泥涂干了就会变轻。现在盖成房子,木材和泥涂就会变干,渐渐地泥涂就会变轻,木材就会挺直,即使时间久了也不会毁坏。"匠人无言对答,就造了房子,不久,房子果然倒塌了。

【注释】 ①尊:高。　②涂濡:涂抹的泥是湿的。椽生:椽是新砍的木材。　③诚:通"成"。

工人谓范且曰①:"弓之折必于其尽也,不于其始也。夫张弓也,伏檠三旬而蹈弦②,一日犯机③,是节之其始而暴之其尽也,焉得无折。"范且曰:"不然。伏檠一日而蹈弦,三旬而犯机,是暴之其始而节之其尽也。"工人穷也,为之,弓折。

【译文】 工人对范且说:"弓的折断都是在最后的时候,而不在最开始的时候。制作弓时,把弓放在檠上矫正三十天才安装弓弦,一日之后就用来射箭,这是在开始的时候谨慎而在最后却损坏它,怎么能不折断呢?"范且说:"不对。把弓放在檠上矫正一天就安装弓弦,三十天之后再用来射箭,这是在开始的时候损坏它而在后来谨慎小心。"工人无言应对,就按照他的办法去做,弓都折断了。

【注释】 ①范且:即范雎,字叔,战国时期魏国人,曾因事被魏相魏齐打断肋骨,后装死逃走,改名张禄,到秦国后以远交近攻之术说秦昭王,被任用为相,封为应侯。　②檠(qíng):矫正弓弩的器具。　③犯机:指用来射箭。

　　范且、虞庆之言皆文辩辞胜而反事之情,人主说而不禁,此所以败也。夫不谋治强之功,而艳乎辩说文丽之声①,是却有术之士而任坏屋折弓也。故人主之于国事也,皆不达乎工匠之构屋张弓也,然而士穷乎范且、虞庆者,为虚辞、其无用而胜,实事、其无易而穷也。人主多无用之辩,而少无易之言,此所以乱也。今世之为范且、虞庆者不辍,而人主说之不止,是贵败折之类而以知术之人为工匠也。不得施其技巧,故屋坏弓折。知治之人不得行其方术,故国乱而主危。

【译文】　范且、虞庆的话言辞都非常雄辩,却违反了事物的本性,君主喜欢听这一类的话而不加禁止,这就是失败的根由。不谋求治国强国的实际功效,却羡慕巧妙华丽的文辞,这是排斥有治术的贤才而任凭房子被毁、弓被折断的做法。所以君主对于国家政事,都像范且、虞庆一样不懂得工匠建造房屋、制作弓弩的道理,可是人们被范且、虞庆说服,这是因为虚妄的言辞没有用处却很雄辩,实际的情况不会改变却辞穷。君主称赞无用的巧辩之言,却指责不加改变的实话,这就是国家衰乱的原因。现在像范且、虞庆那样的人不断出现,君主也总是喜欢他们,这是尊贵毁屋折弓的行为而把懂得治术的贤士当成了工匠。工匠不能施展他的技术,所以房屋毁败、弓弩折断。懂得治术的人不能施行他的策略,所以国家衰乱、君主身危。

【注释】　①艳:羡慕。

　　夫婴儿相与戏也,以尘为饭,以涂为羹,以木为胾①,然至日晚必归馈者②,尘饭涂羹可以戏而不可食也。夫称上古之传颂,辩而不悫③,道先王仁义而不能正国者,此亦可以戏而不可以为治也。夫慕仁义而弱乱者,三晋也④;不慕而治强者,秦也;然而秦强而未帝者,治未毕也。

【译文】　小孩子在一起做游戏,把尘土当做饭,把泥当成汤羹,把木头当成肉块,可是到了太阳落山一定要回家吃饭,土饭泥汤能够拿来做游戏,却是不能吃的。称述上古传颂的故事,美妙却不确实,遵行先王的仁义却不能治理国家,这也是只能游戏而不可用来治国的。羡慕先王的仁义而衰弱混乱的国家是三晋,不羡慕先王而治国强大的国家是秦国,秦国虽然强大,却未能在天下称帝,这是因为治术还未能臻于完备。

【注释】 ①胾(zì):切成大块的肉。 ②饟(xiǎng):同"饷",进食,吃。 ③悫(què):确实。 ④三晋:韩、赵、魏三家初为晋卿,后瓜分晋国而立为诸侯,故称三晋。

传三

人为婴儿也,父母养之简,子长而怨。子盛壮成人,其供养薄,父母怒而诮之。子、父,至亲也,而或谯①、或怨者,皆挟相为而不周于为己也②。夫卖庸而播耕者,主人费家而美食、调布而易钱者③,非爱庸客也,曰:如是,耕者且深,耨者熟耘也④。庸客致力而疾耘耕者,尽巧而正畦陌者⑤,非爱主人也,曰:如是,羹且美钱布且易云也⑥。此其养功力⑦,有父子之泽矣,而心调于用者⑧,皆挟自为心也。故人行事施予,以利之为心⑨,则越人易和⑩;以害之为心,则父子离且怨。

【译文】 人在小的时候,父母抚养他很疏简,长大之后就会怨恨父母。儿子长大成人,对父母的供养微薄,父母生气就责骂他。儿子、父亲,是最亲近的人,可是要么父亲责骂儿子,要么儿子怨恨父亲,因为他们都怀藏着相互帮助而对方对自己不够周到的念头。雇人来播种耕田,主人耗费家财来供给美食、选取布巾来赏赐工钱,不是因为喜欢雇佣的人,而是,这样做了,耕田的人就会深耕,拿锄的人就会仔细除草。雇佣的人努力耕田除草,尽心修整田间小路,不是因为喜欢主人,而是,这样做了,供给的汤羹鲜美而且钱布也容易得到。这里对劳力的供养,就有了父亲供养儿子一样的恩泽,而心意和功效相符合的原因,在于他们都怀有为自己的心理。所以人做事施予,把对人有利作为主旨,那么即使和越国的人也容易亲和,把对人有害作为主旨,那么即使至亲父子也会背离而怨恨。

【注释】 ①谯(qiào):责骂。 ②挟:持有,怀藏。 ③调布而易钱:调,选。布,布币,当时作为货币的一种而用于贸易流通。易,通"赐",赏赐。选取布币来赏赐工钱。 ④耨(nòu):锄草。 ⑤畦(qí)陌:田间的道路。 ⑥云:有。 ⑦养功力:供养劳力。 ⑧心调于用:调,合。心意与功效相符合。 ⑨以利之为心:把对人有利作为主旨。 ⑩越人:越国的人,指代疏远的人。

文公伐宋①,乃先宣言曰:"吾闻宋君无道,蔑侮长老②,分财不中③,教令不信,余来为民诛之。"

【译文】 文公攻打宋国,预先宣扬说:"我听说宋国君主无道,不尊重年长的人,分财物不公平,政教命令不守信用,我来替人民诛罚他。"

【注释】　①文公伐宋:其事不可考。　②蔑侮:轻慢不敬。　③中:均匀,公正。

　　越伐吴,乃先宣言曰:"我闻吴王筑如皇之台,掘深池,罢苦百姓①,煎靡财货②,以尽民力,余来为民诛之。"

【译文】　越王勾践攻打吴国,预先宣扬说:"我听说吴王修筑了如皇台,挖掘了深池,劳苦百姓,浪费财物,耗尽了人民的财力、劳力,我来替人民诛罚他。"

【注释】　①罢(pí)苦:疲劳辛苦。　②煎靡:挥霍浪费。

　　蔡女为桓公妻①,桓公与之乘舟,夫人荡舟,桓公大惧,禁之不止,怒而出之②,乃且复召之,因复更嫁之,桓公大怒,将伐蔡,仲父谏曰③:"夫以寝席之戏④,不足以伐人之国,功业不可冀也⑤,请无以此为稽也⑥。"桓公不听,仲父曰:"必不得已,楚之菁茅不贡于天子三年矣⑦,君不如举兵为天子伐楚,楚服,因还袭蔡曰:'余为天子伐楚而蔡不以兵听从。'因遂灭之。此义于名而利于实,故必有为天子诛之名,而有报雠之实。"

【译文】　蔡侯的妹妹嫁给齐桓公做夫人,桓公和她一起乘船游玩,夫人摇动船身,桓公感到非常害怕,禁止她却不停下来,桓公非常生气就休弃了她,却是打算再召她回来的,蔡侯于是就让她改嫁了,齐桓公非常生气,打算攻打蔡国,管仲进谏说:"因为夫妻间的游戏,不足以攻伐别人的国家,这样就不能期待建立功业了,请求您不要再做这种打算。"齐桓公不肯听,管仲说:"您一定要这样做,楚国不向天子进贡菁茅已经有三年了,您不如率领军队为天子攻打楚国,楚国臣服,然后回过来攻打蔡国,说:'我为天子攻打楚国,可是蔡国却不派兵随从。'于是就把它灭掉。这样不但有正义的名声,又有实际的好处,所以必须要有替天子行施诛罚的名义,再行报私仇的实质。"

【注释】　①蔡女:蔡缪侯的妹妹。桓公:即春秋时齐国君主齐桓公,为春秋五霸之一,公元前685~前643年在位。　②出:休弃。　③仲父:即管仲,齐桓公尊称他为"仲父"。　④寝席之戏:夫妻之间的游戏。　⑤冀:期待。　⑥稽:计,打算。　⑦菁茅:香草名,茅的一种,古代祭祀时用来缩酒。

　　吴起为魏将而攻中山①,军人有病疽者,吴起跪而自吮其脓,伤者之母立泣②,人问曰:"将军于若子如是,尚何为而泣?"对曰:

"吴起吮其父之创而父死,今是子又将死也,今吾是以泣。"

【译文】 吴起做魏国的将军时准备攻打中山国,军队中有一个人身上生了脓疮,吴起跪在地上亲自为他吸脓,生疮的人的母亲立刻哭了起来,有人问她说:"将军对您的儿子这样,您为什么还要哭呢?"她回答说:"吴起给这个儿子的父亲吸伤口的脓,他的父亲战死了,现在这个儿子又将要战死了,所以我哭啊。"

【注释】 ①中山:古国名,春秋末年鲜虞人所建。战国初期,晋国曾灭中山,至公元前414年中山武公复兴,迁于顾(今河北省定州市境内)。公元前406年,魏灭中山,公元前380年前后中山桓公复国,迁都于灵寿(今河北省平山县东北)。后终为赵所灭。 ②伤者:伤,通"疡"。生疮的人。

赵主父令工施钩梯而缘播吾①,刻疏人迹其上②,广三尺,长五尺,而勒之曰③:"主父常游于此。"

【译文】 赵国的主父派工人用钩梯爬上播吾山,在上面凿刻了人的光脚印,宽三尺,长五尺,又刻石记载说:"主父经常到这里游玩。"

【注释】 ①主父:即赵武灵王。赵武灵王年老之后,自称主父而传位给少子何,即赵惠文王,而封长子章为安阳君。后公子章起兵作乱,公子成和李兑率兵打败了公子章,公子章逃往沙丘宫,想依靠主父得到庇护。公子成和李兑率兵围困沙丘宫,杀了公子章,放走了除主父之外的所有人,主父被困宫中,最后饿死。钩梯:带钩的梯子,一种攀缘器械,古代多用以攻城。 ②疏人迹:疏,赤脚。赤脚印。 ③勒:在金石上刻写。

秦昭王令工施钩梯而上华山①,以松柏之心为博②,箭长八尺,棋长八寸,而勒之曰:"昭王尝与天神博于此矣。"

【译文】 秦昭襄王命令工匠用钩梯爬上华山,用松树、柏树的木心做成博具,其中箭长八尺,棋长八寸,又刻石说:"昭王曾经和天神在这里对博。"

【注释】 ①秦昭王:战国时秦国的君主昭襄王,在位五十六年,先后任用魏冉、范雎为相,白起为将,采用远交近攻之策,屡破诸侯军队,使秦国更为强盛。 ②松柏之心:松树、柏树的木心。

文公反国,至河,令笾豆捐之①,席蓐捐之,手足胼胝②,面目犁黑者后之③。咎犯闻之而夜哭④,公曰:"寡人出亡二十年,乃今得反国,咎犯闻之不喜而哭,意不欲寡人反国邪?"犯对曰:"笾豆所以食也,席蓐所以卧也,而君捐之;手足胼胝、面目犁黑,劳有功者也,而君后之。今臣有与在后,中不胜其哀,故哭。且臣为君行诈伪以反国者众矣,臣尚自恶也,而况于君?"再拜而辞,文公止之曰:"谚曰:筑社者⑤,攓撅而置之⑥,端冕而祀之⑦。今子与我取之,而不与我治之;与我置之,而不与我祀之;焉可?"解左骖而盟于河⑧。

【译文】 晋文公返回晋国,到黄河边时,下令把笾、豆扔了,把席子、褥子扔了,手脚上长了茧子、脸色黧黑的人走在后面。咎犯听说后在晚上哭了起来,晋文公说:"我在外逃亡二十年了,到今天才能够回国,咎犯听说后不感到高兴反而哭了,难道不想让我回国吗?"咎犯回答说:"笾和豆是用来吃饭的,席子和褥子是用来睡觉的,可是君主却扔了,手脚上长了茧子、脸色黧黑的,是辛劳而有功的人,可是君主却让他们靠后。现在我因为要走在后面,心中不能忍受悲哀,所以就哭了。况且我为了让您能够回国所做的狡诈虚伪的事情太多了,我自己尚且憎恶自己,更何况于君主呢?"行礼再拜后辞行,晋文公挽留他说:"谚语说:'修筑土地神庙的人,撩起衣服来放置神像,穿起礼服来祭祀它。'现在你帮助我取得了国家,却不帮我来治理;你帮我置起了神像,却不和我一起来祭祀它,那怎么行呢?"解下了左骖,向河神歃血盟誓。

【注释】 ①笾豆:古代祭祀、宴会时常用的两种礼器,竹制为笾,木制为豆。 ②胼(pián)胝(zhī):手掌脚底因长期劳动摩擦而生的茧子。 ③黧黑:脸色黑。 ④咎犯:即狐偃,字子犯,春秋时晋国的大夫,是晋文公重耳的舅舅,又称舅犯。 ⑤社:土地神。 ⑥攓(qiān)撅(guì):攓,同"褰",撩起。撅,揭起衣服。撩起衣服,比喻无礼。 ⑦端冕:玄衣和大冠,古代帝王、贵族的礼服。 ⑧解左骖而盟于河:左骖,古代一车四马,中间的两匹称为服马,两边的称为骖马,左骖即服马左边的马。古人盟誓都要杀牲歃血,故杀了左骖,向河神歃血盟誓。

郑县人卜子,使其妻为袴,其妻问曰:"今袴何如?"夫曰:"象吾故袴。"妻子因毁新令如故袴。

【译文】 郑县人卜子,让他的妻子做裤子,他的妻子问他说:"新裤子做成什么样子?"丈夫回答说:"和我的旧裤子一样。"他的妻子于是把新裤子弄破,让它和旧裤子一样。

郑县人有得车轭者,而不知其名,问人曰:"此何种也?"对曰:"此车轭也。"俄又复得一①,问人曰:"此是何种也?"对曰:"此车轭也。"问者大怒曰:"曩者曰车轭②,今又曰车轭,是何众也? 此女欺我也。"遂与之斗。

【译文】 郑县有个人捡到一个车轭,却不知道它叫什么,于是问别人说:"这是什么东西?"别人回答说:"这是车轭。"不久他又捡到了一个,又问别人说:"这是什么东西?"别人回答说:"这是车轭。"问话的人大怒,说:"先时说是车轭,现在又说是车轭,这怎么会这么多呢? 这是你欺骗我。"于是和他打架。

【注释】 ①俄:不久。 ②曩(nǎng):先时。

卫人有佐弋者,鸟至,因先以其裷麾之①,鸟惊而不射也。

【译文】 卫国有人协助打猎的人,有鸟飞来了,于是先用他的头巾招引鸟儿,鸟儿受惊,反而射不到了。

【注释】 ①裷(yuān):头巾。麾(huī):招引。

郑县人卜子妻之市,买鳖以归,过颍水①,以为渴也,因纵而饮之,遂亡其鳖。

【译文】 郑县人卜子的妻子到市场上去,买了鳖拿着它回家,经过颍水时,她认为鳖需要喝水,于是放开让它去喝水,于是鳖就逃走了。

【注释】 ①颍水:水名。发源于河南省登封县嵩山西南,东南流经安徽省寿县正阳关入淮河。

夫少者侍长者饮,长者饮,亦自饮也。

一曰。鲁人有自喜者①,见长年饮酒不能釂则唾之②,亦效唾之③。

一曰。宋人有少者亦欲效善④,见长者饮无余,非斟酒饮也而欲尽之⑤。

【译文】 有个少年人侍奉年长的人饮酒,长者饮酒,少年人也跟着饮酒。

另一种说法。鲁国有个自尊如长者的人,看见长者饮酒不能喝干杯中酒时就把酒吐掉,他也学着吐掉。

另一种说法。宋国有个少年人也想学好,看见长者饮酒干杯,不应该倒酒喝却想把它喝光。

【注释】 ①自喜:自爱,自尊。自尊如长者。 ②釂(jiào):喝干杯中酒。 ③效:模仿。 ④效善:学习善行。 ⑥斟酒饮:倒酒来喝。

书曰:"绅之束之①。"宋人有治者,因重带自绅束也②。人曰:"是何也?"对曰:"书言之,固然。"

【译文】 古书上说："要好好约束自己。"一个宋国人研究这部书,于是就用双重的腰带把自己捆束起来。有人问他:"这是为什么呢?"他回答说:"书上说的本来就是这个样子。"

【注释】 ①绅:约束。　②重带:双重的腰带。

书曰:"既雕既琢,还归其朴。"梁人有治者,动作言学①,举事于文,日难之②,顾失其实③,人曰:"是何也?"对曰:"书言之固然。"

【译文】 古书上说:"雕刻之后再加以琢磨,回归到它的本性。"大梁有个人研究这部书,行为举止表现博学,做事讲究文饰,一天比一天繁缛,反而失掉了他的本性。有人问道:"这是为什么呢?"他回答说:"书上说的本来就是这个样子。"

【注释】 ①言:表达。　②难(nuó):盛,繁缛。　③顾:反而。

郢人有遗燕相国书者,夜书,火不明,因谓持烛者曰①:"举烛。"云而过书"举烛"。"举烛",非书意也。燕相受书而说之,曰:"举烛者,尚明也,尚明也者,举贤而任之。"燕相白王,王大说,国以治,治则治矣,非书意也。今世举学者多似此类。

【译文】 楚国郢都有个人给燕国的相国写信,在晚上写,火光不亮,于是对拿火把的人说:"举烛。"说完之后就写下了"举烛"。"举烛",并不是写信的意思。燕国的相国接到信后很高兴,说:"举烛,就是崇尚光明,崇尚光明,就是推举贤能的人来任用他。"燕相国报告给燕王,燕王非常高兴,国家因此得到了治理。国家虽然得到了治理,可这并不是写信的意思。当今世上的学者大多都是这样来解释先王之言的。

【注释】 ①烛:古代的"烛"或"庭燎",是在易燃的一束枝条(如干芦苇、艾蒿,或沤麻剩下的麻茎)等材料中,灌入耐燃而光焰明亮的油类,点着后,竖起来照明的。即现在的"火把"或"火炬"。

郑人有且置履者,先自度其足而置之其坐,至之市而忘操之,已得履,乃曰:"吾忘持度。"反归取之,及反,市罢,遂不得履。人曰:"何不试之以足?"曰:"宁信度,无自信也。"

【译文】 郑国有个人打算购置一双鞋子,预先自己量好了脚的尺度后把它放在了座位上,等去集市的时候忘了带上它,已经挑到了鞋子,却说:"我忘了拿尺度了。"返回家中去取,等到再回来,集市已经散了,于是就没有买到鞋子。有人问他说："为什么不用脚去试呢？"他回答说："我宁愿相信量好的尺度，不要相信自己的脚。"

传四

王登为中牟令①，上言于襄主曰②："中牟有士曰中章、胥己者，其身甚修，其学甚博，君何不举之？"主曰："子见之，我将为中大夫③。"相室谏曰④："中大夫，晋重列也，今无功而受，非晋臣之意。君其耳而未之目邪？"襄主曰："我取登既耳而目之矣⑤，登之所取又耳而目之，是耳目人绝无已也。"王登一日而见二中大夫，予之田宅，中牟之人弃其田耘、卖宅圃，而随文学者邑之半。

【译文】　王登做中牟令的时候，向赵襄子进言说："中牟有两个士人，叫中章、胥己，他们修养很高，学问非常渊博，您为什么不提拔他们呢？"赵襄子说："你带他们来见我，我打算任命他们为中大夫。"宰相进谏说："中大夫，是晋国重要的官职，现在他们没有功劳却得到任命，这不是晋国选拔大臣的意旨。您只是听说了，还没有亲眼看到呀。"赵襄子说："我选取王登的时候是耳闻目见亲自考察的，如果王登所选取的人又要我耳闻目见亲自考察，那么需要耳闻目见的人就没完没了了。"王登一天就引荐了两位中大夫，赐给他们土地宅院，中牟的人舍弃他们的土地、卖掉他们的宅院，跟着儒学之士学习的人，占了中牟人口的一半。

【注释】　①王登：又作"壬登"，即《说林上》的"任章"，应是晋国魏氏的家臣。　②襄主：即赵襄子，名毋恤，春秋末期晋国的卿。　③中大夫：古代官名，在周代，王室及诸侯各国卿以下有上大夫、中大夫、下大夫之职。　④相室：即宰相。　⑤耳而目之：耳闻目见，即亲自考察。

叔向御坐平公，请事①，公腓痛足痹，转筋而不敢坏坐②。晋国闻之，皆曰："叔向贤者，平公礼之，转筋而不敢坏坐。"晋国之辞仕托、慕叔向者国之锤矣③。

【译文】　叔向陪坐，晋平公请教政事，平公小腿肚痛脚发麻，转动脚筋却不敢歪斜地坐着。晋国人听说了这件事，都说："叔向是贤者，平公礼敬他，转动脚筋却不敢歪斜地坐着。"晋国辞掉官职托附，效仿叔向的人有三分之一。

【注释】　①叔向：即羊舌肸，字叔向。春秋时期晋国的大夫，学识广博，能以礼让治国。　②坏坐：歪斜地坐着。　③慕：效仿。

郑县人有屈公者，闻敌恐，因死；恐已，因生。

【译文】　郑县有个屈公,听说敌人要来非常害怕,于是就失去知觉,像死了一样;恐惧过去后,又活过来了。

赵主父使李疵视中山可攻不也?还报曰:"中山可伐也,君不亟伐,将后齐、燕。"主父曰:"何故可攻?"李疵对曰:"其君见好岩穴之士,所倾盖与车以见穷闾隘巷之士以十数①,优礼下布衣之士以百数矣②。"君曰:"以子言论,是贤君也,安可攻?"疵曰:"不然。夫好显岩穴之士而朝之,则战士怠于行阵;上尊学者,下士居朝,则农夫惰于田。战士怠于行陈者则兵弱也,农夫惰于田者则国贫也。兵弱于敌,国贫于内,而不亡者,未之有也,伐之不亦可乎?"主父曰:"善。"举兵而伐中山,遂灭也。

【译文】　赵国的主父派李疵察视是否可以攻打中山,李疵回来报告说:"中山可以攻打,君主如果不赶紧攻打,就会落在齐国、燕国的后面。"主父说:"为什么可以攻打呢?"李疵说:"中山国的君主喜欢隐居的人,他让车子的伞盖靠在一起、同乘一辆车来接见隐居在穷闾隘巷的士人有几十次,用平等的礼节接待平民百姓有几百次了。"主父说:"根据你的话判断,这是一个贤明的君主,怎么能够攻打呢?"李疵说:"不是这样的。尊崇隐居的人而去拜访他们,那么战士就会不愿意行军打仗,尊贵学者,所礼敬的士人身居朝廷,那么农民就会荒废农事。战士不愿行军打仗,军队就会疲弱,农夫荒废农事,国家就会贫穷。军队比敌人疲弱,国家贫穷,却不灭亡的,还未曾出现过。出兵攻打中山不是很合适的吗?"主父说:"对!"出兵攻打中山,于是就占领了。

【注释】　①倾盖与车:倾盖,车上的伞盖靠在一起。与车,同乘一辆车。比喻亲近。②优礼:以平等的礼节相待。

传五

齐桓公好服紫,一国尽服紫,当是时也,五素不得一紫①,桓公患之,谓管仲曰:"寡人好服紫,紫贵甚,一国百姓好服紫不已,寡人奈何?"管仲曰:"君欲何不试勿衣紫也,谓左右曰:'吾甚恶紫之臭②。'于是左右适有衣紫而进者,公必曰:'少却,吾恶紫臭。'"公曰:"诺。"于是日郎中莫衣紫③,其明日国中莫衣紫,三日境内莫衣紫也。

一曰。齐王好衣紫,齐人皆好也。齐国五素不得一紫,齐王患紫贵。傅说王曰④："《诗》云:'不躬不亲,庶民不信。'今王欲民无衣紫者,王以自解紫衣而朝,群臣有紫衣进者,曰:'益远,寡人恶臭。'"是日也,郎中莫衣紫;是月也,国中莫衣紫;是岁也,境内莫衣紫。

【译文】 齐桓公喜欢穿紫色的衣服,全国的人都穿紫色的衣服,在这个时候,五匹素帛也换不到一匹紫帛,齐桓公为此感到担忧,对管仲说:"我喜欢穿紫色的衣服,紫色的布帛价格很高,可是全国的百姓喜欢紫色的衣服没完没了,我该怎么办呢?"管仲说:"君主想刹住此风,为什么不试着不穿紫色的衣服呢? 对左右的人说:'我很讨厌紫帛的气味。'在这时左右侍从中如果正好有位穿着紫色衣服进见的,您必定说:'稍微退后一些,我讨厌紫帛的味道。'"齐桓公说:"好吧。"在当天郎中当中就没有人再穿紫色的衣服了,到了第二天,国都当中就没有人穿紫色的衣服了,到了第三天,国境之内都没有人再穿紫色的衣服了。

另一种说法。齐王喜欢穿紫色的衣服,齐国人都跟着喜欢穿紫色的衣服。在齐国五匹素帛也换不来一匹紫帛,齐王对紫帛的价格很贵感到担心。师傅劝说齐王说:"《诗经》中说:'君王不亲自实践,平民百姓就不会相信。'现在君王想让民众不再穿紫色的衣服,请君王换掉紫色的衣服去上朝,大臣中有人穿了紫色的衣服来上朝的,就说:'离远一些,我讨厌紫帛的气味。'"在这一天,郎中里就没有人再穿紫色的衣服;在这一个月,国都中就没有人再穿紫色的衣服;在这一年,齐国境内就没有人再穿紫色的衣服。

【注释】 ①五素不得一紫:指紫色的布帛价贵,五匹素帛也换不到一匹紫帛的布帛。 ②臭(xiù):气味。 ③郎中:官名,始置于战国,秦、汉沿置,掌管门户、车骑等事,内充侍卫,外从作战。 ④傅:师傅,指负责教导贵族子弟的人。

郑简公谓子产曰①:"国小,迫于荆、晋之间。今城郭不完②,兵甲不备,不可以待不虞③。"子产曰:"臣闭其外也已远矣④,而守其内也已固矣,虽国小犹不危之也。君其勿忧。"是以没简公身无患。

【译文】 郑简公对子产说:"郑国很小,夹在楚国和晋国之间。假如城墙不加修缮,兵甲不准备充足,就不能应付意外的事故。"子产回答说:"我防卫外国已经推至很远的地方,国内的守备也非常坚固了,国家虽然狭小,还是不会有危险的。希望君主不要担忧。"因此直到简公去世都没有发生灾患。

【注释】 ①子产:即公孙侨,字子产,春秋后期郑国著名的宰相。 ②完:修缮。 ③

不虞:意料不到的事。　④闭:防守。

子产相郑,简公谓子产曰:"饮酒不乐也,俎豆不大①,钟鼓竽瑟不鸣②,寡人之事也。国家不定,百姓不治,耕战不辑睦③,亦子之罪。子有职,寡人亦有职,各守其职。"子产退而为政五年,国无盗贼,道不拾遗,桃枣荫于街者莫有援也④,锥刀遗道三日可反,三年不变⑤,民无饥也。

【译文】　子产做郑国的宰相,郑简公对子产说:"宴飨饮酒不高兴,祭祀的物品不够丰厚,钟鼓之乐不能施行,这是我的责任。国家不安定,百姓得不到治理,农耕作战不能协调,这也是你的罪过。你有你的职责,我也有我的职责,我们要各自谨守自己的职责。"子产退朝后主持国政五年,郑国没有盗贼,没有人去捡别人遗失在路上的东西,桃、枣等果树的枝条伸到大街上也没有人攀树采摘,锥刀等工具丢在路上三天以后仍然可以找回,三年之间天时不利,人民也没有挨饿。

【注释】　①俎豆:俎和豆,古代祭祀、宴飨时盛食物用的两种礼器,这里用来指代祭祀的物品。　②钟鼓竽瑟:四种乐器,指代礼乐。　③辑睦:协调,和睦。　④援:攀。⑤不变:变,疑为"便"。不便,指天时不利。

宋襄公与楚人战于涿谷上①,宋人既成列矣,楚人未及济,右司马购强趋而谏曰②:"楚人众而宋人寡,请使楚人半涉未成列而击之,必败。"襄公曰:"寡人闻君子曰:'不重伤,不擒二毛③,不推人于险,不迫人于阸④,不鼓不成列⑤。'今楚未济而击之,害义。请使楚人毕涉成阵而后鼓士进之。"右司马曰:"君不爱宋民,腹心不完⑥,特为义耳。"公曰:"不反列,且行法。"右司马反列,楚人已成列撰阵矣⑦,公乃鼓之,宋人大败,公伤股,三日而死。此乃慕仁义之祸。夫必恃人主之自躬亲而后民听从,是则将令人主耕以为食、服战雁行也⑧,民乃肯耕战,则人主不泰危乎? 而人臣不泰安乎?

【译文】　宋襄公率兵和楚国军队在涿谷作战,宋国军队已摆好阵势,楚国军队还没有过河,右司马购强跑上前进谏说:"楚军人多,宋军人少,请趁着楚国军队正在过河还没有摆成阵势的时机进攻,一定能够打败他。"宋襄公说:"我听君子说过:'不伤害已经受伤的人,不俘虏老年人,不把敌人推入险地,不在险要的地方逼迫敌人,不击鼓进击还没有摆好阵势的军队。'现在楚国军队还没有过河就攻击他们,这是有损道义的。还是让楚国的军队全部过河摆成阵势之后再击鼓进击吧。"右司马说:"君主不爱护宋国的人民,性命都不能保全,却只图仁义的虚名。"宋襄公说:"你不立刻返回队列,我就以军法处置。"右司马返回到阵列中,楚国军队已经摆好了阵势,宋襄公才击鼓进击,宋国军队大败,宋襄公的大腿受了伤,三天后死了。这就是向慕仁义的灾祸。如果一定要靠君主亲身实践之后民众才能听从,那么这就是要让君主亲自耕种,亲自入伍从军,民众才肯耕田打仗,那么君主不是太危险,而臣下不是太安逸了吗?

【注释】　①涿谷:地名,在今河南省柘城县。《左传》记载此事作"泓之战"。　②司马:专掌军事的职官。购强:人名,据《左传》应为公子目夷,字子鱼,是宋襄公的庶兄。　③二毛:头发花白,指代老年人。　④阸(ài):险要的地方。　⑤鼓:击鼓进击。　⑥腹心不完:腹心不能保全,指宋国的将士在战斗中不能保全性命。　⑦成列撰阵:指摆好了阵势。　⑧雁行:阵法名,这里指代行军打仗。

齐景公游少海①,传骑从中来谒曰②:"婴疾甚③,且死,恐公后之。"景公遽起,传骑又至。景公曰:"趋驾烦且之乘④,使驺子韩枢御之⑤。"行数百步,以驺为不疾,夺辔代之,御可数百步,以马为不进,尽释车而走。以烦且之良,而驺子韩枢之巧,而以为不如下走也。

【译文】　齐景公到少海游玩,传骑从国都赶来报告说:"晏婴病得很重,快要死了,君主恐怕要见不到他了。"景公立刻起身,又有传骑到了。景公说:"赶紧让烦且马来驾车,让驺子韩枢来御车。"走了几百步,景公认为驺子赶车不快,夺过缰绳自己驾车,走了几百步,又认为马跑得不快,便扔下马车自己步行。以烦且马的优秀,驺子韩枢驾车的巧技,景公却以为不如下车步行。

【注释】　①齐景公:春秋时齐国的君主,名杵臼,公元前547～前490年在位。少海:即渤海。　②传骑:驿站传递音信命令的骑马的使者。　③婴:晏婴,字仲,谥平,史称晏平仲。侍奉灵公、庄公、景公,节俭力行,是齐国著名的宰相。　④烦且:一作"繁驵",为良马之名。　⑤驺子:掌管车马的仆役。韩枢:人名,应是一位善于驾车的人。

魏昭王欲与官事①,谓孟尝君曰②:"寡人欲与官事。"君曰:"王欲与官事,则何不试习读法?"昭王读法十余简而睡卧矣③,王曰:"寡人不能读此法。"夫不躬亲其势柄,而欲为人臣所宜为者也,睡不亦宜乎。

一曰。田婴相齐④,人有说王者曰:"终岁之计⑤,王不一以数日之间自听之，则无以知吏之奸邪得失也。"王曰："善。"田婴闻之，即遽请于王而听其计，王将听之矣，田婴令官具押券斗石参升之计⑥，王自听计，计不胜听，罢食，后复坐，不复暮食矣。田婴复谓曰："群臣所终岁日夜不敢偷怠之事也，王以一夕听之，则群臣有为劝勉矣。"王曰："诺。"俄而王已睡矣，吏尽揄刀削其押券升石之计⑦。王自听之，乱乃始生。

【译文】　魏昭王想干预官府的事务，对孟尝君说："我想干预官府事务。"孟尝君说："大王想干预官府的事务，那么为何不试着研读法律呢？"魏昭王读法律只读了十来简就睡着了，昭王说："我不能研读这些法律。"不亲自掌握着国家的权柄，却想做应该由臣下去做的事情，睡着也是应该的。

　　另一种说法。田婴做齐国的宰相时，有人劝齐王说："年末的决算账目，大王不全部在几天之内亲自审查，就没有办法知道官吏的奸邪得失。"齐王说："好。"田婴听说后，赶紧请齐王审查决算账目，齐王打算审查了，田婴命令官员备好右券及粮食的收支账目，齐王亲自审查账目，账目太多，不容易全部查完，吃完饭，又坐下来审查，没有再去吃晚饭了。田婴又对齐王说："群臣一年到头日夜忙碌不敢懈怠的工作，大王用一天的时间就审查好，那群臣就更加勤勉了。"齐王说："是。"不久齐王睡着了，官吏都挥刀削改右券和收支账目。齐王亲自审查账目，混乱就开始产生了。

【注释】　①魏昭王：战国时代魏国的君主，公元前295～前277年在位。　②孟尝君：姓田名文，齐威王少子齐宣王庶弟田婴的儿子，战国四大公子之一。　③简：竹简，古代写字的竹片。　④田婴：齐威王少子，齐宣王庶弟，孟尝君的父亲，任齐国宰相二十多年，被称为靖郭君，因封于薛，又称薛公。　⑤计：决算账目。　⑥押券：右券。古代刻木为契，分为左右两半，双方各执其一，作为凭信。左半叫左券，右半叫右券。券，契据。斗石参升：四种量器，指代粮食的收支账目。　⑦揄：挥动。

　　孔子曰："为人君者犹盂也①，民犹水也，盂方水方，盂圆水圆②。"

【译文】　孔子说："做君主的人就像盂，而人民就像盂里的水，盂是方形的水就是方形的，盂是圆形的水就是圆形的。"

【注释】　①盂(yú)：古代盛汤浆或饭食的圆口器皿。　②圆(yuán)：同"圆"，圆形。

　　邹君好服长缨①，左右皆服长缨，缨甚贵，邹君患之，问左右，左右曰："君好服，百姓亦多服，是以贵。"君因先自断其缨而出，国中皆不服长缨。君不能下令为百姓服度以禁之^②，乃断缨出以示民，是先戮以莅民也。

【译文】 邹国的君主喜欢佩戴长长的帽带，左右近臣也都佩戴长长的帽带，长帽带的价格很高，邹国君主为此很担忧，询问左右，左右回答说："君主喜欢佩戴，百姓也有很多人佩戴，所以就很贵。"邹国君主于是先撕掉了他的长帽带再出行，国都的人都不再佩戴长帽带了。君主不能下命令规定百姓的服制来加以禁止，却扯断自己的长帽带来给百姓看，这是先行处罚自己然后治理民众的做法。

【注释】 ①缨：系帽子的带子。　②服度：服装的法度，服制。

叔向赋猎^①，功多者受多，功少者受少。

【译文】 叔向授予官员俸禄，功劳多的人给的多，功劳少的人给的少。

【注释】 ①赋猎：当作"赋禄"。授予俸禄。

韩昭侯谓申子曰^①："法度甚不易行也。"申子曰："法者见功而与赏，因能而受官。今君设法度而听左右之请，此所以难行也。"昭侯曰："吾自今以来知行法矣，寡人奚听矣。"一日，申子请仕其从兄官，昭侯曰："非所学于子也。听子之谒败子之道乎？亡其用子之道败子之谒乎^②？"申子辟舍请罪^③。

【译文】 韩昭侯对申子说："法制是很不容易实行的。"申子说："法制是见到功劳就给予赏赐，根据才能来授予官职。现在君主设置了法度却听从左右亲信的请托，这是法度难以实行的原因。"韩昭侯说："我从今天开始知道怎么来实行法制了，我知道应该听取什么了。"一天，申子请求任用他的哥哥为官，昭侯说："这不是我从你那里学来的做法。我听从你的请求而败坏你的治术呢？还是执行你的治术而拒绝你的请求呢？"申子离开坐席请求治罪。

【注释】 ①韩昭侯：战国时韩国的君主，公元前 358～前 333 年在位。申子：即申不害，战国时郑国人，本为郑国官吏，韩兼并郑国后，至韩昭侯时以申不害为相，韩国得以安定。申不害以道家为本源，而注重法术，著有《申子》。　②亡其：还是。　③辟舍：原意指避开正房，寝于他处。这里应指离开坐席。

传六

晋文公攻原，裹十日粮，遂与大夫期十日，至原十日而原不下，击金而退^①，罢兵而去。士有从原中出者曰："原三日即下矣②。"群臣左右谏曰:"夫原之食竭力尽矣,君姑待之。"公曰:"吾与士期十日,不去,是亡吾信也。得原失信,吾不为也。"遂罢兵而去。原人闻曰:"有君如彼其信也,可无归乎?"乃降公。卫人闻曰:"有君如彼其信也,可无从乎?"乃降公。孔子闻而记之曰:"攻原得卫者信也。"

【译文】 晋文公攻打原城,带了十天的干粮,于是和大夫约定只打十天,到原城十天原城没有攻下,鸣锣退兵,收兵离去。有一个从原城出来的人说:"原城再有三天就要投降了。"群臣左右的人都进谏说:"原城的粮食缺乏,力量耗尽了,君主姑且等待几天。"晋文公说:"我和兵士们约定了十天,如果不撤兵离去,这是失去了我的信用,得到原城却失去信用,我不这么做。"于是撤兵回去了。原城的人听说后说:"有那样守信用的君主,还能不归服吗?"于是就投降了晋文公。卫国人听到这件事说:"有那样守信的君主,还能不服从吗?"于是投降了晋文公。孔子听说后记载此事说:"攻打原城而得到卫国,这是因为守信。"

【注释】 ①击金:敲击钲、铙等金属乐器,后多指敲锣。古代军队指挥中,用击鼓表示进攻,用敲锣表示收兵。 ②下:投降。

　　文公问箕郑曰:"救饿奈何?"对曰:"信。"公曰:"安信?"曰:"信名,信事,信义。信名,则群臣守职,善恶不踰①,百事不怠。信事,则不失天时,百姓不踰。信义,则近亲劝勉而远者归之矣。"

【译文】 晋文公问箕郑说:"怎么来救济饥荒呢?"箕郑回答说:"守信用。"晋文公说:"怎么样守信用呢?"箕郑回答说:"名号守信,事功守信,道义守信。名号守信,那么群臣就会谨奉职守,好人坏人都不敢苟且,各项工作都不会荒怠。事功守信,就不会错失天时,百姓就不会得过且过。道义守信,那么亲近的人就会受到勉励,疏远的人就能够归顺了。"

【注释】 ①踰(tóu):通"偷",苟且,得过且过。

　　吴起出,遇故人而止之食,故人曰:"诺,今返而御①。"吴子曰:"待公而食。"故人至暮不来,起不食待之。明日早,令人求故人,故人来方与之食。

【译文】 吴起出门,遇到一位老朋友,留他在家中吃饭,老朋友说:"好吧,我很快回来吃饭。"吴起说:"等你来一起吃饭。"这位老朋友到日暮还没有来,吴起不吃饭等候他。第二天早晨,派人寻找那位老朋友,老朋友来了才和他一起吃饭。

【注释】 ①御：进食。

魏文侯与虞人期猎，明日，会天疾风，左右止，文侯不听，曰："不可。以风疾之故而失信，吾不为也。"遂自驱车往，犯风而罢虞人①。

【译文】 魏文侯和虞人约定打猎，到了第二天，碰上刮大风，左右亲信劝阻他，魏文侯不听，说："不能这样。因为风大的原因而失去信用，我不做这样的事情。"于是自己驾着车去了，顶着大风去取消和虞人的约定。

【注释】 ①犯风：顶着大风。罢：取消。

曾子之妻之市，其子随之而泣，其母曰："女还，顾反为女杀彘。"妻适市来，曾子欲捕彘杀之，妻止之曰："特与婴儿戏耳。"曾子曰："婴儿非与戏也。婴儿非有知也，待父母而学者也，听父母之教，今子欺之，是教子欺也。母欺子，子而不信其母，非所以成教也。"遂烹彘也。

【译文】 曾子的妻子到市场去，她的儿子跟在后面啼哭，他的母亲说："你回去吧，等我回来给你杀猪。"曾子的妻子去市场回来，曾子想捉猪来杀，妻子阻止他说："我不过是和孩子说着玩的。"曾子说："和孩子不能说着玩。孩子不懂事，依靠父母来学习，听从父母的教导，现在你欺骗他，就是教孩子骗人。母亲欺骗孩子，孩子就不相信他的母亲，这不是成功教育孩子的办法。"于是就把猪杀掉煮了。

楚厉王有警，为鼓以与百姓为戍。饮酒醉，过而击之也。民大惊。使人止之，曰："吾醉而与左右戏，过击之也。"民皆罢。居数月，有警，击鼓而民不赴，乃更令明号而民信之。

【译文】 楚厉王设置警鼓，有事时击鼓来号令百姓守卫。有一次他喝醉了，经过警鼓时敲响了它。民众大吃一惊。厉王派人阻止，说："我喝醉了和左右侍从游戏，经过时敲了它。"人民都回去了。过了几个月，发生紧急事件，击响了警鼓却没有人来，于是只好改变命令申明号令，百姓才又相信他了。

李悝警其两和曰："谨警，敌人旦暮且至击汝。"如是者再三而敌不至，两和懈怠，不信李悝。居数月，秦人来袭之，至，几夺其军，此不信患也。

一曰。李悝与秦人战,谓左和曰:"速上,右和已上矣。"又驰而至右和曰:"左和已上矣。"左右和曰:"上矣。"于是皆争上。其明年与秦人战,秦人袭之,至,几夺其军,此不信之患。

【译文】　李悝警戒守营的士兵说:"小心警戒,敌人不久就会到来袭击你们。"这样好几次而敌人却没有来,守营的军士有些懈怠,不再相信李悝的话。过了几个月,秦国的军队袭击他们,秦兵到来几乎让他们全军覆没。这是不诚信的灾祸。

另一种说法。李悝和秦国人打仗,对守卫左门的士兵说:"快点进攻,右门的士兵已经攻上去了。"又跑到右门说:"守卫左门的士兵已经攻上去了。"左右两门的士兵都说:"攻上去啊。"于是都争着往前攻。到了第二年和秦军打仗,秦军袭击他们,秦军的到来几乎让他们全军覆没。这是不诚信的灾祸。

外储说左下第三十三

一

以罪受诛,人不怨上,刖危生子皋①。以功受赏,臣不德君,翟黄操右契而乘轩②。襄王不知③,故昭卯五乘而履屩④。上不过任⑤,臣不诬能,即臣将为少室周⑥。

【译文】 因为犯罪而受到诛罚,人不会怨恨君主,所以被砍了脚的人援救子皋。因为功劳而受到赏赐,臣下不会感激君主,所以翟黄拿着右符乘坐轩车。魏襄王不明白,所以给昭卯五乘的赏赐就像穿了双草鞋。君主不误用人才,臣下不虚饰才能,官吏们就会变成少室周那样的人。

【注释】 ①刖(yuè)危:危,通"跪",脚。砍脚,这是指受过刖刑的人。生:救活。子皋:即孔子弟子高柴,又称子羔、子高、李皋,春秋末年卫国人,一说齐国人。 ②翟黄:人名,一作"翟璜",战国时魏文侯的大臣。右契:符信的右半,古代的符信分为两半,右半为尊,用以责取,左半只是用来合符的。轩:轩车,有屏障的车,古代大夫以上职位的人乘坐的车子。 ③襄王:即魏襄王,战国时魏国的君主,公元前318～前296年在位。 ④昭卯:即芒卯,一作孟卯,战国时齐国人,能言善辩,做了魏国的将军。屩(juē):草鞋。 ⑤过任:误任。 ⑥少室周:人名,姓少室,名周。

二

恃势而不恃信,故东郭牙议管仲①。恃术而不恃信,故浑轩非文公②。故有术之主,信赏以尽能,必罚以禁邪,虽有驳行③,必得所利,简主之相阳虎④,哀公问一足。

【译文】 依靠权势而不依靠忠信,所以东郭牙评论管仲。依靠治术而不依靠忠信,所以浑轩非议晋文公。所以有道术的君主,确保赏赐来让人竭尽自己的才能,确保处罚来禁止奸邪,即使有一些驳杂不美的品行,但一定获得好处,赵简子任用阳虎为相,鲁哀公询问夔为何一足。

【注释】 ①东郭牙:人名,复姓东郭,名牙,春秋时代齐桓公的谏官。 ②浑轩:人名,春秋时郑国的大夫。 ③驳行:驳杂不纯美的德行。 ④简主:即赵简子,名鞅,又名志父,亦称赵孟,春秋时期晋国赵氏的领袖,晋昭公时官至大夫,执掌国事。阳虎:字货,季孙斯(即季桓子)的家臣,受季孙宠信,掌握季孙氏的大权后,想除去三桓(即孟孙氏、叔孙氏,季孙氏),失败后逃往齐国,又遭齐人猜疑,于是逃到了晋国。

三

失臣主之理,则文王自履而矜①。不易朝燕之处,则季孙终身庄而遇贼②。

【译文】 丧失了君臣之间的法纪,文王就自己系好鞋带还要自夸。不区分上朝燕居的差别,季孙一生庄重却被人贼杀。

【注释】 ①文王:即周文王姬昌,周武王的父亲,商纣时为西伯,施行仁政,诸侯归服,周武王灭纣之后,追尊其父为文王。履:系鞋带。矜:自夸。　②季孙:即季孙氏,春秋后期把持鲁国政权的贵族。这里大概指季孙斯,即季桓子。但季桓子遭阳虎之祸,并未被害。庄:庄重。

四

利所禁,禁所利,虽神不行;誉所罪,毁所赏,虽尧不治。夫为门而不使入,委利而不使进①,乱之所以产也。齐侯不听左右,魏主不听誉者,而明察照群臣,则钜不费金钱②,孱不用璧③,西门豹请复治邺足以知之④。犹盗婴儿之矜裘,与刖危子荣衣⑤。子绰左右画⑥,去蚁驱蝇,安得无桓公之忧索官,与宣主之患臞马也⑦。

【译文】 被禁止的事能够获利,能够获利的事情被禁止,即使神仙也不能推行法令;称赞被治罪的人,谤毁被赏赐的人,即使唐尧也不能把国家治理好。做成了门户却不让人进入,蓄积了财利却不让人求取,这是混乱产生的原因。假如齐侯不听从左右的话,魏王不采纳赞誉之辞,而是用明察来烛照群臣,那么钜就不会耗费金钱,孱也不会使用玉璧,这从西门豹请求再次治理邺县的故事中就能够明白了。这就像盗贼的儿子夸耀父亲的皮衣,刖跪的儿子赞扬父亲的衣服。从子绰说左右手画方圆与驱除蚂蚁蝇虫,怎么可能没有齐桓公忧虑的求官之人,和韩宣子担心的马匹消瘦的事情呢?

【注释】 ①委:储积,聚积。　②钜(jù):刚强,巨大。这里是假设的人名。　③孱(chán):懦弱,窄小。这里也是假设的人名。　④西门豹:战国时魏国人,魏文侯时为邺令。　⑤刖(yuè)危:危,通“跪”,脚。砍脚,这是指受过刖刑的人。　⑥子绰:人名,事迹不详。　⑦臞(qú):消瘦。

五

臣以卑俭为行,则爵不足以观赏①;宠光无节,则臣下侵逼②。

说在苗贲皇非献伯③,孔子议晏婴④,故仲尼论管仲与叔孙教。而出入之容变,阳虎之言见其臣也⑤,而简主之应人臣也失主术。朋党相和,臣下得欲,则人主孤;群臣公举,下不相和,则人主明,阳虎将为赵武之贤⑥、解狐之公⑦。而简主以为枳棘⑧,非所以教国也。

【译文】 臣下的品行谦卑俭朴,那么爵位就不足以显示赏赐。恩宠光耀没有节制,那么臣下就会侵逼君主。对这个道理的解说在"苗贲皇非议孟献伯"、"孔子评论晏婴"的故事中,所以孔子议论管仲太奢侈,叔孙敖太俭朴。阳虎说他所推荐的人态度的变化,赵简子对他的回应也丧失了君主的道术。臣下结成朋党,相互勾结实现私欲,那么君主就要被孤立;公正地选拔大臣,君臣上下相互协调,那么君主就能明察,阳虎也会像赵武一样贤能,像解狐一样公正。而赵简子认为阳虎是培植枳棘,这不是教化国人的方法。

【注释】 ①观赏:显示赏赐。 ②侵逼:侵犯逼迫。 ③苗贲皇:人名,楚国若敖氏之族,令尹斗椒之子。公元前 605 年(楚庄王九年),斗椒作乱失败,楚庄王灭若敖氏之族,贲皇逃到了晋国,晋封以苗邑(在今河南省济源县西南),故又叫苗贲皇,晋楚鄢陵之战时向晋侯进言,击败楚国。献伯:孟献伯,晋国的卿,食邑于孟(今山西孟县)。 ④晏婴:字仲,谥平,史称晏平仲。侍奉灵公、庄公、景公,节俭力行,是齐国著名的宰相。 ⑤见:引见,推荐。 ⑥赵武:即赵文子,也被称为赵孟,春秋时晋国的卿。赵武出生前其父赵朔即被屠岸贾杀害,他出生之后,赖程婴等人相救,得免于难,后被晋平公任命为宰相,死后谥为文子。 ⑦解狐:人名,春秋时晋国的大夫。据《左传》记载,祁奚向晋悼公告老,晋悼公问谁可作为他的继任者,祁奚于是推荐了他的仇人解狐,在准备任命他的时候解狐却死了。 ⑧枳棘:都是多刺的树木。

六

公室卑则忌直言①,私行胜则少公功。说在文子之直言②,武子之用杖;子产忠谏③,子国谯怒④;梁车用法⑤,而成侯收玺⑥;管仲以公,而国人谤怨。

右经

【译文】 君主的地位低下就会忌讳直言,自私的行为大盛为国家做事的人就会减少。对这个道理的解说,在"范文子说直话而范武子用手杖打他"、"子产忠心进谏而子国怒责他"、"梁车对他的姐姐行刑而赵成侯收回官印"、"管仲秉公用人而国人谤怨"的故事中。

【注释】 ①公室:国君,君主。 ②文子:即范文子:晋国大夫士会,食采于随,称随会,又封于范,死后谥为武,故称范武子。他的儿子士燮,死后谥为文子,即范文子。 ③子产:即公孙侨,字子产,春秋后期郑国著名的宰相。 ④子国:子产的父亲,郑穆公的儿子公子发,字子国。谯怒:怒责。 ⑤梁车:人名,事迹不详。 ⑥成侯:赵成侯,名种,战国时赵国的君主,公元前374～前350年在位。

传一

孔子相卫,弟子子皋为狱吏,刖人足,所刖者守门。人有恶孔子于卫君者曰:"仲尼欲作乱。"卫君欲执孔子,孔子走,弟子皆逃,子皋后门①,刖危引之而逃之门下室中,吏追不得。夜半,子皋问刖危曰:"吾不能亏主之法令而亲刖子之足,是子报仇之时也,而子何故乃肯逃我?我何以得此于子?"刖危曰:"吾断足也,固吾罪当之,不可奈何。然方公之狱治臣也,公倾侧法令②,先后臣以言③,欲臣之免也甚,而臣知之。及狱决罪定,公愀然不悦④,形于颜色,臣又知之。非私臣而然也,夫天性仁心固然也,此臣之所以悦而德公也。"孔子曰:"善为吏者树德,不能为吏者树怨。概者⑤,平量者也;吏者,平法者也。治国者,不可失平也。"

【译文】 孔子做卫国的宰相时,他的弟子子皋做狱吏,砍了一个人的脚,这个人去守城门了。有人在卫国君主面前谗毁孔子说:"仲尼打算作乱。"卫国君主想捉拿孔子,孔子逃走,他的弟子也都跟着逃走,子皋来不及出城,那个被砍了脚的人领着他逃到了城门旁边的屋子里,官吏追赶他没有抓到。到了半夜,子皋问被砍了脚的人说:"我不能破坏君主的法令,亲手砍了你的脚,现在是你报仇的时候,可是你为什么反而愿意让我逃走?我怎么能得到你这样的帮助呢?"被砍了脚的人说:"我被砍了脚,本来是我犯罪应当受的处罚,是没有办法的。可是在您审理我的时候,您反复推敲法令,帮我说话,很想让我免受处罚,这些我是知道的。等到判定了罪行,您忧愁的心情,表现在脸上,这我也是知道的。您不是因为偏袒我才这样,而是天生就心地仁慈,这是我心悦诚服报答您的原因。"孔子说:"善于做官的人树立恩德,不善做官的人树立仇怨。概,是刮平量器的工具;官吏,是平正法度的人。治理国家的人,不能失去公正。"

【注释】 ①后门:指过了门禁时限而来不及出城。 ②倾侧:摇摆不定,引申为推敲。 ③先后:帮助。 ④愀(cù)然:愀,通"愀"。忧愁的样子。 ⑤概:量谷物时刮平斗斛的器具。

田子方从齐之魏①,望翟黄乘轩骑驾出,方以为文侯也,移车异路而避之,则徒翟黄也②。方问曰:"子奚乘是车也?"曰:"君谋欲伐中山,臣荐翟角而谋得果③;且伐之,臣荐乐羊而中山拔。得中山,忧欲治之,臣荐李克而中山治。是以君赐此车。"方曰:"宠之称功尚薄"。

【译文】 田子方从齐国到魏国去,看见翟黄乘坐着轩车,随着轻骑出来,田子方以为是魏文侯,把车子移到另一条路上避让,却只是翟黄。田子方问他说:"你怎么乘坐着这种车子呢?"翟黄说:"君主谋划着想攻打中山,我推荐了翟角,计谋得以成功;准备攻打时,我推荐乐羊,中山就被攻占了。夺得中山后,忧虑如何治理,我推荐李克,中山得到了治理。因此君主就赏赐给我这辆车。"田子方说:"恩宠和功劳相比尚且微薄。"

【注释】 ①田子方:名无择,战国时魏国人,相传是子夏的弟子,被魏文侯奉为老师。②徒:只,不过。 ③翟角:人名,战国时魏文侯的大臣。

　　秦、韩攻魏,昭卯西说而秦、韩罢。齐、荆攻魏,卯东说而齐、荆罢。魏襄王养之以五乘,卯曰:"伯夷以将军葬于首阳山之下①,而天下曰:夫以伯夷之贤与其称仁,而以将军葬,是手足不掩也。今臣罢四国之兵,而王乃与臣五乘,此其称功,犹嬴胜而履屩②。"

【译文】 秦国、韩国攻打魏国,昭卯西行游说,秦国、韩国罢兵。齐国、楚国攻打魏国,昭卯东行游说,齐国、楚国罢兵。魏襄王用五乘的俸禄来供养他,昭卯说:"伯夷被以将军的身份埋葬在首阳山下,可是天下人说:以伯夷的贤良和他被称道的仁德,却被以将军的礼节埋葬,这简直连他的手足都掩盖不住。现在我让四个国家的军队撤兵,而君王却给我五乘的赏赐,这和我的功劳相比,就像裹腿穿草鞋一样。"

【注释】 ①伯夷:商朝末年孤竹国君主的儿子,在其父死后,与其弟叔齐互让君位,相继逃到了周国,在周武王伐纣时,伯夷、叔齐曾拦马阻谏。在武王灭纣之后,伯夷、叔齐不吃周人的粮食,隐居于首阳山上,以采食野菜为生,最后饿死。 ②嬴胜而履屩(juē):嬴胜,当作"嬴滕",指裹腿。屩,草鞋。裹腿穿草鞋。这是平民的装束,用以比喻赏赐微不足道。

　　少室周者,古之贞廉洁悫者也①,为赵襄主力士,与中牟徐子角力,不若也,入言之襄主以自代也,襄主曰:"子之处,人之所欲也,何为言徐子以自代?"曰:"臣以力事君者也,今徐子力多臣,臣不以自代,恐他人言之而为罪也。"

　　一曰。少室周为襄主骖乘，至晋阳，有力士牛子耕，与角力而不胜，周言于主曰："主之所以使臣骖乘者，以臣多力也，今有多力于臣者，愿进之。"

【译文】　少室周，是古代一位忠贞廉洁的人，给赵襄子做力士，和中牟人徐子较量力气，不如他，进去推荐给赵襄子来替代自己，赵襄子说："你所处的位置，是人都想得到的，为什么推荐徐子来替代自己呢？"少室周回答说："我是凭力气来侍奉君主的，现在徐子的力气比我大，我不让他来替代我，我担心其他人说了而落下罪名。"

　　另一种说法。少室周给赵襄子驾驭马车，到了晋阳，和一个叫牛子耕的力士较量力气而不能取胜，少室周对赵襄子说："君主之所以让我来驾车，是因为我的力气大，现在有个人的力气比我大，我愿意推荐他。"

【注释】　①愨(què)：诚朴。

传二

　　齐桓公将立管仲为仲父，令群臣曰："寡人将立管仲为仲父，善者入门而左，不善者入门而右。"东郭牙中门而立。公曰："寡人立管仲为仲父，令曰善者左，不善者右，今子何为中门而立？"牙曰："以管仲之智为能谋天下乎？"公曰："能。""以断为敢行大事乎？"公曰："敢。"牙曰："若知能谋天下，断敢行大事，君因专属之国柄焉。以管仲之能，乘公之势以治齐国，得无危乎？"公曰："善。"乃令隰朋治内①，管仲治外以相参②。

【译文】　齐桓公打算尊立管仲为仲父，命令群臣说："我打算尊立管仲为仲公，同意的人进门后站到左边，不同意的人进门后站到右边。"东郭牙站到了门的正中间。齐桓公说："我要尊立管仲为仲父，下命令说同意的人站左边，不同意的人站右边，现在你为什么站在门中间呢？"东郭牙说："凭管仲的智慧能谋取天下吗？"齐桓公说："能。""凭他的果断敢做大事吗？"齐桓公说："敢。"东郭牙说："如果他的智慧能谋取天下，他的果断敢做大事，君主因此把国家的权柄交给他一个人。凭借管仲的才能，借助您的权势来治理齐国，能够没有危险吗？"齐桓公说："对。"于是命令隰朋掌管内政，管仲主管外交，以此来相互牵制。

【注释】　①隰朋：人名，春秋时齐桓公的贤臣。　②相参：相互参证，相互制约。

　　晋文公出亡，箕郑挈壶餐而从，迷而失道，与公相失，饥而道

泣,寝饿而不敢食①。及文公反国,举兵攻原,克而拔之,文公曰:
"夫轻忍饥馁之患而必全壶餐,是将不以原叛。"乃举以为原令。
大夫浑轩闻而非之曰:"以不动壶餐之故,怙其不以原叛也②,不亦
无术乎!故明主者,不恃其不我叛也,恃吾不可叛也;不恃其不我
欺也,恃吾不可欺也。"

【译文】 晋文公出逃时,箕郑提着一壶饭跟在后面,走迷了路,和文公失散,
感到饥饿,站在路边哭泣,饿得病倒了却不敢吃壶中的饭。等文公回国后,
兴兵攻打原城,攻占了原城之后,文公说:"箕郑忍受着饥饿痛苦也一定要保
全壶里的食物,因此他不会凭借原城叛乱。"于是提拔他做了原城的县令。
郑国大夫浑轩听说后非议文公说:"因为不动用壶中食物的原因,就相信他
不会凭借原城叛乱,不是很没有治术吗?所以英明的君主,不依靠臣下不背
叛我,而依靠我不能被背叛,不依靠臣下不欺骗我,而依靠我不能被欺骗。"

【注释】 ①寝饿:寝,病卧。饿得病倒了。 ②怙(hù):依赖,凭靠。

阳虎议曰:"主贤明则悉心以事之,不肖则饰奸而试之。"逐于
鲁,疑于齐,走而之赵,赵简主迎而相之,左右曰:"虎善窃人国政,
何故相也?"简主曰:"阳虎务取之,我务守之。"遂执术而御之,阳
虎不敢为非,以善事简主,兴主之强,几至于霸也。

【译文】 阳虎议论说:"君主贤明就竭心尽智来侍奉他,君主不成才就粉饰
奸邪来试探他。"他被鲁国驱逐,在齐国遭到猜疑,逃到了晋国的赵氏,赵简
子迎接他并任用他为宰相。左右亲信说:"阳虎喜于窃取国政,为什么要任
用他做宰相?"赵简子说:"阳虎致力于窃取,我致力于保守。"于是使用权术
来控制他,阳虎不敢做坏事,尽心地侍奉赵简子,赵氏发展强大,几乎称霸天
下。

鲁哀公问于孔子曰:"吾闻古者有夔一足,其果信有一足乎?"
孔子对曰:"不也,夔非一足也。夔者忿戾恶心①,人多不说喜也。
虽然,其所以得免于人害者,以其信也,人皆曰独此一足矣,夔非
一足也,一而足也。"哀公曰:"审而是固足矣。"

一曰。哀公问于孔子曰:"吾闻夔一足,信乎?"曰:"夔,人也,
何故一足?彼其无他异②,而独通于声,尧曰:'夔一而足矣。'使为
乐正③。故君子曰:'夔有一足。'非一足也。"

【译文】　鲁哀公问孔子说："我听说古代有个叫夔的人只有一只脚,他真的只有一只脚吗?"孔子回答说:"不是,夔不是只有一只脚。夔这个人蛮横无理,让人讨厌,人们大多都不喜欢他。虽然如此,他能够免遭伤害的原因,在于他的诚信,人都说只有这一个优点就足够了,夔不是只有一只脚,一个优点就足够了。"哀公说:"真的像这样的话,的确就足够了。"

另一种说法。鲁哀公问孔子说:"我听说夔只有一只脚,是真的吗?"孔子说:"夔是个人,怎么会只有一只脚呢? 他没有其他的优长,只是通晓音律,尧说:'夔有一个优长就足够了。'派他做了乐正。所以君子说:'夔有一个优长就足够了。'并非只有一只脚。"

【注释】　①忿戾恶心:蛮横无理,让人讨厌。　②异:奇异,优长。　③乐正:古代的乐官之长。

传三

文王伐崇①,至凤黄虚②,袜系解,因自结,太公望曰③:"何为也?"王曰:"上君与处皆其师,中皆其友,下尽其使也。今皆先君之臣,故无可使也。"

一曰。晋文公与楚战,至黄凤之陵,履系解,因自结之,左右曰:"不可以使人乎?"公曰:"吾闻上君所与居,皆其所畏也;中君之所与居,皆其所爱也;下君之所与居,皆其所侮也。寡人虽不肖,先君之人皆在,是以难之也。"

【译文】　周文王征伐崇国,到达凤黄虚时,鞋带掉了,于是自己把它系好。太公望说:"为什么自己系呢?"文王说:"上等的君主和他相处的都是他的师傅,中等的君主与他相处的都是他的朋友,而下等君主周围都是他的仆从。现在都是先君的旧臣,所以没有人可以支使。"

另一种说法。晋文公和楚国人打仗,走到黄凤陵时,鞋带掉了,于是自己把它系好了,左右随从说:"不能让别人来做吗?"晋文公说:"我听说上等的君主和他相处的人,都是他所敬畏的;中等的君主所相处的人,都是他所喜欢的;下等的君主所相处的人,都是他所轻慢的。我虽然不成才,先君的旧臣都在,所以很难让别人来做。"

【注释】　①崇:商朝时的诸侯国名,故地在今陕西省户县东。　②凤黄虚:应为地名。　③太公望:即姜尚,又称吕尚,字尚父,人称姜太公或太公望。辅佐文王、武王灭商纣之后被封于齐国。

季孙好士,终身庄,居处衣服常如朝廷①,而季孙适懈,有过失,而不能长为也,故客以为厌易己②,相与怨之,遂杀季孙。故君子去泰去甚③。

【译文】　季孙喜欢养士,一生都很庄重,家居燕处时穿的衣服都像上朝一样整齐,但季孙偶尔懈怠,有些过失,不能长期保持庄重,于是客人认为他讨厌轻视自己,他们私下交好一起怨恨季孙,于是就杀了季孙。所以君子做事避免过分。

【注释】　①居处:家居燕处。　②厌易:讨厌轻视。　③泰:过分,过甚。

南宫敬子问颜涿聚曰①:"季孙养孔子之徒,所朝服与坐者以十数而遇贼,何也?"曰:"昔周成王近优侏儒以逞其意②,而与君子断事,是能成其欲于天下。今季孙养孔子之徒,所朝服而与坐者以十数,而与优侏儒断事,是以遇贼。故曰:不在所与居,在所与谋也。"

【译文】　南宫敬子问颜涿聚说:"季孙供养孔子的弟子,穿起朝服和他们坐着交谈的有几十个,可是却被人贼杀,这是为什么呢?"颜涿聚说:"从前周成王经常接近优人侏儒来取乐,可是和君子一起决断政事,所以能在天下实现他的愿望。现在季孙供养孔子的弟子,穿起朝服和他们坐着交谈的有几十个,可是却和优人侏儒一起来决断政事,因此就被贼杀了。所以说:事情成败的关键不在于一起生活的人,而在于一起谋事的人。"

【注释】　①南宫敬子:应即南宫敬叔,鲁国权臣孟僖子的儿子仲孙阅。颜涿聚:人名,《左传》称"颜庚"。春秋时齐国的大夫,曾为梁父大盗,后来跟孔子学习,成为名显天下的人物。　②周成王:名诵,周朝的第二位天子,周武王的儿子。

孔子御坐于鲁哀公,哀公赐之桃与黍,哀公曰:"请用。"仲尼先饭黍而后啖桃①,左右皆掩口而笑②,哀公曰:"黍者,非饭之也,以雪桃也③。"仲尼对曰:"丘知之矣。夫黍者五谷之长也,祭先王为上盛。果蓏有六④,而桃为下,祭先王不得入庙。丘之闻也,君子以贱雪贵,不闻以贵雪贱。今以五谷之长雪果蓏之下,是从上雪下也,丘以为妨义,故不敢以先于宗庙之盛也。"

【译文】　孔子陪鲁哀公坐着,鲁哀公赐给他桃子和黍饭,哀公说:"请食用。"孔子先吃了黍饭然后吃桃子。左右侍从都掩着嘴笑了,哀公说:"黍饭不是用来吃的,是用来洗刷桃子的。"孔子回答说:"我知道的。黍在五谷中居于首位,祭祀先王被作为上等的祭品。瓜果有六种,而桃属于下品,祭祀先王时不能被供于祖庙。我听说,君子用低贱的东西来洗刷高贵的东西,没有听说过用高贵的东西来洗刷低贱的东西。现在用居于五谷之首的黍来洗刷瓜果中的下品,是用上等的东西来洗刷下等的东西,我认为这妨害了正义,所以不敢把桃子看得比宗庙祭祀中的上等祭品还重要。”

【注释】 ①啖(dàn):吃。　②掩:掩盖。　③雪:洗刷。　④蓏(luǒ):瓜类植物的果实。

　　赵简子谓左右曰:“车席泰美。夫冠虽贱,头必戴之;屦虽贵,足必履之。今车席如此大美,吾将何屦以履之①? 夫美下而耗上,妨义之本也。”

【译文】 赵简子对左右侍从说:“车子的坐席太华美了。帽子虽然粗劣,必须戴在头上;鞋子虽然精贵,一定要穿在脚上。现在车子的坐席如此华美,我还怎么用草鞋来踩踏它呢? 美化下位的东西来让居于上位的东西跟着耗费,这是妨害了正道的根由。”

【注释】 ①屦(juē):草鞋。

　　费仲说纣曰①:“西伯昌贤②,百姓悦之,诸侯附焉,不可不诛,不诛必为殷患。”纣曰:“子言,义主,何可诛?”费仲曰:“冠虽穿弊,必戴于头;履虽五采,必践之于地。今西伯昌,人臣也,修义而人向之,卒为天下患,其必昌乎! 人人不以其贤为其主,非可不诛也。且主而诛臣,焉有过?”纣曰:“夫仁义者,上所以劝下也。今昌好仁义,诛之不可。”三说不用,故亡。

【译文】 费仲对商纣王说:“西伯昌贤明,百姓都很爱戴他,诸侯都归附于他,不能不杀了他,不杀他一定会成为殷商的祸害。”纣王说:“按你说的,他是一位仁义的君主,怎么能够诛杀呢?”费仲说:“帽子虽然破了,一定要戴在头上;鞋子虽然华美,一定要穿着它踩在地上。现在西伯昌,是一位大臣,却修行仁义,人民都归向他,最终成为天下祸害的,一定是姬昌! 身为大臣却不拿他的贤能来辅佐他的君主,不可不诛。况且君主诛杀大臣,有什么过错呢?”商纣说:“所谓仁义,是君主劝勉臣下的办法。现在姬昌喜欢施行仁义,杀了他是不对的。”费仲劝说了三次商纣都没有采纳,所以亡国了。

【注释】 ①费仲:商纣王的宠臣。　②西伯昌:即周文王姬昌。

齐宣王问匡倩曰①:"儒者博乎②?"曰:"不也。"王曰:"何也?"匡倩对曰:"博者贵枭②,胜者必杀枭,杀枭者,是杀所贵也,儒者以为害义,故不博也。"又问曰:"儒者弋乎③?"曰:"不也。弋者从下害于上者也,是从下伤君也,儒者以为害义,故不弋。"又问:"儒者鼓瑟乎?"曰:"不也。夫瑟以小弦为大声,以大弦为小声,是大小易序,贵贱易位,儒者以为害义,故不鼓也。"宣王曰:"善。"仲尼曰:"与其使民谄下也,宁使民谄上。"

【译文】 齐宣王问匡倩说:"儒生博弈吗?"匡倩回答说:"不。"齐宣王问:"为什么?"匡倩回答说:"对博的人最看重枭棋,取胜的人一定要杀掉枭棋,杀掉枭棋,就是杀掉最尊贵的,儒生认为这妨害仁义,所以不博弈。"齐宣王又问道:"儒生弋射飞鸟吗?"匡倩回答说:"不。弋射是站在下面伤害上面的,这就像从下面伤害君主,儒生认为这妨害仁义,所以不弋射。"齐宣王又问道:"儒生弹奏瑟吗?"匡倩说:"不。瑟是用小弦发出大声,以大弦发出小声,这是改变了大小的秩序,改变了贵贱的位置,儒生认为这妨害了仁义,所以不弹奏瑟。"齐宣王说:"很好!"孔子说过:"与其让人民奉承臣下,不如让他们奉承君主。"

【注释】 ①齐宣王:名辟疆,战国时齐国国君,齐威王之子,公元前319~前301年在位。匡倩:人名,生平不详。 ②枭:古代博戏的胜彩名。 ③弋:用带丝绳的箭来射。

传四

钜者,齐之居士。屏者,魏之居士。齐、魏之君不明,不能亲照境内,而听左右之言,故二子费金璧而求入仕也。

【译文】 钜是齐国的居士,屏是魏国的居士。齐、魏两国的君主不明察,不能亲自烛照全国,却听信左右亲信的话,所以这两个人耗费金钱玉璧来求取官职。

西门豹为邺令,清克洁悫①,秋毫之端无私利也,而甚简左右,左右因相与比周而恶之。居期年,上计②,君收其玺,豹自请曰:"臣昔者不知所以治邺,今臣得矣,愿请玺复以治邺,不当,请伏斧锧之罪③。"文侯不忍而复与之。豹因重敛百姓,急事左右,期年,上计,文侯迎而拜之,豹对曰:"往年臣为君治邺,而君夺臣玺,今臣为左右治邺,而君拜臣,臣不能治矣。"遂纳玺而去,文侯不受,曰:"寡人曩不知子④,今知矣,愿子勉为寡人治之。"遂不受。

【译文】　西门豹做邺令时,清正克己,廉洁诚实,一点也不求取私利,对魏文侯的左右侍从非常简慢,左右侍从于是相互勾结来诽谤他。过了一年,回京述职时,魏文侯就收回了他的官印。西门豹自己请求说:"我过去不知道怎么来治理邺县,现在我知道了,希望把官印给我再去治理邺县,如果再治理不好,请求接受砍头的处罚。"魏文侯不忍拒绝就又还给了他。西门豹于是向百姓征收重税,加紧侍奉文侯的左右侍从,一年之后,回京述职时,文侯亲自迎接他、拜谢他。西门豹回答说:"往年我为君主治理邺县时,君主收回了我的官印,今年我为君主的左右亲信治理邺县,君主却拜谢我,我不能再治理邺县了。"于是交还官印就要离去,魏文侯不肯接受,说:"我以前不了解你,现在了解了,希望你努力为我治理邺县。"于是没有接受他交还的官印。

【注释】　①清克洁悫:清正克己,廉洁诚实。　②上计:战国、秦、汉时地方官于年终将境内户口、赋税、盗贼、狱讼等项编造计簿,遣吏逐级上报,奏呈朝廷,借资考绩,谓之上计。相当于现在的述职。　③斧锧(zhì):斧子与铁锧(zhēn 砧板),古代的刑具,行刑时置人于锧上,以斧砍之。后来泛指罪名。　④曩(nǎng):以前。

　　齐有狗盗之子与刖危子戏而相夸①,盗子曰:"吾父之裘独有尾。"危子曰:"吾父独冬不失袴②。"

【译文】　齐国有个狗盗的儿子和一个刖跪的儿子在一起玩耍,相互夸耀,盗贼的儿子说:"只有我父亲的皮衣上有尾巴。"刖跪的儿子说:"只有我父亲冬天有发放的套裤。"

【注释】　①狗盗:伪装成狗进行偷盗。后泛指窃贼。　②袴(kù):古代指左右各一、分套在小腿上的套裤,有别于满裆的"裈(kūn)"。

　　子绰曰:"人莫能左画方而右画圆也。以肉去蚁蚁愈多,以鱼驱蝇蝇愈至。"

【译文】　子绰说:"没有人能同时用左手画方而用右手画圆。用肉来去除蚂蚁,蚂蚁会更多,用鱼来驱赶苍蝇,苍蝇飞来的就越多。"

　　桓公谓管仲曰:"官少而索者众,寡人忧之。"管仲曰:"君无听左右之谓请,因能而受禄,录功而与官,则莫敢索官,君何患焉?"

【译文】　齐桓公对管仲说:"官职少而要求做官的人多,我很担心。"管仲说:"君主不要听从左右侍从的请托,根据才能来给予俸禄,记录功绩来授予官职,就没有人再敢要求做官了,君主对此有什么担心的呢?"

　　韩宣子曰:"吾马茹粟多矣①,甚臞,何也? 寡人患之。"周市对曰②："使驺尽粟以食③，虽无肥，不可得也。名为多与之，其实少，虽无臞，亦不可得也。主不审其情实，坐而患之，马犹不肥也。"

【译文】 韩宣子说："我的马吃的粮食很多了，却非常瘦，为什么呢？我很担心。"周市回答说："假使养马的人把粮食都给马吃了，即使想让它不肥，也是不可能的。表面上是多给它吃，实际上给得很少，即使想让它不瘦，也是不可能的。君主不考察其中的实情，只是坐着担心，马仍然是肥不了的。"

【注释】 ①茹：吃。　②周市：人名，事迹不详。　③驺（zōu）：古时掌管养马并管驾车的人。

桓公问置吏于管仲，管仲曰："辩察于辞，清洁于货，习人情，夷吾不如弦商①，请立以为大理②。登降肃让，以明礼待宾，臣不如隰朋③，请立以为大行④。垦草创邑⑤，辟地生粟，臣不如宁戚⑥，请以为大田⑦。三军既成陈，使士视死如归，臣不如公子成父⑧，请以为大司马⑨。犯颜极谏，臣不如东郭牙⑩，请立以为谏臣⑪。治齐此五子足矣，将欲霸王，夷吾在此。"

【译文】 齐桓公向管仲询问安排官吏的事情，管仲说："言辞雄辩而详审，不贪污财货，又熟习人情世故，我不如弦商，请任命他为大理。朝聘会盟中的登降周旋，以周到的礼数接应宾客，我不如隰朋，请任命他为大行。开垦荒地，创建城邑，耕种田地，生产粮食，我不如宁戚，请任用他为大田。军队摆成战阵，能让兵士视死如归，我不如公子成父，请任用他为大司马。不怕触怒君主而极力进谏，我不如东郭牙，请任命他为谏臣。治理齐国有这五个人就足够了，打算要称霸天下，有我管夷吾在这里。"

【注释】 ①夷吾：管仲的名。弦商：人名，事迹不详。《管子》作"宾须无"。　②大理：总管刑狱的官员。　③隰朋：人名，春秋时齐桓公的贤臣。　④大行：即大行人，负责接待宾客的官员。　⑤创：创建。　⑥宁戚：人名，春秋时卫国人，家贫，到齐国后击牛角而歌《饭牛歌》，齐桓公任命他为大田。　⑦大田：总管农事的官员。　⑧公子成父：人名，又作"王子成父"，春秋时齐桓公的将军。　⑨大司马：总掌军事的官员。　⑩东郭牙：人名，复姓东郭，名牙，春秋时代齐桓公的谏官。　⑪谏臣：主掌谏诤的官员。

传五

孟献伯相晋，堂下生藋藜①，门外长荆棘，食不二味，坐不重席，晋无衣帛之妾②，居不粟马，出不从车。叔向闻之③，以告苗贲皇，贲皇非之曰："是出主之爵禄以附下也。"

一曰。孟献伯拜上卿④，叔向往贺，门有御，马不食禾⑤。向曰："子无二舆，马不食禾，何也？"献伯曰："吾观国人尚有饥色，是以不秣马。班白者多以徒行，故不二舆。"向曰："吾始贺子之拜卿，今贺子之俭也。"向出，语苗贲皇曰："助吾贺献伯之俭也。"苗子曰："何贺焉！夫爵禄旗章⑥，所以异功伐别贤不肖也。故晋国之法，上大夫二舆二乘，中大夫二舆一乘，下大夫专乘，此明等级也。且夫卿必有军事，是故修车马，比卒乘，以备戎事。有难则以备不虞，平夷则以给朝事。今乱晋国之政，乏不虞之备，以成节俭，以洁私名，献伯之俭也可与？又何贺！"

【译文】　孟献伯做晋国的卿，堂前生了野草，大门外长了荆棘，吃饭没有两样菜，座位没有两层席，家中妻妾没有人穿丝绸的衣服，家居时不用粮食喂马，出门时没有随从的车辆。叔向听说后，把这件事告诉给苗贲皇，贲皇非议他说："这是抛弃君主赐予的爵禄来亲附下人。"

　　另一种说法。孟献伯被任命为上卿后，叔向前往祝贺，门口有辆车，没有给马喂粮食吃。叔向说："你没有两辆马车，也不给马喂粮食，这是为什么呢？"献伯说："我看我们国家的人尚有饥饿之色，因此不给马喂粮食。头发花白的人大多都在步行，所以不使用两辆车子。"叔向说："我起初是要祝贺你被封为上卿的，现在要祝贺你的俭朴。"叔向出去，对苗贲皇说："协助我祝贺献伯的俭朴。"苗贲皇说："这有什么值得祝贺的呢？爵禄旌旗，就是用来区别功绩、辨别贤与不肖的。所以晋国的法律规定，上大夫两辆车驾两匹马，中大夫两辆车驾一匹马，下大夫一辆车驾一匹马，这是用来区别官职等级的。况且卿一定要负责军事，因此要修治车马，比次兵士战车，来为战事做准备。国家有难时用来防备意想不到的事情，国家平治时用来供奉朝廷的政事。现在孟献伯破坏晋国的政治，缺乏对意外的防备，用这种方法来成就节俭的德行，修整自己的私名，献伯的俭朴合适吗？又有什么值得祝贺的。"

【注释】　①藿藜：藿香和蒺藜，泛指野草。　②晋：通"进"，内，家中。　③叔向：即羊舌肹(xī)，字叔向。春秋时期晋国的大夫，学识广博，能以礼让治国。　④拜上卿：拜，授官，封爵。上卿，官名。按周代礼制，天子、诸侯都有卿，分上中下三等，最尊贵的为"上卿"。　⑤禾：即粟，指代粮食。　⑥旗章：旌旗。

　　管仲相齐，曰："臣贵矣，然而臣贫。"桓公曰："使子有三归之家①。"曰："臣富矣，然而臣卑。"桓公使立于高、国之上。曰："臣尊矣,然而臣疏。"乃立为仲父。孔子闻而非之曰:"泰侈逼上。"

　　一曰。管仲父出,朱盖青衣,置鼓而归②,庭有陈鼎③,家有三归。孔子曰:"良大夫也,其侈逼上。"

【译文】　管仲做齐国的宰相,说:"我的地位尊贵了,可是我很贫穷。"齐桓公说:"我把三归之地封给你作为采邑。"管仲说:"我富有了,可是我的地位卑贱。"齐桓公让他位居于高子和国子之上。管仲说:"我的地位尊贵了,可是我很疏远。"于是齐桓公尊立管仲为仲父。孔子听说后非议他说:"过分奢侈就会威逼君主。"

　　另一种说法。管仲出门,车上有红色的车盖,青色的车帷,吃饭时演奏鼓乐,厅堂中陈列着盛放食物的鼎,家里拥有三归的采邑。孔子说:"管仲是一位优良的大夫,可是他的奢侈威逼到了君主。"

【注释】　①三归:旧说不同,或以为指娶三姓女子;或以为地名,指管仲的采邑;或以为台名;或以为市租,即指按例应该缴公的市租。这里我们取采邑之说。即封三归之地为管仲的采邑。　②置鼓而归:归,通"馈",饮食。吃饭时演奏鼓乐。　③陈鼎:即"列鼎",谓陈列置有盛放食物的鼎。

　　孙叔敖相楚①,栈车牝马②,栃饼菜羹③,枯鱼之膳,冬羔裘,夏葛衣,面有饥色。则良大夫也,其俭逼下。

【译文】　孙叔敖做楚国宰相时,乘坐的是母马驾着的栈车,吃的是粗饭、菜汤、干咸鱼,冬天穿的是羔裘,夏天穿的是葛衣,脸上有饥饿之色。是一位优良的大夫,可是他的俭朴逼迫了他的属下。

【注释】　①孙叔敖:楚庄王时楚国的宰相,曾在晋楚邲之战中辅佐楚庄王大败晋军。　②栈车:古代用竹木制成的车,不张皮革,为士所乘。牝(pìn)马:母马。　③栃(lì):糙米。

　　阳虎去齐走赵,简主问曰:"吾闻子善树人。"虎曰:"臣居鲁,树三人,皆为令尹①,及虎抵罪于鲁,皆搜索于虎也。臣居齐,荐三人,一人得近王,一人为县令,一人为候吏②,及臣得罪,近王者不见臣,县令者迎臣执缚,候吏者追臣至境上,不及而止。虎不善树人。"主俛而笑曰③:"夫树橘柚者,食之则甘,嗅之则香;树枳棘者,成而刺人。故君子慎所树。"

【译文】　阳虎离开齐国逃往赵国,赵简子问他说:"我听说你善于培养人才。"阳虎说:"我在鲁国时,培养了三个人,都做了管事的首领,等到我在鲁国犯了罪,他们都尽力地搜索我。我在齐国时,推荐了三个人,一个成了君主的亲信,一个做了县令,一个做了候吏,等到我获罪之后,做了君主亲信的人不肯见我,做了县令的人拿着绳子迎接我,做了候吏的人追赶我,一直追到边境,没有追上这才罢休。我不善于培养人才。"赵简子低头笑着说:"种植橘树柚树的,吃着是甜的,闻着是香的;种植枳树荆棘的,长成之后就会刺伤人。所以君子对于培养人才很谨慎。"

【注释】　①令尹:泛指地方主管事务的行政长官。　②候吏:即候人。古代掌管整治道路、稽查奸盗、迎送宾客的官员。　③俛:同"俯",低头。

中牟无令,晋平公问赵武曰①:"中牟,吾国之股肱②,邯郸之肩髀,寡人欲得其良令也,谁使而可?"武曰:"邢伯子可③。"公曰:"非子之雠也?"曰:"私雠不入公门。"公又问曰:"中府之令谁使而可?"曰:"臣子可。"故曰:外举不避雠,内举不避子。赵武所荐四十六人,及武死,各就宾位,其无私德若此也。

【译文】　中牟没有县令,晋平公问赵武说:"中牟,对于我们国家和首都邯郸而言就像一个人的股肱肩髀一样重要,我想寻找一位优秀的县令,任用谁最合适呢?"赵武说:"刑伯的儿子就合适。"晋平公说:"他不是你的仇人吗?"赵武回答说:"私人的仇怨不介入国家的事务。"晋平公又问道:"中府的长官任用谁最合适呢?"赵武回答说:"我的儿子就合适。"所以说:推荐外人不回避自己的仇人,推荐亲属不忌讳自己的儿子。赵武所推荐的四十六个人,等赵武死了之后,都站在了宾客的位置上,他们之间就是这样没有私人的恩德。

【注释】　①晋平公:名彪,春秋时期晋国君主,公元前557~前532年在位。　②股肱:与下文"肩髀",都是用来比喻中牟地理位置的重要性,就像一个人的股肱与肩髀一样,是拱卫首都邯郸的重要地区。　③邢伯:春秋时晋国的大夫,与赵武同时。

平公问叔向曰:"群臣孰贤?"曰:"赵武。"公曰:"子党于师人①。"曰:"武立如不胜衣,言如不出口,然所举士也数十人,皆得其意,而公家甚赖之,及武子之生也不利于家,死不托于孤,臣敢以为贤也。"

【译文】　晋平公问叔向说:"群臣谁最贤良?"叔向回答说:"赵武。"晋平公说:"你是偏袒自己的老上司。"叔向说:"赵武站着时好像撑不起衣服,说话时好像张不开嘴,但是他所推举的人才有几十个,都能施展自己的抱负,国家也非常地依赖他们。并且赵武活着的时候不为私家求利,死时没有把孤儿托给君主,所以我认为他是最贤良的。"

【注释】 ①党于师人:党,偏袒。师,长,首领。偏袒上司。叔向曾是赵武的属大夫,所以晋平公这样说。

解狐荐其雠于简主以为相①,其雠以为且幸释己也,乃因往拜谢,狐乃引弓送而射之,曰:"夫荐汝公也,以汝能当之也。夫雠汝,吾私怨也,不以私怨汝之故雍汝于吾君。"故私怨不入公门。

一曰。解狐举邢伯柳为上党守②,柳往谢之,曰:"子释罪,敢不再拜。"曰:"举子公也,怨子私也,子往矣,怨子如初也。"

【译文】 解狐向赵简子推荐他的仇人做宰相,他的仇人庆幸地以为他对自己的仇恨已经消解了,于是就前往拜谢,解狐送他走时引弓射他,说:"推荐你是为了国家,因为你能担当此任。把你当成仇人,是我私人的怨恨,我不会因为私人的怨恨而在君主面前阻挡你。"所以私人的仇怨不介入国家的政事当中。

另一种说法。解狐举荐邢伯柳担任上党的守臣,邢伯柳去拜谢他,说:"你开释了我的罪过,怎敢不来拜谢。"解狐说:"举荐你是因为公事,怨恨你是私事,你走吧,我还是像当初一样怨恨你。"

【注释】 ①雠:仇人。 ②邢伯柳:人名,或即前文的"邢伯"。守,守臣,地方长官。

郑县人卖豚①,人问其价,曰:"道远日暮,安暇语汝②。"

【译文】 郑县有个人卖猪,有人问猪的价格,他说:"路很远,天色晚,哪有时间给你说。"

【注释】 ①豚:猪。 ②安暇:暇,闲暇,空闲。哪有空闲。

传六

范文子喜直言,武子击之以杖:"夫直议者不为人所容,无所容则危身,非徒危身,又将危父。"

【译文】 范文子好说直话,他的父亲武子用手杖击打他,说:"说直话的人不能被别人容忍,不能被人容忍就会危及自身,不仅只是危及自身,而且还会连累父亲。"

子产者,子国之子也。子产忠于郑君,子国谯怒之曰:"夫介异于人臣①,而独忠于主,主贤明,能听汝,不明,将不汝听,听与不听,未可必知,而汝已离于群臣,离于群臣则必危汝身矣,非徒危已也，又且危父矣。"

【译文】　子产，是子国的儿子，子产对郑国国君很忠心，子国怒责他说："如果你孤傲特立自别于其他人，而只效忠于君主，君主贤明，能听从你的话，如果不贤明，就不会听从你的话，听从还是不听从，不能必然知晓，而你已经和其他大臣疏离了，和其他大臣关系疏离一定会危害你自己，不仅仅是危害自己，而且还会连累父亲的。"

【注释】　①介：耿介，孤傲特立。

梁车新为邺令，其姊往看之，暮而后门①，因逾郭而入，车遂刖其足。赵成侯以为不慈，夺之玺而免之令。

【译文】　梁车刚做邺县县令时，他的姐姐去看他，天色晚了，过了门禁时限而没能入城，于是翻过城墙就进去了，梁车于是砍了她的脚。赵成侯认为他不仁慈，于是收回他的官印而免去了他的县令一职。

【注释】　①后门：指过了门禁时限而来不及入城。

管仲束缚①，自鲁之齐，道而饥渴，过绮乌封人而乞食②，乌封人跪而食之，甚敬，封人因窃谓仲曰："适幸及齐不死而用齐，将何报我？"曰："如子之言，我且贤之用，能之使，劳之论③，我何以报子？"封人怨之。

【译文】　管仲被缚绑着从鲁国到齐国去，在路上又饿又渴，经过绮乌时向封人讨要食物，绮乌的封人跪着给他食物吃，非常恭敬，封人于是私下对管仲说："你到了齐国后如果侥幸不死，而是受到重用，打算怎么报答我？"管仲说："如果真像你说的，我打算进用有贤德的，派遣有能力的，选拔有功劳的，我怎么来报答你呢？"封人于是怨恨管仲。

【注释】　①管仲束缚：齐襄公无道，公孙无知弑襄公自立，后又被杀，管仲与召忽侍奉公子纠与公子小白争夺君位，等公子小白继位为齐桓公之后，他要求鲁人杀掉公子纠而送管仲、召忽回齐国，于是召忽自杀，管仲被缚绑着送回了齐国。　②绮乌：应为齐国邑名。封人：古代官名，掌守帝王社坛及京畿的疆界。　③论：选拔。

外储说右上第三十四

君所以治臣者有三。

【译文】 君主用来统治臣下的办法有三种。

一

势不足以化则除之。师旷之对①，晏子之说，皆舍势之易也而道行之难，是与兽逐走也，未知除患。患之可除，在子夏之说《春秋》也②："善持势者蚤绝其奸萌。"故季孙让仲尼以遇势③，而况错之于君乎？是以太公望杀狂矞④，而臧获不乘骥⑤。嗣公知之⑥，故不驾鹿。薛公知之⑦，故与二栾博。此皆知同异之反也。故明主之牧臣也，说在畜乌。

【译文】 威势不足以改变就铲除他。师旷的回答，晏子的劝说，都是舍弃了利用权势容易做到的方法而采用难以实行的办法，这是徒步追赶野兽的方法，不懂得如何铲除祸患。祸患可以铲除，在子夏评说《春秋》时就已说明："善于掌握权势的人及早断绝奸邪的萌芽。"所以子路行私惠超越了权势范围，季孙就责怪孔子，更何况侵及君主的呢？因此太公望杀了不肯事君的狂矞，奴婢也不乘用不受控制的骥马。卫嗣公懂得这个道理，所以不买鹿驾车。薛公也明白这个道理，所以召来孪生兄弟博戏。这都是懂得君臣利益相反的道理的。所以英明的君主统治臣民的办法，在畜乌的故事中做了说明。

【注释】 ①师旷：晋国著名的乐官，善于辨音，在后世成为善辨音律者的代称。 ②子夏：姓卜名商，字子夏，春秋时卫国人，孔子弟子，长于学问，孔子去世后，子夏到魏国西河讲学，做了魏文侯的老师。《春秋》：书名，儒家六经之一，中国现存最早的编年体史书，相传为孔子所作。 ③季孙：这里指季孙肥，即季康子。让：责怪。遇势：遇，通"踰"，超越权势范围。 ④太公望：即姜尚，又称吕尚，字尚父，人称姜太公或太公望。辅佐文王、武王灭商纣之后被封于齐国。狂矞：人名，齐国隐士。 ⑤臧获：古代对奴婢的贱称。骥：对好马的称呼，俗称即千里马。 ⑥嗣公：卫嗣公，又称卫孝襄侯，战国时卫国的君主,公元前 319~前 277 年在位。　⑦薛公:指孟尝君田文。田文父亲田婴相齐二十余年,封于薛,故父子相继被称为"薛公"。

二

人主者,利害之招毂也①,射者众②,故人主壅矣。是以好恶见则下有因,而人主惑矣;辞言通则臣难言,而主不神矣。说在申子之言六慎③,与唐易之言弋也④。患在国羊之请变⑤,与宣王之太息也⑥。明之以靖郭氏之献十珥也⑦,与犀首⑧,甘茂之道穴闻也⑨。堂溪公知术⑩,故问玉卮⑪。昭侯能术,故以听独寝。明主之道,在申子之劝独断也。

【译文】　君主,是利害的关键所在,猜度其心意的人很多,所以君主就受到欺蒙了。因此好恶表现出来就会被臣下利用,而君主就要受到迷惑了;臣下的进言被泄露,臣下就很难再次进言,那么君主就不再像神一样明察了。对这个道理的解说,在"申子解说'六慎'"和"唐易解说'射鸟'"的故事中。它的祸患,表现在"国羊请求改正错误"和"韩宣王深深叹息"的故事中。靖郭氏通过进献十副玉珥的办法来探明,将任用犀首,这是甘茂从墙壁洞穴中听到的消息。堂溪公通晓治术,所以询问没底的玉卮。昭侯施用治术,所以听了堂溪公的话后独自睡觉。英明君主的治国之道,在于申子所奉劝的独自决断。

【注释】　①招毂(gòu):箭靶。比喻利害的关键。　②射:度猜,投合。　③申子:即申不害,战国时郑国人,本为郑国官吏,韩兼并郑国后,至韩昭侯时以申不害为相,韩国得以安定。申不害以道家为本源,而注重法术,著有《申子》。六慎:指六种要谨慎的行为。　④唐易:人名,事迹不详。　⑤国羊:人名,事迹不详。　⑥宣王:即韩宣惠王,战国时韩国君主,公元前 332~前 312 年在位。　⑦靖郭氏:指齐威王的小儿子田婴,任齐国宰相二十多年,被称为靖郭君,因封于薛,又称薛公。珥:珠玉做的耳饰。也叫瑱、珰。⑧犀首:即公孙衍,曾任魏国的宰相。　⑨甘茂:战国中期秦国名将,楚国下蔡人,经张仪、樗里疾引荐于秦惠文王,秦武王时为左相。立下许多战功,后遭向寿、公孙奭谗毁,于攻魏蒲阪时逃至齐,担任齐国的上卿,最后死在了魏国。道穴闻:从洞穴中听到。⑩堂溪公:韩昭侯时人,事迹不详。　⑪卮(zhī):古代一种酒器。

三

术之不行,有故。不杀其狗则酒酸。夫国亦有狗,且左右皆社鼠也①。人主无尧之再诛,与庄王之应太子,而皆有薄媪之决蔡妪也。知贵能以教歌之法先挫之②,吴起之出爱妻③,文公之斩颠颉④,皆违其情者也。故能使人弹疽者,必其忍痛者也。

右经

【译文】 治术不能执行，这是有原因的。不杀掉狗，酒就会变酸。国家也有猛狗，而且君主左右的人都是社庙中的老鼠。君主不能像尧那样两次诛罚进谏的人，不能像楚庄王那样应对太子，却都像薄媪那样通过蔡妪的卜筮来决断。智者贵在能用教人唱歌的音律先行衡量，吴起休弃爱妻，晋文公腰斩颠颉，都是与他的感情相违背的。所以能让人割治痤疮的人，一定是能忍受疼痛的人。

【注释】 ①社鼠：社坛中的老鼠。比喻有所依恃的小人。 ②知：通"智"。揆(kuí)：度量。 ③吴起：战国时卫国人，先后在鲁国、魏国做官，后到楚国，楚悼王让他主持国政，楚国国势大盛。悼王死后，吴起被楚国叛乱的贵族射死。 ④文公：即晋文公，名重耳，春秋时晋国的国君，春秋五霸之一，公元前636~前628年在位。颠颉：人名，春秋时晋国人，跟随晋文公流亡十九年，回国后为大夫。

传一

赏之誉之不劝，罚之毁之不畏，四者加焉不变，则其除之。

【译文】 赏赐、称赞不能让他努力，惩罚、谤毁不能让他畏惧，使用这四种方法都不起作用，那么就铲除他。

齐景公之晋①，从平公饮②，师旷侍坐。始坐③，景公问政于师旷曰："太师将奚以教寡人④？"师旷曰："君必惠民而已。"中坐，酒酣，将出，又复问政于师旷曰："太师奚以教寡人？"曰："君必惠民而已矣。"景公出之舍，师旷送之，又问政于师旷，师旷曰："君必惠民而已矣。"景公归，思，未醒，而得师旷之所谓。"公子尾⑤、公子夏者⑥，景公之二弟也，甚得齐民，家富贵而民说之，拟于公室，此危吾位者也，今谓我惠民者，使我与二弟争民邪？"于是反国发廪粟以赋众贫，散府余财以赐孤寡，仓无陈粟，府无余财，宫妇不御者出嫁之，七十受禄米，鬻德惠施于民也⑦，已与二弟争⑧。居二年，二弟出走，公子夏逃楚，公子尾走晋。

【译文】 齐景公到晋国去，和晋平公饮酒，师旷坐在旁边侍奉。宴饮刚开始，齐景公向师旷询问理政的方法说："大师打算拿什么来教导我呢？"师旷说："君主一定要对人民施行恩惠就可以了。"在宴饮中间，酒喝得酣畅，齐景公打算告辞，又一次向师旷询问理政的方法说："大师打算拿什么来教导我呢？"师旷说："君主一定要对人民施行恩惠就可以了。"景公告辞后回馆舍，师旷送他,他又向师旷询问理政的方法,师旷说:"君主一定要对人民施行恩惠就可以了。"景公回去后,仔细思量,酒还没醒,就明白了师旷所说的道理。"公子尾和公子夏,是我的两个弟弟,很得齐国的民心,他们两家都非常富贵,齐国的人民又喜欢他们,其权势几乎可以和公室相比,这是危害我的君位的事情。现在师旷让我施惠于民,是让我和两个弟弟争夺民心吗?"因此,景公回国后,发放官仓里的粮食给那些贫困的民众,分散府库里多余的财物赏赐给无所依靠的孤寡老人,粮仓里没有陈年的粮食,府库里没有多余的财物,宫中未获亲幸的女子都让她们嫁人,七十岁的老人可领取禄米,德泽恩惠施于人民,来和两个弟弟争夺民心,过了两年,两个弟弟都逃走了,公子夏逃到了楚国,公子尾逃到了晋国。

【注释】 ①齐景公:春秋时齐国的君主,名杵臼,公元前547～前490年在位。　②平公:晋平公,名彪,春秋时晋国的君主,公元前557～前532年在位。　③始坐:指宴饮刚开始。　④太师:乐官之长。　⑤公子尾:齐惠公的孙子,公子高的儿子公孙虿,字子尾。　⑥公子夏:齐惠公的孙子,公子栾的儿子公孙灶,字子雅(雅,通"夏")。子尾与子雅都是齐景公的堂叔,这里以为是景公的弟弟,应是传闻有误。　⑦鬻德:施行德泽。⑧已:通"以"。

景公与晏子游于少海①,登柏寝之台而还望其国,曰:"美哉,泱泱乎②,堂堂乎③,后世将孰有此?"晏子对曰:"其田成氏乎④?"景公曰:"寡人有此国也,而曰田成氏有之,何也?"晏子对曰:"夫田成氏甚得齐民,其于民也,上之请爵禄行诸大臣,下之私大斗斛区釜以出贷⑤,小斗斛区釜以收之。杀一牛,取一豆肉⑥,余以食士。终岁,布帛取二制焉⑦,余以衣士。故市木之价不加贵于山,泽之鱼盐龟鳖蠃蚌不加贵于海⑧。君重敛,而田成氏厚施。齐尝大饥,道旁饿死者不可胜数也,父子相牵而趋田成氏者不闻不生。故秦周之民相与歌之曰⑨:'讴乎,其已乎!苞乎⑩,其往归田成子乎!'《诗》曰⑪:'虽无德与女,式歌且舞。'今田成氏之德,而民之歌舞,民德归之矣。故曰:其田成氏乎。"公泫然出涕曰⑫:"不亦悲乎!寡人有国而田成氏有之,今为之奈何?"晏子对曰:"君何患焉!若君欲夺之,则近贤而远不肖,治其烦乱,缓其刑罚,振贫穷而恤孤寡,行恩惠而给不足,民将归君,则虽有十田成氏,其如君何?"

【译文】 齐景公和晏子到少海游玩,登上柏寝台回望齐国,说:"真美啊!土地广阔,国力昌盛,后世谁将会享有这个国家呢?"晏子回答说:"恐怕是田氏吧。"齐景公说:"我统治这个国家,你却说田氏将会拥有,为什么呢?"晏子回答说:"田氏很得民心,他对待人民,大处来讲,向君主请求爵禄然后分授给大臣,小处来说,私自加大斗斛区釜的容量来出贷,而用容量小的斗斛区釜来收回。宰杀一头牛,只取一豆的肉,其余的都用来供养士人。到了年末,布帛只取二制,其余的都用来给士人做衣服。所以市场上木材的价格不比山林中更贵,湖泽中的鱼盐龟鳖螺蚌不比海边更贵。君主大量征收赋税,而田氏却丰厚地施舍。齐国曾经发生大灾荒,路旁饿死的人不计其数,父子相互扶持着到田氏家去的没有听说没有活下来的。所以秦周一带的民众一起唱道:'啊,将要完了啊,聚集起来啊,去投靠田氏吧。'《诗经》中说:'虽然没有给你们恩德,你们又唱歌又跳舞。'现在田氏的德行,和民众的歌舞,表示民心已经归向他了。所以我说:恐怕是田氏吧。"齐景公流着眼泪说:"这不是很悲哀的吗? 我统治着国家,却将被田氏拥有,现在能做些什么呢?"晏子回答说:"君主何必担忧呢? 如果君主想要争夺民心,那么就亲近贤才,疏远不肖之人,治理朝政的混乱,宽缓刑罚,救济贫困,抚恤孤寡,行施恩惠,供给不足,民众就会归附于君主,那么即使有十个田氏,又能把君主怎么样呢?"

【注释】 ①少海:即渤海。 ②泱泱:广阔。 ③堂堂:昌盛。 ④田成氏:即田常,又称田恒,谥田成子,春秋后期齐国权臣,弒齐简公而立齐平公,专掌齐国政权,至其孙田和立为诸侯,取代姜氏建立了田齐政权。但在齐景公时,主掌朝政的田氏并非田常,在景公前期为田桓子田无宇,后期为田僖子田乞,至齐悼公四年田乞卒,田常始立。故这里说"田成氏",应系传闻之误,故在译文中删"成"字。 ⑤斗斛区(ōu)釜:古代的四种量器。十升为一斗,十斗为一斛,一斗六升为一区,六斗四升为一釜。 ⑥豆:古代齐国的量器。四升为一豆。 ⑦制:古代的长度单位。一丈八尺为一制。 ⑧蠃(luó):同"螺"。 ⑨秦周:齐国城门名。相与:一起。 ⑩苞:聚集。 ⑪《诗》:后世称为《诗经》。以下引诗见《诗经·小雅·车辖(xiá)》。 ⑫泫然:流泪的样子。

或曰:景公不知用势,而师旷、晏子不知除患。夫猎者,托车舆之安,用六马之足,使王良佐辔①,则身不劳而易及轻兽矣②。今释车舆之利,捐六马之足与王良之御,而下走逐兽,则虽楼季之足无时及兽矣③,托良马固车则臧获有余④。国者、君之车也,势者、君之马也。夫不处势以禁诛擅爱之臣,而必德厚以与下齐行以争民,是皆不乘君之车,不因马之利而下走者也。故曰:景公不知用势之主也,而师旷、晏子不知除患之臣也。

【译文】 有人说:齐景公不懂得使用权势,而师旷、晏子则不懂得铲除祸患。

打猎，依靠车辆的安稳，使用六匹马的脚力，让王良来驾驭，那么身体不感到劳累就轻松地捕到奔走迅捷的野兽。假如舍弃车辆的便利，放弃六匹马的脚力和王良的驾驭，而徒步追赶野兽，那么即使有楼季那样的脚力，也没有能追上野兽的时候。依靠优良的马匹和坚固的车子，那么即使奴婢也能猎获野兽。国家，是君主的车子，权势，是君主的马匹。如果不依靠权势来禁制、诛罚擅自施行仁爱的臣下，却一定通过施行丰厚的德惠来和臣下做同样的事情以争夺民心，这都是不乘坐君主的车子，不利用马匹的便利而下车徒步追赶啊。所以说：齐景公是不懂得使用权势的君主，而师旷、晏子是不懂得铲除祸患的大臣。

【注释】　①王良：字于期，春秋末期晋国赵襄子的家臣，以善驭车马闻名。　②轻兽：奔走迅捷的野兽。　③楼季：人名，战国时魏国一个善于腾跳的勇士。　④臧获：古代对奴婢的贱称。

　　子夏曰："《春秋》之记臣杀君、子杀父者，以十数矣，皆非一日之积也，有渐而以至矣。"凡奸者，行久而成积，积成而力多，力多而能杀，故明主蚤绝之。今田常之为乱，有渐见矣，而君不诛。晏子不使其君禁侵陵之臣①，而使其主行惠，故简公受其祸②。故子夏曰："善持势者蚤绝奸之萌。"

【译文】　子夏说："《春秋》中记载的大臣杀害君主、儿子杀害父亲的事件，有几十件。这都不是一朝一夕形成的，而是逐渐发展才到这一步的。"大凡做坏事的人，做得久了就会集结起来，集结起来力量就多，力量多了就会做出弑君杀父的事情。所以英明的君主及早予以灭绝。现在田常作乱，逐渐发展的过程中早就表现出来了，可是君主却不加诛罚。晏子不让他的君主禁制侵凌君主的大臣，却让他施行恩惠，所以到了齐简公就遭受了灾祸。所以子夏说："善于掌握权势的人及早断绝奸邪的萌芽。"

【注释】　①侵陵：侵犯欺凌。　②简公：齐简公，名任，春秋末期齐国君主，公元前484年继位，公元前481年被田常杀害。

　　季孙相鲁，子路为郈令①。鲁以五月起众为长沟，当此之为，子路以其私秩粟为浆饭②，要作沟者于五父之衢而餐之③。孔子闻之，使子贡往覆其饭④，击毁其器，曰："鲁君有民，子奚为乃餐之？"子路怫然怒⑤，攘肱而入请曰⑥："夫子疾由之为仁义乎？所学于夫子者仁义也，仁义者，与天下共其所有而同其利者也。今以由之秩粟而餐民,不可何也?"孔子曰:"由之野也!吾以女知之,女徒未及也,女故如是之不知礼也!女之餐之,为爱之也。夫礼,天子爱天下,诸侯爱境内,大夫爱官职,士爱其家,过其所爱曰侵。今鲁君有民而子擅爱之,是子侵也,不亦诬乎!"言未卒,而季孙使者至,让曰:"肥也起民而使之⑦,先生使弟子令徒役而餐之,将夺肥之民耶?"孔子驾而去鲁。以孔子之贤,而子路不得行其私惠,而季孙非鲁君也,以人臣之资,假人主之术,蚤禁于未形,而害不得生,况人主乎?以景公之势而禁田常之侵也,则必无劫弑之患矣。

【译文】　季孙肥做鲁国的宰相时,子路做郈县的县令。鲁国在五月发动民众挖长沟,在做这件事的时候,子路用他的禄米做成粥,约请挖沟的人到五父衢吃。孔子听说后,派子贡前去把粥倒掉,把盛粥的器皿打破,说:"鲁国君主的民众,你怎么做饭给他们吃?"子路非常生气,捋起袖子去找孔子,说:"老师痛恨我施行仁义吗?我向老师学习的就是仁义,所谓仁义,就是把自己的东西和天下人共有,大家一起得利。现在我拿我自己的禄米做成粥给民众吃,为什么不对呢?"孔子说:"仲由,你太粗鲁了!我以为你明白这个道理,你却不明白,你本来就是这么不懂礼数的!你给他们饭吃,是因为爱护他们。而礼却规定,天子爱护天下的人,诸侯爱护国内的人,大夫爱护他管辖的人,士人爱护他的家人。超越自己应该爱护的范围就是侵权。现在鲁国国君的人民,你却擅自去爱护他们,你这是侵犯鲁国国君的权力,这不是太荒唐了吗?"话还没有说完,季孙的使者就来了,责怪孔子说:"我发动民众并指使他们挖沟,先生派弟子召集挖沟的人吃饭,准备争夺我的人民吗?"孔子坐着车离开了鲁国。以孔子的贤智,子路就不能施行私人的恩惠,而季孙不是鲁国国君,凭借着大臣的资本,假借君主的权术,在还没有形成的时候及早禁止,灾祸就不会发生,何况君主呢?

【注释】　①子路:姓仲名由,字子路,又称季路。春秋末年鲁国人,孔子弟子。　②私秩:指古代官吏个人所得的俸禄。　③要:约请。五父之衢:衢,大路。道路名。　④子贡:姓端木,名赐,春秋时卫国人,孔子弟子。　⑤怫然:愤怒的样子。　⑥攘肱:捋起衣袖,伸出胳膊。形容激奋。　⑦肥:季孙名肥。使者以季孙的口吻责怪子路。

太公望东封于齐,齐东海上有居士曰狂矞、华士①,昆弟二人者立议曰:"吾不臣天子,不友诸侯,耕作而食之,掘井而饮之,吾无求于人也。无上之名,无君之禄,不事仕而事力。"太公望至于营丘②,使吏执杀之,以为首诛。周公旦从鲁闻之③,发急传而问之曰:"夫二子,贤者也。今日飨国而杀贤者④,何也?"太公望曰:"是昆弟二人立议曰:'吾不臣天子,不友诸侯,耕作而食之,掘井而饮之,吾无求于人也,无上之名,无君之禄,不事仕而事力。'彼不臣天子者,是望不得而臣也。不友诸侯者,是望不得而使也。耕作而食之,掘井而饮之,无求于人者,是望不得以赏罚劝禁也。且无上名,虽知、不为望用;不仰君禄,虽贤、不为望功。不仕则不治,不任则不忠。且先王之所以使其臣民者,非爵禄则刑罚也。今四者不足以使之,则望当谁为君乎? 不服兵革而显,不亲耕耨而名,又非所以教于国也。今有马于此,如骥之状者,天下之至良也,然而驱之不前,却之不止,左之不左,右之不右,则臧获虽贱,不托其足。臧获之所愿托其足于骥者,以骥之可以追利辟害也。今不为人用,臧获虽贱,不托其足焉。已自谓以为世之贤士,而不为主用,行极贤而不用于君,此非明主之所臣也,亦骥之不可左右矣,是以诛之。"

【译文】 太公望受封于齐,齐国东海边上有两位隐士,名叫狂矞、华士,这兄弟二人发表言论说:"我们不臣事天子,不友接诸侯,自己种田吃饭,挖井喝水,我们无求于别人。不接受君主赐予的名号,不接受君主给予的俸禄,不去做官,而愿出力。"太公望到了营丘,就派官吏把他们抓来杀了,这是齐国最早诛杀的人。周公旦在鲁国听到这件事,派加急的传驿到齐国询问,说:"这两个人,都是贤能的人。现在你刚做了国君就诛杀贤能的人,这是为什么呢?"太公望说:"这兄弟二人发表言论说:'我们不臣事天子,不友接诸侯,自己种田吃饭,挖井喝水,我们无求于别人。不接受君主赐予的名号,不接受君主给予的俸禄,不去做官,而愿出力。'他们不臣事天子,就是我不能用他们为臣民。不友接诸侯,就是我不能让他们做事。自己种田吃饭,挖井喝水,无求于别人,就是我不能用赏赐刑罚来劝勉和禁止。而且他们不接受君主赐予的名号,即使贤能,不能为我所用,不仰慕君主给予的俸禄,即使贤能,不能为我立功。不做官就不能管治,不任职就不能效忠。况且先王使令臣民的办法,不是爵禄就是刑罚。现在这四种办法不足以使令他们,那么我将怎么来做君主呢? 不参军作战而荣显,不亲自耕种而有美名,也不是教化国人的办法。现在有这样一匹马,有骥马的外形,是天下最好的马,可是驱赶它不能前行,勒止它不能停下,让它向左它不向左,让它向右它不向右,那么即使卑贱的奴婢也不愿利用它的脚力。奴婢之所以愿意借助于骥马,是因为骥马能够让人追求利益、逃避灾害。现在不能被人使用,那么即使卑贱的奴婢也不会利用他的脚力。自认为是世上的贤人,却不能为君主效力,品行十分贤能却不为君主效力,这不是英明的君主所统属的人,而是那无法左右驾驭的骥马,所以要杀了他们。"

【注释】 ①狂矞、华士:两个隐士的名字。 ②营丘:齐国始建都于此,后改名临淄,在今山东省淄博市临淄北,因营丘山而得名。 ③周公旦:姓姬,名旦,周文王之子,周武王之弟,辅佐周武王灭商,其采邑在周地(今陕西省岐山县东北),故称"周公",其子伯禽封于鲁。 ④飨国:享国,做国君。

　　一曰。太公望东封于齐,海上有贤者狂矞,太公望闻之,往请焉①,三却马于门而狂矞不报见也,太公望诛之。当是时也,周公旦在鲁,驰往止之,比至,已诛之矣。周公旦曰:"狂矞,天下贤者也,夫子何为诛之?"太公望曰:"狂矞也议不臣天子,不友诸侯,吾恐其乱法易教也,故以为首诛。今有马于此,形容似骥也,然驱之不往,引之不前,虽臧获不托足以旋其轸也②。"

【译文】 另一种说法。太公望封到了东部的齐国,海边上有位贤能的人叫狂矞,太公望听说后,前去拜见他,三次把马车停在他的门口,可是狂矞却不肯出来会见,太公望就把他杀了。在这个时候,周公旦在鲁国,赶快到齐国去劝阻,等他到达时,狂矞已经被杀掉了。周公旦说:"狂矞是天下有名的贤人,您为什么要杀了他呢?"太公望说:"狂矞扬言说不臣事天子,不友接诸侯,我担心他扰乱法律,改变教化,所以第一个杀他。如果有这样一匹马,形状和骥马一样,可是驱赶它不走,牵拉它不前,即使奴婢也不会利用它的脚力来拉车的。"

【注释】 ①请:谒见,拜见。 ②轸:车后的横木,用以指代车子。

　　如耳说卫嗣公①,卫嗣公说而太息②。左右曰:"公何为不相也?"公曰:"夫马似鹿者而题之千金③,然而有千金之马而无千金之鹿者,马为人用而鹿不为人用也。今如耳,万乘之相也,外有大国之意,其心不在卫,虽辩智,亦不为寡人用,吾是以不相也。"

【译文】 如耳劝说卫嗣公,卫嗣公很喜欢,却长长地叹息。左右侍臣说:"君主为什么不任用他为宰相呢?"卫嗣公说:"假如马的样子像鹿,就能值千金,可是有拿千金来买马的却没有拿千金来买鹿的,因为马能被人使用而鹿却不能被人使用。现在如耳的才能,能做万乘大国的宰相,他表现出了出仕大国的志向,他的心思不在卫国,即使非常聪明才智,也不愿被我任用,所以我不任用他为宰相。"

【注释】　①如耳:人名,战国时魏国大夫,曾在卫国做官。卫嗣公:又称卫孝襄侯,战国时卫国的君主,公元前 319～前 277 年在位。　②太息:大声长叹,深深地叹息。　③题:定价。

薛公之相魏昭侯也①,左右有栾子者曰阳胡、潘②,其于王甚重,而不为薛公,薛公患之。于是乃召与之博,予之人百金③,令之昆弟博,俄又益之人二百金。方博有闲,谒者言客张季子在门④,公怫然怒,抚兵而授谒者曰:"杀之,吾闻季之不为文也。"立有闲,时季羽在侧,曰:"不然。窃闻季为公甚,顾其人阴未闻耳。"乃辍不杀客,而大礼之曰:"曩者闻季之不为文也,故欲杀之。今诚为文也,岂忘季哉!"告廪献千石之粟,告府献五百金,告驺私厩献良马固车二乘,因令奄将宫中之美妾二十人并遗季也⑤。栾子因相谓曰:"为公者必利,不为公者必害,吾曹何爱不为公?"因私竞劝而遂为之。薛公以人臣之势,假人主之术也,而害不得生,况错之人主乎?

【译文】　薛公田文做魏昭王的宰相时,魏昭王身边有一对孪生子叫阳胡、阳潘,他们非常受昭王器重,却不肯帮助薛公,薛公为之很担心。于是就把他们召来和他们博戏,给他们每人一百金,又让他们兄弟二人博戏,不久又给他们每人增加二百金。刚博戏一会儿,传信的人说张季子在门口,薛公很生气,拿起兵器给传信的人说:"杀了他,我听说张季不替我做事。"站了一会儿,当时张季的党羽在旁边,说:"不是这样的。我听说张季最愿为您效力,只是他私下里做了不对人说罢了。"于是不再杀他,反而特别尊重他,说:"从前我听说张季不为我做事,所以想杀了他。假如真的为我做事,我怎么能忘了他呢?"命令廪吏拿出一千石粮食,命令府吏拿出五百金,命令驺吏拿出好马好车二乘,又命令宦官选出宫中二十位美女一同送给张季。孪生兄弟商议说:"为薛公效力一定获利,不为薛公效力一定被害,我们不为薛公效力而爱惜什么呢?"于是私下里竞争着努力为薛公效力。薛公凭借着大臣的资本,借助君主的权术,灾祸就不会发生,何况君主来实施呢?

【注释】　①魏昭侯:即魏昭王,名邀,战国时魏国的君主,公元前 295～前 277 年在位。　②栾子:栾,通"孪"。孪生子。　③金:计算货币的单位。战国和秦代以一镒为一金,一金为二十两。　④谒者:指传达通报的奴仆。　⑤奄:同"阉",指宦官。

夫驯乌者断其下翎焉①,断其下翎则必恃人而食,焉得不驯乎? 夫明主畜臣亦然,令臣不得不利君之禄,不得无服上之名;夫利君之禄,服上之名,焉得不服?

【译文】　驯乌的人,剪断乌翅上的羽毛,剪断了它的羽翅就一定要依靠人来喂养,这样怎么能不驯服呢? 英明的君主治理群臣也是这样的,让臣下不得不利用君主所给的俸禄,不得不服用君主所赐的名号。利用君主所给的俸禄,服用君主所赐的名号,怎么还会不服从呢?

【注释】　①翎:鸟翅或尾上长而硬的羽毛。

传二

申子曰:"上明见,人备之;其不明见,人惑之。其知见,人饰之;不知见,人匿之。其无欲见,人司之①;其有欲见,人饵之。故曰:吾无从知之,惟无为可以规之②。"

一曰。申子曰:"慎而言也,人且和女;慎而行也,人且随女。而有知见也,人且匿女;而无知见也,人且意女③。女有知也,人且臧女④;女无知也,人且行女。故曰:惟无为可以规之。"

【译文】　申子说:"君主的明察表现出来,臣下就会防备他;君主的不明察表现出来,臣下就会迷惑他。君主的智慧表现出来,臣下就会增饰他;君主的不智表现出来,臣下就会隐瞒他。君主没有欲望表现出来,臣下就会窥伺他;君主有欲望表现出来,臣下就会引诱他。所以说:我没有办法来了解他们,只好通过清静无为来窥察他们。"

另一种说法。申子说:"谨慎地说话,别人将会附和你;谨慎地行事,别人将会追随你。如果你表现出智慧,别人就要躲避你;如果你表现出没有智慧,人家就会猜测你。你有智慧,别人就会对你隐藏;你没有智慧,别人就会对你实施。所以说:只有通过清静无为来窥察他们。"

【注释】　①司:同"伺",伺察。　②规:通"窥",窥察。　③意:猜测。　④臧:同"藏",隐藏。

田子方问唐易鞠曰①:"弋者何慎?"对曰:"鸟以数百目视子,子以二目御之②,子谨周子廩③。"田子方曰:"善。子加之弋,我加之国。"郑长者闻之曰:"田子方知欲为廩,而未得所以为廩。夫虚无无见者廩也。"

一曰。齐宣王问弋于唐易子曰:"弋者奚贵?"唐易子曰:"在于谨廪。"王曰:"何谓谨廪?"对曰:"鸟以数十目视人,人以二目视鸟,奈何不谨廪也? 故曰在于谨廪也。"王曰:"然则为天下何以为此廪? 今人主以二目视一国,一国以万目视人主,将何以自为廪乎?"对曰:"郑长者有言曰:'夫虚静无为而无见也。'其可以为此廪乎。"

【译文】　田子方问唐易鞠说:"射鸟的人最谨慎的是什么?"唐易鞠回答说:"鸟用几百只眼睛看着你,你用两只眼睛防备他们,你要小心地保护你的仓库。"田子方说:"好。你把这个道理用在射鸟上,我把这个道理用在治国上。"郑国的一位长者听到后说:"田子方知道要保护仓库,却不知道保护仓库的办法。只有清静无为、无所显现的人才能保护仓库。"

　　另一种说法:齐宣王向唐易子问射鸟,说:"射鸟的人最谨慎的是什么?"唐易子回答说:"是谨慎地保护仓库。"齐宣王说:"为什么说是谨慎地保护仓库?"唐易子回答说:"鸟用几十只眼睛看人,人用两只眼睛看鸟,怎么能不谨慎地保护仓库呢? 所以说是谨慎地保护仓库。"齐宣王说:"那么治理天下怎么来保护这个仓库呢? 君主用两只眼睛看一国的人,而一国的人用几万只眼睛看着君主,将要怎么来保护仓库呢?"唐易子回答说:"郑国一位长者说:'清静无为,无所显现。'这就可以用来保护仓库了。"

【注释】　①田子方:名无择,战国时魏国人,相传是子夏的弟子,被魏文侯奉为老师。　②御:防备。　③周:保全,保护。

　　国羊重于郑君,闻君之恶己也,侍饮,因先谓君曰:"臣适不幸而有过①,愿君幸而告之②,臣请变更,则臣免死罪矣。"

【译文】　国羊受到郑国国君的重用,听说郑国国君厌恶自己,在陪侍郑国国君饮酒时,就先对郑国国君说:"假如我不幸做了错事,希望君主可怜我告诉我,我请求改正错误,那么我就能避免死罪了。"

【注释】　①适:如果。　②幸:哀怜,可怜。

　　客有说韩宣王,宣王说而太息,左右引王之说之以先告客以为德。

【译文】　有个说客劝说韩宣王,宣王很喜欢因而深深地叹息,左右侍从便拿宣王高兴的样子提前告诉说客,作为自己对他的恩德。

　　靖郭君之相齐也,王后死,未知所置,乃献玉珥以知之。

一曰。薛公相齐，齐威王夫人死，中有十孺子皆贵于王^①，薛公欲知王所欲立而请置一人以为夫人，王听之、则是说行于王而重于置夫人也，王不听、是说不行而轻于置夫人也，欲先知王之所欲置以劝王置之，于是为十玉珥而美其一而献之，王以赋十孺子，明日坐，视美珥之所在而劝王以为夫人。

【译文】　靖郭君做齐国的宰相，王后死了之后，不知道齐威王准备立哪位为王后，于是献上玉珥来探知威王的心意。

另一种说法。薛公做齐国宰相时，齐威王的夫人死了，宫中有十位贵姜都受到齐威王的宠爱，薛公想知道齐威王准备立谁然后再请求立一位为夫人。如果齐威王采纳他的建议，那么建议得到实行，而且自己也会因为立夫人这件事而被齐威王看重，如果齐威王不采纳他的建议，那么建议得不到实行，而且自己也会因为立夫人这件事被威王看轻。他想预先了解威王想立的人再劝威王立她为夫人，于是做了十个玉珥，把其中一个做得十分精美，一起献给威王，威王把它们分给了十个贵姜。第二天侍坐时，看那只精美的玉珥由谁佩戴，就劝威王立谁为夫人。

【注释】　①孺子:贵姜。

甘茂相秦惠王^①，惠王爱公孙衍，与之间有所言^②，曰:"寡人将相子。"甘茂之吏道穴闻之，以告甘茂。甘茂入见王，曰:"王得贤相，臣敢再拜贺。"王曰:"寡人托国于子，安更得贤相?"对曰:"将相犀首。"王曰:"子安闻之?"对曰:"犀首告臣。"王怒犀首之泄，乃逐之。

一曰。犀首，天下之善将也，梁王之臣也^③。秦王欲得之与治天下，犀首曰:"衍其人臣也，不敢离主之国。"居期年，犀首抵罪于梁王，逃而入秦，秦王甚善之。樗里疾^④，秦之将也，恐犀首之代之将也，凿穴于王之所常隐语者，俄而王果与犀首计曰:"吾欲攻韩，奚如?"犀首曰:"秋可矣。"王曰:"吾欲以国累子，子必勿泄也。"犀首反走再拜曰:"受命。"于是樗里疾也道穴听之矣。郎中皆曰^⑤:"兵秋起攻韩犀首为将。"于是日也郎中尽知之，于是月也境内尽知之。王召樗里疾曰:"是何匈匈也^⑥，何道出?"樗里疾曰:"似犀首也。"王曰:"吾无与犀首言也，其犀首何哉?"樗里疾曰:"犀首也羁旅^⑦，新抵罪，其心孤，是言自嫁于众^⑧。"王曰:"然。"使人召犀首，已逃诸侯矣。

【译文】　甘茂做秦惠王的宰相，秦惠王喜欢公孙衍，私下里对他说："我打算任用你做宰相。"甘茂的属吏从墙壁的洞穴中听到了这句话，把它报告给甘茂。甘茂进见秦惠王，说："大王选得了贤相，我冒昧地前来祝贺。"秦惠王说："我把国家托附给你，怎么会再选得贤相呢？"甘茂回答说："大王打算任用犀首为宰相。"秦惠王说："你从哪里听说的？"甘茂回答说："犀首告诉我的。"秦惠王恼怒犀首泄露了此事，于是就把他赶走了。

另一种说法。犀首是天下有名的将军，是魏王的大臣。秦王想得到他，和他一起治理天下。犀首说："我是侍奉梁王的大臣，不敢离开君主的国家。"过了一年，犀首因犯罪而受到梁王处罚，逃到了秦国，秦王对他非常优待。樗里疾，是秦国的将军，担心犀首会替代自己的位置，于是在秦王经常密谈的房子上钻了个洞偷听，不久秦王果然和犀首商议说："我想攻打韩国，怎么样？"犀首回答说："秋天就可以了。"秦王说："我打算把国家托附给你，你一定不要泄露出去。"犀首后退几步再拜说："我接受君王的命令。"于是樗里疾从洞穴里听到了这些话。郎中都说："到秋天出兵攻打韩国，由犀首做将军。"这一天郎中都知道了，这一个月国都的人都知道了。秦王召见樗里疾说："为什么这么乱纷纷的呢？消息是从哪里传出去的？"樗里疾说："好像是犀首。"秦王说："我没有和犀首谈过这样的话，犀首想做什么呢？"樗里疾说："犀首寄居异乡，刚刚获罪，他的心里很孤独，这样说是为了在众人面前抬高自己。"秦王说："对。"派人召见犀首，他已经逃到别国去了。

【注释】　①秦惠王：也称秦惠文王，战国时秦国国君，公元前338～前311年在位。②间：私下。　③梁王：即魏王。魏国都于大梁，故又称梁王。　④樗里疾：人名，战国时秦国人，秦惠王的异母弟，因居樗里(今陕西滑县南)又称樗里子，也称严君，曾任秦国右相。他足智多谋，被秦人称为"智囊"。　⑤郎中：官名，始置于战国，秦、汉沿置，掌管门户、车骑等事，内充侍卫，外从作战。这里应指宫中近臣。　⑥匈匈：吵闹，纷乱。⑦羁旅：寄居异乡。　⑧自嫁：嫁，转移。抬高自己。

堂溪公谓昭侯曰①："今有千金之玉卮，通而无当②，可以盛水乎？"昭侯曰："不可。""有瓦器而不漏，可以盛酒乎？"昭侯曰："可。"对曰："夫瓦器至贱也，不漏，可以盛酒。虽有乎千金之玉卮，至贵，而无当，漏，不可盛水，则人孰注浆哉？今为人主而漏其群臣之语，是犹无当之玉卮也，虽有圣智，莫尽其术，为其漏也。"昭侯曰："然。"昭侯闻堂溪公之言，自此之后，欲发天下之大事，未尝不独寝，恐梦言而使人知其谋也。

　　一曰。堂溪公见昭侯曰:"今有白玉之卮而无当,有瓦卮而有当,君渴,将何以饮?"君曰:"以瓦卮。"堂溪公曰:"白玉之卮美,而君不以饮者,以其无当耶?"君曰:"然。"堂溪公曰:"为人主而漏泄其群臣之语,譬犹玉卮之无当。"堂溪公每见而出,昭侯必独卧,惟恐梦言泄于妻妾。

　　【译文】　堂溪公对韩昭侯说:"假如有一个价值千金的玉卮,贯通而没有底,能够用来盛水吗?"韩昭侯说:"不能。""有一个瓦器不渗漏,能够用来盛酒吗?"韩昭侯说:"能。"堂溪公说:"瓦器是最低贱的,不渗漏,能够用来盛酒,即使有价值千金的玉卮,非常贵重,却没有底,漏,不能盛水,那么人用哪个来盛饮料呢? 假如身为君主却把臣下的进言泄漏出去,这就像没有底子的玉卮,即使有很高的智慧,也没有办法运用他的治术,就是因为他会泄漏。"韩昭侯说:"对。"韩昭侯听了堂溪公的话,从此之后,想做关涉天下的大事,没有一次不独自睡觉,因为担心说梦话而让人知道了他的计谋。

　　另一种说法。堂溪公进见韩昭侯,说:"假如有一个白玉卮却没有底子,有一个瓦卮有底子,君主口渴时,将用什么来喝水?"韩昭侯说:"用瓦卮。"堂溪公说:"白玉卮非常精美,君主却不用它来喝水,是因为它没有底子吗?"韩昭侯回答说:"对。"堂溪公说:"作为君主却把臣下的进言泄漏出去,就像玉卮没有底子一样。"堂溪公每次进见韩昭侯出来,昭侯一定独自睡觉,生怕说梦话被妻妾听到了泄漏出去。

　　【注释】　①昭侯:韩昭侯,战国时韩国的君主,公元前358～前333年在位。　②当:底子。

　　申子曰:"独视者谓明,独听者谓聪。能独断者,故可以为天下王。"

　　【译文】　申子说:"只有自己能看得清楚叫做明,只有自己能听得懂叫做聪。能够独自做出决断,所以能够成为天下的统帅。"

传三

　　宋人有酤酒者①,升概甚平②,遇客甚谨,为酒甚美,县帜甚高,然而不售,酒酸。怪其故,问其所知。问长者杨倩③,倩曰:"汝狗猛耶。"曰:"狗猛则酒何故而不售?"曰:"人畏焉。或令孺子怀钱挈壶瓮而往酤④,而狗迓而龁之⑤,此酒所以酸而不售也。"夫国亦有狗,有道之士怀其术而欲以明万乘之主,大臣为猛狗迎而龁之,此人主之所以蔽胁,而有道之士所以不用也。故桓公问管仲:"治国最奚患?"对曰:"最患社鼠矣。"公曰:"何患社鼠哉?"对曰:"君亦见夫为社者乎? 树木而涂之,鼠穿其间,掘穴托其中,熏之则恐焚木,灌之则恐涂阤⑥,此社鼠之所以不得也。今人君之左右,出则为势重而收利于民,入则比周而蔽恶以欺于君,内间主之情以告外,外内为重,诸臣百吏以为富,吏不诛则乱法,诛之则君不安,据腹而有之,此亦国之社鼠也。"故人臣执柄而擅禁,明为己者必利,而不为己者必害,此亦猛狗也。夫大臣为猛狗而龁有道之士矣,左右又为社鼠而闲主之情,人主不觉,如此,主焉得无壅,国焉得无亡乎?

【译文】　宋国有个卖酒的人,分量很公平,对待客人也十分恭谨,酿的酒味道很美,悬挂的旗帜也很高,可是酒卖不出去,酒都变酸了。他觉得很奇怪,去向那些知道的人请教。问到了长者杨倩,杨倩说:"你的狗太凶猛了。"他说:"狗凶猛,那么酒为什么就卖不出去呢?"杨倩说:"因为人害怕狗。有人让小孩拿着钱提着壶瓮去买酒,可是狗却迎上去咬他,这就是酒卖不出去而变酸的原因。"国家也有狗,有道术的人怀藏着他的道术想让大国的君主明察起来,大臣却像猛狗一样迎上去咬他,这就是君主遭到蒙蔽和挟持,而有道术的士人得不到重用的原因。所以齐桓公问管仲:"治理国家最怕什么?"管仲回答说:"最怕社坛里的老鼠。"齐桓公说:"为什么怕社庙里的老鼠呢?"管仲回答说:"君主也曾见过建造社坛吗? 竖起木头涂上泥土,老鼠钻在中间,打个洞藏在里面,用烟火熏,就怕点着了木头,用水来灌,就怕所涂的泥被毁坏,这就是社鼠不能被抓到的原因。现在君主的左右亲信,出外就做出权势很大的样子来从人民那里获取利益,在宫里相互勾结,隐藏邪恶来欺蒙君主,伺察君主的情况来报告给外面的人,宫里宫外相互倚重,群臣百官因此致富。这些人不诛杀就会扰乱法律,诛杀他们君主就不得安宁,盘踞着最重要的位置,他们也是国家的社鼠。"所以臣下掌握着权柄而专擅禁令,表明为自己效劳一定获利,不为自己效劳必然受害,这也是凶猛的狗。大臣像猛狗一样扑咬有道的士人,左右亲信又像社鼠一样伺察君主的内情,君主不能察觉,像这个样子,君主怎么能不受蒙蔽,国家怎么能不灭亡呢?

【注释】　①酤酒:卖酒。　②升概:升,量器。概,刮平升斗的工具。这里指代分量。　③杨倩:人名,事迹不详。　④孺子:儿童。　⑤迓(yà)而龁(hé)之:迓,迎接。龁,咬嚼。迎上去咬他。　⑥阤(zhǐ):毁坏。

　　一曰。宋之酤酒者有庄氏者,其酒常美,或使仆往酤庄氏之酒,其狗龁人,使者不敢往,乃酤佗家之酒①,问曰:"何为不酤庄氏之酒?"对曰:"今日庄氏之酒酸。"故曰:不杀其狗则酒酸。

一曰。桓公问管仲曰:"治国何患?"对曰:"最苦社鼠。夫社树木而涂之,鼠因自托也。熏之则木焚,灌之则涂阤,此所以苦于社鼠也。今人君左右,出则为势重以收利于民,入则比周谩侮蔽恶以欺于君,不诛则乱法,诛之则人主危,据腹而有之,此亦社鼠也。"故人臣执柄擅禁,明为己者必利,不为己者必害,亦猛狗也。故左右为社鼠,用事者为猛狗,则术不行矣。

【译文】 另一种说法。宋国有个卖酒的庄氏,他的酒味道一直很美,有人派仆人去买庄氏的酒,他的狗咬人,派去的人不敢前往,于是买了别人家的酒。主人问道:"为什么不买庄氏的酒呢?"仆人回答说:"今天庄氏的酒是酸的。"所以说:不杀掉他的狗,酒就酸了。

另一种说法。桓公问管仲说:"治理国家怕什么?"管仲回答说:"最害怕的就是社鼠。建造社坛竖起木头涂上泥,老鼠于是在其中藏身。用烟火熏烧会点着木头,用水灌就会毁掉泥涂,这是最害怕社鼠的原因。现在君主的左右亲信,出外就做出很有权势的样子,从人民那里获利,在宫里又相互勾结、欺瞒蒙蔽君主,不诛罚他们就会扰乱法律,诛罚他们君主就有危险,盘据着最重要的位置,这也是社鼠。"所以臣下掌握着权柄专擅禁令,表明为自己效劳就一定获利,不为自己效劳就必然遭害,也是凶猛的狗。所以左右亲信成为社鼠,执事大臣成为猛狗,那么治术就无法施行了。

【注释】 ①佗:同"他",别的,其他的。

尧欲传天下于舜,鲧谏曰①:"不祥哉!孰以天下而传之于匹夫乎?"尧不听,举兵而诛,杀鲧于羽山之郊。共工又谏曰②:"孰以天下而传之于匹夫乎?"尧不听,又举兵而诛,流共工于幽州之都。于是天下莫敢言无传天下于舜。仲尼闻之曰:"尧之知,舜之贤,非其难者也。夫至乎诛谏者必传之舜,乃其难也。"一曰:"不以其所疑败其所察则难也。"

【译文】 唐尧打算把天下传给舜,鲧进谏说:"不好啊!怎么把天下传给一个平民百姓呢?"尧不听他的话,派兵诛罚,在羽山附近杀死了鲧。共工又进谏说:"怎么把天下传给一个平民百姓呢?"尧不听他的话,派兵诛罚,把共工流放到了幽州。因此天下没有人再敢说不要把天下传给舜。孔子听说后说:"尧的智慧,舜的贤能,并不是最难做到的。为了一定把天下传给舜而诛杀进谏的人,这才是最难的事情。"另一种说法是:"不因为众人的疑惑而败坏他的明察,这才是最难的。"

【注释】　①鲧:传说中古代部落的首领,禹的父亲。传说唐尧时洪水泛滥,唐尧派鲧治理洪水,鲧用堵塞之法,治水无功,被尧杀死在羽山。　②共工:应为古代部族的首领,尧时讨伐共工,将他流放到了幽州。另外传说中还有共工与颛顼争帝,怒触不周山致使洪水泛滥的故事。

　　荆庄王有茅门之法曰①:"群臣大夫诸公子入朝,马蹄践溜者②,廷理斩其辀③,戮其御。"于是太子入朝,马蹄践溜,廷理斩其辀,戮其御。太子怒,入为王泣曰:"为我诛戮廷理。"王曰:"法者所以敬宗庙,尊社稷。故能立法从令尊敬社稷者,社稷之臣也,焉可诛也? 夫犯法废令不尊敬社稷者,是臣乘君而下校尚也④。臣乘君则主失威,下校尚则上位危。威失位危,社稷不守,吾将何以遗子孙?"于是太子乃还走,避舍露宿三日,北面再拜请死罪⑤。

　　一曰。楚王急召太子。楚国之法,车不得至于茆门⑥。天雨,廷中有潦,太子遂驱车至于茆门。廷理曰:"车不得至茆门。非法也。"太子曰:"王召急,不得须无潦。"遂驱之,廷理举殳而击其马⑦,败其驾。太子入为王泣曰:"廷中多潦,驱车至茆门,廷理曰非法也,举殳击臣马,败臣驾,王必诛之。"王曰:"前有老主而不踰⑧,后有储主而不属⑨,矜矣⑩。是真吾守法之臣也。"乃益爵二级,而开后门出太子,勿复过。

【译文】　楚庄王制定茅门之法规定:"群臣大夫、众位公子入朝,如果马蹄踩踏到檐下滴水处,廷理就斩断他的车辕,杀了他的车夫。"于是,太子入朝时,马蹄踩踏了檐下滴水处,廷理就斩断了他的车辕,杀掉了他的车夫。太子非常生气,入宫后向庄王哭着说:"替我责罚廷理。"庄王说:"法度是用来礼敬宗庙,尊崇社稷的。所以能够建立法度、服从命令、尊敬社稷的人,是国家的大臣,怎么能够责罚呢? 触犯法律、废弃命令、不尊敬社稷的,这是臣下欺凌君主,属下抗抵君上。臣下欺凌君主那么君主就失去了威势,属下抵抗君上那么君上的地位就会有不安。威势丧失,君位不安,国家社稷难以保守,我将拿什么来传给子孙呢?"太子于是返身逃走,避退露宿三天之后,恭敬地向楚庄王行礼请求治自己的罪。

　　另一种说法。楚王紧急召见太子。按楚国的法律,马车不能到达茅门。

天正下着雨,廷院有积水,太子于是把车赶到了茅门。廷理说:"法律规定马车不能到达茅门。这是违背法律的。"太子说:"大王召唤得很急,不能等到积水消除。"于是驱车前进。廷理举起殳击打太子的马,毁坏了太子的马车。太子进宫后向楚王哭诉说:"廷院有很多积水,我赶着车到茅门,廷理说违背了法律,举起殳击打我的马,毁坏了我的马车,大王一定要责罚他。"楚王说:"前面有年老的君主却不苟且,后面有将要继位的太子却不依托,能够谨守职责。这才真的是我的执守法律的大臣啊。"于是晋爵二级。又把宫殿的后门打开让太子出去,让他不要再经过茅门。

【注释】　①荆庄王:楚庄王,春秋时代楚国的国君,春秋五霸之一,公元前613~前591年在位。茅门:即古代王宫五门之一的雉门。　②溜:指屋檐滴水处。　③廷理:春秋时代楚国的官名,掌管刑狱。辀(zhōu):车辕。　④乘:欺凌,侵犯。校尚:校,抗争,抵抗。尚,通"上"。抵抗君上。　⑤再拜:古代的一种礼节,拜了又拜,表示恭敬。　⑥茆门:即"茅门",雉门。　⑦殳(shū):古代的一种兵器。　⑧媮:通"偷",苟且。　⑨储主:即储君,太子。　⑩矜:谨守。

卫嗣君谓薄疑曰①:"子小寡人之国以为不足仕,则寡人力能仕子,请进爵以子为上卿。"乃进田万顷。薄子曰:"疑之母亲疑,以疑为能相万乘所不窕也。然疑家巫有蔡妪者,疑母甚爱信之,属之家事焉。疑智足以信言家事,疑母尽以听疑也。然已与疑言者,亦必复决之于蔡妪也。故论疑之智能,以疑为能相万乘而不窕也②;论其亲,则子母之间也;然犹不免议之于蔡妪也。今疑之于人主也,非子母之亲也,而人主皆有蔡妪。人主之蔡妪,必其重人也。重人者,能行私者也。夫行私者,绳之外也;而疑之所言,法之内也。绳之外与法之内,雠也,不相受也。"

一曰。卫君之晋,谓薄疑曰:"吾欲与子皆行。"薄疑曰:"媪也在中③,请归与媪计之。"卫君自请薄媪,薄媪曰:"疑,君之臣也,君有意从之,甚善。"卫君曰:"吾以请之媪,媪许我矣。"薄疑归言之媪也,曰:"卫君之爱疑奚与媪?"媪曰:"不如吾爱子也。""卫君之贤疑奚与媪也?"曰:"不如吾贤子也。""媪与疑计家事,已决矣,乃请决之于卜者蔡妪。今卫君从疑而行,虽与疑决计,必与他蔡妪败之,如是则疑不得长为臣矣。"

【译文】　卫嗣君对薄疑说:"你觉得我的国家太小了,不值得来做官吗?我的权力能让你做官,请允许我晋升你的爵位让你做上卿。"于是给了他一百顷的土地。薄疑说:"我的母亲很喜欢我,认为我的能力做万乘大国的宰相也没有什么不足。可是我家有一位巫婆蔡妪,我的母亲非常喜欢相信她,委托她来管理家事。我的才能足以解决家事,我的母亲也肯听我的话。可是已经和我说过的话,还必须由蔡妪来再次决断。所以从我的才智来说,认为我的能力做万乘大国的宰相也没什么不足;从亲近的关系来说,我们是母亲和儿子;可是仍然不免和蔡妪商议。现在我对于君主来说,没有母子之间的亲情,可是君主都有像蔡妪那样受到宠信的人。君主的蔡妪,一定是权势很重的人。权势很重的人,就是能够营求私利的人。而营求私利,是违背法律的;而我所说的,都是遵循法律的。违背法律和遵循法律,是相互仇恨,不能兼容的。"

　　另一种说法。卫国的君主到晋国去,对薄疑说:"我想带着你一同去。"薄疑说:"我家有老母,我请求回家和母亲商量这件事。"卫国国君亲自向薄媪要求,薄媪说:"疑是君主的臣下,君主有意让他随从,这很好。"卫国国君说:"我已经向薄媪要求,薄媪答应我了。"薄疑回家后对老母说:"卫国国君对我的喜爱和母亲比怎么样?"老母说:"不如我爱你。""卫国国君认为我贤能和母亲比怎么样?"母亲说:"不如我认为你贤能。""母亲和我商议家事,已经决定了,还要请蔡妪卜筮最后决断。现在卫国国君让我随同前往晋国,虽然和我商量计策,一定又和像蔡妪一样的人来毁败它,这样,我就不能长期臣事卫国国君了。"

【注释】　①卫嗣君:又称卫孝襄侯,战国时卫国的君主,公元前319～前277年在位。薄疑:人名,事迹不详。　②不窕:窕,不满密。周密,无不足。　③媪(ǎo):老妇人,这里指老母亲。

　　夫教歌者,使先呼而诎之①,其声反清徵者乃教之②。

　　一曰。教歌者,先揆以法,疾呼中宫③,徐呼中徵。疾不中宫,徐不中徵,不可谓教。

【译文】　教人唱歌,让人先呼喊并且声音曲折变化,声音能够返回到清澄的徵音的才教他们。

　　另一种说法。教人唱歌,先拿音律来衡量,急速地呼喊合乎宫调,舒缓地呼喊合乎徵调。如果急速地呼喊不符合宫调,舒缓地呼喊不符合徵调,就不能说是教导。

【注释】　①诎:屈曲,指婉转音声。　②清徵:指清澄的徵音。徵,五音之一。五音,指宫、商、角、徵、羽。　③疾呼中宫:疾呼,急速地呼喊。中,符合。宫,古代音乐术语,宫调,以宫音为主的调式。急速地呼喊合乎宫调。

吴起,卫左氏中人也①。使其妻织组而幅狭于度②,吴子使更之,其妻曰:"诺。"及成,复度之,果不中度,吴子大怒。其妻对曰:"吾始经之而不可更也③。"吴子出之。其妻请其兄而索入,其兄曰:"吴子,为法者也。其为法也,且欲以与万乘致功,必先践之妻妾然后行之,子毋几索入矣。"其妻之弟又重于卫君,乃因以卫君之重请吴子,吴子不听,遂去卫而入荆也。

一曰。吴起示其妻以组曰:"子为我织组,令之如是。"组已就而效之,其组异善。起曰:"使子为组,令之如是,而今也异善何也?"其妻曰:"用财若一也④,加务善之。"吴起曰:"非语也。"使之衣归。其父往请之,吴起曰:"起家无虚言。"

【译文】 吴起,是卫国左氏中的人。让他的妻子编织丝带却比标准的宽度要窄,吴起让她更改,他的妻子说:"好吧。"等织成之后,再去度量,结果还是不符合标准,吴起非常生气。他的妻子说:"我在开始时安排好了经线的宽度,就不能更改了。"吴起于是休弃了她。他的妻子请求她的哥哥替她求情,她的哥哥说:"吴起是制定法律的人,他制定法律,打算用它来为万乘大国建功,一定要先从自己的妻妾中实行然后再推行全国的,你请求回去是没有希望了。"他妻子的弟弟受到卫国国君器重,于是他利用卫国国君的器重来请求吴起,吴起不肯听从,于是离开卫国去了楚国。

另一种说法。吴起把一条丝带给他的妻子,说:"你给我织丝带,让它和这条一样。"丝带织成后呈献给吴起,那丝带特别精美。吴起说:"我让你织丝带,让它和这条一样,现在为什么特别精美呢?"他的妻子说:"使用的材料完全相同,是精心的制作让它变得精美了。"吴起说:"这不是我让你做的。"就让她收拾衣服回娘家去了。她的父亲去请求吴起,吴起说:"吴起家没有空话。"

【注释】 ①左氏中:应为卫国地名,故地今不可考。 ②组:丝带。 ③经:织物的纵线。安排经线。 ④财:通"材",材料。

晋文公问于狐偃曰①:"寡人甘肥周于堂,卮酒豆肉集于宫②,壶酒不清③,生肉不布④,杀一牛遍于国中,一岁之功尽以衣士卒,其足以战民乎?"狐子曰:"不足。"文公曰:"吾弛关市之征而缓刑罚,其足以战民乎?"狐子曰:"不足。"文公曰:"吾民之有丧资者,寡人亲使郎中视事。有罪者赦之,贫穷不足者与之,其足以战民乎？"狐子对曰："不足。此皆所以慎产也⑤。而战之者，杀之也。民之从公也，为慎产也，公因而迎杀之，失所以为从公矣。"曰："然则何如足以战民乎？"狐子对曰："令无得不战。"公曰："无得不战奈何？"狐子对曰："信赏必罚，其足以战。"公曰："刑罚之极安至⑥？"对曰："不辟亲贵，法行所爱。"文公曰："善。"明日令田于圃陆，期以日中为期，后期者行军法焉。于是公有所爱者曰颠颉后期，吏请其罪，文公陨涕而忧。吏曰："请用事焉⑦。"遂斩颠颉之脊，以徇百姓，以明法之信也。而后百姓皆惧曰："君于颠颉之贵重如彼甚也，而君犹行法焉，况于我则何有矣？"文公见民之可战也，于是遂兴兵伐原，克之。伐卫，东其亩⑧，取五鹿⑨。攻阳⑩，胜虢，伐曹。南围郑，反之陴⑪。罢宋围，还与荆人战城濮，大败荆人，返为践土之盟⑫，遂成衡雍之义⑬。一举而八有功。所以然者，无他故异物，从狐偃之谋，假颠颉之脊也。

【译文】 晋文公问狐偃说："我堂上摆满了甘美的食物，宫中聚集了盛满酒肉的卮和豆，喝酒随时酿造，吃肉随时屠宰。杀一头牛，国都的人都能分享，一年织成的布都用来给士兵做衣服，这样做能够让人民作战吗？"狐偃说："不能够。"晋文公说："我减免关市的赋税，宽缓刑罚，这能够让人民作战吗？"狐偃说："不能够。"文公说："我的人民有丧失了财产的，我亲自派郎中去处理。有罪的人就宽赦他们，家贫无财的我就供给他们。这样能够让人民作战吗？"狐偃说："不能够。这都是顺应生存的办法。而作战，是杀害生命的。人民服从君主，是因为这些顺应生存的措施，君主想利用它们来让人作战杀害生命，这就失去了他们服从君主的理由了。"晋文公说："那么怎样才能让人作战呢？"狐偃回答说："让他们不得不去作战。""怎样才能不得不去作战呢？"狐偃说："确保赏赐和刑罚，就能够让人努力作战。"晋文公说："刑罚的公正怎样做到？"狐偃说："不回避亲信和尊贵的人，对亲爱的人施行刑罚。"晋文公说："好。"第二天下令到圃陆打猎，约定在中午时集合，迟到的人将按军法论处。这时有一个晋文公很喜欢的人叫颠颉的迟到了，官吏请求治他的罪，文公流着眼泪忧心而无法决断。官吏说："请求执法行刑。"于是就斩了颠颉的腰脊，并巡示百姓，用以表明法律的严明。此后百姓都感到畏惧，说："君主对颠颉是那样的爱重，尚且执行了刑罚，何况对我们，还会有什么犹豫的呢？"文公看到人民可以作战了，于是就起兵攻打原城，占领了；攻伐卫国，让卫国的田垄变成东西方向，并夺取了五鹿。攻打阳城，战胜虢国,攻伐曹国。向南围攻郑国,推倒了郑国国都城上的小墙。解除了宋国的包围之后,又和楚国人在城濮作战,大败楚军。返回时召集诸侯在践土会盟,率领诸侯在衡雍朝见天子,获得了推崇天子的义名。一次起兵就建立了八个功绩。之所以能有这样的成功,没有其他的原因,只是因为听从了狐偃的谋略,假借了颠颉的腰脊。

【注释】　①狐偃:字子犯,春秋时晋国的大夫,是晋文公重耳的舅舅,所以又被称为"舅犯",或作"咎犯"。　②厄:酒器。豆:食器。　③壶酒不清:壶中的酒不加过滤,意指喝酒随时酿造。　④生肉不布:生肉不放置,指吃肉随时屠宰。　⑤慎产:慎,顺。产,生。顺应生存。　⑥极:中,公正的准则。　⑦用事:行刑执法。　⑧东其亩:让卫国的田垄变成东西方向。古时候田垄多南北方向,晋国为了行军方便,所以命令卫国把田垄变成东西方向。　⑨五鹿:卫国地名,在今河南省濮阳县南。　⑩阳:地名,即阳樊。　⑪反之陴(pí):反,毁坏,推倒。陴,女墙,即城墙上呈凹凸形的小墙。推倒了城上的小墙。⑫践土之盟:践土,郑国地名。在践土和诸侯会盟。　⑬衡雍之义:衡雍,郑国地名。指晋文公在衡雍朝见天子,把楚国的俘虏献给天子而取得推崇天子的名声。

　　夫痤疽之痛也,非刺骨髓,则烦心不可支也;非如是,不能使人以半寸砥石弹之。今人主之于治亦然,非不知有苦则安;欲治其国,非如是,不能听圣知而诛乱臣。乱臣者,必重人。重人者,必人主所甚亲爱也。人主所甚亲爱也者,是同坚白也①。夫以布衣之资,欲以离人主之坚白、所爱,是以解左髀说右髀者②,是身必死而说不行者也。

【译文】　脓疮的疼痛,如果不用石针刺入骨髓来加以治疗,就让人焦躁心烦不能应付。如果不懂这个道理,病人就不肯让人用半寸的石针割治它。现在君主对于治国也是这样,并非不懂得有痛苦才有安乐;想治理好国家,如果不这样,便不能采纳圣贤的意见而诛杀作乱的奸臣。作乱的奸臣,一定是有权势的人。有权势的人,一定是君主非常宠爱的人。君主对他非常宠爱,他们就像坚白一样不可分离。如果凭借平民百姓的资本,想去离间君主宠爱得不可分离的人,这就像砍掉左腿来劝说右腿一样,这必然是赔上自己的性命而劝说不可能得到实行的。

【注释】　①同坚白:坚白,坚指石头的坚硬,白指石头的白色。公孙龙子认为石头的坚硬与白色是各自独立存在的,二者不可合而为一,故主张"离间白"。而相反的观点,即"同坚白",则认为石头的坚硬与白色是不可分离的,如墨子就认为:"坚白,不相外也。"这里用来比喻君主和他所亲爱的人就像石头的坚硬和白色一样不可分离。　②髀(bì):大腿。

外储说右下第三十五

一

赏罚共则禁令不行,何以明之?明之以造父①、于期②。子罕为出彘③,田恒为圃池④,故宋君、简公弑⑤。患在王良、造父之共车,田连、成窍⑥之共琴也。

【译文】 赏赐与刑罚由君臣共同操持,那么禁令就得不到执行,用什么来说明呢?用造父、于期的故事来说明。子罕是奔出的大猪,田恒是园圃中的水池,所以宋国国君、齐简公被弑杀。它的祸患,表现在"王良和造父同驾一辆车"、"田连和成窍同弹一张琴"的故事中。

【注释】 ①造父:西周穆王时代一个非常善于驯马的人,赵人的祖先。传说造父曾给周穆王进献八匹骏马,周穆王驾马西游,会见西王母,乐而忘返。其时徐偃王造反,周穆王驾马日行千里而回,大败徐偃王。因造父献马立功,穆王以赵城赐造父,造父由此得姓赵氏。 ②于期:即王良,字于期,赵襄子的家臣,以善驭车马闻名。 ③子罕:战国时宋国的皇喜,字子罕,曾任宋国司城,又称为司城子罕,杀宋国国君而自立。 ④田恒:即田常,谥田成子,春秋后期齐国权臣,弑齐简公而立齐平公,专掌齐国政权,至其孙田和立为诸侯,取代姜氏建立了田齐政权。 ⑤简公:即齐简公,名任,春秋末期齐国君主,公元前484年继位,公元前481年被田常杀害。 ⑥田连、成窍:人名,应为春秋时著名的琴师,据说伯牙曾跟他们学琴。

二

治强生于法,弱乱生于阿①,君明于此,则正赏罚而非仁下也。爵禄生于功,诛罚生于罪,臣明于此,则尽死力而非忠君也。君通于不仁,臣通于不忠,则可以王矣。昭襄知主情②,而不发五苑③;田鲔知臣情,故教田章④;而公仪辞鱼⑤。

【译文】 国家的平治强大源于法制,衰弱混乱产生于曲阿私情。君主明白这个道理,就会端正赏罚而不会对臣下施行仁爱。爵禄源于功绩,诛罚源于罪恶,臣下明白这个道理,就会竭尽全力建功立业却不效忠于君主。君主通晓不仁爱的道理,臣下通晓不效忠的道理,那么就可以统治天下了。秦昭襄王明白君主的道理,所以不肯发放五苑的禽兽蔬果赈济灾荒;田鲔明白臣下的道理,所以教导田章要先让君主和国家获利;而公仪休也谢绝别人进献给他的鱼。

【注释】　①阿:曲从,迎合。　②昭襄:即秦昭襄王,战国时秦国的国君嬴稷,秦武王异母弟,公元前306~前251年在位。　③五苑:指秦国的五座苑囿。　④田鲔、田章:人名,父子二人,事迹不详。　⑤公仪:公仪休,人名,战国初期鲁国人,鲁穆公时曾任鲁国的宰相。

三

人主者鉴于外也,而外事不得不成,故苏代非齐王①。人主鉴于士也,而居者不适不显,故潘寿言禹情②。人主无所觉悟,方吾知之③,故恐同衣于族,而况借于权乎?吴章知之④,故说以伴,而况借于诚乎?赵王恶虎目而壅。明主之道,如周行人之却卫侯也⑤。

【译文】　君主以国外的使者为鉴借,可是外国使者的事情不能不办成,所以就有了苏代非议齐王的故事。君主用隐士做鉴借,可是隐士的言论不切合现实就不会荣显,所以就有了潘寿谈论夏禹传位给益的故事。君主不明白其中的道理,方吾明白这个道理,所以说担心和穿同样衣服的人同乘一辆车、和同族的人同住一座房子,而何况于把权势外借他人呢?吴章明白这个道理,所以说君主尚且不能假装爱人憎人,更何况把真实的心意显示给人呢?赵王觉得老虎的眼睛可怕,却不知眼睛比老虎更可怕的人。英明君主的治国之道,就像周朝的行人阻止卫侯入朝一样。

【注释】　①苏代:人名,战国时洛阳人,纵横家苏秦的弟弟,也是当时有名的纵横家。　②潘寿:人名,《战国策》作"鹿毛寿"。　③方吾:人名,事迹不详。　④吴章:人名,事迹不详。　⑤行人:官名,掌管外交聘问的官,后来也泛指使者。

四

人主者,守法责成以立功者也。闻有吏虽乱而有独善之民,不闻有乱民而有独治之吏,故明主治吏不治民。说在摇木之本,与引网之纲。故失火之啬夫①,不可不论也。救火者,吏操壶走火,则一人之用也,操鞭使人,则役万夫。故所御术者,如造父之遇惊马,牵马推车则不能进,代御执辔持策则马咸骜矣②。是以说在椎锻平夷③,榜檠矫直④。不然,败在淖齿用齐戮闵王⑤,李兑用赵饿主父也⑥。

【译文】　君主是要严守法律、责求成效来建立功业的人。听说过官吏败乱而独自为善守法的民众，没有听说过民众犯法而独自处理好政事的官吏，所以英明的君主治理官吏而不治理民众。对这个道理的解说，在"摇动树木的本干"和"牵拉鱼网的大纲"的故事中。所以失火的乡官，不能不受到责罚。救火的时候，官吏拿着壶赶去救火，就只有一个人的作用，拿着鞭子命令众人，就能役使上万的人。所以君主治国所使用的道术，就像造父碰到受惊的马车，牵马推车都不能让它前进，代替御车的人拿起缰绳马鞭马车就奔驰了。所以用椎锻平整不平、榜檠矫正不直来说明。不明白这个道理，就会有淖齿在齐国受到重用就抽了齐愍王的筋、李兑在赵国受到重用就饿死主父的祸败。

【注释】　①啬夫：古代的乡官，职掌听讼、收取赋税。　②骛(wù)：疾速前进，驰骋。③椎锻：锤子和打铁用的砧石。　④榜檠：矫正弓弩的器具。　⑤淖齿用齐戮闵王：淖齿，人名，或作"卓齿"。闵王，即齐愍王，名地，战国时齐国君主，公元前301～前284年在位。齐愍王时齐国兵力强盛，齐愍王想灭周室而做天子，燕将乐毅率领燕、秦、韩、赵、魏诸国军队攻打齐国，齐国大败。楚国派淖齿带兵援救齐国，齐愍王以淖齿为相，终为其所害。　⑥李兑用赵饿主父：李兑，战国时赵国的大臣。赵武灵王年老之后，自称主父而传位给少子何，即惠文王，而封长子章为安阳君。后公子章起兵作乱，公子成和李兑率兵打败了公子章，公子章逃往沙丘宫，想依靠主父得到庇护。公子成和李兑率兵围困沙丘宫，杀了公子章，放走了除主父之外的所有人，主父被困宫中，最后饿死。

五

　　因事之理则不劳而成，故兹郑之踞辕而歌以上高梁也①。其患在赵简主税吏请轻重②，薄疑之言国中饱③；简主喜而府库虚，百姓饿而奸吏富也。故桓公巡民而管仲省腐财怨女④。不然，则在延陵乘马不得进⑤，造父过之而为之泣也。

　　右经

【译文】　顺应事物的本性，不用辛劳就能成功，所以兹郑坐在车辕上唱歌，车子就被拉上了高桥。不顺应事物的本性，祸害就表现在"赵简子派人收税"、"官吏询问税收的轻重"、"薄疑说'国家中间富足'"的故事中；赵简子高兴却府库空虚，百姓饥饿而奸诈的官吏富足。所以齐桓公巡视百姓，管仲反省府库中腐弃的积财和宫中到了婚龄而未婚配的女子。不明白这个道理，就会有延陵卓子乘坐马车而不能前进、造父经过而为之哭泣的事情。

【注释】 ①兹郑：人名，事迹不详。 ②赵简主：即赵简子，名鞅，又名志父，亦称赵孟，春秋时期晋国赵氏的领袖，晋昭公时官至大夫，执掌国事。 ③薄疑：人名，事迹不详。 ④桓公：即齐桓公，名小白，春秋时代齐国的君主，公元前685～前643年在位。管仲：名夷吾，字仲，谥敬，故也称为敬仲，春秋时颍上人。怨(yùn)女：指已到婚龄而无合适配偶的女子。 ⑤延陵：古邑名，这里用以指人，即后文的"延陵卓子"，其事迹不详。

传一

造父御四马，驰骤周旋而恣欲于马。恣欲于马者，擅辔筴之制也。然马惊于出彘，而造父不能禁制者，非辔筴之严不足也，威分于出彘也。王于期为驸驾①，辔筴不用而择欲于马②。择欲于马者，擅刍水之利也。然马过于圃池而驸马败者③，非刍水之利不足也，德分于圃池也。故王良、造父，天下之善御者也，然而使王良操左革而叱咤之，使造父操右革而鞭笞之，马不能行十里，共故也。田连、成窍，天下善鼓琴者也，然而田连鼓上，成窍挟下④，而不能成曲，亦共故也。夫以王良、造父之巧，共辔而御不能使马，人主安能与其臣共权以为治？以田连、成窍之巧，共琴而不能成曲，人主又安能与其臣共势以成功乎？

一曰。造父为齐王驸驾，渴马服成⑤，效驾圃中，渴马见圃池，去车走池，驾败。王于期为赵简主取道争千里之表⑥，其始发也，彘伏沟中，王于期齐辔筴而进之，彘突出于沟中，马惊驾败。

【译文】 造父驾驭四匹马拉的车，让马完全按照自己的意愿驰骋周旋。能够让马完全按照自己的意愿的原因，在于掌握着用以制服它们的缰绳和马鞭。可是马被突然奔出的大猪惊吓之后，造父就不能禁制它们，这不是因为缰绳马鞭的威力不足，而是缰绳马鞭的威力被奔出的大猪分散了。王于期驾驭副车，不使用缰绳马鞭而能让马实现自己部分的意愿。能够部分地实现意愿的原因，在于掌握着饲草和水的供给。可是马车在经过圃池时，副车却散架了。这不是因为供给的饲草和水不够，而是恩德被圃池分散了。所以王良和造父，都是天下有名的善于御马驾车的人，可是如果让王良拿着左面的缰绳大声呵斥，让造父拿着右面的缰绳鞭打驱策，马车不能前行十里，这是由于他们同驾着一辆车。田连、成窍，是天下有名的善于弹琴的人，可是如果让田连弹上面的琴弦，让成窍按压下面的琴弦，就不能奏成乐曲，这也是由于他们同弹一张琴。凭借着王良、造父的巧技，共同掌控缰绳驾车就不能指挥马，君主怎么能和他的臣下共同掌握权柄来治理国家呢？凭借田连、成窍的巧技,共同弹一张琴就不能弹奏成曲,君主又怎么能和他的臣下共同拥有威势而建立功业呢?

另一种说法。造父为齐王驾驭副车,让马忍受饥渴的习惯养成了,在园圃中试车,口渴的马看见园圃中的水池,挣开车子跑到池边喝水,试车失败了。王于期给赵简子驾车争夺千里之外的标的,刚出发的时候,有一只大猪卧在路边的沟里,王于期缰绳马鞭一齐使用催马前行,大猪突然从沟里跑出来,马匹受惊乱跑,驾驭失败了。

【注释】　①驸驾:即副车,君主的从车。　②择欲:指部分的意愿。　③圃池:园圃中的水池。　④抶(yè):用手指按压。　⑤服:习惯。　⑥赵简主:即赵简子,名鞅,又名志父,亦称赵孟,春秋时期晋国赵氏的领袖,晋昭公时官至大夫,执掌国事。

司城子罕谓宋君曰:"庆赏赐与,民之所喜也,君自行之。杀戮诛罚,民之所恶也,臣请当之。"宋君曰:"诺。"于是出威令,诛大臣,君曰:"问子罕也。"于是大臣畏之,细民归之。处期年,子罕杀宋君而夺政。故子罕为出彘以夺其君国①。

【译文】　司城子罕对宋国国君说:"庆赏赐与,这是人民所喜欢的,由君主亲自施行;杀戮诛罚,这是人民所憎恶的,我请求承担这个任务。"宋国国君说:"好吧。"从此之后发布威严的刑令,诛杀大臣,宋国国君都说:"去问子罕吧。"于是朝中大臣畏惧他,平民百姓归附他。过了一年,子罕就杀了宋国国君而夺取了他的政权。所以子罕就像奔出的大猪一样用刑杀的权力夺取了他的君主的国家。

【注释】　①子罕为出彘以夺其君国:出彘,突然跑出的大猪。这是让缰绳马鞭失去威力的更为强大的力量,这里用来比喻刑杀的权力。子罕通过掌握刑杀的威权而夺取了他的君主的国家。

简公在上位,罚重而诛严,厚赋敛而杀戮民。田成恒设慈爱,明宽厚。简公以齐民为渴马,不以恩加民,而田成恒以仁厚为圃池也①。

【译文】　齐简公做君主,刑罚严峻,赋税沉重,滥杀人民。田恒推行慈惠仁爱,显示了宽厚的态度。齐简公把齐国人民变成了饥渴的马匹,不把恩惠施加给人民,可是田恒却用仁爱宽厚做了园圃中的水池,齐国的人民便都归附于他了。

【注释】　①田成恒以仁厚为圃池:田成恒,即田恒,又称田常,谥田成子。比喻田恒施行仁政夺取了齐国的民心。

一曰。造父为齐王驸驾，以渴服马，百日而服成，请效驾，齐王曰："效驾于圃中。"造父驱车入圃，马见圃池而走，造父不能禁。造父以渴服马久矣，今马见池，骍而走①，虽造父不能治。今简公之以法禁其众久矣，而田成恒利之，是田成恒倾圃池而示渴民也。

【译文】　另一种说法。造父给齐王驾驭副车，用让马忍受饥渴的方法驯马，百天之后习惯养成。造父请求试车，齐王说："在园圃中试车。"造父把马车赶进园圃，马看见园圃中的水池就跑过去了，造父也无法禁止它们。造父用让马忍受饥渴的办法驯马很久了，现在马看见水池，狂奔而去，即使造父也无法治服。现在齐简公用刑法禁制齐国民众很久了，可是田恒却给他们恩惠，这是田恒把圃池中的水倒出来给饥渴的人民看呀。

【注释】　①骍(hàn)：马奔突凶悍。

一曰。王于期为宋君为千里之逐。已驾，察手吻文①。且发矣，驱而前之，轮中绳；引而却之，马掩迹。拊而发之②，彘逸出于窦中③，马退而却，筴不能进前也，马骍而走，辔不能正也。

【译文】　另一种说法。王于期为宋国国君驾车做远达千里的追逐竞争。车子已经套好了，吐些唾沫擦擦手。将要出发了，赶着马向前走，车轮走成一条直线；倒车后退，马踩在原先的足迹上。于是策马出发，一头大猪从水沟中跑出来，马受惊后退，用马鞭驱赶它不能前行；马凶悍地奔突逃走，即便缰绳也不能把它拉上正道。

【注释】　①察手吻文：察，通"擦"。文，同"纹"。吐些唾沫擦擦手。　②拊：拍，打。③窦：水沟。

一曰。司城子罕谓宋君曰："庆赏赐予者，民之所好也，君自行之。诛罚杀戮者，民之所恶也，臣请当之。"于是戮细民而诛大臣，君曰："与子罕议之。"居期年，民知杀生之命制于子罕也，故一国归焉。故子罕劫宋君而夺其政，法不能禁也。故曰子罕为出彘，而田常为圃池也。令王良、造父共车，人操一边辔而入门闾，驾必败而道不至也。令田连、成窍共琴，人抚一弦而挥①，则音必败曲不遂矣。

【译文】　另一种说法。司城子罕对宋国国君说："庆赏赐予，这是人民所喜爱的,君主亲自施行。诛罚杀戮,这是人民所憎恶的,我请求承担此事。"此后戮杀平民诛罚大臣的事情,宋国国君都说:"去和子罕商量吧。"过了一年,民众知道杀生大权由子罕掌握,所以全国的人都归附于他。所以子罕劫杀宋国国君、夺取他的政权,是宋国国君的法制不能禁制的。所以说子罕是奔出的大猪,而田常是园圃中的水池。如果让王良、造父同驾一辆车,每人控制一边的缰绳让马车进入里门,马车一定散架而不能走上正道。如果让田连、成窍共同弹奏一张琴,每人按抚一根琴弦来弹奏,那么声音一定很乱而不能奏成乐曲。

【注释】　①挥:弹奏古琴。

传二

秦昭王有病,百姓里买牛而家为王祷①。公孙述出见之②,入贺王曰:"百姓乃皆里买牛为王祷。"王使人问之,果有之。王曰:"訾之人二甲③。夫非令而擅祷,是爱寡人也。夫爱寡人,寡人亦且改法而心与之相循者,是法不立,法不立,乱亡之道也。不如人罚二甲而复与为治。"

【译文】　秦昭襄王生病了,百姓每里买一头牛,家家为昭王求神祝祷。公孙述出行看见这种情况,入宫祝贺昭襄王说:"百姓每一里都买了一头牛来为大王祝祷。"昭襄王派人去询问,果然有这回事。昭襄王说:"罚他们每人献出两个龟甲。没有命令而擅自祝祷,这是因为爱我。如果他们爱我,我也要改变法度,用慈爱之心去依从他们,这样法制就不能建立,法制不能建立,这是国家混乱灭亡的根由。不如每人罚出两只龟甲。"

【注释】　①里:古代的地方行政组织,其制不一,或以二十五家为一里,或以五十家为一里,或以七十二家为一里,或以一百家为一里。　②公孙述:人名,应为秦昭襄王的侍从,即下文的"公孙衍"。　③訾(zǐ):通"赀",罚。二甲:两个龟甲。今人多释"甲"为"铠甲",但每人两副铠甲的处罚似乎太重,而龟甲则为古人祝祷时必用之物,此次处罚又因祝祷之事而起,故以"龟甲"释之。

一曰。秦襄王病,百姓为之祷,病愈,杀牛塞祷①。郎中阎遏、公孙衍出见之曰:"非社腊之时也②,奚自杀牛而祠社?"怪而问之,百姓曰:"人主病,为之祷,今病愈,杀牛塞祷。"阎遏、公孙衍说,见王,拜贺曰:"过尧、舜矣。"王惊曰:"何谓也?"对曰:"尧、舜,其民未至为之祷也,今王病,而民以牛祷,病愈,杀牛塞祷,故臣窃以王为过尧、舜也。"王因使人问之何里为之，訾其里正与伍老屯二甲③。阎遏、公孙衍愧不敢言④。居数月，王饮酒酣乐，阎遏、公孙衍谓王曰："前时臣窃以王为过尧、舜，非直敢谀也。尧、舜病，且其民未至为之祷也。今王病而民以牛祷，病愈，杀牛塞祷。今乃訾其里正与伍老屯二甲，臣窃怪之。"王曰："子何故不知于此。彼民之所以为我用者，非以吾爱之为我用者也，以吾势之为我用也。吾释势与民相收⑤，若是，吾适不爱，而民因不为我用也，故遂绝爱道也。"

【译文】　另一种说法。秦昭襄王生病了，百姓为他求神祝祷，病好了之后，杀了牛来酬报神灵，郎中阎遏、公孙衍出行看见这些事情，说："不到举行社祭、腊祭的时候，为什么自行杀牛来祭祀社神呢？"奇怪地询问其原因，百姓说："君主生病了，民众为他祝祷，现在病好了，所以杀了牛献给神灵来报谢。"阎遏、公孙衍很高兴，回宫见昭襄王，拜贺他说："大王超过唐尧、虞舜了。"昭襄王惊讶地说："怎么这么说呢？"他们回答说："尧和舜，他们的人民还没有替他们祝祷，现在大王生病了，民众用牛来祝祷，病好了，就杀了牛来报谢神灵，所以我私下里认为大王超过唐尧、虞舜了。"昭襄王于是派人询问是哪些里做的事情，处罚里正和伍老每人出两只龟甲。阎遏、公孙衍很惭愧，不敢多说话。过了几个月，昭襄王喝酒很高兴，阎遏、公孙衍对昭襄王说："前些时候我们私下里认为大王超过了尧舜，不敢故意奉承。唐尧、虞舜生病，他们的人民还不至于为他们祝祷。现在大王生病了而民众用牛祝祷，病好了，杀了牛来报谢神灵。大王却罚里正和伍老每人出两只龟甲，我们觉得非常奇怪。"昭襄王说："你们怎么不明白这个道理呢？那些民众之所以能为我效劳，不是因为我爱他们而为我效劳，而是因为我的权势才为我效劳。我放弃了权势和民众相互容纳，如果这样，我偶尔不爱他们，民众就不会为我效劳了，所以就断绝了仁爱的途径。"

【注释】　①塞祷：古时酬报神灵的祭礼。　②社腊：两种祭名。社，祭祀土地神。腊，祭祀祖先百神。　③屯：通"纯"，皆，都。　④愧(kuì)：惭愧。　⑤收：容纳。

秦大饥，应侯请曰①："五苑之草著②，蔬菜、橡果、枣栗，足以活民，请发之。"昭襄王曰："吾秦法，使民有功而受赏，有罪而受诛。今发五苑之蔬果者，使民有功与无功俱赏也。夫使民有功与无功俱赏者，此乱之道也。夫发五苑而乱，不如弃枣蔬而治。"一曰。"今发五苑之蔬蔬枣栗足以活民，是用民有功与无功争取也③。夫生而乱,不如死而治,大夫其释之。”

【译文】　秦国发生了大灾荒,应侯请命说:“五苑的草木茂盛,蔬菜、橡果、枣栗等足够来救活人民,请求发放它们来救济人民。”昭襄王说:“我们秦国的法律,使人民有功的就接受赏赐,有罪的就接受惩罚。如果发放五苑的蔬果,就是让民众有功的没功的都受到赏赐。如果让民众有功的没功的都受到赏赐,这是让国家混乱的办法。与其发放五苑的蔬果而导致混乱,不如丢弃枣蔬而让国家平治。”另一说法是:“现在发放五苑的果蔬枣栗就能够救活民众,这是让有功的人和无功的人一起去争取食物。与其让他们活着导致国家混乱,不如让他们饿死而让国家平治,大夫还是放弃这个想法吧。”

【注释】　①应侯:即范雎,字叔,战国时期魏国人,曾因事被魏相魏齐打断肋骨,后装死逃走,改名张禄,到秦国后以远交近攻之术说秦昭王,被任用为相,封为应侯。　②草著:著,显著,引申为茂盛。草木茂盛。　③用:使,让。

　　田鲔教其子田章曰:“欲利而身,先利而君;欲富而家,先富而国。”

　　一曰。田鲔教其子田章曰:“主卖官爵,臣卖智力,故自恃无恃人。”

【译文】　田鲔教导他的儿子田章说:“你想自己获利,一定要先让君主获利;你想让自家富有,一定要先让你的国家富有。”

　　另一种说法。田鲔教导他的儿子田章说:“君主出卖官职爵位,臣下出卖智慧和力气,所以要靠自己而不要靠别人。”

　　公仪休相鲁而嗜鱼,一国尽争买鱼而献之,公仪子不受,其弟谏曰:“夫子嗜鱼而不受者何也?”对曰:“夫唯嗜鱼,故不受也。夫即受鱼,必有下人之色①,有下人之色,将枉于法,枉于法则免于相,虽嗜鱼,此不必能自给致我鱼,我又不能自给鱼。即无受鱼而不免于相,虽嗜鱼,我能长自给鱼。”此明夫恃人不如自恃也,明于人之为己者不如己之自为也。

【译文】　公仪休做鲁相的宰相时很喜欢吃鱼,全国的人都争着买鱼献给他,公仪休不接受,他的弟弟劝他说:“您喜欢吃鱼,却不接受人民献进的鱼,这是为什么呢?”公仪休回答说:“正是因为喜欢吃鱼,所以才不接受。如果我接受了鱼,一定会有迁就别人的意态,有了迁就别人的意态,就会歪曲和破坏法律,歪曲和破坏法律就会被免去宰相,即使喜欢吃鱼,一旦被免去宰相,别人一定不会再送鱼给我，而我自己也吃不起鱼了。假如我不接受别人送的鱼就不会被免去宰相，虽然我喜欢吃鱼，我自己就有能力长期吃到鱼。"这是明白依靠别人不如依靠自己，明白让别人为自己做事不如自己为自己做事。

【注释】　①下人：居于人后，对人迁就。

传三

子之相燕①，贵而主断。苏代为齐使燕，王问之曰："齐王亦何如主也？"对曰："必不霸矣。"燕王曰："何也？"对曰："昔桓公之霸也，内事属鲍叔，外事属管仲，桓公被发而御妇人，日游于市。今齐王不信其大臣。"于是燕王因益大信子之。子之闻之，使人遗苏代金百镒②，而听其所使之。

一曰。苏代为齐使燕，见无益子之，则必不得事而还，贡赐又不出，于是见燕王乃誉齐王。燕王曰："齐王何若是之贤也！则将必王乎？"苏代曰："救亡不暇，安得王哉？"燕王曰："何也？"曰："其任所爱不均③。"燕王曰："其亡何也？"曰："昔者齐桓公爱管仲，置以为仲父，内事理焉，外事断焉，举国而归之，故一匡天下，九合诸侯。今齐任所爱不均，是以知其亡也。"燕王曰："今吾任子之，天下未之闻也？"于是明日张朝而听子之④。

【译文】　子之做燕国的宰相时，地位尊贵，专权独断。苏代替齐国出使燕国，燕王问他说："齐王是怎样的君主？"苏代回答说："一定不能称霸天下了。"燕王说："为什么呢？"苏代回答说："从前齐桓公称霸诸侯，国内的事情交给鲍叔，外交的事情交给管仲，桓公披散着头发和妇人作乐，整日在市场游玩。现在的齐王不相信他的大臣。"于是燕王就更加相信子之了。子之听说这件事，派人送给苏代黄金百镒。并听凭苏代差遣。

另一种说法。苏代替齐国出使燕国，发现如果不给子之好处，就必然会一无所成地回去，自己的赏赐也就得不到，于是见到燕王后就称赞齐王。燕王说："齐王怎么会这么地贤明呢！那么将一定能统治天下了吧？"苏代说："挽救危亡尚且来不及，怎么能统治天下呢？"燕王说："为什么呢？"苏代回答说："他不能专任自己所喜欢的人。"燕王说："齐国危亡又是怎么回事呢？"苏代说："从前齐桓公喜爱管仲，尊管仲为仲父，在国内处理朝政，在国外决断事务，把整个国家都交给他，所以能够匡正天下，多次召集诸侯会盟。现在齐王不能专任他所喜爱的人，从这里我推知齐国就要危亡了。"燕王说："现在我很信任子之,天下人还没有听说吗?"于是,第二天就设置朝见的地方,听凭子之决断国事。

【注释】　①子之:战国时燕王哙的宰相。燕王哙听信唐尧禅让的故事,禅位于宰相子之,子之得专燕国国政。三年后,燕国大乱,齐国伐燕,杀燕王哙与子之。第二年,燕王哙之子燕昭王继位后,复兴燕国。　②镒(yì):古代重量单位。二十两为一镒。　③均:全面。　④张朝:设朝,布置朝见的地方。

潘寿谓燕王曰:"王不如以国让子之。人所以谓尧贤者,以其让天下于许由,许由必不受也,则是尧有让许由之名而实不失天下也。今王以国让子之,子之必不受也,则是王有让子之之名而与尧同行也。"于是燕王因举国而属之,子之大重。

一曰。潘寿,隐者。燕王使人聘之。潘寿见燕王曰:"臣恐子之之如益也①。"王曰:"何益哉?"对曰:"古者禹死②,将传天下于益,启之人因相与攻益而立启③。今王信爱子之,将传国子之,太子之人尽怀印④,为子之之人无一人在朝廷者,王不幸弃群臣⑤,则子之亦益也。"王因收吏玺自三百石以上皆效之子之⑥,子之大重。夫人主之所以镜照者,诸侯之士徒也,今诸侯之士徒皆私门之党也。人主之所以自浅媚者⑦,岩穴之士徒也,今岩穴之士徒皆私门之舍人也。是何也?夺褫之资在子之也⑧。

【译文】　潘寿对燕王说:"大王不如把国家禅让给子之。人们之所以称赞唐尧贤明,就是因为他把天下禅让给许由,许由一定不肯接受,这样唐尧就有了禅让许由的美名,实际上却没有失去天下。现在大王把国家禅让给子之,子之一定不肯接受,那么大王就有了禅让子之的美名,就和唐尧一样了。"于是燕王就把所有的国家大事都交给子之,子之的权势就很重了。

另一种说法。潘寿,是一位隐士。燕王派人聘请他。潘寿见到燕王,说:"我担心子之会像益一样。"燕王说:"什么益啊?"潘寿回答说:"古时候禹死的时候,打算把天下传给益,夏启的人就一起攻击益而拥立了夏启。现在大王信任宠爱子之,打算把燕国传给他,太子的人都在朝中做官,而子之的人却没有一个人在朝廷上做官的,大王不幸有一天离弃了群臣,那么子之也就会像益一样了。"燕王于是收回了三百石以上官员的官印,全部交给子之,子之的权势变得很重。君主拿来作为鉴借的,是其他诸侯国的游士,现在诸侯国的游士,都是私门的党羽。君主拿来为自己增光的,是那些隐居于岩穴的隐士,如今隐居岩穴的隐士都是私门的官吏。这是为什么呢?因为罢黜的权力掌握在子之的手里。

【注释】 ①益：人名，传说是虞夏时代的官员，夏禹曾打算将天下传给他，但诸侯不拥护益而拥护夏禹的儿子夏启，最后夏启登上天子之位。 ②禹：夏禹。 ③启：即夏启，夏禹的儿子。 ④怀印：做官。 ⑤弃群臣：借指去世。 ⑥石：官员俸禄的计算等级，后来又做了官位的品级。 ⑦浅嫵：古时成语，即"显昭"，光显。 ⑧夺褫（chǐ）：褫，夺去或解下衣服。罢黜。

一曰。燕王欲传国于子之也，问之潘寿，对曰："禹爱益，而任天下于益，已而以启人为吏。及老，而以启为不足任天下，故传天下于益，而势重尽在启也。已而启与友党攻益而夺之天下，是禹名传天下于益，而实令启自取之也。此禹之不及尧、舜明矣。今王欲传之子之，而吏无非太子之人者也。是名传之，而实令太子自取之也。"燕王乃收玺自三百石以上皆效之子之，子之遂重。

【译文】 另一种说法。燕王打算把国家传给子之，向潘寿询问，潘寿回答说："从前禹喜欢益，把天下交付给益，却任用自己儿子启的人做官。等老了之后，又认为启不能担当天下大事，所以把天下传给了益，可是权势都由启所掌握。后来启和自己的党徒攻打益而夺取了天下，这样，夏禹名义上是把天下传给了益，而实际上又让启自己去夺取。夏禹比不上尧、舜是很明显的了。现在大王想把国家传给子之，可是官吏中没有不是太子党羽的人。这是名义上传给子之，而实际上让太子自己去夺取啊。"燕王于是收回了三百石以上官吏的官印都交给了子之，子之的权势于是就更重了。

方吾子曰："吾闻之古礼，行不与同服者同车，居不与同族者共家，而况君人者乃借其权而外其势乎！"

【译文】 方吾子说："我听说，按照古代的礼制，出行时不和穿一样衣服的人坐同一辆车，居家不和同族的人住同一所房子，更何况于统治人民的人，难道能把他的权势外借他人吗？"

吴章谓韩宣王曰："人主不可佯爱人，一日不可复憎；不可以佯憎人，一日不可复爱也。故佯憎佯爱之征见，则谀者因资而毁誉之，虽有明主不能复收，而况于以诚借人也！"

一曰。吴章曰："人主不佯憎爱人，佯爱人不得复憎也，佯憎人不得复爱也。"

【译文】 吴章对韩宣王说："君主不能假装喜欢一个人，有朝一日就不能再憎恶他了;不能假装憎恨一个人,有朝一日就不能再喜爱他了。如果假装憎恨、假装喜爱的迹象表现出来,那么谄谀的人就会利用它来毁谤或赞誉他,即使英明的君主也不能再次收回,更何况于把真实的想法告诉别人呢?"

另一种说法。吴章说:"君主不能假装憎恶或喜爱某人,假装喜爱某人就不能再憎恨他了,假装憎恨某人就不能再喜爱他了。"

赵王游于圃中,左右以菟与虎而辍之①,虎盼然环其眼②,王曰:"可恶哉,虎目也!"左右曰:"平阳君之目可恶过此③。见此未有害也,见平阳君之目如此者则必死矣。"其明日,平阳君闻之,使人杀言者,而王不诛也。

【译文】　赵王在园圃中游玩,左右侍从把兔子给老虎时中途停住了,老虎愤怒地睁圆了眼睛。赵王说:"老虎的眼睛太可怕了!"左右侍从说:"平阳君的眼睛比这更可怕。看见老虎的眼睛不会受到伤害,看见平阳君的眼睛像这个样子的人一定会死的。"到了第二天,平阳君听说这件事,派人杀掉了说话的人,而赵王没有诛罚他。

【注释】　①菟:同"兔"。辍:中途停止。　②盼(xì)然:怒视的样子。　③平阳君:即赵豹,赵惠文王的弟弟,赵孝成王的叔叔。

卫君入朝于周,周行人问其号,对曰:"卫侯辟疆。"周行人却之曰:"诸侯不得与天子同号。"卫君乃自更曰"卫侯毁",而后内之。仲尼闻之曰:"远哉禁逼! 虚名不以借人,况实事乎!"

【译文】　卫国的君主去朝见周天子,周朝的行人询问他的名号,他回答说:"卫侯辟疆。"周朝的行人责怪他说:"诸侯不能和天子有同样的名号。"卫国君主于是自己改名为"卫侯毁",这才让他进去。孔子听到这件事后说:"防禁侵逼太深远了,虚名都不拿来借给别人,更何况于切实有益的事呢?"

传四

摇木者一一摄其叶则劳而不遍,左右拊其本而叶遍摇矣。临渊而摇木,鸟惊而高,鱼恐而下。善张网者引其纲,不一一摄万目而后得,则是劳而难,引其纲而鱼已囊矣。故吏者,民之本纲者也,故圣人治吏不治民。

【译文】　摇动树木的人一个个地拉动树叶,那么费很多力气也不能周遍,左右拍打它的本干,那么所有的树叶就摇动了。在潭水边上摇动树木,鸟儿受惊高飞,鱼儿受惊下沉。善于撒网的人牵拉着鱼网的大纲,不用一一拉动每一个网眼才能捕到鱼,如果这样做就费力而艰难,而只牵引鱼网的大纲鱼就已经进入网中了。所以,官吏是民众的本干、大纲,所以圣人治理官吏而不直接治理民众。

救火者,令吏挈壶瓮而走火则一人之用也,操鞭棰指麾而趣使人则制万夫。是以圣人不亲细民,明主不躬小事。

【译文】 救火的时候,让官吏提着壶瓮去救火,只是使用一个人。拿着鞭子棍棒指挥,催促人们去救火,就可以让上万的人遵从。因此圣人不亲自治理平民百姓,明主不亲自处理琐碎的小事。

造父方耨①,时有子父乘车过者,马惊而不行,其子下车牵马,父下车请造父助我推车,造父因收器辍而寄载之②,援其子之乘,乃始检辔持笑,未之用也而马咸骛矣。使造父而不能御,虽尽力劳身助之推车,马犹不肯行也。今身使佚,且寄载,有德于人者,有术而御之也。故国者君之车也,势者君之马也,无术以御之,身虽劳犹不免乱,有术以御之,身处佚乐之地,又致帝王之功也。

【译文】 造父正在用耨除草,在这时有父子两人乘坐着马车经过,马受到惊吓不肯前行,儿子下车牵马,父亲下车请求造父帮助推车,造父于是把农具收拾停当,坐上了那辆马车,牵过那儿子拉着的马,才刚刚拉起缰绳,拿起马鞭,还没有使用马就都急速前进了。假使造父没有能力驾车,即使用尽力气来帮助推车,马仍然是不肯前进的。现在他不但自身安逸,而且附乘别人的马车,又对别人有恩德,这都是因为他有驾车的道术。所以国家,就是君主的马车,权势,就是君主的马匹,没有道术来驾驭它,即使自身劳苦仍然不能避免混乱,有道术来驾驭,不但自身生活在安逸快乐的地方,又能获得帝王的功业。

【注释】 ①方耨(nòu):正在用耨除草。 ②辍:止,停止。寄载:附乘别人的交通工具。

椎锻者,所以平不夷也,榜檠者,所以矫不直也,圣人之为法也,所以平不夷矫不直也。

【译文】 椎锻,是用来平整不平的,榜檠,是用来矫正不直的,圣人所制定的法律,是用来平整不平、矫正不直的。

淖齿之用齐也,擢闵王之筋,李兑之用赵也,饿杀主父。此二君者皆不能用其椎锻榜檠,故身死为戮而为天下笑。

一曰。入齐,则独闻淖齿而不闻齐王,入赵,则独闻李兑而不闻赵王。故曰:人主者不操术,则威势轻而臣擅名。

一曰。武灵王使惠文王莅政,李兑为相,武灵王不以身躬亲杀生之柄,故劫于李兑。

【译文】　淖齿在齐国得到重用,抽了齐愍王的筋,李兑在赵国得到重用,饿死了主父。这两位君主都不能使用他们的椎锻榜檠来锤平不平、矫正不直,所以自己死了又被天下人耻笑。

另一种说法。进入齐国,只听得到谈论淖齿却听不到谈论齐王,进入赵国,只听得到谈论李兑而听不到谈论赵王。所以说:君主不掌握法术,那么威势就会轻微,臣下就会享有盛名了。

另一种说法。赵武灵王让赵惠文王主持朝政,任用李兑做宰相,赵武灵王不亲自掌握生杀大权,所以被李兑挟持以致饿死。

传五

兹郑子引辇上高梁而不能支①。兹郑踞辕而歌,前者止,后者趋,辇乃上。使兹郑无术以致人,则身虽绝力至死,辇犹不上也。今身不至劳苦而辇以上者,有术以致人之故也。

【译文】　兹郑子拉着车要爬上一座高桥,上不去。兹郑就坐在车辕上唱歌,前面的人停下来,后面的人赶上来,车于是就上去了。假使兹郑没有办法招来众人,那么即使用尽力气最后累死,也不能把车拉上去。现在自己不至于太劳苦而车就上了高桥,这是因为他有办法招来众人。

【注释】　①辇(niǎn):人拉的车。高梁:高桥。

赵简主出税者,吏请轻重,简主曰:"勿轻勿重。重则利入于上,若轻则利归于民,吏无私利而正矣。"薄疑谓赵简主曰:"君之国中饱。"简主欣然而喜曰:"何如焉?"对曰:"府库空虚于上,百姓贫饿于下,然而奸吏富矣。"①

【译文】　赵简子派人去收税,官吏请示税收的轻重,赵简子说:"不要太轻也不要太重。太重了财利就会集中到君主那里,如果太轻了财利就会分散在人民那里,只要官吏不营求私利就行了。"薄疑对赵简子说:"君主的国家中间富足。"赵简子很高兴地说:"这是怎样的情形呢?"薄疑回答说:"君主的府库空虚,百姓贫困饥饿,可是奸诈的官吏却非常富有。"

【注释】 ①赵简子没有制定明确的税率标准,而是让官吏自行决定,于是就造成了薄疑所说的"中饱"现象。

齐桓公微服以巡民家,人有年老而自养者,桓公问其故,对曰:"臣有子三人,家贫,无以妻之,佣未反。"桓公归,以告管仲,管仲曰:"畜积有腐弃之财则人饥饿,宫中有怨女则民无妻。"桓公曰:"善。"乃论宫中有妇人而嫁之,下令于民曰:"丈夫二十而室,妇人十五而嫁。"

一曰。桓公微服而行于民间,有鹿门稷者①,行年七十而无妻,桓公问管仲曰:"有民老而无妻者乎?"管仲曰:"有鹿门稷者,行年七十矣而无妻。"桓公曰:"何以令之有妻?"管仲曰:"臣闻之,上有积财则民臣必匮乏于下,宫中有怨女则有老而无妻者。"桓公曰:"善。"令于宫中女子未尝御出嫁之,乃令男子年二十而室,女年十五而嫁。则内无怨女,外无旷夫②。

【译文】 齐桓公改换常服到百姓家中巡视,看到一位老人靠自己劳作来养活自己,桓公询问原因,他回答说:"我有三个儿子,家里太穷,没有办法娶到老婆,受雇外山劳作还没有回来。"桓公回宫后,把这件事告诉了管仲,管仲说:"府库中有腐弃的积财,人民就会挨饿;宫中有已到婚龄而没有婚配的女子,人民就会娶不上老婆。"齐桓公说:"好。"于是调查宫中没有出嫁的女子,让她们嫁人,下令给人民说:"男子二十岁娶妻,女子十五岁嫁人。"

另一种说法。齐桓公改换常服到民间行走,有一个叫鹿门稷的人,已经七十岁了还没有娶上老婆,齐桓公问管仲说:"有年纪大了却没有老婆的人吗?"管仲说:"有个叫鹿门稷的人,已经七十岁了还没有娶上老婆。"齐桓公说:"怎么样才能让他娶上老婆呢?"管仲说:"我听说,君主有多余的财物,臣民就一定会缺衣少粮,宫中有到了婚龄而没有婚配的女子,民间就会有年纪大了却娶不上老婆的人。"齐桓公说:"好。"命令宫中没有侍寝过君主的女子都出宫嫁人,又下令男子到二十岁就娶妻,女子到十五岁就嫁人。所以没有到了婚龄未能出嫁的女子,没有已经成年而无妻的男子。

【注释】 ①鹿门稷:人名,事迹不详。 ②内无怨女,外无旷夫:古代女子居内,男子主外,所以用"内"指"怨女","外"指"旷夫"。旷夫,成年而无妻的男子。

延陵卓子乘苍龙翟文之乘①,钩饰在前②,错锴在后③,马欲进则钩饰禁之,欲退则错锴贯之④,马因旁出。造父过而为之泣涕曰："古之治人亦然矣。夫赏所以劝之而毁存焉，罚所以禁之而誉加焉，民中立而不知所由，此亦圣人之所为泣也。"

一曰。延陵卓子乘苍龙与翟文之乘，前则有错饰，后则有利锲，进则引之，退则笞之，马前不得进，后不得退，遂避而逸，因下抽刀而剕其脚。造父见之泣，终日不食，因仰天而叹曰："笞所以进之也，错饰在前；引所以退之也，利锲在后。今人主以其清洁也进之，以其不适左右也退之，以其公正也誉之，以其不听从也废之，民惧，中立而不知所由，此圣人之所为泣也。"

【译文】　延陵卓子乘坐着由黑色的有着雉羽花纹的龙马套驾的马车，前面有带钩嚼的马络头，后面有带刺的马棒，马想前行，带钩嚼的马络头牵制着它，马想后退，带刺的马棒刺打着它，马于是向两旁逃避。造父经过看到，为之流下了眼泪，说到："古代治理人民也是这样的。赏赐是用来劝勉的，可是受赏赐的常常受到毁谤，刑罚是用来禁止的，可是受到刑罚的却常常受到称赞，人民站在中间不知该到哪里去，这也是圣人看到要流眼泪的事情。"

另一种说法。延陵卓子乘坐着由黑色的有着雉羽花纹的龙马套驾的马车，前面有交错的马络头，后面有锋利的马刺，马要前进，马络头牵拉着它，马要后退，马刺就策打着它，马不能前进，不能后退，于是向旁边逃避奔跑，延陵卓子于是下车抽出刀砍掉了马脚。造父看见这种情况，哭了，一整天没有吃东西，于是仰天长叹，说："策打是要让它前进，前面却有交错的马络头，牵拉是要让它后退，后面却有锋利的马刺。现在的君主因为一个人清廉而进用他，又因为他不能适应左右而斥退他，因为他公平正直而称赞他，又因为他不听从命令而废黜他，人民感到恐惧，站在中间不知该往哪里去，这是圣人看到要流眼泪的事情。"

【注释】　①苍龙翟文：马高八尺曰龙。翟文，雉羽的花纹。指黑色的有着雉羽花纹的龙马。　②钩饰：饰，通"勒"。指带钩嚼的马络头。　③错锲：错，读为"策"。带有利刺的马棒。　④贯：穿刺。

难一第三十六

"难"(nàn),即驳难,是韩非对前人政治观点的分析与反驳。其基本写法是通过叙述故事来列举前人的政治观点,然后再以"或曰"引出议论,发表自己的看法。吕思勉《经子解题》称其"剖析精微,可见法术家综核名实之道"。全文共分四个部分,分别用"难一"、"难二"、"难三"、"难四"标目。

晋文公将与楚人战①,召舅犯问之②,曰:"吾将与楚人战,彼众我寡,为之奈何?"舅犯曰:"臣闻之,繁礼君子,不厌忠信③;战阵之间,不厌诈伪。君其诈之而已矣。"文公辞舅犯④,因召雍季而问之⑤,曰:"我将与楚人战,彼众我寡,为之奈何?"雍季对曰:"焚林而田,偷取多兽,后必无兽;以诈遇民,偷取一时,后必无复。"文公曰:"善。"辞雍季,以舅犯之谋与楚人战以败之。归而行爵,先雍季而后舅犯。群臣曰:"城濮之事⑥,舅犯谋也,夫用其言而后其身可乎?"文公曰:"此非君所知也。夫舅犯言,一时之权也;雍季言,万世之利也。"仲尼闻之,曰:"文公之霸也宜哉! 既知一时之权,又知万世之利。"

【译文】 晋文公将要和楚国打仗,召来舅犯问他说:"我将要和楚国打仗了,他们人多,我们人少,该怎么办呢?"舅犯说:"我听说,多礼的君子,尽量地要求忠厚诚信;但战场布阵时,则尽量地要求使用诡诈与伪装。君主只要使用诡诈之法就可以了。"晋文公遣退舅犯之后,又召来雍季问他说:"我准备和楚国打仗了,他们人多,我们人少,该怎么办呢?"雍季说:"烧了树林来打猎,虽然当时能捕获很多野兽,以后一定就没有野兽可以猎取了;使用诡诈的方法来对待人民,虽然当时能取得利益,后来一定就不能再得利了。"晋文公说:"好。"遣退雍季后,用舅犯的计谋和楚国人打仗,终于打败了他们。回国后行赏时,把雍季排在了舅犯的前面。群臣说:"城濮之战使用的是舅犯的计谋,采用了他的计谋却在行赏时把他排在后面,这样做合适吗?"晋文公说:"这不是你们所能明白的道理。舅犯的话,是一时的权宜之计;雍季的话,能让国家获得永久的利益。"孔子听说这件事后,说:"晋文公称霸诸侯是应该的,他既懂得一时的权宜之计,也明白谋取万世之利的道理。"

【注释】 ①晋文公:名重耳,春秋时晋国的国君,春秋五霸之一,公元前636～前628年在位。 ②舅犯:即狐偃,字子犯,春秋时晋国的大夫,是晋文公重耳的舅舅,所以称之为"舅犯",又写作"咎犯"。 ③不厌:厌,满足。不满足,即一再要求。 ④辞:遣退。 ⑤雍季:晋文公的儿子公子雍。季为排行。 ⑥城濮之事:即公元前632年发生在晋楚两国之间的城濮之战。

或曰:雍季之对,不当文公之问。凡对问者,有因问小大缓急而对也,所问高大而对以卑狭,则明主弗受也。今文公问以少遇众,而对曰"后必无复",此非所以应也。且文公不知一时之权,又不知万世之利。战而胜,则国安而身定,兵强而威立,虽有后复,莫大于此,万世之利,奚患不至? 战而不胜,则国亡兵弱,身死名息,拔拂今日之死不及①,安暇待万世之利? 待万世之利在今日之胜,今日之胜在诈于敌,诈敌,万世之利而已。故曰:雍季之对不当文公之问。且文公又不知舅犯之言,舅犯所谓不厌诈伪者,不谓诈其民,谓诈其敌也。敌者,所伐之国也,后虽无复,何伤哉? 文公之所以先雍季者,以其功耶? 则所以胜楚破军者,舅犯之谋也;以其善言耶? 则雍季乃道其后之无复也,此未有善言也。舅犯则以兼之矣。舅犯曰"繁礼君子,不厌忠信"者,忠、所以爱其下也,信、所以不欺其民也。夫既以爱而不欺矣,言孰善于此? 然必曰出于诈伪者,军旅之计也。舅犯前有善言,后有战胜,故舅犯有二功而后论,雍季无一焉而先赏。"文公之霸,不亦宜乎!"仲尼不知善赏也。

【译文】 有人说:雍季的回答,不切合文公所提出的问题。大凡回答问题,都要依据问题的大小缓急来回答,所问的问题高深远大却以卑小狭微来回答,那么英明的君主一定不会接受。现在晋文公问的是怎样以人少的军队战胜人多的军队,可回答却是"后来就一定不能再得利了",这是答非所问。而且晋文公不明白一时的权宜之计,也不懂得永久的利益。打仗取得胜利,国家就会安定,自身的地位也就更加稳定,军队强大,威名树立。即使以后还能得利,也没有比这更大的了,怎么还会担心得不到永久的利益呢? 打仗不能取胜,那么国家就会危亡,军队衰弱,自身死后名声也就没有了,想免除眼前的死亡都来不及,哪里有时间去期待万世之利? 期待万世之利就在于今日一仗能够取胜,今日一仗能够取胜在于使用诡诈之法对待敌人,欺骗敌人,就能获取万世之利。所以说:雍季的回答不切合晋文公的问题。而且晋文公也不明白舅犯的话,舅犯所说的尽量诡诈伪装,不是说欺骗人民,而是指欺诈他的敌人。敌人,就是要攻打的国家,以后即使不能得利,又有什么妨碍呢? 文公行赏而以雍季为先的原因,是因为他有功吗? 可是能战胜楚国的军队,是因为采用了舅犯的计谋;那么是因为他的话很美好吗? 可是雍季又说以后一定不能得利,这也没有什么美好的。而舅犯却兼具了这两个方面。舅犯所说"多礼的君子要尽量地忠厚诚信",忠厚,就能够爱护他的属下,诚信,就能够不欺诈他的人民。又爱护属下又不欺骗人民,有什么言论比这更美好呢? 然而一定说要使用欺诈伪装的方法,这是行军打仗的计谋。舅犯一方面有美好的言论,另一方面又有战胜楚军的功劳,所以这是舅犯有两种功劳却被排在了后面,雍季没有一个功劳却先得到了赏赐。"晋文公称霸诸侯,不也是很应该的吗?"孔子不懂得合理的奖赏。

【注释】 ①拔拂:拔,通"祓"。祓除。

历山之农者侵畔①,舜往耕焉,期年②,甽亩正③。河滨之渔者争坻④,舜往渔焉,期年,而让长。东夷之陶者器苦窳⑤,舜往陶焉,期年而器牢。仲尼叹曰:"耕、渔与陶,非舜官也,而舜往为之者,所以救败也。舜其信仁乎! 乃躬藉处苦而民从之,故曰:圣人之德化乎!"

【译文】 历山的农人侵占别人耕地的边界,舜到那里去种田,一年下来田亩的边界都端正了。河滨的渔人争夺水中的小洲,舜到那里去打鱼,一年下来,渔夫们都谦让那些年长的人。东夷的陶工制作的陶器很粗劣,舜到那里去制作陶器,一年下来陶器就做得很结实了。孔子感叹说:"耕田、打鱼、制陶都不是舜的职责,可是舜去做这些事情,这是为了挽救危败。舜实在是真正的仁者啊! 这样能够亲自从事辛苦的工作,民众就会跟从他,所以说:圣人的德行能感化人心。"

【注释】 ①历山:古山名,传说虞舜曾在此耕田,所在地点有山东历城、山东濮县、山西翼城、山西永济等多种说法。 ②期(jī)年:一整年。 ③甽(quǎn)亩:甽,同"畎",田野。这里指田地的边界。 ④坻(chí):水中的小洲或高地。 ⑤东夷:古代对我国中原以东各族的统称。苦窳(yǔ):粗糙质劣。

或问儒者曰："方此时也，尧安在？"其人曰："尧为天子。""然则仲尼之圣尧奈何？圣人明察在上位，将使天下无奸也。今耕渔不争，陶器不窳，舜又何德而化？舜之救败也，则是尧有失也；贤舜则去尧之明察，圣尧则去舜之德化；不可两得也。楚人有鬻楯与矛者①，誉之曰：'吾楯之坚，物莫能陷也。'又誉其矛曰：'吾矛之利，于物无不陷也。'或曰：'以子之矛陷子之楯何如？'其人弗能应也。夫不可陷之楯与无不陷之矛，不可同世而立。今尧、舜之不可两誉，矛楯之说也。且舜救败，期年已一过，三年已三过，舜有尽，寿有尽，天下过无已者，以有尽逐无已，所止者寡矣。赏罚使天下必行之，令曰：'中程者赏②，弗中程者诛。'令朝至暮变，暮至朝变，十日而海内毕矣，奚待期年？舜犹不以此说尧令从己，乃躬亲，不亦无术乎？且夫以身为苦而后化民者，尧、舜之所难也；处势而骄下者③，庸主之所易也。将治天下，释庸主之所易，道尧、舜之所难，未可与为政也。"

【译文】 有人问一个儒者说："这个时候，尧又在哪里呢？"那个儒者说："尧在做天子。""那么孔子又怎么能说尧是圣人呢？明察的圣人做了天子，就会让天下没有坏事。这时农人和渔人都不争利，陶器也不粗劣，又怎么需要舜的德行去感化？舜去挽救危败，就是尧做天子有过失；称赞舜的德化就要损害尧的明察，称赞尧的明察就要损害舜的德化；这两件事是不可能同时存在的。楚国有个卖盾牌和矛的人，称赞他的盾牌说：'我的盾非常坚固，没有什么东西能够刺入。'又称赞他的矛说：'我的矛非常锋利，没有什么东西不能刺入。'有人问他：'用你的矛来刺你的盾，结果会怎么样呢？'那个人没有办法来回答。那不能被刺入的盾和无所不能刺入的矛，是不可能同时在世上存在的。现在尧的明察和舜的德化不能同时被称赞，就像矛和盾的道理一样。况且舜去挽救危败，一年改掉一个过失，三年改掉三个过失，舜只有一个，舜的寿命也是有限的，天下的过失却是不停地产生，用有限的人的生命去追逐无穷的事物，所能制止的事情是很少的。假如建立赏罚的制度，让天下必须执行，下令说：'合乎法度的就奖赏，不合乎法度的就处罚。'法令早晨到达，到晚上危败就会改变，法令晚上到达，到早晨危败就会改变，十天的时间，天下就全改变了，哪里用得着等整整一年呢？舜尚且不用这种办法来劝说尧命令天下人听从自己，却要亲自去做，不也是太没有治术了吗？再说亲身去劳作然后来感化人民的事情，这是尧舜那样的圣人也认为很难做的事情;而利用权势来矫正臣下的行为,这是平庸的君主也能轻易做到的事情。打算治理天下,舍弃平庸的君主都容易做到的方法,却取法让圣人尧、舜都感到困难的方法,这样的人是不能让他参与政事的。"

【注释】 ①鬻(yù):卖。楯(dùn):盾牌。 ②中程:合乎法度。 ③骄:通"矫",矫正。

管仲有病①,桓公往问之,曰:"仲父病,不幸卒于大命②,将奚以告寡人?"管仲曰:"微君言,臣故将谒之。愿君去竖刁③,除易牙④,远卫公子开方⑤。易牙为君主味,君惟人肉未尝,易牙烝其子首而进之⑥;夫人情莫不爱其子,今弗爱其子,安能爱君?君妒而好内,竖刁自宫以治内,人情莫不爱其身,身且不爱,安能爱君?闻开方事君十五年,齐、卫之间不容数日行,弃其母久宦不归,其母不爱,安能爱君?臣闻之:'矜伪不长⑦,盖虚不久。'愿君去此三子者也。"管仲卒死,桓公弗行,及桓公死,虫出尸不葬。

【译文】 管仲生病了,齐桓公去探问他,说:"仲父生病了,如果不幸终老天年,打算要给我说些什么呢?"管仲说:"君主不问我,我本来就要禀告了。希望君主能除掉竖刁和易牙,疏远卫国的公子开方。易牙给君主管理膳食,君主只有人肉没有品尝过,易牙蒸熟了自己儿子的头献给君主。人的天性没有不疼爱自己儿子的,现在他不爱自己的儿子,又怎么能真的爱您呢?您生性嫉妒男子,喜欢美色,竖刁阉割了自己来给您管理内宫事务,人的天性没有不珍爱自己的身体的,他连自己的身体都不珍惜,又怎么能真的爱您呢?我听说开方侍奉您十五年了,齐国和卫国之间没有几天的路程,抛弃他的母亲在外做官不回去,他连自己的母亲都不爱,又怎么能真的爱您呢?我听人说:'炫耀伪诈的时间不会长,掩藏虚假的日子不会久。'希望君主能除掉这三个人。"管仲死了之后,桓公没有按他的话做,等桓公死后,尸虫爬出了窗户都没有人来殓葬。

【注释】 ①管仲:名夷吾,字仲,谥敬,故也称为敬仲,春秋时颍上人。 ②大命:天命。 ③竖刁:齐桓公的内侍,很受齐桓公宠信。管仲死后,齐桓公使竖刁主政,竖刁与易牙勾结作乱,齐桓公被饿死。 ④易牙:齐桓公的厨子,相传他为讨好齐桓公,杀死自己的儿子,蒸熟了进献给桓公。 ⑤卫公子开方:开方,人名。卫国的公子,事齐桓公,很受宠信。 ⑥烝:通"蒸"。 ⑦矜伪:炫耀假象。

或曰:管仲所以见告桓公者,非有度者之言也。所以去竖刁、易牙者,以不爱其身,适君之欲也。曰"不爱其身,安能爱君",然则臣有尽死力以为其主者,管仲将弗用也。曰"不爱其死力,安能爱君",是君去忠臣也。且以不爱其身,度其不爱其君,是将以管仲之不能死公子纠度其不死桓公也,是管仲亦在所去之域矣。明主之道不然,设民所欲以求其功,故为爵禄以劝之;设民所恶以禁其奸,故为刑罚以威之。庆赏信而刑罚必,故君举功于臣,而奸不用于上,虽有竖刁,其奈君何?且臣尽死力以与君市,君垂爵禄以与臣市,君臣之际,非父子之亲也,计数之所出也。君有道,则臣尽力而奸不生;无道,则臣上塞主明而下成私。管仲非明此度数于桓公也,使去竖刁,一竖刁又至,非绝奸之道也。且桓公所以身死虫流出尸不葬者,是臣重也;臣重之实,擅主也。有擅主之臣,则君令不下究,臣情不上通,一人之力能隔君臣之间,使善败不闻,祸福不通,故有不葬之患也。明主之道,一人不兼官,一官不兼事。卑贱不待尊贵而进论,大臣不因左右而见。百官修通,群臣辐凑。有赏者君见其功,有罚者君知其罪。见知不悖于前,赏罚不弊于后,安有不葬之患?管仲非明此言于桓公也,使去三子,故曰管仲无度矣。

【译文】　有人说:管仲给齐桓公说的话,不是一个有法度的人所讲的。除掉竖刁、易牙的原因,在于他们不爱惜自己,来满足君主的欲望。说"不爱惜自己的身体,又怎么能爱君主",如果这样,那么臣下有尽其死力为君主做事的人,管仲就不能任用他。说"不爱惜自己的死力,又怎么能爱君主",这就是要让君主摒弃忠臣。况且根据不爱惜自己的身体,来判断他不会爱君主,这就是以管仲不能为公子纠去死来判断他不会为桓公去死,那么管仲也就在被排除的范围中了。英明君主的做法不是这样的,设置人民希求的事物来鼓励他们建立功勋,所以要用爵禄来劝勉他们;设置人民厌恶的事物来禁制奸邪,所以制定刑罚来威迫他们。奖赏明确有信,刑罚必然执行,所以君主按功劳来提拔官吏,奸邪的人不会得到进用,那么即使有个竖刁,他又能把君主怎么样呢?况且臣下尽死力来与君主交换,君主垂设爵禄来和臣下交换,君臣之间,没有父子的亲情,只有算计能得到多少利益而已。君主做事符合道理,那么臣下就能尽力做事而不会有邪恶出现;君主做事不合道理,那么臣下就会向上壅塞君主的视听,向下谋取私利。管仲不向桓公申明这个道理,让他除掉一个竖刁,另一个竖刁又会出现,这不是禁绝奸邪的办法。况且桓公死后尸虫爬出窗户也没人来殓葬的原因,是臣下的权势太重,臣下权势太重,就独揽了君主的政权。如果有独揽政权的大臣,那么君主的命令就传不下去,臣下的意见就通报不上来,一个人的力量阻隔在君臣之间,使好事坏事都无法听到,灾祸幸福都无从通报,所以才有了不被殄葬的灾祸。英明君主的办法是,一个人不兼任两种官职,一种官职不负责两种职事,卑贱的人不需尊贵的人举荐就能得到进用和赏赐,大臣无需左右亲信的接应就能面见君主。百官的意见都能通达朝廷,群臣都像车辐一样归于君主。有人受赏君主能看到他的功劳,有人受罚君主了解他的罪过。眼前看到和了解的事情没有谬误,事后的奖赏和处罚也没有差错,这样怎么会发生不被殄葬的灾祸呢?管仲不把这个道理讲给桓公,只让他除掉那三个人,所以说管仲没有法度。

襄子围于晋阳中①,出围,赏有功者五人,高赫为赏首。张孟谈曰②:"晋阳之事,赫无大功,今为赏首何也?"襄子曰:"晋阳之事,寡人国家危,社稷殆矣。吾群臣无有不骄侮之意者,惟赫子不失君臣之礼,是以先之。"仲尼闻之曰:"善赏哉襄子!赏一人而天下为人臣者莫敢失礼矣。"

【译文】 赵襄子被围困在晋阳,解围之后,赏赐有功的五个人,给高赫的赏赐最多。张孟谈说:"晋阳的战事中,高赫并没有立下大功,现在受到的赏赐最多,这是为什么呢?"襄子说:"晋阳被围困,我的国家危急,社稷要毁灭了。我的众多大臣都露出了骄恣轻慢的态度,只有高赫不丧失君臣之间的礼仪,所以要先赏赐他。"孔子听说这件事后说:"襄子真会奖赏人啊!赏赐了一个人,天下做臣子的就没有人敢丧失君臣之礼了。"

【注释】 ①襄子围于晋阳中:赵襄子,名毋恤,春秋末期晋国的卿。春秋时代,晋国有范氏、中行氏、智氏以及赵、韩、魏六家世代为卿,并掌晋国政权。赵襄子四年,范氏、中行氏势衰,赵氏与智伯分其地,智伯逐晋出公而立哀公,专掌晋政。赵襄子五年,智伯率韩、魏攻赵襄子于晋阳,赵襄子反联合韩、魏二卿,共灭智伯而三分其地,为后来晋国分裂为韩、赵、魏三国打下基础。其事详见《十过》。晋阳,今山西省太原市。 ②张孟谈:赵襄子的家臣。

或曰:仲尼不知善赏矣。夫善赏罚者,百官不敢侵职,群臣不敢失礼。上设其法,而下无奸诈之心,如此,则可谓善赏罚矣。使襄子于晋阳也,令不行,禁不止,是襄子无国,晋阳无君也,尚谁与守哉?今襄子于晋阳也,知氏灌之,白灶生龟,而民无反心,是君臣亲也;襄子有君臣亲之泽,操令行禁止之法①,而犹有骄侮之臣,是襄子失罚也。为人臣者,乘事而有功则赏。今赫仅不骄侮而襄子赏之,是失赏也。明主赏不加于无功,罚不加于无罪。今襄子不诛骄侮之臣,而赏无功之赫,安在襄子之善赏也? 故曰仲尼不知善赏。

【译文】 有人说:孔子不懂得合理的赏赐。能合理地实施赏罚,百官就不敢越职行事,群臣就不敢丧失礼仪。君主设置了赏罚的办法,臣下就不生奸诈之心,这样,才可说是合理的赏罚。假使赵襄子在晋阳,命令得不到执行,禁制没有效果,这等于襄子已经没有国家,晋阳已经没有君主了,还为谁来守礼呢? 现在赵襄子在晋阳,智氏用水灌城,做饭的锅里都生出了小龟,而民众没有背叛之心,因此,君臣之间是很和睦的;襄子行施了让君臣和睦的恩惠,掌握着严明的法律,可是仍然有骄恣轻慢的大臣,这是因为赵襄子失掉了刑罚。作为臣下,做事有功才能获得赏赐。现在高赫仅仅因为不骄恣轻慢,赵襄子就赏赐他,这是错误的赏赐。英明的君主不赏赐那些无功的人,不诛罚那些无罪的人。现在赵襄子不诛罚那些骄恣轻慢的大臣,却赏赐没有功劳的高赫,赵襄子善于赏赐又表现在哪里呢? 所以说孔子不懂得合理的赏赐。

【注释】 ①令行禁止:有令即行,有禁即止。形容法令或纪律严明。

晋平公与群臣饮①,饮酣,乃喟然叹曰:“莫乐为人君! 惟其言而莫之违。”师旷侍坐于前②,援琴撞之,公披衽而避,琴坏于壁。公曰:“太师谁撞③?”师旷曰:“今者有小人言于侧者,故撞之。”公曰:“寡人也。”师旷曰:“哑④! 是非君人者之言也。”左右请除之。公曰:“释之,以为寡人戒。”

【译文】 晋平公和群臣一起饮酒,喝到酣畅时,长声感叹道:“世间没有比做君主更快乐的事情了! 只要说出来的话就没有人敢违背。”师旷在他的前面陪坐,拿起琴就去撞他,晋平公散着衣襟急忙躲避,琴撞在墙壁上撞坏了。晋平公说:“太师撞谁?”师旷说:“刚才有个小人在旁边说话,所以拿琴撞他。”晋平公说:“说话的是我。”师旷说:“呀! 这不是君主该说的话啊。”左右侍从请求整治师旷。晋平公说:“放了他,这正好作为对我的警戒。”

【注释】 ①晋平公:名彪,春秋时晋国的君主,公元前557～前532年在位。　②师旷:晋国著名的乐官,善于辨音,在后世成为善辨音律者的代称。侍坐:在尊长近旁陪坐。　③太师:古代的乐官之长,这里指师旷。　④哑:表示惊叹语气。

或曰:平公失君道,师旷失臣礼。夫非其行而诛其身,君之于臣也;非其行则陈其言,善谏不听则远其身者,臣之于君也。今师旷非平公之行,不陈人臣之谏,而行人主之诛,举琴而亲其体,是逆上下之位,而失人臣之礼也。夫为人臣者,君有过则谏,谏不听则轻爵禄以待之①,此人臣之礼义也。今师旷非平公之过,举琴而亲其体,虽严父不加于子,而师旷行之于君,此大逆之术也。臣行大逆,平公喜而听之,是失君道也。故平公之迹不可明也,使人主过于听而不悟其失。师旷之行亦不可明也,使奸臣袭极谏而饰弑君之道②。不可谓两明,此为两过。故曰:平公失君道,师旷亦失臣礼矣。

【译文】 有人说:晋平公违背了做君主的道理,而师旷丧失了做臣下的礼义。认为他做了错事就诛罚他,这是君主对待臣子的方法;认为他做得不对就进献忠言,善意的劝谏不被采纳就远远地离开他,这是臣下对待君主的办法。现在师旷认为晋平公做得不对,不进献作为臣下的劝谏之言,却做出了君主才能做的诛罚之举,举起琴来撞击他的身体,这是背逆了君臣上下的位份,丧失了作为臣下的礼义。作为臣下,君主有过失就劝谏,劝谏不听就离官去职来等待君主的醒悟,这是臣下的礼义。现在师旷非难晋平公的过错,举起琴来撞击他的身体,即使严厉的父亲也不会如此对待自己的儿子,可是师旷却对君主做出这样的事,这是极端悖逆的做法。臣下做出极端悖逆的事情,晋平公高兴地听任他做,这就违背了做君主的道理。所以平公的行事是不能加以彰明的,这会让君主盲目地听从却不能领悟他的过失。师旷的行为也是不能加以彰明的,这会让奸臣窃取极力劝谏的名声而成为掩饰弑君的办法。这件事不能说明君臣两个都很明智,而是双方都有过失。所以说:晋平公违背了做君主的道理,师旷也丧失了做臣下的礼义。

【注释】 ①轻爵禄:轻视爵禄,这里指离官去职。 ②袭:窃取。

齐桓公时,有处士曰小臣稷①,桓公三往而弗得见。桓公曰:"吾闻布衣之士②,不轻爵禄,无以易万乘之主;万乘之主,不好仁义,亦无以下布衣之士。"于是五往乃得见之。

【译文】 齐桓公时代,有个处士叫小臣稷,齐桓公三次前去看他都没能见到他。齐桓公说:"我听说卑微的士人,如果不轻视爵禄,就不会轻慢大国的君主;大国的君主,不爱好仁义,也就不能礼让卑微的士人。"于是五次前往才得以见到他。

【注释】　①处士:指有德才却隐居不做官的人。小臣稷:人名,事迹不详。　②布衣:平民。

　　或曰:桓公不知仁义。夫仁义者,忧天下之害,趋一国之患,不避卑辱谓之仁义。故伊尹以中国为乱①,道为宰于汤;百里奚以秦为乱,道为虏于穆公。皆忧天下之害,趋一国之患,不辞卑辱,故谓之仁义。今桓公以万乘之势,下匹夫之士,将欲忧齐国,而小臣不行,见小臣之忘民也,忘民不可谓仁义。仁义者,不失人臣之礼,不败君臣之位者也。是故四封之内②,执禽而朝名曰臣③,臣吏分职受事名曰萌。今小臣在民萌之众,而逆君上之欲,故不可谓仁义。仁义不在焉,桓公又从而礼之。使小臣有智能而遁桓公,是隐也,宜刑;若无智能而虚骄矜桓公④,是诬也,宜戮。小臣之行,非刑则戮。桓公不能领臣主之理,而礼刑戮之人,是桓公以轻上侮君之俗教于齐国也,非所以为治也。故曰:桓公不知仁义。

【译文】　有人说:齐桓公不懂得仁义。所谓仁义,是忧虑天下的灾难,奔赴国家的祸难,遭受卑贱屈辱也不逃避,这才叫仁义。所以伊尹认为天下混乱,通过给商汤做厨子而得到了商汤的重用;百里奚认为秦国混乱,通过做奴隶的方法得到了穆公的重用。他们都是忧虑天下的灾害,奔赴国家的祸难,不逃避卑贱屈辱,所以被称为仁义之士。现在齐桓公以万乘君主的势位,礼让一个地位卑贱的士人,打算让他为齐国忧虑,可是小臣却不见他,这说明小臣忘记了人民,忘记人民就不能说是仁义。仁义的人,是不会丧失做臣下的礼义,不会败坏君臣位分的人。所以四境之内,拿着礼物谒见君主的就叫做臣,群臣百官分别承担不同的职事就叫做萌。现在小臣只是百姓官吏中的一个,却背逆君主的愿望,所以不能说是仁义。仁义不在这里,齐桓公却跟在后面礼敬他。假使小臣有才智能力却逃避桓公,这就是隐居,应该受到刑罚;如果没有才智能力,却骄傲自负地欺骗桓公,这就是欺骗,应该被戮杀。小臣的行为,不是应该受刑就是应该被杀。桓公不能领会君臣之间的道理,却礼敬应该被刑戮的人,所以齐桓公是用轻慢君上的风习来教导齐国的人民,这不是治理国家的办法。所以说:齐桓公不懂得仁义。

【注释】　①中国:上古时代,我国华夏族建国于黄河流域一带,以为居天下之中,故称中国,而把周围其他地区称为四方。后泛指中原地区。　②四封:四面疆界。　③执禽而朝:古代以禽鸟作为礼物。拿着礼物谒见君主。　④骄矜:骄傲自负。

　　靡笄之役①,韩献子将斩人②,郤献子闻之③,驾往救之,比至,则已斩之矣。郤子因曰:"胡不以徇④?"其仆曰:"曩不将救之乎⑤?"郤子曰:"吾敢不分谤乎?"

【译文】 在靡笄之役中,韩献子准备杀人,郤献子听说后,驾着车赶去救人,等到达时,人已经被杀了。郤献子于是说:"为什么不示众呢?"他的车夫说:"先时不是打算救他的吗?"郤献子说:"我怎么敢不分担一些毁谤呢?"

【注释】 ①靡笄之役:靡笄,山名,在今山东长清县境内。靡笄之役,即发生在公元前589年的齐晋鞌之战。 ②韩献子:即韩厥,谥献子,春秋时晋国的大夫,靡笄之役中韩厥任司马。 ③郤献子:即郤克,谥献子,春秋时晋国的大夫,靡笄之役中郤克率领中军。 ④徇:巡行示众。 ⑤曩(nǎng):先时。

或曰:郤子言不可不察也,非分谤也。韩子之所斩也,若罪人则不可救,救罪人,法之所以败也,法败则国乱;若非罪人,则劝之以徇,劝之以徇,是重不辜也,重不辜,民所以起怨者也,民怨则国危。郤子之言,非危则乱,不可不察也。且韩子之所斩若罪人,郤子奚分焉? 斩若非罪人,则已斩之矣,而郤子乃至,是韩子之谤已成,而郤子且后至也。夫郤子曰"以徇",不足以分斩人之谤,而又生徇之谤。是乇言分谤也? 昔者纣为炮烙,崇侯、恶来又曰斩涉者之胫也①,奚分于纣之谤? 且民之望于上也甚矣,韩子弗得,且望郤子之得之也;今郤子俱弗得,则民绝望于上矣,故曰:郤子之言非分谤也,益谤也。且郤子之往救罪也,以韩子为非也,不道其所以为非,而劝之"以徇",是使韩子不知其过也。夫下使民望绝于上,又使韩子不知其失,吾未得郤子之所以分谤者也。

【译文】 有人说:郤献子的话不能不详察,实际是不能分担毁谤的。韩献子所杀的人,如果有罪就不能被挽救,挽救有罪的人,这是败坏法律的方法,法律被败坏国家就会混乱;如果不是有罪的人,却又劝他把尸体示众,劝他把尸体示众,这是重罚无罪的人,重罚无罪的人,这是导致人民产生怨恨的根由,人民怨恨国家就会危亡。郤献子的话,不是导致国家危亡就是导致国家混乱,所以不能不加以详察。况且韩献子所杀的人如果有罪,郤献子要分担什么呢? 所杀的如果不是有罪的人,人已经杀掉了,郤献子才赶到,那么对韩献子的谤毁就已经形成了,而郤献子也赶不上分担谤毁了。郤献子说"把尸体示众",不足以分担因杀人而造成的谤毁,却又产生了对示众的谤毁。这就是他所说的分担毁谤吗? 从前纣设置了炮烙的酷刑,崇侯虎和恶来又说砍断涉水的人的小腿,这怎么能分担对商纣的毁谤呢?况且人民对处于上位的人期望太高了,韩献子做不到,便希望郤献子做到,现在郤献子也做不到,那么人民就要对这些上位大人绝望了,所以说:郤献子的话不是分担毁谤,而是增加谤毁。而且郤献子前往去挽救罪人,是认为韩献子做得不对,不指出韩献子为什么不对,却劝他"把尸体示众",这就不能让韩献子认识到自己的过失。这既让人民对处于上位的大人断绝希望,又让韩献子不能认识到自己的过失,我不知道郤献子要怎么样来分担毁谤。

【注释】　①崇侯:即崇侯虎,商纣王时的诸侯。恶来,商纣王的宠臣。崇侯虎和恶来都受到商纣王的宠信。

　　桓公解管仲之束缚而相之。管仲曰:"臣有宠矣,然而臣卑。"公曰:"使子立高、国之上①。"管仲曰:"臣贵矣,然而臣贫。"公曰:"使子有三归之家②。"管仲曰:"臣富矣,然而臣疏。"于是立以为仲父。霄略曰③:"管仲以贱为不可以治贵,故请高、国之上;以贫为不可以治富,故请三归;以疏为不可以治亲,故处仲父④。管仲非贪,以便治也。"

【译文】　齐桓公解开绑住管仲的绳索而任用他为相。管仲说:"我受到君主的宠信,可是我的地位卑贱。"齐桓公说:"我让你位居高子和国子之上。"管仲说:"我的地位尊贵了,可是我很贫穷。"齐桓公说:"我把三归封给你作为采邑。"管仲说:"我富有了,可是我很疏远。"于是齐桓公尊称管仲为仲父。霄略说:"管仲认为地位低贱的不能治理地位尊贵的人,所以请求位居高子与国子之上;认为贫穷的不能治理富有的,所以请求三归做采邑;认为关系疏远的不能治理关系亲近的,所以以仲父自居。管仲这不是贪利,是为了能方便地治理国家。"

【注释】　①高、国:指齐国的高氏和国氏两大贵族,他们都是姜太公的后裔,在齐国世代为卿,地位很高。　②三归之家:三归,旧说不同,或以为指娶三姓女子;或以为地名,指管仲的采邑;或以为台名;或以为市租,即指按例应该缴公的市租。这里我们取采邑之说。即封三归之地为管仲的采邑。　③霄略:人名,事迹不详。　④处:自居。

　　或曰:今使臧获奉君令诏卿相①,莫敢不听,非卿相卑而臧获尊也,主令所加,莫敢不从也。今使管仲之治,不缘桓公,是无君也,国无君不可以为治。若负桓公之威,下桓公之令,是臧获之所以信也②,奚待高、国、仲父之尊而后行哉?当世之行事都丞之下征令者③,不辟尊贵,不就卑贱。故行之而法者,虽巷伯信乎卿相④;行之而非法者,虽大吏诎乎民萌⑤。今管仲不务尊主明法,而事增宠益爵,是非管仲贪欲富贵,必阘而不知术也。故曰:管仲有失行,霄略有过誉。

【译文】　有人说:现在让奴婢奉行君主的命令去诏告卿相,没有人敢不听从,这不是因为卿相地位卑贱而奴婢的地位尊贵,而是因为君主的命令下达没有人敢不听从。现在让管仲去治理国家,如果不遵齐桓公的意旨,这就等于齐国没有君主,国家没有君主是不能治理好的。如果凭借着桓公的威势,下达桓公的命令,这是由奴婢都能完成的任务,为什么要等到获得高子、国子、仲父那样的尊位之后才能去做呢?现在做事的都丞去下达惩戒的命令,不躲避尊贵的人,不寻求卑贱的人。所以,做事只要符合法度,即使太监面对卿相也能完成任务;做事不符合法度,即使高官大臣面对平民百姓也会遭受挫折。现在管仲不致力于尊崇君主、严明法律,却做增加宠信、提高爵禄的事情,这如果不是管仲贪图富贵,一定就是愚昧而不懂治国的法术。所以说:管仲有错误的行为,霄略有错误的赞誉。

【注释】　①臧获:古代对奴婢的贱称。　②信(shēn):通"伸",完成任务。　③都丞:低级的官吏。征令:征,通"惩",惩戒。惩戒的命令。　④巷伯:太监。　⑤诎:通"屈"。

韩宣王问于樛留①:"吾欲两用公仲、公叔其可乎②?"樛留对曰:"昔魏两用楼、翟而亡西河③,楚两用昭、景而亡鄢郢④,今君两用公仲、公叔,此必将争事而外市,则国必忧矣。"

【译文】　韩宣王问樛留说:"我打算同时重用公仲明和公叔伯婴,你看怎么样?"樛留回答说:"从前魏国同时重用楼缓、翟黄而丧失了黄河以西的土地,楚国同时重用昭氏和景氏,结果连国都都陷落了。现在您同时重用公仲和公叔,这一定会导致他们在内争取政权,在外勾结敌国,那么国家就一定有祸患发生了。"

【注释】　①韩宣王:即韩宣惠王,战国时韩国的君主,公元前332～前312年在位。樛留:人名,事迹不详。　②公仲:即公仲明,曾任韩国的宰相。公叔:即公叔伯婴,曾任韩国的宰相。　③楼、翟:即楼缓、翟黄,他们都是魏文侯的大臣。　④昭、景:楚国王族的两个大姓。鄢郢:春秋时楚文王定都于郢,惠王之初曾迁都于鄢,仍号郢。因以"鄢郢"指楚国的都城。

或曰:昔者齐桓公两用管仲、鲍叔,成汤两用伊尹、仲虺①。夫两用臣者国之忧，则是桓公不霸，成汤不王也。愍王一用淖齿而身死乎东庙[2]，主父一用李兑，减食而死[3]。主有术，两用不为患；无术，两用则争事而外市，一则专制而劫弑。今留无术以规上，使其主去两用一，是不有西河、鄢郢之忧，则必有身死减食之患。是樛留未有善以知言也[4]。

【译文】 有人说：从前齐桓公同时重用管仲和鲍叔，成汤同时重用伊尹和仲虺。如果同时重用两位大臣是国家的灾难，那么桓公就不能称霸诸侯，而成汤也不能统治天下了。齐愍王只任用了淖齿一个，却被吊死在东庙，主父任用李兑一个，最后被饿死。君主有治术，同时重用两位大臣也不会导致灾祸，没有治术，同时重用两位大臣就会相互争权而勾结敌国，只任用一人就会独断专行而劫杀君主。现在樛留没有用法术来规劝君主，却让他的君主放弃同时重用两人而专用一人，这样即使没有像丧失西河土地和国都鄢郢陷落的危险，也一定有被劫杀饿死的灾难。因此，樛留并不算是忠善而说话有见识的人。

【注释】 ①成汤：即商汤，商朝的开国之君。伊尹：名伊，尹是职官名，商初名臣，助汤灭夏。仲虺：商汤的左相。 ②愍王一用淖齿而身死乎东庙：愍王，即齐愍王。淖齿，又写作"卓齿"。齐愍王时齐国兵力强盛，齐愍王想灭周室而做天子，燕将乐毅率领燕、秦、韩、赵、魏诸国军队攻打齐国，齐国大败。楚国派淖齿带兵援救齐国，齐愍王以淖齿为相，终为其所害。 ③主父一用李兑，减食而死：主父，即赵武灵王。李兑，战国时赵国的大臣。赵武灵王年老之后，自称主父而传位给少子何，即惠文王，而封长子章为安阳君。后公子章起兵作乱，公子成和李兑率兵打败了公子章，公子章逃往沙丘宫，想依靠主父得到庇护。公子成和李兑率兵围困沙丘宫，杀了公子章，放走了除主父之外的所有人，主父被困宫中，最后饿死。 ④知言：有见识的话。

难二第三十七

　　景公过晏子曰①："子宫小,近市,请徙子家豫章之圃②。"晏子再拜而辞曰："且婴家贫,待市食,而朝暮趋之,不可以远。"景公笑曰："子家习市,识贵贱乎?"是时景公繁于刑,晏子对曰："踊贵而屦贱③。"景公曰："何故?"对曰："刑多也。"景公造然变色曰④："寡人其暴乎!"于是损刑五。

【译文】　齐景公到晏子家去,说:"你家的房子太小了,又接近市场,你把家迁到豫章的园圃里去吧。"晏子拜了又拜回答说:"晏婴家中贫寒,早晚都要到市场上去买吃的,不能离市场太远。"齐景公笑着说:"你家熟悉市场,知道物品的贵贱吗?"这时景公滥用刑罚,晏子回答说:"踊的价格很高,而鞋子则比较便宜。"齐景公说:"这是什么原因呢?"晏子回答说:"受到刖刑的人太多。"景公吃惊得变了脸色:"我大概太残暴了!"于是废止了五种刑罚。

【注释】　①景公:即齐景公,春秋时齐国的君主,名杵臼,公元前547～前490年在位。晏子:名婴,字仲,谥平,史称晏平仲。事灵公、庄公、景公,节俭力行,是齐国著名的宰相。　②豫章之圃:齐国园圃的名称。　③踊:古代受刖刑的人所穿的一种特制鞋子。屦:鞋子。　④造然:不安的样子。

　　或曰:晏子之贵踊,非其诚也,欲便辞以止多刑也,此不察治之患也。夫刑当无多,不当无少,无以不当闻,而以太多说,无术之患也。败军之诛以千百数,犹北不止①。即治乱之刑如恐不胜②,而奸尚不尽。今晏子不察其当否,而以太多为说,不亦妄乎?夫惜草茅者耗禾穗,惠盗贼者伤良民。今缓刑罚,行宽惠,是利奸邪而害善人也,此非所以为治也。

【译文】　有人说:晏子说踊的价格很高,并不是真实的情况,他只是想借这种话来阻止齐景公滥用刑罚,这是没有认识到治理朝政的根本弊病所在。如果刑罚得当就不是滥用,刑罚不当就不能减少,不把用刑不当报告给景公,却说用刑太多,这是没有治术的弊病啊。军队溃败了,杀掉的逃兵用千百来计算,可是败逃的人仍然不能被阻止。治理混乱的国家时使用刑罚唯恐不能用尽,可是奸邪仍然不能绝迹。现在晏子不去审察刑罚的使用是否得当,却拿用刑太多来说事,不也是太荒唐了吗? 如果爱惜田地里的杂草就会妨害禾穗的生长,对盗贼慈惠就会伤害善良的人民。现在宽缓刑罚,施行仁惠,这是让那些奸邪的人得到好处而伤害善良的人,这并不是治国的办法。

【注释】　①北:指败逃的人。　②治乱之刑如恐不胜:治乱,指治理混乱的国家,使之安定太平。胜,尽。治理混乱的国家时使用刑罚唯恐不能用尽。

　　齐桓公饮酒醉,遗其冠,耻之,三日不朝。管仲曰:"此非有国之耻也,公胡其不雪之以政?"公曰:"胡其善。"因发仓囷赐贫穷①,论囹圄出薄罪②。处三日而民歌之曰:"公胡不复遗冠乎?"

【译文】　齐桓公喝酒喝醉了,丢了他的帽子,觉得很羞耻,便三天没有上朝。管仲说:"这不是做君主的应该感到羞耻的事情,您为什么不通过行施善政来洗掉羞耻呢?"齐桓公说:"很好!"于是打开粮仓来赈济穷人,审定狱案,释放罪行轻微的人。过了三天,人民就歌颂说:"君主怎么不再遗失帽子呢?"

【注释】　①仓囷(qūn):粮仓。　②囹(líng)圄(yǔ):监狱。薄罪,指罪轻的犯人。

　　或曰:管仲雪桓公之耻于小人,而生桓公之耻于君子矣。使桓公发仓囷而赐贫穷,论囹圄而出薄罪,非义也,不可以雪耻使之而义也。桓公宿义①,须遗冠而后行之,则是桓公行义,非为遗冠也。是虽雪遗冠之耻于小人,而亦遗义之耻于君子矣。且夫发囷仓而赐贫穷者,是赏无功也;论囹圄而出薄罪者,是不诛过也。夫赏无功则民偷幸而望于上②,不诛过则民不惩而易为非,此乱之本也,安可以雪耻哉?

【译文】　有人说:管仲让桓公洗掉了小人心目中的羞耻,却让桓公在君子的心中产生了羞耻。让桓公打开粮仓来赈济穷人,审定狱案而释放罪轻的人,这是不符合正义的,不可能通过雪耻而使之转变得符合正义。如果桓公心中一直存有正义,必须等到遗失帽子之后再行施,那桓公之所以行施正义,就不是因为遗失了帽子。这样做即使洗掉了小人心中遗失帽子的羞耻,却也在君子那里留下了遗失正义的羞耻了。况且打开粮仓赈济穷人,这是赏赐那些没有功劳的人;审定狱案而释放罪行轻微的人,这是不处罚犯错误的人。赏赐没有功劳的人就会让人民苟且地希求侥幸得到君主的恩赏，不处罚有罪的人就会让人民因为不会受到惩罚而容易做坏事，这是导致国家混乱的根由，又怎么可以洗掉羞耻呢？

【注释】　①宿义：指一直存于心中而尚未行使的正义。　②偷幸：苟且侥幸。

　　昔者文王侵盂①、克莒②、举酆③，三举事而纣恶之，文王乃惧，请入洛西之地、赤壤之国方千里以请解炮烙之刑，天下皆说。仲尼闻之曰："仁哉文王！轻千里之国而请解炮烙之刑。智哉文王！出千里之地而得天下之心。"

【译文】　从前周文王入侵盂国，打败莒国，攻占酆邑，这三次战争发生后，商纣王非常畏忌他，周文王这才感到害怕，请求奉献洛水以西、方圆千里的红土地给纣王，来请求解除炮烙的刑罚，天下人都很高兴。孔子听说这件事后说："仁慈的文王啊！轻视方圆千里的土地，拿它来请求解除炮烙之刑。睿智的文王啊！让出了方圆千里的土地却获得了天下的民心。"

【注释】　①文王侵盂：文王，即周文王姬昌，周武王的父亲。他所实行的一系列政策奠定了周人立国的基础。盂，商朝时诸侯国名。周文王入侵盂国。　②莒(jǔ)：商周时代的诸侯国名。　③酆(fēng)：商朝末年为崇侯虎的邑名，周文王灭崇后曾建都于此。

　　或曰：仲尼以文王为智也，不亦过乎！夫智者知祸难之地而辟之者也，是以身不及于患也。使文王所以见恶于纣者，以其不得人心耶，则虽索人心以解恶可也。纣以其大得人心而恶之，己又轻地以收人心，是重见疑也，固其所以桎梏囚于羑里也。郑长者有言："体道，无为、无见也。"此最宜于文王矣，不使人疑之也。仲尼以文王为智，未及此论也。

【译文】　有人说：孔子认为文王很睿智，这是非常错误的。所谓睿智的人，是知道祸难的所在而能够设法逃避的，因此他不会遭受灾难。假使周文王受到商纣王的畏忌，是因为他不得民心，那么即使他求取民心来解除商纣的畏忌之心也是可以的。商纣因为他太得民心而畏忌他，他自己却又轻视土地来收取民心，这就是加重了畏忌的程度。这就是他被戴上镣铐囚禁在羑里的原因。郑国的一位长者说过："体会自然的道理，不要有所作为，不要显露自己。"这是最适合文王的，可以用来避免别人的猜疑。孔子认为周文王很睿智，还赶不上郑国长者的这种见识。

　　晋平公问叔向曰①："昔者齐桓公九合诸侯②，一匡天下，不识臣之力也,君之力也?"叔向对曰:"管仲善制割③,宾胥无善削缝④,隰朋善纯缘⑤,衣成,君举而服之,亦臣之力也,君何力之有?"师旷伏琴而笑之⑥。公曰:"太师奚笑也?"师旷对曰:"臣笑叔向之对君也。凡为人臣者,犹炮宰和五味而进之君,君弗食,孰敢强之也。臣请譬之:君者、壤地也,臣者、草木也,必壤地美然后草木硕大,亦君之力也,臣何力之有?"

【译文】 晋平公问叔向说:"从前齐桓公多次召集诸侯会盟,匡正天下,不知道这是大臣的功劳呢,还是君主的功劳呢?"叔向回答说:"管仲善于裁剪,宾胥无善于缝制,隰朋善于镶绲,衣服做成后,君主拿起来穿在身上,这是大臣的功劳,君主有什么功劳呢?"师旷伏在琴上笑了起来。晋平公说:"太师为什么要笑呢?"师旷回答说:"我笑的是叔向回答君主的话。大凡作为臣下,就像厨子调和五味奉献给君主,君主不吃,谁敢强迫他吃。我来打个比方,君主,就像土壤,臣下,就像草木,一定要土壤肥美,然后草木才能壮大,这是君主的功劳,臣下有什么功劳呢?"

【注释】 ①晋平公:名彪,春秋时晋国的君主,公元前557～前532年在位。叔向:即羊舌肸(xī),字叔向。春秋时期晋国的大夫,学识广博,能以礼让治国。 ②九合诸侯:九,表示虚数,多次。多次召集诸侯会盟。 ③制割:剪裁。 ④宾胥无:人名,春秋时齐桓公的贤臣。削缝:缝纫。 ⑤隰朋:人名,春秋时齐桓公的贤臣。纯、缘:都指衣服上的镶绲,这里用为动词。 ⑥师旷:晋国著名的乐官,善于辨音,在后世成为善辨音律者的代称。

或曰:叔向、师旷之对皆偏辞也。夫一匡天下,九合诸侯,美之大者也,非专君之力也,又非专臣之力也。昔者宫之奇在虞①,僖负羁在曹②,二臣之智,言中事,发中功,虞、曹俱亡者何也?此有其臣而无其君者也。且蹇叔处干而干亡③,处秦而秦霸,非蹇叔愚于干而智于秦也,此有君与无君也。向曰"臣之力也"不然矣。昔者桓公宫中二市,妇闾二百④,被发而御妇人,得管仲为五伯长,失管仲得竖刁⑤,而身死,虫流出尸不葬。以为非臣之力也,且不以管仲为霸;以为君之力也,且不以竖刁为乱。昔者晋文公慕于齐女而亡归⑥,咎犯极谏,故使反晋国。故桓公以管仲合,文公以舅犯霸,而师旷曰"君之力也"又不然矣。凡五霸所以能成功名于天下者⑦,必君臣俱有力焉。故曰:叔向、师旷之对皆偏辞也。

【译文】 有人说:叔向、师旷的对答都是片面之词。能够匡正天下,多次召集诸侯会盟,这是最伟大的功勋,并不只是君主的功劳,也不只是臣下的功劳。从前宫之奇在虞国,僖负羁在曹国,这两个人都十分聪明,论事能切中要害,行动能达到成功,可是虞国和曹国都被灭亡了,这是什么原因呢? 这是因为只有聪智的大臣,而没有能采纳其意见的君主。蹇叔在虞国的时候虞国被灭了,而到了秦国后秦国得以称霸诸侯,这不是因为蹇叔在虞时愚昧而到秦之后就聪智了,而是有没有优良的君主的区别。叔向说"臣下的功劳"是不对的。从前齐桓公在宫廷里设置了两个市场,妇人居住的门户有二百个,披散着头发和妇人们作乐,任用了管仲之后成为五霸的首位,管仲死后任用竖刁,死后尸虫爬出窗户都没有人来殓葬。认为不是臣下的功劳,那么就不会因为管仲而成为诸侯霸主;认为是君主的功劳,就不会因为竖刁而祸乱齐国。从前晋文公留恋齐女而忘记了回国的大事,咎犯极力劝谏,最终让他回到了晋国。所以齐桓公因为管仲而得以召集诸侯会盟,晋文公因为咎犯而称霸,所以师旷说"是君主的功劳",也是不对的。大凡五霸能够在天下建立起这么大的功业的,一定是君臣都有功劳的。所以说:叔向、师旷的对答都是片面之词。

【注释】 ①宫之奇:虞国的大夫,其事详见《十过》。虞:周朝国名,周武王封仲雍之后于虞国,故城在今山西省陆县西北。 ②僖负羁:又写作"厘负羁",春秋时曹国的大夫,其事详见《十过》。曹:周朝国名,周武王封弟振铎于曹,都陶丘,在今山东省定陶县西北。 ③蹇叔:春秋时人,百里奚的好友,因百里奚推荐,秦穆公用为上大夫。干:即指虞国。 ④闾:门。 ⑤竖刁:齐桓公的内侍,很受齐桓公宠信。管仲死后,齐桓公使竖刁主政,竖刁与易牙勾结作乱,齐桓公被饿死。 ⑥昔者晋文公慕于齐女而亡归:晋文公,春秋时晋国的国君,名重耳,于齐桓公之后为诸侯霸主。晋文公在成为晋国国君之前流亡国外十九年,在逃到齐国时,齐桓公把同宗的一女子(姜氏)嫁给他,重耳留恋齐国的生活,不肯继续流亡,姜氏和咎犯设计让他喝醉了酒,然后用车拉着他离开了齐国。咎犯,即狐偃,字子犯,春秋时晋国的大夫,是晋文公重耳的舅舅,又称舅犯。此句意为从前晋文公留恋齐女而忘记了回国的大事。 ⑦五霸:春秋五霸,指齐桓公、晋文公、楚庄王、吴王阖闾、越王勾践。另有一说,指齐桓公、宋襄公、晋文公、秦穆公与吴王夫差。

齐桓公之时,晋客至,有司请礼①,桓公曰"告仲父"者三。而优笑曰②:"易哉为君,一曰仲父,二曰仲父。"桓公曰:"吾闻君人者劳于索人,佚于使人。吾得仲父已难矣,得仲父之后,何为不易乎哉!"

【译文】 齐桓公时,晋国的客人到来,主管接待的官员请问接待的礼节,桓公三次回答说:"去问仲父。"旁边一个优人笑着说:"您做君主真是太容易了,第一句话是'去问仲父',第二句话还是'去问仲父'。"桓公说:"我听说做君主的人最辛苦的事情是寻求人才,至于使用人才就省力了。我得到仲父已经很费力了,得到仲父之后,还有什么事情不容易呢。"

【注释】　①有司:主管的官员。　②优:优人,即古代以乐舞、戏谑为业的艺人。

　　或曰:桓公之所应优,非君人者之言也。桓公以君人为劳于索人,何索人为劳哉?伊尹自以为宰干汤①,百里奚自以为虏干穆公②,虏所辱也,宰所羞也,蒙羞辱而接君上,贤者之忧世急也;然则君人者无逆贤而已矣③,索贤不为人主难。且官职所以任贤也,爵禄所以赏功也,设官职,陈爵禄,而士自至,君人者奚其劳哉!使人又非所佚也,人主虽使人必以度量准之,以刑名参之,以事遇于法则行④,不遇于法则止;功当其言则赏,不当则诛;以刑名收臣⑤,以度量准下;此不可释也,君人者焉佚哉?索人不劳,使人不佚,而桓公曰"劳于索人,佚于使人"者,不然。且桓公得管仲又不难,管仲不死其君而归桓公,鲍叔轻官让能而任之⑥,桓公得管仲又不难明矣。已得管仲之后,奚遽易哉⑦?管仲非周公旦⑧,周公旦假为天子七年,成王壮,授之以政,非为天下计也,为其职也。夫不夺子而行天下者,必不背死君而事其雠,背死君而事其雠者,必不难夺子而行天下⑨,不难夺子而行天下者,必不难夺其君国矣。管仲,公子纠之臣也⑩,谋杀桓公而不能,其君死而臣桓公,管仲之取舍非周公旦明矣,然其贤与不肖未可知也。若使管仲大贤也,且为汤、武⑪,汤、武,桀、纣之臣也⑫,桀、纣作乱,汤、武夺之,今桓公以易居其上,是以桀、纣之行居汤、武之上,桓公危矣。若使管仲不肖人也,且为田常⑬,田常,简公之臣也⑭,而弑其君,今桓公以易居其上,是以简公之易居田常之上也,桓公又危矣。管仲非周公旦以明矣,然为汤、武与田常未可知也,为汤、武有桀、纣之危,为田常有简公之乱也。已得仲父之后,桓公奚遽易哉?若使桓公之任管仲必知不欺己也,是知不欺主之臣也。然虽知不欺主之臣,今桓公以任管仲之专借竖刁、易牙⑮,虫流出尸而不葬,桓公不知臣欺主与不欺主已明矣,而任臣如彼其专也,故曰:桓公暗主。

【译文】 有人说:齐桓公回答优人的话,不是一个做君主的人所应该说的。齐桓公认为做君主的最辛苦的事情是寻求人才,寻求人才有什么辛苦的呢?伊尹为了求用于商汤,先做了商汤的厨子,百里奚为了求用于秦穆公,先做了秦穆公的奴仆。做奴仆是卑贱的事情,做厨子是羞耻的事情,蒙受羞耻去接近君上,是由于贤能的人忧虑世道混乱太急切了;如此看来,做君主的人只要不拒绝贤才就可以了,寻求贤才并不是做君主最困难的事情。而且官职是用来任用贤才的,爵禄是用来奖赏功勋的,设置官职、颁行爵禄,人才自然就会到来,做君主的怎么会费力呢? 使用贤才又不是省力的事情,君主任用人才,必须拿法度来衡量,按名实来参验,事情符合法度就执行,不符合法度就废止,事功和所说的话相符合就奖赏,不相符合就惩罚,根据名实来任用官员,用法度来衡量臣下,这是不能须臾放弃的,做君主的又怎么能省力呢? 寻求贤才不困难,任用贤才也不省力,齐桓公所说"寻求贤才很辛劳,任用贤才就省力"的话,是不正确的。况且齐桓公得到管仲也不是很困难,管仲不为他的主子死而归顺于齐桓公,鲍叔轻视官职谦让贤能而推举他做了齐国的宰相,齐桓公得到管仲并不困难,这是十分明显的。在得到管仲之后,又怎么就省力呢? 管仲不是周公旦,周公旦代行天子之职七年,等周成王长大后,把政权交还给他,这不是为天下考虑,而是因为自己的本分。不夺幼主的地位而做天子的人, 定不会背叛死去的君主而侍奉他的仇人,而背叛死去的君主却侍奉他的仇人的人,一定难免会夺取幼主的地位而做天子,难免夺取幼主的地位而做天子的人,一定也会夺取他的君主的国家。管仲,是公子纠的臣子,谋杀齐桓公没有成功,他的主子死后又臣服于桓公,管仲的取舍不像周公旦是十分明显的,但他是贤还是不肖就不知道了。如果管仲是大贤,可能成为商汤、周武王那样的人。商汤、周武王,是夏桀、商纣的臣子,夏桀、商纣无道乱国,商汤、周武王就夺取了他们的天下。现在齐桓公用省力的方式来做君主,是用夏桀、商纣那样的行为位居于商汤、周武王之上,齐桓公就危险了。如果管仲是个不肖之人,就会成为田常那样的人。田常是齐简公的大臣,却杀了他的君主,现在齐桓公用省力的办法做管仲的君主,这就像齐简公以省力的办法做田常的君主一样,齐桓公又会面临危险。管仲不是周公旦那样的人是十分明显的,但他到底是商汤、周武王还是田常则不得而知。如果是商汤、周武王那样的人,齐桓公就有夏桀、商纣那样的危险;如果是田常那样的人,齐桓公就有齐简公那样的祸乱。在得到管仲之后,齐桓公怎么就能够省力了呢? 假使齐桓公任用管仲一定知道他不会欺骗自己,他这是了解不欺蒙君主的大臣。可是即使他了解不欺蒙君主的大臣,现在桓公把任用管仲的专诚使用在竖刁、易牙的身上,以至于尸虫爬出窗户都没有人来殓葬,齐桓公并不了解大臣是否会欺蒙君主也已经是很明显的了,可是在任用大臣时还像对管仲那样专诚,所以说:齐桓公是一位昏昧的君主。

【注释】　①伊尹自以为宰干汤:伊尹,名伊,尹是职官名,商初名臣,助汤灭夏。宰,厨子。干,求。汤,商汤,商朝的开国天子。伊尹为了求用于商汤,先做了商汤的厨子。②百里奚自以为虏干穆公:百里奚本为虞国大夫,晋灭虞国后,虏百里奚,让他做秦穆公夫人的陪嫁奴仆,百里奚觉得羞耻,便逃到宛地,被楚国人捉住,秦穆公听说他是一位贤能的人,于是用五张羊皮将其赎回,并让他主持国政,百里奚因此辅佐秦穆公称霸西戎。百里奚为了求用于秦穆公,先做了秦穆公的奴仆。　③逆贤:拒绝贤才。　④遇:合,符合。　⑤收:收为己用。　⑥鲍叔轻官让能:鲍叔,即鲍叔牙,春秋时齐国大夫,以知人著称,桓公时让贤于管仲,齐国大治。鲍叔轻视官职谦让贤能。　⑦遽:语助词,就、遂。　⑧周公旦:即姬旦,周武王的弟弟,周成王的叔叔,克商前封于周(今陕西岐山县北),故称周公。在周武王死后,天下未定,周成王年幼,周公于是摄行天子之职,平定天下,制礼作乐,七年之后还政成王。　⑨不难夺子而行天下:不难,即难免。子,指幼主。行天下,做天子。难免夺取幼主的地位自己做了天子。　⑩公子纠:春秋时期齐襄公的弟弟,齐桓公的哥哥。齐桓公与公子纠争立时,管仲曾带兵阻止桓公返齐,一箭射中了桓公的带钩,桓公假装死去,才骗过管仲,得以先行回国继承君位,之后逼迫鲁国人杀了公子纠。　⑪汤、武:即商汤、周武王。　⑫桀、纣:即夏桀、商纣王,分别是夏朝和商朝的最后一位天子。　⑬田常:又称田恒,谥田成子,春秋后期齐国权臣,弑齐简公而立齐平公,专掌齐国政权,至其孙田和立为诸侯,取代姜氏建立了田齐政权。　⑭简公:齐简公,名任,春秋末期齐国君主,公元前484年继位,公元前481年被田常杀害。　⑮借:使用。竖刁、易牙:分别为齐桓公的内侍和厨子,很受齐桓公宠信,后二人作乱,饿死齐桓公,祸乱齐国。

　　李克治中山①,苦陉令上计而入多②。李克曰:"语言辨,听之说③,不度于义,谓之窕言④。无山林泽谷之利而入多者,谓之窕货⑤。君子不听窕言,不受窕货,子姑免矣。"

【译文】　李克在治理中山的时候,苦陉县令年终上报的奏薄中收入的财物很多。李克说:"话说得巧妙,让人听了高兴,可是不能用正义来规范的,就叫做窕言。没有山林沼泽谷地的财利却收入了很多财物,这就叫做窕货。君子不会听信窕言,不会接受窕货,你还是省了吧。"

【注释】　①李克:战国时魏国人,子夏的弟子,为魏文侯守中山,后曾做过魏国的宰相。中山:春秋末年鲜虞人所建。战国初,晋国曾灭中山,至公元前414年中山武公复兴,迁于顾(今河北省定州市境内)。公元前406年,魏灭中山,公元前380年前后中山桓公复国,迁都于灵寿(今河北省平山县东北)。后终为赵所灭。　②苦陉:地名,在今河北省无极县东北。上计:战国、秦、汉时地方官于年终将境内户口、赋税、盗贼、狱讼等项编造计簿,遣吏逐级上报,奏呈朝廷,借资考绩,称为上计。　③说:通"悦"。　④窕言:指虚假不实的话。　⑤窕货:来路不正的财物。

或曰:李子设辞曰①:"夫言语辨,听之说,不度于义者②,谓之窕言。"辩,在言者,说,在听者,言非听者也。所谓"不度于义",非谓听者必谓所听也。听者非小人则君子也,小人无义必不能度之义也,君子度之义必不肯说也。夫曰"言语辨,听之说,不度于义"者,必不诚之言也。入多之为窕货也,未可远行也。李子之奸弗蚤禁③,使至于计,是遂过也④。无术以知而入多,入多者,穰也,虽倍入将奈何?举事慎阴阳之和⑤,种树节四时之适⑥,无早晚之失,寒温之灾,则入多。不以小功妨大务,不以私欲害人事,丈夫尽于耕农,妇人力于织纴,则入多。务于畜养之理,察于土地之宜,六畜遂,五谷殖,则入多。明于权计,审于地形、舟车机械之利,用力少致功大,则入多。利商市关梁之行,能以所有致所无,客商归之⑦,外货留之⑧,俭于财用,节于衣食,宫室器械,周于资用,不事玩好,则入多。入多,皆人为也。若天事⑨,风雨时,寒温适,土地不加大,而有丰年之功,则入多。人事、天功,二物者皆入多,非山林泽谷之利也。夫无山林泽谷之利入多,因谓之窕货者,无术之言也。

【译文】　有人说:李克托辞说:"话说得巧妙,让人听了高兴,可是不能用正义来规范的,就叫做窕言。"巧辨,这是就说话的人说的,高兴,是就听话的人说的。所谓"不能用正义来规范",不是指听话的人就是指所听的话。听话的人不是小人就是君子,小人没有正义一定不能用正义来规范,君子用正义来规范就一定不会感到高兴。他说"话说得巧妙,让人听了高兴,可是不能用正义来规范"的话,一定是不真实的话。收入的很多财物如果真是窕货,就不能让它长久存在。李克不早早地禁制这种奸邪之事,使它一直持续到年终上计,这是顺成过失的做法。没有办法察知而收入了很多财物,收入很多的原因,是庄稼丰收,那么即使收入增加一倍又有什么办法呢?做事遵循阴阳的和谐,种植作物顺应四时气候的规律,没有太早或太晚的差错,没有严寒酷热的天灾,收成就会增多。不因为琐碎的事情而妨碍主要的职业,不因为私欲而妨害人情事理,男子努力耕作,女子努力纺织,收入就会增加。熟悉畜养牲畜的规律,明察土地适宜生长的植物,六畜繁育,五谷丰盛,收入就会增多。做好详明的计划,熟悉地形和舟车机械的便利条件,花费的力气少,获得的成就大,收入就会增多。便利商业市场关塞桥梁的交通,能让人们用自己有的东西换来自己没有的东西,客商会集,外货屯聚,财用衣食尽量节俭,宫室器械得到充分利用,不嗜好珍奇异宝,收入就会增多。收入增多,都是人力所创造的。至于自然现象,风雨适时,冷暖适宜,土地不增加面积,也会有丰收的成果,收入就会增多。人力、天功,这两个方面都能让人增加收入,这并不是山林沼泽谷地的财利。没有山林沼泽谷地的财利却收入增多,因此就称其为宛货,这是不懂治术的说法。

【注释】　①设辞:托辞。　②度:规范。　③蚤:通"早"。　④遂过:顺成过失。　⑤慎:依顺,遵循。　⑥种树:即种植作物。　⑦客商:往来各地运货贩卖的商人。　⑧外货:来自其他诸侯国的货物。　⑨天事:自然现象。

　　赵简子围卫之郛郭①,犀楯犀橹,立于矢石之所不及②,鼓之而士不起,简子投枹曰③:"乌乎! 吾之士数弊也。"行人烛过免胄而对曰④:"臣闻之,亦有君之不能耳⑤,士无弊者。昔者吾先君献公并国十七,服国三十八,战十有二胜,是民之用也。献公没,惠公即位,淫衍暴乱⑥,身好玉女,秦人恣侵,去绛十七里⑦,亦是人之用也。惠公没,文公授之⑧,围卫、取邺,城濮之战,五败荆人,取尊名于天下,亦此人之用也。亦有君不能耳,士无弊也。"简子乃去楯、橹,立矢石之所及,鼓之而士乘之,战大胜。简子曰:"与吾得革车千乘⑨,不如闻行人烛过之一言也。"

【译文】　赵简子包围了卫国国都的外城,用犀楯犀橹防护着站在敌人的弓箭石头达不到的地方,击鼓进军,可是战士们都不前进,赵简子扔下鼓槌说:"唉呀! 我的士兵已经很疲惫了。"行人烛过脱掉头盔回答说:"我听说,只有君主做不到的,战士是不会疲惫的。从前我们的先君献公吞并了十七个国家,制服了三十八个国家,战胜了十二次,使用的就是晋国的人民。献公去世后,惠公即位,荒淫放荡,残暴昏乱,喜欢女色,秦人恣意入侵,到达距离国都绛只有十七里的地方,使用的也是晋国的人民。惠公去世后,文公做了君主,围困卫国,夺取邺邑,城濮之战,五次打败楚国人,取得了诸侯霸主的尊名,使用的也是晋国的人民。只有君主做不到的,战士是不会疲惫的。"赵简子于是去掉了防护的楯、橹,站在弓箭射石可以达到的地方,击鼓进军,战士发起攻击,大胜敌军。赵简子说:"与其获得一千辆战车,不如听行人烛过的一句话。"

【注释】 ①赵简子:名鞅,又名志父,亦称赵孟,春秋时期晋国赵氏的领袖,晋昭公时官至大夫,执掌国事。郛郭:外城。 ②犀楯:坚固的盾牌。犀橹:橹,大盾。坚固的大盾牌。 ③枹(fú):鼓槌。 ④行人:官名,掌管外交聘问的官,后来也泛指使者。烛过:人名,事迹不可详考。胄:头盔。 ⑤亦:只。 ⑥淫衍:荒淫放荡。 ⑦绛:春秋时晋国的都城,在今山西翼城县东南。 ⑧授:通"受",接受君位,即做了君主。 ⑨革车:古代的一种兵车。

或曰:行人未有以说也,乃道惠公以此人是败,文公以此人是霸,未见所以用人也;简子未可以速去楯、橹也。严亲在围①,轻犯矢石,孝子之所爱亲也。孝子爱亲,百数之一也。今以为身处危而人尚可战,是以百族之子于上皆若孝子之爱亲也,是行人之诬也。好利恶害,夫人之所有也。赏厚而信,夫人轻敌矣;刑重而必,夫人不北矣②。令行徇上③,数百不一失。喜利畏罪,人莫不然。将众者不出乎莫不然之数,而道乎百无一人之行,行人未知用众之道也。

【译文】 有人说:行人烛过没有拿什么进行劝说,只是说明了惠公使用晋国人打仗失败了,文公使用晋国人打仗得以称霸,并没有表明要怎样来使用人;赵简子不应该那么快地丢掉防护用的楯和橹。父母被围困,不顾箭石的危险而奋勇进击,这是孝子对父母的亲爱之情所致。孝子这样亲爱父母,在一百个人中也许只有一个。现在认为自己肯冒险人民就能奋战,这是认为每个家族的子弟对待君长都像孝子亲爱他们的父母一样,这是行人烛过的妄语。喜好利益憎恶祸害,这是人的本性。赏赐丰厚而且确实,人民就会藐视敌人;刑罚严重而且果断,人民就不会败逃。命令下达后,人民顺从君上的旨意,几百次战争也不会失败一次。喜好得利畏惧刑罚,没有人不是这样的。率领军队的人不发布人人都必然遵从的制度,却采取一百个人也不会有一个的行为,行人烛过并不了解用兵的方法。

【注释】 ①严亲:指父母。 ②北:败逃。 ③徇:顺。

难三第三十八

　　鲁穆公问于子思曰①："吾闻庞䧊氏之子不孝②，其行奚如？"子思对曰："君子尊贤以崇德，举善以观民③。若夫过行，是细人之所识也④，臣不知也。"子思出，子服厉伯入见⑤，问庞䧊氏子，子服厉伯对曰："其过三，皆君之所未尝闻。"自是之后，君贵子思而贱子服厉伯也。

【译文】　　鲁穆公问子思说："我听说庞乡䧊氏的儿子不孝，他的品行究竟怎么样？"子思回答说："君子通过尊敬贤人来推崇道德，通过称道善行来劝勉人民。至于那些错误的行为，是小人们才去了解的，我不知道。"子思退出后，子服厉伯进见，穆公又问他庞乡䧊氏的儿子，子服厉伯说："他的过失有三条，都是君主从来没有听说过的。"从这件事之后，鲁穆公就尊崇子思而看轻子服厉伯。

【注释】　　①鲁穆公：战国时鲁国的君主，名显，在位三十三年。子思：孔子的孙子，曾子的弟子，曾为鲁穆公师，作《中庸》传世。　②庞䧊氏：庞，乡里名称。䧊为姓。庞乡䧊氏。　③观：通"劝"，劝勉。　④细人：小人。　⑤子服厉伯：春秋时鲁国公族仲孙蔑（即孟献子）的儿子仲孙佗，字子服，他的子孙便以子服为氏。子服厉伯，应是子服氏中一位谥号为厉伯的人。

　　或曰：鲁之公室，三世劫于季氏①，不亦宜乎？明君求善而赏之，求奸而诛之，其得之一也②。故以善闻之者，以说善同于上者也；以奸闻之者，以恶奸同于上者也；此宜赏誉之所加也。不以奸闻，是异于上而下比周于奸者也③，此宜毁罚之所及也。今子思不以过闻，而穆公贵之，厉伯以奸闻而穆公贱之，人情皆喜贵而恶贱，故季氏之乱成而不上闻，此鲁君之所以劫也。且此亡王之俗，取、鲁之民所以自美④，而穆公独贵之，不亦倒乎？

【译文】　　有人说：鲁国公室，在昭、定、哀三世都受到季氏的挟持，不也是很应该的吗？英明的君主寻求善行并加以赏赐，寻求奸恶并加以诛罚，其最后的结果是相同的。所以把善行报告给君主的人，因为他们对善行的喜好和君主相同；把恶行报告给君主的人，因为他们对恶行的憎恶和君主相同；这些都是应该加以赏赐和称赞的。不把奸邪行为报告给君主的，是和君主不同而与奸邪的人相亲近，这是应该加以指责和诛罚的。现在子思不把恶行报告给鲁穆公，鲁穆公反而推重他，厉伯把奸邪报告给鲁穆公，鲁穆公反而轻视他。人的本性都喜欢尊贵而憎恶卑贱，所以季氏作乱，直到最后乱成都没有人给鲁国国君报告，这就是鲁国国君被劫持的原因。像这种忘记君主的风习，邹国、鲁国的人拿来作为美化自己的手段，而鲁穆公却加以推崇，这不是颠倒了吗？

【注释】　①三世：指鲁昭公、鲁定公、鲁哀公三世。季氏：春秋时鲁庄公弟季友的子孙，世代掌握鲁国政权。　②一：相同。　③比周：亲近，勾结。　④取：通"邹"。邹国，周代的诸侯国名，在今山东省邹县。

文公出亡①，献公使寺人披攻之蒲城②，披斩其祛，文公奔翟③。惠公即位，又使攻之惠窦④，不得也。及文公反国，披求见。公曰："蒲城之役，君令一宿⑤，而汝即至；惠窦之难，君令三宿，而汝一宿，何其速也？"披对曰："君令不二⑥，除君之恶，惟恐不堪，蒲人、翟人⑦，余何有焉？今公即位，其无蒲、翟乎⑧！且桓公置射钩而相管仲⑨。"君乃见之。

【译文】　晋文公当年遭受骊姬之难逃亡时，晋献公派寺人披到蒲城去攻打他，披割下了文公的一段袖子，文公逃往翟国。晋惠公即位后，又派他到惠窦去攻打文公，没有找到。等到文公回到晋国后，披求见，文公派人责备他说："蒲城那一仗，君主命令你两天到达，可是你当天就赶到了；惠窦那次祸乱，君主命令你四天到达，你两天就到了，为什么那么迅速呢？"披回答说："对君主的命令忠贞不贰，铲除君主所憎恶的人，唯恐不能胜任，逃到蒲城、翟国的人，和我有什么关系呢？现在您即位做了君主，难道就没有逃亡在外的人吗？况且齐桓公还把射中钩带的事情放在一边而让管仲做了相呢。"晋文公于是就召见了他。

【注释】　①文公：即晋文公，名重耳，春秋时代晋国的国君，晋献公的儿子，春秋五霸之一，公元前636～前628年在位。晋献公宠爱骊姬，听从骊姬的谗言杀死太子申生而立骊姬之子奚齐为太子，重耳逃往狄国，夷吾逃往梁国。晋献公死后，晋大夫里克先后杀了奚齐和卓子，迎夷吾回国，是为晋惠公。惠公死后，重耳在秦国帮助下回到晋国，杀掉惠公的儿子怀公,做了晋国国君,是为晋文公。　②寺人披:寺人,古代宫中的近侍小臣,多以阉人充任。披,寺人的名字。蒲城:重耳的封邑,在今山西省隰县西北。　③翟:同"狄",古族名,主要居住在北方。　④惠窦:地名,其地望不可详考。　⑤一宿:宿,计算夜的量词。一宿,一个晚上,即两天。三宿,三个晚上,即四天。　⑥不二:没有二心。　⑦蒲人、翟人:指逃到蒲城、翟国的人,即指重耳。　⑧其无蒲、翟乎:晋文公曾逃往蒲城、翟国而被当时君主忌恨、追杀,这里用以指代那些逃亡在外受文公忌恨的人。难道就没有逃亡在外的人吗? 意指如果文公派人追杀所忌恨的人,也一定要人效忠尽力,而不是宽容放纵。　⑨桓公置射钩而相管仲:其事详见《难一》注。

或曰:齐、晋绝祀①,不亦宜乎! 桓公能用管仲之功而忘射钩之怨,文公能听寺人之言而弃斩祛之罪,桓公、文公能容二子者也。后世之君,明不及二公;后世之臣,贤不如二子。以不忠之臣事不明之君。君不知,则有燕操②、子罕③、田常之贼④;知之,则以管仲、寺人自解。君必不诛,而自以为有桓、文之德,是臣雠而明不能烛,多假之资。自以为贤而不戒,则虽无后嗣,不亦可乎! 且寺人之言也,直饰君令而不贰者⑤,则是贞于君也。死君复生臣不愧而后为贞,今惠公朝卒而暮事文公,寺人之不贰何如?

【译文】　有人说:齐国和晋国最后亡国,不也是应该的吗? 齐桓公能任用管仲的才能而忘记射中带钩的仇恨,晋文公能听从寺人的话而宽恕斩断衣袖的罪责,这是齐桓公和晋文公胸怀宽广能容纳下这两个人。后世的君主,不如这两位君主英明;后世的大臣,不如这两个人贤能。让不忠心的臣子侍奉并不英明的君主。君主不了解情况,就会有燕操、子罕、田常的叛乱;君主能够察知,就拿管仲、寺人来替自己辩解。君主一定不会诛罚,还自认为有桓公、文公那样的美德,这是臣下把君主视为仇敌,君主不能明察,反而给他更多的资助。自认为臣下贤良而不加戒备,那么即使失国绝祀,不也是合适的吗? 况且寺人的话,只是努力地执行君主的命令而没有二心,那么这就是对君主忠贞不贰。假如死去的君主复活,臣子对他不感到愧疚,这才是忠贞。现在惠公早晨才死去,晚上他就来侍奉文公,寺人的忠贞不贰怎么样呢?

【注释】　①绝祀:断绝祭祀,指亡国。　②燕操:即战国后期的燕国将军公孙操。公孙操弑杀燕惠王。　③子罕:战国时宋国的皇喜,字子罕,曾任宋国司城,又称为司城子罕,杀宋国国君而自立。　④田常:又称田恒,谥成子,春秋后期齐国权臣,弑齐简公而立齐平公,专掌齐国政权。　⑤饰:致力于。

人有设桓公隐者曰①:"一难,二难,三难,何也?"桓公不能对,以告管仲。管仲对曰:"一难也,近优而远士。二难也,去其国而数之海。三难也,君老而晚置太子。"桓公曰:"善。"不择日而庙礼太子②。

【译文】 有个人给齐桓公设置了一个隐语,说:"第一种困难,第二种困难,第三种困难,这是什么呢?"齐桓公不能对答,于是把这件事告诉给管仲。管仲回答说:"第一种困难,亲近优人而疏远贤士。第二种困难,远离他的国家而多次到海上游乐。第三种困难,君主年纪老了却还没有置立太子。"桓公说:"对。"等不及选择吉日就在祖庙里举行了置立太子的典礼。

【注释】 ①设桓公隐者:桓公,即齐桓公,春秋时齐国的国君,春秋五霸之一,公元前685~前643年在位。隐,隐语,即不直说本意而借别的词语来暗示的话,类似于现在的谜语。给齐桓公设置隐语的人。　②庙礼太子:在祖庙里举行了置立太子的典礼。

或曰:管仲之射隐不得也①。士之用不在近远,而俳优侏儒,固人主之所与燕也。则近优而远士,而以为治,非其难者也。夫处势而不能用其有,而悖不去国②,是以一人之力禁一国。以一人之力禁一国者,少能胜之。明能照远奸而见隐微,必行之令,虽远于海,内必无变。然则去国之海而不劫杀,非其难者也。楚成王置商臣以为太子,又欲置公子职,商臣作难,遂弑成王③。公子宰,周太子也,公子根有宠,遂以东周反,分而为两国④。此皆非晚置太子之患也。夫分势不二,庶孽卑⑤,宠无藉⑥,虽处耄老⑦,晚置太子可也。然则晚置太子,庶孽不乱,又非其难也。物之所谓难者,必借人成势而勿使侵害己,可谓一难也。贵妾不使二后⑧,二难也。爱孽不使危正适⑨,专听一臣而不敢隅君⑩,此则可谓三难也。

【译文】 有人说:管仲猜度隐语没有猜中。贤士的任用不在亲近疏远,而俳优侏儒,本来就是让君主取乐的。那么亲近优人而疏远贤士,对于治理国家来说,并不是让人感到困难的事情。身处君主的位置而不能运用君主的权势,只是犹豫是否离国远游,这是凭一个人的力量来禁制一个国家的做法。凭一个人的力量来禁制一个国家的人,很少能够取胜。君主的明察能够烛照远处的奸情而看见隐微的事情,法令能够得到贯彻执行,即使远游海上,国内一定不会出现变乱。如此,那么离开国都到海上游玩而不被劫杀,就不是一件很困难的事情。楚成王立商臣为太子,又想立公子职,商臣作乱,于是弑杀了楚成王。公子宰,是周室的太子,公子根又受到周国国君的宠爱,于是凭借着东周作乱,周国于是分为西周和东周两个国家。这都不是晚置太子引发的灾难。如果让子嗣的势位不两立,庶孽公子地位较低,受宠的没有权势做依靠,即使到了老年,迟迟立太子也是可以的。如此,那么迟立太子,庶孽公子不作乱,也不是十分困难的事情。大凡事物被称为困难的,必须借助别人的力量来造成自己的势位,不让别人来侵害自己,这可说是第一件难事。尊贵妃妾却又不让她和君后相等同,这是第二件难事,宠爱庶孽公子又让他不能威胁到嫡长子,只听信一位大臣的话却又让他不敢和君主势位匹敌,这可说是第三件难事。

【注释】　①射隐:射,猜度。猜度隐语,相当于今天所说的猜谜。　②悖:惑,犹豫。③商臣弑楚成王而自立一事,见《内储说下·说五》。　④公子根以东周反事详见《内储说下·说五》。　⑤庶孽:指妃妾所生的儿子。　⑥宠无藉:受宠的没有依靠。　⑦耄(mào)老:耄,古代称人八九十岁的人为耄。指老年。　⑧二后:和君后相等同。　⑨正适:适,通"嫡"。正妻所生嫡长子。　⑩隅:通"偶",等同,匹敌。

　　叶公子高问政于仲尼①,仲尼曰:"政在悦近而来远。"哀公问政于仲尼②,仲尼曰:"政在选贤。"齐景公问政于仲尼,仲尼曰:"政在节财。"三公出,子贡问曰③:"三公问夫子政一也④,夫子对之不同,何也?"仲尼曰:"叶都大而国小,民有背心,故曰政在悦近而来远。鲁哀公有大臣三人⑤,外障距诸侯四邻之士,内比周而以愚其君,使宗庙不扫除、社稷不血食者⑥,必是三臣也,故曰政在选贤。齐景公筑雍门,为路寝,一朝而以三百乘之家赐者三,故曰政在节财。"

【译文】　叶公子高向孔子询问如何理政,孔子说:"理政最重要的是让近处的人喜悦,让远处的人归附。"鲁哀公向孔子询问如何理政,孔子说:"理政最重要的是选拔贤才。"齐景公向孔子询问如何理政,孔子说:"理政最重要的是节省财用。"从三位君主那里出来后,子贡问他说:"三位君主向老师问的同样都是如何理政的问题,老师对他们的回答却不相同,这是为什么呢?"孔子说:"叶都城很大,而国土很小,人民有背逆之心,所以对他说理政最重要的是让近处的人喜悦,让远处的人归附。鲁哀公有孟孙、叔孙、季孙三位执掌政权的大臣,他们对外阻塞诸侯四邻的贤才,对内相互勾结蒙蔽君主,将来导致鲁国宗庙荒废、社稷绝祀的人,一定是这三人,所以我说理政最重要的是选拔贤才。齐景公修筑雍门,建造路寝,一天之内拿三百乘的采邑做赏赐赐给了三个人,所以我说理政最重要的是节省财用。"

【注释】 ①叶公子高:叶,春秋时楚国的邑名。公,春秋后期,楚国僭越称王,其大夫称公。叶公,姓沈,名诸梁,字子高,楚国左司马沈尹戍的儿子,叶是他的食邑。 ②哀公:鲁哀公,春秋末期鲁国的君主,在位二十七年。 ③子贡:姓端木,名赐,字子贡,春秋时卫国人,孔子弟子,以善于辞令而著称。 ④夫子:孔门弟子尊称孔子为夫子,后世也常用来特指孔子。 ⑤大臣三人:指鲁国的权臣孟孙、叔孙、季孙三家。 ⑥宗庙不扫除、社稷不血食:古时帝王诸侯的宗庙有专人看守,社稷则是帝王诸侯所祭祀的土神和谷神,土神、谷神需杀牲祭祀,即所谓"血食"。宗庙荒废、社稷绝祀即意味国家灭亡。

或曰:仲尼之对,亡国之言也。叶民有倍心,而说之悦近而来远,则是教民怀惠①。惠之为政,无功者受赏,而有罪者免,此法之所以败也。法败而政乱,以乱政治败民,未见其可也。且民有倍心者,君上之明有所不及也。不昭叶公之明②,而使之悦近而来远,是舍吾势之所能禁而使与下行惠以争民,非能持势者也③。夫尧之贤,六王之冠也④,舜一徙而成邑⑤,而尧无天下矣。有人无术以禁下,特为舜而不失其民,不亦无术乎!明君见小奸于微,故民无大谋;行小诛于细,故民无大乱;此谓"图难于其所易"也,"为大者于其所细"也。今有功者必赏,赏者不得君,力之所致也;有罪者必诛,诛者不怨上,罪之所生也。民知诛罚之皆起于身也,故疾功利于业⑥,而不受赐于君。"太上、下智有之⑦。"此言太上之下民无说也,安取怀惠之民?上君之民无利害,说以悦近来远,亦可舍己。哀公有臣外障距内比周以愚其君,而说之以选贤,此非功伐之论也,选其心之所谓贤者也。使哀公知三子外障距内比周也,则三子不一日立矣。哀公不知选贤,选其心之所谓贤,故三子得任事。燕子哙贤子之而非孙卿⑧,故身死为僇⑨。夫差智太宰嚭而愚子胥⑩,故灭于越。鲁君不必知贤,而说以选贤,是使哀公有夫差、燕哙之患也。明君不自举,臣相进也;不自贤⑪,功自徇也⑫。论之于任,试之于事,课之于功。故群臣公政而无私⑬,不隐贤,不进不肖,然则人主奚劳于选贤?景公以百乘之家赐,而说以节财,是使景公无术使智君之侈,而独俭于上,未免于贫也。有君以千里养其口腹,则虽桀、纣不侈焉。齐国方三千里,而桓公以其半自养,是侈于桀、纣也,然而能为五霸冠者,知侈俭之地也⑭。为君不能禁下而自禁者谓之劫,不能饰下而自饰者谓之乱⑮,不节下而自节者谓之贫。明君使人无私,以诈而食者禁;力尽于事,归利于上者必闻,闻者必赏;污秽为私者必知,知者必诛。然故忠臣尽忠于公⑯,民士竭力于家,百官精克于上⑰,侈倍景公,非国之患也。然则说之以节财,非其急者也。夫对三公一言而三公可以无患,知下之谓也。知下明则禁于微,禁于微则奸无积,奸无积则无比周,无比周则公私分,公私分则朋党散,朋党散则无外障距内比周之患。知下明则见精沐⑱,见精沐则诛赏明,诛赏明则国不贫,故曰一对而三公无患,知下之谓也。

【译文】 有人说:孔子回答三公的话,是亡国的言论。叶城的人民有背逆之心,却劝说要让近处的人喜悦,让远处的人归附,这是教导人民感念君上的恩惠。仁惠的政治,就是让无功的人获得赏赐,而让有罪的人免受罪罚,这是法律败坏的根源。法律败坏就会导致政治混乱,以混乱的政治来治理祸乱的人民,这是做不到的。而且,人民有背逆之心,这是君主的明察所不及的,不昭明叶公的明察,却使他要让近处的人高兴让远方的人归附,这是舍弃君主禁制人民的权势而让他对人民行施恩惠来争取民心,这不是能够保持君主权势、地位的做法。尧的贤能,是六王中的首位,而舜徙居一地,人民很快就会聚拢起来变成都邑,那么尧就要失去天下了。有的君主没有办法禁制他的人民,依靠像舜那样通过恩惠来维系民心,这是不懂治术啊。英明的君主能从隐微处察见奸邪,所以人民就不会有大的谋划;能从细小处诛罚罪责,所以人民不会有大的混乱,这就是老子所说的"图谋难办的事情要从容易处开始","想做成大事要从细小处开始"。现在假使有功的人一定受到奖赏,受赏的人不必感谢君主,这是他自己努力得到的结果;有罪的人一定受到诛罚,被诛罚的人也不怨恨君主,罪责由自己而产生。人民知道诛罚都因自身的原因产生,所以努力做好本职工作以求取功利,而不接受君主的赏赐。"最好的君主,人民只知道有这个人而已。"这是说最好的君主下面的人民是不喜欢他的,怎么还要争取感念君上恩惠的人民呢? 最好的君主的人民没有利害的想法,让近处的人喜悦让远处的人归附的说法,也就可以被舍弃了。鲁哀公的大臣对外阻塞贤士对内相互勾结来欺蒙自己的君主,却用选拔贤才来劝说,这并不是根据功劳来考论而是选拔他心里所认可的贤才。假使哀公知道这三位大臣对外阻隔贤士、对内相互勾结,那么这三个人立即就不能在朝为官了。哀公不知道选拔贤才,选择的就是他自己心中认可的贤才,所以这三个人得以任职理事。燕王哙认为子之很贤良却诋毁孙卿,所以死了之后还被陈尸示众。吴王夫差认为太宰嚭明智而伍子胥愚昧,所以被越国消亡了。鲁哀公不一定认识贤才,却劝说他要选拔贤才,这是要让哀公遭受吴王夫差、燕王哙那样的灾祸。英明的君主不会自己举进贤才,而是让大臣相互推举。不用自己劳苦,功绩自然顺随而立。通过任职来评定,通过做事来试验,通过功绩来考核。所以群臣都能公正地做事而不营私利,不隐没贤才,不举荐无能之辈,如此一来,君主哪里还用得着辛苦地去选拔贤才呢?齐景公拿百乘的采邑做赏赐,却拿节俭财用来劝说,这是让景公没有办法使用明智的君主应有的奢侈,却独自一个人节俭,这是不能让国家免于贫穷的。假使一位君主拿千里的土地来满足自己的口腹之欲,那么即使夏桀、商纣也比不上他奢侈。齐国方圆三千里,齐桓公用一半来供养自己,这比夏桀、商纣还要奢侈,不过他能成为五霸中的第一位,其原因在于他知道奢侈和节俭的分别。做君主不能约束臣下却来约束自己的叫做劫,不能整饬臣下却来整饬自己的叫做乱,不使臣下节俭却让自己节俭的叫做贫。英明的君主能让人不谋私利,禁止用欺诈的手段谋取食禄;努力做事,把利益都归献于君主的人一定要知道,知道了就一定要赏赐;行为卑污营求私利的人一定要知道,知道了就一定要诛罚。如此,那么忠臣就能尽忠为国,民士就能努力耕作,百官在官位上都能廉明克己,即使比齐景公更奢侈一倍,也不是国家的患害。如此一来,孔子用节俭财用来劝说景公,并不是理政最重要的事情。用一句话回答三公就可以让三公没有祸患,这就是了解下情。了解下情就能在事情隐微时就被禁绝,事情在隐微时被禁绝,奸邪就不会累积,奸邪不累积就不会相互勾结,不相互勾结就能公私分明,公私分明朋党就不会形成,没有朋党形成就不会有对外阻塞对内勾结的灾患了。了解下情就能做到清察明审,能做到清察明审就能使赏罚分明,赏罚分明国家就不会贫穷。所以说用一句话回答三公就能让三公没有祸患,这就是了解下情。

【注释】　①怀惠:感念君上的恩惠。　②昭:昭明。　③持势:保持权势、地位。　④六王:指唐尧、虞舜、夏禹、商汤、周文王、周武王。　⑤一徙而成邑:徙居一年,所居之地人民聚集,就变成了都邑。　⑥疾:努力。　⑦智:通"知"。　⑧燕子哙贤子之而非孙卿:战国时,燕王哙听信苏代和鹿毛寿的话,把君位禅让给他的宰相子之,子之执政三年,燕国大乱,齐人伐燕,燕王哙死,子之被杀。孙卿,即荀卿,儒学大师,韩非的老师,著有《荀子》一书传世。燕王哙认为子之很贤良却诋毁孙卿。　⑨僇(lù):通"戮",陈尸示众。　⑩夫差智太宰嚭而愚子胥:夫差,即吴王夫差。太宰嚭,春秋时楚太宰伯州犁的孙子,逃到吴国做了太宰,称为太宰嚭,也称为伯嚭。子胥,即伍员,春秋时楚国人。伍子胥在父亲伍奢、兄长伍尚被楚平王杀害后,逃到吴国,辅佐吴王阖闾攻破楚国国都,得报家仇。后吴王夫差战胜越国,越王勾践请和,子胥劝谏,吴王夫差不听,后吴太宰嚭受越国贿赂,谗毁子胥,吴王赐属镂剑使之自杀。越王勾践卧薪尝胆,终于复国报仇,吴王夫差被迫自杀。　⑪贤:劳苦。　⑫徇:顺。　⑬政:通"正"。　⑭地:分别,区别。　⑮饰:通"饬",整饬。　⑯然故:然则。如此,那么。　⑰精克:廉明克己。　⑱精沐:即清明，清察明审。

郑子产晨出①，过东巷之间②，闻妇人之哭，抚其御之手而听之。有间，遣吏执而问之，则手绞其夫者也。异日，其御问曰："夫子何以知之？"子产曰："其声惧。凡人于其亲爱也，始病而忧，临死而惧，已死而哀。今哭已死不哀而惧，是以知其有奸也。"

【译文】　郑国的子产清晨外出，经过东巷的里门，听到一个妇人的哭声，按住车夫的手仔细地听，过了一会儿，派官吏把她抓来审问，原来是一个亲手勒死丈夫的人。过了几天，他的车夫问他说："您是怎么知道的？"子产说："她的哭声中有一种恐惧。大凡人对于自己亲爱的人，在他开始生病的时候会感到担忧，到快死了会感到恐惧，已经死了之后就会感到悲哀。现在她哭一个已经死去的人，哭声不是感到悲哀而是充满恐惧，所以知道这里面一定有奸情。"

【注释】　①子产：即公孙侨，字子产，春秋后期郑国著名的宰相。　②东巷之间：东巷，街名。间，里门。东巷的里门。

或曰：子产之治，不亦多事乎？奸必待耳目之所及而后知之，则郑国之得奸者寡矣。不任典成之吏①，不察参伍之政，不明度量，特尽聪明，劳智虑，而以知奸，不亦无术乎？且夫物众而智寡，寡不胜众，智不足以遍知物，故因物以治物。下众而上寡，寡不胜众，言君不足以遍知臣也，故因人以知人。是以形体不劳而事治，智虑不用而奸得。故宋人语曰："一雀过羿②，羿必得之，则羿诬矣。以天下为之罗，则雀不失矣。"夫知奸亦有大罗，不失其一而已矣。不修其理③，而以己之胸察为之弓矢④，则子产诬矣。老子曰："以智治国，国之贼也。"其子产之谓矣。

【译文】　有人说：子产治理国家，不是多管闲事吗？奸情一定要等亲耳听到、亲眼看到之后才能察知，那么郑国所能察知的奸情就太少了。不任用主掌诉讼案件的官吏，不通过参验比较的方法来考察，不严明法度，依靠竭尽自己的聪明，劳苦自己的智虑，才得以察知奸情，不也是很没有治术的吗？世间事物繁多而人的才智有限，有限的才智不足以了解所有的事物，所以要依靠事物来治理事物。臣民众多而君上人少，少数的君上不能了解众多的臣民，所以要依靠人来认识人。因此，无需劳形苦身就能把政事处理好，无需劳神苦思就能察知奸恶。所以宋国的俗语说："每一只飞过后羿身边的鸟雀,后羿都能射中,那后羿一定是在吹嘘;按天下的大小设置一个罗网,那鸟雀一定就不能逃掉了。"察知奸情也有大罗网,为奸作恶的人一个也不会漏掉。不修治法制,却凭自己的揣度去察知奸恶,这是子产的妄言。老子说:"用智巧来治理国家,这是国家的灾难。"说的就是子产这样的人。

【注释】 ①典成:主掌诉讼案件。 ②羿:即后羿,古代神话传说中善射的人。 ③理:指法制。 ④胸察:揣度,臆断。

秦昭王问于左右曰①:"今时韩、魏孰与始强?"左右对曰:"弱于始也。""今之如耳、魏齐孰与曩之孟常、芒卯②?"对曰:"不及也。"王曰:"孟常、芒卯率强韩、魏犹无奈寡人何也,今以无能之如耳、魏齐率弱韩、魏以攻秦,其无奈寡人何亦明矣。"左右对曰:"甚然!"中期推琴而对曰④:"王之料天下过矣!夫六晋之时④,知氏最强⑤,灭范、中行而从韩、魏之兵以伐赵⑥,灌以晋水,城之未沈者三板⑦。知伯出,魏宣子御⑧,韩康子为骖乘⑨,知伯曰:'始吾不知水可以灭人之国,吾乃今知之。汾水可以灌安邑⑩,绛水可以灌平阳⑪。'魏宣子肘韩康子,康子践宣子之足,肘足接乎车上,而知氏分于晋阳之下。今足下虽强,未若知氏;韩、魏虽弱,未至如其在晋阳之下也。此天下方⑫用肘足之时,愿王勿易之也。"

【译文】 秦昭王询问左右说:"现在的韩国和魏国与从前相比什么时候更强?"左右回答说:"比从前要衰弱了。""现在的如耳、魏齐和先前的孟尝、芒卯谁更厉害?"左右回答说:"比不上先前的。"秦昭王说:"孟尝、芒卯率领强大时的韩国、魏国军队尚且不能把我怎么样,现在让无能的如耳、魏齐率领衰弱的韩国与魏国的军队来攻打秦国,他们也不能把我怎么样,这也是明摆着的。"左右回答说:"的确是这样的。"中期把琴推开应对说:"大王料定天下之事错了!在晋国六卿并立时,智氏最为强大,消灭了范氏和中行氏,带领着韩、魏的军队攻打赵氏,用晋水淹灌晋阳,晋阳的城墙未被淹没的只剩三板。智伯出行,魏桓子驾车,韩康子做陪乘,智伯说:'从前我不知道利用水可以毁灭别人的都邑,我今天才知道。汾水可以淹灌安邑,绛水可以淹灌平阳。'魏桓子用肘碰韩康子的肘,韩康子用脚踩魏桓子的脚,二人的肘足在车上接触,智氏在晋阳城下就被瓜分了。现在您虽然强大,还比不上智氏,韩、魏虽然衰弱,也没有到像他们在晋阳城下时的程度。现在正是天下各国暗中用肘足接触的时候,希望大王不要轻视他们。"

【注释】 ①秦昭王:战国时秦国的君主昭襄王,在位五十六年,先后任用魏冉、范雎为相,白起为将,采用远交近攻之术,屡破诸侯军队,使秦国更为强盛。　②如耳:人名,战国时魏国大夫,曾在卫国做官。魏齐:战国时魏国的公子,相魏昭王。曩(nǎng):从前。孟常:即齐国的孟尝君,姓田名文,齐威王少子齐宣王庶弟田婴的儿子,战国四大公子之一。齐愍王打算除掉孟尝君,孟尝君逃到魏国,被魏昭王任用为相。芒卯:一作孟卯,战国时齐国人,能言善辩,做了魏国的将军。　③中期:应为秦国的乐官。　④六晋:即晋国的六卿,指智氏、范氏、中行氏、赵氏、韩氏、魏氏。　⑤知氏:即智氏,这里指智伯瑶。
　⑥智伯瑶伐赵兵败被杀事详见《十过》。　⑦板:板筑用的夹板。古人用夹板来填土筑墙,所以用板来计算墙体高度。　⑧魏宣子:魏国无"宣子",应为"桓子"。魏桓子,晋卿,名驹。　⑨韩康子:晋卿,名虎。骖乘:陪乘的人。　⑩安邑:魏桓子的封邑。　⑪平阳:韩康子的封邑。　⑫方:正。

　　或曰:昭王之问也有失,左右中期之对也有过。凡明主之治国也,任其势。势不可害,则虽强天下无奈何也,而况孟常、芒卯、韩、魏能奈我何?其势可害也,则不肖如如耳、魏齐,及韩、魏犹能害之。然则害与不侵,在自恃而已矣①,奚问乎?自恃其不可侵,则强与弱奚其择焉②?失在不自恃,而问其奈何也,其不侵也幸矣!申子曰③:"失之数而求之信则疑矣④。"其昭王之谓也。知伯无度,从韩康、魏宣而图以水灌灭其国,此知伯之所以国亡而身死、头为饮杯之故也。今昭王乃问孰与始强,其畏有水人之患乎?虽有左右,非韩、魏之二子也,安有肘足之事?而中期曰"勿易",此虚言也。且中期之所官、琴瑟也,弦不调,弄不明⑤,中期之任也,此中期所以事昭王者也。中期善承其任,未慊昭王也⑥,而为所不知,岂不妄哉?左右对之曰"弱于始"与"不及"则可矣,其曰"甚然"则谀也。申子曰:"治不逾官,虽知不言。"今中期不知而尚言之。故曰昭王之问有失,左右中期之对皆有过也。

【译文】　有人说:秦昭王的询问不合理,左右和中期的回答也是有错误的。大凡英明的君主治理国家,利用的是自己手中的权势。权势不会受到侵害,那么即使强大的天下诸侯也不能怎么样,更何况于孟尝、芒卯、韩、魏又能怎么样呢?权势可能被侵害,那么无能得像如耳、魏齐,衰弱得像韩、魏,也还是能够侵害他的。如此说来,是否受到侵害,全靠自己,还问什么呢?依靠自己不可被侵犯的条件,那么强和弱又有什么区别呢?失误在不能依靠自己,却去问别人能把我怎么样,他没有受到侵害只是幸运罢了。申子说:"失去法度而要求求人信从就会出现惑乱。"这说的就是秦昭王这样的人。智伯瑶做事没有尺度,韩康子、魏桓子跟在后面却图谋用水来淹灌人家的都邑,这是智伯国灭身死、头颅被当成酒器的原因。现在秦昭王问和先前相比哪个更强,他是担心有被人用水淹灌国都的灾难吗? 即使左右近臣在身边,但和韩康子、魏桓子不同,怎么会有肘足相接触的危险呢? 可是中期说"不要轻视",这是虚妄的话。况且中期所掌管的,是琴瑟音乐,琴弦不协调,曲弄不清明,这是中期的责任,这也是中期侍奉秦昭王应做的事情。中期努力做好自己的分内之事,未必能让秦昭王感到满足,现在却做自己职责之外的事情,怎么会不妄言呢? 左右回答说"比从前要衰弱"和"比不上先前"是可以的,但说"的确是这样"就是谄媚了。申子说:"处理政事不能逾越自己的职权,即使知道也不能进言。"现在中期不知道却还要说。所以说昭王的询问是不合理的,左右及中期的回答也都是错误的。

【注释】 ①自恃:依靠自己。 ②择:区别。 ③申子:即申不害,战国时郑国人,本为郑国官吏,韩兼并郑国后,至韩昭侯时以申不害为相,韩国得以安定。申不害以道家为本源,而注重法术,著有《申子》。 ④数:法制。信:信从。疑:惑乱。 ⑤弄:古代一类乐曲的名称。 ⑥慊(qiè):满足。

管子曰①:"见其可,说之有证②,见其不可,恶之有形③,赏罚信于所见,虽所不见④,其敢为之乎? 见其可,说之无证,见其不可,恶之无形,赏罚不信于所见,而求所不见之外,不可得也。"

【译文】 管子说:"看见事情做得好,高兴了就要有赏赐,看见事情做得不好,憎恶他就要有责罚,对于所看见的事情都有赏赐责罚加以申明,即使那些看不见的不可做的事,谁又敢去做呢? 看见事情做得好,高兴却不加赏赐,看见事情做得不好,憎恶却不加责罚,对于所看见的事情不通过赏赐责罚加以申明,却要求人们做好那些看不见的事情,这是不可能实现的。"

【注释】 ①管子:即春秋时齐桓公的宰相管仲,有《管子》一书传世。 ②说之有证:说,通"悦",高兴。证,证验,这里指赏赐。高兴了就要赏赐。 ③恶之有形:恶,憎恶。形,通"刑",责罚。憎恶他就要责罚。 ④不见:指看不见的不可做的事情。

或曰:广廷严居,众人之所肃也;晏室独处①,曾、史之所慢也②。观人之所肃,非行情也③。且君上者,臣下之所为饰也。好恶在所见,臣下之饰奸物以愚其君,必也。明不能烛远奸,见隐微,而待之以观饰行④,定赏罚,不亦弊乎!

【译文】 有人说,在广大庄严的朝廷殿堂上,普通人都会恭敬肃立,在自家的房子里独处,即使曾参、史鳅也会怠惰轻慢。在一个人恭敬肃立的时候观察他,这不是他的行为的真实情况。况且对于君主,臣下都会修饰自己的行为。通过亲眼所见来判断好恶,臣下粉饰奸邪的事物来欺蒙君主,这是必然的。君主的明察不能烛照远处的奸邪,不能察见隐微的私情,却依靠观察修饰过的行为来确定赏罚,不也是太受蒙蔽了吗?

【注释】　①晏室:私家居处。　②曾、史之所傻(màn):曾,曾参,春秋时鲁国人,孔子弟子,后世称为宗圣。史,史鳅,春秋时卫国大夫,因为廉直得到孔子的称赞。曾、史并称被作为仁义的典范是当时的习语。傻,怠惰。即使曾参、史鳅也会怠惰轻慢。　③行情:行为的真实情况。　④待:通"恃",依靠。

管子曰:"言于室满于室,言于堂满于堂,是谓天下王。"

【译文】　管子说:"在屋里说话,满屋子都能听到,在厅堂里说话,整个厅堂都能听到,这就是天下的首领。"

或曰:管仲之所谓言室满室、言堂满堂者,非特谓游戏饮食之言也,必谓大物也。人主之大物,非法则术也。法者,编著之图籍,设之于官府,而布之于百姓者也。术者,藏之于胸中,以偶众端而潜御群臣者也①。故法莫如显,而术不欲见。是以明主言法,则境内卑贱莫不闻知也,不独满于堂。用术,则亲爱近习莫之得闻也,不得满室。而管子犹曰"言于室满室,言于堂满堂",非法术之言也。

【译文】　有人说:管仲所说的"在屋里说话,满屋子都能听到,在厅堂里说话,整个厅堂都能听到"的话,不是指游戏饮食的话,一定说的是重大的事情。君主的重大的事情,不是法度就是治术。所谓法度,是编著成图书,陈设到官府,发布到老百姓中间的东西。所谓治术,是隐藏在自己心里,用来应对各种情况,控御群臣的手段。所以法制最好公开,而治术不能示人。因此英明的君主谈论法制,国境之内卑贱的人没有不听说的,不仅仅是整个厅堂的人都听到。使用治术,即使亲信宠爱的人也没有人能听得到,更不要说满屋的人。而管子却说"在屋里说话,满屋子都能听到,在厅堂里说话,整个厅堂都能听到",这不是懂得法术的话。

【注释】　①偶:通"耦",应对。

难四第三十九

　　卫孙文子聘于鲁①,公登亦登②。叔孙穆子趋进曰③:"诸侯之会,寡君未尝后卫君也④。今子不后寡君一等,寡君未知所过也,子其少安⑤。"孙子无辞⑥,亦无悛容⑦。穆子退而告人曰:"孙子必亡。以臣而不后君,过而不悛,亡之本也。"

【译文】　卫国的孙文子到鲁国访问,鲁襄公登阶时他也同时登阶,叔孙穆子立即上前说到:"在诸侯会盟的时候,我们鲁国的君主未曾让卫国的君主落在后面,现在您不比我们的君主落后一等,我们的君主不知道哪里做错了,希望您能稍微慢一些。"孙文子没有说话,也没有悔改的表情。叔孙穆子回去后给人说:"孙文子一定会灭亡。身为大臣却不落后于君主一等,做错了却不知道改正,这是败亡的根由。"

【注释】　①孙文子:名林父,春秋时卫国的卿,后逐卫献公而立殇公。聘:访问。　②公登亦登:公,鲁襄公。登,登上台阶。按照周礼,诸侯相见,两君同时登阶,而臣则落后于君主一等。孙文子作为卫国的大臣,却与鲁国国君同时登阶,所以受到指责。　③叔孙穆子:春秋时鲁国的卿叔孙豹,谥穆子,也被称为穆叔。趋:赶快,立即。　④寡君:臣下在别人面前对本国国君的谦称。　⑤少安:安,徐缓。稍微慢一些。　⑥无辞:没有言辞,不说话。　⑦悛(quān)容:悔改的表情。

　　或曰:天子失道,诸侯伐之,故有汤、武。诸侯失道,大夫伐之,故有齐、晋①。臣而伐君者必亡,则是汤、武不王,晋、齐不立也。孙子君于卫,而后不臣于鲁,臣之君也。君有失也,故臣有得也。不命亡于有失之君②,而命亡于有得之臣,不察。鲁不得诛卫大夫,而卫君之明不知不悛之臣,孙子虽有是二也③,臣以亡④?其所以亡其失所以得君也。

【译文】　有人说:天子做事不合正道,诸侯就可以讨伐他,所以才有了商汤和周武王。诸侯做事不合正道,大夫就可以讨伐他,所以就有了田齐和三晋。如果大臣攻伐君主就一定要灭亡,那么商汤和周武王就不能称王,三晋和田齐就不能立国。孙文子在卫国做君主,然后才在鲁国不行施大臣的礼节,这是大臣变成了君主。君主有了过失,所以大臣才能取代君主的地位。叔孙穆子不说有过失的君主会灭亡,却说取代君主地位的大臣会灭亡,这是不加详察。鲁国人不能诛罚卫国的大夫,而卫国的国君又不能察明不知悔改的大臣,孙文子即使有不遵臣道和不知悔改这两项罪责,又怎么会灭亡呢?他之所以忘记大臣的身份,失于为臣之礼,正是由于他已经做了卫国的国君。

【注释】　①齐、晋:指田和取代姜氏而建立田齐政权以及韩、赵、魏瓜分晋国之事。②命:言,说。　③有是二:指“以臣而不后君”与“过而不悛”两项罪责。　④巨:通“讵”。表示反诘语气,岂,难道。

　　或曰:臣主之施分也。臣能夺君者,以得相踦也①。故非其分而取者,众之所夺也;辞其分而取者,民之所予也。是以桀索崏山之女②,纣求比干之心③,而天下离;汤身易名④,武身受詈⑤,而海内服;赵恒走山⑥,田成外仆⑦,而齐、晋从。则汤、武之所以王,齐、晋之所以立,非必以其君也,彼得之而后以君处之也。今未有其所以得,而行其所以处,是倒义而逆德也。倒义,则事之所以败也;逆德,则怨之所以聚也。败亡之不察,何也?

【译文】　有人说:君臣的行事是有分别的。臣下之所以能夺取君主的地位,在于势位的偏重所致。所以不符合自己的名分而求取,是在众人的帮助下夺取;推辞属于自己的名分而最后取得,这是人民给予他的。所以夏桀索取岷山的美女,商纣剖视比干的心窍,导致天下人民叛离。商汤有被困于吕地的忧惧,周武王受到责骂,天下的人民却归服于他们。赵宣子逃到山里,田成子背着传符跟随鸥夷子皮前往燕国,齐国、晋国的人民都跟着他们。所以,商汤、周武王之所以能够称王,齐国、晋国之所以易姓,不一定因为他们就是君主,而是他们得到了人民的拥戴,然后才以君王自居的。现在还没有具备成为君王的条件,行事时却以君主自居,这是违反正义、悖逆道德的做法。违反正义,事情就要败坏;悖逆道德,怨恨就会聚积。不仔细考虑败亡的原因,这是为什么呢?

【注释】　①踦(qī):不均衡,偏重。　②桀:夏桀,夏朝的最后一位天子。崏(mín)山:崏,同“岷”。岷山,在四川省北部,绵延四川、甘肃两省边境。为长江、黄河的分水岭,岷江、嘉陵江支流白龙江的发源地。　③纣:即商纣王,商朝的最后一位天子。比干:商纣王的叔父,被商纣挖心而死。　④汤身易名:易名,当作“惕吕”。惕,忧惧。相传商汤曾

被困吕地。商汤有被困于吕地的忧惧。　⑤武身受詈：武，即周武王。詈，责骂。一说
詈当作"羁"，《喻老篇》有"文王见詈于王门"，"詈"亦为"羁"。周武王受到责骂。　⑥赵
喧(xuān)走山：喧，同"宣"。赵喧即赵盾，谥宣子。赵盾为春秋时晋国的卿，其时晋灵公
无道，欲杀赵盾，赵盾出奔，其族人赵穿弑晋灵公，赵盾未及出晋国边境就又返回国都，
迎立了晋成公。　⑦田成外仆：田成，即田常，谥成子，春秋时齐国的卿，弑齐简公，立平
公。外仆，指田常逃离齐国去燕国时背传符跟随鸥夷子皮的事情，其事详见《说林上》。

鲁阳虎欲攻三桓①，不克而奔齐②，景公礼之③。鲍文子谏
曰④："不可。阳虎有宠于季氏而欲伐于季孙，贪其富也。今君富
于季孙，而齐大于鲁，阳虎所以尽诈也⑤。"景公乃囚阳虎。

【译文】　鲁国的阳虎攻打三桓，失败后逃到齐国。齐景公很厚待他。鲍文
子进谏说："不能这样。阳虎受季氏的宠信却想攻打季孙，这是贪图他的财
富。现在您比季孙更富，而齐国比鲁国大，阳虎更能发挥他欺诈的手段了。"
齐景公于是囚禁了阳虎。

【注释】　①三桓：指春秋时鲁国的大夫孟孙氏、叔孙氏、季孙氏，他们都是鲁桓公的子
孙，势力强大，把持鲁国朝政，称为三家，也称三桓。阳虎：字货，季孙氏的家臣，受季孙
宠信，掌握季孙氏的大权后，想除去三桓，失败后逃往齐国。　②奔：败逃，逃亡。　③
景公：春秋时齐国的君主，齐灵公的儿子，齐庄公的弟弟，名杵臼。崔杼弑杀庄公之后，
立景公为君主。礼：礼遇，厚待。　④鲍文子：即鲍国，齐国大臣，事迹不详。　⑤所以
尽诈：尽量使用欺诈的手段。

或曰：千金之家，其子不仁，人之急利甚也。桓公，五伯之上
也，争国而杀其兄，其利大也。臣主之间，非兄弟之亲也。劫杀之
功，制万乘而享大利，则群臣孰非阳虎也。事以微巧成①，以疏拙
败。群臣之未起难也，其备未具也②。群臣皆有阳虎之心，而君上
不知，是微而巧也。阳虎贪，知于天下，以欲攻上，是疏而拙也。
不使景公加诛于齐之巧臣，而使加诛于拙虎，是鲍文子之说反也。
臣之忠诈，在君所行也。君明而严则群臣忠，君懦而暗则群臣诈。
知微之谓明，无赦之谓严。不知齐之巧臣而诛鲁之成乱，不亦妄
乎？

【译文】　有人说：富有千金的人家，他家的子弟就不会相亲相爱，因为人都
是急于谋求利益的。齐桓公，是春秋五霸的首位，为争夺君位而杀了他的兄
长，是因为其中的利益太大。君主和大臣之间，没有兄弟间的亲情。劫杀君
主的成效，是控制万乘大国而享受最大的利益，如此群臣谁不是阳虎呢。事

情因为隐微巧诈而得以成功,因为疏漏笨拙而毁败,群臣尚未起事作乱,是
因为条件没有具备。群臣都有阳虎那样的念头,只是君主不知道,这就是隐
微而巧诈。阳虎的贪婪,天下人都知道,却还想攻打君上,这就是疏漏而笨
拙。不让齐景公诛罚齐国的巧诈之臣,却去诛罚笨拙的阳虎,因此鲍文子的
劝说就是违背正理的。臣下的忠诚和巧诈,决定于君主的行事。君主明察
而威严,那么群臣就会忠诚,君主懦弱而昏庸,那么群臣就会巧诈。能察知
隐微的事情被称为明察,不宽赦罪过被称为威严。不能察知齐国的巧诈之
臣却去诛罚鲁国已经失败的乱臣,不也是很荒唐的吗?

【注释】 ①微巧:隐微而巧诈。　②备未具:备,条件。条件尚未具备。

　　或曰:仁贪不同心。故公子目夷辞宋①,而楚商臣弑父②,郑去
疾予弟③,而鲁桓弑兄④,五伯兼并⑤,而以桓律人,则是皆无贞廉
也⑥。且君明而严则群臣忠,阳虎为乱于鲁,不成而走,入齐而不
诛,是承为乱也。君明则诛,知阳虎之可以济乱也⑦,此见微之情
也。语曰:"诸侯以国为亲。"君严则阳虎之罪不可失,此无赦之实
也。则诛阳虎,所以使群臣忠也。未知齐之巧臣,而废明乱之罚;
责以未然,而不诛昭昭之罪⑧;此则妄矣。今诛鲁之罪乱以威群臣
之有奸心者,而可以得季、孟、叔孙之亲,鲍文之说,何以为反?

【译文】　有人说:仁爱和贪婪是各不相同的。所以宋国的公子目夷推辞君
位,而楚国的太子商臣弑杀了自己的父亲,郑国的公子去疾把君位让给了他
的弟弟,而鲁桓公却弑杀了他的兄长。春秋五霸都吞并他国的土地,可是如
果用齐桓公来做标准,那么他们就没有一个正直廉洁的。而且如果君主明
察而威严,群臣就会忠诚,阳虎在鲁国作乱,失败后逃走,进入齐国之后不加
诛罚,就是让他继续作乱。君主英明就会诛罚他,因为知道阳虎会增加混
乱,这就是能察见隐微的事情。古语说:"诸侯都热爱自己的国家。"君主威
严,阳虎的罪过不可放过,这是不宽赦有罪的证明。那么诛罚阳虎,就是让
群臣忠于君主的办法。不能察知齐国的诈巧之臣,却废除对公然叛乱的惩
罚;苛责那些还没有发生的事情,却不诛罚显见的罪过,这才是最荒谬的。
现在诛罚鲁国的乱臣,可以威慑那些心存奸诈的大臣,又可以与季孙氏、孟
孙氏、叔孙氏交好,鲍文子的劝说,又哪里不对呢?

【注释】　①公子目夷辞宋:公子目夷,春秋时宋桓公的庶子,太子兹父的庶兄。宋桓公
病重,太子兹父要求桓公由目夷继承君位,目夷推辞不就,于是太子兹父继位,是为宋襄
公。　②楚商臣弑父:商臣,春秋时楚成王的太子,弑楚王而自立,是为楚穆王。其事详

见《内储说下》。　③郑去疾予弟：去疾，春秋时郑国的公子，郑灵公的庶弟。据《史记·郑世家》记载，郑灵公被弑后，郑人想立灵公的庶弟去疾为郑国国君，去疾让位于他的庶兄公子坚。公子坚，即郑襄公。郑襄公是公子去疾的庶兄，这与《韩非子》不同。　④鲁桓弑兄：鲁桓，即鲁桓公。鲁惠公死后，太子桓公年幼，于是由其庶兄隐公即位摄行君政，隐公十一年，桓公弑隐公自立。　⑤五伯：即春秋五霸，指齐桓公、晋文公、楚庄王、吴王阖闾、越王勾践。另有一说，指齐桓公、宋襄公、晋文公、秦穆公与吴王夫差。　⑥贞廉：正直廉洁。　⑦济乱：增加混乱。　⑧昭昭：明白，显著。

　　郑伯将以高渠弥为卿①，昭公恶之②，固谏不听。及昭公即位，惧其杀己也，辛卯，弑昭公而立子亹也③。君子曰："昭公知所恶矣。"公子围曰④："高伯其为戮乎，报恶已甚矣⑤。"

【译文】　郑庄公将要任用高渠弥为卿，太子郑忽很憎恶他，极力阻谏，但庄公没有听从。等到郑昭公即位，高渠弥担心他会杀了自己，在辛卯这天，弑杀了昭公而拥立公子亹为郑国国君。君子说："郑昭公了解他所憎恶的人。"公子围说："高伯将会被戮杀的，报复仇怨太过分了。"

【注释】　①郑伯：即郑庄公，名寤生。高渠弥：郑国大夫，因为抗拒周桓王时献鱼丽阵法有功，晋升为卿，又称高伯。郑昭公即位后，高渠弥弑杀昭公而立子亹，不久即被齐襄公诱捕并被车裂。　②昭公：即郑昭公，郑庄公的儿子，名忽，其时为太子。　③子亹：一作"子亶"，郑昭公的弟弟，高渠弥杀昭公后被立为郑国国君，不久即被齐襄公诱捕杀害。　④公子围：一作"公子达"，鲁国的大夫。　⑤报恶：报复仇怨。

　　或曰：公子围之言也不亦反乎？昭公之及于难者，报恶晚也。然则高伯之晚于死者，报恶甚也。明君不悬怒①，悬怒则臣罪轻举以行计②，则人主危。故灵台之饮，卫侯怒而不诛，故褚师作难③；食鼋之羹，郑君怒而不诛，故子公杀君④。君子之举"知所恶"，非甚之也，曰知之若是其明也，而不行诛焉，以及于死，故知所恶，以见其无权也⑤。人君非独不足于见难而已，或不足于断制。今昭公见恶，稽罪而不诛⑥，使渠弥含憎惧死以徼幸⑦，故不免于杀，是昭公之报恶不甚也。

【译文】　有人说：公子围的话不也是违背正理的吗？郑昭公之所以遭难，是因为他报复仇怨太迟了。那么高伯死在昭公之后，是报复仇怨太过分的原因。英明的君主不会把怨怒怀藏心中而不发作，心中怀藏怨怒而不发作，大臣害怕受到罪罚就会轻率地决定举事作乱，那么君主就有了危险。所以在灵台饮酒时，卫出公生褚师的气却不立刻加以诛罚，所以褚师就发动了叛乱;吃鼋羹时,郑灵公生气了却不立刻诛罚子公,所以子公就杀了郑灵公。君子说郑昭公"了解他所憎恶的人",不是过分的话,说了解得这样清楚,却不及时诛罚,以至于被劫杀,所以说"了解他所憎恶的人",是显示他不能权衡轻重。君主的失败,不仅仅是不能及时察见祸端,而且在于不能及时做出决断。现在郑昭公知道所憎恶的人,却迟迟不加处罚,致使高渠弥记挂着被憎恨而担心被诛杀,于是希望通过作乱来免去罪罚,所以郑昭公终于被杀害,这就是因为郑昭公报仇不厉害。

【注释】　①悬怒:指有怨怒而不发作。　②轻举以行计:轻率地决定举事作乱。　③灵台之饮,卫侯怒而不诛,故褚师作难:卫侯,指卫出公。卫出公在藉圃里修建了一座灵台,和大夫们在台上饮酒。褚师声子穿着袜子走上席子,卫出公很生气,褚师解释说自己的脚有病,卫出公更加生气。在褚师退出时,卫出公指着他说:"一定把你的脚砍掉。"褚师于是发动叛乱,卫出公只好逃往宋国。　④食鼋之羹,郑君怒而不诛,故子公杀君:郑君,指郑灵公。子公,指公子宋。楚国人给郑灵公进献了一只鼋,子公和子家准备进见郑灵公,子公的食指忽然自己动了,子公告诉子家将有美味可食,进见郑灵公时,正好看到厨师杀鼋,二人相视而笑,郑灵公问他们为何发笑,二人如实回答。于是在分食鼋羹时,郑灵公偏偏不分给子公,子公于是把手指伸入鼎内,尝了一下鼋羹才出去。郑灵公很生气,想杀子公,于是子公和子家作乱杀死了郑灵公。　⑤无权:不能衡量轻重。比喻不知因事制宜、随机应变。　⑥稽罪:对有罪者迟迟不加处罚。　⑦徼幸:希望获得意外成功,由于偶然的原因而得到成功或免去灾害。

　　或曰:报恶甚者,大诛报小罪。大诛报小罪也者,狱之至也①。狱之患,故非在所以诛也,以雠之众也。是以晋厉公灭三郤而栾、中行作难②,郑子都杀伯咺而食鼎起祸③,吴王诛子胥而越勾践成霸④。则卫侯之逐,郑灵之弑,不以褚师之不死而子公之不诛也,以未可以怒而有怒之色,未可以诛而有诛之心。怒其当罪,而诛不逆人心,虽悬奚害? 夫未立有罪,即位之后,宿罪而诛⑤,齐胡之所以灭也⑥。君行之臣,犹有后患,况为臣而行之君乎? 诛既不当,而以尽为心,是与天下为雠也,则虽为戮,不亦可乎?

【译文】　有人说:报复仇怨太过分,是指用诛戮来报复轻微的罪过。用诛戮来报复轻微的罪过,这是刑罚太严厉了。刑罚太严厉的祸患,不在于已经被诛杀的人,而在于仇恨的人太多。因此,晋厉公诛灭了三郤,栾书和荀偃就作乱杀了厉公,郑国的子都杀了伯咺,就有人借食鼎发起叛乱。吴王诛杀伍子胥,越王勾践得以成就霸业。那么卫出公被驱逐、郑灵公被弑杀,不是因为褚师没有被处死,子公没有被诛杀,而是因为不应该生气却表现得很生气,不应该被诛杀却有诛杀的心思。如果怨恨那些应当被罪罚的人,诛杀也不违背世人的心理,即使久延不决又有什么妨害呢? 在未即位之前就有了仇怨,在即位之后,因为旧怨而被诛杀,这是齐国胡公被杀的原因。君主这样对待臣下,尚且有后患,更何况臣下这样对待君主呢? 诛杀本来就不适当,却一心想要杀尽,这是和天下人作对,那么即使被杀了,不也是合适的吗?

【注释】　①狱:刑罚。　②晋厉公灭三郤而栾、中行作难:晋厉公,春秋时晋国的国君。三郤,即郤锜、郤犨、郤至。栾,即栾书。中行,即中行偃,又称荀偃。其事详见《内储说下·说一》。　③郑子都杀伯咺而食鼎起祸:其人其事不可详考。　④吴王诛子胥而越勾践成霸:吴王,即吴王夫差。子胥,姓伍名员,字子胥,春秋时楚国人。在父亲伍奢、兄长伍尚被楚平王杀害后,伍子胥逃到吴国,辅佐吴王阖闾攻破楚国国都,得报家仇。后吴王夫差战胜越国,越王勾践请和,子胥劝谏,吴王夫差不听,后吴太宰嚭受越国贿赂,谗毁子胥,吴王赐属镂剑使之自杀。子胥死后,越王勾践灭吴。　⑤宿罪:积有旧怨。
　⑥齐胡:指齐国的胡公。西周夷王时,周夷王烹杀齐哀公而立其弟静,即胡公。哀公的同母弟弟山怨恨胡公,于是攻杀胡公而自立,是为献公。

卫灵公之时①,弥子瑕有宠②,专于卫国。侏儒有见公者曰:"臣之梦浅矣③。"公曰:"奚梦?""梦见灶者,为见公也。"公怒曰:"吾闻见人主者梦见日,奚为见寡人而梦见灶乎?"侏儒曰:"夫日兼照天下,一物不能当也。人君兼照一国,一人不能壅也,故将见人主而梦日也。夫灶,一人炀焉④,则后人无从见矣。或者一人炀君邪? 则臣虽梦灶,不亦可乎?"公曰:"善。"遂去雍锄⑤,退弥子瑕,而用司空狗⑥。

【译文】　卫灵公的时候,弥子瑕受卫灵公的宠信,专掌卫国政权。有个侏儒进见卫灵公,说:"我的梦应验了。"卫灵公说:"什么梦?""我梦见了灶火,这预示着我要见到君主了。"卫灵公生气地说:"我听说谒见君主的人会梦到太阳,为人什么你谒见我却梦见了灶火呢?"侏儒回答说:"太阳能普照天下万物,任何物体都不能阻挡它。君主能普照整个国家,任何一个人都不能欺蒙他,所以将要见到君主的人就会梦见太阳。而灶火只要有一个人挡住,后面的人就无法看到了。现在或许有一个人挡住了你吧? 那么我虽然梦见的是灶火,不也是可以的吗?"卫灵公说:"你说得对。"于是疏远雍锄,屏退弥子瑕,而任用司空狗主持国政。

【注释】　①卫灵公:春秋时卫国的国君,公元前534～前493年在位。　②弥子瑕:卫灵公的宠臣。　③浅:通"践",应验。　④炀:遮蔽,蒙蔽。　⑤雍锄:春秋时卫国的一名宦官,一作"雍疽"。　⑥司空狗:即史狗,史朝的儿子,又称文子。

或曰:侏儒善假于梦以见主道矣,然灵公不知侏儒之言也。去雍鉏,退弥子瑕,而用司空狗者,是去所爱而用所贤也。郑子都贤庆建而雍焉①,燕子哙贤子之而雍焉②,夫去所爱而用所贤,未免使一人炀己也。不肖者炀主不足以害明,今不加知而使贤者炀己,则必危矣。

【译文】　有人说:侏儒善于利用梦来进献为君之道,但是卫灵公却不懂侏儒的话。疏远雍鉏,斥退弥子瑕,而任用司空狗,这是疏远他宠爱的人而任用他认为贤能的人。郑子都认为庆建贤能却受到蒙蔽,燕王哙认为子之贤能却受到蒙蔽,疏远宠爱的人而任用自认为贤能的人,不能避免被一个人蒙蔽的危险,无能的人蒙蔽君主不足以危害君主的明察,现在不加以警戒,却让贤能的人来蒙蔽自己,那君主一定就危险了。

【注释】　①郑子都贤庆建而雍:其人其事不可详考。　②燕子哙贤子之而雍:燕子哙,即燕王哙。子之,燕国的宰相。据《战国策》记载,苏代和鹿毛寿以尧让天子之位于许由而许由不接受的故事劝说燕王哙,使之让国于宰相子之以成其名,子之因此得专燕国国政。三年后,燕国大乱,齐国伐燕,杀燕王哙与子之。第二年,燕王哙之子燕昭王继位后,复兴燕国。

或曰:屈到嗜芰①,文王嗜菖蒲菹②,非正味也,而二贤尚之,所味不必美。晋灵侯说参无恤③,燕哙贤子之,非正士也,而二君尊之,所贤不必贤也。非贤而贤用之,与爱而用之同。贤诚贤而举之,与用所爱异状。故楚庄举叔孙而霸④,商辛用费仲而灭⑤,此皆用所贤而事相反也。燕哙虽举所贤而同于用所爱,卫奚距然哉⑥?则侏儒之未可见也。君雍而不知其雍也,已见之后而知其雍也,故退雍臣,是加知之也。曰"不加知而使贤者炀己则必危",而今以加知矣,则虽炀己必不危矣。

【译文】　有人说:屈到嗜食菱角,周文王嗜食腌制的菖蒲,这都不是正常的滋味,可是这两位圣贤都爱好它们,所以喜欢的味道不一定是美味。晋灵侯喜欢参无恤,燕王哙认为子之贤能,他们都不是正直之士,可是这二位君主尊崇他们,所以认为贤能的人不一定真的贤能。不是贤才而当成贤才来任用,和任用宠爱的人,情形是相同的。贤才确实贤能而举用他,和任用宠爱的人,其情形大不相同。所以楚庄王任用叔孙敖能成就霸业,商辛任用费仲则导致国家灭亡,这都是任用自己认为贤能的人,可事情的结果却正好相反。燕王哙虽然任用了他认为贤能的人,却和任用自己宠爱的人相同,卫国难道也是这样吗? 这是侏儒没有见到的。君主受到蒙蔽而不知道被蒙蔽,已经发现之后,知道自己受到蒙蔽,所以斥退蒙蔽君主的大臣,这就是增加了警戒。既然说"不加以警戒,却让贤能的人来蒙蔽自己,君主一定就危险",那么现在已经增加警戒了,即使有人蒙蔽也一定不会有危险了。

【注释】 ①屈到嗜芰(jì):屈到,春秋时楚国大夫屈荡的儿子,字子夕,楚康王时做莫敖(楚国官名)。芰,菱角。屈到嗜食芰,临终前嘱咐宗老,祭祀时要用芰做祭品。 ②文王嗜菖蒲菹:文王,即周文王姬昌。菖蒲,一种多年生水生草本植物,有香气。菹,腌菜。 ③晋灵侯说参无恤:晋灵侯,即春秋时晋国君主晋灵公。参无恤,人名,事迹不可考。 ④楚庄:即春秋时楚国国君楚庄王,春秋五霸之一,公元前 613～前 591 在位。叔孙:即叔孙敖,楚庄王时任楚国的宰相,辅佐楚庄王成就霸业。 ⑤商辛用费仲:商辛,即商纣。费仲:商纣的宠臣。 ⑥距:难道。

难势第四十

本文先引用慎到重势的观点，又设为尚贤学者的驳难，最后又对驳难进行再次驳辩，充分显示了战国时代策士的雄辩之风。

慎子曰①：飞龙乘云，腾蛇游雾②，云罢雾霁③，而龙蛇与螾蚁同矣④，则失其所乘也。贤人而诎于不肖者，则权轻位卑也；不肖而能服于贤者，则权重位尊也。尧为匹夫不能治三人，而桀为天子能乱天下，吾以此知势位之足恃，而贤智之不足慕也。夫弩弱而矢高者⑤，激于风也；身不肖而令行者，得助于众也。尧教于隶属而民不听⑥，至于南面而王天下，令则行，禁则止。由此观之，贤智未足以服众，而势位足以诎贤者也。

【译文】 慎子说：飞龙驾云而行，腾蛇乘雾而飞，假如云开雾散，龙蛇和蚯蚓蚂蚁就没什么两样，这是因为丧失了飞行的凭借。贤良的人屈服于无能的人，是因为权势轻微地位卑贱；无能的人能够制服贤良的人，是因为权势威重地位尊贵。唐尧如果是平民百姓就连三个人也治理不了，而夏桀做了天子就能统治天下，我从这里明白权势地位是足以依靠的，而贤才智能是不值得羡慕的。弩弓的力量微弱可是箭却射得很高，是因为受到风的吹刮；自身无能可是命令得以执行，是因为得到了众人的帮助。唐尧教导百姓，他们不会听从，等他南面称王、统治天下之后，发布命令就能得到执行，禁令下达立刻停止。从这里来看，仅凭贤才智能是不能制服众人的，而权势地位则完全能够让贤良的人屈服。

【注释】 ①慎子：即慎到，战国时赵国人，以主张用势著称，著有《慎子》，现有辑本传世。 ②腾蛇：传说中一种能飞的蛇。 ③霁(jì)：晴朗。 ④螾：即蚓，蚯蚓。 ⑤弩(nǔ)：弩弓，一种依靠机械力量发箭的弓。 ⑥隶属：指百姓。

应慎子曰①：飞龙乘云，腾蛇游雾，吾不以龙蛇为不托于云雾之势也。虽然，夫释贤而专任势，足以为治乎？则吾未得见也。

夫有云雾之势,而能乘游之者,龙蛇之材美也。今云盛而螾弗能乘也,雾醲而蚁不能游也②,夫有盛云醲雾之势而不能乘游者,螾蚁之材薄也。今桀、纣南面而王天下,以天子之威为之云雾,而天下不免乎大乱者,桀、纣之材薄也。且其人以尧之势以治天下也③,其势何以异桀之势以乱天下者也。夫势者,非能必使贤者用之,而不肖者不用之也,贤者用之则天下治,不肖者用之则天下乱。人之情性,贤者寡而不肖者众,而以威势之利济乱世之不肖人,则是以势乱天下者多矣,以势治天下者寡矣。夫势者,便治而利乱者也,故《周书》曰④:"毋为虎傅翼⑤,将飞入邑,择人而食之。"夫乘不肖人于势,是为虎傅翼也。桀、纣为高台深池以尽民力,为炮烙以伤民性⑥,桀、纣得成肆行者⑦,南面之威为之翼也。使桀、纣为匹夫,未始行一而身在刑戮矣。势者,养虎狼之心,而成暴乱之事者也,此天下之大患也。势之于治乱,本未有位也⑧,而语专言势之足以治天下者,则其智之所至者浅矣。夫良马固车,使臧获御之则为人笑⑨,王良御之而日取千里⑩,车马非异也,或至乎千里,或为人笑,则巧拙相去远矣。今以国为车,以势为马,以号令为辔⑪,以刑罚为鞭筴⑫,使尧、舜御之则天下治,桀、纣御之则天下乱,则贤不肖相去远矣。夫欲追速致远,不知任王良;欲进利除害,不知任贤能;此则不知类⑬之患也。夫尧、舜亦治民之王良也。

【译文】 有客人回应慎子说:飞龙驾云而行,腾蛇乘雾而飞,我不认为龙蛇不需要依托云雾的作用。即使如此,舍弃贤才而专用权势,就完全能够把国家治理好吗? 那我是没有见过的。具备云雾的条件,就能够乘云驾雾地飞行,这是因为龙蛇才智美好。云彩很多可是蚯蚓是不能驾云而行的,雾很浓厚可是蚂蚁是不能乘雾而飞的,具备浓云厚雾的条件却不能乘云驾雾地飞行,这是因为蚯蚓蚂蚁的才智浅薄。现在夏桀、商纣南面称王统治天下,把天子的威势当做云雾,可是天下却不能免遭祸乱,其原因就在于夏桀、商纣的才智浅薄。而且慎子认为唐尧用来治理天下的权势,和夏桀祸乱天下的权势没有什么区别。权势是不能必然让贤能的人利用,而不能让无能的人利用的。贤能的人利用它就能治理天下,无能的人利用它就会祸乱天下。从人的本性来讲,是贤能的人少而无能的人多,拿威势的便利来帮助动乱之世中无能的人,所以凭借权势来祸乱天下的人就很多,而利用权势来治理天下的人就很少了。权势是能方便治理天下,也利于祸乱天下的条件,所以

《周书》说:"不要给老虎加上翅膀,那样它将会飞进城邑,挑着吃人。"那无能的人凭借权势,就是给老虎加上翅膀。夏桀、商纣用尽民力来修筑高台深池,设置炮烙之刑来残害人民的生命,夏桀、商纣能够做出如此放纵的行为,因为有天子的威势做他们的翅膀。假使夏桀、商纣是平民百姓,还没有做出一种这样的暴行就已经被杀头了。权势就是培养他们那虎狼一般的残忍心肠、让他们做出残暴昏乱的事情的原因,这是天下最大的祸害。权势对于治理和祸乱来说,本来就没有固定的位分,可是慎子的话,只是认为任用权势就完全能够治理天下,这是因为他的才智识见浅薄。坚固精良的马车,让奴婢来驾驭就会遭人耻笑,而由王良来驾驭就能日行千里。车马没有区别,有的能日行千里,有的则遭人耻笑,这是技艺的巧拙相差太远了。现在把国家当做马车,把权势当做马,把号令作为缰绳,把刑罚作为鞭策,让唐尧、虞舜来驾驭就能让天下平治,让夏桀、商纣驾驭则会天下大乱,贤才与无能之间相差得太远了。想要加快速度到达远方,不知道任用王良,想要兴利除害,不知道任用贤能,这是不懂得事理的祸患。那唐尧、虞舜就是治理人民的王良。

【注释】　①应:回应,对答。　②酖(nóng):浓厚。　③其人:指慎子。　④《周书》:收录周代帝王诰誓号令一类文章的书籍,今称为《逸周书》。所引文字见《逸周书·寤儆解》。　⑤傅:通"附",附加。　⑥性:生命。　⑦肆行:放纵的行为。　⑧位:位分。　⑨臧获:古代对奴婢的贱称。　⑩王良:字于期,春秋末年晋国赵襄子的家臣,以善驭车马闻名。　⑪辔(pèi):驾驭马的缰绳。　⑫筴(cè):同"策",马鞭。　⑬类:事理。

复应之曰:其人以势为足恃以治官。客曰"必待贤乃治",则不然矣。夫势者,名一而变无数者也。势必于自然,则无为言于势矣。吾所为言势者,言人之所设也。今日尧、舜得势而治,桀、纣得势而乱,吾非以尧、桀为不然也。虽然,非一人之所得设也。夫尧、舜生而在上位,虽有十桀、纣不能乱者,则势治也;桀、纣亦生而在上位,虽有十尧、舜而亦不能治者,则势乱也。故曰:"势治者,则不可乱;而势乱者,则不可治也。"此自然之势也,非人之所得设也。若吾所言,谓人之所得势也而已矣,贤何事焉? 何以明其然也? 客曰:"人有鬻矛与楯者,誉其楯之坚,物莫能陷也,俄而又誉其矛曰:'吾矛之利,物无不陷也。'人应之曰:'以子之矛陷子之楯何如?'其人弗能应也。"以为不可陷之楯,与无不陷之矛,为名不可两立也。夫贤之为道也势不可禁①,而势之为道也无不禁,以不可禁之贤,与无不禁之势,此矛楯之说也。夫贤势之不相容亦明矣。且夫尧、舜、桀、纣千世而一出,是非比肩随踵而生也②,世之治者不绝于中。吾所以为言势者,中也。中者,上不及尧、舜,而下亦不为桀、纣。抱法处势则治,背法去势则乱。今废势背法而待尧、舜,尧、舜至乃治,是千世乱而一治也。抱法处势而待桀、纣,桀、纣至乃乱,是千世治而一乱也。且夫治千而乱一,与治一而乱千也,是犹乘骥䮀而分驰也③,相去亦远矣。夫弃隐栝之法④,去度量之数,使奚仲为车⑤,不能成一轮。无庆赏之劝,刑罚之威,释势委法,尧、舜户说而人辩之⑥,不能治三家。夫势之足用亦明矣,而曰必待贤则亦不然矣。且夫百日不食以待粱肉⑦,饿者不活。今待尧、舜之贤乃治当世之民,是犹待粱肉而救饿之说也。夫曰“良马固车,臧获御之则为人笑,王良御之则日取乎千里”,吾不以为然。夫待越人之善海游者以救中国之溺人,越人善游矣,而溺者不济矣。夫待古之王良以驭今之马,亦犹越人救溺之说也,不可亦明矣。夫良马固车,五十里而一置⑧,使中手御之,追速致远,可以及也,而千里可日致也,何必待古之王良乎!且御,非使王良也,则必使臧获败之;治,非使尧、舜也,则必使桀、纣乱之。此味非饴蜜也,必苦莱亭历也⑨。此则积辩累辞,离理失术,两末之议也⑩,奚可以难⑪?失道理之言乎哉!客议未及此论也。

【译文】 再次回应客人说:慎子认为依靠权势就完全能够治理好百官。客人说“一定要等贤者才能治理”,这是不对的。势,名称虽然相同,但其内涵却有很多变化。如果势一定要顺应自然,那就没有讨论势的必要了。我这里所讨论的势,是说人力可以施用的势。现在唐尧、虞舜得到势就能治理天下,夏桀、商纣得到势就祸乱天下,我不是认为唐尧和商纣不是这样。即便如此,这也不是一个人所能做到的。尧舜生来就处于上位,即使有十个夏桀、商纣那样的人也不能祸乱天下,因为形势是平治的。夏桀、商纣生来就处于上位,即使有十个唐尧、虞舜也不能治理天下,因为形势就是动乱的。所以说:“形势平治,就不能被祸乱;形势动乱,就不能得到治理。”这说的是自然之势,不是人力所能施用的。而我所讨论的势,只是人力所能施用的,与贤良有什么关系呢?怎么来说明这个道理呢?客人说:“有一个卖矛和盾的人,称赞他的盾坚固,说没有什么东西能够刺入,过了一会儿又称赞他的矛说:‘我的矛非常锋利,没有什么东西不能刺入。’有人回应他说:‘用你的矛来刺你的盾,会怎么样呢?’那人没有办法回答了。”认为不能被刺入的盾,和无所不能刺入的矛,在名义上就是不能同时成立的。贤是不能用权势来强制的,而势的力量则是无所不加强制,不能用势来强制的贤,和无所不加禁制的势,就和矛与盾一样,贤和势不能兼容也是非常明显的了。况且唐尧、虞舜、夏桀、商纣千年才产生一个,他们不是一个接着一个产生的,前后相继统治天下的都是一些才智中等的君主。我之所以要讨论势,就是为了这些才智中等的君主。所谓才智中等的君主,没有唐尧、虞舜那么圣明,却也不像夏桀、商纣那样昏乱。谨守法度、利用权势就会平治,背弃法度、去除权势就会混乱。现在废弃权势、背逆法度,来等待唐尧、虞舜,唐尧虞舜出现才能平治,那么经过千世的动乱才能有一世的平治。谨守法度、利用权势,等待夏桀、商纣,夏桀、商纣出现才会动乱,那么经过千世的平治才会有一世的动乱。那平治千世而动乱一世,与动乱千世而平治一世,就像乘坐骐骥、騄駬那样的骏马向相反的方向奔驰,它们之间差别得太远了。如果舍弃矫正邪曲的器具,去除度量长短的手段,即使派奚仲去造车,也不能做成一个车轮。没有赏赐的劝勉、刑罚的威慑,放弃权势与法度,即便让尧舜挨家挨户去劝导,逢人就辩说,也不能治理好三户人家。权势值得被施用也是十分明显的,而说一定要等待贤才就是不正确的了。况且如果一百天都不吃食物去等待精美的膳食,挨饿的人一定会被饿死。现在等着尧舜出现才去治理当世的人民,这就像等待有了精美的膳食再去救济挨饿的人一样。至于说坚固精良的马车,让奴婢驾驭就会让人耻笑,让王良驾驭就能日行千里,我不这样认为。等待越国善于在海中游泳的人来挽救中原溺水的人,越国的人虽然善于游泳,可是溺水的人仍然不能得救。等待让古代的王良来驾驭当今的马车,也像让越国的人来挽救中原溺水者的生命的说法一样,这不可能做到也是十分明显的。坚固精良的马车,五十里设置一个驿站,让中等才能的车夫来驾驭,加快速度到达远方,也是可以做到的,这样也可以日行千里,为什么一定要等待像古代王良那样的高手呢?况且驾驭马车,如果不让王良驾驭,就一定让奴婢来败毁;治理天下,如果不让尧舜治理,就一定让夏桀、商纣来祸乱。这就像说滋味不是糖浆、蜂蜜,就一定是苦菜和亭历。这是多费口舌、背离事理、走向两个极端的议说。怎么能够驳难慎子的观点呢?这是背离事理的言论啊!客人任贤的议论是比不上这种任势的观点的。

【注释】　①禁:强制,约束。　②比肩随踵:比喻一个接着一个。　③駬(ěr):马名,騄駬。泛指骏马。　④隐栝:用以矫正邪曲的器具。　⑤奚仲:相传为夏禹时掌管车子的官员,据说车子最早就是由他发明的。　⑥户说:挨家挨户地劝导。人辩:逢人就辩说。　⑦粱肉:比喻精美的膳食。　⑧一置:指设置一个驿站。　⑨亭历:即葶苈,一种一年生草本药用植物。　⑩两末:两个极端。　⑪难:驳难。

问辩第四十一

本文从追究"争辩"产生的原因入题，从"言无二贵，法不两适"的角度，提出"言行而不轨于法令者必禁"，以明确的功利目的对当时的百家争鸣表明了反对的态度。

或问曰："辩安生乎？"对曰："生于上之不明也。"问者曰："上之不明因生辩也何哉？"对曰："明主之国，令者、言最贵者也，法者、事最适者也。言无二贵①，法不两适②，故言行而不轨于法令者必禁。若其无法令而可以接诈应变生利揣事者③，上必采其言而责其实，言当则有大利④，不当则有重罪，是以愚者畏罪而不敢言，智者无以讼⑤，此所以无辩之故也。乱世则不然，主有令而民以文学非之⑥，官府有法民以私行矫之⑦，人主顾渐其法令⑧，而尊学者之智行，此世之所以多文学也。夫言行者，以功用为之的彀者也⑨。夫砥砺杀矢而以妄发⑩，其端未尝不中秋毫也⑪，然而不可谓善射者，无常仪的也⑫。设五寸之的，引十步之远，非羿⑬、逢蒙不能必中者⑭，有常也。故有常则羿、逢蒙以五寸的为巧，无常则以妄发之中秋毫为拙。今听言观行，不以功用为之的彀，言虽至察，行虽至坚，则妄发之说也。是以乱世之听言也，以难知为察，以博文为辩；其观行也，以离群为贤，以犯上为抗⑮。人主者说辩察之言，尊贤抗之行，故夫作法术之人，立取舍之行，别辞争之论，而莫为之正⑯。是以儒服带剑者众，而耕战之士寡；坚白无厚之词章⑰，而宪令之法息⑱。故曰：上不明，则辩生焉。"

【译文】 有人问道："争辩是怎么产生的？"回答说："产生于君上的不英明。"提问的人说："君上不英明就产生争辩，这是为什么呢？"回答说："英明君主统治的国家，号令是最尊贵的语言，法律是最适当的事物。号令必须贯彻执行,法律必须严格遵守,所以言语行为不符合法律号令的必须禁止。如果没有法度命令可以依循,但能够用来接待诈伪、应对变故、创造利益、揣度事理的言论,君上必须在采纳他的言论后责求实际的效果,言论与事实相符就给他重赏,言论与事实不符就治他重罪,因此愚昧的人害怕被治罪而不敢说话,聪明的人没有办法争辩。这就是没有争辩的原因。乱世却不是这样的,君主有令,可是人民却依据古代的经籍非议它,官府有法,可是人民却用私人的行为违背它,君主反而废弃了法律命令,尊崇学者的才智行为,这就是当今之世儒家学说盛行的原因。言论和行为,要以功用作为标准加以衡量。把箭磨得锋利却胡乱发射,箭头也不是射不中秋毫那样的小物,可是这样不能说是善射,其原因在于没有固定的目标。设置五寸的靶子,在十步之外引弓射箭,没有后羿、逢蒙的水平就不能必然射中的原因,在于有固定的目标。所以如果有固定的目标,后羿、逢蒙也以能射中五寸的靶子为巧技,没有固定的目标,即使胡乱发射射中秋毫也是笨拙。现在如果听取人的言论,观察人的行为,不以功用为目标,言论即使非常精审,行为即使非常坚定,也只是胡乱发表的言说。所以在乱世听取言论,以深奥难懂为精审,以博饰文辞为巧辩,观察行为,以脱离群众为贤良,以冒犯君上为正直。君主喜欢精审巧辩的言论,尊崇贤良正直的行为,所以制定法术的人,树立行为的取舍规范,区别言论的是非争辩,却没有人认为它公正合理。所以穿着儒家服饰的人很多,而耕田打仗的人很少;坚白、无厚的说法流行,而法律命令却被废止。所以说:君上不英明,争辩就产生了。”

【注释】　①言无二贵:言论没有两种同时尊贵,意即号令必须贯彻执行。　②法不两适:法律不能适应两种不同的事情,意即法律必须严格遵守。　③接诈应变生利揣事:指接待诈伪、应对变故、创造利益、揣度事理。　④大利:指重赏。　⑤讼:争辩。　⑥文学:指以《诗》、《书》、《礼》、《乐》等古代经典为研究内容的儒家学说。　⑦矫:违背。　⑧顾渐(jiān):顾,却,反而。渐,没,废弃。反而废弃。　⑨的彀(gòu):目标,标准。　⑩砥砺:在磨石上磨。　⑪端:指箭头。　⑫仪的:目标。　⑬羿:即后羿,古代神话传说中善射的人。　⑭逢蒙:古代传说中善射的人。相传逢蒙跟随后羿学习射箭,学到了后羿的本领之后,认为天下只有后羿一个人能战胜自己,于是就杀掉了后羿。　⑮抗:正直,高尚。　⑯正:公正合理。　⑰坚白无厚之词:坚白、无厚是先秦名家学说的代表命题。公孙龙子认为石头的“坚硬”与“白色”是各自独立存在的,二者不可合而为一。无厚,惠施认为宇宙至大无外,至小无内,没有厚度,不可积累。坚白、无厚的说法。　⑱息:停息,这里指废止。

问田第四十二

问田，从文章首句撮取二字作为篇题，与全篇旨意无关。文章首段提出官吏必须逐级选拔，次段则阐明了法术之士的"仁智之行"，即"不惮乱主闇上之患祸，而必思以齐民萌之资利"的精神。

徐渠问田鸠曰①："臣闻智士不袭下而遇君②，圣人不见功而接上。今阳成义渠③，明将也，而措于屯伯④，公孙亶回，圣相也，而关于州部⑤，何哉？"田鸠曰："此无他故异物⑥，主有度，上有术之故也。且足下独不闻楚将宋觚而失其政⑦，魏相冯离而亡其国。二君者驱于声词⑧，眩乎辩说⑨，不试于屯伯，不关乎州部，故有失政亡国之患。由是观之，夫无屯伯之试、州部之关，岂明主之备哉⑩？"

【译文】 徐渠问田鸠说："我听说聪明的人不逐级升迁然后见遇于君主，圣贤的人不等功绩显示就能受到君主的亲近。现在阳成义渠是英明的将领，最早却只是个屯长；公孙亶回，是圣明的宰相，却做过基层的官吏，这是为什么呢？"田鸠说："这没有其他的缘故，这是君主有法度、有治术的原因。您没听说楚国任用宋觚为大将就败坏了军政，魏国任用冯离做宰相就丧失了国土。楚国和魏国的君主都是受臣下动听的言辞所驱使，受巧辩诡说的欺骗，不经过做屯长的考查，不从基层官吏升迁，所以才有败坏军政、丧失国土的灾祸。由此看来，不经过做屯长的考查、基层为官的检验，难道是英明的君主备官任职的办法吗？"

【注释】 ①徐渠：人名，生平不可考。田鸠：即田俅，齐国人，学墨家学说，著《田俅子》三篇，今有辑本。 ②袭下而遇君：袭，累积。遇，遇合。由下级官吏逐级升迁而接遇君主。 ③阳成义渠：即阳城胥渠，应为春秋末期晋国的豪杰之士，曾助赵简子攻翟立功。 ④措于屯伯：措，安排，施用。屯，古代军伍的编制单位。屯伯，即屯长，按秦代法律，军爵五人设一屯长，百人设一将军。 ⑤州部：古代基层的地方行政单位。 ⑥他故异物：其他的缘故。 ⑦足下：与上级或同辈人相称时的敬辞。宋觚：人名，事迹不可考。

⑧声词:声音言词,这里指动听的话。　⑨眩乎辩说:眩,迷惑,欺骗。受巧辩诡说的欺骗。　⑩备:备官任职。

堂溪公谓韩子曰①:"臣闻服礼辞让②,全之术也③;修行退智④,遂之道也。今先生立法术,设度数⑤,臣窃以为危于身而殆于躯。何以效之⑥? 所闻先生术曰⑦:'楚不用吴起而削乱⑧,秦行商君而富强⑨,二子之言已当矣,然而吴起支解而商君车裂者,不逢世遇主之患也。'逢遇不可必也,患祸不可斥⑩也。夫舍乎全遂之道而肆乎危殆之行⑪,窃为先生无取焉⑫。"韩子曰:"臣明先生之言矣。夫治天下之柄,齐民萌之度,甚未易处也。然所以废先生之教,而行贱臣之所取者,窃以为立法术,设度数,所以利民萌便众庶之道也。故不惮乱主闇上之患祸,而必思以齐民萌之资利者⑬,仁智之行也。惮乱主闇上之患祸,而避乎死亡之害,知明夫身而不见民萌之资利者⑭,贪鄙之为也。臣不忍向贪鄙之为,不敢伤仁智之行。先生有幸⑮臣之意,然有大伤臣之实。"

【译文】　堂溪公对韩非说:"我听说遵循礼制、谦虚推让是全身远祸的办法,修养德行、隐藏才智是诸事顺遂的途径。现在先生建立法术,设置规则,我私下认为这会危及您自己的身家性命,怎么来证明呢? 我听到您说过:'楚国不任用吴起,以致地削国乱,秦国实施商鞅的新法而富足强大,这两个人的意见都是十分正确的,可是肢解吴起、车裂商鞅的原因又是什么呢? 这是没有遇上好世道和英明的君主的灾祸。'遇上好世道和英明的君主不是必然的事情,而患祸是无法避免的。舍弃全身远害、诸事顺遂的办法,却致力于危及生命的行为,我私下认为先生的做法不足取。"韩非说:"我明白您说的意思了。那治理天下的权柄,整齐万民的法度,是非常不容易处理的。但是我不接受先生的教导,而施行我自己选择的做法的原因是,我认为建立法术,设置规则,这是便利黎民百姓的途径。所以我不害怕昏乱君主的诛罚,却一定要想办法整齐人民的利益,因为这是仁惠明智的行为。害怕昏乱君主的诛罚,就逃避死亡的祸患,自己很明智,却看不见人民的利益的做法,是贪生鄙耻的做法。我不忍心选择贪生鄙耻的做法,不敢损伤仁惠明智的行为。先生有爱护我的好意,其实却是对我极大的伤害。"

【注释】　①堂溪公:韩昭侯时人,事迹不详。韩子:即韩非。　②服礼辞让:遵循礼制,谦虚推让。　③全:全身远祸。　④退智:隐藏才智,不露锋芒。　⑤度数:规则。　⑥效:证明,验证。　⑦术:通"述",陈述。　⑧吴起:战国时卫国人,先后在鲁国、魏国做官,后到楚国,楚悼王让他主持国政,楚国国势大盛。悼王死后,吴起被楚国叛乱的贵族射死。　⑨商君:即商鞅,卫国的公族,姓公孙,名鞅,又称卫鞅,曾任魏惠王相公叔痤的中庶子,管理公族事务,公叔痤死后,公孙鞅入秦,受秦孝公重用,实行变法,秦国因此强盛,秦孝公因此封之以商十五邑,故称商君。商鞅变法,任法少情,得罪不少贵族大臣,孝公死后,商鞅被施以车裂之刑。　⑩斥:除去,避免。　⑪肆:致力,勤苦。　⑫无取:不足取。　⑬资利:利益。　⑭知:通"智"。　⑮幸:爱护。

定法第四十三

　　文章从讨论分析申不害、公孙鞅各执法、术之一隅所造成的危害，申明了治国必须法、术并重的思想。

　　问者曰："申不害①、公孙鞅②，此二家之言孰急于国③?"应之曰："是不可程也④。人不食，十日则死；大寒之隆⑤，不衣亦死。谓之衣食孰急于人，则是不可一无也，皆养生之具也。今申不害言术，而公孙鞅为法。术者，因任而授官，循名而责实，操杀生之柄，课群臣之能者也，此人主之所执也。法者，宪令著于官府，刑罚必于民心，赏存乎慎法，而罚加乎奸令者也⑥，此臣之所师也⑦。君无术则弊于上，臣无法则乱于下，此不可一无，皆帝王之具也。"

【译文】　有人问道："申不害和公孙鞅，这两家的主张对于国家来说谁更重要呢。"回答说："这是不能加以度量的。人如果不吃饭，十天就能饿死；在最冷的时候，不穿衣服也会被冻死。要说衣服和食物对人而言哪一样更重要，那么这二者是缺一不可的，都是保养生命必需的东西。现在申不害主张'术'，公孙鞅制定'法'。治术，就是根据能力授予官位，根据名义来责求实质，掌握着生杀的大权，考查群臣能力的办法，这是君主所执掌的。法度，就是官府公布法令，人民心里知道刑罚必然实施，赏赐会给那些慎守法律的人，而刑罚则处罚那些违反法令的人，这是群臣所应遵守的。君主不懂治术就会在上位被蒙蔽，臣下不守法律就会在下面作乱，法与术这二者是缺一不可的，这都是帝王统治天下的工具。"

【注释】　①申不害：战国时郑国人，本为郑国官吏，韩兼并郑国后，至韩昭侯时以申不害为相，韩国得以安定。申不害以道家为本源，而注重法术，著有《申子》。　②公孙鞅：即商鞅，卫国的公族，姓公孙，名鞅，又称卫鞅，曾任魏惠王相公叔痤的中庶子，管理公族事务，公叔痤死后，公孙鞅入秦，受秦孝公重用，实行变法，秦国因此强盛，秦孝公因此封之以商十五邑，故称商君。商鞅变法，任法少情，得罪不少贵族大臣，孝公死后，商鞅被施以车裂之刑。　③急：重要。　④程：度量。　⑤大寒之隆：寒气最盛的时候。　⑥

奸令:违反法令。 ⑦师:顺从,遵守。

问者曰:"徒术而无法,徒法而无术,其不可何哉?"对曰:"申不害,韩昭侯之佐也①。韩者,晋之别国也②。晋之故法未息③,而韩之新法又生;先君之令未收,而后君之令又下。申不害不擅其法④,不一其宪令则奸多故⑤。利在故法前令则道之⑥,利在新法后令则道之,利在故新相反,前后相勃,则申不害虽十使昭侯用术,而奸臣犹有所谲其辞矣⑦。故托万乘之劲韩,十七年而不至于霸王者,虽用术于上,法不勤饰于官之患也⑧。公孙鞅之治秦也,设告相坐而责其实,连什伍而同其罪⑨,赏厚而信,刑重而必,是以其民用力劳而不休,逐敌危而不却,故其国富而兵强。然而无术以知奸,则以其富强也资人臣而已矣。及孝公、商君死,惠王即位,秦法未败也,而张仪以秦殉韩、魏⑩。惠王死,武王即位,甘茂以秦殉周⑪。武王死,昭襄王即位,穰侯越韩⑫、魏而东攻齐,五年而秦不益尺土之地,乃成其陶邑之封,应侯攻韩八年⑬,成其汝南之封;自是以来,诸用秦者皆应、穰之类也。故战胜则大臣尊,益地则私封立,主无术以知奸也。商君虽十饰其法,人臣反用其资。故乘强秦之资,数十年而不至于帝王者,法虽勤饰于官,主无术于上之患也。"

【译文】 有人问道:"只有术而没有法,只有法而没有术,这为什么不可以呢?"回答说:"申不害,是韩昭侯的辅佐之臣。韩国,是从晋国分出来的国家。晋国的旧法没有废除,韩国的新法又产生了;以前君主的命令还没有撤回,后面君主的命令又颁布了。申不害不统一韩国的法令,不统一法令奸人就有更多的诡诈。遵循旧法前令对自己有利就称道旧法前令,遵循新法后令对自己有利就称道新法后令,自己的利益和新法旧法、前令后令都相反,那么申不害即使尽力让韩昭侯使用治术,可是奸臣仍然有办法做出诡辩。所以凭借着有万辆兵车的强大的韩国,经过十七年却仍然未能成就霸业,原因就是君主虽然使用了治术,可是官府却不能致力于整顿法律而造成的后果。公孙鞅治理秦国,设置了告坐之法来责求告发的真实情况,什伍之中一人犯罪,其他人若不告发则以同罪论处,赏赐丰厚而明确,刑罚严重而果断,因此,秦国的人出力工作,虽然劳苦却不敢休息,追逐敌人,虽然危险却不敢退却,所以秦国国家富裕,军队强大。但是君主没有办法察知奸邪,结果国家的富强只是资助了奸臣而已。等到秦孝公、商君死后,秦惠王即位,秦国的法律尚未败毁,可是张仪牺牲秦国的利益去帮助韩国和魏国;等到秦惠王死后,秦武王即位,甘茂牺牲秦国的利益去经营周国的土地。秦武王死后,秦昭襄王继位,穰侯越过韩国、魏国向东攻打齐国,五年没有为秦国增加一尺的土地,却增加了自己在陶邑的封地,应侯攻打韩国八年,只是成就了他在汝南的封地。从此之后,那些在秦国掌权的,都是应侯、穰侯一类的人。所以战争取得胜利,大臣的地位就更加尊贵,扩展了领土,私人的封地就得到建立,这都是因为君主没有办法察知奸邪。商君即使尽力地整饬法度,大臣反而利用了它来获利。所以凭借强大的秦国的资本,经过几十年的努力却不能成为统治天下的帝王,原因在于官府虽然能够致力于整饬法度,可是君主在上面却不懂使用治术的后果。"

【注释】　①韩昭侯:战国时韩国的君主,公元前 358～前 333 年在位。　②别国:由一国分化而成的国家。　③息:废止。　④擅:统一。　⑤多故:多诡诈。　⑥道:称道。　⑦谲(jué):权变,诡诈。　⑧饰:通"饬",整顿。　⑨告相坐:告,告奸。坐,连坐,即一人犯法,其家属亲友邻里等连带遭受处罚。告坐之法。连什伍而同其罪:即指什伍之中一人犯罪,其他人若不告发则以同罪论处的惩处原则。　⑩张仪以秦殉韩、魏:殉,为了某种目的而做出牺牲。秦惠王十年,张仪相秦,十一年,归还了魏焦与曲沃。这里所说的应即此事。　⑪甘茂以秦殉周:甘茂,战国中期秦国名将,楚国下蔡人,经张仪、樗里疾引荐于秦惠文王,秦武王时为左相。立下许多战功,后遭向寿、公孙奭谗毁,于攻魏蒲阪时逃至齐,担任齐国的上卿,最后死在了魏国。秦武王窥伺周室,甘茂献进约魏伐韩之计,攻占韩国宜阳,打通了进入周国的道路,秦武王入周,举鼎绝膑而死。　⑫穰侯:即魏冉,战国时秦昭王母宣太后的弟弟,曾四次任秦相,封于穰,称为穰侯。　⑬应侯:即范雎,字叔,战国时期魏国人,曾因事被魏相魏齐打断肋骨,后装死逃走,改名张禄,到秦国后以远交近攻之术说秦昭王,被任用为相,封为应侯。

　　问者曰:"主用申子之术、而官行商君之法,可乎?"对曰:"申子未尽于术^①,而商君未尽于法也。申子言'治不逾官,虽知弗言'。治不逾官,谓之守职也可;知而弗言,是不谓过也。人主以一国目视,故视莫明焉^②;以一国耳听,故听莫聪焉。今知而弗言,则人主尚安假借矣?商君之法曰:'斩一首者爵一级,欲为官者为五十石之官^③;斩二首者爵二级,欲为官者为百石之官。'官爵之迁与斩首之功相称也。今有法曰斩首者令为医匠,则屋不成而病不已。夫匠者,手巧也;而医者,齐药也^④;而以斩首之功为之,则不当其能。今治官者,智能也;今斩首者,勇力之所加也。以勇力之所加、而治智能之官,是以斩首之功为医匠也。故曰:二子之于法术,皆未尽善也。"

【译文】 有人问道:"君主使用申子的治术,而官府则实施商君的法度,这样做可以吗?"回答说:"申子的术并不完善,而商君的法也不完善。申子说:'处理政事不能逾越自己的职权,即使知道也不能进言。'处理政事不能逾越自己的职权,这是说要谨守本职。知道却不进言,这是不指出错误。君主用全国人的眼睛来看,所以看得最清楚;用全国人的耳朵来听,所以听得最清楚。现在知道却不进言,那么君主还有什么可以依靠呢? 商君的法律规定:'斩杀一个敌人的首级晋爵一级,想做官的人可以做五十石俸禄的官员;斩杀两个敌人的首级晋爵二级,想做官的人可以做一百石俸禄的官员。'官爵的升迁和斩杀敌人的功绩相对称。现在如果制定一种法令规定斩杀敌人的首级就让他去做医生或工匠,那么就会屋子也修不成,病也治不好。工匠是要有手艺的,医生则要会配制药物,现在却让杀敌有功的人去做,这就和他的能力不相称了。现在治理政务是一种需要才智的工作,而杀敌有功的人,则是靠勇力而获得。让依靠勇力而获得职位的人去处理需要才智的工作,这就是让那些杀敌有功的人去做医生和工匠。所以说:他们两个所主张的法术都没有达到完善的地步。"

【注释】 ①尽:达到极限,这里指完善。 ②莫明焉:焉,于此。没有比这更清楚,即最清楚。 ③石(dàn):量词,官俸的计量单位。秦、汉时作为官位的品级,如万石、二千石等。 ④齐药:配制药物。

说疑第四十四

疑,即疑虑、审慎。文章论说的是审慎任用臣下的道理。作者在列举了六类行事各异的大臣之后,指出圣王明君任用臣下的原则应该是"内举不避亲,外举不避雠",只有禁绝"五奸"之臣,破除"四拟"之事,才能免除殒身灭亡之祸。

凡治之大者①,非谓其赏罚之当也。赏无功之人,罚不辜之民,非所谓明也。赏有功,罚有罪,而不失其人,方在于人者也②,非能生功止过者也。是故禁奸之法,太上禁其心③,其次禁其言,其次禁其事。今世皆曰"尊主安国者,必以仁义智能",而不知卑主危国者之必以仁义智能也。故有道之主,远仁义,去智能,服之以法。是以誉广而名威,民治而国安,知用民之法也。凡术也者,主之所以执也;法也者,官之所以师也。然使郎中日闻道于郎门之外④,以至于境内日见法,又非其难者也。

【译文】 治理国家最重要的事情,并不是君主的赏罚要适当。赏赐没有功劳的人,惩罚没有罪过的人,不是人们常说的英明。赏赐有功的人,惩罚有罪的人,不会出现失误,也只是涉及相关的个人,这不是能制造功绩、制止过失的办法。所以禁止奸邪的办法,最高明的是让他不敢产生奸邪之心,其次是让他不敢胡乱说话,再次是让他不敢做坏事。现在的人都说"尊崇君主安定国家的办法,一定要靠仁义和智能",却不知道导致君主受辱、国家灭亡的,也一定是仁义和智能。所以有道术的君主,能够抛开仁义、摒弃智能,而使用法律。因此能够威名远扬、国泰民安,这才是懂得治理人民的办法。治术,是君主用来统御群臣的办法,法律,是官府教导万民的法则。那么让郎中每天把命令传达到郎门之外,以至于让境内的人民每天都能听到法令,这也不是什么困难的事情。

【注释】 ①大:最重要。 ②方:仅仅。 ③太上禁其心:太上,最上、最高。禁其心,即使其不敢生出奸邪之心。　④郎中：官名，始置于战国，秦、汉沿置，掌管门户、车骑等事，内充侍卫，外从作战。闻道：传达命令。

昔者有扈氏有失度①，讙兜氏有孤男②，三苗有成驹③，桀有侯侈④，纣有崇侯虎⑤，晋有优施⑥，此六人者，亡国之臣也。言是如非，言非如是，内险以贼其外，小谨以征其善⑦，称道往古、使良事沮⑧，善禅其主⑨，以集精微⑩，乱之以其所好，此夫郎中左右之类者也。往世之主，有得人而身安国存者⑪，有得人而身危国亡者，得人之名一也，而利害相千万也，故人主左右不可不慎也。为人主者诚明于臣之所言，则别贤不肖如黑白矣。

【译文】　从前有扈氏有个失度，讙兜氏有个孤男，夏桀有个侯侈，三苗有个成驹，商纣有个崇侯虎，晋献公有个优施，这六个人，都是导致国家灭亡的大臣。能把好事说成坏事，能把坏事说成好事，内心险恶却诈饰其外表，谨于小事来表现他的善良，他们称说往古的事情，使好事情被败坏，善于控制他的君主，来成就他们隐微的奸谋，利用君主的嗜好来祸乱，这就是那些左右幸臣一类的人。从前的君主，有由于信任大臣而身安国存的，也有由于信任大臣而身危国亡的，信任大臣的名声是相同的，可是所得到的利害相差得太远了。所以君主对于左右近臣不能不慎重对待。做君主的如果确实能明白我所说的话，那么分辨贤才和无能之人就像区分黑白那么容易了。

【注释】　①有扈氏：古代氏族部落的名称。失度：人名。　②讙兜氏：亦作"驩兜"，传说为唐尧时四凶之一。孤男：人名。　③三苗：古代氏族部落的名称。成驹：人名。④侯侈：人名，相传夏桀时为相。　⑤崇侯虎：商纣王时崇国的国君，名虎。　⑥优施：春秋晋献公时晋国的优人，名施。　⑦小谨：谨于小事。征：表现。　⑧沮：败坏。　⑨禅：通"擅"，控制。　⑩以集精微：集，成就。精微，精深微妙，这里指隐微的奸谋。来成就他们隐微的奸情。　⑪得人：指信任大臣。

若夫许由、续牙、晋伯阳、秦颠颉、卫侨如、狐不稽、重明、董不识、卞随、务光、伯夷、叔齐①，此十二人者，皆上见利不喜，下临难不恐，或与之天下而不取，有萃辱之名②，则不乐食谷之利。夫见利不喜，上虽厚赏无以劝之；临难不恐，上虽严刑无以威之。此之谓不令之民也③。此十二人者，或伏死于窟穴，或槁死于草木，或饥饿于山谷，或沉溺于水泉。有民如此，先古圣王皆不能臣，当今之世，将安用之？

【译文】　至于许由、续牙、晋伯阳、秦颠颉、卫侨如、狐不稽、重明、董不识、卞随、务光、伯夷、叔齐,这十二个人,都是遇到利益不感到高兴,面临危险不感到恐惧,把天下给他都不接受,有劳苦和屈辱的名声,却不贪图做官的好处。遇到利益不感到高兴,君主即使给他丰厚的赏赐也不能劝勉他;面临危险不感到恐惧,君主即使使用严厉的刑罚也不能威慑他。这就叫做不听从命令的人民。这十二个人,有的死在了隐居的洞穴里,有的死在了草丛中,有的饿死在山谷中,有的淹死在水潭里。像这样的人,古代的圣王都不能让他们臣服,当今之世的君主,将能怎样来任用他们呢?

【注释】　①许由:古代的高士,尧将天下让给他,他不肯接受,便逃到箕山去隐居。续牙、晋伯阳、秦颠颉、卫侨如、狐不稽、重明、董不识:此七人当为《战国策》所谓"舜之七友",即虞舜时代的七位高洁之士。卞随、务光:夏商间的高士,商汤灭夏,以天下让卞随,卞随不受,自投桐水而死,又让于务光,务光自沉于卢水。伯夷、叔齐:商朝末年孤竹国君主的两个儿子,在其父死后,兄弟让国,都不肯继承君位,相继逃到了周国,在周武王伐纣时,伯夷、叔齐曾拦马阻谏。在武王灭纣之后,伯夷、叔齐便不吃周人的粮食,隐居于首阳山上,以采食野菜为生,最后饿死。　②萃辱:萃,通"悴",劳苦。劳苦和屈辱。　③不令:不听从命令。

若夫关龙逄①、王子比干②、随季梁③、陈泄冶④、楚申胥⑤、吴子胥⑥,此六人者,皆疾争强谏以胜其君。言听事行,则如师徒之势;一言而不听,一事而不行,则陵其主以语,待之以其身⑦,虽死家破,要领不属⑧,手足异处,不难为也。如此臣者,先古圣王皆不能忍也,当今之时,将安用之?

【译文】　至于关龙逄、王子比干、随国的季梁、陈国的泄冶、楚国的申胥、吴国的子胥,这六个人,都是极力争辩、固执进谏以说服他的君主。进言被采纳,事情得到实行,就像师徒的情势;一句话不采纳,一件事不实行,就用言语来欺凌君主,等待君主的杀戮,即使牺牲生命、毁灭家庭,腰斩杀头、肢解身体,也都不认为是难事。像这样的大臣,古代的圣王都不能忍受,当今之世的君主,将能怎么来任用他们呢?

【注释】　①关龙逄:夏桀时的贤臣,夏桀无道,因极力进谏被处死。　②王子比干:商纣王的叔父,曾多次向纣王进谏,最后被杀剖心。　③随季梁:随国的季梁。随,周朝的诸侯国名,后灭于楚。季梁,随国的大夫,曾谏阻随国国君追击楚军以免上当。　④陈泄冶:陈国的大夫泄冶,因陈灵公和大夫孔宁、仪行父与夏姬通奸,泄冶进谏,孔宁与仪行父征得陈灵公的允许后杀害了泄冶。　⑤楚申胥:楚国的申胥。申胥,应为"葆申",楚文王之臣。楚文王得茹黄狗、宛路矰、丹姬而荒废政事,葆申极力进谏,并用细荆笞打楚王。　⑥吴子胥：即吴国的伍子胥，因多次向吴王夫差劝谏，被赐属镂之剑自杀。⑦待之以其身：用身体来对待君主，等待君主的杀戮。　⑧要领：腰和脖子，引申为生命。

　　若夫齐田恒①、宋子罕②、鲁季孙意如③、侨如④、卫子南劲⑤、郑太宰欣⑥、楚白公⑦、周单荼⑧、燕子之⑨，此九人者之为其臣也，皆朋党比周以事其君，隐正道而行私曲，上逼君，下乱治，援外以挠内⑩、亲下以谋上，不难为也。如此臣者，唯圣王智主能禁之，若夫昏乱之君，能见之乎？

【译文】　至于齐国的田恒、宋国的子罕、鲁国的季孙意如、叔孙侨如、卫国的子南劲、郑国的太宰欣、楚国的白公、周国的单荼、燕国的子之，这九个人作为大臣，都拉帮结派、相互勾结来侍奉他的君主，隐藏正道营求私利，向上逼迫君主，向下祸乱朝政，借助外国的力量来扰乱国内的政治、拉拢臣下来图谋君主，也都不认为是难事。像这样的大臣，只有圣贤睿智的君主才能禁制他们，至于昏庸荒乱的君主，怎么能察见他们的隐情呢？

【注释】　①田恒：即田常，谥田成子，春秋后期齐国权臣，弑齐简公而立齐平公，专掌齐国政权。　②子罕：即战国时宋国的皇喜，字子罕，曾任宋国司城，又称为司城子罕，与戴驩争权，弑宋国国君。　③李孙意如：春秋末鲁昭公时鲁国的权臣，后与叔孙、孟孙联合驱逐鲁昭公。　④侨如：原作"晋侨如"，误，此应为鲁国的叔孙侨如，即鲁成公时鲁国的权臣，与鲁成公之母私通，欲铲除季孙和孟孙，事败后逃往齐国。　⑤卫子南劲：卫灵公少子名郢，字子南，生子子南弥牟，即卫将军文子，其子孙有子南劲，借魏国的力量做了卫侯。　⑥郑太宰欣：郑国一位叫欣的太宰，事迹不详。　⑦白公：即白公胜，春秋时楚平王太子建的儿子。太子建在楚国受迫害，逃到郑国，又被郑人杀害，其子胜逃往吴国，楚惠王继位后召胜回国，让他居住在楚国的边地，号称白公。白公胜为报父仇再三要求攻打郑国，其时正好晋国伐郑，楚惠王派兵救郑，白公怒而作乱，兵败自杀。　⑧单荼：应为春秋时周天子卿士单襄公、单穆公的后代，事迹不详。　⑨子之：战国时燕王哙的宰相，燕王哙听信唐尧禅让的故事，禅位于宰相子之，子之得专燕国国政。三年后，燕国大乱，齐国伐燕，杀燕王哙与子之。第二年，燕王哙之子燕昭王继位后，复兴燕国。⑩挠：扰乱。

　　若夫后稷①、皋陶②、伊尹③、周公旦④、太公望⑤、管仲⑥、隰朋⑦、百里奚⑧、蹇叔⑨、舅犯⑩、赵衰⑪、范蠡⑫、大夫种⑬、逢同⑭、华登⑮，此十五人者为其臣也，皆夙兴夜寐⑯，卑身贱体⑰，竦心白意⑱，明刑辟、治官职以事其君，进善言、通道法而不敢矜其善，有成功立事而不敢伐其劳⑲，不难破家以便国，杀身以安主，以其主为高天泰山之尊，而以其身为壑谷釜洧之卑^⑳，主有明名广誉于国，而身不难受壑谷釜洧之卑。如此臣者，虽当昏乱之主尚可致功，况于显明之主乎？此谓霸王之佐也。

【译文】　至于唐尧时的后稷，虞舜时的皋陶，商汤时的伊尹，周初的周公旦、太公望，齐国的管仲、隰朋，秦国的百里奚、蹇叔，晋国的舅犯、赵衰，越国的范蠡、大夫种、逢同，吴国的华登，这十五个人作为大臣，都是早起晚睡、俭约勤劳地操持政事，为人恭敬小心、胸怀坦荡，能够修明刑罚、整饬政务来侍奉他们的君主，进献有益之言、贯彻执行法律却不敢夸耀他的优长，成功完成一件事情之后不敢自夸他的功劳，不把毁败家庭来方便国家、牺牲自己来使君主安宁看成难事，他们认为君主像青天大山那样崇高，而认为自己就像壑谷釜镂一样卑下，只要君主在国内有盛名美誉，他们自身不把接受壑谷釜镂的卑贱当成难事。这样的大臣，即使遇到昏庸荒乱的君主尚且能够建立功勋，更何况遇上英明的君主呢？这才是霸王的辅佐之才啊。

【注释】　①后稷：周朝的始祖，名弃，唐尧时做农稷之官，因此称为后稷。　②皋陶：虞舜时掌管刑狱的官员。　③伊尹：商初名臣，帮助商汤消灭夏朝。　④周公旦：即周文王的儿子、周武王的弟弟姬旦，初封于周，故称周公。周公辅佐周武王灭商，周武王死后，周成王年幼，周公又摄行天子之政，平定天下，制礼作乐，七年后还政于成王。　⑤太公望：即姜尚，又称吕尚，字尚父，人称姜太公或太公望。辅佐文王、武王灭商纣之后被封于齐国。　⑥管仲：字仲，名夷吾，春秋时期齐国的宰相，辅佐齐桓公富国强兵，称霸于当时。　⑦隰朋：春秋时齐国的大夫，帮助管仲辅佐齐桓公成就霸业。　⑧百里奚：本为虞国大夫，晋灭虞国后，虏百里奚，让他做秦穆公夫人的陪嫁奴仆，百里奚觉得羞耻，便逃到宛地，被楚国人捉住，秦穆公听说他是一位贤能的人，于是用五张羊皮将其赎回，并让他主持国政，百里奚因此辅佐秦穆公称霸西戎。　⑨蹇叔：春秋时人，百里奚的好友，因百里奚推荐，秦穆公用为上大夫。　⑩舅犯：即狐偃，字子犯，春秋时晋国的大夫，是晋文公重耳的舅舅，所以称之为"舅犯"，又写作"咎犯"。　⑪赵衰：字子余，春秋时晋国的大夫，追随晋文公重耳流亡十九年，晋文公回国即位后受封，子孙世为晋卿。　⑫范蠡：春秋时越国大夫，他在帮助越王勾践灭吴雪耻之后，化名为鸱夷子皮，到齐国经商，成为巨富，后又因居于陶地，又被称为陶朱公。　⑬大夫种：即春秋时越国大夫文种，和范蠡共同辅佐越王勾践打败吴国，后被越王杀害。　⑭逢同：春秋时越国大夫。　⑮华登：春秋时宋国司马华费遂之子，华费遂在宋国作乱，失败后华登逃至吴国，做了吴国的大夫。　⑯夙兴夜寐：早起晚睡，形容勤劳。　⑰卑身贱体：俭约勤苦。　⑱竦心白意：恭敬小心，胸怀坦荡。　⑲伐：自我夸耀。　⑳釜洧（fǔ）：釜，古代烧饭时使用的器具。洧，通"镂"，釜一类的器物。

若夫周滑伯^①，郑王孙申^②，陈公孙宁、仪行父^③，荆芋尹申亥④，随少师越⑤、种干⑥，吴王孙额⑦，晋阳成泄⑧，齐竖刁、易牙⑨，此十二人者之为其臣也，皆思小利而忘法义，进则掩蔽贤良以阴闇其主⑩，退则挠乱百官而为祸难，皆辅其君、共其欲，苟得一说于主，虽破国杀众不难为也。有臣如此，虽当圣王尚恐夺之，而况昏乱之君，其能无失乎？有臣如此者，皆身死国亡，为天下笑。故周威公身杀，国分为二；郑子阳身杀，国分为三；陈灵公身死于夏征舒氏；荆灵王死于干溪之上；随亡于荆；吴并于越；智伯灭于晋阳之下；桓公身死七日不收。故曰：谄谀之臣，唯圣王知之，而乱主近之，故至身死国亡。

【译文】　至于周国的滑伯，郑国的王孙申，陈国的公孙宁、仪行父，楚国的芋尹申亥，随国的少师越、种干，吴国的王孙额，晋国的阳成泄，齐国的竖刁、易牙，这十二个人作为臣子，都思求小利而不顾国法正义，上朝时阻塞贤良，蒙蔽君主，退朝后扰乱百官，制造祸乱，他们都辅佐君主，满足他的欲望，如果有一件事可以讨得君主欢心，即使让国家破亡、众人被杀戮，也都不认为是难事。有这样的大臣，即使遇上圣明的君主尚且担心权力要被削夺，更何况碰到昏庸荒乱的君主，怎么能没有错失呢？君主有这样的大臣，都会国亡身死，而遭到天下人的耻笑。所以周威公被杀，国家被分裂成两个；郑国的子阳被杀，国家被分成了三块；陈灵公被夏征舒杀害；楚灵王死在了干溪；随国被楚国消灭；吴国被越国兼并；智伯在晋阳城下被消灭；齐桓公死后七天没有人来殓葬。所以说：谄媚阿谀的大臣，只有圣明的君王能够察知，而昏乱的君主却宠信他们，以至于自己被杀害，国家被消灭。

【注释】　①周滑伯：滑伯，周朝时有滑国，春秋时为秦所灭，后属晋，后又归周。此滑伯当为周威王所用之臣，今无考。　③王孙申：事迹无考。　③公孙宁、仪行父：公孙宁，即孔宁，与仪行父均为陈国大夫，与陈灵公一起为荒乱之行，陈灵公被夏姬的儿子夏征舒杀害后，此二人逃往楚国，楚庄王率诸侯之兵讨伐叛逆，杀夏征舒，灭陈国。　④芋尹申亥：芋尹，楚国官名。申亥，申无宇的儿子，楚灵王攻打徐国，自己率兵驻扎在干溪，时国人作乱，奉公子比为楚王，楚灵王逃走，申亥找到灵王迎回自己家中，灵王自缢而死。其后公子弃疾以灵王将要回来惊吓公子比，公子比自杀，公子弃疾继位，是为楚平王。　⑤少师越：少师，古代官名，为君主辅佐之官，地位仅次于太师。越，应为人名，事迹不可考。　⑥种干：人名，事迹不可考。　⑦王孙额：吴王夫差时人，在越王勾践侵吴虏吴太子后，王孙额曾劝吴王备战争长，但吴人疲困，终被越国侵灭。　⑧阳成泄：应为晋国智伯的家臣。　⑨竖刁、易牙：竖刁为齐桓公的内侍，易牙为齐桓公的厨师，均受齐桓公的宠爱，在管仲死后，齐桓公使竖刁主政，竖刁与易牙勾结作乱，齐桓公被饿死。　⑩掩蔽:阻塞,埋没。阴阖:蒙蔽。

　　圣王明君则不然,内举不避亲,外举不避雠。是在焉从而举之,非在焉从而罚之。是以贤良遂进而奸邪并退,故一举而能服诸侯。其在记曰①:"尧有丹朱②,而舜有商均③,启有五观④,商有太甲⑤,武王有管、蔡。"五王之所诛者,皆父兄子弟之亲也,而所杀亡其身残破其家者何也? 以其害国伤民败法类也。观其所举,或在山林薮泽岩穴之间⑥,或在囹圄绁绁缠索之中,或在割烹刍牧饭牛之事⑦。然明主不羞其卑贱也,以其能、为可以明法,便国利民,从而举之,身安名尊。

【译文】　圣明的君主却不是这样的,选拔近臣不回避亲属,选拔朝臣不回避仇人。谁的行为符合原则,立刻就提拔他,谁的行为邪僻不正,立刻就给予惩罚。所以贤良都被进用,而奸邪都被斥退,所以一旦兴兵就能制服诸侯。所以典籍记载说:"唐尧有个不肖的儿子丹朱,虞舜有个不肖的儿子商均,夏启有个不肖的儿子五观,商汤有不肖子孙太甲,周武王有不肖的弟弟管叔和蔡叔。"这五位圣王所诛罚的,都是父子兄弟等最亲近的人,可是要诛罚他们的身体,摧残破坏他们的家庭,这是为什么呢? 是因为他们残害国家、伤害人民、败坏法律事理。看他们所举用的人,有的隐居于山林草野岩穴之间,有的被拘系囚禁在牢狱之中,有的从事煮饭割草喂牛的杂事。可是圣明的君主不因为他们出身卑贱而侮辱他们,因为他们的才能、作为可以修明法律,便利国家,有利于民,因而举用他们,既让自己的地位稳固,又博得了尊贵的声名。

【注释】　①记:典籍,著作。　②丹朱:古代圣君唐尧的儿子,没有贤德,于是唐尧就把天下让给了虞舜。　③商均:古代圣君虞舜的儿子,没有贤得,于是虞舜就把天下让给了夏禹。　④五观:五观,夏启的儿子。传说夏启十一年时,将其子武观放逐到了西河。　⑤太甲:商汤的长孙,太丁的儿子。太甲被立为天子之后,不遵行商汤之法,被伊尹放逐到桐地,经过三年,太甲悔悟,伊尹于是迎回太甲,使其掌理朝政,诸侯归服。　⑥薮泽:草野。　⑦刍牧:割草放牧。

　　乱主则不然,不知其臣之意行,而任之以国。故小之名卑地削,大之国亡身死,不明于用臣也。无数以度其臣者①,必以其众人之口断之。众之所誉,从而说之;众之所非,从而憎之。故为人臣者破家残瘁②,内构党与③,外接巷族以为誉,从阴约结以相固也,虚相与爵禄以相劝也。曰:"与我者将利之,不与我者将害之。"众贪其利,劫其威④。彼诚喜,则能利己,怒,则能害己。众归而民留之,以誉盈于国,发闻于主⑤,主不能理其情⑥,因以为贤。彼又使谲诈之士,外假为诸侯之宠使,假之以舆马,信之以瑞节⑦,镇之以辞令⑧,资之以币帛⑨,使诸淫说其主⑩,微挟私而公议。所为使者,异国之主也,所为谈者,左右之人也。主说其言而辩其辞,以此人者天下之贤士也。内外之于左右,其讽一而语同,大者不难卑身尊位以下之⑪,小者高爵重禄以利之。夫奸人之爵禄重而党与弥众,又有奸邪之意,则奸臣愈反而说之,曰:"古之所谓圣君明王者,非长幼弱也及以次序也。以其构党与,聚巷族,偪上弑君而求其利也⑫。"彼曰:"何知其然也?"因曰:"舜逼尧,禹逼舜,汤放桀,武王伐纣,此四王者,人臣弑其君者也,而天下誉之。察四王之情,贪得人之意也;度其行,暴乱之兵也。然四王自广措也⑬,而天下称大焉;自显名也,而天下称明焉。则威足以临天下,利足以盖世,天下从之。"又曰:"以今时之所闻田成子取齐,司城子罕取宋,太宰欣取郑,单氏取周,易牙之取齐,子南劲之取卫,韩、魏、赵三子分晋。此九人,臣之弑其君者也。"奸臣闻此,蹶然举耳以为是也⑭。故内构党与,外摅巷族⑮,观时发事,一举而取国家。且夫内以党与劫弑其君,外以诸侯之权矫易其国,隐敦适⑯,持私曲,上禁君,下挠治者,不可胜数也。是何也? 则不明于择臣也。记曰:"周宣王以来⑰,亡国数十,其臣弑其君而取国者众矣。"然则难之从内起,与从外作者相半也。能一尽其民力,破国杀身者,尚皆贤主也。若夫转法易位,全众传国,最其病也⑱。

【译文】 昏乱的君主却不是这样的,不了解臣下的品行的意图,就把国事委任给他。所以受害小的名誉受损,国土被侵削,受害大的则国家被消灭,自己被杀死,这是由于不知道如何使用臣下的结果啊。没有办法度量臣下的君主,一定会根据众人的言论来决断。众人所称赞的,跟着喜欢他,众人所非议的,跟着就憎恶他。所以做大臣的人牺牲家产、损失财货,在朝廷中纠集同党之人,在朝廷外交接乡里戚族来相互称颂,私下里缔结盟约来稳固关系,空许爵禄来加以劝勉。说:"帮助我的人将会获利,不帮助我的人将会受害。"众人贪图他的利益,畏惧他的威势。他如果高兴,就能让自己得到好处,如果生气,就能伤害自己。于是群臣归附,人民留居,美誉传遍全国,传到了国君的耳朵里,国君不能辨别实情,于是认为他很贤良。他又派遣狡诈的人,假扮为备受诸侯宠信的使者,给他以高车驷马,用玉节作为信符,用辞令使之尊贵,供给他财物费用,让他用花言巧语劝说君主,暗中怀藏着私心而议论国家大事。他替异国的君主做使者,所谈论的,却是君主左右的大臣。君主喜欢听他说的话,认为他的话很雄辩,把他当成了天下的贤士。朝廷内外的人关于君主身边的这位大臣,所说的话完全相同,君主对待这些人,从大里说,不会把卑屈自己来尊崇对方当成难事,从小里讲,则会给他高贵的爵位和丰厚的俸禄来让他受利。奸臣位高而禄厚,同党之人就会更多,本身又存在奸邪的念头,那么奸臣反而更加地敬重他,说:"古代所谓的圣君明王,都不是按照长幼次序父死子继、兄终弟及的。而是因为他们纠合同党,聚集乡里族戚,逼迫君上、弑杀国主而求取利益的。"他问道:"怎么知道是这样的呢?"于是继续说:"虞舜逼迫唐尧,夏禹逼迫虞舜,商汤放逐夏桀,周武王攻伐商纣,这四位王者,都是身为大臣而弑杀他的君主的人,可是天下的人却称颂他们。考察他们的心意,只是贪图满足自己的欲念,度量他们的行为,不过是残暴的杀戮。可是这四位王者擅自扩张势力,而天下人却称赞他们伟大。擅自显扬名声,可是天下人却称赞他们的美名。那么只要威势足以君临天下,利益足以泽被世人,天下之人就会服从。"他们又说:"拿当世所听说的田成子夺取齐国政权,司城子罕夺取宋国政权,太宰欣夺取郑国政权,单荼夺取周国政权,易牙夺取齐国政权,子南劲夺取卫国政权,韩、魏、赵三家瓜分晋国。这九个人,都是弑杀国君的大臣。"奸臣听说之后,立刻竖起耳朵认为他说得很正确。所以在朝廷之内纠集同党之人,在朝廷之外扩大在乡里戚族间的势力,察看时机,发起事变,一次行动就能取得政权。至于对内纠合同党弑杀君主,对外利用诸侯的势力来改变国家政权,行事偏私阿曲,对上禁制君主,对下扰乱政治,这样的大臣多得数不清。这是什么原因呢? 是不明白如何来选拔官员啊。典籍记载说:"自周宣王以来,灭亡的国家有几十个,被大臣弑杀、夺取君位的君主就更多了。"可是祸乱从内部产生,和从国外发生的各有一半。能够尽力组织人民抵御祸乱,以至于身死国灭的,还都是贤能的君主。至于改变法律与地位、保全民众把国家拱手让给他人,就是最大的耻辱。

【注释】　①数:即"术",办法。　②残赇(suì):赇,财货。损失财货。　③构:纠集。　④劫:威逼,胁迫。　⑤发闻:传播,让人听到。　⑥理:辨别。　⑦瑞节:即玉节。古代朝聘时用做凭信的玉制符节。　⑧镇:显示重要,尊重。　⑨币帛:泛指财物。　⑩淫说:用花言巧语劝说。　⑪卑身尊位:尊,应为"撙(zǔn)",卑屈。卑屈自己。　⑫偪(bī):逼迫,威胁。　⑬广措:扩张势力。　⑭蹶然:急遽的样子。　⑮摅(shū):扩大散布,传播。 ⑯敦适:罪恶与过失。 ⑰周宣王:名静,西周后期的天子,周厉王的儿子,周幽王的父亲。在经历了"国人暴动"等祸乱之后继承君位,初期能励精图治,进行了一系列征伐战争并取得了胜利,周王朝由此复兴,史称"宣王中兴"。至其后期,失德败政,王室再次衰落。至周幽王继位,任用小人,嬖爱褒姒,直接导致了西周王室的毁灭。⑱病:耻辱。

为人主者,诚明于臣之所言,则虽罼弋驰骋①,撞钟舞女,国犹且存也。不明臣之所言,虽节俭勤劳,布衣恶食,国犹自亡也。赵之先君敬侯②,不修德行,而好纵欲,适身体之所安,耳目之所乐,冬日罼弋,夏浮淫③,为长夜饮,数日不废御觞④,不能饮者以筒灌其口,进退不肃、应对不恭者斩于前。故居处饮食如此其不节也,制刑杀戮如此其无度也,然敬侯享国数十年,兵不顿于敌国,地不亏于四邻,内无君臣百官之乱,外无诸侯邻国之患,明于所以任臣也。燕君子哙,召公奭之后也⑤,地方数千里,持戟数十万,不安子女之乐,不听钟石之声,内不湮污池台榭⑥,外不罼弋田猎,又亲操耒耨以修畎亩⑦,子哙之苦身以忧民如此其甚也,虽古之所谓圣王明君者,其勤身而忧世不甚于此矣。然而子哙身死国亡,夺于子之,而天下笑之,此其何故也? 不明乎所以任臣也。

【译文】 做君主的人,如果明白我所说的话,那么即使整天射猎游玩,沉迷于钟鼓之乐、美女歌舞,国家仍然能够保全。不明白我所说的话,即使节俭勤劳,穿布衣、吃粗食,国家仍然会被消灭的。赵国的先君敬侯,不知道修养德行,喜欢放纵私欲,顺从身体的安适欲求,追逐耳目的声色之乐,冬天打猎,夏天划船游乐,整夜地饮酒,一连好几天不停地喝,左右侍从不能喝酒的,就用竹筒给他灌酒,举止不肃敬、应对不恭谨的就在面前处死。他的居处饮食是如此的不加节制,而刑罚杀戮如此的没有法度,可是敬侯做君主的几十年,军队不曾被强敌打败,土地未曾被强邻削夺,国内没有臣民作乱,国外没有诸侯侵扰,这是因为他懂得如何任用官员的缘故。燕王子哙,是召公奭的后代,拥有数千里土地,数十万军队,不安享女色的愉悦,不嗜听钟鼓之乐,不修治宫里的池塘台榭,不到宫外去骑马打猎,又亲自操持着农具在田野里耕作,子哙劳苦自己、体恤人民达到了这种程度,即使古代那些所谓的圣王明君,他们勤苦自己来忧劳世事,也不会比这更厉害。可是子哙身死国亡,权位被子之夺取,遭到了天下人的耻笑,这又是什么原因呢? 因为他不懂得任用臣下的道理。

【注释】 ①畢(bì)弋：射猎。　②敬侯：战国时赵国的君主，名章，赵烈侯的儿子，在位十二年。　③浮淫：划船游乐。　④御觞：指饮酒。　⑤召公奭(shì)：奭，西周初年周武王的同族兄弟，初封于召，故称召公，武王灭商之后，封于燕，卒谥为康公，又称召康公。　⑥湮：修治。　⑦耒耨：犁与锄，这里泛指农具。畎(quǎn)亩：田野。

故曰：人臣有五奸，而主不知也。为人臣者，有侈用财货赂以取誉者，有务庆赏赐予以移众者，有务朋党徇智尊士以擅逞者①，有务解免赦罪狱以事威者②，有务奉下、直曲、怪言、伟服、瑰称以眩民耳目者③。此五者明君之所疑也，而圣主之所禁也。去此五者，则噪诈之人不敢北面谈立④，文言多⑤、实行寡、而不当法者不敢诬情以谈说⑥。是以群臣居则修身，动则任力，非上之令、不敢擅作疾言诬事⑦，此圣王之所以牧臣下也。彼圣主明君，不适疑物以窥其臣也⑧。见疑物而无反者⑨，天下鲜矣。

【译文】 所以说：有五种奸邪的官吏，可是君主却不能察知。作为大臣，有大量使用财物贿赂以获取美名的，有致力于使用赏赐来收买人心的，有致力于纠集同党、听从智能之人的计谋、尊礼士人而专权跋扈的，有致力于解免刑罚、宽赦罪过以建立威信的，有致力于奉承下属、以曲为直、用奇谈怪论、奇装异服以及哗众取宠的言论来迷惑人民耳目的。这五种人都是让英明的国君感到怀疑，而圣贤的君王所禁绝的。禁绝这五种奸人，那么狡猾奸诈的人就不敢在朝堂上站立言说，华美之言多而实际行为少又不符合法度的人，就不敢虚构情事来胡乱说话。因此群臣百官居家时能够修养德行，做事时能够费尽心力，不是君主的命令，不敢自作主张说轻率无理的话，做虚妄不实的事，这就是圣明的君王控制群臣的办法。那些圣主明君，不专门通过可疑的事物来窥察群臣，可是发现可疑的事物却不加反省的，那是天下少有的了。

【注释】 ①徇智：徇，顺从。听从智能之人的计谋。擅逞：专权跋扈。　②事威：树立威信。　③奉下：奉承下属。直曲：以曲为直，以非为是。怪言：奇谈怪论。伟服：奇异的服装。瑰称：哗众取宠的言论。　④噪诈：狡猾奸诈。　⑤文言：华美之言。　⑥诬情：虚构情事。　⑦疾言：指轻率而不合理的话。诬事：虚妄不实的事情。　⑧适(dí)：专主，专门致力于。　⑨反：反省。

故曰：孽有拟适之子①，配有拟妻之妾，廷有拟相之臣，臣有拟主之宠，此四者国之所危也。故曰：内宠并后，外宠贰政②，枝子配适③，大臣拟主，乱之道也。故《周记》曰："无尊妾而卑妻，无孽适子而尊小枝,无尊嬖臣而匹上卿,无尊大臣以拟其主也。"四拟者破,则上无意④、下无怪也。四拟不破,则陨身灭国矣。

【译文】　所以说:庶子中有和嫡子相比拟的公子,配偶中有和正妻相比拟的爱妾,朝廷中有和宰相相比拟的大臣,大臣中有和君主相比拟的尊宠,这四种情况都是导致国家危亡的根源。所以说:宠妾的地位和正妻平列,宠臣的权位和执政大臣相等,庶子和嫡子匹配,大臣的势位和君主比拟,这是导致国家混乱的根源。所以《周记》中说:"不要尊宠爱妾而鄙视正妻,不要把嫡子当成庶子而尊宠庶子,不要宠信嬖臣使之与上卿地位相匹,不要尊宠大臣使他比拟君主。"这四种比拟的事情被破除,那么君主就没有怀疑之心,而臣下就没有反常之行。这四种比拟的事情不被破除,那么君主就要身死国灭了。

【注释】　①孽:庶子或旁支。拟适:适,通"嫡",嫡子。和嫡子相比拟。　②贰政:权位与执政的大臣相等。　③枝子:庶子。　④无意:意,怀疑。没有怀疑之心。

诡使第四十五

诡,违背,相反。使,行为,举动。诡使,即指与治国原则相违背的行为。文章批判了不求名号、不从法令、不避刑罚等不听从君主驱遣的行为,以及农战之士贫苦而末作、优笑诮媚者富有的现象,最后作者把批判的矛头指向私学,认为"凡乱上反世者,常士有二心私学者"。这些都表现了韩非君权至上的专制思想。

圣人之所以为治道者三:一曰利,二曰威,三曰名。夫利者所以得民也,威者所以行令也,名者上下之所同道也①。非此三者,虽有不急矣。今利非无有也而民不化,上威非不存也而下不听从,官非无法也而治不当名。三者非不存也,而世一治一乱者何也? 夫上之所贵与其所以为治相反也。

【译文】 圣人治理国家的原则有三条:一是利禄,二是威权,三是名号。利禄是用来获取民心的,威权是用来推行命令的,名号是君臣上下应共同遵循的原则。除了这三条之外,即使还有其他的措施,也不是治国最急需的了。现在不是没有利禄,可是人民不能被感化,君主不是没有威权,可是臣下却不听从命令,官府不是没有法度,可是治理政务却不符合名义。这三条不是不存在,可是世道有时平治有时混乱,这是为什么呢? 因为君主所推崇的东西与他用来治理国家的原则是相违背的。

【注释】 ①同道:共同遵循的原则。

夫立名号所以为尊也,今有贱名轻实者,世谓之高。设爵位所以为贱贵基也,而简上不求见者,世谓之贤。威利所以行令也,而无利轻威者,世谓之重。法令所以为治也,而不从法令、为私善者①,世谓之忠。官爵所以劝民也,而好名义、不进仕者,世谓之烈士。刑罚所以擅威也,而轻法、不避刑戮死亡之罪者,世谓之勇夫。民之急名也甚，其求利也如此，则士之饥饿乏绝者，焉得无岩居苦身以争名于天下哉？故世之所以不治者，非下之罪，上失其道也。常贵其所以乱，而贱其所以治，是故下之所欲，常与上之所以为治相诡也②。今下而听其上，上之所急也。而悖悫纯信③、用心怯言，则谓之窭④。守法固、听令审，则谓之愚。敬上畏罪，则谓之怯。言时节⑤，行中适⑥，则谓之不肖。无二心私学，听吏从教者，则谓之陋。难致谓之正⑦。难予谓之廉。难禁谓之齐⑧。有令不听从谓之勇。无利于上谓之愿⑨。宽惠行德谓之仁。重厚自尊谓之长者。私学成群谓之师徒。闲静安居谓之有思⑩。损仁逐利谓之疾。险躁反复谓之智⑪。先为人而后自为，类名号，言泛爱天下，谓之圣。言大繁称而不可用⑫，行而乘于世者，谓之大人⑬。贱爵禄，不挠上者⑭，谓之杰。下渐行如此⑮，入则乱民，出则不便也。上宜禁其欲、灭其迹而不止也，又从而尊之，是教下乱上以为治也。

【译文】　建立名号是为了表示尊崇，现在有贱视名号、轻视实权的人，世人称之为清高。设置爵禄是为了做区别低贱与高贵的基础，可是简慢君主、不愿求见的人，世人称之为贤明。威权和利禄是用来推行命令的，可是不求利禄、轻视威权的人，世人称之为持重。法令是治理国家的手段，可是不服从法令而行施个人恩惠的人，世人称之为忠诚。官职爵位是用来劝勉人民的，可是爱好名誉、不求做官的人，世人称之为烈士。刑罚是用来保持威权的，可是轻犯法律、不怕严刑杀戮之祸的人，世人称之为勇夫。人民追求声名之心很厉害，追求利禄也是如此，那么那些饥饿贫乏的士人，怎么能不隐居于岩穴之中劳苦身体来争求扬名天下呢？所以世道之所以不能治理好，这不是臣民的罪过，而是君主丢失了治理国家的办法。君主经常尊贵那些导致混乱的东西而轻贱那些能够治理国家的东西，因此臣下所欲求的，常常和君主用来治理国家的原则相违背。现在让臣民听从君主的命令，这是君主所急需的。可是那些忠厚恭谨、纯朴守信、做事用心、说话谨慎的人，就被称为拘谨。坚决遵守法纪、仔细听取命令的人，被称为愚鲁。尊敬君主害怕犯罪，被称为怯懦。说话善于把握分寸，行为符合正道，被称为不成才。没有异心、不信私家学说、听从官吏的教导的，被称为鄙陋。难以征召的被称为正直。难以施予的被称为清廉。难以禁制的被称为强壮。有法令而不服从的被称为勇敢。不做对君主有利的事被称为质朴。广施恩惠实行德政被称为仁爱。持重自尊被称为长者。传授私家学说、聚徒成群被称为师徒。退隐避人独居被称为道德完备。损害仁德、追逐利禄被称为敏疾。轻薄浮躁、反复多变被称为聪智。主张先为人而后为己，有相类似的名号，宣扬泛爱天下之人，就被称为圣人。说话空泛、繁饰文辞而不切实用、行为凌驾于世俗之上的人，被称为大人。轻视爵禄、不屈从于君上的人，被称为豪杰。臣民像这样欺诈行事，在国内就会扰乱人民，到国外就会不利于国家。君主应该禁止他们的私欲、消灭他们的行迹，犹不能止息，反而跟着尊崇他们，这是把教导下民作乱当成了治国的方法。

【注释】 ①私善：个人的善行。 ②诡：违背，相反。 ③悫愨(què)：敦厚恭谨。 ④娿(jǔ)：拘谨。 ⑤时：善于。 ⑥适：通"嫡"，正道。 ⑦致：征召。 ⑧齐：壮，强壮。 ⑨愿：质朴。 ⑩思：道德完备。 ⑪险躁：轻薄浮躁。 ⑫言大繁称：言大，言谈空泛，即说大话。繁称，即旁征博引，广饰文辞。说话空泛，繁饰文辞。 ⑬大人：指品德高尚、志趣高远的人。 ⑭挠：屈服。 ⑮渐行：渐，欺诈。欺诈行事。

凡所治者刑罚也，今有私行义者尊。社稷之所以立者安静也，而噪险诡谀者任①。四封之内所以听从者信与德也，而陂知倾覆者使②。令之所以行、威之所以立者恭俭听上，而岩居非世者显。仓廪之所以实者耕农之本务也，而慕组锦绣刻划为末作者富③。名之所以成、城池之所以广者战士也，今死士之孤饥饿乞于道，而优笑酒徒之属乘车衣丝④。赏禄所以尽民力易下死也，今战胜攻取之士劳而赏不沾，而卜筮视手理狐蛊为顺辞于前者日赐⑤。上握度量所以擅生杀之柄也⑥，今守度奉量之士欲以忠婴上而不得见⑦，巧言利辞行奸轨以幸偷世者数御。据法直言、名刑相当、循绳墨、诛奸人所以为上治也而愈疏远，谄施顺意从欲以危世者近⑧。习悉租税、专民力所以备难充仓府也，而士卒之逃事状匿附托有威之门以避徭赋⑨、而上不得者万数。夫陈善田利宅所以战士卒也，而断头裂腹播骨乎平原野者⑩，无宅容身，身死田夺；而女妹有色、大臣左右无功者，择宅而受，择田而食。赏利一从上出、所以擅制下也，而战介之士不得职⑪，而闲居之士尊显。上以此为教，名安得无卑？位安得无危？夫卑名危位者，必下之不从法令、有二心私学、反世者也，而不禁其行，不破其群，以散其党，又从而尊之，用事者过矣。上之所以立廉耻者，所以厉下也⑫；今士大夫不羞污泥丑辱而宦，女妹私义之门不待次而宦⑬。赏赐之所以为重也,而战斗有功之士贫贱,而便辟优徒超级⑭。名号诚信,所以通威⑮也,而主掩障⑯。近习女谒并行⑰,百官主爵迁人⑱,用事者过矣。大臣官人与下先谋比周,虽不法行,威利在下,则主卑而大臣重矣。

【译文】　君主治理国家的主要手段就是刑罚,现在那些私自行施恩义的人受到尊崇。社稷得以常立的原因在于国家安宁平静,可是浮躁、尖刻、谗毁、阿谀的人得到任命。境内的人民之所以服从君主,是因为他的诚信与恩德,可是狡猾巧诈、反复无常的人被使用。法令之所以能得到推行、威权之所以能够建立,是因为人民恭谨谦逊、服从君主,可是隐居岩穴之中、非议时政的人却名显天下。粮仓能够充实,在于农耕者所从事的根本事务,可是那些编丝带、织锦绣、雕绘器物等从事工商业的人却生活富裕。能够成就功名、扩大城池靠的是作战的士兵,可现在死难战士的遗孤挨饿在路旁乞讨,而演戏的优人、陪侍的酒徒却坐着车子穿着丝绸。赏赐俸禄是让人民出力效死的办法,现在战胜攻取的勇士辛劳却得不到赏赐,而那些在君主面前卜筮、看手相、谄媚蛊惑、迎合奉承的人却天天得到赏赐。君主掌握法度是为了独掌生杀的权柄,现在遵守法度的人想把自己的忠心献给君主却得不到召见,而那些言辞巧诈、行为奸猾、凭借侥幸、苟且欺世的人却多次进用。把依据法律说耿直的话、名实相符、根据法度诛罚奸邪作为辅佐君主治理国家的方法的人越来越被疏远,而谄谀邪曲、顺适君主的意欲而危害国家的人却被宠信。熟悉租税、掌管民力是为了防备灾难、充实粮仓府库,可是为了逃避战事而藏匿起来、为了逃避徭役和赋税而托身于权贵之门、君主无法找到的数以万计。设置良田美宅是为了鼓励士卒作战,可是那些断头裂腹、尸骨被弃于原野的人,没有居住的房屋,身死之后赐田也被强夺;而那些妹妹容色秀美、没有战功的大臣和左右侍从,却可以挑选房屋来居住,挑选田地作为食邑。赏赐利禄一同出自君主,这是君主专掌政权统治臣民的办法,可是身穿战甲的士兵得不到职位,在家闲居的人却地位尊显。君主用这些来教导臣民,他的声名怎么能不降低? 他的君位怎么能没有危险? 声名降低、君位危险的原因,一定是臣民中有不遵从法令、存有异心、信奉私家学说、反对时政的人,可是不禁止他们的行为,不打击他们的团伙,来解散其党羽,反而跟着尊崇他们,这就是主持国政的人的错误了。君主之所以要设立廉耻的标准,是为了激励臣民,现在的士大夫不为污浊丑陋的言行感到羞耻而做上了官,依靠裙带关系和私人的恩义不按次序而做了官。赏赐是为了让人贵重,可是作战有功的士兵处身贫贱,而受宠的小臣和优人却享受着超越等级的待遇。名号确实可信,这是传达威势的手段,可是君主被蒙蔽。亲信的人和宠爱的女子一起弄权,由大臣颁授爵位、升迁职官,这是主持朝政的人的错误。大臣委任官员,与属下预先谋划勾结,不按照法律行事,威权和利禄都掌握在臣下的手中,那么君主的地位就会降低,而大臣的地位就尊贵了。

【注释】　①噪险谗谀:浮躁、尖刻、谗毁、阿谀。　②陂(bǐ)知倾覆:狡猾巧诈、反复无常。　③綦组:杂色丝带。刻划:雕刻,刻印。末作:古代指工商业。　④优笑:即优人。优人以戏谑为业,其言语动作滑稽可笑,故又称优笑。　⑤手理:手纹。狐蛊:谄媚蛊惑。　⑥度量:法度。　⑦婴:接触。　⑧诡施:施,读为"邪"。诡谀邪曲。　⑨逃事:事,战事。逃避战事。状匿:当作"伏匿"。傜赋:傜,同"徭"。徭役和赋税。　⑩播骨:抛弃尸骨。　⑪战介之士:战介,战甲。身穿战甲的士兵。　⑫厉:劝勉,激励。　⑬女妹:妹妹,这里应指裙带关系。私义:私人的交情。　⑭便辟:君主左右受宠幸的小臣。超级:超越等级。　⑮通威:通,通报、传达。传达威势。　⑯掩障:掩盖蒙蔽。　⑰女谒:宫中受宠的女子。　⑱主爵迁人:颁授爵位,升迁官员。

　　夫立法令者以废私也,法令行而私道废矣①。私者所以乱法也。而士有二心私学、岩居窝处、托伏深虑②,大者非世,细者惑下。上不禁,又从而尊之,显之以名,化之以实,是无功而显,无劳而富也。如此,则士之有二心私学者,焉得无深虑、勉知诈、与诽谤法令,以求索与世相反者也。凡乱上反世者,常士有二心私学者也。故《本言》曰③:"所以治者法也,所以乱者私也。法立,则莫得为私矣。"故曰:道私者乱,道法者治。上无其道,则智者有私词,贤者有私意。上有私惠,下有私欲,圣智成群,造言作辞,以非法措于上④。上不禁塞,又从而尊之,是教下不听上、不从法也。是以贤者显名而居,奸人赖赏而富。贤者显名而居,奸人赖赏而富,是以上不胜下也。

【译文】　建立法令的目的是废止私意行事,法令得到执行,谋求私利的途径就消除了。私心是扰乱法制的根源。士人有异心、奉行私家学说、隐居于岩穴之中、假托隐居、思虑深沉,重则非议时政、轻则惑乱臣民。君主不加以禁止,反而跟着尊崇他们,用美名来尊显他们,用实利来改变他们,这是没有功绩而获得尊显,没有辛劳而获得财富。这样一来,那些存有二心、信奉私家学说的士人,怎么能不思虑深沉、致力于智巧诈伪、诽谤法令制度而追求和时政相反的东西呢?凡是背叛君主、反对时政的人,常常是那些存有异心、信奉私家学说的人。所以《本言》中说:"法度是治理国家的根本方法,而谋求私利则是导致国家混乱的原因。法度建立,就没有人能够营求私利了。"
所以说:遵循私道的国家就会混乱,遵循法度的国家就会平治。君主如果不
遵循法度,那么聪智的人就会有自己的主张,而贤能的人就会有自己的意
图。君主有自己的恩惠,臣民有自己的欲望,圣贤聪智的人结党成群,著书
立说,其中有许多不符合法度的主张。君主不加以禁止,反而跟着尊崇他
们,这是教导臣民不服从君主、不遵守法度。因此,贤能的人获得美名而隐
居,奸诈的人依赖赏赐而富有。贤能的人获得美名而隐居,奸诈的人依赖赏
赐而富有,因此君主就不能控制臣下了。

【注释】　①私道:谋求私利的途径。　②托伏:伏,隐居。假托隐居。深虑:思虑深沉。
③《本言》:先秦时的书篇名称。　④措:措置。

六反第四十六

　　本文从功利的立场出发,讨论了六种"奸伪无益之民"受到称誉而六种"耕战有益之民"遭到诋谗的背反之事。在此基础上,批判了"虚旧之学"的不切实用,以慈母爱子为喻,进一步阐发了仁爱、轻刑不足以治国,而严刑重罚足以令民的法家思想。

　　畏死远难,降北之民也①,而世尊之曰贵生之士;学道立方②,离法之民也,而世尊之曰文学之士;游居厚养③,牟食之民也④,而世尊之曰有能之士;语曲牟知⑤,伪诈之民也,而世尊之曰辩智之士;行剑攻杀,暴憿之民也⑥,而世尊之曰磏勇之士⑦;活贼匿奸⑧,当死之民也,而世尊之曰任誉之士。此六民者,世之所誉也。赴险殉诚,死节之民,而世少之曰失计之民也;寡闻从令,全法之民也,而世少之曰朴陋之民也⑨;力作而食,生利之民也,而世少之曰寡能之民也;嘉厚纯粹⑩,整谷之民也⑪,而世少之曰愚戆之民也;重命畏事⑫,尊上之民也,而世少之曰怯慑之民也;挫贼遏奸,明上之民也⑬,而世少之曰谄谗之民也。此六民者,世之所毁也。奸伪无益之民六,而世誉之如彼;耕战有益之民六,而世毁之如此。此之谓六反。布衣循私利而誉之,世主听虚声而礼之,礼之所在,利必加焉。百姓循私害而訾之⑭,世主壅于俗而贱之,贱之所在,害必加焉。故名赏在乎私恶当罪之民,而毁害在乎公善宜赏之士,索国之富强,不可得也。

【译文】　畏惧死亡,逃避危难,这是投降败逃的人,可是世人却尊称他们为珍惜生命的人;学习儒家的道艺学说,这是背离法度的人,可世人却尊称他们为很有学问的人;旅居各国,享受着丰厚的供养,这是不劳而食的人,可是世人却尊称他们为有能力的人;巧辩多智,这是虚伪狡诈的人,可是世人却尊称他们为善辩聪智的人;拿剑杀人,这是残暴激愤的人,可世人却尊称他们为刚直勇敢的人；救助乱贼藏匿奸邪，这是应该被处死的人，可是世人却尊称他们为享有美誉的人。这六种人受到世人的称赞。奔赴危难、为了忠诚而牺牲生命，这是为节操而死的人，可是世人却贬称他们为失于算计的人；见识不多、服从命令，这是守法的人，可是世人却贬称他们为粗俗鄙陋的人；努力耕作、自食其力，这是创造财富的人，可是世人却贬称他们是缺少才能的人；敦厚朴实，这是端正善良的人，可世人却贬称他们为愚笨戆直的人；重视君命、敬承王事，这是尊崇君主的人，可是世人却贬称他们为胆小害怕的人；打击乱贼、遏制奸邪，这是让君主耳目清明的人，可是世人却贬称他们为诌谀谗毁的人。这六种人受到世人的批评。奸诈虚伪无益于国家的人有六种，可是世人却那样地称赞他们；耕种战斗有益于国家的人有六种，可是世人却这样地批评他们。这就叫做六反。平民百姓从自己的私利出发称赞他们，君主听到这样的虚名就礼遇他们，受到礼遇，一定就会有利可图。平民百姓从自己的私利出发指责他们，君主受世俗之见的蒙蔽而贱视他们，受到贱视，一定就会受到伤害。所以名誉和赏赐都给了那些为私利作恶、应当受到罪罚的人，而诋毁和伤害却给了那些为国家做好事应该受到奖赏的人，要想求得国家的富强，是不可能做到的。

【注释】 ①降北：投降败逃。 ②学道立方：道，道艺，指儒家学说。方，即道，道艺，学说。学习儒家的道艺学说。 ③游居厚养：游居，到各国旅居。厚养，享受丰厚的供养。旅居各国，享受着丰厚的供养。 ④牟食：牟，多。不劳而食，多吃多占。 ⑤语曲牟知：语曲，语言曲折宛转，即巧辩。牟知，多智。巧辩多智。 ⑥暴憿(jī)：憿，通"激"。残暴激愤。 ⑦磏(lián)勇：磏，本指有棱角的石块，引申为刚直。刚直勇敢。 ⑧活贼匿奸：救助乱贼，藏匿奸邪。 ⑨朴陋：粗俗鄙陋。 ⑩嘉厚纯粹：纯粹，朴实，不事巧智。敦厚朴实。 ⑪整谷：谷，善。端正善良。 ⑫畏：敬重。 ⑬明上：禁止奸邪，使君主耳目清明。 ⑭訾(zǐ)：指责。

古者有谚曰："为政，犹沐也，虽有弃发，必为之。"爱弃发之费，而忘长发之利，不知权者也①。夫弹痤者痛②，饮药者苦，为苦痛之故，不弹痤、饮药，则身不活、病不已矣。

【译文】 古人有谚语说："治理国政，就像洗头发一样，即使有脱落的头发，也必须去做。"爱惜脱落的头发的损失，而忘记了生长头发的好处，这是不懂得权衡得失。割治痤疮是很疼的，服用药汤是很苦的，因为苦口和疼痛的缘故，就不割治痤疮、不服用药汤，那么身体就不能灵便地活动，疾病就不能被治愈。

【注释】 ①权：权衡。 ②弹痤：弹，割开，挑破。割治痤疮。

今上下之接，无子父之泽，而欲以行义禁下，则交必有郄矣①。且父母之于子也，产男则相贺，产女则杀之。此俱出父母之怀衽，然男子受贺，女子杀之者，虑其后便、计之长利也。故父母之于子也，犹用计算之心以相待也，而况无父子之泽乎！

【译文】　现在君臣之间的交往，没有父子之间的恩情，却想通过行施道义来禁制臣下，那么这种交往就一定会有嫌隙。况且父母对于子女，生了男孩就相互祝贺，生了女孩就要杀掉。儿女都是出生于父母的怀抱，可是男孩受到祝贺，女孩就被杀死，这是因为考虑到将来的方便、计算到长久的利益。所以父母对于子女，仍然要使用算计之心来对待，更何况于没有父子般恩情的人呢？

【注释】　①郄(xì)：通"隙"，嫌隙。

今学者之说人主也①，皆去求利之心，出相爱之道，是求人主之过父母之亲也，此不熟于论恩诈而诬也，故明主不受也。圣人之治也，审于法禁，法禁明著则官治②；必于赏罚，赏罚不阿则民用③。民用官治则国富，国富则兵强，而霸王之业成矣。霸王者，人主之大利也。人主挟大利以听治，故其任官者当能，其赏罚无私。使士民明焉尽力致死、则功伐可立而爵禄可致，爵禄致而富贵之业成矣。富贵者，人臣之大利也。人臣挟大利以从事，故其行危至死，其力尽而不望④。此谓君不仁，臣不忠，则可以霸王矣⑤。

【译文】　现在的学者游说君主，都舍弃追逐利益的心理，而采用相互仁爱的办法，这是要求君主对臣民要有超过父母对子女的亲爱，这是不熟悉君臣之间恩义之情的欺诈和妄言，所以英明的君主是不会接受的。圣人治理国家，能够仔细地考察法律禁令，法律禁令明白显著官吏就会有规矩。赏罚一定要贯彻执行，赏罚公正人民就会服从效力。人民肯效力官吏有规矩国家就会富裕，国家富裕军队就会强大，那么称霸称王的功业就能成就了。称霸称王，这是君主最大的利益。君主心怀大利来治理国家，所以他任命的官员能够称职，他的赏罚公正无私。让兵士人民明白这个道理：用尽力气去拼命，就能建立战功、获致爵位和俸禄，获致爵位和俸禄，那么富贵的事业就成就了。获得富贵，这是臣民最大的利益。臣民心怀大利来做事，所以敢于涉险以至牺牲生命，能够竭尽全力却没有怨恨之心。这就是说，君主不被认为有仁德,臣民不被认为有忠心,就可以称王称霸了。

【注释】　①学者:这里应指奉行儒、墨之学的人。　②明著:明白显著。　③不阿:不屈从,公正。　④望:怨恨,责怪。　⑤这句话的意思是说:因功受赏,因罪受罚,君主的赏赐不是因为私怀仁德,人民尽力也不是因为忠于君主,因为这都是赏罚公正无私所带来的结果。

　　夫奸必知则备,必诛则止;不知则肆,不诛则行。夫陈轻货于幽隐①,虽曾、史可疑也②;悬百金于市③,虽大盗不取也。不知则曾、史可疑于幽隐,必知则大盗不取悬金于市。故明主之治国也,众其守,而重其罪,使民以法禁而不以廉止。母之爱子也倍父,父令之行于子者十母;吏之于民无爱,令之行于民也万父。母积爱而令穷,吏用威严而民听从,严爱之笑亦可决矣④。且父母之所以求于子也,动作则欲其安利也,行身则欲其远罪也⑤;君上之于民也,有难则用其死,安平则尽其力。亲以厚爱关子于安利而不听⑥,君以无爱利求民之死力而令行。明主知之,故不养恩爱之心而增威严之势。故母厚爱处,子多败,推爱也;父薄爱教笞,子多善,用严也。

【译文】　奸邪一定能被察知就会戒惧,一定要受诛罚就会止息;不能被察知就会放肆,不会受诛罚就会横行。把不值钱的东西放置在隐蔽的地方,即使曾参、史鳅也会产生怀疑;把百金悬置在市场上,即使大盗也不会窃取。不会被察知,那么曾参、史鳅也会对隐蔽的东西产生疑心,一定会被察知,那么即使大盗也不会窃取市场上的悬金。所以英明的君主治理国家,就会增加守备之职,而加重对犯罪的处罚,让人民受法律的禁制,而不是廉耻之心的遏制。母亲对孩子的爱护是父亲的两倍,父亲的命令得到儿子执行的却是母亲的十倍;官吏对于人民没有爱护之情,官令在人民中得到执行的又是父亲的一万倍。母亲怀着深厚的爱怜,她的命令却得不到执行,官吏使用严厉的威权,百姓却完全服从,是选择威严的办法还是爱怜的办法,也就可以决断了。况且父母对于儿子的要求是,劳作的时候希望他安全有利,立身处世则希望他远离罪恶;而君主对人民的要求是,发生灾祸要以死报国,安定太平则要求尽其民力。父母双亲怀着厚爱安排儿子到安全有利的地方却不被听从,君主没有爱护与利益地要求人民为他出力拼命,命令却能得到执行。英明的君主懂得这个道理,所以不培养恩爱之心而是增加威严之势。所以,母亲厚爱的,儿子多数败坏,这是因为推行仁爱的缘故;父亲的亲爱之情淡薄而用竹板教训,儿子大多有出息,这是因为使用了严厉的办法。

【注释】　①轻货:不值钱的东西,便宜货。　②曾、史:曾,曾参,春秋时鲁国人,孔子弟子,后世称为宗圣。史,史鰌,春秋时卫国大夫,因为廉直得到孔子的称赞。曾、史并称被作为仁义的典范是当时的习语。　③金:古代计算货币的单位,战国及秦代以一镒为一金,一金为二十两。汉代则以一斤为一金。百金,即两千两。　④严爱之筴:威严的或仁爱的办法。　⑤行身:立身处世。　⑥关:安排。

今家人之治产也①,相忍以饥寒②,相强以劳苦③,虽犯军旅之难④,饥馑之患,温衣美食者,必是家也;相怜以衣食,相惠以佚乐⑤,天饥岁荒,嫁妻卖子者,必是家也。故法之为道,前苦而长利;仁之为道,偷乐而后穷⑥。圣人权其轻重,出其大利,故用法之相忍,而弃仁人之相怜也。学者之言,皆曰轻刑,此乱亡之术也。凡赏罚之必者,劝禁也。赏厚、则所欲之得也疾,罚重、则所恶之禁也急。夫欲利者必恶害,害者,利之反也,反于所欲,焉得无恶?欲治者必恶乱,乱者,治之反也。是故欲治甚者,其赏必厚矣;其恶乱甚者,其罚必重矣。今取于轻刑者,其恶乱不甚也,其欲治又不甚也。此非特无术也,又乃无行。是故决贤不肖愚知之筴,在赏罚之轻重。且夫重刑者,非为罪人也⑦。明主之法,揆也⑧。治贼,非治所揆也;治所揆也者,是治死人也。刑盗,非治所刑也;治所刑也者,是治胥靡也⑨。故曰重一奸之罪而止境内之邪,此所以为治也。重罚者,盗贼也;而悼惧者,良民也;欲治者奚疑于重刑!若夫厚赏者,非独赏功也,又劝一国。受赏者甘利,未赏者慕业,是报一人之功而劝境内之众也,欲治者何疑于厚赏!今不知治者,皆曰重刑伤民,轻刑可以止奸,何必于重哉?此不察于治者也。夫以重止者,未必以轻止也;以轻止者,必以重止矣。是以上设重刑者而奸尽止,奸尽止则此奚伤于民也?所谓重刑者,奸之所利者细,而上之所加焉者大也;民不以小利蒙大罪,故奸必止者也。所谓轻刑者,奸之所利者大,上之所加焉者小也;民慕其利而傲其罪⑩,故奸不止也。故先圣有谚曰:“不踬于山⑪,而踬于垤⑫。”山者大、故人顺之⑬,垤微小、故人易之也。今轻刑罚,民必易之。犯而不诛,是驱国而弃之也;犯而诛之,是为民设陷也。是故轻罪者,民之垤也。是以轻罪之为民道也,非乱国也则设民陷也,此则可谓伤民矣!

【译文】 现在平民之家治理家业,饥饿寒冷时共同忍耐,劳苦时相互勉励,即使遭受战乱之难、饥荒之灾,仍然能够穿暖吃饱的,一定是这家人;拿衣食来共同享受,拿悠闲安乐来相互施惠,遇到凶荒灾年,嫁妻卖子的,必定是这家人。所以法制的道理,就是开始的时候艰苦却有长久的利益;仁爱的办法,是苟且享乐而后来受穷。圣人权衡其间的轻重,选择利益大的,所以施行相互忍耐的法制,而舍弃了仁人的相互爱怜。儒家学者的言论,都说要减轻刑罚,这是导致国家混乱灭亡的根本。赏罚之所以要确保,这是为了劝功和禁奸。赏赐丰厚,那么想要得到的就很快能得到,惩罚严重,那么所憎恶的就很快能禁绝。想要求取利益的人一定憎恶祸害,祸害,是与利益相反的,和所欲求的相反,怎么能不憎恶呢? 想治理国家的人一定憎恶混乱,混乱,是与平治相反的。所以非常想治理好国家的人,他的赏赐就一定很丰厚;那些非常憎恶混乱的人,他的刑罚就一定很严重。现在采取减轻刑罚的人,他一定不是特别憎恶混乱,他也不是很想把国家治理好。这样的人,不仅是没有治术,而且是没有德行的。所以判断贤能、不肖、愚蠢、聪智的办法,就在于赏罚的轻重。况且采用重刑的原因,是惩罚罪犯,而不是惩罚人。英明君主的法律,只是度量功过的。惩治奸贼,并不是为了惩治所惩治的人;惩治所惩治的人,这是惩治死人。刑罚大盗,并不是惩治所惩治的人;惩治所惩治的人,这是惩治刑徒。所以说,重罚一个奸人的罪过就可以禁止国内的奸邪,这才是惩治的目的。受到重罚的人是盗贼,而感到恐惧的,是善良的民众。想治理好国家的人为什么怀疑重刑呢? 至于丰厚的赏赐,并不仅仅是赏赐功绩,还能激励全国的人民。受到赏赐的人乐于获利,没有受到赏赐的羡慕受赏者的功业,这是酬报一个人的功绩而激励全国的民众,欲治理好国家的人为什么怀疑丰厚的赏赐呢? 现在不懂得治理国家的人,都说施重刑会残害百姓,轻微的刑罚就可以禁止奸恶,何必要用重刑呢? 这是因为没有仔细研究治国之道。能够用重刑禁止的,未必能用轻刑禁止;能用轻刑禁止的,一定能用重刑禁止。因此,君主设置重刑就能全部禁止奸邪,奸邪全部被禁止了,这又怎么会残害到人民呢? 这里所说的重刑,指做坏事所得到的利益小,而因此受到的惩罚却很重;民众不会为了小利而遭受大罪,所以奸邪一定会被禁止。而所说的轻刑,指做坏事获得的利益大,而因此受到的惩罚却很小,民众希慕利益而轻视罪罚,所以奸邪就不能被禁止。所以先代的圣人有谚语说:"不会被大山绊倒,却会被小土堆绊倒。"山形高大,所以人会谨慎,而小土堆很微小,所以人就会轻视它。现在减轻刑罚,人民一定会轻视它,触犯法律而不加诛罚,这是驱使国人犯罪而抛弃他们,触犯法律再加以诛罚,这是给人民设置陷阱。所以说,轻刑,就是人民眼中的小土堆。因此把轻刑作为治民之道,不是要祸乱国家,就是给人民设置陷阱,这就可以被称为残害人民了。

【注释】 ①家人:平民,平民之家。 ②相:共同,相互。 ③强:劝勉,激励。 ④犯:遭受。 ⑤佚乐:悠闲安乐。 ⑥偷乐:苟且享乐。 ⑦非为罪人:惩罚的是罪犯,而不是人。即《荀子》所说的:"杀盗,非杀人也。" ⑧揆:度量。 ⑨胥靡:古代服劳役的奴隶或刑徒。 ⑩傲:轻视。 ⑪踬(zhì):绊倒。 ⑫垤(dié):小土堆。 ⑬顺:通"慎",谨慎。

今学者皆道书筴之颂语①,不察当世之实事,曰:"上不爱民,赋敛常重,则用不足而下怨上,故天下大乱。"此以为足其财用以加爱焉,虽轻刑罚可以治也。此言不然矣。凡人之取重罚,固已足之之后也。虽财用足而厚爱之,然而轻刑犹之乱也。夫当家之爱子,财货足用,财货足用则轻用,轻用则侈泰②;亲爱之则不忍,不忍则骄恣;侈泰则家贫,骄恣则行暴,此虽财用足而爱厚,轻刑之患也。凡人之生也,财用足则隳于用力③,上治懦则肆于为非;财用足而力作者神农也④,上治懦而行修者曾、史也;夫民之不及神农、曾、史亦已明矣。老聃有言曰⑤:"知足不辱,知止不殆。"夫以殆辱之故而不求于足之外者老聃也,今以为足民而可以治,是以民为皆如老聃也。故桀贵在天子而不足于尊,富有四海之内而不足于宝。君人者虽足民,不能足使为君,天子而桀未必为天子为足也,则虽足民,何可以为治也? 故明主之治国也,适其时事以致财物,论其税赋以均贫富,厚其爵禄以尽贤能,重其刑罚以禁奸邪,使民以力得富,以事致贵,以过受罪,以功致赏,而不念慈惠之赐,此帝王之政也。

【译文】 现在的学者都称道典籍当中的歌功颂德的话,却不体察当今社会的实际情况,说:"君主不慈爱人民,赋税一直很沉重,那么民众的财用不足就会怨恨君上,所以天下就大乱了。"这是认为让百姓财用充足,再加以慈爱,即使轻刑罚也可以治理好国家。这话是不对的。大凡人犯下大罪,必定是在财用已经充足之后。即使财用充足且加以厚爱,可是轻刑仍然会导致祸乱。凡是主持家政的人疼爱儿子,总是让他的财用都很富足,财用富足就会随便乱花,随便乱花就会奢侈无度;溺爱他就不忍心管教,不忍心管教就会骄纵恣肆;奢侈无度会导致家贫,骄纵恣肆就会行为暴戾,这就是即使财用充足、过分慈爱,却减轻刑罚的祸患。大凡人的本性,财用充足就懈怠于劳作,君主统治的力量软弱就会胡作非为;财用充足却仍然勤于劳作的人是神农,君主的统治软弱却仍能修身行德的人,是曾参、史鳝,普通的民众赶不上神农、曾参、史鳝也是很明显的。老聃说过:"知道满足就不会遭受屈辱,知道止步就不会面临危险。"因为危险和屈辱的原因而不求取足用之外的东西,这是老聃,现在认为让民众足用就可以治理好国家,这是把所有的民众都当成了老聃。所以夏桀贵为天子却不满足于已有的尊贵,富有四海却不满足于已有的财宝。统治人民的人即使让民众财用充足,也不能满足到让他们去做君主,做了天子夏桀未必以做了天子感到满足,那么,即使让民众财用充足,又怎么可以治理国家呢? 所以英明的君主治理国家,选择时机来获取财物,制定赋税来平均财物,用丰厚的爵禄来让贤能的人尽力,用严重的刑罚来禁止奸邪,让民众凭借自己的力气来获得财富,通过做事来获得尊位,通过立功来获得赏赐,而不指望君主仁惠的赏赐,这才是帝王的治国之道。

【注释】 ①书筴:即"书策",典籍。 ②侈泰:奢侈无度。 ③隳(huī):懈怠。 ④神农:传说中的古帝王名,他最早教人民制作耒耜从事农业生产,所以称为神农氏。另外还有他遍尝百草、教人治病的传说。 ⑤老聃:即老子,道家学派的创始人,有《老子》传世。

人皆寐①、则盲者不知,皆嘿②、则喑者不知③。觉而使之视,问而使之对,则喑盲者穷矣④。不听其言也,则无术者不知;不任其身也,则不肖者不知;听其言而求其当,任其身而责其功,则无术不肖者穷矣。夫欲得力士而听其自言,虽庸人与乌获不可别也⑤,授之以鼎俎则罢健效矣⑥。故官职者,能士之鼎俎也,任之以事,而愚智分矣。故无术者得于不用,不肖者得于不任,言不用而自文以为辩,身不任而自饰以为高,世主眩其辩、滥其高而尊贵之⑦,是不须视而定明也,不待对而定辩也,喑盲者不得矣。明主听其言必责其用,观其行必求其功,然则虚旧之学不谈⑧,矜诬之行不饰矣。

【译文】 人都睡着了,那么谁是瞎子就不能被察知,人都不说话,那么谁是哑巴就不能被发现。醒来之后让他们观看,问话让他们回答,那么哑巴和瞎子就被识破了。不听他们的话,那么没有治术的人就不能被察知;不任用他们做官,没有才能的人就不能被察知。听他的话要责求他说得适当,任用他做官要责求功效,那么没有治术、没有才能的人就能够被识破了。想找到力量很大的人却只听他说话,那么即使平庸的人和乌获也没有什么分别,给他们鼎和俎,那么疲弱与强健就会呈现出来。所以官爵职位,是有才能的士人的鼎和俎,任用他们做事,愚蠢和聪智就能分辨出来了。所以没有治术的人因为言论没被采用而获利,没有才能的人因为没被任官而获利,言论不被采用,就自我粉饰得很巧辩,不被任用为官就自我表现得才智很高,君主被他们的巧辩所迷惑,过度相信他们的高才而尊贵他们,这是不等待观看就确定目明,不等待回答就确定善辩,那么哑巴和瞎子就分辨不出来了。英明的君主听他的言论,一定责求它的功用,观察他的行为一定责求它的功效,如此一来,称道先古而不切实用的学说就无人再谈,骄矜虚妄的行为就无法再加粉饰了。

【注释】　①寐:入睡。　②嘿(mò):同"默",不出声,不说话。　③喑(yīn):哑。　④穷:揭穿,识破。　⑤乌获:人名,战国时代秦国的一位大力士,后来成为力士的泛称。　⑥罢:疲劳,衰弱。　⑦滥:过度。　⑧虚旧之学:指称道先古而不切实用的学说,这里指儒、墨之学。

八说第四十七

八说,就是对八种祸国行为的论说。文章再一次强调了重农耕战的思想,要求废除一切与耕战无关的学说;强调了去除仁义、建立法制以及君主专权对于统治国家的意义。

为故人行私谓之不弃,以公财分施谓之仁人,轻禄重身谓之君子,枉法曲亲谓之有行,弃官宠交谓之有侠,离世遁上谓之高傲,交争逆令谓之刚材,行惠取众谓之得民。不弃者吏有奸也,仁人者公财损也,君子者民难使也,有行者法制毁也,有侠者官职旷也,高傲者民不事也,刚材者令不行也,得民者君上孤也。此八者匹夫之私誉,人主之人败也。反此八者,匹夫之私毁,人主之公利也。人主不察社稷之利害,而用匹夫之私誉,索国之无危乱,不可得矣。

【译文】 替老朋友徇私情被称为不忘旧,拿公家的财产分送施舍被称为仁爱的人,轻视爵禄、重视自身被称为君子,违背法度、偏袒亲属被称为有德行,放弃官职、注重交情被称为有侠气,脱离世俗、逃避君上被称为高傲,相互争斗、背逆法令被称为刚直之材,行施恩惠、笼络民众被称为得民心。所谓不忘旧,说明官吏有奸邪,所谓仁爱的人,说明公家的财产受损失,所谓君子,说明民众不听使唤,所谓有德行,说明法制遭到败毁,所谓有侠气,说明官府职事被荒废,所谓高傲,说明民众不从事生产,所谓刚直之材,说明法令得不到执行,所谓得民心,说明君主被孤立。这八种情况,受到平民百姓私下赞誉,却是君主的大祸害。与这八种相反的情况,受到平民百姓的私下毁谤,却符合君主的国家利益。君主不考察国家社稷的利害,而采用平民百姓私下所赞誉的,想要求得国家没有危险和动乱,这是不可能做到的。

任人以事,存亡治乱之机也①。无术以任人,无所任而不败。人君之所任,非辩智则修洁也。任人者,使有势也。智士者未必信也。为多其智，因惑其信也②。以智士之计，处乘势之资而为其私急，则君必欺焉。为智者之不可信也，故任修士。任人者，使断事也。修士者未必智，为洁其身，因惑其智。以愚人之所惛③，处治事之官而为其所然，则事必乱矣。故无术以用人，任智则君欺，任修则君事乱，此无术之患也。明君之道，贱得议贵，下必坐上④，决诚以参⑤，听无门户⑥，故智者不得诈欺。计功而行赏，程能而授事⑦，察端而观失，有过者罪，有能者得，故愚者不任事。智者不敢欺，愚者不得断，则事无失矣。

【译文】　任用人来做事，这是关涉到国家存亡治乱的关键，没有正确的方法来委任官员，所任用的没有不失败的。君主所任用的人才，不是那些巧辩多智的，就是修身高洁的。任用人，是要让他有威势。才智之士不一定能守信。因为重视他的才智，于是对他的诚信就认识不清。凭借才智之士的计谋，利用所取得的权势去做私人的急事，那么君主一定会被欺蒙。因为才智之士不可信，所以就任用修身高洁的人。任用人，是要让他决断事情。修身高洁的人不一定有足够的才智。因为重视他们的清白高洁，所以对他们的才智就认识不清。让不明事理的愚蠢之人，处身于办理政事的官位上做他们认为正确的事情，那么政事一定会混乱。所以没有正确的方法来任用官员，任用才智之士就会欺蒙君主，任用修身之士就会扰乱政事，这就是没有正确方法的危害。英明君主的方法是，地位低贱的人能够评议地位尊贵的人，下属的官员如果不告发有罪的上级官员，必受连坐之罪，用多方比较的办法来决断事实的真相，听取意见没有专门的途径，所以才智之士就不能欺蒙君主。计算功绩来实施赏赐，衡量才能来委任职事，审察事端来发现失误，有错误的治罪，有才能的赏赐，所以愚蠢的人就不能担任职事。才智之士不敢欺蒙君主，愚蠢的人不能决断政事，那么政事就不会出现差错了。

【注释】　①机：关键。　②惑：认识不清。　③惛(hūn)：认识糊涂，不明事理。　④下必坐上：指下级官员如果不告发有罪的上级官员，必受连坐之罪。　⑤决诚以参：诚，实情。用比伍参验之法来决断事实的真相。　⑥听无门户：指听取的意见不由专人传递，就像出入没有必经的门户一样。　⑦程能：衡量才能。

　　察士然后能知之①，不可以为令，夫民不尽察。贤者然后能行之，不可以为法，夫民不尽贤。杨朱②、墨翟③，天下之所察也，干世乱而卒不决④，虽察而不可以为官职之令。鲍焦⑤、华角⑥，天下之所贤也，鲍焦木枯，华角赴河，虽贤不可以为耕战之士。故人主之所察智士尽其辩焉⑦,人主之所尊,能士尽其行焉。今世主察无用之辩,尊远功之行,索国之富强,不可得也。博习辩智如孔、墨⑧,孔、墨不耕耨,则国何得焉?修孝寡欲如曾、史,曾、史不战攻,则国何利焉?匹夫有私便,人主有公利。不作而养足,不仕而名显,此私便也。息文学而明法度⑨,塞私便而一功劳,此公利也。错法以道民也而又贵文学,则民之所师法也疑。赏功以劝民也而又尊行修,则民之产利也惰。夫贵文学以疑法,尊行修以贰功⑩,索国之富强,不可得也。

【译文】 只有明察的人才能懂得的道理,是不能用来制定法律的,因为人民不都是明察的人。只有贤能的人才能做到的事情,是不能用来制定法律的,因为人民不都是贤能的。杨朱、墨翟,这是天下公认的明察的人,想治理混乱的社会却最终不能治理,他们虽然明察,他们的学说却不能作为官府的法令。鲍焦、华角,是天下公认的贤才,可是鲍焦站着死去,华角投河自尽,虽然很有贤才,却不能成为耕田作战的有用之人。所以君主考察提拔的聪智之人就能尽量地发挥他的聪明,君主所尊崇的有能力的人就能尽力地施展他的才干。现在的君主考察提拔不切实用的聪明,尊崇没有功利的德行,想要求得国家的富强,这是不可能做到的。像孔子、墨子一样博学多才,孔子、墨子不耕田劳作,那么国家会有什么收成呢?像曾参、史鳅那样的行孝少欲,可是曾参、史鳅不战斗攻取,那么国家会有什么利益呢?平民百姓有个人的便利,君主有国家的利益,不从事劳作而供养充足,不出仕做官而声名显达,这是个人的便利。废弃私学而修明法度,堵塞个人的便利而专一于论功取赏,这是国家的利益。设置法律来教导人民,却又尊贵私学,那么人民对所遵循的法律就会产生怀疑。赏赐功绩来激励人民,却又尊崇品行端正的人,那么人民就会懈怠于生产获利。尊贵私学使法律受到怀疑,尊崇品德端正的人致使不能论功取赏,想要求得国家的富强,这是不可能做到的。

【注释】 ①察士:指明察的人。 ②杨朱:战国初期卫国人,字子居,属道家学派,主张贵身重己。 ③墨翟:战国初期鲁国人,初学儒学,以为不切实用,于是自创墨家学说,主张尚贤、兼爱、非攻、非乐、节葬、节用等,有《墨子》一书传世。墨家学派弟子众多,组织性强,与儒家同为战国时代的显学,故韩非子多次以“儒、墨”并称之。 ④干:治理。决:疏通水道,引申为治理国家。 ⑤鲍焦:春秋末期的隐士,相传与孔子同时。相传鲍焦因天下德教沦丧,不愿爽行毁廉于是隐居。有一次采摘野菜时路遇子贡,子贡以“非其世者不生其利,污其君者不履其土。非其世而持其蔬,《诗》曰:‘普天之下,莫非王土。’此谁有之哉”责之,鲍焦于是丢掉了野菜,站在洛水河边饿死了。 ⑥华角:生平不详。　⑦察:经考察后提拔。辩:聪明,敏慧。　⑧孔、墨:即孔子、墨子,分别是儒家学派与墨家学派的创始人。　⑨息文学:息,废止。文学,私学,主要指以《诗》、《书》、《礼》、《乐》等古代经典为研究内容的儒家学说。　⑩贰功:不论功取赏。

　　搢笏干戚①,不适酋矛铁铦②;登降周旋③,不逮日中奏百④;《狸首》射侯⑤,不当强弩趋发;干城距冲⑥,不若堙穴伏橐⑦。古人亟于德⑧,中世逐于智⑨,当今争于力。古者寡事而备简,朴陋而不尽⑩,故有珧铫而推车者⑪。古者人寡而相亲,物多而轻利易让,故有揖让而传天下者。然则行揖让,高慈惠,而道仁厚,皆推政也⑫。处多事之时,用寡事之器,非智者之备也;当大争之世而循揖让之轨,非圣人之治也。故智者不乘推车,圣人不行推政也。

【译文】　插着笏板上朝议政、拿着干戚跳舞,敌不过酋矛铁铦的进攻;进退周旋的礼仪,比不上半天行走百里的选士;举行射礼,跟着《狸首》的节奏来射箭,抵不上强硬弓箭的急速发射;防守御敌,不如水淹火攻的进攻有力。古代急需的是道德,中世追逐的是智谋,当今竞争的是势力。古代的人事情少,设备简单,简陋而不精巧,所以有蚌壳做的锄和手推的小车。古代的人少而相互亲近,物产丰富而轻视财利、容易谦让,所以有拱手禅让天下的事情。如此说来,实行禅让,推崇慈惠、称道仁义忠厚的,都是手推车式的质朴之政。处身于多事的时代,使用事情很少的古代的器具,这不是聪明人的设备;遭遇竞争激烈的时代而遵循禅让的规定,这不是圣人的治术。所以聪明的人不乘坐手推的小车,圣人不施行手推车式的政治。

【注释】　①搢笏:笏,古代臣朝见君时所执的狭长板子,用玉、象牙、竹木制成,也叫手板。古代君臣朝见时均执笏,用以记事备忘,不用时插于腰带上。干戚:盾与斧,古代的两种兵器,被用为武舞所执的舞具。　②适:读为"敌"。酋矛:古代兵器名,是一种短柄的矛。铁铦:铁制的利器。　③登降周旋:指登阶下阶、进退揖让之礼。　④日中奏百:奏,通"走"。从清晨到中午行走百里之地。这是魏国选取武士的一项科目。　⑤《狸首》射侯:《狸首》,古代逸诗篇名,在举行射礼时用作射节。侯,箭靶,用兽皮或画着兽形的布做成。在举行射礼的时候,跟着《狸首》的节奏来射箭靶。　⑥干城距冲:干,通"扞",扞卫。距冲,防守时使用的冲车。防守御敌。　⑦堙(yīn)穴伏橐(tuó):堙,通"湮",水淹。穴,地道。伏,埋设伏兵。橐,风箱,鼓风吹火。这里所说的是四种进攻作战的手段。　⑧亟:急需。　⑨中世:即中古,指商、周时代。　⑩尽:精巧。　⑪珧(yáo)铫(yáo):用蚌壳做成的锄草用具。　⑫推政:手推车式的政治,指古代非常质朴的政治。

　　法所以制事,事所以名功也①。法立而有难,权其难而事成则立之;事成而有害,权其害而功多则为之。无难之法,无害之功,天下无有也。是以拔千丈之都,败十万之众,死伤者军之垂②,甲兵折挫,士卒死伤,而贺战胜得地者,出其小害计其大利也。夫沐者有弃发,除者伤血肉③,为人见其难,因释其业,是无术之事也④。先圣有言曰:"规有摩⑤,而水有波,我欲更之,无奈之何!"此通权之言也⑥。是以说有必立而旷于实者⑦,言有辞拙而急于用者,故圣人不求无害之言,不务无易之事。人之不事衡石者⑧,非贞廉而远利也⑨,石不能为人多少,衡不能为人轻重,求索不能得,故人不事也。明主之国,官不敢枉法,吏不敢为私,货赂不行,是境内之事尽如衡石也。此其臣有奸者必知,知者必诛。是以有道之主,不求清洁之吏,而务必知之术也。

【译文】　法度是用来制约事情的,做事是用来建立功绩的。法制建立而有困难,权衡困难,如果事情能成功就建立它;事情成功却有所损失,权衡损失,如果功绩更大就做成它。没有困难地建立法制,没有损失地建功立业,这是天下不会发生的事情。因此,攻取千丈的大城,打败十万人的军队,因此死伤的人数占军队的三分之一。铠甲兵器受损、士卒死伤,却庆贺战争胜利、土地扩大的原因,是舍弃了小小的损失而计算所得的大利。洗头发而有脱发,治病要损伤血肉,做人一看见困难,就放弃他的事业,这是没有办法的人。先圣曾经说过:"圆规有所磨损,水面上有波纹,我想改变这种情况,但是没有办法。"这是通晓权变的道理的话。所以学说有必然成立却脱离实际的,言论有措辞笨拙却急切事用的,所以圣人不追求没有缺陷的言论,不致力于无法改变的事情。人不供奉衡石的原因,不是因为正直廉洁、不追求财利,而是因为石不能给人增多减少,衡不能给人减轻加重,求索也不能有什么收获,所以人不会供奉它们。英明的君主统治的国家,官吏不敢徇私枉法,用财货贿赂的办法行不通,所以国内的事情都像衡石一样公正。因此,臣民若有奸情一定会被察知,察知之后一定予以诛罚。所以有治术的君主,不会寻求廉洁的官吏,而是致力于掌握察知奸邪的办法。

【注释】　①名功:名,使名自命。建立功绩。　②军之垂:垂,三分之一。军队人数的三分之一。　③除:治病。　④事:通"士"。　⑤规有摩:规,圆规。摩,通"磨",磨损。圆规有所磨损。　⑥通权:通达于权变。　⑦旷:脱离。　⑧衡石:泛指称重量的器物。　⑨贞廉:正直廉洁。

　　慈母之于弱子也,爱不可为前①。然而弱子有僻行,使之随师;有恶病,使之事医。不随师则陷于刑,不事医则疑于死^②。慈母虽爱,无益于振刑救死^③,则存子者非爱也。子母之性,爱也。臣主之权,筴也^④。母不能以爱存家,君安能以爱持国?明主者,通于富强则可以得欲矣。故谨于听治,富强之法也。明其法禁,察其谋计。法明则内无变乱之患,计得则外无死虏之祸。故存国者,非仁义也。仁者,慈惠而轻财者也;暴者,心毅而易诛者也。慈惠则不忍,轻财则好与。心毅则憎心见于下^⑤,易诛则妄杀加于人。不忍则罚多宥赦,好与则赏多无功。憎心见则下怨其上,妄诛则民将背叛。故仁人在位,下肆而轻犯禁法,偷幸而望于上;暴人在位,则法令妄而臣主乖,民怨而乱心生。故曰:仁暴者,皆亡国者也。

【译文】　慈母对于幼弱的子女,慈爱之情不可复加。可是幼弱的孩子有了邪僻的行为,就让他跟着老师去学习;有了重病,就要让他求医治病。不跟着老师学习就会遭受刑罚,不求医治病就相当于等死。慈母虽然有爱,但在避免刑罚、挽救死亡时没有任何作用,那么能让儿子生存下来的就不是慈爱。母子间的天性,是亲爱。君臣之间的权衡,是算计。母亲不能用爱来保全家庭,君主怎么能用爱来持守国家?英明的君主,通晓使国家富强的办法,就可以实现自己的愿望了。所以谨慎地处理政事,这是使国家富强的办法。修明法律禁令,审察计谋。法度明确国内就不会出现动乱的灾患,计谋得当对外就不会发生败亡的祸难。所以,保全国家的办法,不是仁义。仁爱的人,就是内心慈惠而轻视财物的人;残暴的人,就是内心残酷而轻用刑罚的人。慈惠就不忍心,轻视财物就喜欢施舍。内心残酷,憎恶别人的心理就会表露出来,轻用刑罚就会胡乱地杀人。不忍心,该受刑罚的大多会被赦免,喜欢施舍,就会赏赐很多没有功劳的人。憎恶别人的心理表露出来,臣民就会怨恨君主,胡乱杀人,人民就会背叛。所以仁爱的人做君主,臣下就会放肆地触犯法律,苟且地希求侥幸得到君主的恩赏;残暴的人做君主,法令就会混乱,君臣关系就会乖离,人民就会怨恨而产生叛乱之心。所以说:仁爱的人和残暴的人,都是让国家灭亡的人。

【注释】　①不可为前:即不可复加。　②疑:通"拟",类似。　③振:避免。　④筴:同"策",算计。　⑤毅:残酷,严厉。

　　不能具美食而劝饿人饭,不为能活饿者也;不能辟草生粟而劝贷施赏赐,不能为富民者也。今学者之言也,不务本作而好末事①,知道虚圣以说民②,此劝饭之说。劝饭之说,明主不受也。

【译文】　不能摆出美食却劝饥饿的人吃饭,这不是能够救活饥饿的人的人;不能开荒生产却劝人施舍赏赐的人,不是能让人民富裕的人。现在的学者的言论,不致力于根本却喜欢细枝末节的小事,只知道称道虚妄的圣人来取悦于民,这是劝饥饿的人吃饭的空话。劝饥饿的人吃饭的空话,英明的君主是不会接受的。

【注释】　①末事:非关根本的小事。　②虚圣:指儒墨学者所称道的尧舜禹汤等先古圣贤。

书约而弟子辩,法省而民萌讼。是以圣人之书必著论①,明主之法必详事。尽思虑,揣得失,智者之所难也;无思无虑,挈前言而责后功②,愚者之所易也。明主虑愚者之所易,以责智者之所难,故智虑力劳不用而国治也。

【译文】　书写得简单弟子们就会发生争辩,法律省简人民就会发生争讼。因此圣人的书一定有详明的论说,明主的法律一定有详切的事例。用尽思虑,揣度得失,是明智的人也感到困难的事情;不加思量,拿着前人的话来责求后来的功效,这是愚蠢的人也觉得容易的事情。英明的君主考虑用让愚蠢的人也觉得容易的办法,来责求让明智的人感到困难的事情,所以不需要费心劳力就能把国家治理好了。

【注释】　①著论:明白详细的论说。　②挈(qiè):执,拿。

酸甘咸淡,不以口断而决于宰尹①,则厨人轻君而重于宰尹矣。上下清浊,不以耳断而决于乐正②,则瞽工轻君而重于乐正矣③。治国是非,不以术断而决于宠人,则臣下轻君而重于宠人矣。人主不亲观听,而制断在下,托食于国者也。

【译文】　酸甜咸淡,不经过亲口品尝来加以判断,却由膳食官来决定,那么厨子就会轻视君主而重视膳食官了。音乐的高低轻浊,不经过自己的亲耳聆听来加以判断,却由乐正来决定,那么瞽工就会轻视君主而重视乐正了。治理国家的是非得失,不由法术来加以判断却由宠信的人来决定,那么臣下就会轻视君主而重视君主宠爱的人了。君主不亲自观察聆听,却让臣下去决断事务,这就仅仅只是依靠君位吃饭而已。

【注释】　①宰尹:掌管膳食的官。　②乐正:古代的乐官之长。　③瞽工:瞽,目盲的人。古代的乐官多由盲人担任,故称为瞽工,又称瞽矇。

使人不衣不食而不饥不寒,又不恶死,则无事上之意。意欲不宰于君,则不可使也。今生杀之柄在大臣,而主令得行者,未尝有也。虎豹必不用其爪牙而与鼷鼠同威①,万金之家、必不用其富厚而与监门同资②。有土之君,说人不能利,恶人不能害,索人欲畏重己,不可得也。

【译文】 假使一个人不穿衣、不吃饭却不觉得饥饿寒冷,而且也不害怕死亡,那么他就不会有侍奉君主的念头。如果不愿受君主的控制,那就不能被驱使。现在生杀的权柄掌握在大臣的手中,而君主的命令仍然能得到执行的事情,还没有发生过。虎豹等猛兽如果不使用它们的利爪,威力就会和鼷鼠一样,拥有万金之财的人家如果不使用他的财富,他的资财就和守门小吏一样。拥有国土的君主,喜欢一个人不能让他受利,憎恶一个人不能让他受到伤害,想要求得到臣民的尊重、畏惧,这是不可能做到的。

【注释】 ①鼷(xī)鼠:鼠类中最小的一种。古人以为有毒,啮人畜至死不觉痛,故又称甘口鼠。　②监门:守门的小官。

人臣肆意陈欲曰侠,人主肆意陈欲曰乱;人臣轻上曰骄①,人主轻下曰暴。行理同实②,下以受誉,上以得非,人臣大得,人主大亡。

【译文】 臣下随心所欲,就说他有侠气,君主随心所欲就叫做昏乱;臣下轻慢君上,就叫做高傲,君主轻慢臣下,就叫做残暴。做事的方式实质相同,臣下因此受到称赞,君主因此受到非难,臣下得到了很多,而君主失去了很多。

【注释】 ①骄:强健。　②行理同实:行理,做事的方式。做事的方式实质相同。

明主之国,有贵臣无重臣。贵臣者,爵尊而官大者也;重臣者,言听而力多者也。明主之国,迁官袭级,官爵受功,故有贵臣。言必度行,而有伪必诛,故无重臣也。

【译文】 英明的君主统治的国家,有地位尊贵的大臣却没有权势很重的大臣。地位尊贵的大臣,是指那些爵位尊、官职高的人;而所谓权势很重的大臣,则指那些命令都被听从并且握有实权的人。英明的君主统治的国家,官位一级一级地升迁,爵位根据建立的功勋授予,所以有尊贵的大臣。说话必须考虑实际的行动,如果有伪诈一定会受到诛罚,所以就没有权势很重的大臣。

八经第四十八

八经,即八项基本原则。作者在因情、主道、起乱、立道、周密、参言、听法、类柄八个小标题下,讨论了君主把握权力、保持地位的基本原则与方法。

因情①一

凡治天下,必因人情。人情者,有好恶,故赏罚可用;赏罚可用则禁令可立而治道具矣。君执柄以处势,故令行禁止。柄者,杀生之制也;势者,胜众之资也。废置无度则权渎②,赏罚下共则威分③。是以明主不怀爱而听④,不留说而计⑤。故听言不参则权分乎奸,智力不用则君穷乎臣。故明主之行制也天⑥,其用人也鬼⑦。天则不非,鬼则不困。势行教严而不违⑧,毁誉一行而不议⑨。故赏贤罚暴,举善之至者也;赏暴罚贤,举恶之至者也;是谓赏同罚异。赏莫如厚,使民利之;誉莫如美,使民荣之;诛莫如重,使民畏之;毁莫如恶,使民耻之。然后一行其法,禁诛于私。家不害功罪⑩,赏罚必知之⑪,知之道尽矣。

【译文】 大凡治理天下,一定要顺应人的天性。人的天性中,有好恶之心,所以赏罚就可以被使用;赏罚可以被使用,法律禁令就能被建立起来,治理国家的道术也就齐备了。君主掌握着权柄,处身于有权势的地位,所以下命令就能被执行,有禁令就能制止。所谓权柄,就是生杀人民的制度;所谓势位,就是控制民众的资本。法令的废黜与建立没有节制,权势就要受轻慢,和臣下共同实施赏罚,威力就要被分散。因此,英明的君主不会因为喜欢某个人而听信他的话,不会只记住喜欢的东西来进行谋算。所以听取意见不加以比较,权力就会被奸人分享,考虑事情不运用智术就会受臣下的挟制。所以英明的君主行使权力就像天一样公正无私,他任用官员,就像鬼一样隐秘不可度测。像天一样公正就不会受到非难,像鬼神一样深不可测就不会遭遇困境。威势行于国内，法教又十分严厉，就没有人敢违背，诋毁、赞誉和法律所规定的赏罚一致就不会产生争议。所以赏赐贤良惩罚暴恶，这是提倡美善的最好的办法；赏赐暴恶、惩罚贤良，这是提倡暴恶的最好的办法，这就叫做赏赐和自己相同的，惩罚和自己不同的。赏赐最好的办法是丰厚，让民众能以此得利；赞誉最好的办法是称美，让民众因此而感到光荣；诛罚最好的办法是重刑，让民众感到害怕；毁败最好的办法是憎恶，让民众感到可耻。然后统一地推行法律，禁绝和诛罚奸私之行。卿大夫不能妨害赏功罚罪，有功者必知而赏之，有罪者必知而罚之，明白了这一点，治理国家的道术就齐备了。

【注释】　①因情：本节的标题，原在节末，为醒眉目并适合现代的阅读习惯，故移于此。下同。因情，指顺应人的天性。　②废置：指法令的废黜与建立。渎：轻慢。　③赏罚下共：赏罚的权柄和臣下共享，即和臣下一起实施赏罚。　④怀爱而听：因为心中喜爱而偏听其言。　⑤留说而计：说，通"悦"。留悦于心而计谋，记住喜欢的东西而进行谋算。　⑥行制也天：制，即指生杀予夺的大权。行使生杀之权像天一样公正无私。　⑦用人也鬼：任用官员就像鬼一样隐秘不可度测。　⑧势行教严：教，指法教。威势行于国内，法教又严。　⑨毁誉一行：毁誉，指诋毁和赞誉。一，指专一而不改变。诋毁、赞誉和法律所规定的赏罚一致而不加改变。　⑩家不害功罪：家，指卿大夫。功罪，赏功罚罪。卿大夫不能妨害赏功罚罪，即卿大夫不能欺蔽君主，使有功者不得赏，有罪者不得罚。　⑪赏罚必知之：指有功者必知而赏之，有罪者必知而罚之。

主道①二

力不敌众，智不尽物。与其用一人，不如用一国。故智力敌而群物胜，揣中则私劳②，不中则任过。下君尽己之能，中君尽人之力，上君尽人之智。是以事至而结智，一听而公会。听不一则后悖于前③，后悖于前则愚智不分；不公会则犹豫而不断，不断则事留。自取一，则毋堕壑之累④。故使之讽⑤，讽定而怒⑥。是以言陈之日，必有笑籍⑦，结智者事发而验，结能者功见而论。谋有成败，成败有征，赏罚随之。事成则君收其功，规败则臣任其罪。君人者合符犹不亲⑧，而况于力乎？事智犹不亲⑨，而况于悬乎⑩？故其用人也不取同⑪，同则君怒。使人相用则君神，君神则下尽。下尽，则臣上不因君而主道毕⑫矣。

【译文】　一个人的力量制服不了众人，一个人的智慧应付不了所有的事物。所以治理国家，与其使用君主一个人的力量和智能，不如使用全国人的力量和智能。所以用君主一个人的智慧和力量去敌对万物，一定是万物取胜，预测得正确,就会自己受累,预测得不正确,则要承担过错。才智低劣的君主耗尽自己的才能,中等智力的君主能使用臣民的力量,而上等智力的君主则能使用臣民的力量和智能。所以国家有事就要集合众人的智能,一一听取他们的意见并公开讨论。不一一听取意见就公开讨论,人的发言就会前后悖反,前后悖反,就不能区别愚蠢和聪智;不公开讨论就会犹豫而不能做出决断,不能做出决断事情就会被拖延。从众人的意见中独立自主地选取一种,就不会有陷入别人设置的陷阱的灾祸。所以让众人发表意见,意见说完了,然后责求实效。因此在发表意见的时候,一定有记录意见的簿册文书,集合众人的智能,等到事情发生之后再加以验证,集合众人的才能等事情成功之后再加以论定。计谋有成功也有失败,成功与失败都有证据,赏罚便据此而行。事情成功就是君主的功劳,规划失败则大臣承担其过失。君主对于合验符信那样的轻松小事尚且不亲自动手,更何况于用力之事呢?对于切近的事情都不亲自去思考,更何况于揣测未知的事情呢?所以他任用官员,不会选取一味迎奉的人,一味迎奉顺从,君主就要生气。能让每个人都能尽其智慧,那么君主就会像神明一样,君主像神明一样,臣下就会尽智尽力,臣下尽智尽力,那么臣下就不会利用君主的威势,为君之道就齐备了。

【注释】 ①主道:为君之道。 ②揣中:预测正确。 ③听不一则后悖于前:指未能一一听取意见就公开讨论,后发言的人就会针对前面的发言提出反对意见以标新立异。 ④堕壑(hè)之累:壑,坑地,这里比喻陷阱。指陷入别人设置的陷阱的灾祸。 ⑤讽:发言。 ⑥怒:责求。 ⑦筴籍:筴,同"策",简策。籍,簿籍。记言记事的簿册文书。 ⑧合符:合验符信。 ⑨事智:指思考切近的事情。 ⑩悬:揣测。 ⑪同:迎奉君主。 ⑫毕:齐备。

起乱三

知臣主之异利者王,以为同者劫,与共事者杀。故明主审公私之分,审利害之地,奸乃无所乘。乱之所生六也:主母①、后姬、子姓②、兄弟、大臣③、显贤④。任吏责臣,主母不放⑤。礼施异等,后姬不疑。分势不贰,庶适不争。权籍不失,兄弟不侵。下不一门⑥,大臣不拥。禁赏必行,显贤不乱。臣有二因⑦,谓外内也。外曰畏,内曰爱。所畏之求得,所爱之言听,此乱臣之所因也。外国之置诸吏者,结诛亲昵重帑⑧,则外不籍矣。爵禄循功,请者俱罪,则内不因矣。外不籍,内不因,则奸宄塞矣⑨。官袭节而进,以至大任,智也。其位至而任大者,以三节持之⑩,曰质、曰镇、曰固。亲戚妻子,质也。爵禄厚而必,镇也。参伍责怒⑪,固也。贤者止于质,贪饕化于镇,奸邪穷于固。忍不制则下上,小不除则大诛,而名实当则径之⑫。生害事,死伤名,则行饮食⑬;不然,而与其雠,此谓除阴奸也。医曰诡⑭、曰易。见功而赏,见罪而罚,而诡乃止。是非不泄,说谏不通,而易乃不用。父兄贤良播出曰游祸,其患邻敌多资。僇辱之人近习曰狎贼⑮,其患发忿疑辱之心生。藏怒持罪而不发曰增乱,其患徼幸妄举之人起。大臣两重、提衡而不蹄⑯曰卷祸,其患家隆劫杀之难作⑰。脱易不自神曰弹威⑱,其患贼夫酖毒之乱起。此五患者,人主之不知,则有劫杀之事。废置之事,生于内则治,生于外则乱。是以明主以功论之内,而以利资之外,故其国治而敌乱。即乱之道⑲,臣憎则起外若眩⑳,臣爱则起内若药㉑。

【译文】 明晓君臣的利益不同的君主可以统治天下,认为君臣的利益相同的君主会被劫持,和大臣共同商议政事的君主会被杀害。所以英明的君主能详察公私的分别,审度利害之所在,奸邪就无机可乘。导致祸乱产生的根源有六个:主母、后姬、子孙、弟兄、握有权柄的大臣和声名显著的贤士。根据法律来任用大臣,运用权势来责求臣下,主母就不敢放纵。根据礼制制定不同的等级名分,正夫人和妃妾就不相比拟。势位不分给庶子,那么庶子和嫡子就不会发生争夺。权力势位不失,兄弟就不敢侵夺,官员不同出大臣之门,就不会受到大臣的蒙蔽。私行必禁、公功必赏,声名显著的贤士就不会扰乱国政。大臣有两种可依赖的凭借,就是国外的凭借和国内的凭借。国外的凭借就是君主畏惧的强国,国内的凭借就是君主喜爱的人。所畏惧的强国的要求一定做到,所喜爱的人的话一定听从,这就是奸臣作乱的凭借。若有诸侯国来安置官吏,就诘责并诛罚那些与诸侯国关系亲近、接受其贿赂的人,那么官吏就不会依赖外国了。根据功劳来授予爵禄,代为求官的人和本人一同治罪,那么国内的凭借也就没有了。不依赖外国,不凭借内力,那么违法作乱的事情就可以塞绝了。官职一级一级地升迁,最后得以担任重要的职事,这是明智的人。对于那些地位最高、职事最重要的官吏,要用三种方式来控制他们,这就是质、镇、固。用他们的亲戚妻子作为人质,叫做质。用丰厚明确的爵禄来安抚他,叫做镇。用参验比较的方法来责求实效,叫做固。贤良的人因为亲戚妻子做人质就会停止作乱,贪婪的人因为丰厚的爵禄而改变其念头,奸邪的人因为责罚严厉而无法作乱。隐忍而不加制裁,就会以下犯上,小患不除就会引发大的诛杀,如果名实相符就径直诛杀。

活着会妨害国事,杀他又有损声名,就利用饮食来毒杀;如果不这样做,就把他交给他的仇人,这叫做在暗中铲除奸恶。官吏蒙蔽君主的办法有两种,一是诡诈,二是变易。看到功劳就赏赐,看到罪过就诛罚,那么诡诈之法就会止息。对事情的是非态度与臣下的进谏不随便泄露,变易之法就不会被使用。父兄贤士出亡在外,被称为"游祸",这种灾祸是敌国常常会利用他们来侵害国家。受过刑辱的人受到宠信,被称为"狎贼",这种灾祸是受刑之人愤怒时产生被侮辱的疑心而猜忌报复。怀藏愤怒记住罪过却不发作,被称为"增祸",这种灾祸是那些被忌怒的人因担心被诛希望通过作乱来免去罪罚而轻举妄动。同时倚重两位大臣、使他们权势相敌而没有偏重,被称为"卷祸",这种灾祸是臣下权势强大导致君主被劫杀的灾难发生。轻率简慢、不自以为神,被称为"弹威",这种灾祸是导致后妃暗害毒杀君主的祸乱发生。这五种灾祸,君主如果不能真正了解,就会有被劫杀的事情。官吏的废置,完全由国君做主国家就会平治,如果由诸侯大国做主国家就会混乱。因此英明的君主根据功劳来考评国内的官员,却用财利来贿赂国外的官员,所以他的国家能平治而敌国却被扰乱。国家趋于祸乱的途径是,臣下憎恨君主,祸乱就会从外面发生,就像伤风得了眩疾一样,臣下如果受到宠爱,祸乱就会从内部发生,就像吃了毒药一样。

【注释】　①主母:君主的母亲,即太后。　②子姓:即子孙,指嫡子之外的庶子。　③大臣:握有权柄的大臣。　④显贤:声名显著的贤士。　⑤放:放纵。　⑥下不一门:指所任用的官员不出于同一位大臣之门。　⑦因:凭借。　⑧结诛:结,通"诘"。诘责其罪而加以诛罚。亲昵:指与诸侯国关系亲近的人。重帑(tǎng):财帛,这里指接受诸侯国财帛贿赂的人。　⑨奸宄(guǐ):违法作乱的事情。　⑩节:约束。　⑪参伍责怒:参伍,参验比较。怒,责求。用参验比较的方法责求实效。　⑫而:如果。　⑬行饮食:指通过在饮食中下毒来杀死。　⑭医:当为"瑿",蒙蔽。　⑮僇辱:戮辱,刑辱。　⑯提衡:用秤称物,以平轻重。引申为抗衡。　⑰家隆:臣下权势强大。　⑱脱易:轻率简慢。弹威:分割威权,即君主的威权被侵夺。　⑲即乱:即,趋就,接近。趋于混乱。　⑳眩:眩疾,即因感风寒而头晕目眩。　㉑药:指毒药。

立道四

参伍之道①:行参以谋多,揆伍以责失②。行参必拆③,揆伍必怒。不拆则渎上④,不怒则相和⑤。拆之征足以知多寡⑥,怒之前不及其众。观听之势,其征在比周而赏异也。诛毋谒而罪同⑦。言会众端,必揆之以地,谋之以天,验之以物,参之以人。四征者符,乃可以观矣。参言以知其诚,易视以改其泽⑧,执见以得非常⑨，一用以务近习⑩，重言以惧远使⑪，举往以悉其前，即迩以知其内⑫，疏置以知其外，握明以问所暗，诡使以绝黩泄⑬，倒言以尝所疑，论反以得阴奸，设谏以纲独为⑭，举错以观奸动⑮，明说以诱避过，卑适以观直谄⑯，宣闻以通未见，作斗以散朋党，深一以警众心，泄异以易其虑。似类则合其参，陈过则明其固⑰，知罪辟罪以止威⑱，阴使时循以省衰⑲，渐更以离通比⑳，下约以侵其上㉑，相室约其廷臣，廷臣约其官属，兵士约其军吏㉒，遣使约其行介㉓，县令约其辟吏㉔，郎中约其左右，后姬约其宫媛，此之谓条达之道㉕。言通事泄则术不行。

【译文】　错综比较、加以验证的方法：参验言行来谋求功绩，考虑错综复杂的情况来督责过失。参验言行一定要加以分析，错综比较一定要厉加督责。不加分析就会轻慢君上，不厉加督责就会相互勾结联合。分析所得的证验足以得知功劳的多寡，在督责之前不把意图泄露给臣下。观行听言的情势，所表现的征象是臣下如果相互勾结，就赏赐那些与之不同的。诛罚不告奸的，使之与奸人同罪。综合众人的言论，一定要考虑地利、谋算天时、验证物理、参稽人事。这四个方面的征兆都相符合，才能察知真相。参验言行来了解他的诚信，改变观察角度侧面来考察他的择守，掌握已经显现出来的迹象就可以察知隐藏的祸端，让亲近的人专职做一件事情，再三申诫出使远方的使者使之戒惧，列举往事来察知当前的情况，通过他亲近的人来察知他的心理，把他安置到疏远的位置来观察他的行为，掌握着已知的情况来查问未知的隐情，用权诈的方法差使官吏以断绝其轻慢之心，说相反的话来试探所怀疑的官吏，考虑相反的事情来获知隐藏的奸恶，设置间谍来约束独当一面的大臣，通过官员的任免来观察奸臣的动静，通过明白地陈说来劝导官吏免过避刑，让官吏迎合自己的心意来观察他是耿直或谄谀，宣告法令给那些还没有见到的人，制造争斗来解散朋党，洞察一件事情的详情来警戒众人之心，泄露另外的事情来改变官吏的想法。遇到相类似的事情就综合比较参证，陈说过失就要明白其中的缘由，知道官吏的罪恶就要惩罚他的罪恶以遏制他的威势，暗中派人时时巡视来考察官吏的忠诚，依照次序更替官吏的职位来避免串通勾结。暗中联络下属来监督他的上司：对于宰相就联络他的廷臣，对于廷臣就联络他的属官，对于兵士就联络他的军吏，对于使者就联络他的副使，对于县令就联络他的属吏，对于郎中就联络他的左右，对于后妃就联络她的宫女，这就是被称为能通达四方的道术。言语被宣扬、事情被泄露，这个办法就行不通了。

【注释】 ①参伍:错综比较,加以验证。 ②揆(kuí)伍:揆,度量,揣度。考虑错综复杂的情况。 ③拆:分拆,分析。 ④渎上:轻慢君上。 ⑤相和:相互勾结联合。 ⑥征:证验。 ⑦谒:禀告,陈说。这里应告奸。 ⑧易视以改其泽:易视,改变观察角度。改,当作"攷",同"考",考察。泽,通"择",择守。改变观察角度侧面来考察他的择守。 ⑨非常:非常之事,指隐藏的祸端。 ⑩一用:专用,不兼职。 ⑪重(chóng)言:再三申诫。 ⑫迩(ěr):亲近的人。 ⑬嫚泄:嫚,轻慢不敬。泄,通"媟(xiè)",轻慢。 ⑭设谏以纲独为:谏,通"间",间谍。纲,约束。独为,专任,独当一面的大臣。设置间谍来约束独当一面的大臣。 ⑮举错:即"举措",任用与废黜。 ⑯卑适:卑,通"俾",使。适,迎合。让人迎合自己的心意。 ⑰固:通"故",缘由。 ⑱辟罪:辟,刑罚。惩罚罪恶。 ⑲时循:循,通"巡"。经常巡视。 ⑳渐更:依照次序更替。通比:指串通勾结,结为朋党。 ㉑下约以侵其上:下约,联络下属。侵,接近,这里指监视。联络其下属来监督上司。 ㉒兵士:指统兵之士。 ㉓行介:指随从出使的副使。 ㉔辟吏:被荐举而任用的属吏。 ㉕条达:畅达,通达。

周密①五

　　明主其务在周密。是以喜见则德偿②,怒见则威分。故明主之言隔塞而不通,周密而不见。故以一得十者下道也,以十得一者上道也。明主兼行上下,故奸无所失。伍、闾、连、县而邻③,谒过赏,失过诛。上之于下,下之于上,亦然。是故上下贵贱相畏以法,相诲以利。民之性,有生之实,有生之名。为君者有贤知之名,有赏罚之实。名实俱至④,故福善必闻矣。

【译文】 英明的君主务求言行的周密。因为如果表现出喜爱,就会被臣下利用为自己的恩德而取偿,表现出怒恨,就会被臣下利用因而分享君主的威权。所以英明的君主说话防备不使泄露,行动谨慎小心不被发现。所以利用一个人的智慧来考察十个人,这是下等的办法,用十个人的智慧来考察一个人,这是上等的办法。英明的君主能够兼施这两种办法,所以奸邪就不会被失察。伍、闾、连、县各级相邻,告发过失就奖赏,失察过失就诛罚。上级对于下级,下级对于上级,都是这样。所以上级和下级,尊贵的与卑贱的,都相互以守法为警戒,相互以获利来劝勉。民众的本性,既要有生存的实利,也要有生存的名誉。做君主的,既要有贤智的名誉,又要有赏罚的实利。名利双收,就一定能够获得福善了。

【注释】 ①周密:本节标题原做"参言",诸家认定"参言"应为下节标题,而认为此节标题已佚。太田方《韩非子翼毳》取首句"周密"为题,姑从其说。 ②以喜见则德偿:即君主表现出对某人的喜爱,权臣赶紧作为自己的恩德加以卖弄。与《内储说下》"君先见所赏则臣鬻之以为德"同义。 ③伍、闾、连、县:古代民户的编制单位,五家为伍。闾即

“里”,里巷。四里为连,十连为乡,若干乡合为一县。　　④名实:名与利。

参言①六

听不参则无以责下,言不督乎用则邪说当上。言之为物也以多信。不然之物,十人云疑,百人然乎,千人不可解也。呐者言之疑②,辩者言之信。奸之食上也③,取资乎众,籍信乎辩,而以类饰其私。人主不餍忿而待合参④,其势资下也。有道之主,听言,督其用,课其功,功课而赏罚生焉,故无用之辩不留朝。任事者知不足以治职,则放官收玺⑤。说大而夸则穷端,故奸得而怒。无故而不当为诬,诬而罪,臣言必有报⑥,说必责用也,故朋党之言不上闻。凡听之道,人臣忠论以闻奸,博论以内一,人主不智则奸得资⑦。明主之道,已喜则求其所纳,已怒则察其所构⑧;论于已变之后,以得毁誉公私之征。众谏以效智故⑨,使君自取一以避罪。故众之谏也,败、君之取也。无副言于上以设将然⑩,今符言于后以知谩诚。明主之道,臣不得两谏,必任其一语;不得擅行,必合其参;故奸无道进矣。

【译文】　听取意见不加以参证比较就没有办法责求臣下,言论不经实用来监督,奸邪的学说就会欺蒙君主。言语这个东西,大家都这么说就会被相信。不真实的东西,有十个人认为可疑,有一百个人认为正确,有一千个人认为不能辨别。言语迟钝的人说的话容易让人怀疑,口齿伶俐的人说的话容易让人相信。奸臣侵蚀君主,要依靠众人的帮助,凭借巧辩的言辞,用相类似的事情来文饰自己的私心。君主如果不能非常生气地制止却要等待事实来验证,他的权势就要被奸臣所利用了。有道术的君主,听到进言,就督责其实效,考核其功绩,考核功绩之后就会实施赏罚,所以没有实用的巧辩之士不会留在朝廷上。担任职事的人才智不足以用来处理职事,就免去官职收回印信。说辞夸大的就穷究其本末,所以奸诈邪说就能受到谴责。没有理由却言行不能相称就是欺诬,欺诬就被治罪,臣下的进言一定要加以核实,学说一定要责求实用,所以相互勾结袒护的话就不敢上奏君主。听取臣下意见的办法是,那些报告奸邪的人一定是忠臣,那些想纳进一人的必定会广征博引,君主如果不了解这种情况,那么奸臣就会达到目的。英明的君主的办法是,自己高兴时就责求所进之言的虚实,自己愤怒时就详察他的图谋;在情绪发生改变之后再评判其是非,这样进言的毁誉公私,就都能得到验证了。进献多种说法来表现自己的智巧,让君主自己选取一种,用这种办法来逃避罪责。所以进献多种说法,失败了,就是君主自己的选择。不要进言第二种说法来假设可能发生的情况,根据今天说的话和后来的事情是否符合来了解臣下的忠诚与欺瞒。英明的君主的做法是,臣下不能进献两种意见,一定要为一种说法负责任;不能擅自采取行动,一定要参验其他的事情。所以奸邪就没有办法进言了。

【注释】　①此标题原文错置于上节之末,依诸家之说移置于此。下二节标题的错置与处理与此同。　②呐:言语迟钝。　③食:通"蚀",侵蚀。　④餍忿:盛怒。　⑤放官收玺:免去官职收回印信。　⑥报:核实。　⑦智:通"知"。　⑧构:图谋。　⑨智故:智巧,巧诈。　⑩副言:第二种说法。

听法七

官之重也,毋法也;法之息也,上暗也。上暗无度则官擅为,官擅为故奉重无前,奉重无前则征多①,征多故富。官之富重也,乱功之所生也②。明主之道,取于任,贤于官,赏于功;言程、主喜俱必利,不当、主怒俱必害,则人不私父兄而进其仇雠。势足以行法,奉足以给事,而私无所生,故民劳苦而轻官。任事也毋重,使其宠必在爵,处官者毋私,使其利必在禄,故民尊爵而重禄。爵禄所以赏也,民重所以赏也则国治。刑之烦也,名之缪也③,赏誉不当则民疑。民之重名与其重赏也均④。赏者有诽焉,不足以劝;罚者有誉焉,不足以禁。明主之道,赏必出乎公利,名必在乎为上。赏誉同轨,非诛俱行,然则民无荣于赏之内。有重罚者必有恶名,故民畏。罚所以禁也,民畏所以禁则国治矣。

【译文】　官吏的权势太重,是因为没有法度;法度被废止,是由于君上昏昧。君上昏昧无度,官吏就会专权妄为,官吏专权妄为所以俸禄就空前丰厚,俸禄空前丰厚,征收的赋税就多,征收的赋税多所以就很富有。官吏权势很重,又很富有,这是祸乱之事发生的根源。英明的君主的办法是,选取能够担任职事的,尊崇那些忠于职守的,赏赐那些立功的;被举荐的人能够称职,君主高兴,举荐者和被举荐者都能获利,被举荐的人不能胜任其职,君主生气,举荐者和被举荐者都会受罚,那么人就不会偏私自己的父兄,却会举进他的仇人。威势足以推行法令,俸禄足以供给需要,奸私没有产生的地方,所以人民辛苦劳务而轻视官府的赋税。委任职事权势不能太重,让他们得到的尊宠一定和爵位相称,身处官位的人不贪求私利,让他们的利益一定集中在俸禄上,因此民众就能尊贵爵位、重视俸禄了。爵位和俸禄是用来赏赐的,民众看重赏赐国家就会平治。刑法的烦乱,在于毁誉之名的乖误,赏赐的和赞誉的不相符合民众就会疑惑。民众重视名誉和重视赏赐的心意是相同的。受到赏赐的人遭到非议,那么赏赐就不足以劝功,被惩罚的人却受到赞誉,那么惩罚就不足以禁制奸恶。英明的君主的做法是,赏赐一定要给对国家有利的人,名誉一定要给效忠君主的人。赏赐和赞誉相统一,非议和诛罚相伴行,如此一来,人民就会认为没有比受到赏赐更荣耀的了。受到重罚的人一定有恶劣的名声,所以民众就会畏惧受罚。刑罚是为了禁止奸邪,民众害怕那些被禁止的事情,那么国家就能被治理好了。

【注释】 ①前:通"翦",削减。 ②乱功:功,事。祸乱之事。 ③名之缪:名,这里指毁誉之名。缪,错误,乖误。毁誉之名的乖误。 ④均:等同。

类柄①八

行义荣则主威分,慈仁听则法制毁。民以制畏上,而上以势卑下,故下肆很触而荣于轻君之俗则主威分②。民以法难犯上,而上以法挠慈仁,故下明爱施而务赇纳之政③,是以法令隳。尊私行以贰主威,行赇纳以疑法,听之则乱治,不听则谤主,故君轻乎位而法乱乎官,此之谓无常之国④。明主之道,臣不得以行义成荣,不得以家利为功。功名所生,必出于官法;法之所外,虽有难行,不以显焉,故民无以私名。设法度以齐民,信赏罚以尽民能,明诽誉以劝沮,名号、赏罚、法令三隅⑤,故大臣有行则尊君,百姓有功则利上,此之谓有道之国也。

【译文】 私行仁义受到尊荣君主的威势就会被削弱,慈惠仁爱的做法被听从法制就会被毁坏。民众因为法制而畏惧君上,可是君上却以威势而卑礼臣下,所以臣下就肆意妄为,触犯法律,并以轻视君主的习俗为荣,那么君主的威势就要被削弱。民众因为法制不会轻易冒犯君上,可是君上却使法令屈从于慈惠仁爱,所以臣下就公然地施行慈惠仁爱,致力于行贿受贿之事,因此法令就被败毁。尊宠私行而削弱君主的威势,行贿受贿而扰乱法制,听任他们国家就会混乱,不听任他们就诽谤君主,所以君主的地位受到轻视,官府的法令被扰乱,这就叫做没有法度的国家。英明的君主的办法是,臣下不得通过私行仁义获得荣耀,不得把私家的利益作为功绩。功绩荣誉的获得,一定是依据官府的法度。法度之外,即使完成了难以完成的行为,也不能因此而荣显,所以民众不会因为私行而获得名誉。设立法度来治理人民,确保赏罚以竭尽人民的智能,明确诽谤赞誉来劝勉和制止,名号、赏罚、法令这三个方面相互配合,所以大臣有德行就会尊崇君主,百姓有功劳就会对君主有利,这就叫做政治清明的国家。

【注释】 ①类柄:类,类似,比拟。柄,权柄、威势。本节主要阐述臣下上拟君主威势的表现,故以"类柄"为题。 ②肆很触:很,通"狠"。触,触犯。肆意妄为,触犯法律。③赇(qiú)纳:赇,行贿。行贿受贿。 ④无常:常,法度,常规。没有法度。 ⑤三隅:隅,事物的一个方面。事物的三个方面相互配合。

五蠹第四十九

　　蠹(dù)，蛀虫。五蠹，即五种蛀虫，指代祸害国家利益的五种人，也就是本文末尾所说的学者、言谈者(游说者)、带剑者(游侠)、患御者(害怕攻战守御的人)、商工之民。文章从发展进化的历史观出发，认为"上古竞于道德，中世逐于智谋，当今争于气力"，因此统治国家必须"事因于世，而备适于事"，作者同时批评了君主在措施上与认识上存在的矛盾，并进一步指出，要想使国家富强，必须清除无益于耕战的"五蠹之民"。本文所提出的"以法为教"、"以吏为师"、"以斩首为勇"，成为秦朝统治天下的重要理论依据。

　　上古之世，人民少而禽兽众，人民不胜禽兽虫蛇①，有圣人作，构木为巢以避群害，而民悦之，使王天下，号曰有巢氏②。民食果蓏蚌蛤③，腥臊恶臭而伤害腹胃，民多疾病，有圣人作，钻燧取火以化腥臊④，而民说之，使王天下，号之曰燧人氏⑤。中古之世，天下大水，而鲧、禹决渎⑥。近古之世，桀、纣暴乱，而汤、武征伐⑦。今有构木钻燧于夏后氏之世者，必为鲧、禹笑矣。有决渎于殷、周之世者，必为汤、武笑矣。然则今有美尧、舜、禹、汤、武之道于当今之世者，必为新圣笑矣。是以圣人不期修古⑧，不法常可，论世之事，因为之备。宋人有耕田者，田中有株，兔走，触株折颈而死，因释其耒而守株，冀复得兔，兔不可复得，而身为宋国笑。今欲以先王之政，治当世之民，皆守株之类也。

【译文】　上古时代，人类稀少而禽兽很多，人类不能承受禽兽虫蛇的侵害，所以有圣人出来，架起木头搭成鸟巢一样的住所来避免各种动物的伤害，于是人民爱戴他，让他统治天下，号称为有巢氏。人民吃瓜果蚌蛤，气味腥臊难闻，并且伤害肠胃，很多人生了病，于是有圣人出来，钻燧取火来化解食物的腥臊气味，于是人民爱戴他，让他统治天下，号称为燧人氏。到了中古时代,天下洪水泛滥,于是有鲧和禹来疏通水道。到了近古时代,夏桀和商纣暴虐无道,天下混乱,于是商汤和周武王率兵征伐他们。现在如果有人在夏朝时用木头搭建鸟巢、钻燧来取火种,一定会遭到鲧和禹的耻笑。如果有人在殷周时代疏通水道,一定会遭到商汤、周武王的耻笑。如此说来,如果有人在当今之世赞美唐尧、虞舜、夏禹、商汤、周武王的作法,一定会受到当今之世的圣人的耻笑。因此,圣人不希望遵循古道,不效法陈规旧俗,研究当世的情况,据此建立相应的设施。宋国有个耕田的人,田间有一个树桩,一只奔跑的兔子撞在树桩上折断脖子死了,这个人于是放下了他的农具而守在树桩旁边,希望再得到兔子,兔子不可能再得到,而自己却被宋国人耻笑。现在想用先王治国的办法,来治理当世的人民,都是和守株待兔一样的。

【注释】 ①胜:能够承受。 ②有巢氏:古代的部落首领,传说中巢居的发明者。 ③蓏(luǒ):瓜类植物的果实。 ④燧:古代的取火用具,有金燧和木燧两种。 ⑤燧人氏:古代的部落首领,传说中钻燧取火之法的发明者。 ⑥鲧、禹:鲧,传说中古代的部落酋长名,禹的父亲。传说唐尧时洪水泛滥,唐尧派鲧治理洪水,鲧用堵塞之法,治水无功,被尧杀死在羽山。之后其子禹继承父业,用疏导的方法治理水患,洪水得以平息。后来禹因为治水有功,接受虞舜的禅让做了天子,建立了夏朝。渎:江河大川。 ⑦汤、武:即商汤、周武王,分别是商朝和周朝的开国天子。 ⑧修古:遵循古道。

古者丈夫不耕,草木之实足食也;妇人不织,禽兽之皮足衣也。不事力而养足,人民少而财有余,故民不争。是以厚赏不行,重罚不用而民自治。今人有五子不为多,子又有五子,大父未死而有二十五孙①,是以人民众而货财寡,事力劳而供养薄,故民争,虽倍赏累罚而不免于乱。

【译文】 古代的男人不耕田种地,草木的果实足够吃饱;女人不织布,禽兽的皮足够做衣。不费力气而供养充足,人民稀少而财货有余,所以人民不会发生争夺。因此不用施行厚赏,不用采用重罚,人民自然安定。现在一个人有五个儿子不算多,儿子又有五个儿子,祖父没有老死就有了二十五个孙子,因此人民众多而财货很少,努力劳作却供养微薄,所以人民就会争夺,即使加倍地赏赐、多次地惩罚仍然不能免除混乱。

【注释】 ①大父:祖父。

尧之王天下也,茅茨不翦①,采椽不斵②,粝粢之食③,藜藿之羹④,冬日麑裘⑤,夏日葛衣⑥,虽监门之服养,不亏于此矣。禹之王天下也,身执耒臿以为民先⑦,股无胈⑧,胫不生毛⑨,虽臣虏之劳不苦于此矣。以是言之，夫古之让天子者，是去监门之养而离臣虏之劳也，古传天下而不足多也。今之县令，一日身死，子孙累世絜驾⑩，故人重之。是以人之于让也，轻辞古之天子，难去今之县令者，薄厚之实异也。夫山居而谷汲者，膢腊而相遗以水⑪；泽居苦水者，买庸而决窦⑫。故饥岁之春，幼弟不饷⑬；穰岁之秋⑭，疏客必食⑮；非疏骨肉爱过客也，多少之实异也。是以古之易财，非仁也，财多也；今之争夺，非鄙也，财寡也；轻辞天子，非高也，势薄也；重争士橐⑯，非下也，权重也。故圣人议多少、论薄厚为之政，故罚薄不为慈，诛严不为戾，称俗而行也。故事因于世，而备适于事。

【译文】　唐尧统治天下的时候，茅草盖的屋顶不加修剪，柞木的椽子未经砍削，用粗粮做饭，用野菜做汤，冬天穿着麑裘，夏天穿着葛衣，即使看守人的供养，也不会比这更加微薄。夏禹统治天下的时候，亲自拿着农具走在民众的前面，累得大腿上没有了细毛，小腿上也不长毛，即使臣仆奴隶的劳作也不会比这更加辛苦。由此而论，古代禅让天子的人，是去掉守门人的微薄待遇、逃离奴仆的辛苦劳作，古代禅让天下的人并不值得称道。现在的县令，一旦死了，子孙好几代都能安享富贵，所以人民都很看重县令这个职位。所以人们对于让位之事，能够轻易地辞去古代天子的位置，却很难辞去今天的县令，这是因为实利的薄厚不同啊。住在山上而到山谷里取水的人，在行膢腊之祭时拿水作为礼物相互赠送；住在沼泽地里深受水害的人，要花钱雇人来疏通水道。所以在饥荒之年的春天，连幼小的弟弟也没有食物吃；丰收之年的秋天，疏远的客人也一定有东西吃。这不是疏远自己的亲人而喜爱过路的客人，而是粮食的多少不同啊。因此古人轻视财物，不是因为仁爱，而是因为财物很多；现在人的争夺，不是因为贪鄙，而是财物太少；轻易地辞让天子之位，不是因为品德高尚，而是因为势位轻微，现在的人竭力争取出仕做官、寄身权门，不是因为品行卑下，而是因为权势重大。所以圣人考论财物的多少、利益的薄厚来决定治理的办法，所以惩罚轻微不算仁慈，刑诛严厉不算暴戾，适合于社会的习俗就执行。所以事情随着时世发生改变，而装备也适应着事情的需要。

【注释】　①茅茨：茅草盖的屋顶。　②采椽：柞木的椽子。斲（zhuó）：砍削。　③粝（lì）粢（zī）：糙米和稷，泛指粗粮。　④藜藿：藜，灰菜。藿，豆叶。泛指低劣的菜蔬。　⑤麑裘：麑，幼鹿。用幼鹿皮做成的皮衣。　⑥葛衣：用葛布做成的衣服。　⑦耒耜

(chā):臿,插地起土的工具,即锹。泛指农具。 ⑧股:大腿。胈:人身上的细毛。 ⑨胫:小腿。 ⑩絜驾:指乘车,形容安享富贵。 ⑪膢(lú)腊:古代的两种祭名。祭时多在岁终,故常并称。古代的贫民,一定要等到"膢腊"之祭之后才能饮酒吃肉。 ⑫庸:受雇用的劳动力。决窦:即"决渎",疏通水道。 ⑬馕(xiǎng):同"饷",给人食物吃。 ⑭穰(ráng):庄稼丰收。 ⑮食(sì):拿东西给人吃。 ⑯士橐(tuó):士,通"仕",出仕。橐,通"托",寄寓,这里指寄食于权贵之门的人。出仕做官或寄食权门。

古者文王处丰、镐之间①,地方百里,行仁义而怀西戎②,遂王天下。徐偃王处汉东③,地方五百里,行仁义,割地而朝者三十有六国,荆文王恐其害己也④,举兵伐徐,遂灭之。故文王行仁义而王天下,偃王行仁义而丧其国,是仁义用于古不用于今也。故曰:世异则事异。当舜之时,有苗不服⑤,禹将伐之,舜曰:"不可。上德不厚而行武⑥,非道也。"乃修教三年,执干戚舞⑦,有苗乃服。共工之战⑧,铁铦矩者及乎敌⑨,铠甲不坚者伤乎体,是干戚用于古不用于今也。故曰:事异则备变。上古竞于道德,中世逐于智谋,当今争于气力。齐将攻鲁,鲁使子贡说之⑩,齐人曰:"子言非不辩也,吾所欲者土地也,非斯言所谓也。"遂举兵伐鲁,去门十里以为界。故偃王仁义而徐亡,子贡辩智而鲁削⑪。以是言之,夫仁义辩智,非所以持国也。去偃王之仁,息子贡之智,循徐、鲁之力使敌万乘,则齐、荆之欲不得行于二国矣。

【译文】 古时候周文王居住在丰镐一带,地方百里,施行仁义,安抚西戎,于是统治了天下。徐偃王在汉水以东,地方五百里,施行仁义,割献土地来朝贡的有三十六个国家,楚文王担心他会妨害楚国,举兵攻打徐国,于是就消灭了它。所以周文王施行仁义得以统治天下,徐偃王施行仁义却丧失了国家,这是仁义适合于古代而不能适用于现在。所以说:世道不同,情况就要发生变化。在虞舜的时候,有苗不肯归服,禹打算攻打它,舜说:"不行。崇尚德行不够深厚却动用武力,这不是正道。"于是修德教化三年,拿着干戚跳舞,有苗于是就归服了。讨伐共工的战争,铁铦等武器被加长如钜能够触及敌人,铠甲不坚固的身体就会受伤,这是因为干戚适用于古代而不适用于现代。所以说,情况不同了,设备也要跟着改变。上古的人在道德上竞争,中古的人在智谋上竞争,当今之世则在气力上竞争。齐国准备攻打鲁国,鲁国派子贡出使游说,齐国人说:"您的话不是不巧辩,但我想要的是土地,不是这些话所说的东西。"于是举兵攻打鲁国,把离鲁国国都大门十里的地方作为边界。所以徐偃王施行仁义而徐国灭亡,子贡机智善辩而鲁国被削割。由此而言,仁义智辩不是能够保全国家的办法。去除徐偃王的仁义,不用子贡的智辩,依靠徐国、鲁国的力量来抵抗万乘强国,那么齐、楚两国的欲望就不可能在这两个国家得到满足了。

【注释】 ①文王:指周文王姬昌,周武王的父亲,商纣时为西伯,施行仁政,诸侯归服,周武王灭纣之后,追尊其父为文王。丰:邑名,周文王时的都丰。镐:邑名,周武王克商后定都于镐。　②西戎:古代对西北少数民族的总称。　③徐偃王:相传为周穆王时徐国的国君,以好行仁义而闻名,因此遭到楚国忌恨,被楚国诛灭。　④荆文王:即楚文王熊赀,春秋时楚国的国君,上距周穆王约三百多年。　⑤有苗:古国名,也称"三苗",是尧舜时代南方较为强大的部族。　⑥上德:即尚德,崇尚德行。　⑦干戚:盾与斧,古代的两种兵器,被用为武舞所执的舞具。　⑧共工:应为古代部族的首领,尧时讨伐共工,将他流放到了幽州。另外传说中还有共工与颛顼争帝,怒触不周山致使洪水泛滥的故事。　⑨铁铦矩:铦,一种短柄的兵器。矩,通"钜",一种长柄的兵器。使铁铦增长如钜。指代兵器被改进。　⑩子贡:姓端木,名赐,字子贡,春秋时卫国人,孔子弟子,以善于辞令而著称。　⑪辩智:口才敏捷,能说会道。

　　夫古今异俗,新故异备,如欲以宽缓之政、治急世之民①,犹无辔策而御驷马②,此不知之患也。今儒、墨皆称先王兼爱天下③,则视民如父母。何以明其然也? 曰:"司寇行刑④,君为之不举乐;闻死刑之报⑤,君为流涕。"此所举先王也。夫以君臣为如父子则必治,推是言之,是无乱父子也。人之情性,莫先于父母,皆见爱而未必治也,虽厚爱矣,奚遽不乱⑥? 今先王之爱民,不过父母之爱子,子未必不乱也,则民奚遽治哉! 且夫以法行刑而君为之流涕,此以效仁,非以为治也。夫垂泣不欲刑者仁也,然而不可不刑者法也,先王胜其法不听其泣,则仁之不可以为治亦明矣。且民者固服于势,寡能怀于义。仲尼⑦,天下圣人也,修行明道以游海内,海内说其仁,美其义,而为服役者七十人,盖贵仁者寡,能义者难也。故以天下之大,而为服役者七十人,而仁义者一人。鲁哀公,下主也,南面君国,境内之民莫敢不臣。民者固服于势,诚易以服人,故仲尼反为臣,而哀公顾为君⑧。仲尼非怀其义,服其势也。故以义则仲尼不服于哀公,乘势则哀公臣仲尼。今学者之说人主也,不乘必胜之势,而务行仁义则可以王,是求人主之必及仲尼,而以世之凡民皆如列徒,此必不得之数也。

【译文】 古代和现代的风俗不同,新时代和旧时代的设施也就不同,如果想用宽仁和缓的政策来治理乱世的人民,就像没有缰绳和马鞭却去驾驭凶悍的马,这是不明智的祸患。现在儒家、墨家都称道先王爱护天下的所有人,这就是要求对待人民就像父母对待子女一样。用什么来证明这一点呢? 据说:"在司寇执行刑罚的时候,君主为此停止奏乐;听到执行死刑的判决,君主为此流下眼泪。"这是他们所列举的先王的事情。如果认为君臣关系像父子一样就能把国家治理好,由此类推,就是父子之间没有叛乱的事情发生。人类的感情,没有比父母爱子女更深厚的了,父母都爱子女,可是不一定关系和睦,即便有深厚的关爱,怎么就没有乱行呢? 古代的圣王爱护人民,不会超过父母对子女的爱,子女都不一定没有乱行,那么人民又怎么就能治理好呢? 至于依据法律执行刑罚,而君主却为之流眼泪,这是表示仁爱之心,并不是治理国家的办法。流着眼泪不想用刑,这是仁爱,可是又不能不用刑,这是因为法律。先王执行法律而不听任他的眼泪,那么,仁爱不能用来治理国家也就很明白了。况且人民本来就是屈服于权势,很少能被仁义所感化。孔子,是天下的圣人,他修身律己,宣扬道德周游诸侯各国,天下之人都爱慕他的仁爱,赞美他的德义,可是跟着他为他服役的只有七十个人,大概因为重视仁爱的人太少,能够行义的人太难得了。所以以天下之大,可是跟着他为他服役的只有七十个人,真正能实行仁义的只有他一个人。鲁哀公,这是昏庸的君主,面南而坐,统治着鲁国,境内的人民没有不敢臣服的。人民本来就屈服于权势,权势确实也容易让人屈服,所以孔子反而做了臣子而鲁哀公却做了君主。孔子不是被他的仁义感化,而是屈服于他的权势。所以按照仁义,孔子就不必屈服于鲁哀公,依靠权势,鲁哀公就能让孔子臣服。现在的学者游说君主,不利用必然取胜的权势,却认为致力于推行仁义就可以统治天下,这是要求君主一定要像孔子那样,而把世上的民众都当成了孔子的门徒,这是必然不可能实现的方法。

【注释】 ①急世:变革剧烈的时代,也就是乱世。 ②骄(hàn)马:凶悍的马。 ③兼爱:指同时爱不同的人和事。墨家针对儒家的"爱有差等",提出的爱无差等的"兼爱"主张,与此略有区别。 ④司寇:官名,掌管刑狱、纠察之事。 ⑤报:判决。 ⑥奚遽:表示反问语气,怎么就。 ⑦仲尼:即孔子,名丘,字仲尼。 ⑧顾:却,反而。

今有不才之子,父母怒之弗为改,乡人谯之弗为动①,师长教之弗为变。夫以父母之爱,乡人之行,师长之智,三美加焉,而终不动其胫毛,不改;州部之吏②,操官兵、推公法而求索奸人,然后恐惧,变其节,易其行矣。故父母之爱不足以教子,必待州部之严刑者,民固骄于爱、听于威矣。故十仞之城,楼季弗能逾者③,峭也;千仞之山,跛牂易牧者④,夷也。故明王峭其法⑤,而严其刑也。布帛寻常⑥,庸人不释;铄金百溢⑦,盗跖不掇⑧。不必害则不释寻常,必害手则不掇百溢,故明主必其诛也。是以赏莫如厚而信,使民利之;罚莫如重而必,使民畏之;法莫如一而固,使民知之。故主施赏不迁,行诛无赦。誉辅其赏,毁随其罚,则贤不肖俱尽其力矣。

【译文】　现在有一个不成器的儿子,父母怒责他,他不因此而悔改,乡大夫谴责他,他不为所动,老师教导他,他不为之改变。以父母的厚爱,乡大夫的品行,老师的智慧,这三种美好的东西施加在他身上,始终都没有丝毫的作用,没有改变。州部的官吏领着官兵,执行法律来搜捕坏人,他这才感到害怕,改变了他的品德和行为。所以父母的厚爱不足以教导子女,一定要等待州部严厉的刑罚,因为民众本来就是受到爱护就骄纵,遇到威权就服从的。所以十仞高的城墙,即使楼季也不能翻越,因为城墙陡峭,千仞高的山,跛脚的母羊也能轻松地吃到牧草,因为山坡平坦。所以英明的君主制定峻刻的法律、执行严厉的刑罚。很少的布帛,平常人都不会丢弃;熔化百溢的金子,盗贼也不会拾取。不一定受到伤害就不会丢弃寻常布帛,一定会受到伤害双手就不会去拾取百溢金子,所以英明的君主一定要确切执行他的刑罚。因此赏赐一定要丰厚而且守信,让民众觉得有利;刑罚一定要严厉而果断,让民众感到害怕,法令一定要统一而稳定,让民众能够了解。所以君主施行赏赐不随意改变,执行诛罚不加赦免。用名誉作为赏赐的辅助,用毁谤来伴随刑罚,那么贤能的、不成材的就都能竭尽他们的力量了。

【注释】　①乡人:指乡大夫,掌管政教禁令。谯(qiào):谴责。　②州部:古代基层的地方行政单位。　③楼季:人名,战国时魏国一个善于腾跳的勇士。　④跛牂(zāng):跛脚的母羊。　⑤峭:苛刻,严峻。　⑥寻常:古代的长度单位,八尺为寻,一丈六尺为常。比喻短小。　⑦溢:通“镒”,古代的重量单位,二十两为一溢。　⑨盗跖:相传为古时民众起义的领袖,名跖,“盗”是当时统治者对他的贬称。后来成为盗贼的代称。

今则不然,以其有功也爵之,而卑其士官也①;以其耕作也赏之,而少其家业也;以其不收也外之②,而高其轻世也③;以其犯禁也罪之,而多其有勇也。毁誉、赏罚之所加者相与悖缪也,故法禁坏而民愈乱。今兄弟被侵必攻者廉也,知友被辱随仇者贞也,廉贞之行成,而君上之法犯矣。人主尊贞廉之行,而忘犯禁之罪,故民程于勇而吏不能胜也④。不事力而衣食则谓之能，不战功而尊则谓之贤，贤能之行成而兵弱而地荒矣。人主说贤能之行，而忘兵弱地荒之祸，则私行立而公利灭矣。

【译文】 现在却不是这样，因为他有功劳而给他爵位，却又鄙视他出仕做官；因为他耕田种地而奖赏，却又看不起他家传的事业；因为他不能被收为己用而疏远他，却又推崇他藐视世俗；因为他违反禁令而处罚他，却又称赞他的勇敢。毁谤与赞誉、赏赐和刑罚的施加相互矛盾，所以法律禁令遭到破坏而民众更加混乱。现在兄弟受到侵害一定报复的人，是刚正，知交好友受到侮辱马上复仇的，是忠贞，刚正忠贞的品行形成，君主的法制就要遭到侵犯了。君主尊重忠贞刚正的品行，却忘记了违反禁令的罪责，所以民众都相互较量勇力而官吏不能禁止。不劳动就有衣有食被称为能，没有战功却身居尊位被称为贤，贤能的品行形成，就会使兵力削弱、让土地荒芜。君主喜欢贤能的品行，却忘记了兵力削弱、土地荒芜的灾祸，那么私人的德行建立，国家的利益就消亡了。

【注释】 ①士官：士，通"仕"。出仕做官。　②收：收为己用。　③轻世：藐视世俗。④程：较量，比较。

儒以文乱法①，侠以武犯禁，而人主兼礼之，此所以乱也。夫离法者罪，而诸先生以文学取；犯禁者诛，而群侠以私剑养。故法之所非，君之所取；吏之所诛，上之所养也。法趣上下四相反也②，而无所定，虽有十黄帝不能治也。故行仁义者非所誉，誉之则害功；文学者非所用，用之则乱法。楚之有直躬，其父窃羊而谒之吏，令尹曰③："杀之。"以为直于君而曲于父，报而罪之。以是观之，夫君之直臣，父之暴子也。鲁人从君战，三战三北，仲尼问其故，对曰："吾有老父，身死莫之养也。"仲尼以为孝，举而上之。以是观之，夫父之孝子，君之背臣也。故令尹诛而楚奸不上闻，仲尼赏而鲁民易降北。上下之利若是其异也，而人主兼举匹夫之行，而求致社稷之福，必不几矣。古者苍颉之作书也④，自环者谓之私，背私谓之公，公私之相背也，乃苍颉固以知之矣。今以为同利者，不察之患也。然则为匹夫计者，莫如修行义而习文学。行义修则见信，见信则受事；文学习则为明师，为明师则显荣；此匹夫之美也。然则无功而受事，无爵而显荣，有政如此，则国必乱，主必危矣。故不兼容之事,不两立也。斩敌者受赏,而高慈惠之行⑤;拔城者受爵禄,而信兼爱之说⑥;坚甲厉兵以备难,而美荐绅之饰⑦;富国以农,距敌恃卒,而贵文学之士;废敬上畏法之民,而养游侠私剑之属。举行如此,治强不可得也。国平养儒侠,难至用介士⑧,所利非所用,所用非所利。是故服事者简其业⑨,而游学者日众⑩,是世之所以乱也。

【译文】　儒士用儒学来扰乱法制,游侠用武力来触犯禁令,可是君主同样礼遇他们,这就是祸乱的根源。背离法律的人应被治罪,可是那些年长的儒生却靠儒学被取用,违反禁令的要受刑诛,可是游侠们却因为能做刺客而被豢养。所以法律所不允许的,君主反而取用,官吏所诛罚的,君主反而豢养。法律、取用、君主、官吏这四个方面相互矛盾而没有明确的标准,即使有十个黄帝也不能把国家治理好。所以推行仁义的人不应当被称誉,称誉他们就会妨害事功。儒学之士不应当被取用,取用他们就会扰乱法律。楚国有个人叫直躬,他的父亲偷了羊他就到官府告发,令尹说:"杀了他。"认为他对于君主虽然正直却对自己的父亲理屈,就判处他有罪。由此来看,君主的正直的大臣,就是父亲的暴戾的儿子。鲁国有个人跟随君主打仗,打了三次逃了三次,孔子询问原因,他回答说:"我有个老父亲,我死了之后没有人来养活他。"孔子认为他很孝顺,推荐他做了官。由此来看,父亲的孝子,却是君主的叛臣。所以令尹诛杀直躬,楚国就不再有人上告奸恶,孔子赏赐逃兵,鲁国的人就容易投降败逃。君臣上下的利益是如此的不同,君主一方面称赞平民百姓的行为,一方面谋求国家的福利,这一定是不能实现的。从前苍颉造字时,把围绕自己的就叫做私(厶),与私相反的叫做公,公和私相互对立,是苍颉本来就知道的道理。现在认为公私的利益相同,这是没有仔细考虑的错误。那么如果为平民百姓考虑,没有比讲求仁义、研习儒学更有利了,讲求仁义就能获得信任,获得信任就能被委任职事;研习儒学就能成为高明的老师,成为高明的老师就能显贵荣耀;这是平民百姓最美满的事情。如此一来,没有功绩却被委任职事,没有爵位而显贵荣耀,政治成为这个样子,国家必然混乱,君主必然危险。所以互不兼容的事情,不能同时并立。杀敌立功的人受到赏赐,却又推崇仁慈惠爱的行为;攻占城池的人被授予爵禄,却又相信兼爱天下所有人的学说;加固铠甲磨砺兵器来防备祸难,却又赞美缙绅的装饰。依靠农耕使国家富足,依靠士卒来抗击敌人,却又尊贵儒学之士;不任用尊敬君主遵守法律的人,却豢养游侠刺客一类的人。君主的举止行为像这个样子,要想治理和富强国家,是不可能做到的。国家平治时供养儒士游侠,祸难发生时使用兵士。受利的人不是要使用的人,所使用的人不是能得利的人。所以从事劳作的人荒废他的事业,游侠和儒生却一天比一天多,这就是世道混乱的根源。

【注释】　①文:文学,即以《诗》、《书》、《礼》、《乐》等古代经典为研习内容的儒家学说。　②法趣上下:趣,通"取",取用。法律、取用、君主、官吏。　③令尹:楚国官名,相当于其他国家的宰相。　④苍颉:也作"仓颉",是古代传说中汉字的创造者。　⑤慈惠之行:指代儒家。　⑥兼爱之说:指代墨家。　⑦荐绅:荐,通"缙",插。缙绅,插笏于绅带间,这是古代官宦的装束。　⑧介士:即兵士。　⑨服事:从事劳作。简:荒废,怠惰。　⑩游学:游侠和儒生。

　　且世之所谓贤者,贞信之行也。所谓智者,微妙之言也。微妙之言,上智之所难知也。今为众人法,而以上智之所难知,则民无从识之矣。故糟糠不饱者不务粱肉,短褐不完者不待文绣①。夫治世之事,急者不得,则缓者非所务也。今所治之政,民间之事,夫妇所明知者不用,而慕上知之论,则其于治反矣。故微妙之言,非民务也②。若夫贤贞信之行者,必将贵不欺之士。不欺之士者,亦无不欺之术也。布衣相与交,无富厚以相利,无威势以相惧也,故求不欺之士。今人主处制人之势,有一国之厚,重赏严诛,得操其柄,以修明术之所烛,虽有田常③、子罕之臣④,不敢欺也,奚待于不欺之士? 今贞信之士不盈于十,而境内之官以百数,必任贞信之士,则人不足官,人不足官则治者寡而乱者众矣。故明主之道,一法而不求智,固术而不慕信,故法不败,而群官无奸诈矣。

【译文】　况且世人所说的贤良,是指忠贞诚信的品行。所说的智慧,是指精微深奥的学说。精微深奥的学说,是最聪明的人也感到难以理解的。现在制定普通人遵守的法律,却使用最聪明的人也感到难以理解的学说,那么民众就没有办法来了解了。所以连糟糠都吃不饱的人不希求美味佳肴,连粗布短衣也不周全的人不会期待刺绣华美的丝绸。治理国事,急切的都没有做到,那么可以推延的就不是应该致力求取的。现在所治理的政事,是民众方面的事情,不采用普通男女都能明白的法律,却羡慕那些最聪明的人的学说,那么就与他治理国家的目的相反了。所以精微深奥的学说,不是民众操劳的事务。如果推崇忠贞诚信的行为,一定会尊贵不事欺诈的人。不事欺诈的人,也没有不受人欺诈的办法。平民百姓相互交往,没有财富来相互谋利,没有威势来相互威胁,所以要寻求不事欺诈的人。现在君主处身于控制别人的势位上,拥有一个国家的财富,重赏重罚,能够操持权柄,来修明烛察臣下的法术,即使有田常、子罕这样的大臣,也不敢欺蒙君主,哪里用得着等待不事欺诈的人呢? 现在忠贞诚信的人不到十个,而国内的官员数以百计,一定要任用忠贞诚信的人,那么这些人还不够做官的人数,做官的人不够,那么治理政事的人就少,而导致混乱的人就多了。所以英明的君主的办法,是专用法律而不依求才智,固守权术而不羡慕诚信,所以法律不会被败坏,而群臣也没有奸诈的行为了。

【注释】　①短褐:粗布短衣,这是古代贫贱者或僮竖的服装。　②民务:民众操劳的事务。　③田常:又称田恒,谥田成子,春秋后期齐国权臣,弑齐简公而立齐平公,专掌齐国政权,至其孙田和立为诸侯,取代姜氏建立了田齐政权。　④子罕:即战国时宋国的皇喜,字子罕,曾任宋国司城,又称为司城子罕,杀宋国国君而自立。

今人主之于言也,说其辩而不求其当焉;其于行也,美其声而不责其功焉。是以天下之众,其谈言者务为辩而不周于用,故举先王言仁义者盈廷,而政不免于乱;行身者竞于为高而不合于功,故智士退处岩穴、归禄不受,而兵不免于弱。兵不免于弱,政不免于乱,此其故何也? 民之所誉,上之所礼,乱国之术也。今境内之民皆言治,藏商、管之法者家有之①,而国愈贫,言耕者众,执耒者寡也;境内皆言兵,藏孙、吴之书者家有之②,而兵愈弱,言战者多,被甲者少也。故明主用其力,不听其言;赏其功,必禁无用;故民尽死力以从其上。夫耕之用力也劳,而民为之者,曰:可得以富也。战之为事也危,而民为之者,曰:可得以贵也。今修文学、习言谈,则无耕之劳、而有富之实,无战之危、而有贵之尊,则人孰不为也? 是以百人事智而一人用力,事智者众则法败,用力者寡则国贫,此世之所以乱也。故明主之国,无书简之文,以法为教;无先王之语,以吏为师;无私剑之捍③,以斩首为勇。是境内之民,其言谈者必轨于法,动作者归之于功,为勇者尽之于军。是故无事则国富,有事则兵强,此之谓王资。既畜王资而承敌国之衅④,超五帝⑤,侔三王⑥者,必此法也。

【译文】　现在君主对于言论,喜欢它的巧辩而不要求它是否适当;对于行为,只赞美它的名声而不责求它的事功。因此,在天下那么多的人当中,那些长于说辩的人务求把话说得巧妙而不顾及到实用,所以称举先王、谈论仁义的人挤满了朝廷,可是政治仍然不能免于混乱;立身行事竞相标榜高洁而不切合于事功,所以才智之士隐退山林、归还俸禄不愿接受,兵力不能免遭削弱。兵力不能免遭削弱,政治不能免于混乱,这种情况发生的原因是什么呢? 因为民众所称誉的,君主所礼遇的,都是使国家混乱的方法。现在国内的民众都谈论政治,很多人家中都收藏有商鞅、管仲的法典,可是国家越来越穷,因为空谈耕种的人多了,亲执农具的人少了。国内的民众都在谈论军事,很多人家收藏有孙武、吴起的兵书,可是军队的战斗力却越来越弱,因为空谈战争的人多了,身穿铠甲的人少了。所以英明的君主使用他的力气而不听取他的言论,赏赐他的功绩,必然禁制无用的空谈。所以民众能用尽自己的力气来服从君主。耕田费力气是很劳苦的事情,可是民众从事耕田,说:可以得到财富。战争是很危险的事情,可是民众参加战斗,说:可以获得尊贵。现在修行儒学,学习言谈,就没有耕田的劳苦而有财富的实利,没有战争的危险,而有显贵的尊位,那么谁不去做呢? 因此有一百个人使用智力,只有一个人使用体力,使用智力的人多法律就会败坏,使用体力的人少国家就会贫穷,这就是世道混乱的根由。所以英明的君主统治的国家,没有书籍简策,用法律来教导人民;没有先王的言论,让官吏来做老师;没有游侠刺客的强悍,把作战杀敌当做勇敢。因此国内的民众,谈论必然遵循法度,行动必然趋于事功,勇敢必然尽施于军队。因此没有战事国家就会富足,有了战争军队就会强大,这就是称王的资本。已经积累了称王的资本,利用敌国的间隙,建立超越五帝、与三王相等的功业,必定就是这个办法了。

【注释】　①商、管之法:商,商鞅。管,管仲。即《商君书》和《管子》。　②孙、吴之书:孙,孙武。吴,吴起。即《孙子兵法》和《吴子》。　③私剑之捍:捍,通"悍",勇猛,强悍。为私人效忠的刺客。　④釁:间隙,空子。　⑤五帝:上古传说中的五位帝王,有四种说法:一、黄帝(轩辕)、颛顼(高阳)、帝喾(高辛)、唐尧、虞舜。二、太昊(伏羲)、炎帝(神农)、黄帝、少昊(挚)、颛顼。三、少昊、颛顼、高辛、唐尧、虞舜。四、伏羲、神农、黄帝、唐尧、虞舜。　⑥侔(móu)三王:侔,相等。三王,指夏、商、周三代的开国天子夏禹、商汤、周武王。

　　今则不然,士民纵恣于内①,言谈者为势于外②,外内称恶以待强敌,不亦殆乎? 故群臣之言外事者,非有分于从衡之党③,则有仇雠之忠④,而借力于国也。从者,合众弱以攻一强也;而衡者,事一强以攻众弱也;皆非所以持国也。今人臣之言衡者皆曰:"不事大则遇敌受祸矣。"事大未必有实,则举图而委,效玺而请兵矣。献图则地削,效玺则名卑,地削则国削,名卑则政乱矣。事大为衡未见其利也,而亡地乱政矣。人臣之言从者皆曰:"不救小而伐大则失天下⑤,失天下则国危,国危而主卑。"救小未必有实,则起兵而敌大矣。救小未必能存,而敌大未必不有疏,有疏则为强国制矣。出兵则军败,退守则城拔,救小为从未见其利,而亡地败军矣。是故事强则以外权士官于内,救小则以内重求利于外,国利未立,封土厚禄至矣;主上虽卑,人臣尊矣;国地虽削,私家富矣。事成则以权长重,事败则以富退处。人主之听说于其臣,事未成则爵禄已尊矣;事败而弗诛,则游说之士,孰不为用矰缴之说而徼幸其后⑥?故破国亡主以听言谈者之浮说,此其故何也?是人君不明乎公私之利,不察当否之言,而诛罚不必其后也。皆曰:"外事大可以王,小可以安。"夫王者,能攻人者也;而安,则不可攻也。强,则能攻人者也;治,则不可攻也。治强不可责于外,内政之有也。今不行法术于内,而事智于外,则不至于治强矣。鄙谚曰:"长袖善舞,多钱善贾。"此言多资之易为工也。故治强易为谋,弱乱难为计。故用于秦者十变而谋希失,用于燕者一变而计希得,非用于秦者必智,用于燕者必愚也,盖治乱之资异也。故周去秦为从,期年而举;卫离魏为衡,半岁而亡。是周灭于从,卫亡于衡也。使周、卫缓其从衡之计,而严其境内之治,明其法禁,必其赏罚,尽其地力以多其积,致其民死以坚其城守,天下得其地则其利少,攻其国则其伤大,万乘之国、莫敢自顿于坚城之下⑦,而使强敌裁其弊也,此必不亡之术也。舍必不亡之术而道必灭之事,治国者之过也。智困于外而政乱于内,则亡不可振也。

【译文】　　现在却不是这样,士民在国内肆意放纵,游说者利用国外的力量造就自己的权势,内外共同作恶,这样来对待强大的敌国,不是很危险吗?所以群臣中谈论外交事务的,不是倾向于合纵连衡的党派,就是心有仇恨,而利用国家的力量来报仇的。合纵,是联合许多弱小的国家来攻打一个强大的国家;而连衡,是侍奉一个强大的国家来攻打其他弱小的国家。这都不是保全国家的办法。现在谈论连衡的臣下都说:"不侍奉大国,那么遇到敌国就要遭受灾祸了。"侍奉大国未必有实际的有处,这是拿着地图顺从,献出玉玺来请求军事援助。献上地图国土就会被削割,献上玉玺名誉就要降低,土地被削割国家就要削弱,名誉降低政治就要混乱了。侍奉大国的连衡,没有看见它的好处,却丧失了土地,扰乱了政治。谈论合纵的臣下都说:"不援救小国攻打大国就失去了天下的盟国,失去了盟国,国家就有危险,国家危险,君主的地位也就降低了。"援救小国未必有实际的好处,这是举兵和大国为敌。援救小国未必能使之保存,而对抗大国未必不会出现疏失,有疏失就会被大国控制。出兵军队被打败,退守城池被攻破,援救小国的合纵,没有看见它的好处,却使土地丧失、军队战败了。因此,侍奉大国就有人依靠外国的权势在国内做官,援救小国就有国内的权臣利用权势向外国取利,国家的利益还没有得到,封邑和厚禄都已经得到了;君主的地位虽然降低,臣下的地位却尊显了;国家的土地虽然被削割,私门却富足了。事情成功就利用权力增加威势,事情失败就利用财富退身安处。君主听取他的大臣的论说,事情还没有成功,爵禄已经尊显,事情失败之后又不加诛罚,那么游说的人,有谁不会使用猎取富贵的言辞而希望获得意外的成功呢?为何国家破灭、君主被杀却还要听取游说者的浮夸的说辞,这是什么原因呢?这是因为君主不能分别国家和私人的利益,不能明察言辞是否适当,事情失败之后又不能果断实行诛罚。人们都说:"外交事务成就大就能统治天下,成就小就能安定国家。"所谓统治天下,是能够攻伐别人,所谓安定国家,是不会受到攻击。国家强大,就能进攻别人,国家平治,就不会受到攻击。国家的平治和强大是不能从外国求取的,这是国内政治的结果。现在不在国内推行法术,却在外交上使用智计,这样是不会达到平治和强大的。俗语说:"袖子长便于跳舞,钱财多便于做生意。"这是说资本多了才容易做事。所以国家平治、强大了才容易施用智谋,疲弱混乱就难有计策。所以秦国的计谋一次又一次地变更却很少失败,到了燕国一次变更也没有成功,这不是为秦国设计的人一定聪明,为燕国谋划的人一定愚蠢,而是因为平治和混乱的资本不同。所以西周国背离秦国合纵,一年就被攻陷了,卫国背叛了魏国连衡,半年就被消灭了。这是西周国灭亡于合纵,卫国灭亡于连衡。假使周、卫两国延缓纵衡的计谋,而是严格地治理国内的政事,修明法律禁令,确保赏罚的实施,充分地利用土地的生产能力来增加国家的积蓄,让他的人民能出死力来坚守城池,天下诸侯夺取他的土地却获利很少,攻打他的国家伤亡会很大,万乘大国不敢在这样坚固的城池下把自己拖垮,而让强大的敌人乘其疲顿而加以裁制,这是必然不会灭亡的办法。放弃必然不会灭亡的办法而做必然灭亡的事情,这是治理国家的人的过失。外交上智穷虑竭,国内政治混乱,那么国家的灭亡就是无法挽救的了。

【注释】　①士民:古代四民之一,泛指士大夫阶层和普通读书人。四民,指士民、商民、农民、工民。　②言谈者:即游说者。　③从衡:即合纵、连衡。战国后期,苏秦游说六国诸侯联合拒秦,秦在西方,六国地处南北,故称合纵。同时,张仪则游说六国共同侍奉秦国称连衡。　　④仇雠之忠:忠,通"中",心中。心有仇恨。　　⑤天下:指诸侯盟国。⑥矰(zēng)缴之说:矰,系有生丝绳以射飞鸟的箭。缴,系在短箭上的丝绳。猎取飞鸟的射具,用以指代猎取富贵的言辞。　　⑦自顿:顿,疲劳,乏力。拖垮自己。

　　民之故计,皆就安利如辟危穷。今为之攻战,进则死于敌,退则死于诛则危矣。弃私家之事而必汗马之劳①,家困而上弗论则穷矣。穷危之所在也,民安得勿避? 故事私门而完解舍②,解舍完则远战,远战则安。行货赂而袭当涂者则求得,求得则利,安利之所在,安得勿就? 是以公民少而私人众矣。夫明王治国之政,使其商工游食之民少而名卑,以寡舍本务而趋末作③。今世近习之请行则官爵可买,官爵可买则商工不卑也矣;奸财货贾得用于市则商人不少矣。聚敛倍农而致尊过耕战之士,则耿介之士寡而高价之民多矣。

【译文】　民众本来的打算,都是趋就安全有利而逃避危险穷困。现在让他们攻城作战,前进就会被敌人杀死,后退就会被督战者军法处决,那是很危险的。放弃私家的事情而一定忍受征战的劳苦,家人穷困君主不再论功行赏就很穷困了。穷困和危险的地方,民众怎么能不逃避呢? 所以侍奉私门就能完全免除徭役,免除徭役就能远离战争,远离战争就安全。用财货贿赂当权的人要求就能得到满足,要求能得到满足就有利可图。安全和有利的地方,民众怎么能不趋就? 所以为国家出力的人就少了,而侍奉权贵的人就多了。英明的君主治理国家的政事,让从事商业、手工业和周游各国、到处谋食的人数量少而且名位低贱,用这种办法使舍弃作为根本事务的农业而趋就于工商业等末作的人减少。当今之世,只要有君主亲近的人请托就可以买到官爵,可以买到官爵,商人工人就不卑贱了,不合法的财货交易可以在市场上使用那么商人就不会减少,聚敛的财物比农民多,获得的尊敬超过农耕作战的人,那么正直廉洁的人就减少而从事高价买卖的商人就增多了。

【注释】　①汗马之劳:征战的劳苦,也指代战功。　　②解舍:免除徭役。　　③舍本务而趋末作:本务,指农耕生产。末作,指工商业。舍弃作为根本事务的农业而趋就于工商业等末作。

　　是故乱国之俗,其学者则称先王之道,以籍仁义,盛容服而饰辩说,以疑当世之法而贰人主之心。其言谈者,为设诈称,借于外力,以成其私而遗社稷之利。其带剑者,聚徒属,立节操,以显其名而犯五官之禁①。其患御者②，积于私门，尽货赂而用重人之谒，退汗马之劳。其商工之民，修治苦窳之器③，聚弗靡之财④，蓄积待时而侔农夫之利⑤。此五者，邦之蠹也。人主不除此五蠹之民，不养耿介之士，则海内虽有破亡之国，削灭之朝，亦勿怪矣。

【译文】　因此使国家混乱的风气是，那些学者称颂先王的治国之道，使仁义之说获得凭借，讲究仪容服饰、修饰雄辩之辞，来惑乱当代的法令，动摇君主的决心。那些游说各国的人，制造欺诈的说辞，借助于外国的势力，来达成自己的目的却舍弃了国家的利益。那些带剑的游侠，聚集门徒，确立节操，来显扬他们的声名，却违反了官府的禁令。那些害怕作战守御的人，聚集在权贵门下，用财货贿赂，凭借权贵的请托而逃避征战的劳苦。那些商人工匠，制造粗糙质劣的器物，储集并不精美的材料，蓄积起来，等待时机来谋取农夫的财利。这五种人，是国家的蛀虫。君主不清除这五种像蛀虫一样的人，不供养正直廉洁的人，那么天下即使出现被攻破灭亡的国家、地削君死的朝廷，也就没有什么奇怪的了。

【注释】　①五官：商、周时代分掌政事的五种职官，即司徒、司马、司空、司士、司寇。也泛指百官。　②患御者：害怕作战守御的人。　③苦窳(yǔ)：粗糙质劣。　④靡：精美。财：通“材”，材料。　⑤侔：谋求，取。

显学第五十

　　显学，就是著名的学派。本文把当时影响最大、徒属弟子众多的儒、墨两家视为显学，从历史发展以及学派分化的角度，直斥儒、墨后学是"愚诬之学，杂反之行"，站在法家功利的立场上对他们进行了猛烈的批判。

　　世之显学，儒、墨也。儒之所至①，孔丘也。墨之所至，墨翟也。自孔子之死也，有子张之儒②，有子思之儒③，有颜氏之儒④，有孟氏之儒⑤，有漆雕氏之儒⑥，有仲良氏之儒⑦，有孙氏之儒⑧，有乐正氏之儒⑨。自墨子之死也，有相里氏之墨⑩，有相夫氏之墨⑪，有邓陵氏之墨⑫。故孔、墨之后，儒分为八，墨离为三，取舍相反不同，而皆自谓真孔、墨。孔、墨不可复生，将谁使定世之学乎？孔子、墨子俱道尧、舜，而取舍不同，皆自谓真尧、舜，尧、舜不复生，将谁使定儒、墨之诚乎⑬？殷、周七百余岁，虞、夏二千余岁，而不能定儒、墨之真，今乃欲审尧、舜之道于三千岁之前，意者其不可必乎？无参验而必之者，愚也，弗能必而据之者，诬也⑭。故明据先王，必定尧、舜者，非愚则诬也。愚诬之学、杂反之行⑮，明主弗受也。

【译文】　当今世上最主要最有名的学派，是儒家和墨家。儒家学派的祖师是孔丘，墨家学派的祖师是墨翟。自从孔子死后，传述孔子学说的，有子张的儒学，有子思的儒学，有颜氏的儒学，有孟氏的儒学，有漆雕氏的儒学，有仲良氏的儒学，有孙氏的儒学，还有乐正氏的儒学。而在墨子死后，传述墨子学说的，有相里氏的墨学，有相夫氏的墨学，有邓陵氏的墨学。所以，在孔子、墨子死后，儒学分为八家，墨学分为三家，各家的学说主张都不一样，却都声称自己所传的才是真正孔子、墨子的学说。孔子与墨子都不可能死而复生，那么让谁来审定各派学说的是非呢？孔子、墨子都称道尧舜，其取舍各不相同,都说所传述的是真正的尧舜之道。尧、舜不可能死而复生,那么让谁来审定儒、墨两家学说的真伪呢?殷周代兴至今七百多年,虞夏禅位至今两千多年,尚且不能审定儒墨各派学说的真伪,现在想要审定三千年前的尧、舜之道,我想这大概是不可能的吧?没有经过验证就视为必然,这是愚蠢;不能确认为必然就把它作为依据,这是虚妄。所以公然效法先王,祖述尧舜之道,不是愚蠢的就是虚妄的。愚蠢虚妄的学说、驳杂抵牾的行为,圣明的君主是不会接受的。

【注释】 ①至:极端,至点,这里指祖师或宗师。 ②子张:孔子弟子颛孙师,字子张,陈国人。 ③子思:孔子弟子原宪,字子思,鲁国人,在孔门弟子中他以清静守节、安贫乐道、积极实践儒家思想而著称。一说指孔子之孙孔伋,孔伋曾受业于曾子,为鲁穆公师,著《子思子》二十三篇,已佚。 ④颜氏:据《史记·仲尼弟子列传》,孔子弟子中,颜姓八人,即颜无繇、颜回、颜幸、颜高、颜祖、颜之仆、颜哙、颜何,以颜回最有名,但颜回早死,此颜氏之儒未必出颜回之门。 ⑤孟氏:即孟轲,字子舆,邹国人,有《孟子》七篇传世。 ⑥漆雕氏:《汉书·艺文志》著录《漆雕子》十二篇,自注"孔子弟子漆雕启后"。漆雕启,字子开,鲁国人。 ⑦仲良氏:《礼记·檀弓》有仲梁子论丧礼的记载,仲良氏应即此"仲梁子"。其时代约在孟子之后,鲁国人。 ⑧孙氏:孔子再传弟子公孙尼子的略称,公孙尼子作《公孙尼子》二十八篇,已佚。一说孙氏即荀卿,荀卿有《荀子》二十八篇。 ⑨乐正氏:曾子弟子有乐正子春,以孝闻名;孟子弟子有乐正克。此乐正氏未知是谁。 ⑩相里氏:即相里勤,以勤俭力行著称。 ⑪相夫氏:不详。 ⑫邓陵氏:墨子弟子邓陵子,以擅长论辩著名。 ⑬诚:真实。 ⑭诬:虚妄。 ⑮杂反:杂,驳杂、不纯。反,背反、抵牾。驳杂抵牾。

　　墨者之葬也,冬日冬服,夏日夏服,桐棺三寸,服丧三月,世主以为俭而礼之。儒者破家而葬①,服丧三年,大毁扶杖②,世主以为孝而礼之。夫是墨子之俭③,将非孔子之侈也;是孔子之孝,将非墨子之戾也④。今孝戾、侈俭俱在儒墨,而上兼礼之。漆雕之议⑤,不色挠⑥,不目逃⑦,行曲则违于臧获⑧,行直则怒于诸侯,世主以为廉而礼之⑨。宋荣子之议⑩,设不斗争⑪,取不随仇⑫,不羞囹圄⑬,见侮不辱⑭,世主以为宽而礼之。夫是漆雕之廉,将非宋荣之恕也;是宋荣之宽,将非漆雕之暴也。今宽廉、恕暴俱在二子,人主兼而礼之。自愚诬之学⑮、杂反之辞争,而人主俱听之,故海内之士,言无定术,行无常议。夫冰炭不同器而久,寒暑不兼时而至,杂反之学不两立而治。今兼听杂学、缪行同异之辞,安得无乱乎?听行如此,其于治人又必然矣。

【译文】 墨家的葬礼,冬天死了就穿冬天的衣服入葬,夏天死了就穿夏天的衣服入葬,棺材是用三寸厚的桐木做的,穿孝服的时限是三个月;君主认为他们节约而受到礼遇。儒家倾其所有、用尽家财来办理丧事,穿孝服的时限是三年,居丧时哀痛至极,要人扶持才能站立,拄着拐杖才能行走;君主认为他们孝顺而受到礼遇。假如肯定墨子的俭约,就要反对孔子的奢侈;假如肯定孔子的孝顺,就要反对墨子的无情。现在孝顺与无情、奢侈与俭约,分别是儒墨两家所提倡的,而君主却对两者都加以礼遇。漆雕氏的处世原则,面对威胁不会面露屈服之色,不会目光躲闪逃避,自己的行为邪僻无理,对于奴婢也肯退让,自己的行为端直,对于诸侯也敢冒犯;君主认为他们秉性刚直而受到礼遇。宋荣子的处世原则,遭到羞辱不会争斗,不会立刻复仇,不因坐监狱而感到羞耻,受到欺侮也不以为辱,君主认为他们宽厚而受到礼遇。假如肯定漆雕氏的刚直,就要反对宋荣子的恕宥;假如肯定宋荣子的宽厚,就要反对漆雕氏的暴怒。现在宽厚与刚直、恕宥与暴怒,分别在这二者的身上得到表现,君主对他们都礼遇有加。由于愚蠢虚妄的学说、驳杂抵牾的言辞相互竞争,而君主都要听取,所以四海之内的士人,言论没有稳定的学说,行为没有固常的标准。冰水与炭火不能在同一个容器中久放,严寒与酷暑不能在同一时刻到来,驳杂抵牾的学说不能同时用来治理国家。现在同时听取驳杂的学说、错误地实行相互矛盾的言论,怎么能不产生混乱呢?像这样听信和实行,用之于治理人民,混乱不堪也就是必然的了。

【注释】 ①破家而葬:用尽家财来办理丧葬之事。　②大毁扶杖:指居丧哀痛至极致使身体虚弱,要人扶持才能站起,要拄着拐杖才能行走。　③是:认为正确,肯定。　④戾:乖戾,违逆人情。　⑤议:通"仪",仪型、法则。　⑥色挠:挠,屈服。面色慌乱屈服。　⑦目逃:目光逃避躲闪。　⑧行曲:曲,邪僻,不正派。违:避开,退让。臧获:古代对奴婢的贱称。　⑨廉:秉性刚直、方正。　⑩宋荣子:即宋钘,又被称为宋子、宋轻等,战国时宋国人,和孟子同时。　⑪设:羞耻。　⑫取:招致,遭到。随仇:立刻报仇。　⑬囹圄(língyǔ):监狱。　⑭见侮不辱:侮,欺负、轻贱。辱,耻辱。受到欺侮而不以为耻。　⑮自:因为,缘由。

今世之学士语治者多曰:"与贫穷地,以实无资。"今夫与人相若也,无丰年旁入之利而独以完给者,非力则俭也。与人相若也,无饥馑疾疚祸罪之殃独以贫穷者①,非侈则堕也②。侈而堕者贫,而力而俭者富。今上征敛于富人以布施于贫家,是夺力俭而与侈堕也,而欲索民之疾作而节用,不可得也。

【译文】 当今之世谈论治国之道的学者大多主张:"给贫穷的人土地,来让没有资财的人变得殷实。"现在那些和别人条件差不多,没有丰收和其他的收入却能独独供养充足的人,不是因为工作努力就是因为生活节俭。和别人条件差不多,没有荒年歉收疾病等天灾人祸的灾殃,却独独贫困穷苦的人,不是因为奢侈就是因为懒惰。奢侈懒惰的人贫穷,勤劳节俭的人富裕。现在君主向富足的人征收赋税来布施给贫穷的家庭,这是剥夺勤劳节俭的人来送给奢侈懒惰的人,却想要求民众努力劳作却节俭用度,这是不可能做到的。

【注释】 ①疾疢:疾病。　②憻:通"惰"。

今有人于此,义不入危城^①,不处军旅,不以天下大利易其胫一毛^②,世主必从而礼之,贵其智而高其行,以为轻物重生之士也。夫上所以陈良田大宅、设爵禄,所以易民死命也,今上尊贵轻物重生之士,而索民之出死而重殉上事,不可得也。藏书策、习谈论、聚徒役、服文学而议说,世主必从而礼之,曰:"敬贤士,先王之道也。"夫吏之所税,耕者也;而上之所养,学士也。耕者则重税,学士则多赏,而索民之疾作而少言谈,不可得也。立节参民^③,执操不侵,怨言过于耳必随之以剑,世主必从而礼之,以为自好之士。夫斩首之劳不赏,而家斗之勇尊显,而索民之疾战距敌而无私斗,不可得也。国平则养儒侠,难至则用介士,所养者非所用,所用者非所养,此所以乱也。且夫人主于听学也,若是其言,宜布之官而用其身,若非其言、宜去其身而息其端。今以为是也而弗布于官,以为非也而不息其端,是而不用,非而不息,乱亡之道也。

【译文】 现在有这样一个人,主张不要进入危险的城邑,不要置身于军旅之中,不肯为天下的大利而牺牲自己小腿上的一根汗毛,君主必定因此而礼敬他们,尊重他们的明智,推崇他们的行为,认为他们是轻视财物珍惜生命的人。君主之所以拿出肥沃的田地、宽敞的宅院、设置爵位俸禄,就是为了换取民众的拼死效命,现在君主尊重那些轻视财物珍惜生命的人,却想求得民众出生入死、重视为君主献身的事业,这是不可能得到的。有人收藏书籍、学习论辩、召集门徒、研究儒学而发表议论,君主必然因此而礼敬他们,说:"尊敬贤能之士,这是先王的治国之道。"官吏征税的对象,是耕田种地的人,而君主供养的人,却是学者。耕田种地的人会被征收重税,学者就能多得赏赐,想要求民众努力劳作而少发议论,这是不可能做到的。树立气节与名誉并列,坚持操守而不容侵犯,听到怨言必然拔剑报复,君主必然因此礼敬他们,认为他们是自尊自爱的人。如果杀敌的功劳得不到赏赐,而私斗的勇力却受到尊重,想要求得民众奋勇作战,抵抗强敌而不发生私斗,这是不可能做到的。国家平治就供养儒生游侠,祸难发生时使用兵士。所供养的人不是要使用的人,所使用的人不是所供养的人,这就是混乱发生的根源。况且君主听取学者的话,如果觉得他的话正确,就应该公布于官府并且任用他做官,如果认为他说的错误,就应该斥退他,禁止他露出头角。现在以为正确却不在官府公布,认为错误却不禁止其露出头角。正确却不采用,错误却不禁止,这是导致国家混乱灭亡的途径。

【注释】　①义:认为合乎正义或道德规范而加以称许,即主张。　②易:交换,这里指牺牲。　③参民:参,并列。民,通"名"。与名誉并列。

澹台子羽①,君子之容也,仲尼几而取之②,与处久而行不称其貌。宰予之辞③,雅而文也,仲尼几而取之,与处而智不充其辩。故孔子曰:"以容取人乎,失之子羽;以言取人乎,失之宰予。"故以仲尼之智而有失实之声。今之新辩滥乎宰予④,而世主之听眩乎仲尼,为悦其言,因任其身,则焉得无失乎?是以魏任孟卯之辩而有华下之患⑤,赵任马服之辩而有长平之祸⑥;此二者,任辩之失也。夫视锻锡而察青黄⑦,区冶不能以必剑⑧;水击鹄雁,陆断驹马,则臧获不疑钝利⑨。发齿吻形容,伯乐不能以必马⑩;授车就驾而观其末涂,则臧获不疑驽良。观容服,听辞言,仲尼不能以必士;试之官职,课其功伐,则庸人不疑于愚智。故明主之吏,宰相必起于州部,猛将必发于卒伍。夫有功者必赏,则爵禄厚而愈劝;迁官袭级,则官职大而愈治。夫爵禄厚而官职治,王之道也。

【译文】　澹台子羽,有君子的仪容,孔子认为他像君子于是选取了他,和他相处久了发现他的行为和他的外貌不相称。宰予的言辞典雅而有文采,孔子认为他像君子于是选取了他,和他相处发现他的智慧不及他的口才。所以孔子说:"根据容貌来选取人才,我在子羽身上出了差错;根据言谈来选取人才,我在宰予身上出了差错。"以孔子这样的明智,还有与事实不合的名声。现在的善辩之人才能超过宰予,而君主听取言论又比孔子更容易受到迷惑,因为喜欢他的言论,就委任他做事,这又怎么能不出错呢? 因此魏国委任雄辩的孟卯而招来了华阳的祸难,赵国任用善辩的赵括而造成了长平的惨祸。这两件事,都是任用能言善辩的人而造成的失败。只观察冶炼时掺加的锡的多少和铸品颜色的青黄,即使欧冶也不能断定剑的钝利。在水里刺杀鹄雁,在陆地上宰割驹马,那么奴婢也不会对剑的钝利产生怀疑。只察看牙齿和形状,即使伯乐也不能判断马的优劣,套上马车驾车上路,看它到达的地方,那么奴婢也不会对马的驽劣与优良产生怀疑。仅观察一个人的仪容服饰、谈吐言辞,孔子也不能判断他的愚智,通过委任官职来试验,考核他的功绩,即使平庸的人也不会对他的愚智发生怀疑。所以英明的君主的官吏,宰相一定是从地方官吏中提拔起来的,猛将一定是从士卒队伍中挑选出来的。有功绩的人一定受赏,那么爵禄越是丰厚就越能激励人;逐级升迁官员,那么官职越高就越能治理人。爵禄丰厚、官职治理,这是统治天下的方法。

【注释】 ①澹台子羽:人名,姓澹台,名灭明,字子羽。春秋时鲁国人,孔子弟子。 ②几:接近,像。 ③宰予:字子我,春秋时鲁国人,孔子弟子,曾做齐国临淄的大夫。 ④新辩:指当世的辩说家。 ⑤魏任孟卯之辩而有华下之患:孟卯,战国时齐国人,能言善辩,做魏国的大将。公元前273年,孟卯率领魏国军队攻打韩国的华阳,秦国出兵救韩,击败魏军,斩首十三万,魏国割让南阳给秦国求和。华下,即华阳。 ⑥赵任马服之辩而有长平之祸:马服,战国时赵国地名,在今河北省邯郸市西北。赵封其名将赵奢于此,赐号为马服君。后以"马服"指赵奢,这里指其子赵括。赵括自幼习兵法,擅长纸上谈兵,自认为天下无敌,与其父赵奢谈论兵法,其父不能取胜。在秦赵长平之战中,赵王听信秦国间谍的话,用赵括代替廉颇为将。秦将白起人破赵军,射杀赵括,活埋赵军四十万人于长平,这是战国史上伤亡最惨重的战役。 ⑦锻锡:冶炼金属时添加的锡。青黄:指铸品的颜色。 ⑧区冶:区,通"欧"。欧冶,春秋时著名的铸剑家。 ⑨臧获:古代对奴婢的贱称。 ⑩伯乐:春秋秦国人,姓孙,名阳,以善相马著称。后世用来指称善于发现人才的人。

盘石千里①,不可谓富;象人百万②,不可谓强。石非不大,数非不众也,而不可谓富强者,盘不生粟,象人不可使距敌也。今商官技艺之士亦不垦而食③,是地不垦与盘石一贯也。儒侠毋军劳,显而荣者,则民不使,与象人同事也。夫知祸盘石象人④,而不知祸商官儒侠为不垦之地、不使之民,不知事类者也。

【译文】 拥有千里见方的盘石,不能说是富有。拥有百万的象人,也不能算是强大。石头不是不大,数量也不是不多,可是不能算是富有强大,原因在于盘石不能生产粮食,象人不能用来抵抗敌人。现在商官和工匠也是不种田却要吃饭,这就与没有开垦的土地和盘石是一样的。儒生游侠没有征战的劳苦却尊显荣耀,这就像不听使唤的民众,和象人没有区别。知道盘石象人的危害,却不知道商官儒生游侠成为不能开垦的土地、不听使唤的民众的危害,这是不知道事情可以类比的道理。

【注释】 ①盘石:即"磐石",大石。 ②象人:用木、草、泥做成人形,称"象人",又称"俑人"或"偶人"。 ③商官:指商人富有而买得官职者。 ④知祸:知道危害。

故敌国之君王虽说吾义①,吾弗入贡而臣;关内之侯虽非吾行②,吾必使执禽而朝③。是故力多则人朝,力寡则朝于人,故明君务力。夫严家无悍虏,而慈母有败子,吾以此知威势之可以禁暴,而德厚之不足以止乱也。

【译文】 所以地位相等的国家的君主即使赞许我们的主张,我们不能让他入贡称臣;国内的封君即使不满我们的行为,我们一定能让他捧着贡品来朝见。因此力量强大就能让人朝拜,力量弱小就要朝拜别人,所以英明的君主致力于增强力量。严厉的家庭不会出现凶悍的奴仆,慈爱的母亲有败家的儿子,我由此知道威势可以禁止暴行,而恩德深厚却不足以制止混乱。

【注释】 ①敌国:地位相等的国家。 ②关内之侯:指国内的封君。 ③执禽:古人相见,都要送礼,礼物贵重的有玉帛,轻薄的有禽鸟。这里以"禽"指代贡品。

夫圣人之治国,不恃人之为吾善也,而用其不得为非也。恃人之为吾善也,境内不什数①;用人不得为非,一国可使齐。为治者用众而舍寡,故不务德而务法。夫必恃自直之箭,百世无矢;恃自圜之木,千世无轮矣。自直之箭、自圜之木,百世无有一,然而世皆乘车射禽者何也?隐栝之道用也②。虽有不恃隐栝而有自直之箭、自圜之木,良工弗贵也,何则?乘者非一人,射者非一发也。不恃赏罚而恃自善之民,明主弗贵也,何则?国法不可失,而所治非一人也。故有术之君,不随适然之善③,而行必然之道。

【译文】 圣人治理国家,不依靠人们为我做好事,而是让人不能做坏事。依靠人们为我做好事,这样的人一个国家不会有十个,使人不能做坏事,一个国家的人都能做到。治国的人要采用多数而舍弃少数,所以不追求德治而致力于法治。一定要依靠自然生成的直木来做箭杆,那么等一百世也没有箭可用,要依靠天生圆环的木材做车轮,那么等千世也不会有车轮使用。自然生直的箭杆、天生圆环的木材,百世也不会有一个,可是世人都能乘车射鸟的原因是什么呢?这是因为使用了矫正邪曲的工具隐栝。即使有不靠隐栝而自然生直的箭杆、天生圆环的木材,好工匠也不会重视它,为什么呢?因为乘车的不是一个人,射箭也不是只射一次。不依靠赏罚就有天生善良的民众,英明的君主也不会看重他们,为什么呢?因为国家的法律不能被抛弃,所要治理的不只是一个人。所以有道术的国君,不追求人们偶然做出的善行,而推行必然的治国之道。

【注释】　①什:十。　②隐栝:用来矫正邪曲的器具。　③适然:偶然。

今或谓人曰:"使子必智而寿。"则世必以为狂。夫智、性也,寿、命也,性命者,非所学于人也,而以人之所不能为说人,此世之所以谓之为狂也。以仁义教人,是以智与寿说也,有度之主弗受也。故善毛嫱①、西施之美②,无益吾面,用脂泽粉黛则倍其初③。言先王之仁义,无益于治,明吾法度,必吾赏罚者亦国之脂泽粉黛也。故明主急其助而缓其颂,故不道仁义。

【译文】　现在如果有人对别人说:"我一定让您聪明而长寿。"那么世人一定会认为他在胡说。聪明,是人的本性,寿命,是人的天命。本性与天命,是不能从别人那里学来的,拿人所不能做到的事情来劝说别人,这就是世人之所以说他胡说的原因。用仁义来教导人,这就像拿聪明和长寿来劝说人一样,有法度的君主是不会接受的。所以称赞毛嫱、西施的美貌,不会对自己的容貌有什么好处,如果使用脂泽粉黛进行化妆,就能比原来美丽一倍。称道先王的仁义,对于治理国家没有好处,修明国家的法度,确保赏赐与刑罚,这也是国家的脂泽粉黛啊。所以英明的君主把对治理国家有帮助的措施视为当务之急,而轻视称颂先王的行为,所以不谈论仁义。

【注释】　①毛嫱:古代的美女。也有人说是越王的宠妾。　②西施:春秋后期越国有名的美女,也有人说是越国大臣范蠡的妻子,吴越战争越国失败后越王把她献给了吴王夫差。　③脂泽粉黛:脂膏、白粉、黛墨,均为化妆用品。

今巫祝之祝人曰:"使若千秋万岁。"千秋万岁之声聒耳①,而一日之寿无征于人,此人所以简巫祝也。今世儒者之说人主,不言今之所以为治,而语已治之功;不审官法之事,不察奸邪之情,而皆道上古之传,誉先王之成功。儒者饰辞曰:"听吾言则可以霸王。"此说者之巫祝,有度之主不受也。故明主举实事,去无用;不道仁义者故②,不听学者之言。

【译文】　现在巫祝替人祝祷说:"让您千秋万岁!"千秋万岁的声音在耳边吵嚷,可是使人延长一天寿命的效验也没有,这就是世人简慢巫祝的原因。当今之世的儒者劝说君主,不说当今时代治理国家的办法,却谈论过去治国的成就；不知道国法的职能，不考察奸邪的实情，却都称道上古的传闻，赞誉先王的功绩。儒者夸饰地说："听从我的话就能够在天下称霸称王。"这是游说者中的巫祝，有法度的君主是不会接受的。所以英明的君主兴办切实的事情，去除无用的东西；不讲仁义的故事，不听学者的空谈。

【注释】　①聒(guō)耳：声音震耳。　②仁义者故：者，通"诸"，"诸"、"之"互通，"仁义者故"即"仁义之故"。先王仁义的故事。

今不知治者必曰："得民之心。"欲得民之心而可以为治，则是伊尹、管仲无所用也，将听民而已矣。民智之不可用，犹婴儿之心也。夫婴儿不剔首则腹痛①，不副痤则浸益②，剔首、副痤必一人抱之，慈母治之，然犹啼呼不止，婴儿子不知犯其所小苦致其所大利也。今上急耕田垦草以厚民产也，而以上为酷；修刑重罚以为禁邪也，而以上为严；征赋钱粟以实仓库、且以救饥馑备军旅也，而以上为贪；境内必知介③，而无私解④，并力疾斗所以禽虏也，而以上为暴。此四者所以治安也，而民不知悦也。夫求圣通之士者，为民知之不足师用⑤。昔禹决江浚河而民聚瓦石，子产开亩树桑郑人谤訾⑥。禹利天下，子产存郑，皆以受谤，夫民智之不足用亦明矣。故举士而求贤智，为政而期适民，皆乱之端，未可与为治也。

【译文】　现在不懂得治国的人一定会说："要获得民心。"如果说得到民心就能够把国家治理好，那么伊尹和管仲就没有用处，只要听从民众就可以了。民众的智慧不可被采用，就像婴儿的心理一样。婴儿不剃头就会肚子疼，不割治痤疮病情就会加重。要剃头、割治痤疮，一定要由一个人抱着，由慈母给他治疗，仍然是哭喊不停，这是由于婴儿不懂得忍受小的痛苦就能得到大的好处。现在君主催促人民耕田开荒来增加人民的财富，可民众认为君主太残暴；修明刑法加重处罚来禁止奸邪，可是民众却认为君主太严厉。征收赋税、钱财、粮食来充实府库，而且用以救济饥荒、供给军队，可是民众却认为君主太贪婪；让国内的人都懂得披甲入伍，而不依附私门来逃避徭役，齐心协力、努力作战是为了擒获敌人，可是民众认为君主凶暴。这四项是用来治国安民的，可是民众不知道为之欢欣。君主寻求贤圣通达的人的原因，就是因为民众的智能不足以尊奉而重用。从前夏禹决通长江疏浚黄河，可是民众却堆起瓦石来阻挡，子产开垦田地种植桑树，可是郑国的人却责骂诋毁他。夏禹造福了天下，子产保全了郑国，都因此而受到谤毁，民众的智慧不足以采用也就是很明白的了。所以选拔人才而希望得到贤能智慧的人,处理政事希望符合民意,这都是祸乱的根由,是不可以用来治理国家的。

【注释】　①婴儿不剔首则腹痛:婴儿不剃掉头发,就要肚子疼。这是古代迷信的说法,现在民间也仍有类似的说法。　②副痤:副,割裂。割治痤疮。浸益:逐渐加重。　③介:披甲。　④私解:解,解舍,即免除徭役。即托身私门来逃避徭役。　⑤师用:尊奉而重用。　⑥子产:即公孙侨,字子产,春秋后期郑国著名的宰相。谤訾(zǐ):责骂诋毁。

忠孝第五十一

　　本文直指儒家的忠孝学说，指责儒家所推崇的忠孝的典型唐尧、虞舜、商汤为曲父、弑君之人。作者阐述了君权的至高无上、不可侵犯。指出"臣事君，子事父，妻事夫"为天下之常道，只有"上法而不上贤"，才能维护这个常道。

　　天下皆以孝悌忠顺之道为是也，而莫知察孝悌忠顺之道而审行之，是以天下乱。皆以尧、舜之道为是而法之，是以有弑君，有曲于父。尧、舜、汤、武，或反君臣之义，乱后世之教者也。尧为人君而君其臣，舜为人臣而臣其君，汤、武为人臣而弑其主、刑其尸，而天下誉之，此天下所以至今不治者也。夫所谓明君者，能畜其臣者也；所谓贤臣者，能明法辟①、治官职以戴其君者也。今尧自以为明而不能以畜舜，舜自以为贤而不能以戴尧，汤、武自以为义而弑其君长，此明君且常与②，而贤臣且常取也。故至今为人子者有取其父之家，为人臣者有取其君之国者矣。父而让子，君而让臣，此非所以定位一教之道也③。臣之所闻曰："臣事君，子事父，妻事夫，三者顺则天下治，三者逆则天下乱，此天下之常道也，明王贤臣而弗易也。"则人主虽不肖，臣不敢侵也。今夫上贤任智无常，逆道也，而天下常以为治，是故田氏夺吕氏于齐④，戴氏夺子氏于宋⑤，此皆贤且智也，岂愚且不肖乎？是废常、上贤则乱，舍法、任智则危。故曰："上法而不上贤。"

【译文】　天下人都认为孝悌忠顺的主张是正确的，却没有人懂得考察孝悌忠顺的主张并审慎地实施，所以天下才会混乱。都认为尧、舜的治国之道是正确的因而效法他们，所以就有了弑杀君主、对不起父亲的事情发生。唐尧、虞舜、商汤、周武王，有的是违背了君臣之义的人，有的是扰乱了后世政教的人。唐尧是做君主的却让他的大臣做了君主，虞舜是做大臣的，却让他的君主做了大臣,商汤、周武王作为臣子却弑杀了他们的君主、刑辱他们的尸身,而天下的人却称赞他们,这就是天下至今不能平治的原因。所谓英明的君主,是指能治理他的臣下的人;所谓的贤臣,是指能修明法度、治理好官府职事因而尊奉他的君主的人。现在唐尧自认为圣明却不能治理虞舜,虞舜自认为贤能却不能尊奉唐尧,商汤、周武王自认为正义却弑杀了他的君主,这就是认为英明的君主应该常常给予,而贤能的大臣应当常常索取。所以到现在还有做儿子的夺取父亲家产、做大臣的夺取君主之国的事情。作为父亲却谦让儿子、作为君主却谦让大臣,这不是确定名位、统一政教的办法。我所听到的是:"臣下侍奉君主,儿子侍奉父亲,妻子侍奉丈夫,这三种关系理顺,天下就能平治,这三种关系颠倒天下就会混乱,这是天下永恒的真理,是明王贤臣都无法改变的。"那么君主即使不成才,臣下也不敢侵犯。现在崇尚贤能、任用智计、没有常道,这是违背事理的,可是天下人却常常用这种方法来治理国家,因此齐国的田氏夺取了吕氏的君位,宋国的戴氏夺走了子氏的君位,这都是贤能而且有智计的人,难道是愚蠢而不成才的人吗?所以废除常道、崇尚贤能国家就会混乱,舍弃法律、任用智谋国家就会危亡。所以说:"崇尚法律而不崇尚贤能。"

【注释】 ①法辟:辟,法。即法度。 ②且:应当。 ③定位一教:确定名位,统一政教。 ④田氏夺吕氏于齐:指田和篡齐事。田氏,陈国公子完逃往齐国后改姓田,称田氏,其子孙在齐国受到重用,至田常时专掌齐国政权,弑齐简公而立齐平公,至其孙田和,逐齐康公而立自为君,田氏取代姜氏建立了田齐政权。吕氏,即姜氏,姜太公吕尚的后裔,封于齐。 ⑤戴氏夺子氏于宋:殷遗民微子的后裔,封于宋,即子氏。戴氏,即宋戴公的子孙。《吕氏春秋》记战国时宋国的灭亡时说:"此戴氏之所以绝也。"由此可知战国时代的宋国,是戴氏的宋国而不是子氏的宋国。《内储说下》有"皇喜遂杀宋君而夺其政"的记载,皇喜,即司城子罕,出于宋戴公,故韩非说"戴氏夺子氏于宋",即指皇喜杀宋国国君而夺其政之事。

记曰①:"舜见瞽瞍②,其容造焉③。孔子曰:当是时也,危哉,天下岌岌④!有道者父固不得而子,君固不得而臣也。"臣曰:孔子本未知孝悌忠顺之道也。然则有道者,进不为主臣,退不为父子耶?父之所以欲有贤子者,家贫则富之,父苦则乐之;君之所以欲有贤臣者,国乱则治之,主卑则尊之。今有贤子而不为父,则父之处家也苦;有贤臣而不为君,则君之处位也危。然则父有贤子,君有贤臣,适足以为害耳,岂得利焉哉!所谓忠臣不危其君,孝子不非其亲。今舜以贤取君之国,而汤、武以义放弑其君,此皆以贤而危主者也,而天下贤之。古之烈士⑤,进不臣君,退不为家,是进则非其君,退则非其亲者也。且夫进不臣君,退不为家,乱世绝嗣之道也。是故贤尧、舜、汤、武而是烈士,天下之乱术也。瞽瞍为舜父而舜放之,象为舜弟而杀之⑥。放父杀弟,不可谓仁;妻帝二女⑦而取天下,不可谓义。仁义无有,不可谓明。《诗》云⑧:"普天之下,莫非王土,率土之滨⑨,莫非王臣。"信若《诗》之言也,是舜出则臣其君,入则臣其父、妾其母⑩、妻其主女也。故烈士内不为家,乱世绝嗣;而外矫于君⑪,朽骨烂肉⑫,施于土地,流于川谷,不避蹈水火⑬。使天下从而效之,是天下遍死而愿天也,此皆释世而不治者也。世之所为烈士者,离众独行,取异于人,为恬淡之学而理恍惚之言⑭。臣以为恬淡,无用之教也;恍惚,无法之言也。言出于无法,教出于无用者,天下谓之察。臣以为人生必事君养亲,事君养亲不可以恬淡;治人必以言论忠信法术,言论忠信法术不可以恍惚。恍惚之言,恬淡之学,天下之惑术也。孝子之事父也,非竞取父之家也;忠臣之事君也,非竞取君之国也。夫为人子而常誉他人之亲曰:"某子之亲,夜寝早起,强力生财以养子孙臣妾。"是诽谤其亲者也。为人臣常誉先王之德厚而愿之⑮,是诽谤其君者也。非其亲者知谓之不孝,而非其君者天下皆贤之,此所以乱也。故人臣毋称尧、舜之贤,毋誉汤、武之伐,毋言烈士之高,尽力守法,专心于事主者为忠臣。

【译文】 前代的书籍记载说:"舜见到瞽瞍,他的表情很忧愁。孔子说:在那个时候,天下动荡危险。有道德的人,父亲本来就不能把他当成儿子,君主本来就不能把他当做臣下。"我认为,孔子本来就不懂得孝悌忠顺的道理。如此说来,那么有道德的人,在朝廷不做君主的臣下,在家中不做父亲的儿子吗?父亲希望有贤能的儿子的原因是,家庭贫穷能使之富有,父亲辛苦能使之安乐;君主希望有贤能的臣下的原因是,国家混乱能使之平治,君主位卑能使之尊荣。现在有了贤良的儿子却不替父亲打算,那么父亲居家就很辛苦;有了贤能的大臣却不为君主效力,那么君主居位就很危险。如此,父亲有了贤能的儿子,君主有了贤能的大臣,恰恰对自己有害,又怎么能得利呢?人常说忠臣不危害他的君主,孝子不非议他的父亲。现在舜凭借着贤德而夺取了君主的国家,而商汤、周武王凭借着道义放逐、弑杀了他们的君主,这都是因为贤能而危害君主的人,可是天下人却认为他们贤良。古代的烈士,在朝廷不侍奉君主,居家又不为家庭打算,这就是在朝廷就非议他的君主,居家就非议他的双亲。况且在朝廷不侍奉君主,居家不为家庭打算,这是扰乱社会断绝后嗣的做法。因此认为唐尧、虞舜、商汤、周武王贤良,肯定那些有气节的烈士,这是扰乱天下的学说。瞽瞍是舜的父亲而舜却把他流放了,象是舜的弟弟而舜却把他杀了。放逐父亲杀害弟弟,不能说是仁爱;娶了尧的两个女儿却夺取了他的天下,不能算是义行。仁义都没有,不能说是圣明。《诗经》里面说:"普天之下,没有哪里不是帝王的土地;四海之内,没有人不是帝王的臣民。"果真像《诗经》里说的那样,那么舜在朝廷就是让他的君主做了臣民,在家里就是让他的父亲做了臣民,让他的母亲做了女奴,让他的君主的女儿做了妻子。所以烈士在家不替家庭打算,扰乱社会断绝后嗣,出外则违抗君命,认为人不过一堆朽骨烂肉,死后埋进土里,流失于河谷之中,因此行事不躲避危险,假使天下的人都跟着效法他们,那么天下人都愿意早死,就都会放弃生命而不求治理了。世人所谓的烈士,节操高尚,有不同凡俗的追求,研习清静淡泊的学问,探究难以捉摸的言论。我认为清静淡泊的学问,是不切实用的教化;难以捉摸的言论,是不合法度的言论。言论不符合法度,教化不切合实用,天下人认为这是明察。我认为人活着一定要侍奉君主供养父母,侍奉君主供养父母就不能清静淡泊,治理人民一定要依靠言论忠信法度,言论忠信法度不能让人难以捉摸。难以捉摸的言论、清静淡泊的学问,这是让天下人迷惑的学说。孝子侍奉父亲,不是要夺取父亲的家产;忠臣侍奉君主,不是要夺取君主的国家。如果身为人子却经常称赞别人的父亲说:"某某的父亲,每天晚睡早起,努力劳作增加财富来养活自己的子孙奴仆。"这就是诽谤他的父亲。作为人臣却经常称赞先王道德醇厚而仰慕他,这就是诽谤他的君主。诋毁父亲的人,人们知道说他不孝,可是诋毁君主的人,天下人都认为他贤良,这就是国家混乱的根由。所以身为人臣,不称扬唐尧、虞舜的贤明,不赞誉商汤、周武王的征伐,不谈论烈士的高洁,努力做事、奉守法律,一心一意侍奉君主的人,才是忠臣。

【注释】　①《记》:前代的书籍。这里所引文字见于《孟子·万章》,原文为:丘咸蒙问曰:"语云:'盛德之士,君不得而臣,父不得而子。舜南面而立,尧帅诸侯北面而朝之,瞽瞍亦北面而朝之。舜见瞽瞍,其容有蹙。'孔子曰:'于期时也,天下殆哉岌岌乎!不识此语诚然乎哉?'"　②瞽瞍:人名,又作"瞽叟",虞舜的父亲。　③造:忧愁的样子。　④岌岌:危险动荡。　⑤烈士:有气节有壮志的人。　⑥象:人名,舜的弟弟,为瞽瞍后妻所生。舜放父杀弟事,史籍无载,但据《史记·五帝本纪》,瞽瞍与象多次谋杀舜,则舜放父杀弟,也有可能。　⑦帝二女:即唐尧的女儿娥皇和女英。　⑧《诗》:后世称为《诗经》。以下引诗见《诗经·小雅·北山》。　⑨率土之滨:率,从,沿着。滨,水边。四海之内。

⑩妾:像女奴一样役使。　⑪矫:违背,违抗。　⑫朽骨烂肉:指代身体。先秦时一些侠客认为人不过是一堆朽骨烂肉,所以行事无所畏惧。　⑬水火:水深火热,指代艰险的境地。　⑭恬淡:清静淡泊。恍惚:难以捉摸。　⑮愿:仰慕。

古者黔首悗密蠢愚①,故可以虚名取也。今民儇诇智能②,欲自用,不听上,上必且劝之以赏然后可进,又且畏之以罚然后不敢退。而世皆曰:"许由让天下③,赏不足以劝;盗跖犯刑赴难④,罚不足以禁。"臣曰:未有天下而无以天下为者许由是也,已有天下而无以天下为者尧、舜是也;毁廉求财,犯刑趋利,忘身之死者,盗跖是也。此二者殆物也,治国用民之道也不以此二者为量。治也者,治常者也;道也者,道常者也。殆物妙言,治之害也。天下太上之士⑤,不可以赏劝也;天下太下之士⑥,不可以刑禁也。然为太上士不设赏,为太下士不设刑,则治国用民之道失矣。故世人多不言国法而言从横。诸言从者曰:"从成必霸。"而言横者曰"横成必王。"山东之言从横未尝一日而止也⑦,然而功名不成,霸王不立者,虚言非所以成治也。王者独行谓之王,是以三王不务离合而正⑧,五霸不待从横而察⑨,治内以裁外而已矣。

【译文】　古时候的平民百姓勤劳而愚笨,所以可以用虚名来笼络他们。现在的平民百姓聪明伶俐、多才多能,想自行其是,不服从君主的命令,君主必须要用赏赐来劝勉他们然后才能进取,又要用刑罚威慑他们然后才不敢后退。可是世人都说:"许由辞让天下,赏赐就不足以劝勉他;盗跖犯法涉险,刑罚就不足以禁制他。"我说:没有天下而且不想治理天下的人,许由就是,已经拥有天下却不想治理天下的人,尧和舜就是;毁弃廉直求取财物,触犯刑法追求利益,而不顾生死的人,盗跖就是。这两种人都是危害天下的,治理国家使用民众的办法,不能拿这两种人作为标准。治理国家,治理的是平常的民众;引导人民,引导的是平常的民众。危害天下的事物和精妙的言论,都是治国的祸害。天下的太上士不能用赏赐来劝勉;天下的太下士不能用刑罚来禁制。但是因为太上士而不设赏赐,因为太下士而不立刑罚,那么了就丧失了治理国家、使用民众的办法。所以世人大多不谈论国家而谈论纵衡。那些主张合纵的人说:"合纵成功一定能称霸天下。"而那些主张连衡的人则说:"连衡成功一定能统治天下。"诸侯六国中主张合纵连衡的未曾有一天停止过,可是功业威名没能成就,不能称王称霸的原因,在于虚言空话是不能作为治国的办法的。所谓王,是要独断专行,才能称为王,所以三王不必和别国亲近或疏远就能统治天下,五霸不必等到合纵连衡就能治理国家,整饬内政就可以制裁外敌了。

【注释】 ①黔首:黔,黑色。古时候,普通平民用黑色的头巾包裹头发,所以平民百姓被称为黔首。悗(mèn)密:即"黾(mǐn)勉",勤勉从事。 ②儇(xuān)诇(xiòng):聪明而善察人意。 ③许由:古代的高士,尧将天下让给他,他不肯接受,便逃到箕山去隐居。
④盗跖:相传为古时民众起义的领袖,名跖,"盗"是当时统治者对他的贬称。后来成为盗贼的代称。 ⑤太上之士:指那些轻爵禄、不进仕的高尚士人。 ⑥太下之士:指为害于国、品德卑劣的人。 ⑦山东:战国时代齐、楚、韩、赵、魏、燕六国位于崤山函谷关以东,故以"山东"指代六国。 ⑧三王:指夏、商、周三代的开国天子夏禹、商汤、周武王。正:统治,君临。 ⑨五霸:春秋五霸,指齐桓公、晋文公、楚庄王、吴王阖闾、越王勾践。另有一说,指齐桓公、宋襄公、晋文公、秦穆公与吴王夫差。

人主第五十二

本文所论仍然是君主统治臣下必须掌握的方法。文章指出"大臣太贵、左右太威"是造成君主身危国亡的原因,而重用法术之士,则是防止威势落于"当途之臣"手中的办法。

人主之所以身危国亡者,大臣太贵,左右太威也。所谓贵者,无法而擅行,操国柄而便私者也。所谓威者,擅权势而轻重者也①。此二者,不可不察也。夫马之所以能任重引车致远道者,以筋力也。万乘之主、千乘之君所以制天下而征诸侯者,以其威势也。威势者,人主之筋力也。今大臣得威,左右擅势,是人主失力,人主失力而能有国者,千无一人。虎豹之所以能胜人执百兽者,以其爪牙也,当使虎豹失其爪牙②,则人必制之矣。今势重者,人主之爪牙也,君人而失其爪牙,虎豹之类也。宋君失其爪牙于子罕③,简公失其爪牙于田常④,而不蚤夺之,故身死国亡。今无术之主,皆明知宋、简之过也⑤,而不悟其失,不察其事类者也。

【译文】 君主身危国亡的原因是,大臣的地位太尊贵,左右的势力太威重。所谓尊贵,指无视法律、肆意行事,操持着国家的大权而营求私利。所谓威重,指掌握权势而左右国事、影响朝政。这两种情况,都不能不加以详察。马之所以能够背负重物、拉着车子到达远方,因为它有筋力。大国的君主之所以能够统治天下、征伐诸侯,因为他有威势。威势,这就是君主的筋力。现在大臣掌握了威权,左右亲近取得了势位,这就是君主失去了筋力,君主失去了筋力却还能保有国家的,在一千个人中也不会有一个。虎豹之所以能伤害人类、捕获百兽,是因为它的尖牙利爪,假使虎豹失去了它的尖牙利爪,那么人类就一定能够制服它了。权势威重,就是君主的尖牙利爪,统治人民却丧失了尖牙利爪,就跟失去尖牙利爪的虎豹一样了。宋国国君的尖牙利爪失落在子罕手中,齐简公的尖牙利爪失落在田常手中,却不早日夺回来,所以身死国亡。现在那些不懂治术的君主,都明明知道宋国国君、齐简公的灾祸,却不觉悟自己的过失,这是不能明辨这些事情的相类性啊。

【注释】 ①轻重:指左右国事、影响朝政。 ②当:通"尝",假使。 ③子罕:战国时宋国的皇喜,字子罕,曾任宋国司城,又称为司城子罕,杀宋国国君而自立。 ④简公:齐简公,名任,春秋末期齐国君主,公元前484年继位,公元前481年被田常杀害。田常:为春秋后期齐国权臣,弑齐简公而立齐平公,专掌齐国政权,至其孙田和立为诸侯,取代姜氏建立了田齐政权。 ⑤过:灾祸。

且法术之士①,与当途之臣,不相容也。何以明之?主有术士,则大臣不得制断,近习不敢卖重,大臣左右权势息,则人主之道明矣。今则不然,其当途之臣得势擅事以环其私,左右近习朋党比周以制疏远,则法术之士奚时得进用?人主奚时得论裁?故有术不必用,而势不两立,法术之士焉得无危?故君人者非能退大臣之议,而背左右之讼②,独合乎道言也,则法术之士安能蒙死亡之危而进说乎?此世之所以不治也。明主者,推功而爵禄③,称能而官事,所举者必有贤,所用者必有能,贤能之士进,则私门之请止矣。夫有功者受重禄,有能者处大官,则私剑之士安得无离于私勇而疾距敌?游宦之士焉得无挠于私门而务于清洁矣④?此所以聚贤能之士,而散私门之属也。今近习者不必智,人主之于人也或有所知而听之⑤,入因与近习论其言,听近习而不计其智,是与愚论智也。其当途者不必贤,人主之于人或有所贤而礼之,入因与当途者论其行,听其言而不用贤,是与不肖论贤也。故智者决策于愚人,贤士程行于不肖,则贤智之士奚时得用?而主之明塞矣。昔关龙逢说桀而伤其四肢⑥,王子比干谏纣而剖其心⑦,子胥忠直夫差而诛于属镂⑧。此三子者,为人臣非不忠,而说非不当也。然不免于死亡之患者,主不察贤智之言,而蔽于愚不肖之患也。今人主非肯用法术之士,听愚不肖之臣,则贤智之士孰敢当三子之危而进其智能者乎?此世之所以乱也。

【译文】 况且那些法术之士,与掌握政权的大臣,是不能相容的。怎么来证明呢?君主重用法术之士,大臣就不能专断,左右亲信就不敢卖弄权势,大臣和左右亲信的权势消灭,君主的治国之道才能得到彰显。现在却不是这样的,那些执掌朝政的大臣依靠威势独揽权力来营求私利,左右亲信相互勾结来制裁疏远的人,那么法术之士什么时候才能得到进用? 君主什么时候才能自行考虑裁决? 所以法术之士不一定能得到任用,又和左右大臣势不两立,法术之士怎能没有危险呢? 所以君主不能斥退大臣的非议,而背弃左右亲信的控告,唯独同意道术之言,那么法术之士怎么能冒着死亡的危险来献进他的言论呢? 这就是国家不能被治理好的原因。英明的君主,按照功劳来分封爵禄,衡量才能来委任官职,所选拔的人一定有贤德,所任用的人一定有才能,那么私门的请托就止息了。有功绩的人接受丰厚的俸禄,有才能的人得居大官,那么豪侠之士怎么能不放弃私斗之勇而奋力抗敌? 到其他国家谋求官职的人怎么能不避开私门而力求清正廉洁呢? 这是聚集贤能之士并解散私门徒属的办法。现在亲近宠信的人不一定聪智,君主发觉某个人或许有些才智而听取他的意见,回宫后就和亲近宠信的人讨论他说的话,结果相信亲信的话而不考虑智者的意见,这是和愚蠢的人讨论聪智的人。那些主持朝政的人不一定贤能,君主发觉某个人或许有些贤行而礼遇他,然后又和主持朝政的大臣讨论他的品行,结果听了他们的话就不任用贤者,这是和不成才的人讨论贤者。所以智者的意见由愚蠢的人决策,贤者的品行由不成才的人考虑,那么贤能之士什么时候才能得到任用? 君主的明察也就被阻塞了。从前关龙逢劝说夏桀,却被砍断了四肢,王子比干劝谏商纣王却被剖了心,伍子胥忠心地直谏吴王夫差却死于属镂之剑。这三人,作为臣下并非不忠,他们的劝说也并非不适当。可是不能避免死亡的灾难,这是君主不能详察贤良才智之人的意见,而受到愚蠢不肖之人的蒙蔽的祸患。现在君主不肯任用法术之士,听信愚蠢不肖之臣的意见,那么贤智的人谁敢冒着遭受与这三个人同样的危险来进献他的聪明才智呢? 这就是世道混乱的根由。

【注释】　①法术之士:指提倡法家学说、主张依法治国的人。　②讼:控告。　③推功:按照功劳。　④挠于私门:挠,使屈服。使私门屈服,意即不依托于私门。　⑤知:通"智"。　⑥关龙逢:夏桀时的贤臣,夏桀无道,因极力进谏被处死。　⑦王子比干:商纣王的叔父,曾多次向纣王劝谏,最后被杀剖心。　⑧子胥忠直夫差而诛于属镂:子胥,姓伍名员,字子胥,春秋时楚国人。在父亲伍奢、兄长伍尚被楚平王杀害后,伍子胥逃到吴国,辅佐吴王阖闾攻破楚国国都,得报家仇。后吴王夫差战胜越国,越王勾践请和,子胥劝谏,吴王夫差不听,后吴太宰嚭受越国贿赂,谗毁子胥,吴王赐属镂之剑使之自杀。属镂,剑名。

饬令第五十三

饬令,即严格命令。文章强调了法家"以刑去刑"的刑法观念。本篇与《商君书·靳令篇》略同,应是韩非撰述商君思想的文字。

饬令则法不迁,法平则吏无奸。法已定矣,不以善言害法①。任功则民少言,任善则民多言。行法由断②,以五里断者王,以十里断者强,宿治者削③。

【译文】 严格命令法度就不会改变,法度公正官吏就没有奸邪。法度已经确定了,不让儒家的仁义之言妨害法度。依据功绩民众的意见就少,根据仁义民众的意见就多。实施法律做出决断,在五里范围内做出决断的国家可以统治天下,在十里范围内做出决断的国家强大,而必待一夜之后才能决断的国家削弱。

【注释】 ①善言:指儒家的仁义之言。 ②由断:由官府决断。 ③以五里断者王,以十里断者强,宿治者削:"五里"、"十里"应指一伍与一什之间的距离。宿治,经过一夜之后才得到办理,指办理政事拖沓不决。此段文字与《商君书·说民》中提出的观点相同:"断家王,断官强,断君弱。""家断则有余,故曰日治者王,官断则不足,故曰夜治者强,君断则乱,故曰宿治者削。"商鞅变法时实行什伍连坐之法,有奸必告,故其事是否合法,不出一伍的小范围,不必经由官府民众即可自行决断(即《商君书》所谓"家断者"),其社会秩序良好,政事一天之内即可处理妥当,故"以五里断者王"("日治者王")。而办事拖延,超出了一伍,而在一什的大范围之内才做出决断,国家的秩序虽不如前者,但仍然有序,所以说"以十里断者强"("夜治者强")。而办理政事拖沓不决,社会秩序必然混乱,其国不治则必然遭受侵削之祸,所以说"宿治者削"。

以刑治,以赏战,厚禄以劝功,参验以用术①。行都之过,则都无奸市②。物多末众③,农弛奸胜,则国必削。民有余食,使以粟出爵,爵必以其力,则农不怠。三寸之管毋当④,不可满也。授官爵、出利禄不以功,是无当也。国以功授官与爵,此谓以成智谋⑤,以成勇战⑥,其国无敌。国以功授官与爵,则治者省,言有寡,此谓以治去治,以言去言。以功与爵者也,故国多力,而天下莫之能侵也。兵出必取,取必能有之;案兵不攻必富。朝廷之吏,少者不毁⑦,多者不损,效功取官爵,虽有辟言⑧,不得以相先也,是谓以数治。以力攻者,出一取十;以言攻者,出十丧百。国好力,此谓以难攻;国好言,此谓以易攻。宜其能,胜其害,轻其任,而莫怀余力于心,莫负兼官之责于君,内无伏怨,使事不相干,故莫讼;使士不兼官,故技长;使人不同功,故莫争。

【译文】 用刑罚来治理国家,用赏赐来鼓励作战,用丰厚的爵禄来让人努力建功立业,用参验比较的方法来使用法术。巡视都城查禁过失,那么国都就不会有违反法律的财货交易。玩物渐多,工人日众,农业弛废,商贾兴盛,那么国家必然削弱。民众有多余的粮食,让他们献出粮食来换取官爵;官爵一定靠自己的辛勤劳作获得,那么农民就不会懈怠。三寸的竹管如果没有底,就不能装满。授予官爵、赏赐利禄而不依凭功劳,这就像往没有底子的竹管里装东西。国家根据功劳来授予官职爵禄,这就是用最高的智慧谋划,用最大的勇气作战,他的国家就无人能够对抗。国家根据功劳来授予官职爵禄,那么治国就会省力,意见就会减少,这叫做用法治来省减治功,用法令来消除意见。根据功劳来授予爵禄的国家就力量强大,天下诸侯就没有能够侵犯他的。出兵攻伐一定能够攻取,攻取之后一定能够占有;不派兵攻伐则国家一定能够富强。朝廷上的官吏,遭受诽谤的不毁弃,受到称誉的不增损,建功立业来换取官爵,即使有合乎法度的言论,也不能先行给予赏赐,这就是根据法度来治理国家。用力量来攻取,付出一分可能夺取十分的战果;用言论来攻取,付出一分可能遭受百分的损失。国家崇尚力量,这就是让人难以进攻;国家崇尚言谈,这就是让人易于攻取。适用他们的才能,胜任他们的官职,轻松地完成他们的任务,而没有人私下里保留余力,也没有人为君主承担兼任官职的责任,内心没有隐藏的怨恨,让各自的职事互不相干,所以就没有争讼;让官吏不兼任官职,所以才干都会长进;让人民建立不同的功业,所以就不会发生争夺。

【注释】 ①厚禄以劝功,参验以用术:原文作"厚禄以用术",语义不通,据陈奇猷《韩非子新校注》补"劝功参验以"五字。　②奸市:违反法律的财货交易。　③物多末众:物,指奢侈珍贵的玩物。末,即末作者,指工人。玩物渐多,工人日众。　④当:底,器物的底部。　⑤成智:成,通"盛"。最高的智慧。　⑥成勇:成,通"盛"。最大的勇气。　⑦少:指遭到诽谤。　⑧辟言:合乎法度的言论。

重刑少赏①，上爱民，民死赏。多赏轻刑，上不爱民，民不死赏。利出一空者②，其国无敌；利出二空者，其兵半用；利出十空者其国不守。重刑明民，大制使人，则上利。行刑、重其轻者，轻者不至，重者不来，此谓以刑去刑。罪重而刑轻，刑轻则事生，此谓以刑致刑，其国必削。

【译文】 加重刑罚，不随便赏赐，这是君主爱护民众，而民众也愿为赏赐而出死力。随便赏赐，减轻刑罚，这是君主不爱护民众，民众也不愿为了赏赐而出力拼命。庆赏出自君主一人的，他的国家就没有对手；除君主之外，另有一人也可施行庆赏，兵士就只有一半可以由君主使用；而很多人都能施行庆赏，他的国家就保守不住了。使用重刑让民众明白，再用严厉的命令加以役使，那么君主就能得利。行施刑罚，如果重罚那些犯法轻微的，那么轻罪就不出现，重罪也不会发生，这就叫做用刑罚来去除刑罚。如果罪行严重而处罚轻微，处罚轻微就会有乱事发生，这就叫做用刑罚来获致刑罚，他的国家必然削弱。

【注释】 ①少赏：指不随便赏赐，即计功行赏。 ②利出一空(kǒng)：空，孔，穴。指庆赏由君主一人施行。下文"利出二空"，指除了君主之外，另有一人也可施行庆赏。"利出十空"，指很多人都可施行庆赏。

心度第五十四

心度,即民心与法度。文章根据"刑胜而民静"的现象提出"法者,王之本也;刑者,爱之自也"的主张。作者认为,"明君操权而上重,一政而国治",只有"能闭外塞私而上自恃者",才能建立起帝王的功业。

圣人之治民,度于本,不从其欲,期于利民而已。故其与之刑,非所以恶民,爱之本也。刑胜而民静①,赏繁而奸生,故治民者,刑胜、治之首也,赏繁、乱之本也。夫民之性,喜其乱而不亲其法。故明主之治国也,明赏则民劝功,严刑则民亲法。劝功则公事不犯,亲法则奸无所萌。故治民者,禁奸于未萌;而用兵者,服战于民心②。禁先其本者治,兵战其心者胜。圣人之治民也,先治者强,先战者胜。夫国事务先而一民心,专举公而私不从,赏告而奸不生,明法而治不烦,能用四者强,不能用四者弱。夫国之所以强者,政也;主之所以尊者,权也。故明君有权有政,乱君亦有权有政,积而不同,其所以立异也。故明君操权而上重,一政而国治。故法者,王之本也;刑者,爱之自也。

【译文】 圣人治理民众,在根本原则上做出规定,不会顺从他们的欲望,只是希望对民众有利罢了。所以他设立刑罚,并不是为了残害民众,这是爱民的根本啊。刑罚严峻,民众就会安静,赏赐频繁奸邪就会产生,所以治理民众,严刑峻法,是平治的开始,赏赐频繁,是动乱的本源。民众的天性,喜欢纷乱而不遵循国法。所以英明的君主治理国家,明确赏赐民众就会努力立功,严刑峻法民众就会遵守法律。努力立功,公事就不会损害,遵循法律,奸邪就无所藏匿。所以治理民众的人,要在奸邪还没有发生的时候禁止它;带兵打仗的人,要让民众从心里愿意打仗。从根本上禁止奸邪的国家就能平治,从心里愿意打仗的军队就能取胜。圣人治理民众,事先防治奸邪,所以国家强大,预先让军队有作战之心,所以能够取胜。治理国事务求早做防备来统一民心,完全选拔公正的人就不会徇私情,赏赐告奸的人奸邪就不会产生,严明法度政治就不会纷乱,能够采用这四项措施的国家就强盛,不能采用这四项措施的国家就衰弱。国家能够强大的原因在于政治,君主受到尊崇的原因在于权势。所以英明的君主有权势有政治,昏庸的君主也有权势有政治,但权势的聚积与分散不同,立政的基础也有差异。所以英明的君主掌握着政权因而受到尊崇,统一了政令所以国家平治。所以,法律,是统治的根本,刑罚,是爱民的源泉。

【注释】 ①刑胜:刑罚严峻。 ②服战:致力于作战。

夫民之性,恶劳而乐佚,佚则荒,荒则不治,不治则乱,而赏刑不行于下,赏刑不行于下者必塞①。故欲举大功而难致而力者,大功不可几而举也;欲治其法而难变其故者,民乱不可几而治也。故治民无常,唯治为法。法与时转则治,治与世宜则有功。故民朴而禁之以名则治,世知维之以刑则从②。时移而法不易者乱,能众而禁不变者削③。故圣人之治民也,法与时移而禁与能变。

【译文】 民众的本性,憎恶劳苦而喜欢安逸,安逸就会荒怠,荒怠就会不受管治,不受管治就会混乱,赏赐刑罚也就不能得到施行,赏赐与刑罚不能得到施行的君主必然受到蒙蔽。所以想建立大功业却害怕付出力气的人,大功业是没有希望建立的;想整顿法制却害怕改变旧俗的人,民乱是没有希望得到治理的。所以治理民众没有固定的方法,只有凭借法制来治理。法制随着时代改变就能治理,政治和世道相宜就有功效。所以民众朴实,用毁誉之名来禁制就能治国,世人巧智,用刑罚来制裁就会服从。时代改变而法制却不改变的就会混乱,智能之人众多而禁令不加改变的就会削弱。所以圣人治理民众,法制随着时代演进,禁令随着智能改变。

【注释】 ①塞:阻塞,蒙蔽。 ②世知:知,通"智"。世人巧智。 ③能众:智能之士众多。

能越力于地者富①,能越力于敌者强,强不塞者王。故王道在所闻,在所塞。塞其奸者必王,故王术不恃外之不乱也,恃其不可乱也。恃外不乱而治立者削,恃其不可乱而行法者兴。故贤君之治国也,适于不乱之术②。贵爵则上重,故赏功爵任而邪无所关③。好力者其爵贵④,爵贵则上尊,上尊则必王。国不事力而恃私学者,其爵贱,爵贱则上卑,上卑者必削。故立国用民之道,能闭外塞私而上自恃者⑤,王可致也。

【译文】 能努力耕种田地的人富有,能努力对抗敌人的人强大,强大而又不受蒙蔽的人能统治天下。所以统治天下的办法在于听取什么,在于阻塞什么。能够阻塞奸邪的君主一定能够建立帝王的功业,所以建立帝王功业的办法不在依靠外国不来祸害,而是依靠自己不可被祸害的条件。依靠外国不来祸害而建立政治的国家必然削弱,依靠自己不可被祸害的条件并且行施法制的国家必然兴盛。所以贤良的君主治理国家,专门致力于不被祸害的方法。重视爵位君主才能受到尊崇,所以奖赏功臣、赐爵位给承担重任的人,奸邪就没有地方容身。努力从事耕战的人获得爵位,爵位必然受到重视,爵位受到重视君主就会被尊崇,君主被尊崇就一定能建立帝王的功业。国家不任用努力耕战的人却依靠那些信奉私家学说的游谈之士,爵位就会受到轻视,爵位受到轻视君主的地位就会降低,君主的地位降低国家必然削弱。所以建立国家役使民众的办法,是能够不依靠外国的力量,禁止传播私家学说,重视依靠自己的力量,这样帝王的功业就能够建立了。

【注释】 ①越力:越,疾。努力。　②适(dí):专门致力于。　③爵任:赐爵给承担重任的人。关:措置。　④好力者:指上文所说的努力于耕战的人。　⑤闭外塞私:指不依靠外国势力,阻止传播私家学说。

制分第五十五

制分,即制定刑赏分明。作者从人"好利禄而恶刑罚"的本性出发,提出"治乱之理,宜务分刑赏为急",认为至治之国,善于止奸,而治国最高明的办法,就是任数不任人,任法不任慧,强调了法制刑赏的重要意义。

夫凡国博君尊者^①,未尝非法重而可以至乎令行禁止于天下者也。是以君人者分爵制禄,则法必严以重之。夫国治则民安,事乱则邦危。法重者得人情,禁轻者失事实。且夫死力者,民之所有者也,情莫不出其死力以致其所欲。而好恶者,上之所制也。民者好利禄而恶刑罚。上掌好恶以御民力,事实不宜失矣,然而禁轻事失者,刑赏失也。其治民不秉法,为善也如是,则是无法也。故治乱之理,宜务分刑赏为急。治国者莫不有法,然而有存有亡,亡者、其制刑赏不分也。治国者、其刑赏莫不有分。有持以异为分,不可谓分。至于察君之分,独分也,是以其民重法而畏禁,愿毋抵罪而不敢胥赏^②。故曰:不待刑赏而民从事矣。

【译文】 凡是疆域广阔、君主尊荣的国家,从来没有不是因为刑法严厉,而能够做到在天下令行禁止的。因此君主分封爵位、制定俸禄,就必须严厉法律来让民众重视它。国家平治民众就会安定,政事混乱国家就会危亡。法律严厉的就能察知隐情,禁令松弛就会丧失事情的真相。而卖命出力,这是民众所具有的,人的本性,没有不卖命出力来实现他的欲望的。而他的喜好和厌恶,则是受君主控制的。民众喜好利禄而憎恶刑罚。君主通过掌握他们的好恶来使用民力,事情的真相就不应当丧失,可是仍然禁令松弛,丧失真相的原因,在于刑罚和赏赐的不适当。如果治理民众不依据法律,又像这样行施善行,那就是没有法度。所以国家的治乱之道,在于首先致力于让刑罚和赏赐分明。治理国家的人都有法律,可是有的法律存在,有的法律废止,法律废止的原因就是掌握刑赏不能分明。治理国家的人,刑赏没有不分明的。有人掌握刑赏,把刑赏的不同当成刑赏分明,这不能算是刑赏分明。那些明察的君主刑赏分明,指只有独一无二的标准,所以他的人民重视法律而畏惧禁令,只希望不要受刑,而不敢期待赏赐。所以说:不需使用刑赏民众就能努力做事了。

【注释】　①博:广大。　②胥赏:胥,同"须"。等待赏赐。

是故夫至治之国,善以止奸为务。是何也？其法通乎人情,关乎治理也。然则去微奸之道奈何？其务令之相规其情者也①。然则使相窥奈何？曰:盖里相坐而已②。禁尚有连于己者,里不得不相窥,惟恐不得免。有奸心者不令得志,窥者多也。如此,则慎己而窥彼。发奸之密,告过者免罪受赏,失奸者必诛连刑。如此,则奸类发矣。奸不容细,私告任坐使然也。

【译文】　因此治理得最好的国家,善于把制止奸邪作为当务之急。这是为什么呢？因为制止奸邪的办法和人的常情相通,关涉到治国的原则。那么去除隐微的奸邪的方法是什么呢？这就是一定让民众相互监视彼此的隐情。那么让民众相互监视隐情的方法是什么呢？回答说:同一里巷的人相互连坐就可以了。禁令假如和自己有所牵连,同里的人就不得不相互监视,唯恐同里之人犯罪自己不能免遭连坐之罪。有奸邪之心的人不让他的计谋得逞,因为监视的人多了。这样,民众就会在自己小心的同时监视别人。揭露奸人的隐情,告发的人不但免受刑罚,还要给予赏赐,失察的人一定连坐受刑。这样一来,奸邪的事情就都会被揭发出来了。连细小的奸邪都不能容留,这就是告密和连坐造成的结果。

【注释】　①规:通"窥(kuī)",伺察。　②盖里:盖,通"盍"。同里。

夫治法之至明者,任数不任人①。是以有术之国,不用誉则毋过②,境内必治,任数也;亡国使兵公行乎其地、而弗能圉禁者,任人而无数也。自攻者人也,攻人者数也。故有术之国,去言而任法。凡畸功之循约者难知③,过刑之于言者难见也④,是以刑赏惑乎贰⑤。所谓循约难知者,奸功也;臣过之难见者,失根也。循理不见虚功,度情殖乎奸根,则二者安得无两失也？是以虚士立名于内⑥,而谈者为略于外⑦,故愚怯勇慧相连而以虚道属俗而容乎世⑧,故其法不用,而刑罚不加乎僇人⑨。如此,则刑赏安得不容其二? 故实有所至,而理失其量,量之失,非法使然也,法定而任慧也。释法而任慧者,则受事者安得其务? 务不与事相得,则法安得无失、而刑安得无烦? 是以赏罚扰乱,邦道差误,刑赏之不分白也。

【译文】 治理国家的办法中最高明的,是依靠法制而不是依靠个人的智慧。因此有法度的国家,不任用受到称誉的人就不会发生失误,国家必然得到治理,这是依靠法度的结果;乱亡的国家让敌国的军队在自己国土上公然横行却不能禁阻,这是依靠个人的智慧而没有法制的结果。自相残杀的国家,是由于依靠个人的智慧治国,而攻伐别人的国家,是由于依靠法度来治国。所以有道术的国家,去除称誉之言而依靠法度。用不正当的手段取得功绩又符合论功行罚的公约就很难被察知,言论中的过失很难被发现,所以刑赏的标准就被这种不一致弄乱了。符合公约而难被察知的,是虚假的功绩;臣民言论中难以被发现的过失,是失败的根源。依循常理不能发现虚假的功绩,根据常情的衡量根植于奸邪的根源,那么刑赏这两个方面怎么能不同时失误呢? 所以有虚功的人能够在国内树立好名声,游说之士能够在国外谋划。因此愚蠢的、怯懦的、勇敢的、智慧的人接踵而来,用虚伪无用的道理来迎合世俗,取得社会的承认,法令得不到切实执行,刑罚不能施加给有罪的人。这样,刑赏怎么能不存在不一致的情况呢? 所以事实摆在那里,但是法度却丧失了衡量的标准,标准的丧失,不是法度本身造成的,而是制定了法度却仍然依靠个人的智慧的缘故。舍弃法度而依靠个人的智慧,奉命办事的人怎么能掌握要领呢? 要领不能与事情相符合,那么法度怎么能不出差错、刑罚怎么能不烦乱呢? 因此,赏罚混乱,治国之道出现差错,这是由于刑赏不分明啊。

【注释】 ①任数:依靠法制。 ②用誉:任用受到称誉的人。 ③畸功:指以不正当手段而取得的功绩。循约:依循论功行赏的公约。 ④过刑之于言者:刑,通"形"。言论中的过失。 ⑤刑赏惑乎贰:用不正当的手段取得的功绩不当赏而赏之,言论中的过失应当受罚却免受刑罚,这就是刑赏的不一致,所以刑赏就混乱了。 ⑥虚士:有虚功的人。 ⑦谈者:游说者。 ⑧虚道属俗:用虚伪无用的道理来迎合世俗。 ⑨僇(lù)人:应当被刑戮的人。泛指有罪的人。